日本海军战略、战术 与科技：1887—1941

[英]戴维·C.埃文斯 [英]马克·R.皮蒂 著

谢思远 译

民主与建设出版社

·北京·

© 民主与建设出版社，2022

图书在版编目（CIP）数据

日本海军战略、战术与科技：1887—1941 /（英）戴维·C.埃文斯，（英）马克·R.皮蒂著；谢思远译. --北京：民主与建设出版社，2022.11
　书名原文：Kaigun: Strategy, Tactics, and Technology in the Imperial Japanese Navy, 1887-1941
　ISBN 978-7-5139-3998-0

　Ⅰ.①日… Ⅱ.①戴… ②马… ③谢… Ⅲ.①海军—军事史—日本—1887-1941 Ⅳ.① E313.53

中国版本图书馆 CIP 数据核字（2022）第 190956 号

著作权合同登记图字：01-2022-6444

日本海军战略、战术与科技：1887—1941
RIBEN HAIJUN ZHANLÜE ZHANSHU YU KEJI 1887–1941

著　　者	［英］戴维·C.埃文斯 ［英］马克·R.皮蒂
译　　者	谢思远
责任编辑	胡　萍　宁莲佳
封面设计	戴宗良
出版发行	民主与建设出版社有限责任公司
电　　话	（010）59417747　59419778
社　　址	北京市海淀区西三环中路 10 号望海楼 E 座 7 层
邮　　编	100142
印　　刷	重庆市国丰印务有限责任公司
版　　次	2022 年 11 月第 1 版
印　　次	2023 年 2 月第 1 次印刷
开　　本	787 毫米 × 1092 毫米　1/16
印　　张	44.5
字　　数	674 千字
书　　号	ISBN 978-7-5139-3998-0
定　　价	199.80 元

注：如有印、装质量问题，请与出版社联系

目录

鸣谢

作为作者，就我们所受的训练、积累的经验和获得的声望而言，我们是研究现代日本的历史学家。我们两人现在都不是专业的海军军官（虽然我们当中有一人曾担任过海军军官）。我们也不是技术史专家和我们所讨论的技术领域方面的专家。因此，我们非常感激真正的专家给予我们的建议。没有他们的意见、批评、建议和帮助，本书会写得更单薄，内容会更贫乏，也就不是鸿篇巨制了。

首先，也是最重要的一点，我们必须向弗里德里克·J. 米尔福德博士（Dr. Frederick J. Milford）表示敬意，他是本书的两个赠予对象之一，再多的言辞也不足以表达我们对他的感激之情。弗里德里克·J. 米尔福德在科学、海军事务以及管理上的资历不仅让人印象深刻，还非常令人敬畏：从麻省理工学院获得博士学位，掌握物理学、工程学和电子科学，具有杰出的海军服役经历，并在国防工业里从事过研究和管理工作。他在各种科学和技术问题上的智慧使我们这些身处这类危险水域的新人能够免于在浅滩搁浅。他的学识、勤勉以及热情在我们的顾问当中是无人能及的。

著名的二战历史学家 H. P. 威尔莫特（H. P. Willmott）同样慷慨地抽出他的时间给予我们这本书关怀，并贡献了海洋和军事方面的专业知识。他阅读了我们这本书的所有章节，提出了很多批评意见。他发人深省的批评饱含智慧和学问，对我们的项目表现出非同一般的关照。如果我们一直不能和他取得一致意见，那么他通常会让我们重新考虑我们的假设和我们的语句。从美国海军退役的艾伦·D. 齐姆（Alan D. Zimm）中校也同样给予了严格而热情洋溢的批评，他的见多识广体现在他对兵棋推演的熟悉和对美日海军的作战分析。

日本海上自卫队退役一等海佐吉田昭彦（Yoshida Akihiko）是美日两国里最熟知旧日本海军细节的人。他掌握的关于旧日本海军历史和技术的微观知识才能令人印象深刻。如果我们搞错了尺寸、日期或地名，吉田就会像一只鹰一样扑向我们，提醒我们"上帝和魔鬼都隐藏在细节之中"。

备受赞誉的编年史家和美国太平洋战争计划的分析家——爱德华·S. 米勒（Edward S. Miller）也阅读了整本书，并为每个章节撰写了有益的评论，给出了金玉良言。当代最具创新精神的海军历史学家乔恩·墨田哲郎（Jon Tetsuro Sumida）也是如此。虽然我们研究海军史的治学方法在某种程度上与他不同，但我们很快承认了他对这一领域里的公认概念和假设所提出的巨大挑战。美国海军退役上校韦恩·休斯（Wayne Hughes）在评论我们的著作时写入了他（既是以一名正在服役的海军军官的身份，也是以一名蒙特利海军研究生院教员的身份）对海军战术的毕生思考。他已经阅读了我们这本书的大部分章节，并像杰出的海军历史学家克拉克·雷诺兹（Clark Reynolds）教授那样给予了有益的评论。美国海军退役上校林顿·威尔斯（Linton Wells，他那本关于日本海军①技术的出色著作目前正由海军学会出版社出版）也在海上和五角大楼繁重的工作中抽出时间给我们这本书的许多章节提出了建议。美国海军历史学家们的老前辈威廉·布雷斯特德（William Braisted）也为该书的前几章提供了类似的帮助。见多识广的年轻海军研究者及海军技术研究者马克·坎贝尔（Mark Campbell）所提供的帮助不但体现在他给部分手稿提出意见和建议，而且体现在他贡献了许多图表给我们的书用作插图。我们尤其感激乔纳森·巴歇尔（Jonathan Parshall），他在最后时刻介入，把我们的地图和许多插图从草图处理成可以出版的形式。在此过程中，他利用他自己相当丰富的日本海军知识使它们的质量得到大幅度提高。

我们很高兴看到我们的著作在那些负责把历史的视角带入当代海军政策问题研究的政府部门中被证明具有重要的意义。在弗吉尼亚州的诺福克（Norfolk, Virginia）的海军条令司令部，詹姆斯·J. 特里顿博士（Dr. James J. Tritten）和供职于国防部长办公室基本评估处的美国海军上校詹姆斯·菲兹西蒙斯（James FitzSimonds）都已经阅读了我们的著作，并提供了有价值的建议。

---

① 本书所讨论的"日本海军"是指存在于1868—1945年的日本海上军事组织，日本战败后被解散。二战后它也常被称为"旧日本海军"。翻译本书时将酌情使用这两种名称。

其他已经阅读了本书并提供过类似帮助的包括：密尔沃基公共博物馆的约翰·伦德斯特罗姆（John Lundstrom）、海军战争学院的约翰·H. 莫勒（John H. Maurer）教授、麻省理工学院的理查德·塞缪尔斯（Richard Samuels）教授、托马斯·霍恩（Thomas Hone）博士、美国空军少校巴德·琼斯（Budd Jones）、格林尼治皇家海军学院的杰弗里·蒂尔（Geoffrey Till）教授、卡耐基研究所的路易斯·布朗（Louis Brown）博士、托马斯·维尔登贝格（Thomas Wildenberg）、罗伊斯·格鲁比克（Royce Grubic）、埃尔韦·库托－贝加里（Hervé Coutau–Bégarie）、马克·A. 爱泼斯坦（Marc A. Epstein）博士、卡洛斯·P. 里韦拉（Carlos P. Rivera）博士、美国海军上校韦恩·桑顿（Wayne Thornton）、夏威夷大学的保罗·瓦利（Paul Varley）教授、佐治亚大学的卡尔·弗莱迪（Karl Friday）教授。诺尔·皮蒂（Noel Peattie）——藏书家、诗人、战友、周末水手兼文学散文批判员——已经以宝石匠那样的火眼金睛仔细审阅了我们的手稿，帮我们解决了字体带来的无尽麻烦。在我们的写作过程中，我们的文字编辑帕特丽霞·E. 博伊德（Patricia E. Boyd）给予了我们很大的帮助。

在日本，我们得到了来自千早正隆（Chihaya Masataka）和野村实（Nomura Minoru）的明智建议和指导，两人都曾是旧日本海军军官，也是旧日本海军历史的最权威评论员。研究旧日本海军战史的学者、日本海上自卫队退伍海将补[①] 外山三郎（Toyama Saburō）也给我们提供了有价值的帮助，他同样也是旧日本海军的军官。同志社大学教授麻田贞雄（Asada Sadao）也指引我们研读了他自己关于日本海军派系斗争和战间期[②] 海军条约的杰出著作。筱原宏（Shinohara Hiroshi）与我们分享了明治时代早期的日本海军知识，日本防卫大学校教授田中宏巳（Tanaka Hiromi）则与我们分享了明治后期日本海军的知识。在东京的海军文库，户高一成（Todaka Kazushige）对我们具有不可估量的重要意义，他给予我们建议，并帮助我们获得各种文献材料；日本海上自卫队退伍海将补平间洋一（Hirama Yōichi）也在防卫大学校给予我们这方面的重要帮助。东京海洋

---

① 译注：日本海上自卫队军衔，相当于少将。
② 译注：两次世界大战之间的那段时间。

科技博物馆馆长伊藤直和（Itō Naokazu）热心地向我们提供了军舰的素描画，书中的这些素描画都出自他那"熟练"的钢笔。

当然，虽然我们从罗列出的这些人那里得到了难以估量的帮助、评论和建议，但本书存在的任何事实错误和错误解释都由我们独自承担。

我们还要感谢以下人士和机构为本书的出版发行所提供的便利：爱德华·S. 米勒为了我们的利益慷慨地资助海军学会出版社，里士满大学也给予了资助，此外还有美国教育部的富尔布赖特项目，里士满大学教员研究委员会，马萨诸塞大学波士顿分校，哈佛大学的埃德温·O. 赖肖尔日本研究所，夏威夷大学历史系，斯坦福大学胡佛战争、革命与和平研究所。

最后，我们以向我们两位长久受苦的妻子卡洛琳·埃文斯（Carolyn Evans）和爱丽丝·皮蒂（Alice Peattie）表达感激来为这篇鸣谢作结，没有她们的耐心、理解和牺牲，本书就不能在过去 12 年中被写就。我们亏欠她们的东西永远无法在这本书上偿还。

绪言

    "Kaigun"^①一词在日语里的意思是"海军"。但对老一辈日本人来说，该词的英文翻译几乎无法概括旧日本海军和弱小的日本海上自卫队之间的巨大差异。前者在 1941 年 12 月发动了太平洋战争，而后者在今天只是在配合美国海军保卫日本本土海域安全时尽一点绵薄之力。

    首先，旧日本海军是一支强大的战斗部队。在太平洋战争爆发时，它包含 10 艘战列舰（包括人类有史以来建造的 2 艘最大的战列舰的第一艘）、10 艘航空母舰、38 艘重型/轻型巡洋舰、112 艘驱逐舰、65 艘潜艇和许多小型辅助舰艇。当时，日本的海军航空兵处于世界领先地位——它的战斗机和中型轰炸机位列世界一流水平，而且在几支主要海军中，它的飞行员毫无疑问是训练最好和经验最丰富的。看看战间期北太平洋上日本战列舰列队演习的盛况，看看 12 月 7 日早晨成群结队的战斗机和攻击机腾空而起，飞离 6 艘航空母舰的甲板，再看看太平洋战争早期停泊在特鲁克环礁湖的庞然大物——超级战列舰"大和"号，这些想必都是现代海军史上的宏伟景观。日本的海上力量将不再具有让人印象如此深刻的视觉冲击力。

---

    ① 译注：此为日文"海军"一词的罗马音。

　　而且，和现在的日本海上自卫队不同的是，战前的日本海军是真正具有"帝国"性质的部队。它的帝国性首先体现在它与日本天皇的联系，天皇本人在日本历史传统中的崇高地位使日本海军在公众心目中颇具威望，也给了它一道世界其他国家战斗部队鲜有的神秘光环。它的帝国性质还体现在它守卫着一个庞大帝国。虽然日本本土那些岛屿的海岸线标明了帝国最初的边界，但到第一次世界大战结束后，日本帝国的边界已经扩展，台湾岛、朝鲜半岛、库页岛的南半部分、辽东半岛、密克罗尼西亚中广泛分布的岛屿领地以及中国沿海沿江被割让的许多领土都囊括其中。在建立这个帝国的过程中，日本海军是关键因素。

　　旧日本海军也是日本崛起为世界强国的标志。1868 年，当日本摆脱封建孤立的状态、加入西化国家行列时，它在世界上毫无影响力。短短几年里，日本付出巨大努力，获得了强大的政治、经济和军事实力。在不到 30 年时间里，它已经成为亚洲的主导性大国；在不到 40 年时间里，它就成为一个世界强国；而在不到 70 年时间，它已经奋起与世界第一工业强国进行对抗。在日本帝国快速崛起的历程中，旧日本海军起了主要作用。它在美国内战后不久成立，因而和"新式美国海军"差不多同时诞生。不过，旧日本海军没有美国海军所具有的海军传统、基础设施以及工业后盾。在不到 40 年的时间里，日本海军已经位居世界第五；而到了 1920 年，日本海军的实力显然达到了世界第三。又过了 20 年，它准备挑战美国海军，并在接下来的三年半时间里出色地与这支地球上最强大的海军部队进行了对抗。这是巨大的成就。

　　因此，旧日本海军首先是——或者更准确地说是"成为"——日本向海外进行力量投射的工具。海军和陆军一道使日本的影响力在有限的正式帝国疆域（1922 年建立，并被西方帝国和国际社会承认的范围）之外急剧上升。尤其值得一提的是，日本海军还助力日本帝国随后在亚洲的扩张。这一不断扩大的版图预示着日本要吞并中国和西方在东南亚的殖民地，并最终使它和西方列强产生了冲突。

　　但对美国和日本来说，日本海军最重要的一面是它最终的失败。事实上，美国不仅击败了它，而且还将其彻底消灭。对老一辈美国人（尤其是那些曾与日本海军作战的人）来说，击败日本海军是他们感到非常满足和自豪的原因。

对老一辈日本人（尤其是那些曾在日本海军服役的人）来说，日本海军的战败却恰恰是其屈辱和令人痛惜的根源。而对美日双方研究日本海军的学者来说，它的失败正是评价它的实力、作战表现乃至胜利时不可回避的事实。[1]

所以，在写作本书的时候，我们努力注意两点：作为现代海军强国的日本帝国取得了不可思议的成就，但其海军也最终彻底败在它最危险的敌人手上。我们的目的是尽可能解释日本海军胜败的根本原因，我们选取的角度是战略、战术和技术，或者更准确地说，是逐步演进的三者之间的关系。在这个关系内，我们力图理解日本海军所面对的首要战略问题，塑造其战术的国内外综合影响以及它如何获取技术和有形资产。我们在不同的地方讨论了日本海军中与我们 3 个主题具有直接或间接关系的各个方面——举几个比较突出的例子，比如情报、人员训练、后勤和海军燃料。最后，同样重要的是，我们还试图解释日本海军如何思考战争和如何为战争做准备。

显而易见，我们对这些问题的重视清楚地表明我们打算写的远不是一部完整的日本海军历史。写这样一部历史，尤其要对以下几个领域进行详细的研究：海军的行政架构，日本海军力量的经济基础（包括日本海军的预算及合同），海军与文官政府的关系，对国内政治的介入（发生在 20 世纪 30 年代，带来了危害，有时甚至充满了暴力），日本海军各级官兵的教育和训练，日本海军在塑造日本外交政策中所发挥的作用以及它在早期军控中的勉强参与。[2] 这些都是值得探究的重要主题，而且有些已经有了出色的专题著作。但对我们的写作目的来说，它们都偏离了本书的主题。

我们还需要对本书的研究范围再进行解释。相较于我们对日本海军水面舰队和潜艇部队的细致讨论，我们对日本海军航空兵只做了有限的讨论。我们最初计划用 4 个章节来讲述日本海军航空兵的发展演变，但出于对篇幅的考虑，我们不得不将其减为一章。我们希望我们对日本海军航空兵的研究在不久的将来能单独成书出版。

最后，解释本书研究内容的时间分界线很重要。我们用开头一章介绍了日本海军机构在 1887 年前的起源，以此作为序幕和背景。但我们之所以选择 1887 年作为日本海军建立的起始年份，是因为正是在这一年日本海军首度开始将自己组织成舰队，首度研究和采用现代海军战术，并首度具备专业海军的特点。直到当时，日本海军还只是军舰的松散集合，它们的指挥官既没有清晰的目的，也不理解如何共同作战。之后，有了外国顾问和令人钦佩的主动性的日本海军开始具备一支现代海军部队的素质。

至于我们研究的终点，读者或许会问为什么我们不充分探讨日本海军在太平洋战争中的作战行动，这也合乎情理。而我们不进行讨论的原因有三：首先，也是最重要的一点是，完成这项任务所耗费的时间将远远超过我们和海军学会出版社所认为的合适的时间长度（本书的研究和写作已经耗费了十多年时间）。其次，虽然目前没有全面详尽的日本海军二战史，但是对这一主题已经有了若干出色的研究。其中的两本——保罗·达尔（Paul Dull）所著的《日本海军战史：1941—1945》和戴维·C. 埃文斯（David C. Evans）编辑的《第二次世界大战中的日本海军》——都已经由海军学会出版社出版。相反，两次世界大战之间的海军发展几乎仍然是未知的知识领域。显然，日本海军在珍珠港事件前积累的经验、发展的军事理论和研究的技术与其在太平洋战争中的作战方式有很大的关系。所以在本书的最后一章中，我们收录了对太平洋战争头两年战事的作战总结。但是，由于到 1943 年年底时日本海军的命运已经发生了灾难性的转变，并且因为它在此之后被迫采取孤注一掷的临时计划来维持与盟军的作战，所以在战争的最后一年半时间里，日本海军在战间期所设计的战略、战术和发明的技术几乎没有任何意义了。也正是考虑到这个原因，对 1943 年之后的日本海军作战行动，我们就不做总结了。但不管怎样，与二战相关的对日本海军战略、战术和技术方面的详细评论贯穿了本书的最后几章。

写日本海军史给日本以外国家的研究人员提出了许多常常令人感到沮丧的重要问题。日语的复杂性显而易见，无须多言。这里要说的是这种复杂性存在于各个层面——从印刷页面上常常出现的意义含糊不清的语句，到阅读《战史丛书》或草书体手稿（很多海军的档案材料都写在这上面）的巨大困难。

一个更严重的问题在于，与西方的海军档案相比，研究现代日本海军历史的档案基础要相对薄弱。在导致材料不足的众多原因中，最关键的因素是日本军方和文官政府在日本以投降的方式结束太平洋战争后的几天里大规模销毁档案和文件。所以，令人感到遗憾但也不可避免的是，很多关于日本海军及其在中国和太平洋战争中的作战计划及军事行动的重要问题将永远得不到解决，或者因为缺乏足够的档案资料，我们只能一知半解。

但是，我们对战前和战时日本海军事务的认识之所以不全面，一方面是由于日本蓄意销毁档案，另一方面则要归咎于日本的文化和社会规范。以海军个人传记的使用为例。尽管我们尽力在附录中提供著名海军军官的基本信息，我们在研究海军的领导人时还是遇到了几个方面的障碍。日本的传记习惯上都是按照中国的古典模式写成：叙述个人的美德以便进行道德说教，通常都没有批判性的分析。我们在前几章讨论的一些海军历史人物的"官方"传记自然也都是这样写的。这样的作品常常由委员会编写，通常都回避了大部分争议和可能对这类主题带来不良影响的争论，它们就事实而言常常是有用的，但就对日本海军历史上的人物及其地位进行批判性分析而言却用处不大。战后由日本海军主要军官所写的自传提供了更好的素材，但书中却鲜有辛辣的评论和敏锐的判断，正是这样的评论和判断让大多数西方同行的书充满活力。而且社会约束和旧海军的传统使得大部分日本军官都不愿批评日本海军的政策和他们的前指挥官。当时，大部分决策都是委员会做出的。除了一些明显的例外，决策的审议记录都没有被保存下来，即便保存了，它们也不能清晰地展现出争论和争议的激烈性。

最重要的是，西方海军事务历史学家感兴趣的问题与那些负责编纂日本海军作战和技术官方历史的日本人感兴趣的问题明显有很大的差异。例如，在研究和书写这段历史时，我们非常依赖日本防卫厅防卫研究所战史部（前称为战史室）发行的 102 卷《战史丛书》。该丛书主要以太平洋战争结束时没有被销毁的大量海军档案（大约 3.3 万件）为基础，是关于 1937—1945 年间日本海军作战计划、军事行动、组织机构、武器装备、战略战术的最详细、最全面和最权威的记录。正因为如此，它们提供了大量宝贵的资料和事实。但它们常常没能对西方历史学家最感兴趣的问题进行讨论。例如，日本海军的领导人是如何决策的？这些决策背后的动机和理由是什么？反对这些决策的人的动机和理由又是什么？海军官僚机构各部门之间的关系是什么？导致海军政策发生具体变化的主要官员之间的关系又是什么？在发展某项特定技术的过程中谁是主要的创新者？为何一项特定技术被采用，而另一项被抛弃？谁力主采用某项战术条令，而谁又反对这项条令，为什么？令人恼火的是，不仅《战史丛书》对这些问题缄默不语，我们使用的关于旧日本海军的其他公开史料——《日本海军航空史》、《昭和造船史》以及《日本海军燃料史》同样如此。

这些困难凸显出写一部完整的旧日本海军史的必要性。我们尝试写的是一部作为一支战斗力量的海军在二战前数十年里的历史，主要依据的是公开史料，面向的是西方读者。最后一点很重要。虽然我们在研究和写作本书时挖掘了大量日语史料，但我们并未假定我们的读者也懂一点日语，所以如果可能的话，我们在引文中也会引用可靠的英语著作。

虽然我们意识到同一术语可能存在几种合理的定义，并且海军专家和历史学家对同一术语的定义也存在很大分歧，但从一开始就把我们对全书某些术语的用法解释清楚还是很有用的。为了讨论日本海军，我们提供以下定义："**技术**"（Technology）是武器、建造、通信和后勤（包括运输）领域里的科学技术知识在海战中的应用。它影响战略和战术，也受战略和战术的影响，还受政治和经济因素的影响。"**战略**"（Strategy）是协调和指挥海军部队，通过战斗（通常如此，但不一定总是这样）达成国家目标。它受政策、地理环境、国家文化、历史经验、既存部队架构和外部威胁的影响。对我们来说，"**作战**"（Operations）[1]意味着那些发生在战斗期间或对作战计划进行演习时实施的海军活动。我们把"**战术**"（Tactics）视为海军部队为了在战斗中夺取胜利而制订的计划、开展的训练和实施的指挥。战术影响战略，反过来也受战略和技术影响。我们认为"**作战条令**"（Doctrine）是那些海军当局批准的——要么在战略层级，要么在战术层级——指导海上战争的策划、训练和实施的若干原则。"作战条令"反过来也为既存的战略、战术、技术、地理、军种或国家的文化以及假想敌或实际敌人造成的威胁所塑造。[3]

---

① 译注："operation"这个概念在一些国家的军事文本中含义极为复杂，译者在大多数情况下会翻译为"作战"，在某些地方会酌情翻译成"军事行动"或"作战行动"，总之以准确传达原文意思，在此基础上保证译文行文流畅为宗旨。存在类似问题的还有"doctrine"一词。

我们还想请读者们注意我们采用的拼写系统和计量制，在写日语时，我们遵循的是赫本式音译系统（Hepburn System），而在写日本人的名字时，我们是按照日语词序来写，也就是说，姓在前，名在后。对地名，我们一般采用《韦氏新地理词典》[4]作为标准。对中国和朝鲜那些曾被日本殖民统治过的地方，我们已经列出了原先固有的名字，有时候会在第一次提到的时候在括号里加上对应的日文名称。

计量制是写到日本海军时一个比较复杂的问题，因为日本海军自己在这个问题上都并不总是一致的。大约20世纪20年代初以前，日本海军测量军械、长度、距离和重量时使用的是英制。之后海军普遍换用公制。但它仍然继续使用英制测量一些武器，如鱼雷，偶尔也测量距离和舰船排水量。我们采取的办法是使用日本海军所施行的计量制，然后在括号中放入转换成其他计量制的等效值。我们已经努力保持计量制的一致性，但有时候可能也会误解日本海军所使用的计量制单位。

除非另有说明，我们给出的排水量都是长吨[①]，并简写为吨。对于1922年《华盛顿条约》前设计的军舰来说，军舰排水量没有被广泛接受的标准。通常表格中的数据是"正常"或"设计"排水量。对旧日本海军的舰船来说，这是装备齐全的舰船在未储备给水的情况下带着四分之一的燃料、二分之一到三分之二的给养、二分之一到四分之三的弹药补给出海时的排水量。《华盛顿条约》提出了"标准"排水量的概念，意思是一艘满载的舰船在没有燃料和给水储备的情况下准备出海时的排水量。[5]只要有可能，我们都使用标准排水量。在少数情况下，当我们提到商船时，我们使用"注册总吨"（油船除外，我们对它使用的是载重吨）的概念。[6]我们力求准确，但排水量有时候会随着舰船设计被修改而改变，而且原始资料常常含混不清，有时候还前后不一致。我们已经运用我们最佳的判断力解决了这些问题。

至于距离，我们遵循的是日本用海里测量长距离的惯例。我们将航程定义

---

① 译注：也叫英吨，英国用的一种重量单位。1英吨等于2240磅，合1016.04千克。

为在给定的燃料供应和给定的速度下，以发动机驱动的船只或飞机能够航行的总距离。所谓"半径"，我们指的是一架飞机飞行、执行任务并有足够的燃料安全着陆返回基地的距离。

1

创建一支
现代海军：

1868—1894 年

　　自日本有历史记载以来，它独特的地理位置就造就了它与周围海洋的矛盾关系。首先，日本既是一个岛国，又是一个大陆国家。岛国性是日本在其古代和中世纪历史时期的最主要战略特点。在岛链的西端，日本和朝鲜之间数百英里①长的朝鲜海峡在日本历史上的大部分时间里是一道阻止来自亚洲大陆侵略的强有力屏障；从古代到 19 世纪前，蒙古人在 13 世纪残暴但流产的入侵是日本从海上遭受过的唯一威胁。西伯利亚很长一段时间都不存在现代文明，这又消除了来自北方的现实威胁。与大陆有联系的日本的崛起是缓慢的。但从第二个千年的早些时候开始，日本与亚洲的距离就近到足以知晓与日本隔中国东海相望的中华文明的伟大。日本向中国派遣了一系列海上使团，他们从中国带回了一些文化和政治制度，这些制度后来改变了日本，并将日本纳入了巨大的中华文化圈内。日本向亚洲大陆进行力量投射的频率自然也就不那么高了。在 900 年间，日本只有两次企图入侵亚洲——一次是在 7 世纪，一次是在 16 世纪。两次干涉都剑指朝鲜，并都以失败告终。但每一次干涉都为日本介入亚洲创造了先例。

---

　　① 译注：英国用长度单位，1英里约合1609米。

日本还有其他相互矛盾的情况。它仅有的两个邻国——中国和朝鲜都不是海军强国。除了蒙古人的入侵外，没有国家在日本的国土上尝试过两栖登陆。在前现代的大部分时间里，日本几乎都不需要海防。此外，中国和朝鲜都不鼓励海上商业往来，而古代日本在经济上又能自给自足，因而它直到中世纪晚期才有动力出海去发展海外贸易，也直到那时候才有动力发展商船队来开展海外贸易。而且，日本的地理环境和气候对作为一个海洋国家的日本的发展来说具有不确定性。日本的海岸线提供了天然港口和受保护的水域——其中最好的就是内海的海岸线。这对有志于向海洋发展的国家来说是得天独厚的条件。但这些海岸线的大部分地方布满了岩石障碍，冬季风暴和夏季台风也在此肆虐，所以在日本历史上的大部分时间里很多沿海贸易都受到了阻碍。[1]

前现代背景

由于没有来自海上的危及自身安全的挑战，也没有大规模的海外贸易，古代的日本中央政府很少会去考虑海上力量。在接下来的中世纪，在内部派系斗争及内海上广泛存在的私掠巡航中，由各诸侯组织的"水军"（水上部队）构成了前现代日本史上仅有的大规模海军部队。14—16世纪，内海不断发生的海盗战中产生了一些神秘的"水军"战术流派，其中野岛派（Nojima School）和三岛派（Mishima School）是最严密复杂的。这些流派产出的文献可能糅合了日本本土经验、中国古典战术原则（主要依据伟大的军事哲学家孙子的著作）、朝鲜的战术原则和后来的荷兰技术。虽然几个世纪后，现代日本海军分析家声称这些文献为日本独特的适合蒸汽时代的海军作战理论奠定了基础，但它们最初依据的那些遭遇战与其说是"海战"不如说是"海盗战"。它们提出的战术原则自然和日本政府提出的海上力量概念没有任何关系，也没有被任何正规海军实施过。[2]

甚至日本在16世纪的海外扩张也对日本发展成海上强国贡献不大。凶残的倭寇（半商半盗性质）袭击朝鲜和中国的沿海地区，甚至还攻到了东南亚的港口。然而他们的大部分战斗都发生在内陆，他们的战术更多地跟陆战相关，而非海战。在大约16世纪末，日本的最高统治者丰臣秀吉（Toyotomi Hideyoshi）发动了他对朝鲜的入侵，但他为这些军事行动集结的船只更多的是为他的入侵部队提供护航，它们并非海战部队。这些船只缺乏足够的训练和装备，在战斗中被装备更精良、建造技术更好和领导力更强的朝鲜舰队打散了。[3] 只有日本的朱印船为前现代日本薄弱的海洋传统做出了贡献，这种船在日本和中国之间开展尚处于萌芽状态的海上贸易。但随着德川幕府在17世纪早期实施了闭关锁国政策，甚至连这样试验性的海事措施都停止了。

德川封建时代的开始实际上中止了日本的海外航行，并且抑制了这个国家曾拥有的军事航海传统。在接下来的两个半世纪里，对日本将来的海事发展做出最重要贡献的是一个军事精英阶层——武士的巩固。这些武士被灌输的是自律、勇敢、自我牺牲的价值观，这些优点对创建一支现代海军军官团来说是至关重要的。[4]

在其他方面，250年的闭关锁国（与西方只保持最低限度的接触）逐渐使日本在战略和技术上处于严重的劣势。从战略上讲，日本长期的闭关锁国使其无法在远离本国海岸的地方掌握海权和统治权。同样是在这几个世纪里，欧洲的军舰在各大洋上航行，声称拥有遥远的热带海岸线，随后便建立构成新兴海洋帝国重要环节的贸易站、海军基地和海港。到19世纪中期，印度和几乎整个东南亚都处在欧洲人的控制之下。中国的港口到处是欧洲人的商贸活动，欧洲的船只正沿着中国庞大的河流水系向上游前进。欧洲的旗帜开始在太平洋中的众多岛屿上升起。19世纪后期，当觉醒、复兴的日本意识到帝国统治权和海军力量之间强有力的关系时，它的行动范围却不可避免地被限制于附近水域。未来帝国扩张的前景只能集中在日本附近的亚洲大陆领土或毗邻亚洲大陆的地方。这种认识深刻地影响了日本海军思想中的未来战略展望。

很快，日本就被迫吸取了海防对国家安全很重要这一紧要的教训。1853年，由马修·加尔布雷思·佩里（Matthew Calbraith Perry）准将率领的一支美国小型舰队震动了日本幕府官员，使他们认识到在长期忽视海洋后，日本在海上侵略面前极其脆弱。德川幕府只有一些风帆和桨驱动的近海小船以及沿国家海岸线分散配置的过时大炮，懂得现代海战要求的海军人员却一个都没有，所以德川幕府被迫接受了佩里的要求——结束日本顽固的长期锁国政策。

现在，面对西方国家进一步侵蚀日本主权的可能，整个国家——不论是幕

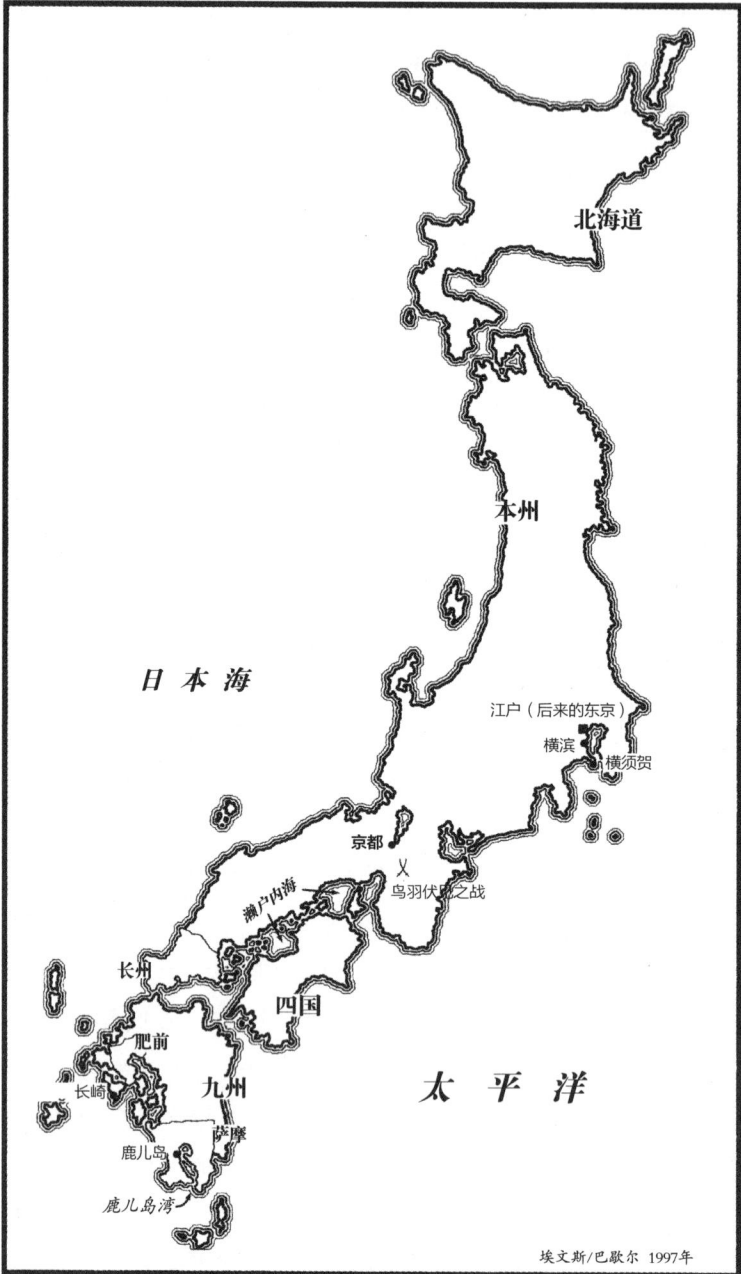

北海道

本州

日本海

江户（后来的东京）

横滨

横须贺

京都

鸟羽伏见之战

濑户内海

长州

四国

肥前

九州

太平洋

长崎

萨摩

鹿儿岛

鹿儿岛湾

埃文斯/巴歇尔 1997年

∧ 示意图1-1. 19世纪中叶的日本

府还是地方大名［尤其是萨摩藩（Satsuma）］——都一门心思投入海防事务中。为了获得西方的海军武器、技术和训练方法，他们匆忙采取各种措施亡羊补牢。19世纪50年代的后5年里，幕府在荷兰的帮助下在长崎（Nagasaki）开设了海军训练中心，又将其他武士送到荷兰接受进一步的训练，并购得了日本的第一艘蒸汽船。1865年，在法国的帮助下，幕府在横须贺（Yokosuka）建立了海军造船厂，该船厂在接下来的10年里根据西方的设计方案建造了一些小型舰船。[5]到19世纪60年代中期，幕府零零散散地获得了一批西式军舰；这些军舰总共有8艘，大部分通过购买得到。它们由风帆提供动力或以蒸汽作为辅助，但操纵它们的人员只会近海航行，且从未接受过作战训练。萨摩、肥前（Hizen）和其他一些半独立的封建领地也有几批同样破破烂烂的舰船，这些破船构成不了现代意义上的海军，只能组成多功能的海事组织，其职能既包括运输，也包括作战。

萨摩藩拥有最大、最好的地方海军，或许是因为它的大名岛津氏（Shimazu，统治萨摩藩的家族）较早地明白海上力量的必要性。佩里抵日不久，萨摩便请求幕府准许自己建造能够在海上摧毁外国军舰的现代海军舰艇。它着手购入西方舰船和机器，在鹿儿岛（Kagoshima）建立了海军中心，并派遣留学生接受进一步的培训。[6]但在国家内部危机愈演愈烈的1863年，甚至连萨摩藩都表现出了海防的弱点：一队英国舰艇闯入鹿儿岛湾，炮击了港口。尽管萨摩的炮台进行了坚决抵抗，英国人还是用炮火烧毁了城市。

等到行将就木的德川幕府封建体制在1868年被萨摩藩和长州藩（Choshu）推翻时，日本武士领导阶层的很大一部分人都将海军视为对日本的未来极其重要的军种，其优先度甚至超过创建强大的陆军。但这样坚定的信念尚未转化为有战斗力的海军力量。在结束了短暂内战（发生在作为新帝国政府象征的明治天皇"收回"政权后）的海军冲突中，冲突双方参战部队在战斗中都表现平平。从西方海军的角度来看，此次冲突中最精彩的本州东北部和北海道附近的交战并没有给予日本多少现代海军经验，因为它们总体上都是舰船之间的拼命肉搏战，而非经过协调的舰队之间发生的炮战。

早期的明治海军：

用途和政策

在明治时代（1868—1912 年）早期，从新生的海军身上既能看到它应该保卫的新国家所存在的问题，也能看到这个新国家所蕴藏的机遇。首先，海军的地位是模糊不清的。新政权的领导人们十分清楚中国曾被欧洲海军力量羞辱过。鉴于日本在德川幕府最后几年里被海军折辱的经历——佩里黑船袭来、西方军舰击败萨摩藩和长州藩——明治政府和之前的幕府一样，起初将海军力量视为国防的重中之重。海军的优先地位在官方提及两个军种时是显而易见的——海军总是被置于陆军之前。海军受到重视部分体现在1870 年突然乐观起来的明治新政府起草了一份宏大的计划。该计划要求建立一支拥有 200 艘舰艇的海军，这支海军将分成10 支舰队，由 2 万名受过训练的人员操纵，将用 20 多年的时间创建完成。但该计划由于其耗费完全不是当时国家匮乏的资源所能承受的，所以于同年被放弃。[7]

虽然日本政府早期非常关心海军力量，但海军起初在官制上与陆军有非常紧密的关系，紧密到它要到 1872 年才被视为明确的独立军种，因为在这一年陆军和海军分别建立了各自独立的行政官厅①。虽然各种官方声明都暗示过海军优先的政策，但该政策实际上在 19 世纪 70 年代前后因为各种原因被推翻了。首先，明治新政府突然面临数场严重的国内叛乱，相较于分散的西方海军压力，这些叛乱给日本的国家安全造成了更直接的威胁。对于镇压这些内部的叛乱，陆军显然比海军更为重要。在 1877 年的萨摩藩士叛乱中，新式陆军征召的士兵在鹿儿岛彻底击败了反叛的武士，而海军只是起到运输、补给和封锁的作用。

在日本政府强有力地镇压国内叛乱，巩固了政权后，鉴于日本和西方工业国有关的军事弱点，日本的国家领导层做出了若干关于 19 世纪 70 年代日本所处战略态势的假设。第一个假设就是日本至关重要的利益被局限于本土的几个岛屿上，即日本人民、国家和国土的存在和独立。因此第二个假设是日本的安全边界的确是由国家的海岸线划定的。所以，考虑到集结一支现代海军的巨大成本，对日本

---

① 译注：即陆军省和海军省。

来说唯一可行的防御姿态便是"守成国防"（意即静态防御），由岸防炮、常备的陆军和可以发挥支援作用、将入侵的敌军驱离海岸的海军部队组成。第三个假设是，由于前两个假设意味着一种旨在把敌人从日本领土上击退的防御措施，那么这个任务的主要责任就落到了日本的地面部队肩上。因此日本的国防建设就应该是"陆主海从"。具体来说，这意味着陆军应该全权负责日本的国防。[8]

这些论证基本上都是由陆军的人做出的，他们大部分都来自在政府内占据主导地位的长州派。总体而言，长州派的领导人在指导国家政策、获得政府资金以及增强陆军在政府中的地位方面比明治早期的海军领导人更具政治手腕。第一代海军领导人主要是来自幕府的留任官员，他们缺乏必要的政治精明来增进海军在官吏任用和经济预算上的利益。海军中的萨摩人正在积聚他们的力量，但他们在政治上没有影响力，而且代表的是一个弱小且前途未卜的新军种。因为所有这些原因，政府的意见开始发生变化，转而支持给予陆军首要地位和军费中的最大头。1878年，随着独立的陆军参谋本部的建立，此时没有独立参谋机构的海军开始沦为从属角色，这样的地位一直持续到19世纪90年代。

虽然海军无论在法律意义上还是从机构角度上来讲都不从属于陆军，但实际上缺乏独立的参谋机构（区别于海军省）使海军在地位上明显不如陆军。1878—1886年，海军的部队指挥、战略规划和行政职能都归海军省管，因循的是英国模式。1886年，独立的海军参谋机关成立，但一直都被置于陆军参谋本部之内，直到1889年才再度成为海军省的一部分，使陆军参谋本部成为唯一负责战略规划的独立机构。[9]

军舰、征兵和训练

从实力上来说，明治早期的日本海军就是一堆被随意扔在一起的船只组成的乌合之众。它的核心由旧幕府海军最好的部队、各藩（尤其是萨摩藩）贡献的军舰组成。萨摩藩为帝国的海防事业贡献了一艘装甲撞角战舰（最初是为美利坚邦联①

① 译注：美国南北战争时的南方势力，由南方各蓄奴州联合成立。

所造）、1 艘木制炮艇、1 艘木制护卫舰、4 艘明轮船（均用蒸汽动力作为辅助），以及 4 艘旧式的帆船。这些舰船大部分都购自不同的西方国家，装备很差，亟须修理和改装。它们加在一起几乎都称不上是一支舰队，因为它们速度和性能都各不相同，船上的官兵又缺乏战斗经验，这些缺陷使它们根本不可能共同行动。

　　甚至在日本海军开始添置第一艘蒸汽辅助推进的军舰后，它在 19 世纪 70—80 年代基本上还是一支岸防部队。它最初的实际指挥部是名曰"镇守府"的地方行政区，每个镇守府都包含总司令部、船坞、修理和建造设施以及煤炭和补给仓库。1875 年，日本海军的军舰还不是很多，它的 16 艘舰只就被平均分给两个仅有的这种军区：一个在日本东部，以横滨（Yokohama）海军基地（后于1884 年迁至横须贺）为中心；还有一个是长崎的西部军区。初创的日本海军舰队的舰船就是从这两个基地出发开展了它们的首次训练活动和海岸巡逻。[10] 在随后的日子里，随着日本海军规模的壮大及其复杂度的增加，日本的岸防被划分给更多的镇守府。

　　从专业角度来讲，早期日本海军官兵的素质比他们的那批乱七八糟的舰船高不了多少。新海军的领导层在刚开始时肯定是不太合格的。日本陆、海军比新政府的其他部门更能反映出维新领导人的乡村出身和封建阶级制度（在这个体系中武士垄断了几个世纪的军职）。正如以前长州藩的人把持了明治早期的陆军，萨摩人也控制了新式海军。大部分人是凭借他们的阶级出身和所在藩的影响力获得职位，而非海事经验。很少有人懂得飞速发展的技术和现代海军官僚制的复杂性。事实上，一些早期明治海军的领导人从未出过海。1873—1878年的海军大臣胜海舟（Katsu Awa）是幕府政权的旧臣，以他的外交技巧和学问而闻名。但没有人（可能他自己除外）称他为"海员"。操船的普通士兵们对海军生活的准备也不比他们的长官好多少。由于缺乏强大的海上传统（到此时为止是这样）以及强烈的现代国家意识，对海洋非常熟悉、对纪律严明的兵役非常有经验的人在日本并不是很多。

　　要不是因为极佳的地理位置和恰当的时机，人员和物质上的这些落后状况本会给日本海军部队的现代化造成巨大的障碍。由于日本在 19 世纪 50—60 年代被迫开放之前的锁国政策给自己带来了技术劣势，它面对西方优势海军的挑战确实显得虚弱无力。但是由于西方的注意力都在中国，日本又远离西方海军强国，处在东亚最远的角落，这些因素给日本争取了额外的时间。

从长远来看，日本重新恢复与西方世界的关系对它极为有利，因为这正好发生在西方工业制度开始彻底改变交通、通信和生产方式的时候。日本因此能够直接利用西方的技术进步，而无须经历发生在欧洲工业崛起前的漫长科技革命。西方国家也没有对技术进步进行保密，虽然它们试图遏制技术的传播，但技术还是飞快地在大陆之间传播，很少或没有受到限制。因此，海军技术快速而又革命性的变革——新型造舰材料的发展、武器和装甲的进步以及新型推进系统的发明——在欧美刚出现就可以被日本获得。同样重要的是，日本和英国海军不一样，没有背负过时装备的负担，也没有被坚持陈腐观念的领导人（除了几个明治早年的遗老）扼杀。就像日本海军没有对它本可能不愿抛弃的大量木制战舰进行投资一样，它的人员总体上也不墨守成规。[11]

对日本来说幸运的是，明治早期一些有进取心和影响力的军官在认识到19世纪中叶的海军技术革命使得技术的竞争力和传统的航海技能一样重要后，很快便利用了这种形势。正是因为认识到这一点，同时认识到国家经济和物质资源非常有限，日本早期的海军领导人把重点放在了教育和培训军官上，而不是获得更多的舰艇。[12]

训练一支现代军官团的第一步是建立一所类似于西方海洋国家海军学院那样的学校。1869年，日本海军在东京的筑地（Tsukiji）滨海区建立了这样一所学校，并于1888年将其迁至位于内海、距离广岛不远的江田岛（Etajima）。在平均为期4年的学习期间，学员在"日本海军兵学校"①学习海军学的各种科目，例如船艺、航海学、炮术以及普通教育科目。训练重视身体素质和韧性，并强调忠诚、礼貌、勇敢和简朴这样的日本传统军事价值观。最终，用亚瑟·马德尔（Arthur Marder）的话来说，海军兵学校要培养出"具有无可争议的专业竞争力、狂热勇

---

① 译注：英文原文"Imperial Naval Academy"直译为"帝国海军学院"。考虑到中日两国在书面语言上都使用汉字，为避免二次翻译（日→英→中）带来的麻烦，译者对本书绝大部分涉及日本海军的专有名词（包括部队名称、战略战术名称、重要文件名称等）一般都直接使用日文原始称呼，而不从英文转译或另做翻译（不好理解或与现代汉语意思出入较大的除外）。

气以及非凡活力"的军官。[13]

与建立训练海军未来军官的设施同样重要的是，日本海军开创了一套竞争考核、择优录取而非根据阶级和地区进行挑选的军官招募制度。竞争考试制度在一个起初被来自萨摩藩的前武士所把持的军种中是一项尤其重要的考量。新式海军几乎从一开始就采取措施改革军官团的招募。1871 年，政府宣布海军兵学校面向普罗大众招生，录取基于竞争性的考试。虽然学校起初很难吸引平民报考，但从建校第三十年开始，候补军官已经从全国录取了。因此，尽管"萨摩派"在整个明治时代的海军高层仍留有巨大影响力，并且这种影响力还一直延续到大正时代（1912—1926 年），但出身萨摩藩的军官在整个日本海军中所占的比例已经相当低了。[14]

在开始建立职业军官团的同时，日本海军还采取类似的措施训练将要操纵未来日本海军舰艇的水手和下级军官。与陆军不同，海军起初避免采用 1873 年的普遍征兵法令，相反，它要找的是志愿兵而非义务兵。它明显偏好那些对海洋已经有所了解的人，尤其是年纪在 18—25 岁之间、能吃苦耐劳的渔民们的儿子。后来随着海军规模的扩大，它既招收志愿兵，也征集义务兵。海军对应征人员的最初训练重点必然是培养团队精神并灌输忠君爱国的思想，同时重申了勇敢和服从之类的日本传统军事美德。教官们通过以身作则，通过训诫天皇意志的至高无上，还通过在授课中讲述国家历史传统，在士兵队伍中树立了令世界各国海军羡慕不已的道德标准——纪律严明、自我牺牲和忠于职守。一位评论家指出，日本后来在海上的胜利既来自海军的舰艇战斗力或火炮口径，也来自日本普通水兵的训练和士气。[15]

以英为师

虽然加强最广义上的日本军事传统被视为提高官兵战斗力的基础，但新式海军在成立之初显然必须依赖西方模式。获得现代海军知识需要这种模式，在当时还是一支混乱的海军部队中强制推行统一的操作规程也需要这种模式。在日本寻找这样的模式时，英国因为其过去和当时的海上霸主地位成了合乎逻辑的选择。而且向皇家海军学习是有不远的历史先例的。1863 年败于英国人之手后，萨摩藩快速吸取教训，选择了英式海军规程作为其海军部队的训练标准，并在与幕府的对抗中获得了英国的支持。至于幕府，它在明治维新前短暂地招待过一个两人英国海军使团。在明治时代早期，当新政府决定开始实施一项更宽泛的外国海军指导计划时，它再度向英国求援。1870 年，日本天皇下诏敕令日本海军的发展要以英国为模板。3 年后，应日本政府的请求，一个 34 人的英国海军使团在阿奇博尔德·道格拉斯（Archibald Douglas）少校的率领下抵达日本。道格拉斯在筑地的海军兵学校执教数年。虽然他显然并不掌握最前沿的海军技术，但他率领的使团却实实在在地促进了日本海军的发展。这个使团在日本一直待到 1879 年，它毫无疑问在日本海军内部牢固地确立了英国的传统，从航海技术到制服的风格和军官的态度都是如此。[16]

然而到 19 世纪 70 年代末，日本海军却开始摆脱对国外大型援助使团的依赖，这种趋势既是由经济方面的原因所致（毕竟大量外国人的服务是昂贵的），也是国家自信心上升的缘故。而且从国外接受过培训的年轻日本人也回国了，带来了关于西方技术和制度的专业知识，有了这些知识，就不需要大型外国技术代表团了。因此，在一战后英国协助日本海军航空兵早期的发展之前，道格拉斯使团便是日本海军最后的大型外国使团了。虽然日本人充分认识到了解西方海军技术最新发展成果的必要性，但此时它对外国海军顾问的引进在数量上和国籍上有更多选择。由于海军技术的快速发展以及对海军战术课程产生的冲击，这些为数不多的外国顾问的建议还是对早期日本海军的战术思想产生了深刻的影响。

当然，直到英国皇家海军少校 L. P. 威兰（L. P. Willan）的到来，现代海军思想才开始在日本海军中被激发出来。1879 年，威兰被任命为海军兵学校的教员，受雇讲授炮术和航海术，同时他还是螺旋桨护卫舰"筑波"号（Tsukuba）的炮术教官。在海军兵学校里，威兰向 31 名海军学员教授当时的海军战术。这些人当中就有岛村速雄（Shimamura Hayao）、加藤友三郎（Katō Tomosaburō）、吉松茂太郎（Yoshimatsu Shigetarō），他们注定要在将来的日本海军院校里以教官的身份影响旧日本海军现代战术的发展。在威兰担任海军兵学校教官的 6 年里，他编写了关于海军战术的若干书籍，这些书籍在数年后均被翻译成日文。在这个过程中，它们成了有关现代战术和舰队调动的最早文本。[17]

　　但真正使日本海军认识到现代海军专业性的技术要求和战术进步的还是约翰·英格尔斯（John Ingles），这一点其他任何外国顾问都比不上他。英格尔斯1887年来到日本时适逢海军大臣西乡从道（Saigō Tsugumichi 或 Saigō Jūdō）决定针对海军中最有前途的军官建立一个高级培训中心。高等士官学校于1888年在筑地向第一批被遴选出来的军官敞开校门，并很快更名为海军大学校[①]。该机构是日本海军中研究战术和战略思想的最重要中心，其扮演的角色等同于西方国家的海军战争学院。

　　英格尔斯上校既被任命为新学校的教官，又担任日本海军总体现代化的顾问。履职后不久，他开始对日本的海军制度进行缜密的分析。虽然他对日本海军在海上和岸上的良好秩序和纪律感到满意，但他对日本海军的作战能力以及军官的战术能力的印象就不那么好了（这也是可以理解的）。英格尔斯和海军大臣西乡从道争论，称发展一支现代海军意味着要逐步淘汰风帆舰只，代以用蒸汽驱动的军舰。而且，对一线军官的高级培训应该包含现代科学实际应用的全面基础知识，特别是数学和物理学。还要训练熟悉蒸汽时代技术的技术军官。英格尔斯的建议立即得到采纳。技术的科学基础知识既成为进入海军大学校的必要条件，也成为被海大录取的学员要学习的高级培训科目。另外分设的海军机关学校还提供高级技术指导。[18]

　　英格尔斯在海军大学校工作期间（1887—1893年），让日本人从英国海军那里通晓了各种不同的技术资料，遴选出来在英国海军学校接受训练的低级军官又为其提供了补充。虽然英格尔斯对日本海军的技术教育做出了巨大贡献，但他对日本海军的作战能力发展做出的最大贡献是他在1889—1892年向海军大学校的2—4年级学生讲授的一系列现代海军战术课程。这些课程的内容涵盖了各种不同的科目——现代蒸汽舰队的组织、队形、调动、战术，以及封锁、对

---

　　① 译注：英文原文"Naval Staff College"直译为"海军参谋学院"。本书直接取日文原始称呼，而不从英文转译，原因如前所述。另外，"海军大学校"的断句应该为海军/大学校，意思不能望文生义地理解为很大的海军学校，而应该是海军的高等学校。日本只有归文部省管理的高等教育机构能被称为"大学"，政府其余各个省厅以及（旧日本）陆海军为培养干部、教授专业知识以及研究技术而设立的高校只能称为"大学校"。今天的日本自卫队开办的也是防卫大学校。

陆地要塞的压制射击——最终于 1894 年在日本被结集出版，题为《海军战术讲义录》。[19]

从风帆到蒸汽：
购置现代军舰

当英国人向明治时代的日本海军官兵介绍现代航海术、海军学和战术的基本原理时，日本海军也着手购置它的第一批现代军舰。由于日本的船坞和海军造船方面的专业知识不够先进，无法建造这类舰船，日本政府便把订单发往国外，并且毫不奇怪地发往了英国。"扶桑"号（Fusō）铁甲巡防舰、"金刚"号（Kongō）和"比叡"号（Hiei）装甲护卫舰是首批在海外专门为日本海军建造的军舰，于 19 世纪 70 年代在英国下水。这些军舰均由杰出的海军造船师爱德华·里德（Edward Reed）爵士所设计，由蒸汽驱动，是当时品质上乘的三桅杆舰船。由于日本人的航海和技术能力仍然不过关，这 3 艘军舰完工后由英国船员开回日本，只有少量日本人在舰上［其中一位叫东乡平八郎（Tōgō Heihachirō），在"比叡"号上；他是日后对马海战的胜利者］。这些军舰一到日本，就为日本官兵提供了操纵蒸汽军舰的重要经验。这些造舰计划也让日本海军的造舰新手们有机会去英国学习英国人的技艺，并实地观察当时军舰的建造方法以及可选择的武器和防护。在这些被挑选出来接受培训的年轻造船师当中就有将来日本海军的造舰之父佐双左仲（Sasō Sachū）。[20]

到 19 世纪 80 年代中期，日本开始逐步淘汰舰船上的风帆，并将资源投向蒸汽驱动军舰的建造。虽然日本海军船坞还不能从龙骨开始建造大型军舰，但已经开始向建立海军军事工业迈出第一步。日本海军在东京的筑地和横须贺建立海军工厂，这两座工厂都是在明治维新之后从幕府手里接管的。1882 年，日本海军决定停止建造木制战舰；1884 年，在进口了必要的机器，并从英国暂时雇用了若干技术工人之后，横须贺兵工厂已经可以生产一些普通大小的铁制战舰了。筑地兵工厂在 1874 年的时候还在修理船只和火炮，而到 1882 年时开始在日本生产少量的"西式钢铁"。同时，日本还建立了一些小型造船企业，这些企业是后来大型造船公司石川岛（Ishikawajima）和川崎（Kawasaki）造船厂的前身，它们最初的繁荣就是得益于日本海军订购火炮、鱼雷、机器和小型军舰的合同。在甲午战争（1894—1895年）前几年，这些企业加快了对这些商品的生产，但在明治时代的大部分时间里，日本国内的海军舰船主要是在海军船坞和海军工厂里建造。私人企业的海军舰艇建造量只在明治时代结束时才快速增长。[21]

到19世纪80年代，日本的造船师已经具备足够的专业知识去就造舰合同进行谈判。5年后，佐双左仲和另一位造船师处理了在英国建造二级钢甲板巡洋舰"浪速"号（Naniwa）和"高千穗"号（Takachiho）的全部交易。这两艘军舰的排水量均为3650吨[22]，航速能够加快至18节，有2—3英寸①的甲板装甲，配备10.2英寸的克虏伯火炮作为主炮，一门在舰艏，一门在舰艉，都装在露天炮座上。两舰在设计上大同小异，不过实际上都优于英国著名的埃尔斯维克（Elswick）防护巡洋舰。它们一抵达日本，英格尔斯上校便宣称它们是世界上最好的防护巡洋舰。[23]

虽然这两艘英国建造的军舰都有着卓越的设计，但在19世纪80年代后半期，日本曾短暂地向法国订购过军舰。当时似乎有充分的理由这么做。作为一个新兴国家，日本很自然地希望通过给予各海军强国造舰合同来与它们保持良好关系。而且日本自德川幕府时代起就与法国打得火热，在19世纪60年代末和70年代初，法国的海军造船师就曾帮助日本在横须贺建立了日本最重要的海军船坞。此外在19世纪80年代，由于杰出的法国海军造船师白劳易（Emile Bertin）的出色工作（这是主要原因），法国曾暂时在军舰设计上领先于英国。最后在19世纪80年代，热纳·埃科勒（Jeune Ecole）突然在战略和战术上产生了很大影响力。[24]法国的这一海军非正统思想流派主张建立一支由小型快速军舰（尤其是以商船为目标的鱼雷艇）组成的海军。它认为这样的一支海军部队更具战斗力，并且成本远低于笨拙缓慢的主力舰队。当法国的鱼雷艇在中法战争（1883—1885年）中很快击沉一艘中国的巡洋舰时，热纳·埃科勒的想法似乎

---

① 译注：英国用长度单位，1英寸约合2.54厘米。

在东亚海域得到了证实。

因此，热纳·埃科勒的理念对日本海军领导人产生了明显的吸引力，后者很快对鱼雷艇大为关注，认为它是日本国防的理想武器：它价格便宜，易于在日本列岛部署，而且在一些海军人士看来，它与日本的尚武精神极为契合。[25] 于是，1882 年国会通过的首个海军扩充法案要求在 8 年的时间里建造一支由 48 艘舰船（后削减为 46 艘）组成的舰队。在这些舰船中，有 22 艘是计划在国外船坞组装的鱼雷艇，它们将被拆解装船，运回日本重新组装。剩下的军舰主要是日本这时向法国购买的巡洋舰。

日本政府下一步的合理措施便是邀请著名的白劳易来日本签订为期两年的合同，指导日本海军的军备扩充并监督海军兵工厂的选址和建造。[26] 白劳易最让日本海军铭记的莫过于他设计的"三景舰"，之所以有此称呼，是因为该级 3 艘军舰——"松岛"号（Matsushima）、"桥立"号（Hashidate）以及"严岛"号（Itsukushima）分别以日本著名的"三景"（即"三个景点"）命名。三舰于 1888 年开工，全钢建造，排水量 4000 多吨，最高速度 18 节，配备 1 门加耐特火炮作为主炮，装在舰艏（"松岛"号装在舰艉），两侧炮座上共装有 11 门 4.7 英寸速射炮作为辅助火力。这种奇特的设计是企图以最小的成本与中国北洋舰队购买的几艘德国设计的重型军舰相匹敌。

不过，一项最近的研究指出：这些军舰总的来说并不成功。它们的设计速度从未达到，它们的锅炉也被证明并不可靠，全舰为单门大炮（当时世界上威力最大的火炮之一）牺牲了太多（尤其是装甲防护）。最糟糕的是，事实证明加耐特火炮本身不仅笨拙、难于开火，而且还加剧了"三景舰"适航性不佳的问题。此外，当火炮向一边瞄准时，它 65 吨的重量会让船侧倾，使其难以获得合适的射角。这些缺陷最终在战斗中明显地表现了出来。[27]

然而，如果说"三景舰"的设计总体上是有缺陷的，那么在舰上安装如此多的小型速射炮却是设计上的神来之笔。这又是日本有幸可以利用西方研发的最新海军技术的一个典型例子。在西方，速射炮的问世带来了炮架和炮闩系统的改进。它能在不到 50 秒的时间里射出 10 发炮弹，而老式火炮射出同样数量的炮弹却要 5 分钟。虽然新式火炮并不被指望能穿透主力舰的中央装甲带，但

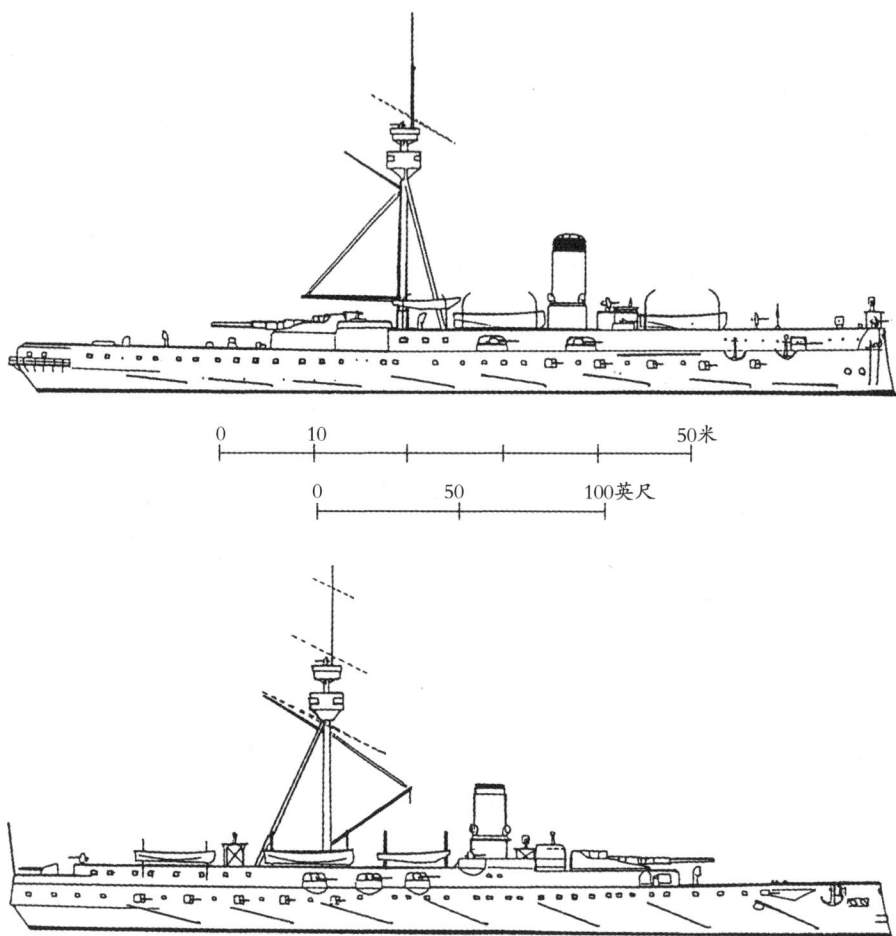

0　　10　　　　　　　　　　　　50米

0　　　　　50　　　　100英尺

∧ 示意图1-2. "三景舰"中的"松岛"号巡洋舰（上）和"桥立"号巡洋舰（下）

速射炮的支持者预见到爆炸的炮弹将把一艘装甲舰的"柔软"部分打得千疮百孔，其所产生的累积效应或许能造成严重破坏。这些推测说服了海军大尉山内万寿治（Yamanouchi Masuji，后来成为海军的首席武器专家），使其强烈要求采用速射炮。于是在1888年，经过对新火炮的大量试射，海军武器委员会下令在正在建造中的3艘"三景舰"上安装120毫米口径速射炮。这个决定带来了好运，因为当这些速射炮在 7 年后向对手怒射时，它们造成了毁灭性的破坏效果。[28]

"三景舰"是日本海军给法国海军造舰师的最后一笔大订单。1892 年，海军又回头向英国人订购了 4150 吨的"吉野"号（Yoshino），该舰在埃尔斯维克公司建造。它的 12 门速射炮对它这样大小的舰船来说是令人生畏的武装，而它的 23 节航速使它成为当时世界上最快的巡洋舰。[29]

19 世纪 80 年代，日本海军也开始集结它的鱼雷艇编队。有趣的是，日军打造鱼雷艇编队的第一步是要购买一艘在大小和性能上都比所属时代领先 10 年的战舰。购自英国的"小鹰"号（Kotaka）排水量为 203 吨，在 1888 年下水时是当时最大的鱼雷艇，也是 10 年后出现的鱼雷艇驱逐舰的前身。"小鹰"号被拆卸装船运输，后在横须贺被重新组装，最高速度有 19 节，装备 4 门 1 磅速射炮[①]和 4 具鱼雷发射管（2 具在舰艏，2 具在舰艉）。[30] 它搭载 14 英寸施瓦茨科夫鱼雷，这种鱼雷能以 22—24 节航速航行 400 米。[31] 日本海军没有继续订购类似设计的舰艇。1882 年扩充计划里订购的余下大部分鱼雷艇都是法国建造的，尺寸比"小鹰"号小得多，但航速要快几节。然而，1899 年对"小鹰"号进行的一系列试航和操练显示该型军舰可以发挥的作用远不止近海防御，它还能够在公海上伴随大型军舰。[32]

除了获得鱼雷艇技术，日本海军还在鱼雷训练上取得了进展。1870 年，一些正在英国受训的海军军官奉命开始对英国海军正在研发的自力推进的新式怀特黑德鱼雷[②]进行专门研究。他们一回国，就于 1886 年在横须贺帮助建立了鱼雷训练中心。[33]

所以，到 19 世纪 90 年代，日本海军由一支数量不多但持续增加的轻型快速军舰组成，这些军舰基本上都没有装甲，但武装强大，有些还被评为同类舰艇当中的世界第一。在建立这样一支海军的过程中，日本人有意放弃了以大型战列舰队为目标的采购方案，这部分是因为这样做的耗费超出了政府所拥有的资源。另一个原因是，面对国际海军界关于主力舰与装备了鱼雷和速射炮的轻

---

① 译注：磅数是英制武器口径的表示方法之一，1磅速射炮的口径为37毫米。
② 译注：以该型鱼雷发明者罗伯特·怀特黑德的名字命名，也译作"白头鱼雷"。

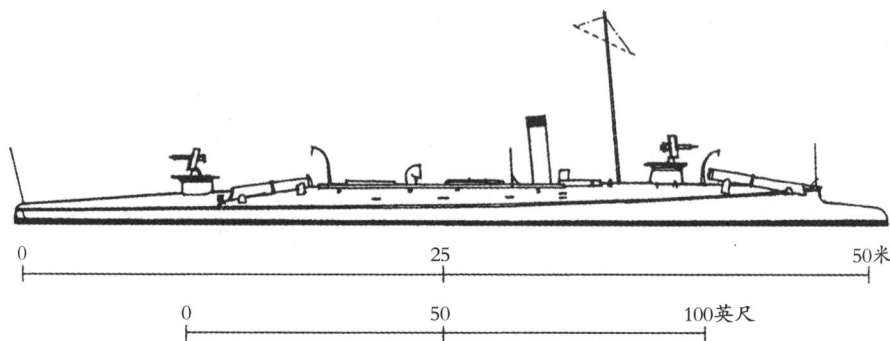

∧ 示意图1-3. "小鹰"号鱼雷艇

型军舰两者孰优孰劣的激烈争论，日本人采取了审慎的态度。作为妥协，日本海军采纳了用少量大口径炮辅以大量中型速射炮的设想作为取胜之道。[34]

海国日本：

日本海军获得军备扩充支持

　　能集结起这样一支舰队是因为政府和公众越来越支持海军。而且，日本海军内部的制度改革也为这种现代化的举措赋予了目的和方向。19 世纪 80 年代，公众虽然并未深刻理解海权的要求，但对它的兴趣却日益浓厚。这种兴趣部分缘于对扩张领土的热情，而这种热情又缘于日本对以下邻近岛屿领土主权的澄清：千岛群岛（Kurile Islands）、琉球群岛（Ryukyu Islands）和小笠原群岛（Bonin Islands）。对这些领土的征服于 19 世纪 70 年代基本完成，确实把日本的注意力引向了海外，并激发了公众的一种想象：在太平洋以外的地方获得领土。[35] 在 19 世纪最后 25 年里，列强在世界范围内的领土吞并浪潮使日本人逐渐认识到帝国扩张和国家实力之间的关系，而这种认识又鼓励了日本人的对外扩张观点。日本在太平洋上实力不足的问题很快因为突然开始的欧洲国家对太平洋上剩余岛屿领地的争夺而暴露出来。而这个弱点又因为以下种种令人不安的迹象而变得严重：至少有一些日本的舰船在设计上存在缺陷或由经验不足的舰员操纵，国家的海上贸易可悲地依赖于外国的商船。[36] 在 1885 年左右，这些担忧刺激海军发言人发动了一场以"海国日本"为口号的宣传运动，寻求通过增强海军实力和组建一支现代化商船队来彰显日本在西太平洋上的存在。该运动所激发的公众热情有助于在政府内部为海军的现代化和扩军提供重要支持。

然而，在 19 世纪 80 年代还有更直接的动力促使公众和政府去支持海军。日本觉察到统治中国的王朝尽管在内忧外患中摇摇欲坠，却对日本在东亚的领土野心构成了一道巨大的障碍。到 19 世纪 80 年代中叶，日本对朝鲜的扩张兴趣以及中国遏制这种兴趣的决心引发了一场危机。在这次危机中，日本和中国通过高层的外交妥协才勉强避免了战争的发生。但 1885 年日本和中国在天津签订的协议只是推迟了不可避免的中日对抗，两国在接下来的 5 年里都在为此做准备。

地理环境使即将到来的冲突在陆地和海洋上都会发生。为了在亚洲大陆获得一个立足点，日本需要在朝鲜半岛投入较多的陆军部队和足够的海军力量来保护陆军及其与朝鲜海峡对岸的本土之间的联系。中国这边则需要一支能够恫吓日本，并在必要时可以阻止其远征计划的海军。在 19 世纪 80 年代早期被法国的海军羞辱过后，中国便向国外求助以建立这样一支海军。为此，中国最强的区域海军部队北洋舰队购买了德国造的"定远"号和"镇远"号两艘战列舰。

在装甲和武装上，这两舰优于日本拥有的所有军舰。1891 年年初，当中国军舰造访日本港口时，海军和公众都深刻地认识到了这一点。北洋舰队的提督丁汝昌在一次访问中带领了 2 艘战列舰、4 艘其他军舰到日本。这些中国战列舰的大炮在长崎和横滨附近的出现明显使日本公众感到惊恐。但横滨海军基地的司令官①东乡平八郎大佐却在登上"定远"号时对肮脏凌乱的舰船以及散漫无纪

① 译注：原文如此，东乡当时的职务应为吴镇守府参谋长。

律的舰员风貌印象深刻。然而日本海军的参谋机构却忧心忡忡地命令参谋斋藤实（Saitō Makoto）大尉去研究中国军舰的战术和技术问题。他的结论是日本海军需要具备类似装甲和武装的舰船，这促使海军大臣也谋求获得 11 艘这样的军舰，但这个要求被内阁以资金不足为由驳回。

由于日本在 19 世纪 80 年代缺乏资源、设施和意向去购置类似吨位的军舰，它最后还是订购了白劳易的"三景舰"。这 3 艘巡洋舰在重炮和轻型装甲的布局上做了妥协，日本海军计划用它们来对抗中国的战列舰。头两艘新舰在 1891 年年末抵达横滨，横滨为此举行了特别的庆祝仪式，大批民众热烈欢迎两舰的到来。对他们来说，"松岛"号和"严岛"号在横滨的出现至少有助于恢复他们对日本海军实力的信心。[37]

山本权兵卫和人事改革

在 19 世纪 80 年代，与公众的大力支持相匹配的是，日本海军塑造职业、机构认同以及改善其政治地位所获得的成效越来越大。这些举措始于逐步加快的人事改革。当 1872 年陆军省和海军省成立时，海军省主要是一个文官机构，里面很少有人具备海洋的知识。在接下来的十几年里，日本海军的指挥系统是松散的。由于海军省与舰艇部队都不懂对方组织和专业方面的知识，双方的沟通很差。这种状况在 1884 年得到改善，这一年仁礼景范（Nire Kagenori）少将离开舰队司令的岗位去主管海军省的海军参谋部，随身带来了一大批有着丰富海上经验的军官，包括一些海军兵学校的毕业生。这一转变标志着日本海军上层向职业化迈出了第一步。

不仅如此，事实证明，海军省（经过重组且官僚机构得到过加强）新任海军大臣西乡从道在争取海军利益方面起到了至关重要的作用。此人分别在 1885—1886 年、1887—1890 年、1893—1898 年担任海军大臣，虽然没有专业的海军背景，但他在萨摩派的地位以及他受人敬仰的声誉使他在政府内部有着巨大的影响力。西乡从道对日本海军最大的贡献就是他对那些致力于海军现代化的青年军官给予了支持和鼓励。在这些人当中，对日本崛起为海军强国至关重要的人就是山本权兵卫［Yamamoto Gombei 或 Yamamoto Gonnohyōe，和二战时

∧ 职业生涯中期的山本权兵卫

的海军将领山本五十六（Yamamoto Isoroku）没有关系〕。他40年的职业生涯
在很多方面和英国海军的伟大改革者"杰基"·费舍尔（"Jackie"① Fisher）相似。
山本权兵卫凭借如喷灯一般充沛的精力、专一执着的奉献精神和高超的政治手
腕，在海军裁汰冗员，与陆军争夺公众的注意力和政府支持，并劝说日本国会

---

① 译注："Jackie"一词在美国俚语中有"水兵"的意思。

为主战舰队提供资金。在此过程中，他积聚起巨大的权力和影响力，从海军少尉晋升为海军大臣，最终两次出任日本首相。可以毫不夸张地说，明治后期的日本海军在用途、构成和军备上都称得上是山本权兵卫的海军。

山本权兵卫是第一位（也是最重要的一位）下决心要加快明治海军现代化变革步伐的海军专业人士，甚至愿意冒险削弱萨摩藩在海军中的主导地位。他开始崭露头角是在19世纪80年代早期担任"浅间"号（Asama）护卫舰炮术长的时候。由于他出色的工作，日本海军将"浅间"号定为海军的炮术训练舰船，并采用他的炮术专著作为舰队的正式炮术训练手册。19世纪80年代，在担任过几次舰长、参加过几次海外旅行后，山本权兵卫优秀的专业素质引起了桦山资纪（Kabayama Sukenori）的注意，任命40岁的他担任海军省官房主事①，主要负责人事。在西乡从道的全力支持下，他开始在这个职位上行使在海军中的大权。山本的主要目标是清除海军各级部队中那些年龄较大、专业素质较差的军官，他们阻碍了在军校受训且更有能力驾驭新式军舰技术的青年军官的晋升。明治海军在提高效率和专业能力上做出的最重要举措便是山本权兵卫在1893年的人员裁汰措施。这种改组向海军上层的萨摩"遗老"体制提出了挑战，并使一批自1895年开始影响日本海军战略、战术和技术发展的青年军官获得晋升。而这仅仅是一系列大刀阔斧改革的开始。[38]

海军为争取战略地位所做的斗争

在努力培训海军军官团专业素养的同时，山本权兵卫为争取海军的头等地位而开始向海军的对头发难。他的这种行为开启了在19世纪末期愈演愈烈的军种间冲突，这种冲突一直延续到20世纪，最终在第二次世界大战酿成灾难性后果。冲突的原因是多方面的（职业傲慢、古老的藩国对立所产生的互相猜忌、对公众注意力和财政预算支持的争夺以及战略观点的实际分歧），而且错综复杂，以至于在回顾旧日本海军的历史时，历史学家很难把它们分割开来。

————————

① 译注：相当于海军省秘书处主任。

　　山本权兵卫在 1891 年来到海军省上任时，海军在职能和组织上仍然处于明显的次要地位。海军被分配的任务是负责日本的**海防**，而陆军则负责**国防**（整个国家的防务）。所以，陆军参谋本部的参谋总长①是陆、海军的参谋总长。海军最初地位比陆军低的原因还在于两军参谋班子的整合把两种截然不同的参谋制度模式放到了一起——海军的英国模式强调参谋部要服从上一级官僚机构的控制，而陆军的普鲁士模式则强调陆军的独立地位及其与王权的直接联系。所以这一事实并不是巧合：陆军参谋本部的参谋总长是一位大将，并且是皇室成员；而海军最初的参谋总长只是一介少将。得到海军内部各级官兵支持的山本权兵卫决心推翻这种官僚制度上的不平等以及潜藏在其背后的战略假设。他的目标是创立一个独立的海军参谋部，而他工作的重点是制定管理战时联合大本营（以下简称大本营）的条例。在制定条例的问题上，（海军）与陆军最直接的争执是要不要采用统一的指挥部：按陆军设想的那样，建立一个在战时负责统一指导陆、海军作战的总参谋部；或者是像海军所坚持的，建立两个军种参谋部分立的一套双重指挥体系，各自负责指挥自己的军事行动。这一争议说明存在着一个困扰日本国防数十年的基本战略问题：日本国防中的决定性冲突是发生在陆地上，因而把保卫日本国家安全的主要责任交给陆军（**陆主论**）；还是鉴于日本作为岛国的基本地理和经济考量，把海军战略放到首位（**海主论**）。[39]

　　陆军的观点是国家基本上是由领土、人民和政府这三部分组成的，因此国防的最终目标便是保护这三大要素。所以即便海军被消灭，国家的贸易因为失去制海权而被切断，只要它的土地和人民在军队的保护下还是安全的，那么国家就不会受到致命损害。海军自然对这种战略观点嗤之以鼻，自明治时代早期就一再坚持认为日本作为一个岛国，其切身利益包含海外交通线和贸易。因此，海军最温和的观点也认为国家安全取决于陆军和海军两股力量的充分发展，用当时的话来说便是"两翼两轮"。[40]

　　在阐述寻求战略重点平衡的观点时，山本权兵卫也着力为建立一个地位相

---

① 译注：此为日文称呼，相当于其他国家的总参谋长。

当于陆军参谋本部且独立于它的海军参谋部奠定战略基础。当然，在对战时大本营条例进行激烈讨论的时候，不愿意看到自己权力被削弱的陆军固执地坚持没有必要在日本的国防机构里建立两个参谋本部。海军省反驳称陆军对海军的作战根本缺乏足够的了解，无法监督其实施。最终在 1893 年，在明治天皇的要求下，陆、海军达成了妥协：建立独立的海军参谋本部（海军军令部），它有权直接面见天皇，但其参谋总长的职责则局限于海岸防务。陆军参谋总长仍然全权负责战时的日本陆、海军军事行动。这样的安排让陆军继续处于上级指挥地位，但它管理海军事务的权力被削弱，而且变得不那么明显了。[41]

甚至到暂时达成这个妥协的时候，任何反映出海军在组织上和战略地位上不如陆军的官僚制度安排对海军的发言人和宣传员来说都是可憎的。事实上，像山本权兵卫这样的海军军人已经不再满足于与陆军平起平坐，而是准备奋力争取海军在战略地位、预算分配以及战略任务上的首要位置。

日本海军之所以重新有信心挑战国防事务现状，主要是因为他们发现了令他们感到兴奋并陶醉的海军至上主义学说，即建立在庞大战列舰队基础上的海权对国家的强盛至关重要。这样的学说通过当时的理论家——如科洛姆兄弟（Colomb brothers，约翰·科洛姆和菲利浦·科洛姆）、阿尔弗雷德·赛耶·马汉（Alfred Thayer Mahan）、约翰·劳顿（John Laughton）的著述和"蓝水学派"海军思想的其他著作吸引了西方国家政府的注意力。

马汉的著作尤其吸引了日本海军界的注意力。虽然他的理念和著作在世界各国的海军界都受到了狂热的追捧，但引起最大反响的却是在日本。根据马汉本人的说法，他的作品被翻译成日语的数量最多。在西乡从道的推动下，马汉的《海权对历史的影响》在 1896 年由日本海军军官职业协会水交社翻译出版。水交社有近两千名成员，不仅有海军军人，还包括政界、出版界、金融界、商界和国会里的要员。最重要的是，该作品最终被陆、海军各自的军校列为教科书。[42]

马汉对海军作战独立性和制海权的强调为海军至上的要求提供了有分量的外国专家意见的支持。多亏把马汉的著作翻译成了日文，日本海军军人现在可以引用精致且重要的理论来证明他们的观点，这个理论不但学术性强，而且富于历史细节。但将马汉原则应用于日本的战略态势实际上是缺乏事实根据的，这一点将在下一章进行讨论。但对山本权兵卫这样的海军领导人来说,马汉的原则在当时为海军提供了显而易见的合理性根据。它基于海权的普遍性理论(虽然不是特别针对日本),不仅主张与陆军平起平坐,还力主海军的优先地位。在政府的委员会中,在国会议员席上以及国内的出版社里,日本海军都力主"海主陆从"。依靠这样的显赫地位,海军将索取更多的政府资金和公众支持,使山本权兵卫能够为建立一支现代战列舰队奠定基础。

从短期来看,由于不存在专门针对日本的海权理论,日本海军只好勉强接受一个不那么令人满意的替代品。不仅日本陆、海军是带着"陆军第一"的战略指挥观念参加了日本第一场现代化战争,而且海军省最初也反对海军提出的大力扩充主力舰队以便和中国对抗的要求。[43] 尽管如此,日本海军毕竟开始宣称自己是一支职业化的精锐之师,并将能为自己日益坚持的海军第一的诉求提供支持的"海权论"作为论据。

当时担任海军省官房主事的山本权兵卫一如既往地冲在与陆军辩论的第一线。他向来主张海权不仅是保卫日本的先决条件,而且还是日本在亚洲大陆扩张利益的先决条件。他在这一点上当然遭到了陆军的激烈反对。中日甲午战争前夕举行的陆、海军联席会议商讨了在以朝鲜为中心的战役中日本将遇到的战略问题。会上,当陆军参谋本部次长川上操六(Kawakami Sōroku)解释为何战争由朝鲜半岛的陆上决战定胜负时,会上的海军代表山本权兵卫打断川上操六,问他陆军是否有一流的工兵部队。川上回答说陆军确实有这样的部队,反问山本究竟想问什么。山本如此答道:"是这样的,将军阁下,如果陆军不靠帝国海军到达朝鲜,那么这些工程部队将不得不修建一座很长的桥。"[44]

以天皇为中心的海军:
日本海军统帅机关及下属指挥机构的组织架构

日本帝国武装部队愈演愈烈的军种间竞争是在一个逐渐演变,且在世界范围内的海、陆军组织中都鲜见的制度背景下发生的。[45] 理论上,天皇凌驾于所有政府机关和机构。根据 1889 年的《明治宪法》,天皇本人及其权威是"神圣而不可侵犯的",但他对政府工作的实际介入和责任却是有限的。

在天皇下面运作的是文官政府、武装部队及一些德高望重但总体上消极被动的顾问团体。理论上，日本也是一个议会制国家，具有两院制的立法机关——国会，以及一个由首相领导的内阁。然而，与西方议会制度不同的是，内阁并不靠议会中的多数席位产生，而主要是政府内外有影响力的政界元老集体意志的产物。更重要的是，陆、海军大臣虽然名义上是文官首相挑选并对其负责的，但实际上他们唯各自的军种是瞻，因为他们通常都是现役而非退役军官。他们可以通过拒绝在内阁中担任职位而让其倒台。

最终，真正的权力从陆军省和海军省（它们一般负责行政和后勤事务）逐

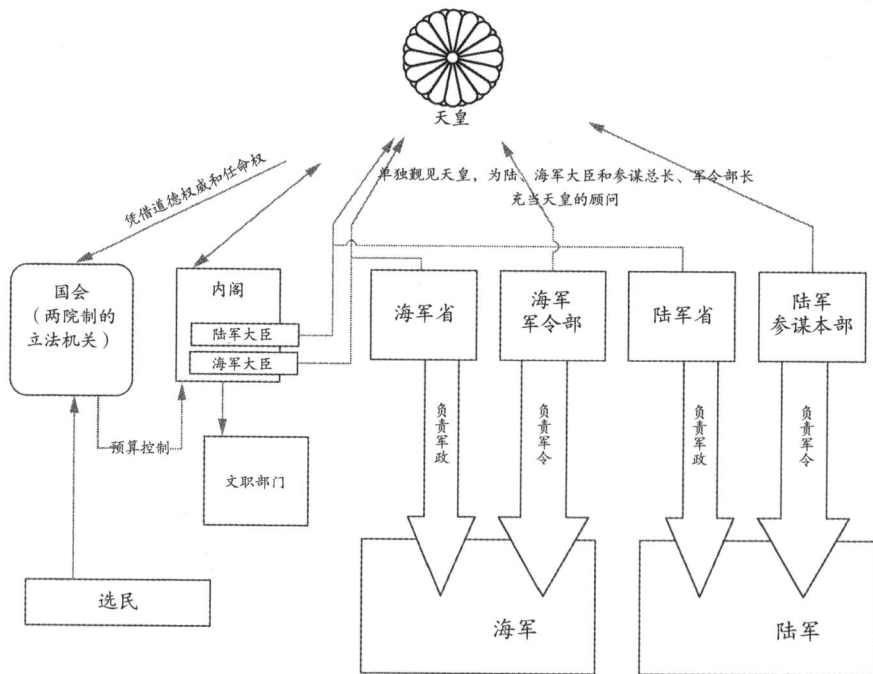

∧ 示意图1-4. 日本宪制中的主要军事机构

渐转移到了两军各自的参谋本部手上。后者负责战争计划的准备、情报的收集以及对陆上或海上作战的指挥。在履行这些职能时，陆军和海军的权力不受文官政府的干涉。军方保持这种实际上的独立是因为宪法赋予了天皇指挥陆、海军的最高权力。所以两军的参谋总长以天皇的名义握有"最高指挥权"。因而两军的参谋本部（海军的参谋本部在 1893 年后更名为海军军令部[①]）只听命于天皇。由于天皇习惯上并不干涉政府的日常工作（不论是民事还是军事），"最高指挥权"这一条款实际上意味着除了年度预算外，日本的两支武装部队基本上不对任何人负责。

在这些方面，日本陆军和海军运作得更像他们的德国同行，毕竟日本的武装部队是建立在德式宪制安排的基础之上。但在对君主理论权威的态度上，旧日本海军的组织架构甚至背离了德国模式。而且各国海军通常都具备的各类指挥、行政和顾问机构并不一定受日本海军军令部或海军省节制。有些逐渐成为平行的指挥或官僚机构，它们理论上都由天皇掌管。

示意图 1-5 为日本海军在 1903 年时的组织架构，它用这种形式展示了这种独特的指挥架构。在威望上排首位的是海军军令部本身，它的主要职能最终被划分为战争计划、动员、情报、通信和指导驻海外海军武官的工作。理论上，海军军令部制订的所有计划都需要天皇的批准；而实际上，天皇会不假思索地批准这些计划。但在日本海军历史的大部分时间里，军令部长的权力与陆军参谋总长相比是有限的。在和平时期，直接指挥海军的是海军大臣，军令部长想获得天皇对作战计划的批准必须先向海军大臣征求意见。当然，在战时，军令部长直接掌握所有海军部队的指挥权。数十年来，和平时期指挥权被限制一直是海军军令部的痛点。为此，它在 20 世纪 30 年代推动了一项变革，使军令部长在和平时期也可以和战时一样直接指挥海军。

海军省本身是日本海军统帅机关中最大的机构，主要涉及对海军的行政管理，如它的财政、人员、训练和后勤。起初，海军省不仅包含官房秘书处，而

---

① 译注：原文如此，海军军令部前身的名称实际上有多次变化。1886年参谋本部海军部设立，1888年更名为海军参谋本部，1889年更名为海军参谋部，1893年更名为海军军令部。

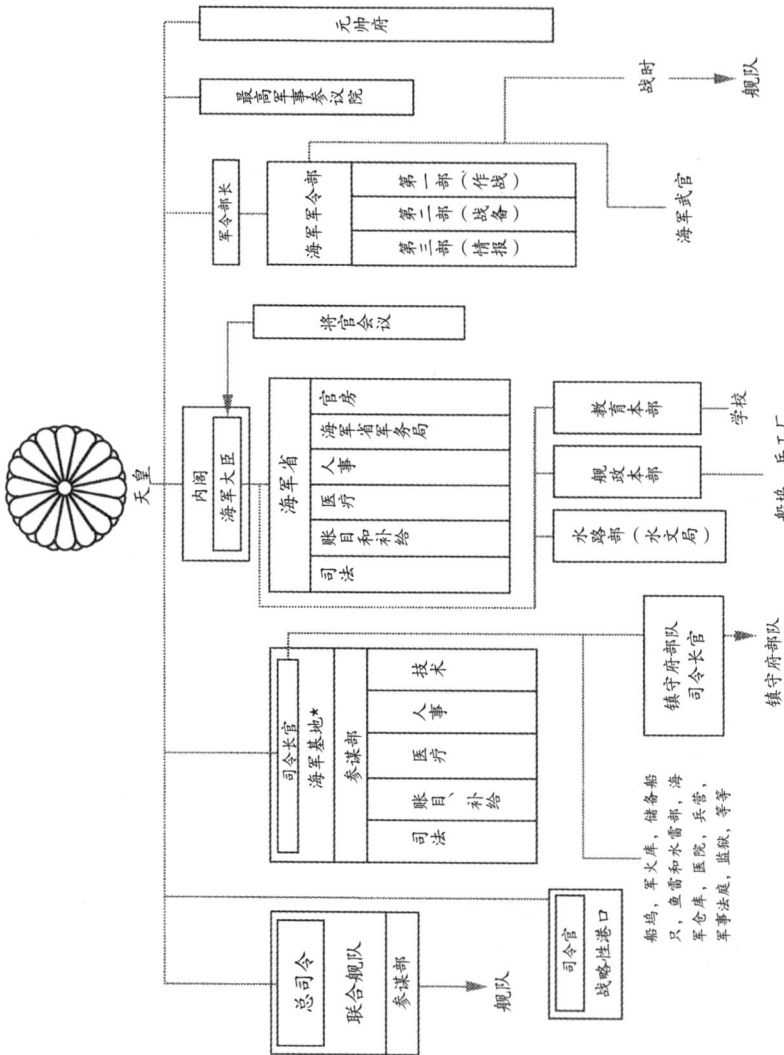

△ 示意图1-5. 1903年的海军组织架构（只列出了主要的机关）

且还有各种各样的局（其中最重要的是海军省军务局，负责海军政策的制定）、海军兵学校和各种专门学校。在后来的几十年里，海军省又增加了其他权力很大的各种独立的局和部门。就算被文官首相选为内阁成员，海军大臣也直接对天皇负责，并且在海军历史的大部分时间里，他都是现役军官。因此，他实际上深受军令部的影响。

如前所述，日本当时大部分真正的海军部队最初是由隶属于海岸基地的小型护卫舰艇和岸防舰艇组成的。正式编组的舰队直到日本与中国首次战争爆发前不久（即19世纪90年代早期）才成型。而舰队被组建的时候，它们的指挥官也直接由天皇任命。因此，这些指挥官理论上对天皇负责。

在岸上有若干重要的基地指挥部，它们都由被认为直接听命于天皇的指挥官管辖。到19世纪90年代，日本本土的海防被划分成3个"海军区"，每个军区都以一个"镇守府"（海军基地）为中心。镇守府是一个相当于海军军区总司令部的重要港口。它包含海军船坞、燃料库、补给站、海军兵营、护卫舰艇和岸防舰艇。每一个镇守府都具有两重特性：行政上，在和平时期它受海军省的管理；作战上，在战时它听命于驻扎在镇守府内的舰队指挥官，而舰队指挥官反过来又归军令部节制。在海军军区内还有次级岸基指挥部——"军港"，它包括港务局、修理船、医院、护卫舰艇和岸防舰艇。与镇守府地位差不多的是"要港"（具有战略意义的港口）。要港实际上就是位于偏远地点或海外的缩小版镇守府。管辖要港的将官和管辖镇守府的将官地位相同，并且他们都由天皇任命，故在理论上也是直接向天皇负责。

最后，若干声望卓著的顾问团体游离于总的海军组织架构之外，并且理论上掌握着对海军政策（尤其在人事上）的巨大影响力。但事实上这些团体只是偶尔如此，而且通常是试图解决一个政策或行政危机。第一个是"将官会议"。它在协调海军省关于舰队和岸上指挥部活动的问题上向海军大臣提供建议并传达人事相关的信息，尤其是关于晋升的。第二是元帅府，它由陆、海军的高级将领组成。他们经由任命获得了陆军元帅和海军元帅的头衔（因此它们并非严格意义上的军衔）。陆、海军元帅们充当了天皇的最高军事顾问机关。元帅府并不频繁会晤，其影响力有限。第三个机构是最高军事参议院。它的主要成员

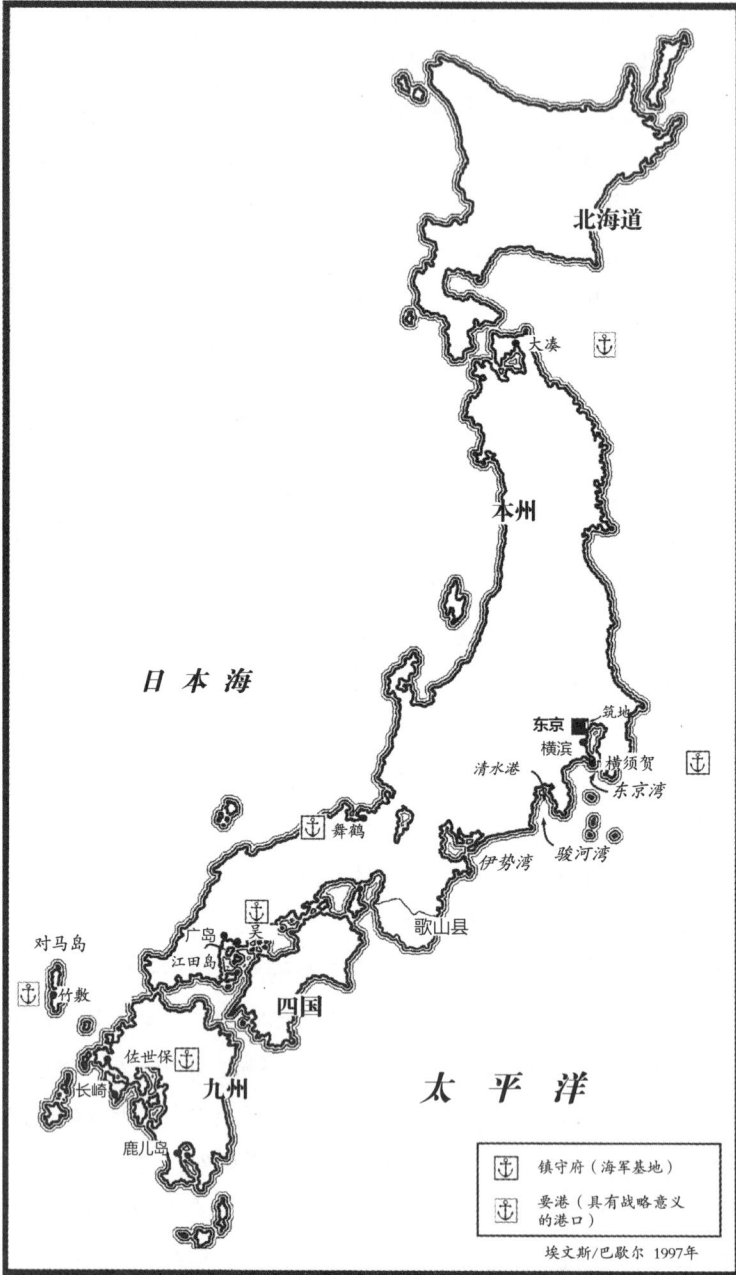

∧ 示意图1-6. 1887—1905年的日本军港分布示意图

是陆、海军当局的首脑和高级军官——参谋总长、军令部长、陆军大臣、海军大臣以及元帅府成员。除了在军事上为天皇提供技术性建议外，军事参议院还负责协调陆军和海军的作战计划拟订工作。鉴于当时日本陆、海军之间龃龉不断，最高军事参议院的主要职能并没有发挥得非常好，但作为杰出军官的一个地位显赫的闲职，最高军事参议官既提供了声望，也获得了声誉。

这些机构设置有助于解释日本海军随着时间的推移是如何发展出两种行政管理趋势的。首先，在地位上，作为国家的一个独立政府机关，海军极不愿意接受任何貌似会损害其权威的妥协。其次，海军逐渐演变成一连串的官场山头，每一个山头都嫉妒彼此的特权，而没有遵循军种内融洽、协调的原则。再加上海军把大量的精力用到了与陆军争夺地位和优先权上，这些特点最终严重损害了日本海军的效率和战斗力。但这些官僚机构上的畸形所带来的后果要到数十年后才显现出来。在 19 世纪 80 年代，海军把注意力都集中到了掌握那些对它崛起为现代作战部队来说必不可少的战术和技术能力上。

2

首战告捷:

日本海军战术的演进和中日甲午战争，
1894—1895 年

　　日本海军产生于世界海军经历技术快速变革并陷入战术困惑的历史时期。到 19 世纪后 50 年，蒸汽对风帆的优势已经足够明显，但火炮和装甲技术的跃进则使船体结构、装甲分布以及火炮配置产生了五花八门的变化。而且，接连出现的一系列海军进攻武器——撞角、重型线膛炮、鱼雷和轻型速射炮——使得哪种武器在战斗中能起决定性作用并不明朗。1866 年，奥地利海军和意大利海军之间爆发的，在亚得里亚海进行的利萨海战① 中，损失的唯一一艘主力舰是被撞角撞沉的。所以在接下来的 30 年里，海军造船师在他们设计的所有主力舰舰艇都装上了撞角。但由于自利萨海战以后世界上就没有发生过主力舰交战，人们当时无从知晓撞角是否真的是占据统治地位的海战武器，也不知道利萨海战是否（最终被证明为是）只是揭示了海军技术的一次"脱离正轨"而已。[1]

　　与探索关键的海战武器同样重要的是军舰的设计问题。这个问题不仅对海军专业人士至关重要，对文官政府和议会同样如此，毕竟海军要指望他

---

　　① 译注：利萨海战是普奥战争期间普鲁士的盟友意大利与奥匈帝国在亚得里亚海利萨岛附近海域进行的海战。这场海战是首次以蒸汽为动力的铁甲舰之间的战斗，十分引人注目。

们给海军造舰计划提供资金。一支主力舰队值得付出巨额的开销吗？或正如热纳·埃科勒的发言人所言，鱼雷的强大破坏力和海军炮火的较低命中率是否意味着建立一支主要由搭载鱼雷的快速小艇组成的小型舰队会更实惠且更有战斗力呢？

最后一个悬而未决的问题：什么是最有效的战术编队？这个问题缘于最前面那两个关于武器和舰艇种类的问题。虽然纵列战斗队形——或者说纵队——已经在风帆时代结束时被证明是最佳的阵型，但海军理论家仍然指出，在利萨海战中，获胜的奥地利舰队是以经过调整的横列队形（楔形阵）进行作战的。这种战术对撞角最为有利。此外，横列队形的支持者警告说跟在前卫后面的纵列舰队不仅容易被撞击，而且也易于被鱼雷击中。因此对纵队的一次正面攻击就可能将它摧毁。而那些坚持纵队优越论的军事专家则指出了纵队的两个简单优势：一是可以把指挥官配置在领航舰，二是可以积聚舷侧的火力。另外还有一个问题。推进速度的加快和速射炮的出现使得战斗中快速准确的部署变得至关重要，那么在正式交战前，舰队应该采用什么航行队形？

到19世纪末，善于表达并具有影响力的西方指挥官已经开始支持纵列队形。在英国海军的地中海舰队，约翰·费舍尔（John Fisher）的青年军官"智囊团"中的一位智囊——雷金纳德·H. S. 培根上校（Capt. Reginald H. S. Bacon）宣称在一系列的桌面兵棋推演中已经证明了纵队的优越性和高速优势。他宣称他在这些图上演习中使用纵队从未吃过败仗。[2] 德国海军元帅阿尔弗雷德·冯·提尔皮茨（Alfred von Tirpitz）后来在他的回忆录中坚称德国海军在1894年根据基尔港（Kiel Bay）的战术演习结果也得出了同样的结论。[3] 而日本海军则在更早的时候就设计出了类似的战术阵型，这表明当时世界各国海军所遵循的海军作战条令都在不断地变化。

日本海军战术的发端（1887—1894年）

然而，在19世纪80年代早期，舰队战术的问题却并未引起日本海军多少关注。虽然它当时最现代化的军舰"扶桑"号、"金刚"号和"比叡"号经常列队巡逻日本海岸，并且这一做法偶尔也促使日本海军讨论各种战术困难，例如定位、夜间的进港或离港。此外在海军兵学校，来自皇家海军的威兰上尉① 已经讲授过一些风帆和蒸汽舰船的舰队机动基础课。但由于当时的日本海军只有几艘舰船，它们的主要功能为实施个别警戒和承担训练任务，因而对日本海军军人来说，舰队机动对遥远的英国海军舰艇编队来说意义更大。[4]

然而到 80 年代末，一些新情况促进了日本海军舰队战术的发展。首先是它的舰艇数量有了增加，质量也得到了提升。起初，日本海军采购军舰的速度相当缓慢，[5] 但到 1882 年，已经有足够的一线舰艇组成它的第一支舰队。之后不久，日本海军确立了编组舰队及其指挥机构的基本条例。1889 年，就在这项指令被《舰队条例》接替的同时，日本海军组建了"常备舰队"，它由日本海军的一线军舰组成，与其后备军舰相对。1893 年，日本海军组织了第二支一线舰队——西海舰队。次年，中日甲午战争前夕，常备舰队和西海舰队被联合起来组成了拥有 10 艘一线军舰的"联合舰队"。[6]

日本海军舰艇数量的增加和编制的扩张使以下观点有了战术上的必要性：舰队的舰艇应在战斗中能一起机动。这个看法随着与中国爆发最终冲突的可能性越来越大而变得愈加具有实施的紧迫性。这种认知必然使日本海军开始在研究和实践层面对舰队战术行动产生真正的兴趣。到 19 世纪 80 年代末，日本海军已经从若干渠道对当时的战术理论有了更深入的了解，并已开始想办法对它们进行分类。

1887 年标志着此项工作的开始，并因此成为日本海军作战条令的起点。这一年的 1 月份，联合参谋本部海军部② 的一位年轻大尉岛村速雄出版了《海军战术一斑》（意即"海军战术概述"）一书，该书本质上就是从英国和美国最好的论文里收集当时关于海军战术的见解并加以汇编，再附上他自己的评论。由于日语文献里还没有一本将战术问题解释得如此全面和细致的专著，它马上让岛村在海军内部受到赞誉，并首度引起了日本海军对舰队战术的真正兴趣。[7]

在他所著的《海军战术一斑》里，岛村主张必须进行舰队演习以制定出一

---

① 译注：威兰当时的军衔。
② 译注：前文已述，此时日本海军尚未成立军令部。

∧ 年轻时的岛村速雄

套实用、合理的战术条令。他提出设置演习的最好办法就是成立一个由常备舰队指挥官，单艘舰艇的舰长、副长、炮术长、鱼雷长，以及参谋组成的研究委员会。日本海军很快采纳了岛村的建议，成立了"战术研究委员会"。它包括来自参谋本部海军部、海军省和海军大学校的军官。研究和实验战术的地点是清水港（Shimizu Harbor），位于静冈县（Shizuoka Prefecture）和东京西南的伊豆半岛（Izu Peninsula）之间的骏河港（Suruga Bay）西部的舰队泊地。参与者于 1887 年 6 月在兴津（Okitsu，位于港口正北面的一座小镇）的清见寺（Seiken Temple）集合开会。[8]

这时候，日本拥有的主要是一支风帆海军，集中调遣舰艇的主要障碍在于单艘舰船不同的操纵方式。因此，会议最初的讨论内容集中在舰上的"战斗准备"上，以便使这些战术机动标准化。这个问题被解决后，火力问题、进水问题、防御鱼雷艇的问题，还有敌舰的俘获问题也得到了细致的研究，并在停泊于港口的那些军舰上进行了实操。后来，与会者研究了单独的舰对舰交战方法、鱼雷艇的信号发送问题以及各种进攻策略。[9]

第一次演习反映了利萨海战后20年间世界各国对海军战术的困惑。日本海军认为撞角将成为仅次于线膛炮的进攻武器，用各种阵型进行演习以便赋予撞角战术最大限度的优势，并模拟了撞角造成的碰撞（为了避免给舰船造成真正的损害，这些舰船都配备了竹制挡板）。在初步敲定了具体的战术方法或者说战术机动演习方案后，与会人员总是立即用清水港可用的舰船对其进行试验。就这样，与会者按部就班地开始打造海军的第一部战术指南。从这个意义上说，清见寺会议和清水港试验共同构成了日本海军战术的摇篮。[10]

由于清水港对舰队演习来说太过狭小，舰队演习最开始在1887—1888年冬天的海上进行。岛村大尉在舰上担任裁判，跟随常备舰队从九州巡逻到琉球群岛，又从那里回到四国，舰队的7艘舰船对战术编队、信号发送和舰队机动进行了各种试验。1888年，根据从这些演习中学到的教训，参谋本部海军部发布了今后海军演习的详细手册，修正了岛村的探索性论文中的一些错误。4年后，该手册又被修改成《海军战斗教范素案》（意即"海军战斗教范草案"），它为日本海军在中日甲午战争中的作战提供了基本的战术指导，并成为后来日本海军著名的《海战要务令》（意即"海战教范"）的范本。[11]

1887年，日本海军的战术发展也从另一个渠道获得了重要帮助。在这一年，英国皇家海军的约翰·英格尔斯上校来到初创的海军大学校，他在接下来的6年里继续在此处担任具有影响力的教官和海军事务顾问。在学校上战术课时，他讲到了争论激烈的问题——蒸汽时代海战最有效的进攻阵型。英格尔斯明确表示出于战术弹性和简便性考虑，他更青睐有争议的"单纵阵"。他用清晰的逻辑和广博的学识细致地审视了单列纵队可能遇到的各种固有风险——尤其是鱼雷攻击和撞角攻击。他解释了如何用三大关键性要素——更快的速度、更强的火力和更好的炮术——克服每一个风险。[12]而且，在可视信号（旗、灯光或旗语）是唯一可用的通信系统的时代，单列纵队的简洁性使其成为对发信号来说最简单也最具弹性的阵型，尤其是旗舰位于纵队最前面的时候。在日本海军接下来的舰队演习中，英格尔斯的战术准则成了试验和辩论的主题。更重要的是，他对速度、火力和炮术的权威性断言成了后来数十年里日本战术条令的核心。

随着像"吉野"号巡洋舰和"三景舰"这样速度更快、火力更猛的蒸汽军舰在中日甲午战争前加入舰队，舰队机动的重要性日益凸显。但直到战争爆发前夕，最有效的战斗队形这个问题仍然没有得到解决。随着与中国开战的可能性越来越大，伊东祐亨（Itō Yūkō 或 Itō Sukeyuki）将军奉命将新组建的联合舰队的 10 艘战舰驻扎在日本最西面也最靠近对手控制海域的基地佐世保。在战争爆发前的几个月里，伊东祐亨每隔一天就出海强化海军的战术训练。这些演习引发了日本海军界的担忧，特别是因为许多舰船的舰长和舰员在对复杂战术机动来说必不可少的信号发送上训练不足。舰队停泊在港口的时候，军舰上的小艇被集中起来，用于模型演习，以确定哪种战斗队形最适合。在围绕这些演习进行的讨论和辩论中，常备舰队司令长官坪井航三（Tsuboi kōzō）少将及此时的舰队参谋、受伊东将军信任的顾问岛村大尉强烈建议应采用纵队作为日本海军的标准进攻队形。最终联合舰队被分为两支编队采用截然不同的战术进行演习。在一次又一次演习中，英格尔斯结论的正确性显现出来：就弹性、简便性和信号发送的简易性而言，纵队常常是更好的战斗队形。到战争爆发时，采用何种战斗队形这个重要的战术问题已经被解决了。舰队将以纵列进入战斗，由舰队指挥官引导纵队。[13]

在与中国开战前的那几年时间里，日本海军也首度尝试把鱼雷当作进攻性武器使用。虽然到 19 世纪 80 年代中期，日本海军已经购置了大量的鱼雷艇，但并没有认真考虑过如何在战斗中使用它们。一部分原因是鱼雷艇本身仍然是既不适合于航海也不舒适的小划艇，在公海上几乎不会被赋予一席之地；还有部分原因是鱼雷艇仍然处在萌芽阶段，推进力不强。鉴于它们缓慢的速度，一艘航行中的军舰要躲开它们是比较容易的。而且，鱼雷天生不像舰炮那样可以快速调整射程和角度。所以，日本海军只考虑对停泊着的敌舰实施鱼雷攻击。

由于海军使用的鱼雷所具有的有效射程在 400—600 米 [14]，因而可以假定，在白天进行如此近距离的攻击等同于自杀。于是就产生了将鱼雷用作日本海军夜间水面战斗武器的先例。甚至在鱼雷及发射它们的军舰的性能在接下去数十年里已经得到很大改善后，日本海军仍然延续了这一策略。[15]

1884 年，日本海军购买了它们的首批鱼雷。这些鱼雷是施瓦茨科夫公司生产的 14 英寸原型怀特黑德鱼雷的德国改进版。一年以后，它拥有 400 米射程、22 节航速和 21 千克的爆炸装药，被称为八四式鱼雷。日本海军随后又购买了经过改进的施瓦茨科夫鱼雷——八八式。它速度稍快（24 节），有双倍的装药量。它的射程不明，但 1894 年的一份鱼雷演习手册写有在 600 米距离上发射新型鱼雷的指导说明。[16] 在甲午战争时使用的大部分鱼雷都是这两种型号，但有些远程怀特黑德鱼雷是 1893 年为"吉野"号采购的。1897 年，日本海军已经在东京的兵工厂根据怀特黑德鱼雷的设计生产了它自己的鱼雷。[17]

战斗前夕的日本海军

日本在 1894—1895 年的中日甲午战争中取得的两场耀眼的胜利蒙蔽了许多历史学家的双眼，使他们无法看到，日本海军高层战前普遍对这场战争采取谨慎的态度，甚至忧心忡忡。现在回顾起来，日本海军对甲午战争结果的自信远不及陆军。海军战略家、历史学家佐藤铁太郎（Satō Tetsutarō）将军在几年后称日本海军统帅机关里很少有人敢对中国海军掉以轻心。[18] 这个观点主要缘于日本和外国海军观察家的评估：中国海军实力明显优于日本海军。

首先是中国纸面上的数量和质量优势：四大区域舰队不仅军舰数量比日本多一倍，而且还拥有 2 艘德国造战列舰——日本没有在装甲和火炮上能与之匹敌的战舰。在火力上，中国海军因为有 2 艘大型军舰而拥有舷侧投射重量优势。此外，中国人在他们的领航舰上有许多优秀的外国顾问和技术专家，而此时海上却没有任何外国人为日本军舰提供服务。而且由于日本的战略目标以朝鲜半岛为中心，战场必然位于朝鲜西海岸和黄海。中国在这里有两个随手可用且相当完备的海军基地——辽东半岛上的旅顺港和山东半岛上的威海卫，而日本人却一个都没有。

另外，在日本海军统帅机关的意识当中，认为由国外建造且耗资巨大的联合舰队是不可替代的部队。冒着它覆灭的风险去与强大的敌方舰队对抗是一场可怕的赌博，这场赌博在海军看来甚至有可能要赌上国运。

表2-1

1894年9月日本与北洋舰队的实力对比

日本海军

　　4艘主力舰（全都是陈年旧货，有2艘在鸭绿江）

　　1艘装甲巡洋舰

　　7艘防护巡洋舰（加上还没有做好战斗准备的"和泉"号）

　　12艘无防护巡洋舰（包括无防护的巡防舰和护卫舰）

　　7艘炮艇

　　26艘鱼雷艇

北洋舰队

　　2艘主力舰

　　3艘防护巡洋舰

　　5艘无防护巡洋舰

　　10艘炮艇

　　最少5艘、最多16艘鱼雷艇

但中国的优势实际上并没有表面上那么大。大部分中国的军舰都超龄过时。大部分一线日本舰船上的速射炮数量不仅抵消了中国这边更厚的装甲和单轮齐射的炮弹发射重量，这些速射炮还给予了联合舰队在持续交火中的优势。况且，中国的2艘战列舰最糟糕的特性在于它们的主武器。它们在呈阶梯配置的双联装炮塔上都装备了短管炮，只能以有限的弧度开火。主炮的短炮管意味着炮弹初速低，穿透力差，并且在远距离射击时精准度糟糕。[19]最后，联合舰队在速度上也具有极大优势。"吉野"号是当时世界上最快的军舰之一，且"三景舰"的速度比中国北洋舰队的所有军舰都要快。[20]

战术方面中国海军的舰艇也没有优势，它们带着最模糊的指示进入战斗：姊妹舰和被编入指定小队的军舰保持协同，所有军舰都正对着敌舰战斗，舰与舰之间的距离尽可能拉远。这种战术实际上是由中国海军火炮的陈旧布局所决定的。唯一和舰队战术有点像的是所有军舰都跟随可见的旗舰运动，之所以必须要这样安排是因为北洋舰队的旗语通信手册都是用英语写成，而舰队里很少有人懂英语。[21]

　　还有个指挥的问题。日本联合舰队是一支统一的舰队，中国海军却不是。后者实际上是4支互不统属的区域性舰队。北洋舰队虽然是四者当中最强的，但不得不孤军与日军作战。即便像菲洛·马吉芬（Philo McGiffin，原来在美国海军服役）这样的外国顾问和技术专家也代替不了经验丰富、处事果断和积极主动的本土军官怀着爱国热忱在政府的坚定支持下开火作战。北洋舰队提督丁汝昌将军尽管作战勇敢、为人正直，却是一个海战知识有限的骑兵军官。战争一开始他就被清政府发出的死亡威胁（倘若他不能打败敌人，就将如何如何）烦扰。而日本联合舰队的指挥权掌握在海事经验丰富得多的军官手中，他们重视过去10年里新技术和新战术发展的潜力，并且信任他们的政府。联合舰队司令长官伊东祐亨将军是第一位从海军军官晋升起来的海军大将。虽然他性格偏谨慎，也缺乏日本海军的一些青年军官所掌握的全面海军技术知识，但他从清水港演习时就开始参与海军战术的发展，并有一位一流的参谋人员向他提供建议、供他咨询，最重要的是，这位参谋是日本海军杰出的战术革新者岛村速雄大尉。伊东将军的副指挥——坪井早年在美国海军受训，是一位经验丰富的海军军官。为伊东撑腰的是脾气火暴、有闯劲的军令部长桦山资纪中将，他虽然缺乏海上经验，但不断要求联合舰队向对手靠近。

　　最后，尽管中国在可能的战场附近拥有海军基地，但它在战争爆发后不久总体上采取的消极战略抵消了这些基地本可以提供的任何优势。北洋舰队在中国清廷的指示下，没有把战火烧到日本，反而被限制于黄海的北半部分以及直隶湾，以便保卫威海卫和鸭绿江沿岸之间的中国沿海地区。除了抛弃朝鲜让日军成功登陆，这个战略还在战争开始时愚蠢地放弃了对夺取制海权的努力，因而浪费了中国最具实力的海军优势——北洋舰队，使其沦为护航舰队。[22]

　　日本的战略虽然有着谨小慎微的特点，却正确地认识到制海权对日本希望在陆上达成的一切目标都至关重要。速战速决将使日军得以将人员和物资送到朝鲜半岛。陆战或海战的任何拖延都将增加被在东亚有利益的欧洲列强干涉的风险。

日军大本营（战争开始时在广岛建立，靠近佐世保和军队登船的港口）在研究了中日两国海军的相对实力后，制订了取决于海战进程的替代计划。陆军第五师团将在朝鲜西海岸的济物浦（Chemulpo，今"仁川"）登陆，一方面是为了压迫中国陆军向半岛西北方向撤退，另一方面也是为了将北洋舰队吸引至黄海进行决战。根据这次海战的结果，日本将从以下3个军事方案中选取一个：如果联合舰队取得了决定性胜利，那么日本陆军大部将立即在山海关和天津实施登陆，以便击败中国陆军，迅速结束战争；如果海战打了平手，双方均未取得制海权，那么陆军将集中兵力攻占朝鲜；如果联合舰队被击败，并因此丧失了制海权，那么陆军大部将留守日本，准备击退中国的追击部队，而在朝鲜的第五师团将奉命坚持下去，打一场断后作战。[23]

日本海军统帅机关认为海上决定性会战的胜负将主要取决于是否有更好的战术，而非军舰的数量和质量优势。伊东的战术计划要求联合舰队组成纵列参加战斗，常备舰队中最快的几艘舰船——巡洋舰"吉野"号、"高千穗"号、"秋津洲"号（Akitsushima）、"浪速"号（相对较新，而且装备许多速射炮）在坪井的指挥下组成"游击队"。联合舰队（尤其是坪井的"游击队"）在接近对手的过程中将查明清军阵型的最薄弱部分，并立即对其发动毁灭性打击，之后舰队再将注意力转向对方残余力量。所有舰长在目标真正进入射程范围内之前都要保持克制不开火。[24]

鸭绿江之战[①]：
1894 年 9 月 17 日

这些计划和安排在战争爆发时还没有准备就绪。1894 年 7 月 23 日，当中日

---

① 译注：这是西方人对甲午战争中"黄海海战"的称呼。由于日俄战争期间日本联合舰队与俄国太平洋舰队在山东半岛外的黄海海域也发生过一次海战。为避免读者混淆，此处采用西方人的叫法。参见注释，第二章，注25。

两国在汉城发生骚乱后都开始向朝鲜调动部队时，伊东祐亨带着联合舰队溜出了佐世保，进入朝鲜海域。这发生在两国正式宣战前一周。坪井的游击队沿着朝鲜西海岸航行去拦截载部队到汉城的中国船队，于7月25日（宣战前5天）无意中与中国船队的小型护航队在丰岛和济物浦附近遭遇。坪井的游击队凭借优势兵力击败了实力不如日军的中国舰队，击伤清军巡洋舰一艘，摧毁和俘获鱼雷艇各一艘，并击沉了满载的运输船。这种事件发生的顺序——在正式宣战前用海军进行攻击——成了现代日本3次大规模冲突的开战模式。

受这次小胜鼓舞，伊东祐亨将他的舰队带到了黄海寻找北洋舰队。在向中国的主基地短暂示威的过程中，他于8月10日炮击了威海卫和旅顺港。由于在这两个港口都只找到了小型军舰，联合舰队回到了朝鲜并支援日军在中国沿海的其他登陆行动。清廷起初命令丁提督和北洋舰队停靠在中国沿海，同时通过陆上的迂回路线向朝鲜派遣援军。但日军第五师团从汉城向北进军的速度非常快，以至于在9月中旬，清廷被迫推翻了原先的政策，决定经由海路匆忙派部队在海军的护送下入朝。

由于海上太平无事，日军大本营决定派遣更多陆军部队入朝。9月上旬，联合舰队奉命支援后续的登陆行动和朝鲜西海岸的陆军。当日本地面部队北上进攻平壤时，伊东和联合舰队参谋部准确地猜到中国企图经由海路支援他们的陆军。在这个紧要关头，行事冲动的军令部长桦山将军正在视察舰队，他督促伊东找到清军舰队。9月14日，伊东带舰队北上搜索朝鲜和中国沿海，企图与北洋舰队交战。9月17日在向东北搜索时，联合舰队遭遇了丁汝昌的舰队，后者正掩护清军在鸭绿江以东60英里处中国东北沿海的大孤山登陆。接下来爆发于大洋河和大鹿岛附近的海战是自利萨海战以来的第一次舰队遭遇战，也是蒸汽时代的第二次。[25]

上午晚些时候，当中日两支各拥有10艘舰只的舰队向彼此靠近时，它们采用了截然不同的阵型。北洋舰队本打算组成横队，但由于信号发送的混乱和各舰航速不同，结果组成了一个粗糙的楔形阵型：2艘战列舰"定远"和"镇远"位于顶端，而最弱的舰船则位于两翼底部。联合舰队以纵队逼近，坪井坐镇"吉野"号引导游击队，后跟由伊东（坐镇"松岛"号）率领的主力舰队，两者之间隔开一定的距离。当清军战舰清晰地出现在视野中时，伊东下令："游击队攻击敌右翼。"[26]

中国人在 5000 米的距离上进行了不同程度的开火，这个距离太远，故没有给日军造成任何损伤，而日本军舰又等了 20 分钟才开火，在此期间它们以两倍于中国军舰的航速斜对着中国舰队正面前进。收到伊东司令长官的信号后，日本舰队做了分兵。坪井将速度从 8 节提升到 14 节，先向中国舰队阵型中心冲去，该战术控制住了被搞糊涂的清军。随后，他微微向左转，绕过中国舰队的右翼，向那里最弱的舰只发动攻击。日军巡洋舰直到对手进入有效射程范围才开火，随后用它们的速射炮轰碎了遇到的两艘倒霉的单桅帆船。之后，坪井舰队短暂向北转移，赶走来自鸭绿江的孱弱的中国援军，而伊东在这个时候则带着日军主队循着坪井最初的航向驶向中国舰队的左翼，转了个弯绕到了中国人后面。当坪井的游击队再度转向南面时，北洋舰队便受到两股火力的夹击。它缓慢的速度和笨拙的阵型使它很难通过战术机动或炮火做出回应。伊东的旗舰"松岛"号在 3600 米的距离上用右舷的舰炮开火，不过它那门巨大的加耐特式火炮打了几发炮弹就打不下去了。尾随其后的舰船在靠近对手时依次开火。中间的"定远"号和"镇远"号自然是日军炮火的焦点，但 2 艘中国战列舰的装甲甚至抵挡住了日军最重的炮弹。不过日军速射炮炸死了两舰甲板上的大批舰员。

与此同时，坪井已经率领他的舰队回到了战斗中，击沉了 1 艘企图撞击他一艘巡洋舰的中国巡洋舰。他随后穷追不舍地追击中国舰队左翼几艘舰船中的其中一艘，这些船脱离了它们的舰队，已经在向北面的浅水海域逃跑。坪井最后成功地捕捉到一艘小型中国巡洋舰，并将其摧毁，由于他太过执着于追击这艘舰，无意间让其他已经泄气的中国舰船逃跑了。

这时，伊东祐亨正在包围丁汝昌舰队的残部，双方相距 2000 多米。日军 2 艘装甲舰和 2 艘巡洋舰用它们的重炮和速射炮将大量火力倾泻而出，扫荡了中国舰船的甲板，摧毁了它们的上层建筑。但日本人自己也受到了沉重打击。"吉野"号在下午早些时候被击中，而 2 艘最弱的日本舰船——一艘炮艇和一艘武装轮船实际上都失去了战斗力。"比叡"号也受了重伤。由于它速度落后于其他舰船，它的舰长决定不跟随坪井的游击队围着中国的战列舰队进行大扫荡，而是直接穿过中国的战列舰队。这个操作使"比叡"号成为首当其冲的目标，它在脱离对手射程范围前承受了多次沉重打击。但受伤最重的是"松岛"号，它为缺乏装甲付出了代价：两发 12 英寸的炮弹炸开了甲板，点燃了备用弹药，导致一百多人伤亡，并迫使伊东将他的将旗转移到"桥立"号上。

　　到日落时，丁提督已接近总崩溃：他舰队的大部分舰船要么逃跑，要么被击沉，而他最大的两艘军舰几乎用尽了所有弹药。伊东并不知道中国舰队已陷入绝境，断定凭他现有的武器是不可能击沉清军的战列舰的。而且他担心中国鱼雷艇从旅顺港驶出对他发动夜袭。所以伊东在 17 点 30 分突然停止了战斗，并发信号召回正在追击逃跑的中国巡洋舰的坪井。

　　伊东在黄昏前一直盯着已经遭到重创的北洋舰队残部。他后来说他认为清军会前往威海卫，所以他也向这个中国港口驶去。但后来的分析显示，他这么做不合逻辑，因为旅顺港更近且有着更优良的码头和修理设施，而事实上丁提督去的也正是那里。用英语把这场海战写得最详细和最全面的历史学家约翰·佩里（John Perry）认为伊东选择去威海卫是因为他其实不想再打下去了。在佩里看来，伊东的做法有几个充分的理由：他已经无法重创（更别说击沉）中国的战列舰。显然，中国舰船给"松岛"号造成的损伤使中国的战列舰能够击沉任何海面上的日本舰艇。况且，佩里特别提到日军的舰艇和舰员已经出海 2 个多月了，需要休整，而素来小心谨慎的伊东则担心联合舰队所面临的任何进一步的风险。[27] 无论是什么原因，总之由于伊东没能追击并消灭对手，所以日军没能取得决定性胜利，因为对方最强大的军舰虽然受伤，却安全地返回了旅顺港的海军基地（一支现有舰队的核心）。不过日本人没损失一艘舰艇，只有伊东的一艘一线舰只受了重伤。北洋舰队有 5 艘军舰已经沉入海底，其他的都需要大修。

　　然而丁汝昌的喘息却是短暂的。10 月末，日本陆军与日本海军紧密配合，没有遭遇任何抵抗就在辽东半岛东岸成功登陆，急速向旅顺港挺进，于 11 月 21 日将其攻占。几天前，丁汝昌已经带领他的舰船穿过直隶湾到威海卫，他在那里与姗姗来迟的中国其他区域性舰队会合。是年冬季，伊东将丁汝昌封锁在威海卫，而日本陆军部队则在山东半岛登陆。到 1895 年 2 月上旬，日本人已经占领了整个港口海岸，清除了港口东面入口的水栅，并夺取了控制港口外水雷的

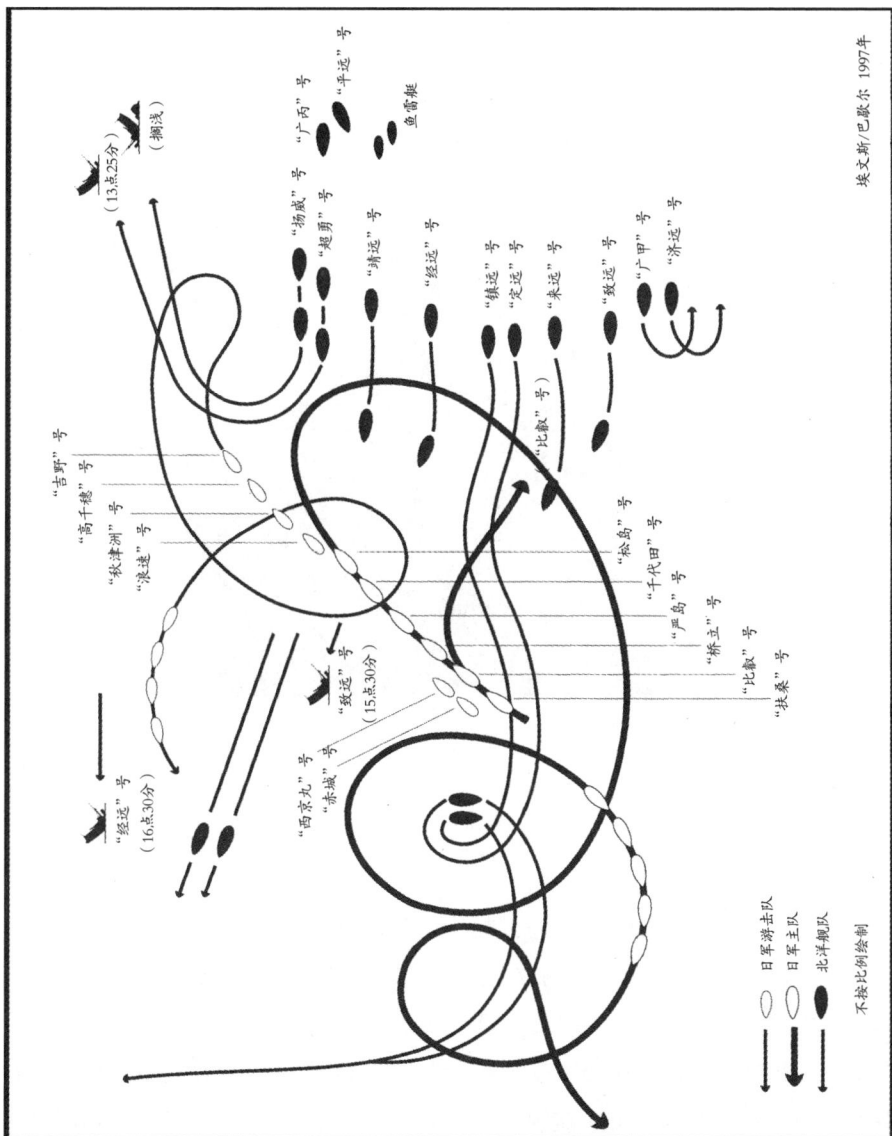

^ 示意图2-1. 鸭绿江之战。由于没有此战的航迹图存在，这张图只是一张示意图，并且不是按比例绘制。根据日本海军的官方战史和筱原宏《海军创设史》第388页的图绘制①

① 译注：此示意图中北洋舰队阵型与其通常采用的有较大出入，投入战斗前，在"定远"号左侧的舰群（左翼）依次应为"致远"号、"经远"号小队，"济远"号、"广甲"号小队；在"镇远"号右侧的舰群（右翼）依次是"靖远"号、"来远"号小队，"超勇"号、"扬威"号小队。详情可参见《中日甲午黄海大决战》（陈悦著，台海出版社，2018年版）。

∧ 铃木贯太郎

引爆点。在 2 月 3—4 日，这时已经畅行无阻的日军鱼雷艇在严寒中数次突入威海卫，实施近距离攻击。这样的攻击在东亚海域尚属首次，实施的距离非常近，近到指挥这些攻击的军官铃木贯太郎（Suzuki Kantarō）大尉被取了个"恶魔"的绰号。虽然战果并不辉煌（事实上，铃木的自传称第二次夜袭是败仗），但这几次攻击在当时却是史无前例的：两次命中战列舰"定远"号，使其搁浅；击伤一艘巡洋舰。[28] 丁汝昌命令残部突围，但在接下来的屠杀中，只有 2 艘舰船逃脱，剩下的不是被俘获就是被驱赶到岩礁上。丁提督在投降后自杀，两星期后中国乞和。

意义和征兆

由于鸭绿江之战是利萨海战以来的首次舰队遭遇战，所以为了总结战术教训，不仅日本海军军令部认真审视了这场海战，而且全世界的海军参谋部都对这场海战进行了详细考察。在某种程度上，这些教训是不那么显而易见的，因为两场蒸汽时代的舰队遭遇战似乎是互相否定的：在利萨海战中，获胜的一方在迎面进攻中使用了撞角和横队，而鸭绿江之战却是靠纵队发射的舷侧炮火取胜的。此外，这场海战仍然没有解决巨炮支持者和装甲支持者之间的争论。虽然因为"三景舰"的加耐特式火炮出现了故障，日军最重的炮弹没有命中"定远"号和"镇远"号，但也没有其他炮弹穿透它们厚度超过 4 英寸的装甲。[29]

不过我们仍然可以从这场海战的进程和结果中得出一些显而易见的结论。首先，纵队是保留了最多弹性和调动最简单的阵型，它最大限度地减少了战术混乱，并使舷侧的火力最大化。不支持横队的案例还没有绝对说服力，但毫无疑问的是，中国人有意或无意中采用的楔形阵只有在已经掌握了舰队调动方法的指挥官手里才具有战斗力，而丁汝昌显然没有这样的下属。其次，利萨海战和鸭绿江之战的一个共同点就是胜利者都是以分队的形式作战。这种部署具有战术弹性，因而拓宽了战斗混乱时的调动空间。[30]

日军在速度上的优势在评价结果时显然非常重要。[31]快速舰船让坪井的游击队能在完美的时机切入清军舰队的接近路线，并在决定性的瞬间将火力集中于中国舰队阵型中最薄弱的部分。日军的速度优势还在以下方面发挥了决定性作用：它使坪井得以成功地追击并消灭了一艘逃跑的清军军舰。[32]

直接和速度相关的是一支战列舰队整体的统一性。而可悲的是，北洋舰队成分复杂，它是一支由各种规格、差异巨大的舰艇组成的部队。日本联合舰队中两三艘相对较慢较弱的舰艇就因无法跟上大部队也无法自卫而付出了沉重的代价。

此外，日军获胜的另一个重要因素显然就是它的火力，尤其是在速射炮上的压倒性优势。速射炮这种武器在训练有素、纪律严明的炮手手里被证明具有毁灭性的破坏力。这当然和炮术上的关键性优势不一样，因为火控系统上的巨大进步仍是几年以后的事。因此，双方打出的所有炮弹中都只有一小部分命中。

但一旦可以获得远程测距仪和指挥仪, 大部分的海军战术家都将依赖于大口径火炮而非小口径的近程速射炮, 鸭绿江之战的胜利者显然也是如此。

日本人从这场交锋中还可以得出一些具体的战术和技术结论。首先, 英格尔斯和岛村大尉提出的战术概念——使用纵队、严格保持队形、保持队形紧密以及集中火力的正确性显然已经在战斗中得到了证实。在构思这些设想时花费数月乃至数年时间进行的讨论和实践已经得到了胜利 (就算不是完胜, 也肯定是决定性的) 作为回报。尤其是由英格尔斯提出、岛村力主并由伊东贯彻的 "指挥官先头之单纵阵" 成了日本海军自鸭绿江之战开始到第二次世界大战时的基本战术条令。[33]

不过这场战斗的结果也表明为了拥有一支能维持周边海域制海权的第一流海军, 日本必须获得装甲厚重、防护良好的现代化主力舰。山本权兵卫在甲午战争后向内阁索要经费时称, 日本不能再 "赤条条地参加战斗, 执剑与有着厚重装甲防护的敌人对抗"。装甲必须与有效的重型火炮结合起来, 其设计要优于日本海军当时拥有的任何一艘战舰。在这方面, 白劳易设计建造的搭载了 12英寸加耐特式火炮、稳定性不佳的 "三景舰" 毫无疑问已经被证明糟糕得令人失望。在大约 4 个小时的战斗中, 加耐特式火炮总共只发射了 13 发炮弹。不仅 "三景舰" 因为火炮的缺陷在战斗中没有发挥出日本人本来期待的决定性作用, 而且 "松岛" 号接近损毁的状态也凸显了它们在防护上的缺陷。[34]

另一方面, 鱼雷已经被证明至少可堪一用。这种原始的武器所具有的缺陷已经被攻击者的大胆和毅力克服。他们使用的 "战术" 建立了一种无畏的迫近攻击传统, 这种攻击方式先是被日本的鱼雷艇, 后来又被驱逐舰部队采用, 在他们的训练口号上被总结为—— "肉迫必中" (意即接近击敌要害)。[35]

总的来说, 1894—1895 年发生的中日甲午战争在一些重要方面影响了日本海军的思想。首先, 战争的过程和结果强化了日本海军军人们的这样一种信念: 海军在冲突中发挥了决定性的作用。他们认为, 正是因为海军摧毁了北洋舰队, 同时获得了制海权, 陆军才得以毫发无伤地在战争最后几个月里登陆中国沿海地区。这个证据似乎加强了海军的一种越来越强烈的信念——它比陆军更为重要。在海军看来, 帝国大本营在战时的安排没有反映出这一现实情况。虽然海军在朝鲜和中国沿海的联合军事行动中与陆军通力合作，但从陆军主导的大本营接受指令让海军统帅机关感到愤怒。尤其是山本权兵卫，战争结束后，他决心不让这种情况在战时再度出现。在1899年修订"战时大本营条例"时，他不失时机地这样做了。在接下来与陆军的激烈谈判中，他试图为海军军令部争取与和平时期一样的战时独立地位，但没有成功。然而，山本仍然不屈不挠地要实现海军的完全独立。1903年，他再度利用了迫在眉睫的战争所造成的危机氛围，最终迫使陆军对战时大本营进行了改组，让陆军参谋本部和海军军令部完全相互独立。[36] 这种独立性一经确立，便为日本陆海军之间势均力敌、争议不断的无休止拉锯战开辟了道路。这场争斗为的是国家大战略的指导权、军费开支还有公众的热情和支持，不仅发生在内阁房间里、国会议员席上、演讲厅里，而且还出现在双方各自发言人和理论家起草的有关国家战略和政策的严肃论文里。

中日甲午战争也拓展了日本海军的战略视野。日本海军在这以前还缺乏海外的目标，只关心本土海岸线的防御。但在战争的最后几个月里，日本海军对有机会参加攻占台湾岛和澎湖列岛的军事行动做出了迅速回应。随着中国在1895年的《马关条约》中割让了这些领土，日本获得了适合于帝国主义时代的战略体量。不仅海军在澎湖列岛的马公岛① 建立了重要的基地，而且这些新的亚热带领土现在可以成为日本势力、贸易和影响力**"南进"**到华南、东南亚和南太平洋的踏脚石。日本海军自己的发言人表达得很清楚，**"南进"**构成了陆军在亚洲大陆上实施的**"北进"**的海上替代方案。然而由于**"南进"**所指向的区域已经处于西方列强的控制之下或处于它们的势力范围之内，这个时期的**"南进"**设想在日本历史上只有最模糊的目标。事实上，它与其说是一项战略，不如说是海军为与陆军争夺公众注意力和政府拨款而提出的另一个理由。[37] 然而它成了海军的一个教条，没有具体计划的支持，但最终有助于海军对它所主张建造的舰队的用途和规模进行思考。

最后，中日甲午战争为现代日本海军思想提供了一个脱离照搬西方思想的

---

① 译注：澎湖岛的别称，澎湖列岛中最大的岛屿。

出发点，一如美国海军思想是围绕马汉的关切和美西战争的教训而具体化的。在此之前，日本海军的参照标准还完全是西方的思想，当然，西方的战术思想（此时在日本翻译的众多西方海军评论性文章里都可以找到）在接下来的10年里仍然具有说服力。不过一种更纯粹的日本海军作战条令也开始在同一时期里发展起来。新的条令部分可见于官方指令和条例中对某些口号的如同咒语般的用法：以少胜多、见敌必战，等等。这些标语在内容上既和心理有关，又与战术相关。[38] 这种对待海战的半神秘主义态度成了这一时期到二战结束时众多日本海军战术思想的一大特点。当然这并不意味着日本海军的军事思想为简单的标语口号所替代。1894—1904年，一套完全专业化的作战条令开始出现，由一个青年军官组成的核心军官团打造，他们头脑敏锐、见多识广又富于想象力，都在海军大学校内工作，帮助日本海军准备与其海上的潜在敌人和国内的竞争对手战斗。

第三章

整军备战：

1895—1904 年间日本海军的技术和作战条令

　　日本凭借《马关条约》从中国那里获得了旅顺港、辽东半岛、台湾岛，还有巨额赔款，条约签订后日本举国欢腾，这标志着日本对自己有能力毫无顾忌地实现其在东北亚大陆的雄心壮志的乐观情绪达到了顶点。俄国、德国和法国都震惊于日本凭借一己之力在改变东北亚势力平衡上突然取得的成功，很快要求日本放弃它在战争中最有价值的战利品——旅顺港和辽东半岛。由于日本势单力孤，无力冒风险与联合起来的欧洲 3 个最强大的陆上强国发生战争，被迫将旅顺港和辽东半岛归还中国。东京正确地猜到长期觊觎东北亚不冻港的俄国是这次"三国干涉还辽"的主要敌手。[1] 不到 3 年，当俄国自己要求从中国获得旅顺港和大连商港 25 年的租赁权并得到时，所有针对这一点的怀疑都烟消云散了。

　　与此同时，俄国开始向朝鲜施加压力。朝鲜传统上被日本视为国家安全的一个至关重要的组成部分，自 1895 年以来就是日本特殊的利益范围。俄国占领旅顺港对日本来说是国际耻辱，占领朝鲜则是日本战略上的灾难。倘若一条连接跨西伯利亚铁路的俄国铁路被沿朝鲜半岛向南推进，用以支援一支占领军和一支驻扎在朝鲜南海岸的俄国舰队，那么日本就将陷入绝境。一支以朝鲜东南端的镇海（Chinhae）为基地的俄国舰队可以与日本海上的俄国海军舰队（以符拉迪沃斯托克为基地）或黄海上的俄国海军舰队（以旅顺港为基地）协同作战，因而对日本构成了全面威胁。

日本决心阻止这种可能发生的不祥之事。它听从了"卧薪尝胆"的中国古训，怀着平静而不妥协的决心打造既能保护国家沿海安全又能保证日本在大陆的利益不受妨害的战略力量。从最近国家遭受的屈辱来看，有两件事是足够清楚了：第一是日本必须具备足以挑战俄国的陆、海军实力来获得东北亚地区的霸权。鉴于制海权将对亚洲大陆上的作战行动极为重要，日本尤其应该拥有足够的海军力量来击败或封锁俄国可能派到东北亚海域的任何舰队。第二，日本必须寻求西方列强的支持，这样在将来的危机中便不会再在国际舞台上发现自己处于孤立的境地。从中日甲午战争后到日俄战争前的这9年间，这两个目标在英国的帮助下大体上都实现了。英国的船坞1895—1904年帮日本建造了大量的军舰，以至于日本在1905年主要是带着英国建造的海军投入战争的。而且正是1902年的英日同盟（其影响主要体现在海军上）确保了日本的行动自由，使其不受海军强国的干涉，并鼓励日本海军考虑统治东亚水域。

技术发展的加快

在英国的帮助下实施大规模海军舰艇扩充计划的决策是日本在世界海军技术飞速发展的背景下做出的。但海军技术的快速发展延长了19世纪最后几年里海军战术、海军训练和舰队编制的不确定性。

首先，装甲和武器之间继续存在着跳跃式的竞争。1890年，美国人H. A. 哈维（H. A. Harvey）改进了早些时候法国人的发明，开发出抵抗力比最好的铁甲还要强大约1.5倍的"镍钢"装甲板。但在1894年，哈维的装甲板被超越了，因为克虏伯的工程师又往镍钢里加入了铬和锰。在遵循这种制作方法的基础上辅以特殊表面硬化锻造工艺，工程师们又开发出了KC（Krupp cemented，即"克虏伯表面渗碳硬化"）装甲，它具有极其坚硬的表面以及牢固而又不失弹性的正面。[2]

这些防护装甲上的改进必然刺激出进攻性武器的反制措施。到19世纪90

年代，火炮设计和生产上的进步促进了体积更大、装填更快和射程更远的火炮的发展。这些进步就包括英国的阿姆斯特朗－惠特沃斯（Armstrong Whitworth）公司开创的组合式火炮制造技术，用于瞄准和抬升火炮的液压机构的改进、火炮反后坐装置以及跳动布置的完善。发射装药的重大发展使得缓燃的"无烟火药"取代了有烟火药。无烟火药提供了更大的初速，减少了装药的重量，并改善了能见度，使火炮的射击更加准确。单基硝化纤维素火药最早是法国研制出来的，很快被其他许多国家的海军采用。英国研发出了双基无烟线状火药，它由溶解在硝化纤维素里的硝化甘油添加少量凡士林组成。新式引信（击发引信、延时引信和两用引信）的发明现在使得预先确定舰炮炮弹的爆炸时间成为可能。[3]

面对更厚的装甲板，炮弹本身也得到了改进，以提供更强的穿透力。穿甲（AP，Armor-piercing）炮弹是用铬钢通过特殊的加热工艺（让弹头尖端硬化，同时弹体仍然保持韧性）制成。到19世纪90年代中期，各国海军都在使用被帽穿甲（APC，armor-piercing capped）炮弹。它们是装有特殊被帽的穿甲弹，这种被帽由"软钢"制成，可以承受住最初的冲击，在被帽破裂前给目标装甲预加应力，使炮弹主体的硬化弹尖能够以最大的力量穿透。[4]

虽然这些武器技术的发展极大地增强了重炮战列舰的进攻能力，但在19世纪末期，战列舰真正的破坏力却因一种海军技术发展不足受到限制，并且实际上又受到另一种技术进步的威胁。海军火炮、发射火药以及炮弹上的巨大进步已经大大增强了舰上巨炮的打击力，但也扩大了它的射程（在19世纪末已经达到10英里）和命中率之间的鸿沟。舰炮的命中率糟糕主要是因为当时仍然是根据100多年前的炮手所运用的原则来进行瞄准和开火的，因而只能是命中率低下。直到用于观测炮击、校正射程、绘制目标航线以及通过中央火控系统协调舰上火炮的机械装置被设计出来以后，火力和命中率之间的鸿沟才被缩小。[5]

此外，海军界对大型舰炮（或者更准确地说是它的平台——战列舰）是否仍然是可用的武器的争论越来越多。法国人热纳·埃科勒就把战列舰视为过分昂贵和脆弱的军舰类型。起初，战列舰的威胁来自小型速射炮，其口径在19世纪80年代达到了6英寸，在50秒内可以射出10发100磅的炮弹，具有消灭露天炮塔中不受保护的敌重炮操纵人员的潜力。但是坚硬得多的哈维、KC装甲钢板的出现以及炮塔防护罩的覆盖已经阻止了这一挑战。

更具威胁性的是自力推进鱼雷的迅速发展。罗伯特·怀特黑德（Robert Whitehead）在 1866 年最初发明的鱼雷动力不足，且常常出现导航错误，速度也不到 6 节。经过各种改进，到 1895 年，鱼雷的破坏力已经翻倍，速度在距离不远的时候达到了 30 节。同样重要的是，在一两年内，鱼雷的雷身内加入了陀螺仪，赋予了鱼雷航向稳定性并把偏航的角度降低到了不到半度。鱼雷现在是一种既快速又准确（虽然射程还不远）的武器，水线以下没有防护的船体在鱼雷面前变得越来越脆弱。[6]

鱼雷的潜在破坏力要求有一种合适的军舰来搭载它。于是，鱼雷艇便在 19 世纪 70 年代应运而生。相较于其他水面舰艇，它体积更小、速度更快、造价也更便宜，到 19 世纪 90 年代，它似乎威胁到了大多数海军强国正投入许多海军预算建造的慢速战列舰的生存。人们采取了包括速射炮和防鱼雷网在内的各种防护措施来帮助战列舰抵御该威胁。但速射炮受阻于缺乏对射击指挥的协调，而防鱼雷网则只有在军舰停泊或慢速航行时才有效果。鱼雷艇的发展正好是在法国人热纳·埃科勒的战术和战略观点如日中天的时候，因为热纳·埃科勒的理论正是建立在这种快速、廉价的军舰能够在笨拙迟缓的战列舰装备的大炮甚至副炮下面实施冲锋这一基础之上的。19 世纪末世界各国海军鱼雷艇的剧增必然导致人们执意寻找一种有效的反制武器系统。在战列舰队上投入最大的英国海军就寻求发展另一种军舰类型，这种军舰要能够以相同甚至更快的速度追上鱼雷艇，同时装备的舰炮又可以击沉其目标。但最早的"猎鱼雷舰"（建造于 1887—1889 年）对这项任务来说太慢也太脆弱。它们在 1893 年被鱼雷艇驱逐舰接替，后者是一种适于航海的快速舰艇，能够捕捉并消灭鱼雷艇和猎鱼雷舰。不幸的是，这些小型舰艇仍然存在空间狭小、装甲薄弱、易受震动的问题。1897 年，当皇家海军舰艇"毒蛇"号（Viper）下水时，真正的驱逐舰诞生了。驱逐舰是一种体积更大的舰种，装备火炮和鱼雷，由于搭载了革命性的蒸汽涡轮机，所以速度快、震动小、耗油量少，足以担当真正的舰队护卫者，对重型舰船既可攻亦可守。[7]

虽然上述武器和武器系统的发展似乎对战列舰队的统治地位构成了挑战，

但英国海军不会因此而动摇要在战列舰上继续领先于两个距离最近的竞争对手——法国和俄国的决心。正是出于对法俄两国海军的顾虑，英国下水了"庄严"号（Majestic）。作为"庄严"级战列舰的第一艘军舰，它拥有异常强大的主炮、布局合理的装甲、17.5节的最高速度、7600英里的续航力（以10节速度航行），这些特点给予了该级战列舰史无前例的火力、防护力、航程和灵活性。不但"庄严"号的4门液压操作的12英寸炮是新型复合构造，而且它们为该口径量身定做的炮管长得异乎寻常，能让它们射出初速超过2300英尺^①/秒的炮弹。理论上，这些炮弹可以在1.5万码^②的距离上穿透18英寸的装甲。适合安装这些火炮的炮座都装备了中央旋转起重机，而火炮本身则被设计成在任何瞄准角度都能装填弹药，这在当时是新颖的特色。炮座覆盖上了轻型装甲防护罩，这样的布局最终成为所有战列舰主炮的标准配置。在鱼雷艇防御上，"庄严"号在甲板上的一排装甲炮郭里搭载了12门6英寸速射炮。舷侧9英寸厚的镍钢装甲带还有保护战列舰关键部位的3英寸装甲甲板作为补充。⁸"庄严"号在几乎每一个方面都为接下来10年的海军进攻力量设立了一个标准。

装甲板的新发展也强烈刺激了比战列舰小的主战舰种——巡洋舰的发展。到1880年，各种快速舰艇已经发展成巡洋舰这一舰种，它被设计用来劫掠敌人商船队或捕捉企图摧毁己方运输船的敌方劫掠船。鉴于巡洋舰所承担的任务，它需要较快的航速和强大的武装，最初对防护装甲几乎不怎么关注。1885年，在泰恩河（Tyne River）上的埃尔斯维克造船厂，阿姆斯特朗公司进一步发展了这类舰船，建造出了"防护巡洋舰"。防护巡洋舰速度快、火力强，并且安装了至少能为舰上的主机、锅炉和弹药库提供一些防护的装甲甲板。虽然它们太轻，适航性不足以满足英国海军对远洋航行的要求，但它们对日本海军这种规模较小的海军来说却极具吸引力，这主要是因为它们具有显而易见的强大火力和较快航速，而且埃尔斯维克船坞供货迅速、价格低廉。法国人很快用排水量略大的巡洋舰设计方案与英国的这些巡洋舰相抗衡，他们的设计思路是在船的

---

① 译注：英制长度单位，1英尺约合30.5厘米。
② 译注：英制长度单位，1码约合91.4厘米。

舷侧安装一条装甲带，但当船满载的时候装甲的重量通常会让装甲沉到水线以下，因而没有达到保护舷侧的目的。直到用上了重量更轻、韧性更强的哈维和克庐伯合金装甲板后，第一艘令人满意的装甲巡洋舰才被建造出来。1895年，埃尔斯维克造船厂建造了一艘装甲巡洋舰，它的火炮更重，都被装在单独的炮塔里受到保护，而在舷侧装有一条厚度5英寸到7英寸不等的钢带，其下边缘还装有一块防护甲板。这块防护甲板是为了阻止炮弹穿透该舰装甲带上方未受保护的舷侧而设计的。和之前的埃尔斯维克防护巡洋舰一样，埃尔斯维克装甲巡洋舰很快成了巡洋舰设计的典范，受到包括日本在内的全球各海军力量的广泛追捧。[9]

因此，19世纪末见证了海军技术的突飞猛进，尤其是舰炮、装甲、鱼雷、动力装置的发展以及与之相伴的战列舰、巡洋舰、鱼雷艇和鱼雷艇驱逐舰的发展。然而，由于没有任何一项技术发挥关键性的带头作用，世界各国海军如堕雾里般无法确定主导性武器、最有效的舰队编制以及最关键的战术体系。对任何政府来说，从中做出任何选择都意味着一场关于经济和战略的豪赌。对英国来说，一个世纪之久的海军霸主传统和长期战略义务缩小了选择范围。而对日本这样刚刚踏上海军强国之路的国家来说，在建设现代海军时要从这些技术发展中选择正确的组合就更困难了，需要更强有力、更果断以及知识更渊博的领导层。

山本权兵卫和"六六舰队"

可能读者朋友们已经预料到了，努力让日本政府投身海军建设的领导人物正是山本权兵卫。甲午战争结束后的10年见证了山本权兵卫对日本海军的掌控，也见证了日本崛起为第一流的海军强国。山本很快利用和操纵舆论，在日本公众对日本近期因海战胜利而创造的辉煌成就热情高涨之时，提出了大规模扩军计划。而日本政府的态度则更现实，对它来说，这与其说是荣誉问题，不如说是关乎生死存亡的问题。三国干涉还辽已经进一步印证了日本的海防弱点与西方有关。山本权兵卫就决心不让三国干涉这样的事件再度发生。1895年，还在担任海军省军务局长的山本起草了一份关于海军扩充计划的建议，由海军大臣西乡递交给内阁。某些扩充项目将用中国支付的赔款（中日甲午战争双方和解的条件之一）进行资助。[10]

　　这次扩充计划的核心是获取 4 艘新式战列舰，外加已经在英国建造的、属于早先建造计划的 2 艘战列舰——"富士"号（Fuji）和"八岛"号（Yashima）。为了进一步加强这支战列舰队（也是日本的第一支），该计划要求建造 8 艘巡洋舰（4 艘装甲巡洋舰和 4 艘防护巡洋舰），此外还包括建造 23 艘驱逐舰、63 艘鱼雷艇，并对日本的船坞和修理、训练设施进行扩建。山本建议的扩充计划于 1895 年年底获得内阁批准，在 1896 年年初得到国会的拨款，26 万吨舰船将在 10 年内完成，分两期建造：第一期将于 1896 年开始，到 1902 年完成；第二期将从 1897 年开始，到 1905 年完成。[11]

　　山本的解释备忘录（与建议书原件一起递交给内阁）显示，这个造舰计划至少在两方面是史无前例的：第一，同时也是最明显的一点是，这是日本政府迄今为止所实施的最雄心勃勃的海军建设计划。日本参加甲午战争是带着一支临时拼凑的舰队，而现在却将拥有一支真正的战列舰队。第二，虽然俄国是最有可能与日本开战的假想敌，山本在为海军的扩充要求做出解释时给出的理由却考虑了更多可能出现的情况，而并非只是为日俄战争做准备。他认为日本应该具备足够的海军力量，不但要用它独自对付单个的假想敌，而且还要用来对抗可能从海外调来对付日本的联合海军舰队，他的预测把英国和实力相对较弱的法国都包含在内。他假定英俄的全球利益冲突使得它们不可能共同对抗日本，所以认为更有可能发生的是俄国或者英国与一个海军实力相对较弱的国家，如法国或德国结盟，然后派遣一部分舰队对付日本。山本预测英国或俄国会从其他大洋的舰队中抽调 4 艘战列舰组成主力战列舰队，外加由实力稍逊一筹的敌对强国可能给这样的海军远征舰队贡献的 2 艘战列舰。所以，他提出了 6 艘战列舰的神奇数目，认为这是日本手头必须拥有的战列舰数量。[12]

　　还有一个问题就是日本需要多大的战列舰才能有信心面对敌人的舰队。在这一点上，山本根据地理环境和世界最大的人造战略航道——苏伊士运河（Suez Canal）的情况做了计算。他指出，运河的深度只有 27 英尺（当时），而当时在建的最大军舰——英国 15000 吨的"庄严"号有着与之相同的平均吃水深度，所以无法通过该运河。由这样的军舰组成的战列舰队将不得不绕道好望角。这样航行不但耗时，而且除英国外的所有欧洲海军都将遇到相当多的沿途加煤问题。此外，在沿途和东亚海域为最大的军舰建立修理和泊船设施对任何国家来说都是一笔巨大的开销。所以，为了最低限度的海上安全，日本应该拥有一支由6艘最大的战列舰组成的舰队，并辅以4艘至少7000吨级的装甲巡洋舰。[13]

在今天看来，山本的论证传递出一种不真实感，比如他分析了与英国发生战争的理论可能性，而当时日本和它的关系是最友好的。甚至于他对可能被派来对付日本的敌方军舰数量的解释，看起来也是基于模糊的猜想。但山本显然试图让日本政府支持一种类似于英国的"两强标准"那样的海军强国假定标准。英国的"两强标准"已在1889年的《英国海军防务法案》中得到重申，山本的计划也像这个政策一样，是根据实力而非意图制订的。毫无疑问，山本建立这样一种标准的根本企图是想让政府为一定程度的海上安全提供支持，这种支持将不会受到本质上变幻无常的日本公共舆论的影响，也不会被未来的政治危机以及内阁更迭所左右。在做出这种尝试的过程中，山本预言了日本最重要的海军理论家佐藤铁太郎（将在第五章讲到）的思想，并为接下来20年里海军中的物资规划开创了先例。[14]

1896年海军扩充计划的第三个显著特点是它有意做出让日本海军在质量上比其他所有海上强国的海军强一点的规划。特别是日本计划建造的4艘战列舰，在武装和装甲上明显比包括英国在内的所有国家建成下水的舰只都要强大。为了取得在世界海军强国中的领先地位，日本在一战前夕建造"金刚"级（Kongō class）战列巡洋舰、一战末期建造"长门"级（Nagato class）战列舰以及20世纪30年代建造"大和"级（Yamato class）超级战列舰时都故技重施。[15]

最后，虽然建造战列舰是这个军备扩充计划中最引人注目的特点，但山本权兵卫不仅仅建议建造一支战列舰队，他极力主张集结一支"平衡的"舰队。山本认为，就像在陆军中炮兵、骑兵和工程兵支援步兵一样，战列舰也必须得到各种比它小的军舰的支援。这意味着后者尤其要包含可以寻找和追击敌人的三类巡洋舰（装甲、防护和无防护）以及数量充足的能够在敌人母港袭击敌人（山本在这里有可能仅指俄国远东舰队）的驱逐舰和鱼雷艇。[16]

由于世纪之交时海军技术五花八门的变化以及与之同时发生的海上强国间

海军力量平衡的快速变化，1896 年海军扩充计划得到批准后不久就不得不进行修改。最初的计划要求建造 4 艘装甲巡洋舰。在进一步琢磨了俄国的造舰计划后，日本海军断定倘若俄国海军决定集中兵力于东亚海域，那么 1896 年计划批准建造的 6 艘战列舰可能还是不够。但预算的限制根本不允许再建造一支战列舰队。由于即便是中等厚度的新式哈维和 KC 合金装甲板都可以抵御除最大穿甲弹外的所有炮弹，故日本现在可以购置能够在战列舰队当中占据一席之地的装甲巡洋舰。事实上，因为装备了新式装甲和更轻、更强力的速射炮，这类巡洋舰要优于许多仍在使用的较老式的战列舰。[17] 因此，在 1897 年对 10 年军备扩充计划进行修改时，日本海军删除了 4 艘防护巡洋舰的条款，代之以 2 艘装甲巡洋舰。这样，山本权兵卫的"六六舰队"——由 6 艘战列舰和 6 艘装甲巡洋舰组成——便诞生了，日本也借此在 10 年里一跃成为世界第四大海军强国。

日本自身的工业资源在 19 世纪末是绝对不足以建造一支由装甲舰组成的主力战列舰队的。日本仍在获取对建造重型装甲板和最大海军舰船来说必不可少的工业设施——综合钢铁厂、高炉和轧制设备。因此，始于 1896—1897 年的 10 年期 234000 吨海军造舰计划把 90% 的舰艇都承包给了国外建造，完成后将包含日本舰队 70% 的军舰。这些军舰的绝大部分都在英国船坞中建造。使用英国船坞是因为大部分海军技术的进步就算不是英国海军开创的，也是他们发展成熟的。

日本第一支战列舰队的头两艘战列舰"富士"号和"八岛"号已经在英国进行建造，并非 1896 年军舰扩充计划的一部分。虽然它们在甲午战争前就已被订购，作为应对 2 艘中国战列舰的反制手段，但两舰在建造时突然遇上中日冲突。即便如此，当它们完工并在 1897 年被交付给日本时，它们还是构成了日本到当时为止有过的最大、最强的军舰组合。英国"君权"级（Royal Sovereign class）、日本"富士"号及其姊妹舰（吨位轻于英国的原型舰）的一大改进就是有更快的速度（15.5 节）和火力更强、射速更快的 12 英寸火炮。[18]

然而，正是在 1896—1897 年从英国造船厂订购和建造的 4 艘战列舰——"敷岛"号（Shikishima）、"初濑"号（Hatsuse）、"朝日"号（Asahi）和"三笠"号（Mikasa）给了日本巨大的动力去追求海上强国的地位。它们的基本设计和规格都类似于之前讨论过的英国强大的"庄严"级，但 4 艘中的每一艘在完成时都代表着"庄严"级在设计上更大的改进。之所以称得上是改进，是因为新型KC装甲得到极大提升的防护力使设计一种不同于"庄严"级的防护布局成为可能，这反过来又大大节约了重量。与此同时，日本海军坚持它们在速度和火炮口径上要与2艘"富士"级战列舰完全兼容，这样6艘战列舰就能够组成一支单独的部队共同作战。[19]

最后一艘完成的"富士"级战列舰——"三笠"号格外值得注意，因为其规格不同寻常。当"三笠"号于1902年在巴罗（Barrow）的维克斯造船厂完工时，它已经跻身于当时海上最强大的舰船之列。该舰的主炮是分别安装在一前一后两个炮塔上的4门12英寸火炮，此外舰上还装有14门6英寸埃尔斯维克速射炮。主炮由液压或电力驱动（不过它们也可以手动操作），可以在任何射击方向和任何射角下装填弹药，每2分钟能射出3发炮弹。它的防护力也同样强大，因为KC装甲的防护力使"三笠"号的主装甲带得以在厚度减半的同时，能为更长的舰体提供同等防护，以覆盖弹药库和关键的主机。这种坚固的结构在"三笠"

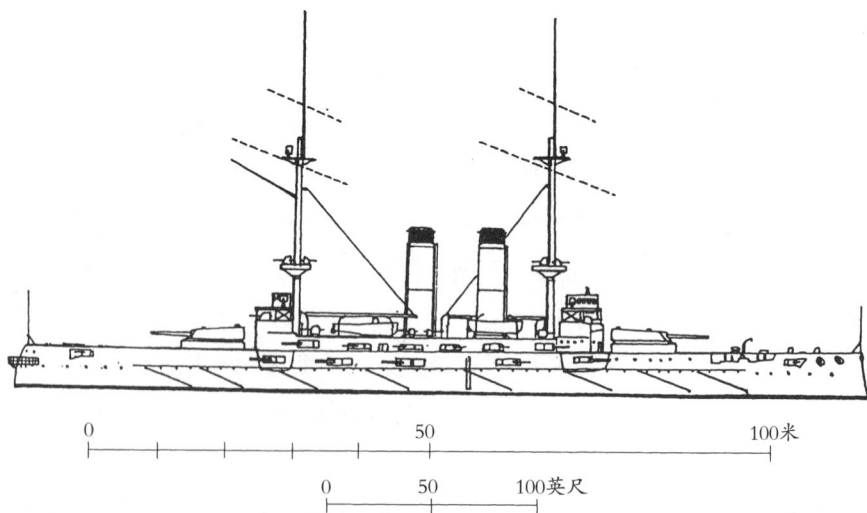

∧ 示意图3-1."三笠"号战列舰

号将要参加的战斗中使这艘著名的军舰获益良多。[20]

在英国造船厂致力于完成日本主力舰队的同时，10 年期扩充计划的 1897 年修正案所构想的日本巡洋舰队建设工作也开始进行。计划所要求的 6 艘装甲巡洋舰——"浅间"号、"常磐"号（Tokiwa）、"磐手"号（Iwate）、"出云"号（Izumo）、"吾妻"号（Azuma）、"八云"号（Yakumo）在 1899—1901 年间建成。这些舰艇的第一艘是从阿姆斯特朗－维克斯公司（Armstrong Vickers）订购的，并在著名的埃尔斯维克工厂（已经在过去 20 年里为巡洋舰建造建立了标准）建造。这些巡洋舰是全都装备了埃尔斯维克速射炮（8 英寸和 6 英寸都有）且水线上下都得到充分防护（"吾妻"号用的是哈维镍钢，"出云"号、"磐手"号用的是 KC 钢）的快速机动军舰。最后两艘巡洋舰是在欧洲大陆上建造的："八云"号是在斯德丁（Stettin）的伏尔铿工厂（Vulcan works）建造的，"吾妻"号则在圣纳泽尔（St. Nazaire）建造。但为了保证弹药的兼容性，日本人明确要求后两舰装备埃尔斯维克速射炮。[21]

为了进一步加强 6 艘装甲巡洋舰的实力，日本海军在对俄战争前的 10 年里（1894—1904 年）购买了 8 艘新式防护巡洋舰。5 艘这样的小型军舰被放在日本船坞进行建造，并且主要是由日本设计（当然是基于英国的构想），用的是日本的材料，只有充当它们武器的速射炮是从英国进口的，这是日本海军造船能力进步的标志。日本海军的造舰师正在好好学习英国的造船技术。虽然这些巡洋舰中的第一艘——"须磨"号（Suma）在完工的时候被发现缺乏稳定性，但横须贺和吴海军造船厂很快就做出了必要的改进——加大了干舷和排水量，使剩下那些在总体设计上与之相同的巡洋舰的性能得到了提升。

由于日本鱼雷艇在甲午战争最后一次作战中较为成功，并且被视为具有对付港内俄国舰艇的潜力的有效武器，因而 1896 年的海军扩充计划要求创建一支规模更大的鱼雷艇部队。63 艘各种大小的此种小艇根据法国、德国和奥地利的设计方案，由欧洲造船厂提供材料建造，但主要是在日本组装。然而，技术变革步伐之快促使日本海军决定取消 26 艘此种鱼雷艇的订单，而代之以少量更大的鱼雷艇驱逐舰。因为英国已经率先开发出这种鱼雷艇驱逐舰，日本海军便从英国船坞订购了 16 艘。在设计和性能上，它们几乎与皇家海军卓越的"三十节"舰艇完全相同。到 1902 年，39 艘类似设计的驱逐舰正在日本的各个造船厂中建造。[22]

值得注意的是，日本武器工业甚至在它的过渡阶段就开始制造它自己的武器、弹药、机器、炸药，还有军舰。1896 年，主要的海军兵工厂已经从东京的筑地被迁到了内海的吴市。次年，日本在九州西岸建立了佐世保兵工厂以承担军舰的完工、舾装和修理工作。同年，凭借充足的大型高炉、压力机、蒸汽锤，吴市兵工厂正在生产炮弹铸件，水雷，鱼雷，大型舰炮用的炮管、炮座以及速射炮。[23]

日本技术专家还开始生产他们自己设计的机器、弹药、武器和炸药。日本国内的这些大量海军技术进步代表了日本人在研发上做出的努力。日本工程师也发展了他们自己的船用主机设计和舰上武器设计。他们的宫原锅炉（Miyabara boiler）比国外同类产品设计更简单，结构可靠性也更好，很快就投入了使用。根据基本的国外设计或信息，日本人开发出了山内速射炮，小田水雷、大森鱼雷、木村无线电。[24]

然而，日本海军取得最大进步的还是舰用炸药和弹药领域。到 19 世纪 80 年代，它已经获得了为它的炮弹量身定做的新式炸药，其威力远远超过它以前使用过的任何炸药。"下濑火药"（Shimose powder）是法国人研发的"苦味酸"炸药在日本的"变种"。[25] 日本海军充分利用了这种新式炸药的两个特性——爆炸产生的高压和极热，将它们加强到极致，并设计出一种容纳该炸药的新型炮弹来加以实现。虽然世界海军的潮流是趋向将厚套穿甲弹用作战列舰的主炮炮弹，但日本人却开始生产新式的薄壳穿甲弹，即在日本海军中广为人知的"风吕敷炮弹"（以薄薄的日本方巾或包裹用布命名）。这种"风吕敷炮弹"使更多的重量可以被分配到爆炸装药上（"风吕敷炮弹"的装药量可以占到炮弹总重量的 10%，而穿甲弹的炸药则只有 2%—3%），因此它产生了一种强大得多的爆破效果。最后，一个由伊集院五郎（Ijūin Gorō）将军领导的委员会研发出了"伊集院引信"，这种引信装在炮弹的弹底，使炮弹一受到撞击就爆炸，而不是在穿透了敌舰装甲后才爆炸。显然，日本海军采用这种装置背后的想法是它能够对军舰上没有装甲防护却至关重要的甲板以上部分造成最大破坏，并给予其舰员最大的杀伤。这种想法与当时的海军战术背道而驰，因为当时的海军战术强调的是穿甲弹造成内部破坏的重要性。不管怎样，"下濑火药""风吕敷炮弹"以及"伊集院引信"3 种技术结合在一起在日俄战争的海战中表现出惊人的破坏力。[26]

军舰的国产化发展得缓慢一些。但到 20 世纪初，阻碍日本最大装甲战舰发展的就只有日本钢铁工业的不成熟了。在像维克斯这样的英国公司的帮助下，日本钢产量很快翻倍，并且私人资本也进入钢铁这一行业，对政府的投入做了补充。日本全国钢铁厂的总产量仍然较小，日本海军船坞的大部分建造材料仍然都是从欧洲进口的，直到第一次世界大战让日本无法进口。不过在 1901 年，日本生产出了第一块装甲板，"筑波"号（Tsukuba）巡洋舰于日俄战争爆发前在吴海军造船厂下水，这表明日本在海军武器的生产上正迈向独立自主。[27]

1902 年，1896—1897 年的军备扩充计划进行得非常顺利。但让东京感到惊恐的是，欧洲国际局势的再次紧张已经在西方海军强国当中掀起了新一轮海军军备竞赛，日本在海军实力上所取得的新地位有被连锁反应侵蚀的危险。德皇威廉（Kaiser Wilhelm）在海军上的抱负体现在德国的《1900 年舰队法案》上，该法案旨在奠定一支大海军的基础。虽然德国海军的扩充声明主要是向英国的海军霸权提出挑战，但它在俄国海军界也引起了震动。大力扩建海军的俄国此时正在加速实施规模更大的造舰计划，这反过来又被日本视为对自身安全的威胁。考虑到德、俄两国的这些新造舰计划以及美国、法国、意大利的造舰计划，日本海军领导层估计如果不采取措施去与国外的造舰行动相抗衡，那么日本的海军地位到 1908 年的时候将从第四滑落至第七。所以，日本海军不得不递交了一份对最初造舰计划的第三阶段的增补方案，用俄国作为日本必要海军实力的对照标准使该方案现在显得合情合理。增补方案于 1903 年被国会批准，要求再建造 3 艘战列舰和 3 艘装甲巡洋舰，但两者数量最终都增加到 4 艘。这些新增军舰的建造工作在 1903 年秋日俄关系迅速恶化的时候才刚刚开始。作为权宜之计，日本海军马上购买了 2 艘强大的 7600 吨装甲巡洋舰——"春日"号（Kasuga）和"日进"号（Nisshin）。这两艘巡洋舰刚刚在意大利完工，起初是准备卖给阿根廷的。[28]

　　因而在日俄战争前夕，日本已经获得了真正强大的海军力量。它不仅重获世界海军实力的第四把交椅，而且还打造了一支实力均衡的海军舰队，这支舰队由 6 艘战列舰、8 艘装甲巡洋舰、16 艘防护和无防护巡洋舰、20 艘驱逐舰和 58 艘鱼雷艇组成。[29] 在筹集这支海军时，日本海军领导人（尤其是山本权兵卫）对世界军舰发展趋势的选择以及甲午战争教训的正确诠释都表现出良好的判断力。山本在解释 1896—1897 年的军舰扩充计划时已经承认计划的目的是取得日本周边海域的制海权。他认为这只能用一支由装甲舰组成的主力战列舰队来加以实现。一位日本海军史的评论家指出，选择马汉式战列舰队的日本对一支舰队的用途已经表现出比其他几个国家更好的理解。中国在 1894—1895 年时将它的舰队主要用作陆军的运输队，法国在当时只把舰队视为突袭部队，而俄国（或许也是必然）的观点则主要把海军力量定位成分散的地方部队。[30]

　　山本也清楚地看到甲午战争中那些小型辅助舰艇的价值。虽然装甲舰对取得制海权至关重要，但小型辅助舰艇也发挥了重要作用。在战争的最后几天里，这些小型舰艇对港口内的中国军舰实施了较为成功的鱼雷艇攻击。最后，日本海军单艘军舰（主要是英国建造的）卓越的设计以及作战能力也至关重要。尽管在即将爆发的冲突中，日本海军的将领指挥出色，其士兵作战勇敢，但使日本在 1904—1905 年取得海战胜利的最重要因素是其军舰的质量。[31]

英日同盟

　　虽然日本海军实力得到了这样史无前例的增长，但俄国海军的增强依然带来了一些严重的问题。如果世界第三大海军强国与另一个海军强国联手，那日本就不敢想象与之开战的后果。1895 年的三国干涉已经使日本懂得敌对的西方战列舰队可能会在东亚海域会合。对日本来说，降低这种风险的最可靠手段似乎是与一个欧洲海军强国结成同盟。英国似乎是最好的伙伴，因为它有自己的理由去遏止俄国利益在亚洲的扩张。所以，共同利益是 1902 年英日同盟的核心。虽然同盟并没有让任何一方在另一方与一个国家发生战争时承担援助另一方的义务，但它保证一方在与两个或更多国家发生战争时，另一方会给予这样的援助。日本不仅获得了与世界第一海军强国联手的声望，还获得了行动自由——可以策划与俄国开战而不必担心第二个敌对强国的干涉。[32]

无论如何，这个同盟的意义是政治性和战略性的。尽管没有证据表明日本海军极力促成了这一同盟，但它的领导人和他的英国同行一样都在国内狂热宣传要支持英日同盟条约。英日两国海军的代表在横须贺和伦敦经过磋商制定出了两国间的海军合作主要框架。虽然缺乏战时联合作战的具体细节，但双方不仅草拟了在东亚海域集中英日联合舰队的条款，还起草了对这些舰队的部署规定。这个部署包含英日指挥官指挥下的混合部队（或由一名指挥官指挥的英日联合舰队）的调遣机制、情报交换机制以及关于舰船入港、加煤这些共同设施的规定。[33]

最终，就条约而言，双方对它们彼此间不可调和的长期预期都感到失望。日本人希望英国能够在东亚海域维持与俄国数量相当的战列舰和巡洋舰，而英国却不想投入任何级别的部队；英国人希望实力得到加强的日本海军能够让皇家海军得以把它的大型舰艇撤回英国本土海域去协助压制德国海军日益崛起带来的挑战。[34]

但事实证明，短期内这个同盟是对日本有利的。虽然条约的条款在日俄战争期间从未被援用过，英国还是在许多方面给予了日本帮助和支持，包括协助购买装甲巡洋舰"日进"号和"春日"号，并在两名英国军官的暂时指挥下将其从意大利移交给日本。[35]而且更为重要的是，这个同盟（至少暂时）缓解了对日本海军来说至关重要的燃料问题。

日本的第一次燃料危机：
煤炭不足

现代日本海军的诞生正好与以下两个海军技术的进展同步发生：蒸汽时代的到来和将煤炭用作推进能源的主要来源。所以，日本海军的燃料来自日本国内大量的块煤。早在1872年，日本海军就在九州设立了燃料供应中心，随着规模的扩大，它对燃料的需求也增加了。到1886年，它不得不对日本全国的煤炭资源进行普查，探明和标出了大约40处煤炭储藏地，只有在紧急情况下才会对它们进行采掘。这些新的矿场预计可以产出战时海军日常需要的大约三分之二的煤炭。[36]

但日本未经加工的块煤是低质的烟煤，燃烧时会释放出大量既会被敌人看到，也会遮蔽友舰信号的滚滚黑烟。而且这种煤发热量很低，因而并不真正适合海军使用。虽然一些烟煤做成煤球后还是有一定效能，但在 19 世纪 90 年代，日本还没有生产煤球的技术。所以日本在设法解决这个问题的同时开始从英国进口卡迪夫煤（Cardiff coal），这种煤很快满足了日本海军每年大约四分之一的能源需求。然而在甲午战争期间，为了减少对海外煤炭供应的依赖，日本海军只采用日本的块煤，不过这样又削弱了日本军舰的动力。在这场战争中，动力的减弱在面对一支劣势海军时并不要紧，但在总结战争教训时，日本人知道了建立充足的英国煤炭供应，同时继续采取措施让日本煤炭效能变得更高的重要性。到日俄战争前夕，日本海军已经贮存了大约 65 万吨煤炭，但在将国内煤炭做成煤球的技术上进展不大。用手头并不充裕的国内煤炭储备去和一流海军强国开战一定把日本海军领导层吓坏了。不过在最后一刻，多亏和英国签订了新的条约，日本海军又获得了 50 万吨的上等英国煤炭，它让日本海军在和俄国开战时克服了严重的能源危机。[37]

让海军思考：
海军大学校的秋山真之

日本海军在购置一支战列舰队的同时，也在培养官兵们对如何运用这支舰队的复杂战术的理解力。事实上，在甲午战争和日俄战争之间的将近 10 年间，日本现代的战术条令已经成熟起来，它既以日本海军自身作战经验和实验为根据，又参考了国外样板。

海军思想的蓬勃发展主要是在海军大学校（自 1888 年成立起，其影响力就一直在扩大）。甲午战争前，即海军大学校初创时，它在日本海军战术的创造上并没有发挥很大作用。海军高等教育机构的建立本身就是最近才出现的世界现象：美国海军战争学院 1884 年才成立，而其他国家也是到了最近才仿而效之。

在日本，作为海军思想发源地的参谋学院的出现很大程度上要归功于坂本俊笃（Sakamoto Toshiatsu）的倡议。此人是海军军令部的一名参谋军官，其军

∧ 任海军少将的坂本俊笃

旅生涯的早期曾在法国接受全面培训。1896年，已被尊称为海军"法国学者"的坂本，被海军军令部派到法国考察新成立的法国海军军事学院的架构、课程和教学方法。他在1897年一回到日本，就被任命为海军大学校的高级教官。3年后，他开始掌管学院，刚开始担任代理校长，后在1902—1904年担任校长。[38]

在此期间，坂本通过一系列改革措施着手从根本上改变海大。这些改革不但基于他个人在法国的观察，而且还基于在他指导下的对世界上各主要海军高等专业学习制度的全面考察。他的改革不再像以前一样把海上勤务作为入学要求，拓宽了海大的招生范围，但也把入学人员限定在那些具有良好服役记录、身体健康以及通过了严格智力筛选的人身上。在课程上，他把对技术和科学的重视转向了对战略、战术以及相关领域的学习。坂本课程改革最重要的一点是他把学院里的教学主要分成两类课程——针对在职军官的两年制"A"（或者用日语来说是"甲"）①课程和针对初级军官的 6 个月"B"（"乙"）②课程，以及工程课和选修课（为遴选出来的军官的个人兴趣量身定做的继续专业训练）。"乙"课程向大尉开放，并局限于教授炮术理论、鱼雷技术和航海术，任何一项内容接下来都要在海军各类技术学校中的其中一所进行高强度实践训练。从专业和职业的角度来看，"甲"课程远比"乙"课程重要，它的授课对象主要局限于那些已经通过了"乙"课程和严格筛选程序的接近将官的军官。完成"甲"课程是一线军官职业生涯中的重要一步，实际上为通向参谋和最终的将官职位开辟了道路。[39] 这种教学结构后来几乎没什么变化，并且逐渐在塑造海军职业道路和影响海军作战条令演变上发挥重要作用。[40]

在坂本和海大有关系的 10 年左右时间里，"甲"课程所教授的主要科目包括一般战术和战略、陆海军史、海军组织、舰船设计和建造、武器、军舰轮机、岸防工事、国际法。[41] 但"甲"课程对日本海军作战条令的最大贡献在于它强调以实际问题为中心的实用战术，解决问题的方法有时需要向海军的高级军官请教，有时则来自学员本身。

对这种教学方法来说至关重要的是坂本挑选了海军中最聪明、最有经验和口才最好的专家来担任教官。这当中就包括像山屋他人（Comdr. Yamaya Tanin，一位正崭露头角并对战术有新见解的炮术和鱼雷专家）少佐、前面提到过的岛村速雄大佐（10 年前在清见寺和清水港曾主持日本海军战术的创制）以及秋山真之（Akiyama Saneyuki，日本海军历史上最才华横溢的战术和战略思想家）少佐这样的军官。[42]

作为一位有着学者气质的军官，山屋他人是海大里坂本"智囊团"的首批成员之一。在担任教官期间（1899—1902 年），他对学院迅速进步做出的主要贡献在于他勤勤恳恳地收集有关海军的情报并对战术进行了创新。坂本主要把收集有关西方海军强国海军高等教育情报的任务交由山屋去完成，而山

---

① 译注：按照习惯，以下皆称为"甲"课程。
② 译注：以下皆称为"乙"课程。

屋对这一问题的全面考察使日本海军大学校能够了解美国、英国、法国和德国同行在制度建设和教学方法上的最新进展。山屋是海大里首批尝试新的舰队战术的教官之一，这些战术超越了西方的先例，是日本对世界海军战术发展做出的原创贡献。

山屋把对过去战斗的分析与其他人的洞见、他自己的知识以及经验糅合起来，是海大里首批教授实用战术的教官之一。在撰写讲义时，他经常就某些战术问题向山本、伊东和其他海军高级军官请教。由区区一介大佐进行这样的查问在日后是难以想象的。有时候他也会在课堂上提出战术问题，让学生准备小论文来回答这些问题，这种教学方法今天已经被美国海军战争学院用于教学当中。[43] 为军令部制定最早版本的《海战要务令》（得到官方批准的对日本海军战术思想的最终系统阐述）提供基本素材的，主要是"甲"课程的学生用小论文对岛村速雄这样的教官提出的问题做出的回答。[44]

但这些年在海军大学校对战术产生最深远影响的是学院里最杰出、最强势也最有影响力的参谋军官——秋山真之；[45] 事实上，他也是日本海军历史上影响最大的人之一。秋山真之于 1890 年从海军兵学校毕业，和他哥哥（后来在骑兵部队干得很出色）是明治时代一对杰出的兄弟。虽然在中日甲午战争中错失了获取作战经验的早期机会（他所在的舰船在鸭绿江之战期间正单独执行任务），但他将作为战术家、战略家和计划制订者而出人头地。和马汉一样，他与其说是一个职业斗士，不如说是一个海军的知识分子，潜心研究历史和哲学。相较于打仗，他对打仗的原则更感兴趣。这种早期的兴趣毫无疑问是被日本在1894—1895 年海战的胜利中未能解决的战术和战略问题所激发的，促使他贪婪地阅读当时的海军军事论文、西方军事文献中的伟大著作以及古代中国孙子和吴子的经典。

1897 年，秋山大尉接受了鱼雷训练，并在海军军令部情报局工作了一段时间。之后，他被派到美国工作两年，希望在那里吸收美国海军作战条令和技术的精华。但曾经对日本海军军官敞开的美国海军教育大门此时已经关上。虽然在安纳波利斯海军学院和纽波特的海军战争学院都无法入学，但年轻的秋山表现出出色的应变能力。他接近阿尔弗雷德·马汉，直接请教如何促进自己海军专业教育的进步，这位著名的战略家给了他一张经过补充的书单，上面列的都是西方海军史上最重要和最有意义的著作。更重要的是，他直接写信给助理海军部长西奥多·罗斯福（Theodore Roosevelt），获得了美国海军战争学院课程的摘要（他的做法是，向罗斯福指出华盛顿的日本公使馆已经发行过这份摘要，把它们当作机密信息几乎是不合逻辑的）。随后在 1898 年美西战争开始时，美军封锁和摧毁在圣地亚哥的西班牙舰队的时候，他请求以外国观察员的身份登上美国军舰。通过华盛顿日本公使馆的说情，他的请求获得了批准。[46]

秋山在加勒比海与美军舰队共处时所做的观察对日本海军的专业化至关重要。他发给东京海军军令部的关于古巴战役的报告全面详细、文辞优美，使日本海军的情报报告成为一门真正的艺术。他情报工作的巅峰是他那份著名的关于美军将领桑普森（Sampson）在圣地亚哥大捷的 118 号秘密情报报告，多年来，该报告对日本海军的计划制订者来说一直是关于美国海军的经典情报来源。当他回到岸上时，他在日本海军中传递了关于桑普森舰队的各种情报、手册、技术指南、文章以及一系列关于美国海军事务的书籍。[47]

对日本海军大学校来说，秋山从美国回来是恰逢其时，因为正好海大没找到在海军战略和战术方面合格的外国教员。坂本最初是这么想的：当各种海军战略和战术的新原则、术语以及学派开始渗入世界各国海军的专业讨论时，最好雇用一个在所有这些科目上都具备最新专业知识并且能为日本海军的学员们整理出来的外国专家。雇用英国教官的想法被束之高阁，因为日本海军近来从英国偷带出了机密技术情报，海军高层不愿冒险让这种间谍行为被好奇心强烈的英国顾问发现。虽然法国和德国专家也是可选择的对象，但具备这两国语言实用知识的日本军官太少。那就只剩美国人可请了。雇用马汉本人已经得到山本权兵卫的许可，却从未能实现。[48] 就在这时，时任海军大学校校长的坂本将军在美国遇到了秋山，后者广博的学识以及对海军研究所采取的灵活分析方法给他留下了深刻的印象。坂本便请秋山到海军大学校任教。1902 年 7 月，秋山真之少佐被任命为海军大学校的战术和战略教官，接替山屋他人。34 岁的秋山真之只比他最年长的学生大一岁。[49] 在 1903 年 11 月被调往联合舰队服役前，他一直在海大教书。日俄战争结束后，1905 年 11 月—1908 年 2 月，他又在那里当了一段时间的教官。[50]

秋山真之来到海军大学校标志着日本开始具有独立的海军军事思想——受西方海军思想的影响是肯定的，但也自由地迈入了自己的发展轨道。他的第一个贡献就是对当时战术和战略的多种不同要素进行组织分类，形成对海战的系统化研究，这样的研究在针对日本军官的进阶培训中就有了实用性。当全世界海军都面临对那些涉及战略、战术以及技术的彼此相互矛盾的理论进行整理挑选的任务时，这是一项难度高但又非常重要的工作。秋山从规范海军术语开始，这样当海大的学生升到舰队内的重要职位时，在起草作战计划或接收作战指令时便能以一种军内通用的专业语言来进行交流。秋山的术语——战略、战术以及作战，等等，以及对它们的解释都写在一本被广为散发的小册子上，并没有什么特别，大部分符合西方的习惯。但在日本，这是它们首次被明确界定，也是第一次有人向学习海军军事科学的日本学生讲清楚这些术语的重要意义。[51]

不过有些术语在概念上是原创的，并且在一段时间里一直为日本海军所独有。这当中最重要的便是"战务"，通常被翻译成"后勤"。但后者的意思是供养人员、提供装备并为军事行动提供补给的学科，而秋山实际上将其意义扩大为"战争指导"，即战斗以外所有任务和阶段的标准化操作规程，包括训练、通信、作战报告和作战命令的起草以及我们现在所熟知的后勤。这种由秋山真之在海大所开创的第三种海战学习类别（其他两种分别是战略和战术）是当时日本海军教育所特有的。秋山本人认为他在这个领域内的贡献是最重要的。日俄战争结束后，他过分谦虚地说："我对祖国所做的贡献并非战略和战术，而是'logistics'，即'战务'（他把后勤的英语单词放在日文单词前，以便把意思解释清楚）。"[52]

秋山在更出色的美军军事行动中看到了美军严谨而细致的策划，受此影响，他的海战打法完全依赖对军事行动理性和科学的规划。这种打法的核心是一种在欧洲先进的军事机构中常见的技术：准备"形势评估"，评估即将实施的军事行动中的各要素——天气、敌我力量、可能的行动方案，等等。日本海军大学校准备形势评估所使用的分析工具和纽波特的美国人所使用的如出一辙，都是兵棋推演①。

兵棋推演是教授战略、战术，测试作战计划和作战理论的实验室方法。在放有舰船模型和标记的大桌上进行演习以模拟真正的战斗情况，并配有交战规则和战斗损伤规则以及裁判员来裁定战斗结果。[53] 在筑地的海军大学校，秋山创立了类似的桌面兵棋推演方法，它成了日本海军课堂内指导和解决海军问题的常规做法。该技术在岛村和山屋任海大教官时曾在有限的范围内被使用过，而现在秋山则将兵棋推演发展成一种高级艺术。他首先把兵棋推演分成两种活动。针对战略问题的研究，秋山开发出了"地图演习"（或顾名思义曰"图上战术"），用的是画有东北亚水域的大型横版地图。军官学员们必须在上面移动舰队，考虑假想敌（通常是俄国）的实力和资源，应付包含在秋山所谓的"战务"层面中的无数问题。而针对舰队间的决战，学员们将移步至另一种不同的兵棋棋盘，这种棋盘标有用于"兵棋演习"（战术层面的兵棋推演）的方格。使用者在这上面练习炮战和鱼雷攻击，先在单艘舰船之间，而后在小舰队之间，最后在舰队之间。宣布规则和损失的裁判会密切注视这些棋盘上的战斗。在演习结束时，教官将给予学生详尽的评价。通过这种方式，秋山让学生直面战斗（发生在舰队之间、鱼雷战队之间以及不同强度和速度的部队之间）中的危机和机会。他们还能了解到与陆上基地配合的问题、运输船保护的问题、支援登陆作战的问题以及大量其他战斗的状况。[54]

然而，兵棋推演并非只是一种指导未来海军指挥官和参谋军官的技术。它还是一种测试战术及战略设想的实验室方法。在海军大学校的大型兵棋棋盘上，秋山提出了关于战术机动、夜战、舰队阵型、交战原则和支援部队使用的许多构想。这些想法中的多数一经完善便被纳入《战斗要务令》当中。海大的兵棋推演偶尔会在天皇本人面前举行，数十年来为日本海军提供了对海军理论的系统化实践应用和分析，这也是美国海军的计划制订者正在做的工作。[55]

秋山不仅仅从海外引进了有关海军作战条令（理论）的最新最有价值的见

---

① 译注：或称图上演习。

解。他同样设计了把当时的西方观念与来自中国、日本的军事经典相结合的方法。他是孙子的狂热学习者，从这位古代战略家那里学到了关于欺骗、集中、"间接攻击"等一般军事原则。更有意思的是秋山利用了日本自身海事传统中的见解。海军军令部的小笠原长生（Ogasawara Chōsei 或 Ogasawara Naganari 或 Ogasawara Nagayo）少佐向他推荐了日本中世纪"水师"战术的相关文献。秋山对这些经典文本抱有浓厚的兴趣，因为它们提出了明显预示现代阵型（包括纵队）、技巧（夜战）、原则（包括集中兵力）的某些战术设想。[56] 西方历史学家或许会怀疑：从日本古代文献中寻找后来日俄战争中日军海战获胜的原因是否像小笠原长生和最近的日本评论家认为的那样重要。[57] 但这些中世纪的军事文献显然影响了秋山，而这场战争中日本海军的战略和战术正是秋山策划的。[58]

但除了这些日本古代文献启发的技巧、策略和战术外，秋山还从那里发现了战斗中一些无形要素——心理、道德和精神，他认为这些要素必须成为日本海军条令的一部分。这位日本海军军官早期的著述是抽象甚至神秘的。当然，秋山的思维方式并不独特。例如，他对战斗中人类意志以及迫使敌人屈服的重要性的强调就和克劳塞维茨的想法相似。但很少有西方海军军官会在专业授课时如此频繁地提及战争中的无形要素。在后来的岁月里，这种精神层面的抽象要素在秋山的思想中占据了主导地位，并且预示了太平洋战争前和期间日本军事思想总体上的一种神秘主义特点。最能体现这种神秘主义的是宣称借助神的力量，必将可以战胜美国。[59]

秋山在日本海军军事思想形成中占有重要地位的最后一个因素，是他在海军大学校授课时带来的权威。在他之前，很少有教官博览国外海军的作战条令（理论），也没有人目睹过甲午战争以外的现代海战。现在，凭借对现代海战实施的个人观察以及对大量海军信息的掌握和迅速回忆，秋山大大提升了海大的专业研究层次和专业知识水平。几年之内，和他济济一堂的杰出教官就有鱼雷战术家铃木贯太郎和海军历史学家佐藤铁太郎，但在海军大学校历史上，只有秋山让它成为世界上最好的海军高等教育中心之一，也只有秋山让日本海军在战术和战略理论的发展上可与其他国家的海军一争短长。[60]

1895—1904 年日本海军战术的演变

随着新世纪的到来，在专业能力得到提升的背景下，日本海军大学校的战术家们开始把他们的注意力转向了当时的重大战术问题。他们知道西方国家的海军已经在进行类似的研究和思考，也必然受到了影响，但他们对实际解决方案的研究工作却是独立进行的。在这些年里，海大的战术家们得出了和其他国家的海军同行相同的结论：纵队是舰队决战中最有利的阵型。这一结论的有效性并非昙花一现——最初在 19 世纪 90 年代早期的舰队演习中被表现出来，而后又被日本海军在鸭绿江之战的胜利所证实，秋山和海大其他教官的兵棋推演也反复证明了这一点。但对全世界的战术家来说，单纵阵型带来了一些严重的问题。例如在鱼雷时代，它不适合作为巡航阵型，因为延长了的战舰纵队明显比横队更容易受到鱼雷攻击。其他问题还有：指挥官如何将巡航队形变更为纵队？他应将自己置于纵队的何处？或许最困难的问题是如何胜过具有同等实力的敌方纵队。在平行航线上发生的战斗，胜利取决于哪方拥有更多的火炮或更优秀的炮术。但如果一方可以集中其大部分舰船的所有火力对付敌人——19 世纪后半期安装在旋转炮塔上的远程舰炮的出现使这样的打法成为可能——同时阻止它对己方采取同样的行动，那么获胜几乎是必然的。

在日本海军大学校，山屋他人少佐最早研究这些问题，并首先提出了一个解决办法：在最短的时间内将所有火力集中到敌人阵列上，同时把他们控制在射程范围之内。对山屋的思想来说至关重要的一个前提是，日军舰船比它们的对手速度要快（速度快的战术效果已经在甲午战争中令人印象深刻地得到证实，因而成了日本海军的信条）。山屋他人预想了一支日军舰艇纵队驶向敌方纵队的情形。当两支舰队接近至 5000 米时，日军旗舰要么左转要么右转以便使日军舰艇纵队在向前移动时形成一个弧形。山屋猜测无防备的敌人会觉得日军舰队这样运动很奇怪，但不会进行反向运动。与此同时，日军舰艇将继续做弧形运动，这样日舰纵队的所有军舰能在最短的时间里将火炮瞄准敌军纵队的首舰，同时只有小部分敌军舰队舰艇可以集中对付做弧形运动的日本军舰。在这短暂的时间里，日军舰队将有最大的机会重创敌军（示意图 3-2）。倘若敌军转向而非保持航向不变，日军前锋可能会立即在相反方向上形成弧形，使敌军前锋至少在

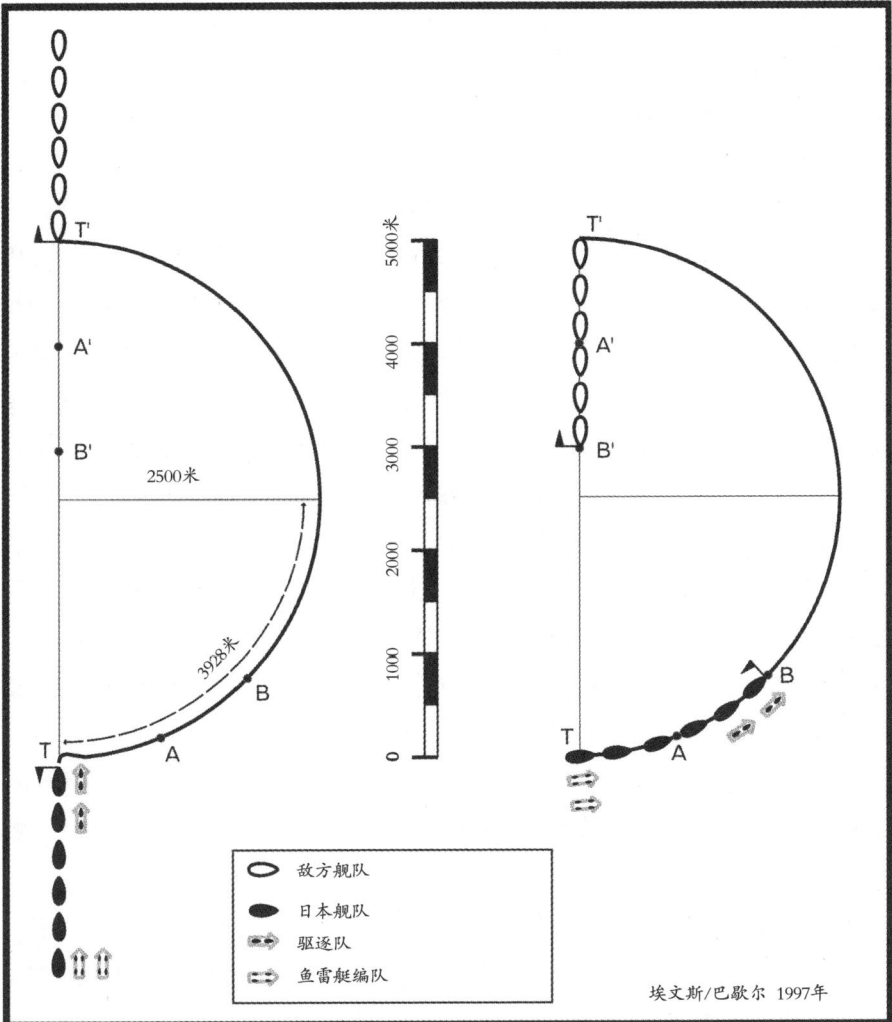

∧ 示意图3-2. 山屋的弧形战术（引自日军手册）

一段时间内遭到所有己方军舰炮火的攻击。[61] 山屋的"圆战术"（即弧形战术）看上去很有前途，故1901年海军大学校图上演习对其做了大量测试。[62]

那些思考这个问题的人意识到达成这种火力集中的理想位置是让己方纵队

与敌方纵队呈垂直，所以实际上是让己方舰队形成字母 T 的顶上一横。在英国海军中，"杰基"·费舍尔已经在 1901 年的地中海和海峡舰队的演习中运用了这种战术。他在当年 9 月写给海军部的报告中这样写道："我们强调的教训就是，最重要、最紧迫的措施在于将舰队**排成一条直线，与发现敌人的方向呈直角**。这个秘密我们能保守到什么程度还有待观察。如果作战双方都践行此黄金法则，并采用单一的方位线，那么具有速度优势的舰队一定会获胜，也就是说**高速战列舰队必胜**。"[63] 日本人对 T 字部署的理解不可能落后英国人太多，因为 1902 年岛村速雄大佐在海军大学校讲课时详细解释过这种战术。他坚持认为，这种战术已经在舰队演习中演练过了。[64] 在秋山真之的指导下，海军大学校用兵棋推演对该战术进行了试验。在这些图上演习中，秋山证明了当两支纵队向交叉航线上的一个交点靠近时，距离该点最近的纵队将处于优势地位，因为它可以把更多的火炮对准另一支正向该点靠近的纵队。它们航向之间的交叉角度越大（最大到 90 度），距离交点更近的舰队优势就越大。因此，最理想的情况就是让自己的舰艇纵队呈直角横穿敌军的纵队，这样便能形成字母 T（见示意图 3-3）。

在这种"给 T 字母加盖"①的经典位置上，一方可以用最大数量的舰炮瞄准敌人，而敌人由于其位置的关系，能用来进行反击的火炮数量是有限的。不过，海大的实验表明 T 字母很少可以被完美加盖，更常见的情况是获胜者所达到的位置更像是日语片假名符号"イ"顶上的那一撇，在"イ"这个假名里，一撇和一竖是呈一定角度的。[65]

给 T 字加盖战术——或者按日本人的叫法，"丁字战法"（用汉字"丁"命名）——很快成了全世界海军指挥官追求的"圣杯"②。但仍存在这样的问题：一位指挥官如何快速机动以到达这样的位置？在此过程中，如何运动才能最大限度地减少因敌军的距离和航向改变所产生的影响？

在海大举行的图上演习会议上，秋山真之指出 T 字战术常常因为敌人能够

---

① 译注：即给字母T加顶上那一横，在敌舰正前方航线上呈直角拦截，占据了有利射击方位。

② 译注："圣杯"为西方基督教文化的典故之一，相传是耶稣在最后的晚餐中使用的绿柱玉琢制的酒杯，曾被用来接耶稣伤口流出的"宝血"。在亚瑟王的传说中，它是骑士们一直寻找的宝物。现在常被用来比喻众人追求的最高目标。

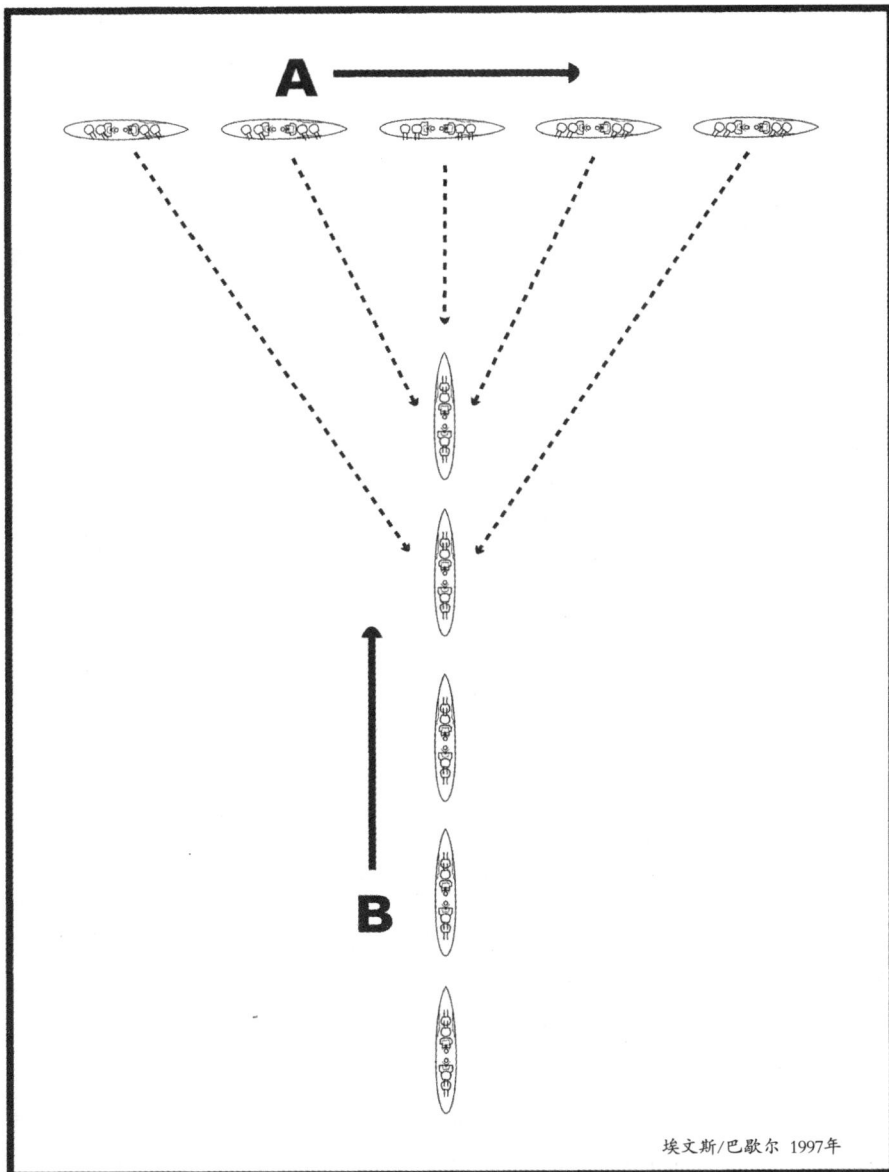

埃文斯/巴歇尔　1997年

∧　示意图3-3. T字横切战术（在敌舰正前方航线呈直角拦截）。A舰队把它的所有火炮都集中瞄准B舰队领头的舰船，B舰队很难回击，因为它只有舰队前面舰船的火炮可以投入作战，而舰队后面的火力则被前面那几艘舰船挡住了。未按比例绘制

转向逃跑而失败："T字阵型的问题在于它在任何时段内都很难维持哪怕一小段时间。维持这种阵型的一种方法是及时进行同时转向，幅度为8—16个罗经点（45度或90度）。"[66]秋山的另一个解决办法被称为"乙"字战术（因为它在外形上像汉字"乙"，与罗马字母L也有几分相似），是一种欺骗性的舰队机动，旨在制造夹击。日本舰队在使用这种战术时将分成两支编队接近敌人。在第一支编队与敌人直接交战（并尝试给T字加帽）之时，从敌人意想不到的方位靠近敌军的第二支编队，让自己处在可以使敌人陷入交叉火力的位置。两支舰艇编队将分别组成字母L的两条边，包围敌人，阻止其逃脱。秋山写道："对付由旗舰率领的单支敌舰纵队的战术是'乙'字形战术，我们在这种阵型里迫使敌人受到剪刀攻击……一旦我们成功地用这种（L字）阵型实施机动对付敌人，我们便可给予它致命一击。"[67]这种对敌人进行集中攻击的战法（示意图3-4）先在海大的兵棋推演棋盘上得到试验，后又在海上进行了实际演练，最终被纳入日本海军接受的战术当中。[68]

日本海军和射击指挥（火力控制）的发端

在日俄战争前的10年里，海军强国已经普遍认识到较新式的钢制膛线舰炮——尤其是远程舰炮（射程大于2000米）没有得到充分利用。但要充分发挥其性能，舰炮炮手们需要精确地知晓其与目标之间的距离，并较准确地了解内弹道学①（例如内膛磨损和火药温度）、外弹道学（炮弹在离开火炮后的运动，受到重力、空气阻力和风等的影响），以及瞬间距离或测距仪距离与火炮射程（炮弹击中目标的预期距离）之差。这些距离之差由射击前瞄准时间（从最后一次距离观测到开炮之间的这段时间）加上炮弹飞行的时间、发射舰和目标舰的航向、速度（或相对航向和速度）决定。

这些专业知识在19世纪末的时候都没有被很好地理解，但现代海军射击指挥——以这样一种方式指挥火炮击中目标的全过程的最早曙光却在1900年左右

---

① 译注：弹道学术语，内弹道是弹道的一部分，指被发射的抛射物从点火到离开发射器身管的这一过程。

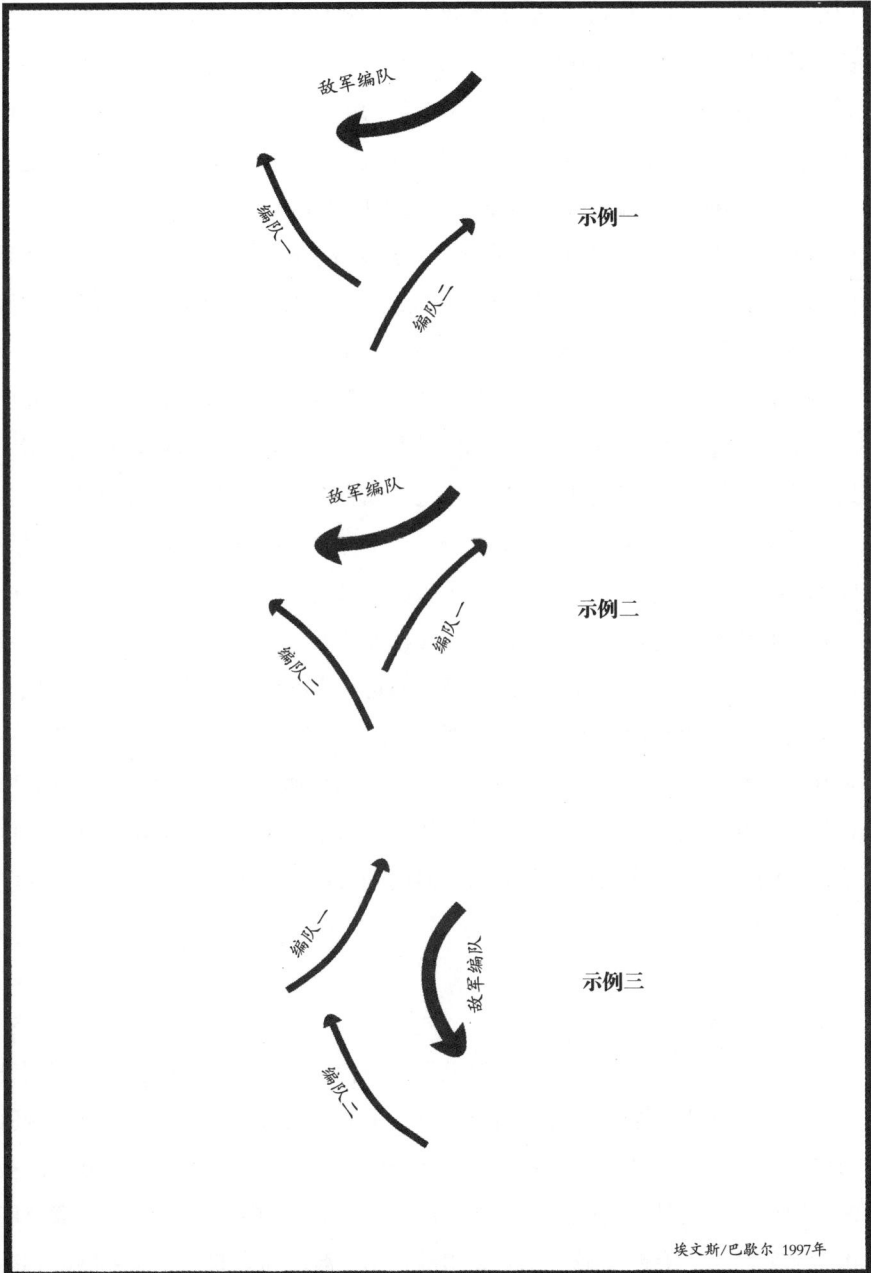

敌军编队

编队一

编队二

示例一

敌军编队

编队二

编队一

示例二

编队一

敌军编队

编队二

示例三

埃文斯/巴歇尔 1997年

∧ 示意图3-4. L字战术（来源：1904年1月9日作战计划，见《日俄海战史的研究》，上册，第388页）

出现了。最终，人们逐渐认识到水面射击指挥实质上可以被分成五大要素——目标追踪和位置预测、内弹道学、外弹道学、计算，以及修正。在这些要素中，只有外弹道学和甲板运动被搞得非常清楚了。珀西·斯科特（Percy Scott）上校在 1898 年发明的连续瞄准系统，部分解决了使用小型火炮时的甲板运动问题。日俄战争前，在目标追踪上取得的最重要进展是光学单观测器测距仪的发展［最有名的产品是由英国的巴尔和斯特劳德公司（Barr and Stroud）研发的］以及采用望远镜瞄准具替代概略瞄准具。到 20 世纪初，世界各国海军的大部分主要战舰都装备了这两种重要的设备。[69]

到日俄战争时，日本海军已经在跟随射击指挥最新进展方面取得了重要成果。它的主要军舰都装备了巴尔和斯特劳德测距仪，有些军舰已经拥有多达 6 部这样的重要仪器。[70] 火炮的射程表（射表）是由阿姆斯特朗公司提供的，为各种射角的射程范围提供起码的基本数据。日本海军的射击瞄准具根据火炮系统的弹道学进行了校正，并且已经安装了望远镜来提升其性能。日本海军此时的主要缺陷在于没有完全理解与射击舰和目标舰的相对运动有关的距离变化的重要性。不过事实证明，对射击指挥问题中的这一方面的不成熟理解对日俄战争中重大海战的结果来说并不是至关重要的。战争中两场主要海战的大部分射击都是在俄国和日本的舰艇以差不多相同的航向和航速行驶的情况下进行的，所以目标距离和方位都改变得较慢。无论如何，虽然日本海军的射击指挥在日俄战争前夕明显有点落后于英国和美国，但还是可以与俄国海军比肩，甚至还略微领先。[71]

联合舰队的重组

1903 年秋，随着日本与俄国就东北亚的政治安排进行的最终徒劳的谈判进入最后阶段，日本海军开始为预期中即将发生的海上冲突进行组织准备、舰队演习以及战术训练。第一步便是重组其主力战列舰队。12 月 28 日，常备舰队被解散，取而代之的是联合舰队，它被恢复为日本海军的主力战列舰队。联合舰队由两支舰队（各有两支战斗编队）组成：第一舰队包含日军全部 6 艘战列舰外加 4 艘防护巡洋舰；第二舰队包含 6 艘装甲巡洋舰外加 4 艘小型巡洋舰。第

∧ 日俄战争时的东乡平八郎

三舰队独立于这两支舰队，由各种小型军舰以及一批过时旧舰组成。对海军主要作战部队的这种安排——装备重型火炮的第一舰队，以及舰船吨位略小、速度更快的第二舰队——确立了日本海军战斗编制的原则，这一原则一直延续到1941年的太平洋战争。[72]

山本权兵卫起用了时任舞鹤港镇守府司令长官东乡平八郎来指挥联合舰队。乍看起来东乡似乎是一个不太可能的人选。他在军内并无大的影响力，而且由于在职期间屡患疾病，海军省实际上已经不止一次考虑让他退役了。

不过，东乡在戊辰战争①中的海战里见识过大量的战斗，并曾在英国［在那里他逐渐对霍雷肖·纳尔逊（Horatio Nelson）产生了景仰之情］受训，而且有丰富的出海经验，被公认为是一个不苟言笑但称职的军官。

虽然东乡沉默寡言、不动声色，并且现在被传说和他的传记作家们所赋予的英雄崇拜大光环所笼罩着，但要评估他的能力仍然很难。[73] 战前大家显然都认为他只是一名平庸的军官。一般认为，另一些像日高壮之丞（Hidaka Sōnojō）或柴山矢八（Shibayama Yahachi）这样以凶狠和大胆著称的将领将在即将爆发的冲突中指挥海军。但东乡享有"福将"的美名；在战斗中，他有一个准确无误的本领，即在正确的时间做正确的决定。当明治天皇问山本为何应该任命东乡为日本战列舰队的指挥官时，据说山本是这样回答的："因为东乡运气好。"[74]

东乡显然不仅是运气好而已。山本点他的将显然是因为他的战术技能、他的镇定自若以及他在战争中的冷静谋划，这些品质在几年前的"高升"号事件中第一次表现出来。1894 年 7 月 25 日，甲午战争的头几枪刚刚打响，在黄海指挥"浪速"号巡洋舰的东乡发现英国商船"高升"号装载着清军部队正驶向济物浦。他强迫该船停船，并派军官登船检查。在接下来几个小时的交涉中，日本人看得出来清军官兵显然不会允许英国军官交出船只。东乡在"高升"号停船期间仔细查阅了国际法的各项条款。随后在他的军官从"高升"号撤回来后，他用炮火击沉了"高升"号。激烈的抗议（尤其是英国）随之而来，东乡于是被召回东京与山本进行谈话。但他的行为在国际法中被认为是正当的。[75]

自那以后的几年里，东京的军官（尤其是山本权兵卫）对东乡既谨慎又果断的性格印象深刻。最能体现这一点的就是东乡对山本发来的通知备忘录的回复。这份备忘录于 1903 年年初发给各舰队和基地指挥官，询问关于对俄海战的时机和形式的看法。东乡的回复是少数表达了乐观态度的回答之一，但他同时也建议小心行事，竭力主张开战的决策应该在认真研究日俄双方各自海军实力的基础上做出，而非基于国民情绪。[76]

---

① 译注：日本历史上在王政复古活动中成立的明治新政府击败江户幕府势力的一次内战。

东乡把他的将旗挂在了"三笠"号战列舰上，因此也握有作为联合舰队支柱的第一舰队及其 6 艘战列舰的直接指挥权。联合舰队的下属指挥官主要是久经沙场的老将。指挥第一舰队巡洋舰战队的出羽重远（Dewa Shigetō）少将在鸭绿江之战中就已经是伊东祐亨将军旗舰的舰长 ①。日本海军又挑选了军中最强势的将军之一——海军中将上村彦之丞（Kamimura Hikonojō，一位彻底的斗士，其在戊辰战争的战斗中和甲午战争中担任舰长时所积累的作战经验可以与东乡匹敌）指挥第二舰队。上村大胆、直率、顽强，这些品质都是他在初掌第二舰队遇到逆境时所急需的。他手下两位战队 ② 指挥官三须宗太郎（Misu Sōtarō）少将和瓜生外吉（Uriu Sotokichi）少将也都有着丰富的出海经验。

联合舰队的参谋军官和他们的指挥官一样优秀。东乡选择让日本海军的战术先驱岛村速雄大佐担任自己的参谋长，选择有马良橘（Arima Ryōkitsu）大佐 ③ 担任他的高级参谋。这位高参对俄国的海军实力——尤其是旅顺港的俄军基地相当了解。至于负责制订作战计划的专职参谋，秋山真之便是理所当然的人选。制订作战计划的专业知识和技能在联合舰队所有 4 支战队中都得到了"复制"，因为大部分参谋都是海军大学校的顶尖毕业生，都曾在秋山的指导下学习过。这些人完全熟悉秋山的战术和战略理念，熟悉他为具体海军作战制订过的计划，所以他们是战时有效执行这些计划的不可或缺的一环。[77]

1903 年秋天，联合舰队的所有战列舰和装甲巡洋舰都整装待发，开始在佐世保的主基地进行认真训练。舰队在那里不停地练习以下科目：集体起锚，使用小心保存的卡迪夫煤高速行驶，在各种距离上射击，装载和卸载部队，从海岸撤离伤员。训练尤其注重由驱逐舰和鱼雷艇实施的鱼雷战术、海岸伏击和夜袭。

完善舰队内部的通信同样意义重大，因为所有比驱逐舰大的军舰都已经安装了无线电报设备。这种新的通信系统在日俄战争中发挥了至关重要的作用（日俄战争也标志着它首次被用于海上战斗），日本海军对它的快速应用表明日本

---

① 译注：原文如此，1894年9月时，出羽的职务并非"松岛"号舰长，而是西海舰队代理参谋长。
② 译注：即联合舰队各舰队下属的分舰队。
③ 译注：原文如此，有马当时的军衔还是海军中佐。

人具有采用国外最新技术的本事。1897年，在亲眼见到美国无线电报的性能后，秋山给海军省发去了备忘录，敦促海军尽快获得此项新技术。海军省对此也抱有极大的兴趣，但发现当时在英国海军运行的马可尼（Marconi）无线电系统价格高得离谱，于是便转而依靠自己的专业知识，成立了无线电研究委员会，最终开发出了一种可接受的无线电系统。1901年，在获得了传输距离达到70英里的无线电后，日本海军正式采用了无线电报。两年后，它在横须贺建立了一个实验室和工厂生产三六式（1903年）无线电收发报机，经过与时间赛跑，联合舰队的每一艘主要军舰到战争开始时都安装了这种无线电收发报机。[78]

　　对俄战争爆发前，东乡最挂念的通信问题之一就是铺设从日本到新舰队基地的海底电缆。对马岛（Tsushima，已经与日本列岛连线）是计划连到镇海、朝鲜西南部的八口（Hakkō）锚地和朝鲜西海岸一些地方的海底电缆的起点。东乡需要直接、安全的舰队通信，为此主要依赖于电缆传输。[79]

战术计划的制订

　　秋山真之最初在海军大学校担任教官，后在联合舰队任参谋，因为声望很高和专业知识过硬，他在制订击败东北亚海域的俄国海军舰队的作战计划时处于核心地位。事实上，他在战争前半期的直接上司岛村速雄就直言不讳地这样说道："战争中没有一个重大作战计划不是秋山起草的。"[80]在担任联合舰队参谋后不久，秋山被委以重任——起草指导舰队与俄军决战的秘密作战计划。他的《联合舰队战策》（即《联合舰队作战计划》）在1904年1月9日完成并分发到联合舰队各部队。[81]这份东乡署名的计划阐述了联合舰队每一支部队的任务、阵型和调动安排。第一和第二战队（分别由战列舰和装甲巡洋舰组成）构成主力，将负责摧毁俄军战列舰、装甲巡洋舰和防护巡洋舰；第三和第四战队将负责对付敌方较小的巡洋舰和驱逐舰，并消灭被孤立或受损的敌方军舰。最后，驱逐舰和鱼雷艇将伺机攻击撤退中的俄国舰队。

　　第一和第二战队将实施T字形和L字形战术，秋山为此提供了详细的指示和示意图。他的计划是这样指示的："第一战队要选择最易攻击的敌军编队，组成一字纵队对付它（即敌我舰队形成一个T字）……通过机动尽可能多地给敌军领航舰施加压力；它要酌情通过实施同时转向来保持针对敌军的 T 字阵型。"[82] 至于 L 字战术，计划是这样规定的："第二战队要注意敌军的运动，以期对正在与第一战队交战的敌舰队实施交叉火力攻击或剪刀攻击。它应酌情实施机动，要么跟随第一战队，要么取相反航向，以便与第一战队共同组成 L 字形……随后我军两支战队要以交叉火力对敌军发动猛烈攻击。"[83] 该计划还包含各战队指挥官发给各自战队的战术指示，它们基本上都与上述调动方略相呼应。值得注意的是，战后，东乡在日本海军详尽的机密战史中给作战计划的文本贴上了这样的注释："为联合舰队及其下属各支战队制订的《联合舰队作战计划》是此次战争中所有交战的基础。从黄海海战到对马岛大战，以及两者之间其他的小规模冲突，没有一场战斗不是根据它来实施的。"[84]

战略问题：
策划开局打法

日本领导人对俄国在中国东北地区的存在容忍了相当长一段时间，而俄国违反从中国东北撤军的条约以及 1902—1903 年对朝鲜的渗透引起了日本的警觉。1903 年 6 月，日本御前会议决定："我们必须解决朝鲜问题……无论在什么情况下，我们都不能向俄国割让一点朝鲜领土。"[85] "解决朝鲜问题"意味着战争，陆军 12 月的《对俄作战计划》阐述了日本最初的战争计划。该计划规定，第一次战役将是日本占领朝鲜。一俟陆军在朝鲜站稳脚跟，即开始第二阶段，向"鸭绿江北面"发起下一轮军事行动。至于海军，战争开始阶段最需要关注的是保护陆军的远征部队，而非舰队作战。按照军令部的说法（也有可能反映的是东乡的观点），旅顺港内的敌军主力舰队将会避免决战。朝鲜战役的进行不必"依赖于海上的结果"。[86] 可一旦第一次战役结束，日本将不得不对付俄国海军，可能还包括波罗的海舰队。但如果日本能向俄国证明夺回朝鲜的代价太高，这就足够了。[87]

日本海军的计划制订者从一开始就认识到日本和俄国所处的形势使得两者间的任何冲突都只会是区域性而非全球性的。两国都没有全球制海权，也都没有分散在全球的容易被对手攻占的海外殖民地，而且双方都不开展重要到使公海商船袭击战略切实可行的海上贸易。由于所有这些原因以及日本和俄国地理构造的特点，战争必定局限于东北亚，这在地理和距离上天然就不利于俄国海军。首先，俄国的远东舰队与俄国海军总司令部和另外两支舰队（波罗的海和黑海）被地球上面积最大的陆地隔开。这让俄国在战争开始时无法投入自己所有的海军力量对付日本。

而且俄国的远东舰队本身就被分散在黄海（以旅顺港为基地）和日本海（以符拉迪沃斯托克为基地）。这两支部队之间隔着朝鲜半岛和朝鲜海峡。驻扎在朝鲜海峡或九州附近或本州西端任何一个地方的日本舰队将掌握内交通线，并能向两支俄军舰队的任何一支发动进攻。

所以日本海军面临的第一个战略问题是如何控制朝鲜海峡以便阻止旅顺港和符拉迪沃斯托克两支俄军分舰队的会合。1900—1902 年，海军大学校围绕该问题举行了 3 次不同的图上演习。1903 年年初，日本海军在九州西海岸举行了大规模演习，以检验部队在俄军企图夺取朝鲜海峡时其战备程度是否足以将俄军击退。[88] 第二个问题更加具有威胁性。到 1902 年，俄国已经在加速实施其造舰计划，1903 年年末，远东舰队的战列舰数量已经超过了日本海军所有的战列舰数量。波罗的海舰队虽然远隔重洋，但假使能以某种方式成功跨过半个地球，与远东舰队会合，那么日本海军或许真的要遭遇灭顶之灾了。

秋山和海大里对这个问题进行了深思熟虑的其他日本海军计划制订者断定，俄国海军在东北亚天生的不利地位致使俄国会采取一种实质上被动的战略。他们认为俄国会尝试尽可能长时间地保存远东舰队的实力。当战机出现时，旅顺港里规模较大的俄国太平洋舰队将出击去破坏部分日本舰队或阻止日军部队在朝鲜西海岸登陆。规模较小的符拉迪沃斯托克舰队或许会寻求引诱部分日本舰队去攻击符拉迪沃斯托克基地的防御设施。直到作为增援的波罗的海舰队从欧洲海域抵达东北亚海域，上述两支舰队才会企图与日本海军进行决战。在此之前，俄国海军在东亚海域的两支舰队将组成"存在舰队"，对日本在朝鲜半岛的远征军、沿海地区、港口，以及日本本土岛屿海港的安全乃至日本舰队本身构成持续威胁。1902 年，在俄国工作了一年后刚返回日本的田中耕太郎（Tanaka Kōtarō，曾在俄国学习俄语，并从事情报工作）少佐在海大举办的关于"俄国海军及其附近海域"的讲座中就详细"预言"了这些威胁。[89]

日本海军领导层担心俄国的装甲巡洋舰可能会从符拉迪沃斯托克悄悄溜过津轻海峡（Tsugaru Strait）威胁东京、大阪和太平洋沿岸的其他港口。尽管如此，日军统帅部却拒绝分出军舰，而把日本的岸防主要交给了瞭望塔、陆基炮兵、鱼雷部队和海军守备部队，坚持把对付东亚的俄国海军舰队主力作为第一战略要务。[90] 就在战争爆发前，有人询问东乡来自符拉迪沃斯托克的对日本北部的威胁。他以他特有的冷静回答说："不会采取特别的反制措施。"他还曾建议从横须贺派鱼雷艇到津轻海峡，称："我们应该让敌人在小樽（Otaru，北海道的一个港口）为所欲为一段时间。"[91]

从制订计划的开始阶段，日本海军的参谋们就认识到旅顺港的军舰威胁最大，部分原因是俄国选择把那里设为它太平洋舰队所有战列舰的基地，还有部分原因是旅顺港基地更靠近日军期望的朝鲜和中国东北战场。符拉迪沃斯托克在某些方面更好：它拥有更大的泊船设施，它的两条港口航道也更易通行。但它在一年当中有部分时间是冰封的，而且也太过遥远（袭击日本沿海除外），故仍然只是俄军的一个次要基地。[92]

在这些年里，日本海军的情报部门向海军提供了大量有关俄国远东舰队的总体情报和针对旅顺港的专门情报。日本在战前之所以能有高水平的对俄战争准备，其中一个原因就是日本掌握的有关俄国的情报内容广泛而准确，而俄国的战争准备工作却因缺乏关于日本的情报而受阻。[93] 除了日本陆军明元石二郎（Akashi Motojirō）大佐所做的众所周知的"出色"的谍报工作，海军还从各种渠道收集到大量的情报。自 1894 年以来，海军军令部情报部一直在收集东亚海岸线上的情报。这些收集到的资料被分门别类，定期更新出版，内容涉及国外的港口、锚地、岛屿和设施。这些信息许多都是由实施海岸巡逻的日军军舰提供的，也有一些是进出符拉迪沃斯托克的商船提供的，还有一些是暗中沿着中国东北海岸（特别是辽东半岛）和俄国沿海省份进行秘密现场观测的日本军官提供的。海军军令部通过日本驻圣彼得堡的海军武官八代六郎（Yashiro Rokurō）、野元纲明（Nomoto Tsunaaki）截获了大量俄国海上电报通信。日本海外的商船公司传递了在东印度群岛和穿越苏伊士运河的俄国船只的有关情报。有关俄国海军编制和海军基地的大量情报则是被送往俄国接受语言培训的海军军官收集的。

后者中有对俄国海军战略做过具有先见之明的授课的田中耕太郎少佐、未来的军令部长加藤宽治（Katō Kanji）少佐、在日本企图封锁旅顺港入口的作战中死去的广濑武夫（Hirose Takeo）少佐。[94]

从收集到的这些情报中，日本海军的计划制订者了解到旅顺港作为一个海军基地有若干缺陷：它没有主要的泊船设施，因而无法修复受损的舰船；从入口到出口锚地的航道又长又窄，在低潮时太浅以致无法让大型船只通过；锚地不易防守；如果港口被攻占，在上面部署炮兵，那么能让港内的任何军舰都遭到直接炮击的高地就控制了内港。[95]

在留意俄国远东舰队的消极战略、它在旅顺港主基地的明显弱点以及派遣波罗的海舰队到东亚海域的可能性的同时，日本海军计划制订者就有效的开局打法的选项进行了辩论。东京的海军军令部虽然估计俄国人不会主动出击，但还是倾向于在一开始就打一场舰队决战。持这种观点的代表性人物是军令部当中最活跃的一员伊集院五郎军令部次长，此人预料到了与俄国人的舰队决战（但东乡持不同意见，认为旅顺港舰队可能不会出击与日军决战）。针对俄国人可能不从旅顺港出击的情况，伊集院打算用日本战列舰队对旅顺港发动直接攻击。希望尽早得到制海权好处的陆军赞同该计划，为此甚至同意由海军首先动手（陆军中有相当多的人反感因此被迫唯海军是瞻）。[96]

有马良橘中佐是东乡的联合舰队高级参谋。在他的直接下属秋山的支持下，有马根据他个人对港口的了解研究出一种对旅顺港发动开战第一击的新方法——用沉船堵住港口。他起草了一份宣战前在港口入口沉船的详细计划。1903年10月，军令部命令他在极其秘密的状态下开始准备沉船作战。到12月份，他已经在佐世保准备好5艘阻塞船用以对旅顺港发动突然袭击。[97]

东乡本人与有马和东京军令部的意见相左。一方面，东乡坚信俄国人会龟缩起来，躲在他们的海港里。另一方面，他认为在战争开始时，完全掌握制海权没有必要，或许也无法做到；海军在联合入侵作战中所发挥的作用不应该因为把旅顺港列为主要目标而被分散。当陆军入侵朝鲜并将其占领时，海军应沿着朝鲜的南海岸和东海岸，在一定距离上掩护陆军免遭旅顺港内俄国海军舰队的袭击，能在战争第一阶段时做到这一点就足够了。当然第三舰队还是要守卫朝鲜海峡，对付俄国在符拉迪沃斯托克的舰队。[98]

随着战争的临近，日本海军如何打开局之战的问题变得紧迫起来。1903年12月中旬，伊集院致信东乡，询问他的观点。军令部认为俄国人将"暂时避免决战"，但可能"择期将符拉迪沃斯托克和旅顺的两支分舰队合兵一处，用它们强大的实力与我们的舰队决战"。[99] 东乡回复说决战是"正中我们下怀"，如果它没有发生，那么我们就努力让它发生，但他也对旅顺港的俄国人会"如此急于"摊牌表示怀疑。他补充说（几乎是一种马后炮），如果日本政府当局已经决定开战，而俄国舰队还在大连或旅顺外港，那么最好用驱逐舰"实施突然袭击代替宣战"。他还提到了阻塞船的"出色战略"。但在东乡看来，这意味着要把能力最强的官兵拉去送死，这对他来说无法忍受。[100]

1月末，离战争爆发还有大约一星期时间，东乡做出了他的决定。他要派驱逐舰在夜间对旅顺港发动突然袭击。他没有考虑舰队决战；他最有可能的意图是在陆军登陆朝鲜西海岸时让日本舰队稍微露一面，拖住俄国人。[101] 他请求军令部批准他的计划，称他在那时宁愿不实施沉船阻塞作战。军令部做出了肯定的答复。但此后不久，伊集院发来一封电报，再度表示了他对舰队决战的偏好。如果驱逐舰的攻击被天气所阻，那么东乡会考虑在次日用主力舰队攻击旅顺港吗？答案是否定的。东乡回复说鉴于旅顺港强大的火炮，他认为这项建议"从战略的角度来看将是最后的应急措施"。几天后，考虑到与俄国外交关系的破裂迫在眉睫，东京的海军军令部向东乡下达了相当于折中的命令：用驱逐舰实施攻击，但由舰队的全部力量伴随提供支援。[102]

表 3-1

1904 年 1 月 1 日日本和俄国舰队的实力对比

日本海军

10 艘主力舰

　　6 艘舰龄小于 10 年的战列舰

　　1 艘陈旧的老舰（从中国俘获）

　　1 艘被评估为只能用于岸防的老舰

续表

---

1 艘岸防舰（从中国俘获）

7 艘装甲巡洋舰

    7 艘舰龄小于 10 年；最老的"千代田"号是小型舰，装备轻武装

    2 艘在建，于 1904 年完工

13 艘防护巡洋舰

    7 艘舰龄小于 10 年

    6 艘舰龄较老

    3 艘在建，1904 年完工

13 艘无防护巡洋舰和类似舰船

    3 艘舰龄小于 10 年

    3 艘舰龄超过 20 年

6 艘炮艇（612—656 吨）

    4 艘"摩耶"级，于 1887—1890 年完工

    1 艘外加的，于 1904 年 8 月完工

20 艘驱逐舰

    舰龄全部都小于 6 年；另有 3 艘在建，1905 年完工

90 艘鱼雷艇

    15 艘为一等舰（115—203 吨），一艘曾经是中国的

    42 艘二等舰（79—110 吨）

    33 艘三等舰：1 艘 16 吨重（曾经为中国所有的）；其他重 40—66 吨；3 艘是从中国俘获的

    上述 90 艘鱼雷艇中，有 58 艘舰龄小于 5 年

    3 艘一等舰在建，1904 年完工

俄国海军

33 艘主力舰

    12 艘舰龄 10 年的战列舰（7 艘位于旅顺港）

    其他 5 艘舰龄在 10 年以下

    8 艘岸防舰

    8 艘炮塔 / 回转炮塔舰

10 艘装甲巡洋舰

    4 艘舰龄 10 年以下（3 艘在符拉迪沃斯托克，1 艘在旅顺港）

    另有 3 艘在 1905 年铺设龙骨

12 艘防护巡洋舰

    8 艘舰龄在 5 年以下（5 艘在旅顺港，1 艘在符拉迪沃斯托克）

    另有 5 艘在建，4 艘在 1904—1905 年完工

9 艘单桅帆船和防护巡洋舰（4 艘在旅顺港）

    全都是有 20 年舰龄的过时老舰

续表

35 艘炮艇 [8 艘（？）[①] 在旅顺港]

    4 艘装甲舰（1627—1854 吨）

    10 艘无装甲舰（875—1437 吨）

    2 艘布雷舰（3010 吨）

    9 艘鱼雷炮艇（394—742 吨）

    9 艘小型炮艇（321—455 吨）

    1 艘武装游船（3285 吨）

49 艘驱逐舰（25 艘旅顺港）

    除了一艘外，其他舰龄小于 6 年

    另有 11 艘在建

90 艘鱼雷艇（11 艘在符拉迪沃斯托克）

    1877—1902 年下水（完工）

上表列出了 1904 年 1 月 1 日所有可使用的俄国海军舰艇以及 1904 年 1 月 1 日在建，到 1905 年 12 月 31 日之前完工的所有舰艇。某些辅助舰船未被列出。

    驱逐舰攻击的方案就这样定了下来。虽然该决定是一时冲动做出的，但它并非毫无准备。驱逐舰上的官兵对这样的攻击已经过多年的深思熟虑。早在 1900 年年初，日本海军受军令部的指示就已经开始制定供主战舰艇对付俄国旅顺舰队大型舰只使用的鱼雷战术。在 1902 年的前 6 个月里，日本海军最新式的驱逐舰已经在朝鲜海岸附近进行了一系列鱼雷演习，这些演习提升了日军在以下方面的技术水平：在夜晚实施攻击，接近目标，最大限度减少船首波、烟雾和引擎噪声。[103] 但在实施这些演习时，日本海军开始抛弃近距离鱼雷发射所需要的"肉迫必中"精神，但正是这种精神激励了铃木贯太郎少佐在甲午战争最后几个星期里发动的攻击。

    这种战术条令上的变革部分要归因于鱼雷本身在技术性能上的提升。前已述及，鱼雷及其军舰运载系统在甲午战争以来的近 10 年里已经有了相当大的发展（尤其是在航向稳定性上），不过在速度和射程这两方面，鱼雷仍然处于萌芽状态。例如，当时的日本鱼雷在航速 26—27 节时有 600—800 米的射程，但

———

  ① 译注：原文如此。

要达到 2500 米的射程的话速度就必须降到 10—11 节。[104] 但正是因为鱼雷可以更准确地击中更远距离的目标，所以俄国海军最顶尖的鱼雷专家斯捷潘·马卡罗夫（Stepan Makarov）① 才在 1900 年最早提出了在较远的距离上以较慢的速度发射鱼雷的建议。最后，日本海军不顾像铃木贯太郎这样的鱼雷专家们的激烈反对，采用了新的战术条令，该条令严重制约了日本在即将到来的日俄海战中发动的鱼雷攻击的效果。[105]

战争前夕：
一些对比

日俄战争爆发时，日本海军处于有利位置且准备充分。它有能力集中兵力，而且因为日本的国家地理位置和轮廓形状，它的基地和修理设施都在附近。日本海军单艘军舰的设计和建造总体上是第一流的，它们的速度是一致的，装甲和武装也是统一制式的。这种统一性值得强调；坚持统一性是日本人的神来之笔，它使舰队的调遣变得非常容易和准确。日本已经与世界上最强大的海军结成了同盟，后者至少给予了日本保护，使其免遭海军强大的第三国的恶意干涉。日本海军的领导层——不论是一线官兵还是参谋人员——都明白舰队的目标是夺取制海权，它已经构想、试验和实践了一套作战计划来实现这一目标。全军上下，从联合舰队指挥官到轮机舱的司炉，都充满了自我奉献、自我约束和自我牺牲的精神。这种精神有日本公众普遍具有的类似品质为后盾。

而俄国海军的处境、素质以及领导能力几乎与日本海军形成了直接的对比。但俄国也有在事后分析中被忽视的优势。俄国舰队的精锐都被派到了东方。战列舰、装甲巡洋舰、防护巡洋舰都是新式舰船，且驱逐舰的舰龄都小于 5 年。如果进行舰对舰的比较，那么俄国舰船似乎略逊一筹，而且缺乏适当的维护也是一个一直存在的问题。然而，这些缺陷不应掩盖俄国海军在即将到来的战斗中所掌握的两个关键优势：它相对日本海军具有数量优势，并且可以补充损失。

---

① 译注：俄罗斯帝国海军中将、科学家、海洋学家和极地探险家，俄罗斯科学院会员。日俄战争中任太平洋舰队分舰队司令，因旗舰"彼得罗巴甫洛夫斯克"号被击沉而战死，库页岛上的马卡罗夫角就是以他的名字命名的。

单是俄国远东舰队就比日本联合舰队拥有更多的战列舰。更重要的是波罗的海舰队的存在，它是俄国在本土水域的主力部队（虽然被部署在离符拉迪沃斯托克半个地球远的地方）。而且，其他军舰正在欧洲建造，最终都可以支援东亚海域的俄国舰队。另外，日本花钱在国外买了它能买得起的所有主力舰，而它自己的造船工业却仍然因为太不发达而无法给自己的舰队增添 1—2 艘这样的舰船。因此，俄国远东舰队最终还能得到加强，而日本却必须在战争爆发后用手中现有的舰船去战斗（除了装甲巡洋舰"日进"号和"春日"号，它们正在从欧洲赶来的路上），且不能指望损失得到补充。所以，日本海军在策划作战时是没有犯错余地的。这个严酷的事实影响了日本海军对战争的准备[106]、对开战的策划以及战争的打法。

4

苦尽甘来：

日本海军和日俄战争，
1904—1905 年

    对日本公众以及日本陆、海军来说，日本武装部队在日俄战争中的丰功伟绩成了传说、道德戒律和传统一类的东西。在海军当中，和陆军一样，像水野广德（Mizuno Hironori）和小笠原长生这样的宣传家在战争期间和战后都致力于塑造国民对海军作战的认知，他们采取的办法是润饰可以为海军声誉增添光彩的戏剧和英雄主义故事。与此同时，海军军令部为广大公众撰写了一部官方战史，该书相当乏味，只书写胜利。不过军令部也写了一部秘史，极其详细地记录了海军的失败和胜利。[1]该文件显示联合舰队的作战绝不是一连串的胜利。日本人作战勇猛果断，但在战争中的大部分时间里是在一系列失误中挣扎，只是运气和俄国人的疲乏才能将这些失误转化为胜利。然而，日本海军最后还是取得了如此彻底和光荣的胜利，从而在接下来的历史里巩固了日本的海军传统。胜利虽然为未来提供了强有力的鼓舞，但也给下一代海军领导人施加了致祸的咒语。

    在开战时，日本政府组织了一个大本营来协调战争的总体指挥。像甲午战争时建立的大本营一样，它包含陆、海军各自的代表，包括陆海军大臣和陆海军省次官、陆军参谋总长和次长、海军军令部长和次长，以及一位文官代表——外相。大本营指导海战的几个方面逐渐变得清晰起来。海军军令部具有相当大的独立性，只有得到海军的批准日本才能开战就是一个例证。[2]但同时海军军令部又与陆军参谋本部和衷共济，此时双方的融洽关系恐怕是空前的。虽然理论上军令部是天皇下属的海军最高指挥机关，但它掌握的舰队指挥权却是暂时的，尤其还要面临东乡大将的抵制，他的机敏可是深受赏识。事实上，大本营是一个咨询机构，它的决策时常出自军令部次长伊集院五郎（军令部长伊东祐亨手下真正的作战计划制订者）领导的集中式参谋作业。一个绝对的局外人——山本权兵卫也对大本营的决策影响很大。而且，山本还参加御前会议，后者在1904年2月5日发布了将海军投入战争的文件——"大海令第一号"。[3]

"大海令第一号"以天皇的名义指挥联合舰队和第三舰队的最初行动。联合舰队将移动到黄海消灭那里的俄国海军舰队，并引导朝鲜远征军的行动，然后将其护送至朝鲜西海岸的济物浦，在那里实施战争中日军在亚洲大陆的首次登陆。第三舰队将占领朝鲜南岸的镇海港，从那里保持对朝鲜海峡的警戒。[4]

第三舰队的任务虽然显得微不足道，却是最重要的。2月6日这天，日本与俄国外交关系破裂。细谷（Hosoya）少将的第七战队攻占了釜山港（Pusan），第三舰队的其他部队则攻占了镇海港和马山（Masan）。

在同一天，东乡指挥联合舰队从佐世保基地出海。他在次日早晨的集结地为八口锚地——由朝鲜西南方向的罗州群岛（Naju group）组成——的正南面。他在那里分兵，让瓜生将军指挥第四战队去掩护陆军部队从护航的日本陆军运输船下船登陆。2月8日，瓜生的战队在济物浦迅速干掉了俄国巡洋舰"瓦良格"号（Varyag）和炮艇"高丽人"号（Koreets），使它们在短暂的炮战和鱼雷战后沉没。当晚，日军迅速平稳地登陆，开始向汉城进军。对朝鲜的入侵已经开始。

与此同时，东乡率主力向旅顺港进发。我们现在从军令部的战争秘史中可知东乡在最开始的时候从没想过要在战争开始时就动用他的所有舰队去攻击旅顺港。前文已述，他提醒伊集院军令部次长注意旅顺港周围的陆地炮台对他主力舰的威胁，并因此策划用驱逐舰发动一次对俄军基地的预防性攻击。[5]他很清楚尽管"大海令第一号"大张旗鼓地命令要"摧毁"敌舰队，他在战争第一阶段的主要任务还是掩护陆军的行动。他没有直接回应军令部要求召集主力舰队进攻旅顺港的命令，而是摆出一副要进军的架势。这样，他的大型舰船就处在可能从旅顺港出击的任何俄国舰队和沿朝鲜西海岸航行的日军运兵船的航线之间。但一旦清楚了俄军战列舰不会出港攻击日军，那么对旅顺港的袭击就会按计划进行。

东乡计划护送他的驱逐舰到圆岛（Round Island，距离旅顺港大约45英里）附近。驱逐舰将在那里与主力舰队脱离，后者将驶入黄海做一次远距离的迂回，回到次日攻击发起点附近。独自前行的驱逐舰将在夜幕的掩护下偷偷地慢慢靠近海岸。它们瞅准了机会就会猛冲进港内发射鱼雷。驱逐舰指挥官在2月8日下午的时候收到了他们最后的命令。为了实施攻击，他们的驱逐舰编队在18点左右脱离主力舰队，在午夜前抵达外港。他们发现港内停泊着的俄国旅顺港舰队大部分舰船灯火通明，毫无戒备。2月9日午夜刚过，日军驱逐舰队就在一连串攻击中快速冲向敌舰，在科贝特（Corbett）所称的"海军史上第一次大规模鱼雷攻击"中击伤了2艘战列舰、1艘巡洋舰。[6]

不过考虑到港内有大量重要目标，而且敌人普遍缺乏防备，日军这一战果并不令人印象深刻。虽然单艘驱逐舰的舰长足够勇敢地全力发动了攻击，但发射的20条鱼雷中只有3条击中了目标。这些攻击之所以只取得了可怜的战果，部分要归咎于日本海军在战前采用的远距离发射条令。[7]另一个原因当然是缺乏协同：2艘驱逐舰相撞，但还是实施了攻击；其他驱逐舰则掉队迷失在黑暗中。日军这些驱逐舰几乎没有组队的迹象，要么单枪匹马，要么成双成对冲过去发动攻击；要是组织协同进攻，或许能取得更大的战果。

当然，没能协调好首轮攻击的理由也很充足。当晚虽然晴朗，却冷得刺骨。而且，夜间鱼雷作战也是出了名地困难。敌人的探照灯可以致盲攻击者，让他们脱离编队，而对黑暗中误撞己方舰船的担心又削弱了攻击者的活力。此外，舰长和舰员在他们第一次作战时都提心吊胆，容易出现误判，犯下错误，这也是情有可原的。他们在事后都坦率地承认自己是"准备不周""盲目发射"。[8]

但比驱逐舰舰员们的原罪更严重的是该作战整体设计上的失误。作战计划没有规定驱逐舰要将战果及时报告给东乡，驱逐舰返回它们在朝鲜沿海的基地时也没有对任何人说过一句话。虽然驱逐舰可能会高估它们取得的胜利，因而在这个问题上没什么帮助，但巡洋舰本可以于驱逐舰实施攻击后在它们的第一个会合点——圆岛与驱逐舰碰面，将情报通过无线电发给东乡。[9]而事实上出羽少将却不得不在次日早晨带着他的第三战队进行侦察时评估驱逐舰攻击的有效性。并且不幸的是，他看得并不准确。东乡也派了两支战队的驱逐舰（共 8 艘）去攻击大连一个并不存在的目标，结果什么都没找到。要是这两支战队也参加对旅顺港的攻击，那么这次攻击的破坏力本应该会翻倍。[10]

但俄国舰队到黎明时仍然处于一片混乱。上午 10 点左右，靠近港口的出羽少将深信敌人此时士气低落。他致电正从东南方向赶来的东乡，称第二次攻击的机会来了。但直到正午，东乡的重型舰船才停下来朝旅顺港锚地里的舰船慢慢地开火。到那时，俄国人已经从措手不及中恢复过来，而这回换日本人大吃一惊了。俄国的大型舰船以横队出击，向日军开火，随后又组成纵队与日军舰队相向而行。防护巡洋舰"诺瓦克"号（Novik）直接冲向日舰纵队射出鱼雷。俄国人的岸防炮台很快也投入了战斗。它们的这次炮击在日军能造成真正破坏前将其逐退。东乡撤退是因为他只关心他大型舰船的安危。[11] 但是有个问题今天仍然没有得到解答——为何东乡首先派这些大型舰船到旅顺港入口？当天上午，他已经仓促变卦，把主力舰队投入在他看来是偏离主要任务（即掩护对朝鲜的入侵）的事情上去。他首先派大型舰船到旅顺港入口可能是因为军令部的指示，军令部在战争开始的那几天再三催促要速战速决。东乡仓促地承担了一次自己没什么信心的无计划作战，所以拿不出什么像样的战果。

不论是什么原因，海军历史学家外山三郎指出日军驱逐舰旅顺港作战的失败影响重大。如果东乡打算用他的舰队加紧进攻的话，那他应该在驱逐舰袭击后就尽可能快地打过去。[12] 他直到次日中午才跟进意味着他的攻击几乎成了第二次单独的作战，而不是紧随驱逐舰、充分利用敌人的惊慌和混乱而实施的一次攻击。昼间成效不大的炮击加上夜间鱼雷攻击的缺陷意味着俄国远东舰队将变成危险的"存在"舰队。这支舰队的继续存在迫使日军必须尝试在海上用其他方法瘫痪它，并对它的港口和基地发动一场陆上战役。外山三郎就认为："本可以用海军在一夜之间就达到的目的，结果花了差不多一年时间，耗费了巨大的人力和物力才达成。"[13]

对旅顺港初次攻击过后，联合舰队撤到了在朝鲜沿岸的位于牙山的锚地，后来又撤到海州（Haeju）。当日本陆军沿着朝鲜半岛进军时，东乡继续从他的前沿基地支援这些陆军部队行进。为此，他对旅顺港采取远程封锁，使它一直处于他的巡洋舰和驱逐舰监视之下，偶尔他也会让战列舰缓缓列队经过，对它进行炮击。封锁是一项使人疲惫不堪的任务，而且做得绝非滴水不漏。战后秋山真之就承认不时"有缝隙出现"。因为在他看来："海军封锁就像陆上的包围作战一样，需要你有双倍于敌人的兵力；没有这样的实力，封锁是无法奏效的……那些被封锁的舰队大可以锚泊着，做好战斗准备，等待捕捉封锁舰队的疏忽……另一方面，那些实施封锁的舰队必须长期夜以继日地待在警戒线上……必须向它们供应煤和水，而且一组封锁舰必须不时地替换另一组。"[14]

秋山解释称实力与俄军大致相当的日本海军因此被迫使用其他战术来瘫痪俄国在旅顺港的舰队。[15]首先是用他的轻型舰艇部队继续实施鱼雷攻击。在巡洋舰的支援下，日军驱逐舰在冬天和1904年春天几次冲入港内发射鱼雷，但每次都被迫在造成大的损失前撤出。东乡也下令对旅顺港进行"间接"炮击。他在春季3次把战列舰开到半岛未设防的一端，后者用它们的12英寸大炮隔着陆地向旅顺港和港内的军舰开火。14000米的射程在当时已是极限，舰船必须做一定倾斜以便将炮的射角升到足够大，这样才能打得到目标。两艘在战争爆发时购得的巡洋舰"春日"号和"日进"号在5月初参战。它们甚至在更远的距离（达到18000米）上射击。但从海上的日军舰船上对炮弹落点进行的观测一直都不够充分，这种攻击模式被证明毫无效果。

对付俄国旅顺港舰队的第三种方法就是使用阻塞船。结果这搞成了一连串令人沮丧的作战。日军第一次尝试用阻塞船是在2月23日晚上，派出了5艘装满石头的船只（平均每艘重2000吨），由主要的阻塞船倡导者有马良橘中佐指挥。这些阻塞船冒着敌人猛烈的炮火开到港口入口处，随后被击沉，但它们沉没的位置不对，无法封住港口。几乎所有船员（大约70名志愿者）都被日军的鱼雷艇安全救起。

有马在2月26日又用4艘阻塞船进行了第二次尝试。其中一艘船"米山丸"号（Yoneyama-maru）差点就堵住了航道。这次尝试最终也没能堵住港口，但它确实产生了一种引人注目的英雄行为，使海军和整个国家像受到电击一样，为之一振。指挥阻塞船"福井丸"号（Fukui Maru）的广濑武夫少佐（俄国事务和俄国海军专家）冒着敌人猛烈的炮火将他的船开到旅顺港入口后将其弄沉，之后他和他的船员乘上小艇逃跑。广濑回去救一位失踪的船员时，一枚俄国炮弹击中小艇，将他炸成了碎片。在海军宣传专家手里，广濑的英雄行为最终不仅成了海军神话的一部分，还成为整个日本民族神话的组成部分。[16]

这样的事迹却无法掩盖沉船阻塞行动的失败。但在东乡的坚持下，日本海军用阻塞船又试了一次。当他要求在5月初用不少于12艘船全力实施一次沉船阻塞作战时，这震惊了军令部。后者试图劝说他放弃，称已经没有多余的船了。但东乡弄到了船。这些船在5月3日晚参加了阻塞作战。这最后一次作战从船员开始就诸事不顺，他们几乎都是来自第三舰队急于获得立功机会但经验不足的舰员。而且，俄国人已经完善了港口的防御设施：设置了水栅，安放了水雷，并改进了火炮阵地。最后，事情在最后时刻变糟。这次沉船的尝试是一场灾难性的失败。几乎没有船只得以靠近旅顺港入口。158名志愿者中损失了约一半人。这次作战完全没能阻止俄国舰船自由进出旅顺港，日本海军军令部被迫叫停了这徒劳无功的沉船作战。[17]

由于封锁俄国海军基地的企图受挫，东乡在进行阻塞作战时便求助于一种更有希望的战术——在港口外敷设水雷。[18]该作战本身的风险比封锁舰队要小，不过己方军舰不小心撞上早先敷设的水雷的可能性一直是存在的。尽管如此，这仍然是东乡必须尝试的一种方法。在4月12—13日的暴风雨之夜，一艘日本的布雷舰在驱逐舰和鱼雷艇的伴随下在俄国军舰时常通行的水域（离港口不到3英里）敷设水雷。效果立竿见影，并对战争的进行至关重要。就在上个月，俄国海军最大胆和最具创新精神的战术家斯捷潘·马卡罗夫开始接任远东舰队司令，此举极大地鼓舞了俄国海军的士气，提升了其作战效能。如今，在日军早晨布雷之后，坐镇旗舰"彼得罗巴甫洛夫斯克"号（Petropavlovsk）的马卡罗夫率领一支小规模部队出港挑战日军。在距离港口出口只有几英里的地方，他的战列舰撞上了日军的水雷，被炸成两截，舰上全员随舰沉没，也包括马卡罗夫将军本人。与他一同消失的，还有俄国旅顺港舰队制定出有明确目标和进取心的战略的所有希望。俄国波罗的海舰队被派往东方增援远东舰队的通告在圣彼得堡一经发布，马卡罗夫的继任者 V. K. 威特赫夫（V. K. Witgeft）少将就恢复了防守战略，希望在欧洲的增援部队抵达之前保存好他的舰队。

　　水雷战是把双刃剑，尤其是如果敌人也以其人之道还治其人之身。1904 年 5 月，联合舰队两次遭受了自己水雷引起的灾难。月初，俄国的布雷舰利用雾的掩护在日军军舰时常光顾的辽东半岛水域敷设了水雷。5 月 15 日，"吉野"号巡洋舰触雷倾覆 ①。同日，在旅顺港附近和一个战斗群共同航行的战列舰"初濑"号和"八岛"号触雷沉没。一天之内，联合舰队就损失了三分之一的战列舰实力。因此，东乡对拿他剩下的主力舰冒险慎之又慎。当他最终在战斗中遭遇俄国旅顺港舰队时，他不愿冒险的态度很快产生了严重后果。无论如何，水雷虽然乏味，却是最致命的武器之一，它炸沉了 11 艘日本军舰和 7 艘俄国军舰。[19]

　　因此，从 1904 年 2 月份战争开始到夏季前，联合舰队消灭旅顺港舰队的努力已经受挫。日本方面非常沮丧；每次舰队从旅顺港附近水域撤退时，日本海军内部的抱怨都会加剧。然而在俄国这边，这一时期战争的主要现实是日本海军不断施加的压力。日军瘫痪旅顺港内舰船的努力已经全部失败。但作为保护日军部队在朝鲜登陆的一种手段，这些措施又是成功的，因为每次阻塞作战都与陆军的重大登陆行动同时进行。[20] 东乡将阻塞船作战进行到底是因为他必须为处在旅顺港鱼雷艇攻击范围内的第二军在辽东半岛的登陆作战提供掩护，也因为他确信马卡罗夫将出港迎战他。在马卡罗夫的旗舰"彼得罗巴甫洛夫斯克"号被日军水雷炸沉前，他确曾有此计划。

　　毫无疑问，日本在战争第一阶段（其间日本攻占了朝鲜）的成功登陆在很大程度上要归功于日本海军提供的安全航道。而且陆军在朝鲜半岛上令人意想不到的快速进展也得益于海军的掩护和支援。登陆点几次向北转移就是为了避免艰苦的陆上行军。最重要的例证就是黑木（Kuroki）将军的两个师团 3 月中旬在镇南浦（Chinnampo，今南浦）的登陆，他们最初本打算从济物浦进军。[21] 东乡的参谋人员全程都一丝不苟地安排护航舰队，而第七战队的细谷少将则提供火力支援和运输服务。到 4 月末，黑木的第一军已经推进到鸭绿江，做好了向

---

　　① 译注：原文如此，但"吉野"号其实是在浓雾中受到"春日"号撞击而沉没的。

义州（Uiju）的俄军强大据点发动进攻的准备。

开始于5月初的陆、海军协同作战实际上标志着战争第一阶段（攻占朝鲜）的结束和第二阶段（攻击中国东北境内的俄军）的开始。日本已经完成了它的领土目标，现在可以专注于消灭敌人的武装部队。黑木将军接下来在义州击败俄军，渡过鸭绿江；奥保巩（Oku Yasukata）将军的第二军在辽东半岛貔子窝登陆；川村（Kawamura）将军的第十师团在位于黑木和奥保阵地之间的朝鲜湾顶部的南尖子（Nanchientzu）上岸——所有这些作战都是陆、海军的联合军事行动，只是协同的程度不同而已。对海战来说影响最大的是第二军的登陆，因为这开启了一场经由陆路夺取旅顺港并摧毁其舰队的战役。到5月末，第二军已经南下占领了大连港及其宝贵的船坞、码头和修理设施。又经过一个月的激烈战斗，他们已经推进到距离旅顺港只有几英里的地方，但被港口周围高地上俄军强大的防御阵地所阻。要是这些高地被占领，架上日军的重型火炮，那么俄国旅顺港舰队就支撑不住了。考虑到这种可能，形势要求圣彼得堡的俄国海军当局做出大胆的决策，也要求旅顺港的威特赫夫少将（他的战列舰数量现在已经超过了东乡，即6艘对4艘）采取大胆的行动。然而沙皇在8月初命令威特赫夫带着他的6艘战列舰、4艘装甲巡洋舰以及8艘驱逐舰撤到符拉迪沃斯托克，而不是攻击东乡的封锁舰队，以给日军造成尽可能大的损失。如果可能的话，威特赫夫将避免与东乡的舰队遭遇。

黄海海战[①]：

1904年8月10日

东乡早就预料到威特赫夫会突围；事实上，前者已经在6月末击退了后者一次半心半意的突围。不过旅顺港舰队在8月10日突围时，东乡的舰船大都分散在辽东半岛附近，他的4艘装甲巡洋舰与上村彦之丞和第二舰队在一起。第二舰队已经被重新部署到朝鲜海峡监视俄国符拉迪沃斯托克舰队。在得到侦

---

① 译注：此为日俄战争期间日本联合舰队与俄国太平洋舰队在山东半岛外的黄海海域进行的一次海战。

察舰艇发来的敌人驶离基地的警告后，东乡用他的无线电把第一舰队的 4 艘战列舰和 2 艘装甲巡洋舰集中到一起。他向西南航行去阻击进逼的敌军，其他 2 艘装甲巡洋舰以及他所有的驱逐舰和鱼雷艇则在后面匆忙追赶他。午后不久，东乡发现俄国的战列舰和巡洋舰呈纵列向他驶来，左边还有 1 艘巡洋舰和 8 艘驱逐舰伴随。日俄两支舰队在重型火炮上旗鼓相当——各自都有 16 门 12 英寸的火炮，但日军在小口径火炮和速射炮上占据优势，并且在驱逐舰和鱼雷艇上握有巨大优势。

东乡的目标是让他的战列舰队横穿俄军的进军路线，从而在敌人面前占据 T 字横头阵位，并将其摧毁，这完全符合他在开战时拟订的计划。然而，从他命令战列舰开火的距离（超过 11000 米）明显可以看出他不愿为了胜利而冒险让自己的战斗群遭受严重损失。他的作战计划早就提出过警告："超过 3500 米的话，命中率预计不会超过 1%。"[22] 东乡在不可能产生决定性影响的距离内采取同时转向的方式反复横穿威特赫夫的舰船纵队，企图"引诱敌人"至可以将其消灭的海域。[23] 但每次他要在俄国人面前占据 T 字横头阵位时，敌人都避开了。要是他再靠近一点，他本可以很快反制俄国人的每次转向。但当俄国人在 13 点 45 分左转从他纵队的后面经过时，他居然莫名其妙地没有向右转（这本可以让他继续处于俄国人的前方），而是向左转。他悠闲地转了个圈，最终使他与俄国人的航向平行，但落到了他们后面（示意图 4-1）。等到他转向时，俄国人的战列舰已经几乎消失在了地平线上。威特赫夫抓住了他的机会，他在日本人的射程外溜过了日本人的舰队，全速穿过黄海冲向朝鲜海峡。要是他逃跑了，那么处在他和符拉迪沃斯托克之间的将会是上村的 4 艘装甲巡洋舰和一些较小的作战单位。"事实很明显，"科贝特写道，"俄军（比东乡）棋高一着。"[24]

东乡犯下的大错可能只是科贝特所说的一时疏忽或糟糕的判断所导致的结果。但也有可能是一种假设的结果，这个假设就是俄国人最终出来是为了打一场激战，而不是逃跑。这样的假设可以解释东乡试探性的开局策略。他下令做出错误转向，很可能是为了利用俄舰纵队 13 点 45 分向东转向后出现的明显混乱。当时的距离是 6000 米左右，日本人的炮火在俄国人即将转弯时已经开始命中目标。"皇太子"号（Tsesarevich）和"雷特维赞"号（Retvizan）已经起火，

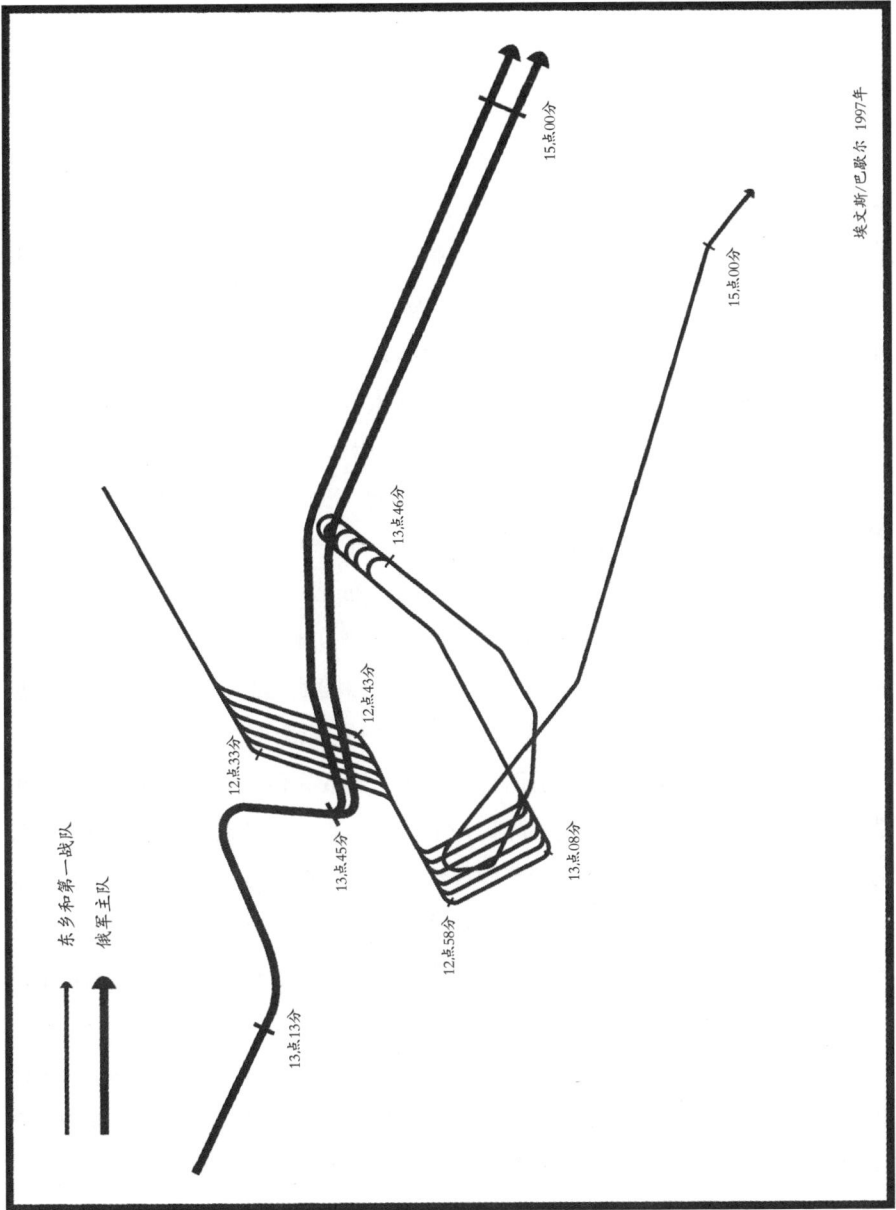

示意图4-1. 黄海海战中的第一次交战（改写自《日俄海战史的研究》，地图附录）

而俄国巡洋舰则无所事事地落在了后面。这似乎是俄国人暴露弱点的关键时刻。东乡原本计划转身绕到俄国舰队后面攻击巡洋舰，但他在转向后发现俄国人已经走出困境，并开始逃跑。

为了重获位置优势，东乡向南移动，然后向东希望能凭借日本舰船速度快的优势在山东半岛北面某个地方捕捉到威特赫夫。在 2 个小时的时间里，日本舰队和俄国舰队都以最高速度向东南疾驰（示意图 4-2）。在下午晚些时候，东乡成功地追上了俄国舰队的殿后舰船，并在 7000 米的距离上开火。战斗很快全面展开，在此期间，"三笠"号和它的友舰们遭受了沉重打击。到 18 点 40 分，东乡的 16 门 12 英寸火炮中有 5 门失去了战斗力。然而在这紧要关头，灾难降临到了俄国舰队头上。日军两发幸运的炮弹击中了俄国旗舰"皇太子"号的舰桥和指挥塔，炸死了威特赫夫和他的参谋人员，卡住了舵机，致使该舰向左急剧倾斜。"皇太子"号持续打转，像发疯了一样，几乎要撞到队伍里的其他俄国军舰。由于个别舰长还不了解情况，俄国战列舰队很快陷入混乱，而东乡的舰船则以紧密的队形在俄国人面前转圈，逼近 5000 米以内并加强火力。威特赫夫的副司令官发信号示意受伤的俄罗斯军舰群跟随他逃回旅顺港，但撤退极度混乱。一些舰船（如"皇太子"号）就撤往了中立国港口。

倘若东乡继续用他的主力舰队把进攻进行到底，他很有可能将乱成一团的俄国舰队歼灭。然而，因为夜幕降临，东乡又担心即将到来的俄国驱逐舰会发动鱼雷攻击，所以他让他的重型军舰掉头撤退，而命令自己的驱逐舰和鱼雷艇打击正在撤退的敌舰。[25] 夜里，这些小型战舰向此时正奋力驶向旅顺港的敌军主力部队发动多次攻击。虽然当晚天气不错，日军作战也很坚决，但他们发射的 74 条鱼雷在当晚无一命中。[26]

到 8 月 11 日早晨，俄国旅顺港舰队的主力都回到了港口。最初的 7 艘战列舰还剩下 5 艘，最初的 8 艘装甲舰、防护巡洋舰只剩 2 艘，25 艘驱逐舰中只有 12 艘回到了港内。像日德兰海战之后的德国公海舰队一样，俄国舰队士气崩溃，再也不能出港战斗。从这个意义上来说，8 月份的这场战斗是日军获胜。

但是在另一个层面上，这场交战对东乡和联合舰队来说是战术和战略上的失败。两支舰队在战斗开始时的势均力敌很大程度上是表面上和数字上的。不论

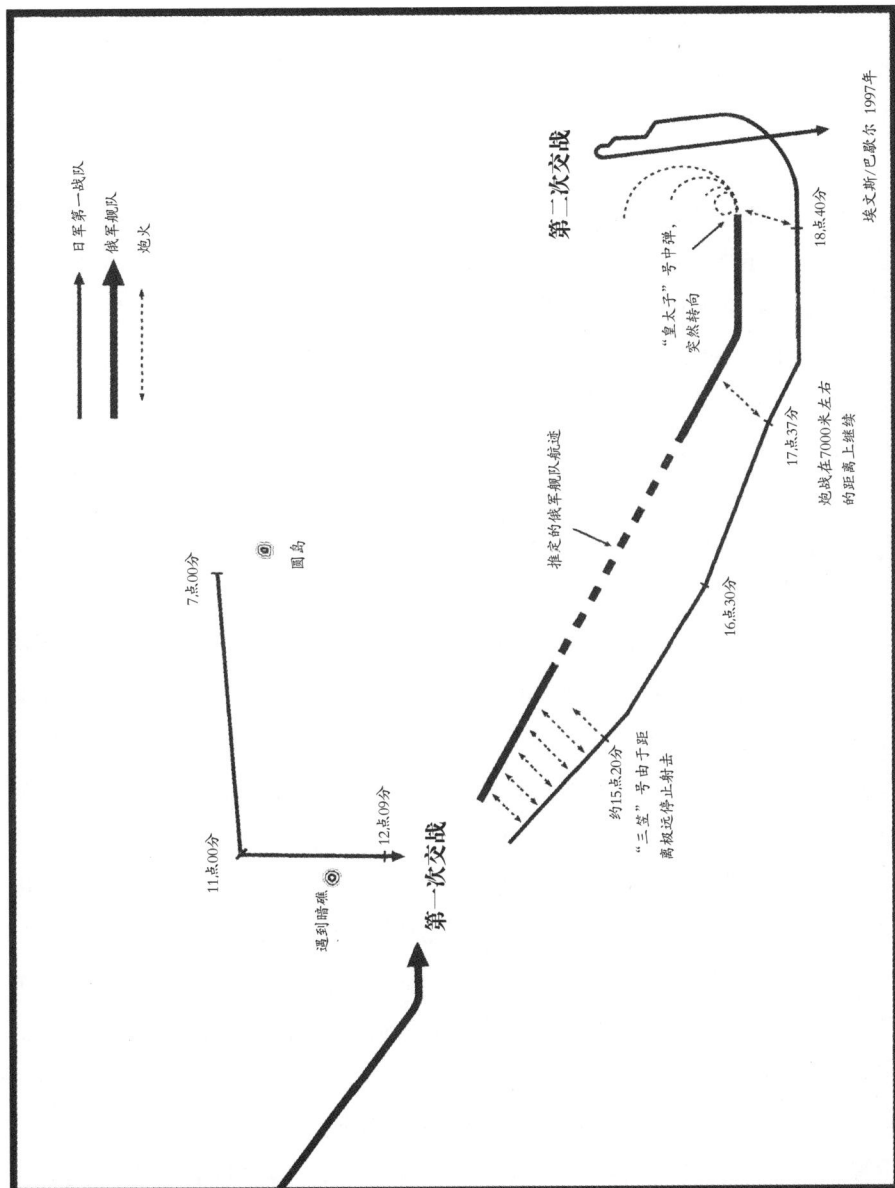

△ 示意图4-2. 黄海海战概况，1904年8月10日（改写自《日俄海战史的研究》，地图附录）

是在舰船的设计和建造上，还是在舰长和舰员的训练、纪律和士气上，东乡相较于他的对手都具有毋庸置疑的优势。要是他能够推进到更近的距离，敢以他重型舰船的坚固为赌注去赌他在这场战斗中的运气，他或许可以消灭俄国舰队。他没能消灭敌人（已经是第二次），让日本损失了时间、物资和生命。接下来日本陆军对此时旅顺港最后的防御阵地发动了一场血腥的战役。此外，日本海军发现自己还要面对波罗的海舰队的最终到来。黄海海战后，俄国决定派遣波罗的海舰队拼命增援被围困的旅顺港舰队和在东方的守备部队。倘若东乡能够立即摧毁旅顺港舰队，波罗的海舰队可能就不会被派过来，因为已经没什么部队需要它去增援了。考虑到东乡的判断所造成的后果，他在 8 月 10 日的过分谨慎被证明是一个严重的错误（就算只是一时的）。不过，这个错误他不会再犯。

符拉迪沃斯托克分舰队给上村造成的麻烦：
1904 年 2—8 月

当东乡和联合舰队忙于设法消灭旅顺港舰队时，规模相对较小的符拉迪沃斯托克舰队已经开始对日本海中的日本海上交通线和船舶造成威胁。日本海军打从战争一开始就认为符拉迪沃斯托克这支小舰队所造成的最大威胁就是它企图强行通过朝鲜海峡，与旅顺港里的军舰会合。所以日军最弱的第三舰队起初被调离联合舰队，部署在朝鲜海峡里对马岛上的竹敷（Takeshiki）。

在战争开始后的最初几个星期里，符拉迪沃斯托克分舰队能够发挥超出日本海军想象的更具威胁性的作用，而且从所处的位置和实力来讲，第三舰队是一个战斗力不强的战斗单位。俄军的战略计划要求符拉迪沃斯托克舰队攻击日本海中的日本海上航线和船舶，威胁日本的西海岸，使日军将注意力分散到黄海和日本海。

在战争最初 6 个月的连续 7 次出击中，符拉迪沃斯托克分舰队成功达成了所有这些目标。在1904 年 2 月末的第二次出击中，它沿着本州西海岸进行了扫荡。之后，日军大本营对这一威胁给予了足够重视，将第三舰队调拨给黄海的东乡指挥，并派上村彦之丞将军指挥第二舰队的一支强大分遣舰队前往日本海代替在朝鲜海峡的第三舰队。上村彦之丞在 1904 年的冬天和春天两次率装甲巡洋舰

∧ 任少将时的上村彦之丞

突袭符拉迪沃斯托克附近水域，希望在俄国人严密防守的基地外捕捉到它们。然而由于天气不佳，他每次都碰不到俄国人的军舰。

到此时为止，俄国符拉迪沃斯托克分舰队的指挥官表现出比旅顺港分舰队的同僚们更大的勇气和更优秀的技术，他们已经在日本海域进行过作战，但没有和日本舰队的任何一部遭遇过。更重要的是，他们现在已经在被认为是日本穷乡僻壤的地方暴露了日本海上交通线的弱点。符拉迪沃斯托克舰队在 4 月末沿着朝鲜东海岸第三次出击，与此同时，上村向日本海北部扫荡，希望凭借强大的巡洋舰队削弱俄国人。但俄军的战舰在雾里从上村舰队旁溜了过去，逃跑时在元山（Wŏnsan）偶遇了倒霉的日本运兵船。船上的日本兵进行了勇敢但徒劳的抵抗，之后该船被俄军击沉。

6月，符拉迪沃斯托克分舰队回到朝鲜海峡，对通往黄海的日本海上交通线进行了打击，也对交通线上的日军运兵船（实际上没有护航）实施了攻击，这次攻击很快产生了巨大的战果：日军2艘运兵船被击沉，其中一艘装载着1000人的部队和为旅顺的日军准备的榴弹炮。俄国人又一次躲开了上村，全速返回符拉迪沃斯托克的安全基地。

日本公众对俄军袭击的愤怒，自战争开始以来就呈现出愈演愈烈之势，此时又经媒体煽动，把矛头指向了上村。暴民们向他在东京的宅邸投掷石头；政客们要把他送上军事法庭；有人把短剑送到他家，暗示他应自杀来为自己的"无能"和"疏忽"谢罪。[27]

7月末，俄国分舰队发动了它最大胆的突袭。3艘俄国巡洋舰穿过本州和北海道之间的津轻海峡，沿太平洋海岸向南推进，以捕捉从横滨出发，驶向朝鲜的运输船。行进过程中，俄国分舰队要么击沉，要么俘获并释放许多西方的商船，也击沉了若干经津轻海峡返回日本的日本商船。[28]俄国人对日本海上贸易发动的战争，辅以红海和大西洋的巡洋舰作战，此时已经不仅仅是让日本人烦恼那么简单，它对一个依赖海运的国家来说是一种严重的威胁。美国西海岸的港口与日本的贸易已经暂时被瘫痪。开往日本的船只的保险费率飙升，3家最大的英国运输公司暂停了到日本的航运。[29]

但在1904年8月，符拉迪沃斯托克分舰队的好运到头了。它的3艘巡洋舰"俄罗斯"号（Rossiya）、"格洛姆鲍依"号（Gromoboi）、"留里克"号（Rurik）虽然知道威特赫夫将军和旅顺港分舰队的突围行动，但并不知道前者已经阵亡，后者也被逐回被围困的港口，于是在8月12日进行了第七次出击。它的目标是冲过朝鲜海峡，与威特赫夫会合。8月14日清晨，俄国巡洋舰驶向朝鲜东海岸的蔚山（Ulsan）。这一次，上村的4艘装甲巡洋舰在正确的位置伏击了他们。接下来在上村舰队和俄国军舰、俄军基地之间爆发了一场持续了3小时的炮战。俄军作战英勇。他们的指挥官耶森（Iessen）多次折回救助受伤的"留里克"号。像东乡在黄海海战中一样，上村总体上与俄军保持着距离，但最终还是击沉了"留里克"号。其他2艘俄国巡洋舰缓缓驶回了它们的基地，受损都很严重。由于符拉迪沃斯托克缺乏足够的修理设施，符拉迪沃斯托克分舰队此时只剩1艘军舰还有战斗力，它已经无法再充当作战部队了，像旅顺港分舰队一样，它再也没有离开过母港。

在符拉迪沃斯托克分舰队短暂的"一生"当中，它在日军那里吸引的注意力、引起的关注远远超过它所取得的战绩——击沉了少量商船（不可否认，其中一艘装载着贵重的军事物资）。它造成的损失不大，但躲过了一支优势日军舰队尽最大努力进行的追捕，这种戏剧性导致日本公众对日本海军最杰出的指挥官之一进行了诋毁。但很明显，在没有雷达和搜索飞机的海军时代，要在日本海频繁出现的迷雾中找到敌舰并不容易。

符拉迪沃斯托克舰队在日俄战争中只是发挥了次要的作用。但它却影响深远。当山本五十六建议在 1941 年袭击珍珠港时，他提出了纵容敌人在日本国土附近如入无人之境的问题。他认为美国舰队如果不受干扰，就能够袭击日本本土，给公众士气和公众对日本海军的态度造成无法估量的后果。此外，事后证明俄国符拉迪沃斯托克舰队的战绩给日本提出了一个严峻的长远战略问题——海外运输线的保护。由于几个世纪以来都局限于自己的海岸线，日本人从来没有对保护海外交通运输线的问题进行过深思熟虑。像英国和法国这样拥有庞大海外帝国的其他海军强国在战时为海上商业、军事运输护航方面必定有丰富的经验，而日本海军在其实力飞速增长的时候，关注的都是舰队间的战斗，恰恰忽视了这些问题。[30]

准备最后一战

最终消灭俄国旅顺港舰队的任务留给了日本陆军，因为旅顺港周围布满水雷，东乡冒险投入主力舰进攻实在太危险。[31]1904 年深秋，日本陆军逼近了港口四周的高地。争夺 203 高地[①]的战斗造成了可怕的损失，让形容在战斗中付出高昂代价的成语——"尸山血海"变得名副其实，也使日本陆军有了大规模自杀冲锋的名气。然而促使陆军发动攻击的很大一部分动力来自海军。东乡和他的

---

① 译注：指猴（后）石山，位于旅顺新市区西3千米，因海拔203米，被称为203高地。日俄战争中它是西线制高点，距市区和港口要塞较近，是日俄双方争夺的重要阵地。

参谋人员（尤其是秋山真之）即使面对陆军的反对也坚持把 203 高地当作主要目标。[32] 一旦夺取高地，日军就能让旅顺港的每一寸土地接受炮火的洗礼。俄军的军舰一艘接着一艘被击沉或瘫痪。最后一艘残存的战列舰"塞瓦斯托波尔"号（Sevastopol）离开旅顺港，躲在了防鱼雷网后面。日军在夜间多次用鱼雷攻击，使其受损，但没有击沉它。1905 年 1 月 2 日，旅顺港投降这天，它被凿沉于深水当中。

而在半个地球之外，俄国人迟缓地组织了一支舰队，他们希望能够借此恢复俄国在东亚的威望和实力。1904 年 10 月 15 日，波罗的海舰队在罗杰斯特文斯基（Rozhestvensky）将军的率领下开始了它长达 8 个月的史诗般的航行，它将绕过非洲，穿过印度洋、东印度群岛，沿着中国海岸向日本进发。

与此同时，在日本海和黄海已经没有一艘重要的俄国军舰了。日军情报机关的报告清楚地显示，波罗的海舰队将在数月后抵达。因此，日本海军统帅机关集中精力恢复日本海军的实力，在此过程中没有理会陆军提出的在亚洲大陆展开进一步联合军事行动的建议。[33] 一年的时间里一直在与俄罗斯远东舰队作战的日军战舰被送往日本船坞进行全面检修。战列舰和巡洋舰受到了特别的关注，在原有的设计和施工基础上进行了许多细微的改进。到 1905 年 2 月，多亏了日本造船厂的 24 小时工作，联合舰队几乎得到了彻底修复，在物质上做好了战斗准备。

1904 年 12 月，东乡回到东京与伊东祐亨军令部长和山本权兵卫海军大臣进行磋商，共同策划应对罗杰斯特文斯基将军的战列舰队。磋商的结果是日本海军采取了几项措施，以便在俄国舰队抵达东亚水域后对其进展提供早期预警。它向东南亚的各个海岸和港口都派遣了巡逻队搜寻可能存在的敌人秘密前进基地。日本海域的警戒范围一直向北延伸到北海道和库页岛之间的宗谷海峡（Sōya Strait）。一支巡洋舰队驻扎在津轻海峡的西端，一支由快速辅助舰船组成的巡逻队被派往朝鲜海峡西部通路巡逻。为了方便所有这些巡逻部队的巡逻，日本海军把每一个海峡和日本海划分成若干正方形，并标上编号。每个正方形代表 10 分的纬度和经度，这样一来，在这些水域巡逻的船只只需要通报正方形的编号，就能确定正在逼近的敌人的位置。

东乡把朝鲜东南沿海的镇海和邻近的加德航道［Kadŏk Channel，道格拉斯入口（Douglas Inlet）］的宽阔水域选作联合舰队的主基地。安全且与外界隔绝的联合舰队重新开始了严格训练，为即将到来的战斗做准备。它的军舰外出练习《1903 年作战计划》所要求的通信、鱼雷攻击和机动；有时候单独进行，有时以小组进行，有时以舰队为单位进行。最重要的是，舰队练习了炮术。在天气允许的情况下，几乎每天都至少有 1—2 艘船外出练习打靶。[34] 以黄海海战没有取得完胜的惨痛经历为教训，日本联合舰队在东乡的指挥下继续在阵位保持、编队航行，尤其是战斗编队协同机动等方面进行练习。准备迅速部署是东乡准备工作中的另一大重要组成部分。4 月初，他发出指示，舰队的所有舰只如果接到要在一小时之内准备好给养、准备起航的命令，就应在一小时之内做到。[35]

在移师镇海后的几个月里，东乡和联合舰队的参谋人员不仅有充裕的时间来整修他们的舰船和磨砺官兵的战斗技能，而且还有足够的时间思考海战前 8 个月的教训以及如何将这些教训应用于与俄国海军的最后一次战斗。由于和俄国旅顺港分舰队进行的黄海海战是战争爆发以来双方发生的唯一一次舰队交战，这场战斗便成为检讨的焦点。俄国人在 8 月的失败明显是运气问题，或者更准确地说是日军两发幸运的炮弹造成的；而对日军来说，它显然是一场由于过分谨慎和计划不足而导致失去战机的战斗。谨小慎微——没有缩短距离并获得占据 T 字横头阵位时集中火力带来的益处——让俄国旅顺港分舰队得以在战斗的第一阶段逃脱；计划不足使东乡没有利用敌人在第二阶段的混乱逃窜扩大战果。在纠正 8 月 10 日的错误方面，舰队指挥官的大胆无畏、舰队武器的物质优势、官兵的高超战斗技能可以很好地防止第一个错误（过分谨慎）的重演，对一场在时间上延长、空间上扩展的战斗制订详细的作战计划是消除第二个错误（计划不足）的最好方法。

这样的计划制订工作自然被委托给了秋山真之，他现在是舰队的高级参谋。秋山基于俄国人存在前往符拉迪沃斯托克的可能来制订他的计划。然而，海军军令部中有相当一部分人担心波罗的海舰队可能不会向北运动，而是会占据中国海岸附近的某个地方，从那里对日本发动进攻。日本在澎湖列岛的马公岛基地可能是一个目标，它不仅提供设施，还提供在未来的和谈中作为谈判筹码的优势。俄军从南面发动军事行动的可能性非常大，这就是镇海而非隐岐群岛（Oki Islands）和舞鹤市这样更北面的地点成为日本舰队基地的主要原因。[36]

俄军在南面发动进攻的可能性尤其让东乡和军令部担心，因为他们关心的不仅仅是舰队部署。俄军的军事行动可能将阻止日本海军做出明确而又势在必行的决策。俄国人在中国东北很强大，足以击败或至少耗尽那里的日军；海上只要不是彻底的逆转，俄国人就能坚持下去，并对有利的和平条件抱有希望。日军的实力正在急剧萎缩。所以从 1905 年早春起，军令部关于"歼灭"和"摧毁"波罗的海舰队的言论便不再仅仅是夸大之词。东乡一再被要求赢得彻底的胜利。[37]

无论军令部认为波罗的海舰队会做什么，秋山真之都坚持认为符拉迪沃斯托克是目的地，他的指挥官东乡显然也这样认为。无论俄军在最有可能的两条路线（朝鲜海峡或津轻海峡）中取道哪一条抵达符拉迪沃斯托克，他们都必将受到日军的猛烈攻击。为了制订作战计划，秋山假设罗杰斯特文斯基将军会攻占两个海峡当中更近的那个——朝鲜海峡。为了应对罗杰斯特文斯基对海峡的强攻，秋山制订了攻势—防御计划。战略上，他构思了纵深防御；战术上，他计划采取为期两天的一系列分阶段打击消灭敌人。他将战略和战术结合在一个分成七阶段的消耗战计划中，该计划将既使用舰队的重型舰只在白天发动攻击，也用驱逐舰和鱼雷艇在夜晚进行袭击。第一阶段的战斗命令旨在拦截俄罗斯舰队，在它在黑暗的掩护下溜过海峡之前，使用驱逐舰和鱼雷艇进行拦截。这些作战行动将迟滞俄国人的进展，以便在白天在海峡进行主力决战。第二阶段要求舰队的主力部队在逼近的波罗的海舰队试图通过该海峡时对其发动直接且压倒性的攻击。中间阶段将包括驱逐舰和鱼雷艇的进一步夜袭。最后的战斗程序设想的是扫荡作战：将俄国舰队的残余力量赶到符拉迪沃斯托克。到那时，符拉迪沃斯托克港的入口已经布下了日军的水雷。[38]

除了这个分阶段的战略计划，秋山还帮助起草了一份主力舰队的交战计划，其中使用了《1903 年联合舰队作战计划》（见第三章）的基本纲要，但也结合了根据战争第一阶段经验所做出的必要调整。其中一项调整和东乡在黄海海战后对 T 字战术的评论有关，"恐怕 T 字战术会把敌人放跑"。[39]他在起初的文件中对他自己战队的早期指示是明确的：“和《（联合舰队）作战计划》一样，该作战计划以 T 字战术为基础。”[40] 而 1904 年 5 月 10 日所做的修改只是陈述了联合舰队的各战队将以 T 字战术为“准则”。[41] 在修改后的计划中，用另一支战队剪断敌人的 L 字战术和以前一样受到鼓励，但平行航向上的战斗被提到了更突出的位置：

第一战队通过对敌人的第二支编队（无论是上面提到的快速巡洋舰还是主力舰队）的带头军舰进行斜压，设法使敌人偏离他的航向，在平行航线上开始战斗，然后以这种方式继续作战。在条件允许的情况下，第二战队将与第一战队形成一个 L 形，猛烈攻击与第一战队交战的敌舰队尾部，并根据 L 字战术原则与第一战队协同作战。[42]

T 字战术毫无疑问仍然是日军的信仰，但它的实际适用性正受到审视，特别是在敌舰队不想击败对手而只想逃跑的情况下。

每支战队的职责跟之前一样。第一战队将钉牢罗杰斯特文斯基将军的主力舰队，而第二、第三、第四战队将攻击巡洋舰以下的二线军舰，利用敌军阵型可能出现的弱点，以最强的火力摧毁敌人。夜幕降临时，驱逐舰和鱼雷艇将进行鱼雷攻击，这些攻击将在日落后尽快开始，并反复进行，直到黎明，那时主力舰队的水面交战将再度开始。[43] 不过修改后的作战计划有一项新的内容，要求驱逐舰和鱼雷艇也实施“连体水雷攻击”。连体水雷实际上是由秋山等人刚刚发明的一种新式武器，在主力舰队战斗开始时，它将被用于日军小股舰队对敌舰艇编队领航舰的突然袭击。[44] 秋山认为这样的战术连同对远距离发射鱼雷方针的撤销将为迄今为止表现如此之差的驱逐舰和鱼雷艇部队正名。[45]

4 月 17 日，东乡向舰队发布了一份由秋山起草的指令，如果说作战计划从技术上做出规定，那么该指令就是从精神上给予激励。它象征着东乡部队的精神状态，要求对一个既不应畏惧也不应轻视的敌人保持最大限度的警惕，并告诫任何处于激烈交战的部队不要有过高估计战斗中敌人力量和进展的倾向。该指令提醒舰队进攻是最好的防御，并且信心满满地提及了日军不管怎样都享有炮术优势。最后，它特别提到"俄国人总体上比较被动的特点"，督促舰队所有作战单位要抓住和掌握主动权。[46]

1905 年 5 月初，当位于舰队最前面的罗杰斯特文斯基海军上将率领着波罗的海舰队缓慢而疲惫地穿过印度洋，进入中国南海时，一个棘手的问题仍然困扰着东乡和他的参谋人员——俄军舰队会如何行动？如果敌人在中国附近建立了基地，并开始在中国东部和黄海活动，联合舰队可能就不得不南下。如果俄国人前往符拉迪沃斯托克，那么问题就在于他们会选择三条通道中的哪一条。绕过北海道的宗谷海峡航线似乎不太可能，不仅是因为浓雾和航行困难，还因为对资源已经将近枯竭的舰船和舰员来说，这条航线太长了。津轻海峡距离符拉迪沃斯托克比其他两条通道更近，但它的入口很窄，水流很强劲。从海峡两岸任何一处都可以看到进入海峡的俄国舰船；它们至少要花 6 个小时才能穿过海峡；而且一旦进入海峡，这些舰船将没有回旋余地。而剩下的朝鲜海峡是一条将把波罗的海舰队直接带到敌人面前的通道，它让一场大规模战斗几乎无可避免。这一点罗杰斯特文斯基无疑是知道的。他避免战斗的唯一机会是他能在夜里偷偷溜过海峡，或者在经常笼罩着他们的浓雾中不被发现。

东乡挑选了朝鲜海峡中的一处基地，借此选择了最佳的战略妥协方案。倘若罗杰斯特文斯基选择在中国东海作战，那么东乡就近在咫尺；如果前者向海峡靠近，那么联合舰队就守株待兔。如果巡逻舰报告敌人正在沿太平洋海岸北进，那么日军可能还有足够的时间穿过日本海，在津轻海峡的西端去迎击他（虽然日本具有优势的驱逐舰和鱼雷艇要被落在后面了）。尽管如此，这仍然是一场赌博。到 5 月末，由于缺乏关于波罗的海舰队行踪的确切情报，罗杰斯特文斯基的意图便成了关键问题。虽然有理由相信俄军指挥官会试图穿过朝鲜海峡抵达符拉迪沃斯托克，但东乡在 5 月 24 日给海军军令部去电称他将在镇海再多等几天。随后如果敌人没有出现，东乡就会北上进入津轻海峡。

对东乡下属的包括秋山和新舰队参谋长加藤友三郎在内的指挥官和参谋军官来说，没有在镇海海岸附近看到敌人，加之他们对敌人最后已知航向和速度的计算，表明罗杰斯特文斯基的目标是符拉迪沃斯托克，他可能正绕着日本列岛的太平洋一侧驶向北海道。[47]秋山和其他人似乎准备根据这一坚定的看法来采取行动，但东乡却不愿仓促做出放弃他的基地的决定。[48]5 月 26 日黎明前，联合舰队总部接到消息称，俄国运输船和辅助巡洋舰在吴淞（上海附近），这使日本人感到极大的宽慰。这个消息证明罗杰斯特文斯基正在沿中国海岸向朝鲜海峡进发。东乡的参谋人员们一片欢腾。联合舰队处在迎击敌人的绝佳位置。[49]

随着日俄两支舰队互相靠拢，我们现在可以最终衡量一下他们的相对实力。表面上，两者势均力敌，可能俄军还稍占优势。双方都各有 4 艘现代化战列舰。罗杰斯特文斯基有 7 艘其他老式的主力舰，但在装甲巡洋舰上，东乡和俄国是 8∶1。虽然在 10 英寸和 12 英寸大炮方面，波罗的海舰队和联合舰队是 41∶17，但东乡在副炮上却占有优势，所以他可以带着总共 127 门火炮去对付俄国人的 92 门。在天气允许的情况下，东乡享有优势，因为他在驱逐舰和鱼雷艇上具有明显的优势。东乡还在速度上占有关键的优势：所有的日本主力舰都有 15 节航速，而俄国舰队因为战列舰队当中过时的战舰拖后腿，只有 10—11 节航速。而且，虽然东乡舰队拥有的主力舰比敌人少，但联合舰队的战列舰和装甲巡洋舰在设计质量和建造坚固程度方面是当时最强的。最后，日军舰艇在性能上的一致性使它们成为一支高效的作战部队。而罗杰斯特文斯基的舰队是杂牌军，许多军舰都是头重脚轻，设计不合理。[50]

日本人还有其他一些优势。联合舰队都被漆成统一的灰色，这使得单艘军舰不那么显眼，[51]而波罗的海舰队的军舰因为黑色的船体、上层建筑和鲜艳的黄色烟囱变得非常显眼。此时驱逐舰上的无线电设备已经安装完成。实际上，联合舰队不仅所有舰船装备了无线电，而且官兵也都受过无线电操作的训练。[52]俄罗斯人虽然擅长运用无线电，尤其是干扰，但罗杰斯特文斯基认为无线电传输会暴露他的行踪，于是下令保持无线电静默。[53]东乡麾下的官兵训练有素、士气高昂、乐观向上，而俄国人却精疲力竭、士气低落，在漫长的海上航行中，他们几乎没有再受过训练。最后，日军有一位决心消灭敌人并制订了实现这一目标的计划的指挥官——东乡，而罗杰斯特文斯基只是希望他的舰队能够幸存下来，并且没有制订什么计划来实现这个希望。[54]

对马海战：

1905 年 5 月 27—28 日

5 月 27 日清晨，东乡的一艘快速辅助巡洋舰"信浓丸"号（Shinano-maru）在朝鲜海峡的西入口航道发现了俄国舰队（示意图 4-3）。该巡洋舰用无线电报告了敌人的方位，并预测敌人会驶向海峡的东航道（对马海峡）。不幸的是，"信浓丸"号把自己的位置搞错了，不久以后，敌舰队消失在薄雾之中。日军其他警戒船从俄国舰队旁边经过却没有发现它。结果，日军在 6 点过后不久才恢复对俄国舰队的目视接触。罗杰斯特文斯基就这样偷偷地进入了海峡，没有被发现。东乡用鱼雷攻击削弱俄军舰队的早期机会就这样被浪费了。[55] 现在至关重要的是要防止俄国人完全溜过海峡。

稍晚于 6 点 30 分的时候，"三笠"号率联合舰队驶出镇海湾和加德航道，向东航行，随后往东南去战斗。在东京，海军军令部焦急地等待来自东乡的有关天气的消息。它特别关心两种信息——能见度和海况。经常笼罩海峡的浓雾可能会使俄国人得以在不被发现的情况下溜过海峡，而波涛汹涌的大海则让鱼雷艇无法出港，并破坏舰队用连体水雷进行突然袭击的计划。在战斗当天早晨，东乡通报了敌人袭来的消息，还有关键的风况和天气状况。东乡的电文主要由秋山起草，以一句引人注目的短语作结，这与当时戏剧性的一幕很相称，即便在今天的日本人听来也极富诗意：今日天气很好，只是海浪颇高。虽然这条消息的语气是积极的，但对东京的海军军令部来说，它清楚地表明连体水雷攻击必须取消。情况确实如此，东乡于 8 点 50 分给鱼雷艇发报："鉴于航行困难，躲到三浦湾（Miura Bay），等待机会与舰队重新会合。"[56]

中午时分，波罗的海舰队正从该海峡东部航道的中央驶过，出羽重远将军的第三战队尾随其后，终于获得了与俄国舰队的目视接触。大约就在这个时候，东乡和组成一字纵队的主力舰队向西急转，寻找敌人。他从片冈将军（当时正在"严岛"号上，与第五战队在一起）那里得知俄国人分成两支纵队正向东北方向进军，右边那一队实力更强。[57] 东乡还收到了许多其他报告，但不幸的是这些报告都不可靠；敌人比报告上说的距离更近，也更靠近东面。13 点 31 分，东乡大体上转向西南偏南方向，他的想法是让自己的舰队在俄国舰队的左侧与

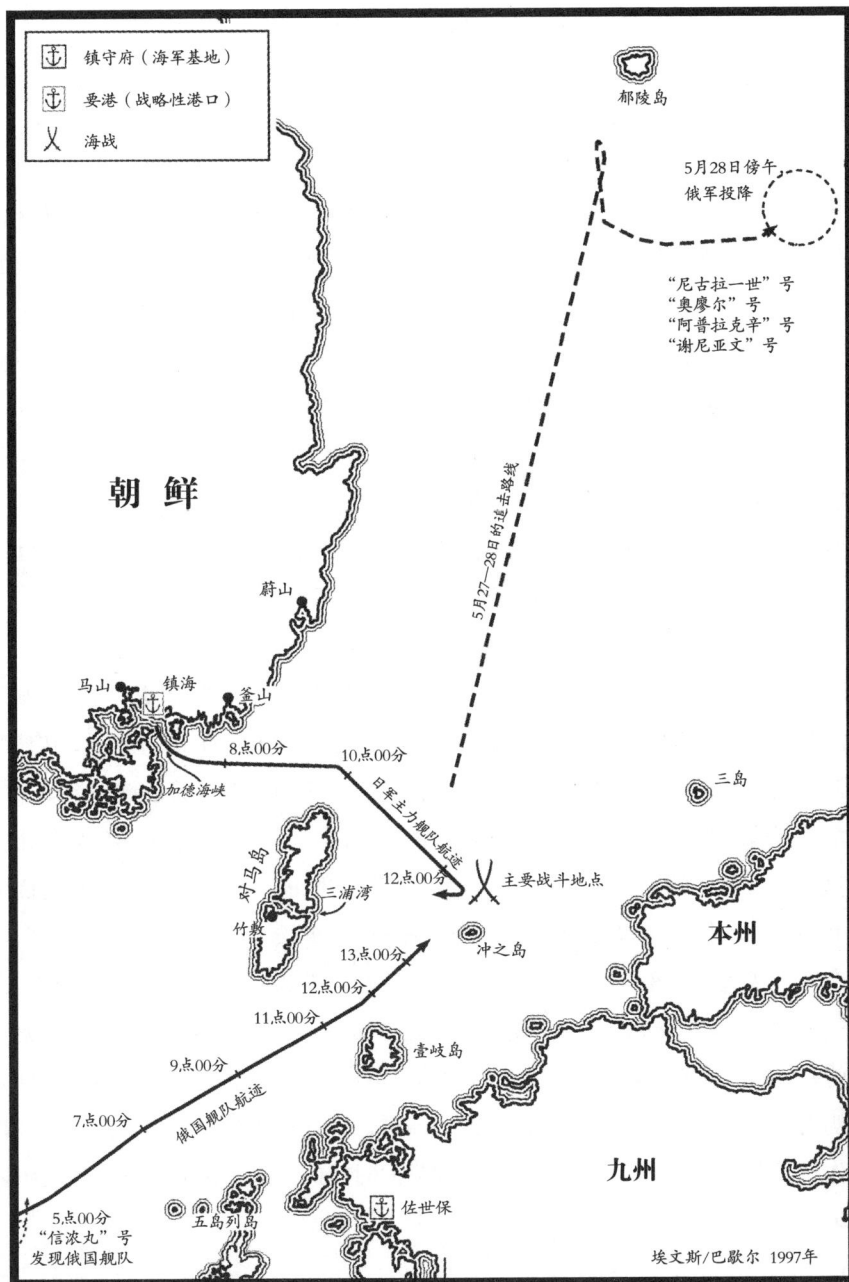

图例:
镇守府(海军基地)
要港(战略性港口)
海战

朝鲜

郁陵岛

5月28日傍午
俄军投降

"尼古拉一世"号
"奥廖尔"号
"阿普拉克辛"号
"谢尼亚文"号

5月27—28日的追击路线

蔚山

马山 镇海
釜山

加德海峡

8点00分
10点00分

日军主力舰队航迹

三岛

对马岛

三浦湾

竹敷

12点00分

主要战斗地点

冲之岛

本州

13点00分

12点00分

11点00分

壹岐岛

9点00分

俄国舰队航迹

7点00分

佐世保

九州

5点00分
"信浓九"号
发现俄国舰队

五岛列岛

埃文斯/巴歇尔 1997年

示意图4-3. 1905年5月27—28日对马海战概况

之相向而行，这样他就能攻击俄军较弱的左编队。13 点 39 分，俄军舰队突然从薄雾能见度极限处（距离 8—9 英里）出现，航向与日军大致相反，位置稍稍偏向他的右边。

东乡立即让日舰纵队转向西北偏北方向以获取空间和时间。在发出战斗速度 15 节的信号后，东乡于 13 点 55 分模仿当年的纳尔逊展开 Z 字旗，发出了著名的信号——"皇国兴废，在此一役；全体将士，奋勇杀敌"。[58] 他随后向西转，并保持航向几分钟不变。两支舰队此时相距约 6 英里，俄国人以 10 节的战斗速度向日军驶来。14 点 02 分，东乡接连下令向左、向西南偏南转向，"摆出的阵型像是要做反向运动"。[59] 保持这一航向意味着选择不在这一场战斗分出胜负，因为他的舰船和敌军舰船之间不断快速变化的距离将使射击时间变短，命中目标困难。而且，这样做会重蹈黄海海战的覆辙，让敌人得以撤到他后面，从而逃脱。所以，东乡在 14 点 07 分决心消灭他的敌人，下令"三笠"号左转 14 个罗经点，纵队里的每艘战列舰和巡洋舰都一艘接着一艘转向东北偏东航向。

现代海军史上，很少有哪一次舰队机动像这次这样得到如此多的评论，这次转向使东乡的舰队与罗杰斯特文斯基舰队并驾齐驱。它的起因、时机，甚至所涉及的风险，在此后的 90 年里都一直是人们密切关注和争论的话题。传统观点认为东乡这位战术大师根据作战计划在最后一刻勇敢地冒着被俄国火炮击中的危险压迫敌舰队的前锋，占据了 T 字横头射击阵位①。[60] 最近的研究则得出了对这些关键时刻的另一种看法。[61] 东乡对俄国舰队的意外出现感到惊讶，因为它并不在侦察报告所报告的位置。俄国舰队的队形被雾遮住了，在转弯的时候又变回一条直线。东乡的作战计划——在敌左侧纵队掩蔽右侧战列舰时攻击前者——即将落空，俄军的火力将更为猛烈。"三笠"号上的军官们显然都惊恐万分，有些人可能以为要在与敌人对向航行的情况下作战。[62] 但毫无疑问，这次转向是精明而有冲劲的。东乡决心不让俄国人通过，计划在近距离交战。他本可以按照作战计划规定的那样命令日军所有舰只同时转向，以最快的速度让他的纵队

---

① 译注：在敌舰队正前方航线呈直角拦截。

与罗杰斯特文斯基舰队平行。但这样会让"三笠"号成为纵队中的最后一艘舰船，而东乡需要对舰队保持牢固的控制。因此，他命令舰队一艘接一艘转向以保持自己在队伍中的领头位置。他在黄海海战中所表现出的谨小慎微已经荡然无存。

当俄国人看到日本人转向时，他们欢欣鼓舞，以为他们的机会来了。缓慢转向的日本舰船为俄国人提供了一个绝佳的目标，他们正驶入极度危险的海域。14点08分，领头的俄舰"苏沃洛夫"号（Suvorov）在7000米的距离上向"三笠"号和"敷岛"号开火，后两者都刚刚完成转向。其他俄国战列舰很快也加入了战斗。俄国炮弹在接连几艘日本军舰完成转弯的地方搅动着海面，然而日本人运气很好——没有一艘舰船受到重创。[63]

日军的这次转向是成功的，而这正是东乡的神来之笔。俄军舰艇还没有从他身边过去，而他正带着他的整支战列舰队驶入舰炮的射程范围内。他的舰船在新航向上保持不变，直到接近6400米时才开火。14点10分，日军发射了一枚6英寸的测距炮弹，随后在14点11分向俄军舰艇以"正常"射速射击。[64] 当时俄国人处于不利地位，因为他们旨在重新组成单列纵队的调动出了差错，第2战列舰分队和第3战列舰分队甚至都关闭了轮机以避免和前面的舰船相撞。尽管风浪很大，东乡的速度却没有被限制；他让他的舰队稍稍偏向右舷，以达到他认为的最佳射击距离——约5500米，并再度保持这一距离。

随着日俄两支舰队并驾齐驱，炮战此时才真正开始。双方的火力变得猛烈起来。14点18分后不久，东乡下令"快速"射击；他的整支舰队要么集中对付罗杰斯特文斯基的旗舰"苏沃洛夫"号，要么集中对付俄军第2战列舰分队的领头舰"奥斯里雅比亚"号（Oslyabia）。在接下来的一刻钟里，俄军对日舰纵队进行了猛烈攻击，击中"三笠"号16次，[65] 并导致装甲巡洋舰"浅间"号暂时脱离了队伍。但东乡攻击敌人的火力更具破坏力。当强大的日本炮弹击中战列舰时，它们爆炸产生的碎片摧毁了上层建筑，大量杀伤了甲板上的船员。炮弹产生的高温点燃了一切可燃物。"油漆，"罗杰斯特文斯基后来写道，"在钢表面以明火燃烧；军舰、绳子、吊船和木制品都着了火；在准备架上的弹药筒也被点着了；干舷和轻型火炮被扫荡一空；炮塔也被卡住。"[66] 在可怕的炮击下，波罗的海舰队的队形开始发生混乱，俄军的炮火也变得飘忽不定。罗杰斯

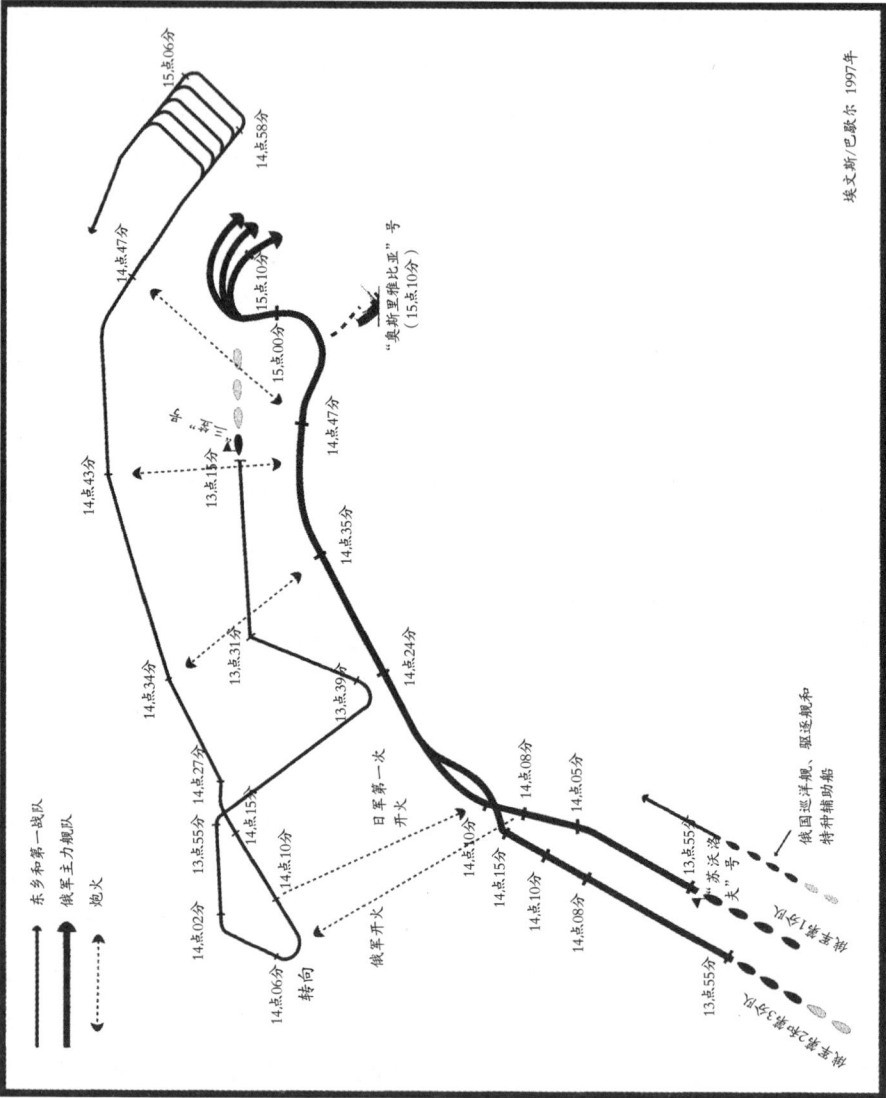

埃文斯/巴歇尔 1997年

东乡和第一战队

俄军第一战队

俄军主力舰队

炮火

15.点06分

14.点58分

14.点47分

15.点10分

15.点00分

"奥斯里雅比亚"号
（15.点10分）

14.点47分

14.点43分

14.点35分

13.点15分

13.点31分

13.点39分

14.点24分

14.点34分

14.点27分

13.点55分

14.点15分

14.点10分

14.点02分

14.点06分
转向

日军第一次
开火

14.点10分

14.点15分

14.点08分

14.点05分

14.点10分

14.点08分

俄军开火

"苏沃洛
夫"号

13.点55分

俄国巡洋舰、驱逐舰和
特种辅助船

13.点55分

俄军第2和第3纵队

俄军第1纵队

∧ 示意图4-4. 对马海战，接敌机动和决定性的开局机动（改写自《日俄海战史的研究》，地图附录）

特文斯基在日军越来越准确的炮火中保持航向不变，直到大约 14 点 40 分时，他终于下令右转 4 个罗经点，以图摆脱日军。东乡很快也调整了航向，于是两支舰队做同心圆弧线运动，东乡凭借更快的速度企图在外围超到前面去。他一直用炮火攻击俄国人，而且同样重要的是，他使敌人偏离了符拉迪沃斯托克，失去了逃脱的机会。

　　虽然战斗持续了 24 小时，但到 5 月 27 日 14 点 50 分时，日本已经占据了上风。遭到致命损伤的"奥斯里雅比亚"号脱离了舰队，20 分钟后倾覆。差不多在同一时间，"苏沃洛夫"号失去控制，在一团黑烟中向左转了一圈，又驶回自己原来的航线，而身受重伤的罗杰斯特文斯基则躺在舰内。俄军舰队已经分崩离析。"亚历山大三世"号（The Aleksandr III）接替"苏沃洛夫"号引导俄国舰队，先短暂地向东航行，随后左转冲向东乡舰队。后者此时正缓缓靠近受创的俄军舰队，他对"亚历山大三世"号发出的挑战做出回应，在 14 点 58 分转向以躲避鱼雷，同时转向西北方向，目的是开到攻击他的敌人的前面。

　　战斗随后进入了极度混乱的阶段，这实际上是战斗的间歇。能见度很低，因为炮弹爆炸和因着火产生的浓烟使海雾变得浓厚。俄国军舰在黑暗中打转，试图找到它们自己的方位。日军巡洋舰和驱逐舰编队在大混战中发动攻击。"为了阻止敌人向南逃跑"，上村彦之丞将军和他的第二战队于 15 点 03 分从东乡舰队那里脱离出来。这一调动并不正确。他在南面一无所获，又急忙向北重新加入东乡的舰队，但他的行动已经破坏了日军重型火炮的集中。[67] 在接下来的一个半小时里，东乡和上村在混战中从东到北再到南各绕了几圈，于 17 点 30 分左右又回到了向北的航向。

　　18 点后，日军摆脱了混乱，此时他们惊奇地发现俄国舰队大部分已经重整队形，正向北运动。战斗的新一阶段开始了，和在黄海海战中一样，日军从后面追赶俄军（见示意图 4–5）。"博罗季诺"号（Borodino）领头，后跟"奥廖尔"号（Orel），然后是涅鲍加托夫（Nebogatov）将军的分队，受损的"亚历山大三世"号落在了后面。巡洋舰和运输船也结伴而行，按照"博罗季诺"号的信号取北偏东 23 度航向航行。俄国人和东乡在大致平行的航向上展开了激烈炮战。俄国人起初占了上风，因为落日在他们身后。但东乡凭借更快的速度，缩短了距离。

图例：
- 东乡和第一战队
- 俄国主力舰队
- 俄国舰队的未确认航迹

"博罗季诺"号沉没（19点20分）
19点22分
19点00分
19点20分
18点45分
19点30分
"亚历山大三世"号沉没（19点03分）
18点45分
18点50分
18点43分
18点25分
18点25分
俄国巡洋舰、驱逐舰和辅助船只
19点30分
18点10分
16点43分
16点51分
16点24分
16点35分
16点15分
17点57分
17点56分
18点00分
17点00分
15点36分 16点00分
15点42分
16点04分
17点52分
"苏沃洛夫"号沉没（19点20分）
17点10分
15点49分
14点35分 14点47分
14点24分
17点35分
15点06分
17点20分
"三笠"号
"敷岛"号
"富士"号
"朝日"号
"亚历山大三世"号
"苏沃洛夫"号
"博罗季诺"号
"奥廖尔"号
15点00分
14点58分
14点35分 14点47分
14点24分 15点30分
17点27分
"奥斯里雅比亚"号沉没

埃文斯/巴歇尔 1997年

∧ 示意图4-5. 1905年5月27日对马海战，战列舰分队的航迹图（改写自《日俄海战史的研究》地图附录）

双方都受到了损伤。18点50分，"亚历山大三世"号突然脱离了队伍，倾覆沉没。当天色渐暗、战斗即将停止时，"博罗季诺"号被击中发生爆炸，于19点20分沉没。俄国舰队的残部灰心丧气，看到北方"远处日本鱼雷艇的黑点挡住了我们的去路"，便左转向南。第二场大的战斗就这样结束了，虽然海战一直持续到次日下午，但战斗的胜负已经毫无悬念。

东乡随后把他的重型舰船集结在一起，向次日的会合点郁陵岛（Ullung Island）以北进发。按照秋山计划的要求，他把夜战交给了他的驱逐舰和鱼雷艇。它们向敌人的舰船发动了一系列鱼雷攻击，后者在夜幕的掩护下正缓慢北上，向符拉迪沃斯托克逃跑。日本人的攻击虽然多且猛烈，但总体上无果而终，几艘日本鱼雷艇还发生了碰撞。

不过第四驱逐队还是取得了显著的成功。它的指挥官是曾对威海卫发动过鱼雷攻击的勇猛老手铃木贯太郎。下午，铃木找到了正在燃烧的"苏沃洛夫"号，朝它的底部发射了鱼雷。天黑后，铃木在海上寻找目标，直到5月28日2点30分才有结果。他发现了受伤的"纳瓦林"号（Navarin）战列舰，"他巧妙地在它的航线上散布了6段连体水雷，没有被发现"[68]。随后发生了爆炸，"纳瓦林"号很快沉没。铃木的驱逐舰在逃跑时发现了另一个目标——"伟大的西索伊"号（Sisoi Veliky），并用鱼雷对它进行了攻击。[69]"伟大的西索伊"号于次日沉没。这两艘战列舰便是日军小股舰队夜袭的主要战果。

大部分幸存的俄国舰船仍然向北航行，但有几艘转向南面，抵达中立港口，在那里被扣押。5月28日早晨，涅鲍加托夫和剩余俄国舰队的核心（2艘战列舰、2艘岸防装甲舰以及1艘巡洋舰）被日军发现，遭东乡的战列舰队包围。涅鲍加托夫承认自己已经走投无路，发出了投降的信号。秋山被派往俄国的旗舰去护送这位俄国海军将领到"三笠"号上，东乡正在那里等着接受他的投降。中午，载着受伤的罗杰斯特文斯基的"大胆"号（Bedovy）驱逐舰被日军发现，也向日军投降。分散在该地区的其他几艘孤立的俄国舰船在拒绝投降后不是被击沉，就是被凿沉。但到5月28日中午，战斗就结束了。

对马海战是海军史上为数不多的歼灭战之一，它的规模要以参战各方的损失来衡量。在罗杰斯特文斯基试图通过朝鲜海峡的38艘军舰和其他舰船中，有

34 艘被击沉、凿沉、俘虏或扣押。俄军有 4830 人战死，5917 人被俘（包括 2 名将军）。与之相较，日本联合舰队有 3 艘鱼雷艇被击沉，3 艘主力舰中度受损，8 艘驱逐舰和鱼雷艇暂时无法作战，110 人阵亡。[70]

当和平于 1905 年 10 月到来之时，联合舰队离开佐世保镇守府，驶向伊势湾（Ise Bay）。东乡和他的指挥官在伊势神宫做了短暂的敬拜，随后带着他们的舰队沿着海岸北上驶向东京湾。10 月 23 日举行了一次盛大的阅兵式，其间天皇宣布：“我们亲自检阅了凯旋的海军，对它的井然有序和士气高涨感到极为高兴。”[71] 联合舰队最终在 12 月末被解散。值此之际，东乡发出最后一道指令，开头这样写道：“长达 20 个月的战争已经成为过去，我们的联合舰队已经完成了任务，现在解散。”他连篇累牍地请求将士们仍然要做好战斗准备，最后这样作结：“众神拒绝把胜利的王冠赐予那些取得一次胜利就志得意满的人。他们只会给那些在和平时期努力训练的人，因此这些人在战斗开始之前就已经赢得了胜利。正如古人所言：‘胜利之后，要系紧你头盔的带子。’”[72]

战斗和战争的回顾

人们常说，在对马海战中，作战双方几乎在每一种作战物资和所有领导层上都存在着质的差异，这种差异是如此之大，以至于这场战斗对海军历史进程的意义微乎其微，也没有什么真正的经验可以传授。一位杰出的英国军事历史学家这样写道：“对马海战的实际情况就是，俄国波罗的海舰队只不过是一群乌合之众，它们的指挥官在指挥上是失败的。”[73] 虽然这是毋庸置疑的事实，但对马海战带来的结果并不仅仅是日本胜利和俄国失败。除了第二次世界大战中的菲律宾海海战（主要是空战）外，对马海战是一场现代海战史上罕见的歼灭战。当时，科贝特这样写道，对马海战是“历史上最具决定性意义和最彻底的海军的胜利”[74]。致使日本胜利的因素及其给日本海军作战条令留下的遗产为全世界的海军机构提供了宝贵的经验。

如前所述，联合舰队进入战斗时，与俄国舰队相比有若干优势。日军在关键距离上的炮术是他们获胜的主要原因。日军炮火更快的射速和更凶猛的火力证实了这一点，也达到了东乡的预期。日军通过操纵火炮的技术弥补了自己在大型火炮上的劣势（只有 17 门 12 英寸炮，对抗俄国人的 41 门）。然而东乡舰队的实际命中率却很低，可能远低于 10%。[75] 而俄国人对日军舰船的命中率很高；在战斗的两个主要时间段里，他们用 12 英寸炮弹命中了 40 次，可能与日军炮手的命中次数相差不大。

因此，日本的优势与其说是由于命中的次数，不如说是由于每次击中后造成的相对破坏力。日本的舰船很结实；[76] 日军记录了许多跳弹，而且俄国人的炮弹常常是哑弹。另一方面，正如第三章所述，命中目标的日军炮弹由于其设计和爆炸威力的缘故能够以可怕的威力打击目标要害。日军青睐高爆炮弹（HC），[77] 里面装的炸药量是穿甲炮弹的 4 倍。使用穿甲弹时，由于其敏感的引信，它们表现得像高爆弹，导致它们在撞击瞬间就爆炸，而没有穿透至目标的要害部位。对马海战中甚至没有关于日军炮弹穿透薄装甲这种案例的记录。[78] 但两种炮弹（都装有下濑炸药）都用高温气体引发了火灾。它们的爆炸把俄国军舰的上层建筑扭曲成奇怪的形状，而弹片则大量杀死甲板上的船员。[79] 当时的炮术专家认为，要摧毁重型舰船，必须使用穿甲弹；但在对马海战中日本人证明，对甲板进行猛烈攻击甚至可以重创重型装甲舰，而且一旦被瘫痪，它们就会遭到炮火或鱼雷的致命一击。

日军胜利的原因还有东乡在速度统一性和舰队同质性方面的优势。如果他无法在转向后快速敏捷地推进他的战列舰，以便集中炮火攻击两支俄国舰艇编队的先导舰，那么他在火炮和炮术上的质量优势就会少得多。另一个优势是日本舰队表现出来的高水平船舶操纵技术。东乡在 60 分钟时间里连续进行了 5 次同时转向。虽然这些机动在战斗的航迹图上看起来很简单，但它们需要大量的训练才能被准确执行。如果他的舰船在机动时没有达到要求的准确度，如果它们在第一次转向后就偏离了自己在队伍中的位置，那么舰队就很容易陷入灭顶之灾。然而，东乡却能随心所欲地进行机动，且他的军舰始终保持紧密的队形。相比之下，俄国人的舰队训练水平较低，不同舰种的组合也不利于机动，因此即使是执行最简单的机动也遇到了麻烦。

最后，就领导力的优势而言，东乡担任指挥官毫无疑问是日本取得巨大胜利的主要因素。他小心谨慎、意志坚定，经受过战火的洗礼，懂得他要参加的战斗的基本特征和敌人的实力。他的谨慎和沉着避免了早期的重大失误。例如，只要他不知道正在接近的波罗的海舰队的确切位置，他就不会急着离开镇海湾，无论他的属下和参谋人员多么强烈地要求他这样做。他如今很出名的转向命令表明他在交战伊始就决心打一场决战。他在前进的俄国舰队前做出转弯时的冷静和勇气是有底气的：一方面他对自己的舰船和舰长能有效地做什么而敌人不能有效地做什么很有把握，另一方面他也愿意冒风险。

日本获胜的不可量化因素是东乡和他的参谋人员从战争早期的错误中吸取教训的能力。从这个意义上讲，最重要的经验就是黄海海战以及在这场海战中失去战机的例子。与其他因素相比，日本人不再让上次交战的失败重演的决心同样与敌人的覆灭有重要关系。

战略上，虽然秋山的七阶段作战计划并没有对对马海战的开始和结束产生影响，但日本人为这场海战制订的作战计划似乎也没有什么可以挑剔的地方。在日本驱逐舰和鱼雷艇按照秋山作战计划第一阶段的要求发射鱼雷之前，波罗的海舰队就进入了朝鲜海峡，而其残部在计划的最后阶段被实施前就投降了。然而，与其说这些事实说明了该计划的不足，不如说它们说明在飞机和雷达出现之前，在黑暗或薄雾中定位舰船是很难的。这些事实还表明，有效实施计划的中间阶段可以使其最终阶段没有再执行的必要。

战术上，东乡自始至终都打得勇敢而机智。他吸取了黄海海战的教训，选择在关键距离上开打，在交战一开始就抓住主动权，最重要的是，他不让敌人开到他前面。东乡至关重要的转向是在日军一炮未发之前做出的，当然是"这场海战中最有效的决策"[80]。海军历史学家外山三郎甚至说日本在日本海取得胜利的众多原因中，最重要的就是东乡在战斗开始时的 16 个罗经点的转向。[81] 凭借这次转向，东乡得以决定这场斗争的性质，破坏俄国舰队的衔接；而如果没有这次转向，罗杰斯特文斯基向符拉迪沃斯托克前进的脚步会更加难以阻挡。

许多文献称东乡之所以赢得战斗是因为他的转向让他得以在敌舰队正前方航线呈直角拦截。为此，东乡实施了舰队机动，他企图压迫敌人的先导舰。在这两方面，T 字战术作为战斗的理论基础是很重要的。但正如示意图所示，他取得优势的两场主要战斗（14 点 08 分—58 分，18 点—19 点 20 分），实际上是在两条平行的航线上展开的。当东乡在战斗的第一阶段试图向俄国人施压时，后者躲开了，并让舰船与日舰保持平行。当东乡的第一战队在大约 14 点 50 分准备抢占 T 字横头阵位时，俄国人却已经没有舰艇纵队可以让东乡进行拦截了；他们已经如此混乱，能见度也如此有限，以至于 T 字战术无法实施。后来的战斗是在略微散开的航线上进行的，但本质上仍然是在平行航线上的炮战。

如果并驾齐驱的舰船相对位置不稳定，炮火就不可能成为战斗中的关键武器，因为当时的射击指挥技术仍然很原始。换言之，日本炮手才刚刚开始理解计算距离变化率的问题。他们是在测距仪距离上开火，而不是在实际射击距离上开火（也就是说，他们没有考虑到在炮弹飞行过程中目标距离的变化）。[82] 俄军的射击指挥如果说有什么不同的话，那就是他们在这方面发展得不如日本。尽管双方的火控系统都很差劲，他们都还是成功命中了相当数量的炮弹，因为在战斗的主要阶段，双方的相对位置差不多是固定的。日本的优势主要缘于它的炮弹给上层甲板所造成的毁灭性损伤以及俄国炮弹威力的相对不足。此外，速度和舰船设计的统一性是使日本人能够有效使用他们火炮的重要背景因素。

日本对海战的总体指挥显然遵循了对付具有数量优势的敌人的最合理战略，但日本最初不具备完善的战术来实施这一战略。那些指挥海军的人——尤其是东乡——了解一支舰队的用途。掌握制海权在 1904—1905 年是特别重要的一项原则，因为日本夺取朝鲜半岛和中国东北南部的陆上军事行动主要依赖于日本的海上交通安全。为了取得制海权，日本最高统帅部遵循了合理的原则：让联合舰队保持兵力的集中，谋求先遏制，再尽快摧毁敌人在东亚的最大战列舰队。为达成该目标——攻击得到良好保护的俄国旅顺港舰队——所采取的战术方法虽然常常被认为并不成功，但作为牵制行动却是有效的。联合舰队想了一个办法，尽可能在不利于敌人的水域中攻击敌人，并开始从陆地上包围旅顺港。然而，当俄国旅顺港舰队被逼出基地时，东乡却因为计划失误和过分谨慎而没能在黄海海战中迅速将其消灭。直到 10 个月后与波罗的海舰队进行对抗时，日本海军才让战术充分配合战略目的，取得了压倒性胜利。[83]

在对马海战后的 20 多年里，世界各地的海军军事学院、海军参谋人员和专业期刊都在思考和讨论日俄战争的海战教训。这些教训是相当矛盾的，因为战争期间有如此多种类的海军作战被实施，且战果又是如此大相径庭。因此，几乎每一个军事理论学派都能从这场战争中获取灵感。不过最常被引用的教训是远距离射击的首要地位。许多分析人士指出，战争已经表明，现在敌对双方的舰队可以在比原先认为的更远的距离上展开作战，当然也就可以在超出常规练习射击距离的地方投入战斗。在鸭绿江之战中，日本人在 3900 米的距离上开火；杜威（Dewey）在马尼拉湾海战是在 4500 米的距离上开火；而东乡在黄海海战中是在 11000 多米的距离上开火，在对马海战的开火距离是 6400 米。因此，另一些人宣布重型火炮已经占据统治地位，认为只有 10 英寸和 12 英寸的火炮在对马海战中造成了明显的破坏，而且从此以后，只有大口径的火炮才能在主力舰上有一席之地。不管怎样，这是"杰基"·费舍尔和英国海军部的看法，也是英国下水装备全重型火炮的"无畏"号（Dreadnought）的原因。虽然"无畏"号在 1906 年震惊了全世界，[84] 但英国海军中其他人仍坚持认为，对马海战中距离一旦缩短，6 英寸口径火炮无论在精神上还是物质上都仍然还是具有破坏力的，中型炮组在未来仍将是必不可少的。[85]

当一些人在辩论关于重型武器的问题时，另一些人则就其他海军武器（如鱼雷和水雷）的成败和小型舰艇（如驱逐舰和鱼雷艇）的相对价值进行了讨论。考虑到鱼雷在海军专业思想领域和世界海军军火库中的重要地位，它似乎是最令人失望的。铃木贯太郎和第四驱逐队在战斗临近结束时用鱼雷取得了显著的胜利。然而，在整场海战中，对移动舰船发射的鱼雷中只有 2% 命中了目标，即使是对固定的目标，战果也很可怜。日军在旅顺港、黄海和对马岛的鱼雷攻击总的来说战果寥寥，对此有多种解释。其中最常被引用的就是日本鱼雷战术的失败——特别是远距离鱼雷发射条令的失败。不过，导致这可怜战果的还有其他一些因素：武器维护差、鱼雷技术和设计仍然原始、鱼雷训练不足，以及日本鱼雷部队之间战术协调不足等。[86]

另一方面，鱼雷攻击带来的间接影响可能也非常重要，以下两种情况似乎是恰当的例子：当敌人被击败时，东乡决定在 8 月 10 日晚不把他的主力部队投入作战；罗杰斯特文斯基也由于明显害怕夜间遭到鱼雷攻击，决定在中午通过朝鲜海峡。虽然驱逐舰和鱼雷艇在主要任务中发挥不了什么作用，但它们在执行巡逻、侦察、封锁、保护登陆作战等次要职能上显然作用很大，并且它们的反复攻击给俄国大型军舰的舰员带来了巨大的心理压力。

在关于战争期间特定武器性能比较的持续争论中，只有地位低下的水雷所取得的战果似乎是无可争辩的。在这第一场双方都广泛使用水雷的战争中，水雷炸沉了 3 艘战列舰（日本在战争期间损失的 2 艘主力舰都损失于此）、5 艘巡洋舰、3 艘驱逐舰和其他 7 艘军舰。[87]

日俄战争和日本海军作战条令（理论）的演变

与日俄战争对世界海军军事思想产生的影响相比，它给日本海军作战条令发展提供的遗产具有更重要的历史意义。日本海军的作战条令正是在以下四大关键思想的助力下形成的：巨炮催生的舰队决战设想、针对具有数量优势之敌的渐减战略的有效性、海军武器重质不重量、夜间鱼雷战术的重要性。

第一个设想依据的是对马海战的结果。这场战斗的经历促使日本领导层相信：现代海战中唯一具有决定性意义的作战可能是一场水面上的交战——一场在白天进行的主力舰队之间的歼灭战。战斗结果将由装备了最大口径火炮的主力舰决定。这是一个用日文短语"大舰巨炮主义"概括的构想。当然，这也是1905 年以后所有主要海军都坚持的原则，但由于正是日本的军舰和火炮证实了这条原则，它逐渐成为日本海军条令中不可磨灭的一部分也就不足为奇了。

对马海战的第二个影响是如何在对抗一个拥有比自己更多巨舰和大炮的敌人时，赢得舰队决战（此时，日本海军的假想敌已经从俄国变成了美国）。针对这种差距的显而易见的补救措施是针对前进的敌军战列舰队发动类似于根据秋山真之的七阶段作战计划而有效实施的消耗战。尽管对马海战没有完全按照秋山的计划展开，但在思考舰队决战问题的日本海军计划制订者眼中，后者的光芒并没有减弱。在接下来的 35 年里，他们仍然认为，在决战之前，消耗战的基本战略和战术是决战前使日本在主力舰和火力上与敌人势均力敌的最佳手段。[88]

日本海军从日俄战争中得出的第三个结论是，必须优先考虑战舰在设计和建造质量上的优势，而不是数量上的优势。"三笠"号和它的姊妹舰的坚固构造（使它们能够承受沉重打击，且战斗力没有得到显著削弱）、18 节航速以及射击效率（液压操纵的主炮每 2 分钟就能发射 3 发炮弹），所有这些在日俄战争中的两场舰队交战中都是至关重要的因素。在速度、装甲和炮火方面占据优势仍然是日本建造主力舰的基本原则，日本海军指望这些优势在日本舰队与敌人一支同等实力的舰队之间的任何战列舰队交战中都能提供制胜的先机。从这个意义上看，"三笠"号和它的姊妹舰是 30 年后下水的超级战列舰"大和"号和"武藏"号（Musashi）在作战条令上的先祖。

最后，所有这些假设都间接地支持了日俄战争后日本海军军事思想中对鱼雷战的重新重视。表面上看，这似乎很奇怪，因为鱼雷在日俄战争中战果甚微。它被较大型的军舰使用过三四次，但没取得什么战果；被驱逐舰和鱼雷艇在战争期间使用了 6 次，都是在晚上，4 次用来攻击在旅顺港的船只，2 次在战争期间的两场舰队交战中用来对付移动的战舰。这些鱼雷造成的唯一显著破坏是在对马海战中攻击已经被彻底击败的敌舰。

然而，日本海军对鱼雷战仍保持着热情，部分原因是为了设法战胜在重炮上占优势的敌人。在一个海战中还没有雷达的时代，黑暗往往抵消了最大口径海军火炮的优势。日本海军认为，夜战是解决主力舰和重型火力数量劣势的重要补救措施。此外，他们还确信由驱逐舰在远比海军炮火射程短的距离内实施的鱼雷战是最有前途的夜间作战方式。[89]

日本海军对鱼雷战怀有持续的兴趣还有另外一个原因。在明治中期，日本海军把鱼雷视作一种理想的海军武器来运用，并把惊人的热情投入鱼雷战中。当时，鱼雷不仅被视为小型海军敢死攻击部队对付大型海军舰船的最合适武器，它所要求的战术似乎还让人想起了古代日本战争中的战术——小群武士快速穿插刺向敌人的心脏，因此非常契合日本的尚武精神。这种精神仍然是现代日本海军传统的重要组成部分，因此有助于确保作为日本海军武器库中主要武器的鱼雷具有持续的吸引力。[90]

正因如此，对日本海军来说，重要的不是放弃鱼雷战，而是要改进它。为此，日本海军在日俄战争后的 10 年里做了三个方面的努力：其一，通过增加鱼雷的尺寸、速度和射程来修正鱼雷自身的缺陷。第一次世界大战后，日本鱼雷的直径从 45 厘米（或 35 厘米）增加到 61 厘米，速度达到 38 节，射程 2 万米。[91]其二, 反思在 1900—1904 年已经对日本驱逐舰和鱼雷艇部队产生影响的远距离射击条令, 回归 "肉迫必中" 的进攻精神, 即实施坚决的近距离鱼雷攻击。其三, 认识到鱼雷武器系统(单艘驱逐舰)的实力与驱逐舰部队编组的成败密切相关后, 日本人在随后几十年里对驱逐舰编队的编组和重组不断进行深入研究。在这方面, 日本海军也许是世界上独一无二的海军部队。[92]

日俄战争期间, 虽然连体水雷的发展甚至在日本海军内部都不为人知, 但它让我们进一步了解到日军希望通过何种方式来克服敌人在重炮方面的优势。修订后的《联合舰队作战计划》是这样设想的: 连体水雷将由鱼雷艇和驱逐舰在敌人的主力舰队前面敷设。它们是在交战开始时消灭敌人一部分战列舰队的一种手段, 并且只需要付出最小的代价, 冒对舰队来说最小的风险。战后, 它们被发展成绝密武器——一号水雷, 主要供轻巡洋舰使用。日本海军将其视为一种决战武器, 舰队在 1930 年以前都装备着它们, 直到 1930 年高速战列舰和飞机的发展才使它们变得过时。但日本海军继续坚持植根于连体水雷中的 "大卫对抗歌利亚"[①] 的理念, 在 20 世纪 30 年代早期发展袖珍潜艇作为连体水雷的替代品。袖珍潜艇和连体水雷一样, 将被部署在敌军战列舰队的航路上, 在舰队决战开始时用来摧毁几艘战列舰。[93]

前已述及, 对日本海军军事思想来说, 日俄战争特别是对马海战最重要的遗产, 就是把战列舰抬高到优先地位, 将其视为摧毁敌军舰队的手段。可以肯定的是, 重炮交战是同时代其他国家海军当局都共有的理念。但按照著名海军分析家野村实的观点, 这个战列舰理念对旧日本海军来说是一个致命的遗产。他指出, 潜艇和飞机的最终出现不但挑战了主力舰的统治地位, 而且成了航路攻防上的关键要素。[94] 当然, 第一次世界大战提供了海上贸易保护方面的良好训练和经验, 虽然战列舰的首要地位和水面交战依然是英美海军军事思想的主流, 但英美两国海军因为参战的缘故, 对海战的新形态——潜艇袭击商船、反潜战和护航更加敏感。一战期间日本海军在这些方面几乎没什么经验(除了少量部

---

① 译注:《圣经》著名典故之一, 讲的是年轻的牧羊人大卫依靠一把小小的弹弓和一粒石子, 战胜了强壮的巨人歌利亚, 谱写了以弱胜强的勇士之歌。

队在地中海小规模参战以外），因而在战后对这些方面兴味索然。相反，它的注意力被日德兰海战吸引住了，这场完美的水面战斗虽然当时胜负不明，但似乎证实了日本人的假设。日本海军忽视了较新但不那么引人注目的海战要素，这是日本在第二次世界大战中战败的一个关键因素。

对马海战本身危害最大的影响是它让日本的海军领导人坚信，一场海上的大规模战斗是海战的实质，这样一场大战将决定制海权的归属，甚至决定战争的结果。然而，对马海战之前和之后的大多数海战都是旷日持久的消耗战，即使是战胜国也常常损失惨重。日本人"决战"信念的背后隐藏着这样一种假设，即敌人会集结整支战列舰队驶入日本人的陷阱。这种假设即使不是完全错误，也是危险的。美国"橙色战争计划"的确要求美国战列舰队跨过太平洋进击，美国海军领导人也相信，一场大的冲突就能解决战争问题，但是，日俄战争中的日本领导人至少初步意识到，让敌人参战是多么困难，他们不应该让这种宝贵的认识被遗忘。俄国舰队几乎无一例外地不想打仗，而是想逃跑或藏起来，只是对马海战的特殊情况才将俄国舰队送到日本人手里。在未来，敌人可能不会满足日本人的如意算盘——穿过大洋，陷入埋伏，在一场激烈的炮战中惨败。然而，似乎很少有日本战略家考虑过对日本不太有利的局面。对决战的信念成了日本海军的信条。就这样，从对马海战开始，日本海军混淆了战术条令（用于作战）与战略规划（用于打赢战争），对日本海军的战略造成了致命的限制。[95]

5

第五章

佐藤铁太郎：

日本海军战略的矛盾性，
1908—1911 年

　　在 1895—1905 年的短短 10 年时间里，日本打了两次现代战争并取得了胜利，在这一过程中，日本从一个苦苦挣扎的亚洲国家一跃成为位居世界前列的强国。对中国的压倒性胜利使它赢得了西方世界的尊重，并带来了殖民帝国的最初表征。险胜世界第一大陆军俄国陆军的部分兵力，勉强击败世界第三大海军俄国海军的精锐舰队，不仅让日本成为西太平洋无可匹敌的海上强国，还为它带来了宝贵的战利品——旅顺港、辽东半岛以及俄国在中国东北南部的经济资产。这些战略利益不可避免地把日本的注意力、精力和资源引向亚洲大陆，这一事实使日本领导层理清国家战略重点的工作变得更加复杂和激烈。

　　在这两次力量的考验中，旧日本海军起了重要作用（日本海军认为是关键的作用）。在这个过程中，它提高了战斗技能，增强了团队精神。它的战术已经从模仿和掌握西方作战条令转变为独立的实验和创新。正是在这十年间，在日本海军大学校里，一批见多识广、富有想象力的教员（秋山是他们当中首屈一指的）制定出了一系列战术原则。这些原则不仅是联合舰队在对马海战获胜的主要原因，而且影响了日本海军未来 10 年的军事思想。

　　但事实证明，为联合舰队在战斗中设计战术机动要比制定一套宏大的海军作战条令来解释日本海军的基本职能以及它如何为维护日本帝国的重大利益做出贡献要容易得多。对日本海军来说，大战略问题不仅仅是海军大学校里的一个理论性讨论话题。从它的起源来看，这是一个和陆军竞争的问题，这场竞争到这时已经持续了 10 年。日本海军刚在日俄战争前脱离陆军，获得组织独立性，此时就迫切要求超越军种间的平等，争取比陆军更高的地位。有了这样的地位，它就可以设定国家的战略重点，获得最大份额的国内威望、公众赞誉以及政府军事预算（这是最重要的）。要取得这样的地位，需要的不仅仅是海战的胜利，因为陆军在陆上取得了同样的胜利。它需要创立一个有说服力的海上战略——一个可以证明海军追求大规模扩充舰队所需要的预算足够合理的重要理由。

如前所述，日本海军在 19 世纪 90 年代山本权兵卫与陆军省之间进行官场斗争时就致力于阐明这一理由。在 19 世纪 90 年代末，山本又一次老调重弹，这次是在尽可能高的级别上。1899 年 10 月，他在一份直接提交给天皇的请愿书中阐述了他的海军至上主义思想。山本权兵卫喋喋不休地讲了这样一个观点：对于维护日本的安全来说，保持对周边海域的控制要比在失去对这些海域的控制后试图保卫本土岛屿要有效得多。他还认为保卫祖国的领海，最好的办法是尽量在远离祖国海岸的地方攻击敌人。为此，他坚持认为海军不仅是国家的第一道防线，而且是防线最重要的组成部分，因此海军理应获得比陆军更高的地位。[1]

山本的计策并未给日本海军带来他所寻求的卓越地位，但它为关于海军的用途和功能的更详细论述提供了一个出发点。这些论述在海军为其地位寻求支持的以下平台能得到支持——政府会议室、国会议员席和国家报纸的版面。山本意识到，他需要以严谨的措辞来阐述海军力量的重要性，他的论证要有历史上的例子来支撑，例子不仅要取材于日本自己的过去，还要取材自西方传统海洋强国丰富得多的经验。马汉、约翰·劳顿和科洛姆兄弟的历史分析共同为海权提供了一个基准或一般理论。然而，"蓝水"学派的观点是一种典型的西方论述，对日本的情况来说显然没什么参考价值，也不适用。具体来说，马汉以航海时代英国海军的霸主地位为例，对全球的海权做出解释。他的解释把对海洋的控制和帝国的扩张（不仅包括海洋贸易，还包括在任何对国家的交通和战略利益至关重要的海域建立基地和贸易站）联系起来。然而，日本帝国的地理和历史环境却大不相同，因为日本人把帝国局限在东亚水域。由于这些原因，海军大臣山本权兵卫和军令部长伊东祐亨一致认为，海军不需要一个适用于任何时间和地点的普遍性海权理论。相反，日本海军需要使用西方的历史案例来解释海权，但要针对日本的情况进行解释，因为日本的情况是区域性的，存在特殊性。

虽然他们与其说是在为海军设立一个目标，不如说是塑造一种公共信条，但伊东和山本明白，这样的解释必须来自海军内部。在世纪之交，东京就有两位能承担这项工作的军官——小笠原长生少佐（供职于海军军令部情报局）和佐藤铁太郎少佐（海军省军务局的一位相对不知名的军官）。他们凭借兴趣和智慧，能够清晰地表达出伊东和山本头脑中的海军至上主义观点。如前所述，小笠原是日俄战争时期重要的情报官员和官方历史学家。他的海军发言人生涯开始于1899年。这一年他受伊东将军的委托，写一本通俗海军史，以激起公众对海军的热情。山本在选择佐藤少佐开始进行海军战略的严肃研究时，心中已经想好了一批更精英的读者。佐藤的研究将触及日本最具影响力的圈子，尤其是国会的主要成员、内阁以及上层官僚阶级，同时对未来几代海军专家也具有启发意义。

佐藤铁太郎和海防设想

佐藤铁太郎在海军战略研究方面是一个前途无量的候选人。首先，他有丰富的海上经验，曾参加鸭绿江之战，并在"天城"号巡洋舰上有出色服役经历①。更重要的是，他在职业生涯早期对海军史和战略很感兴趣。在甲午战争前，他甚至还写了一篇短论文《国防私论》，主要基于他对16世纪日本入侵朝鲜的海上作战的分析。在文中，佐藤提出了山本在与陆军高层辩论时所使用的一个总论点：与静态的、以陆地为导向的防御相比，进攻性的、远距离海上防御更有可能确保日本的安全。²

甲午战争后，正在海军省军务局工作并继续以研究历史作为副业的佐藤引起了山本的注意。后者把前者招来，指示他全身心投入海军战略和海军史的研

---

① 译注：原文如此，甲午战争期间佐藤在炮舰"赤城"号上服役，他并未在"天城"号上服役过。另外当时的"天城"号（1877年下水）是一艘旧式护卫舰，而非巡洋舰。

究当中，并让他先在国外从事一段时间的研究。因为相信英国的海上经验切合日本的情况，又鉴于两国都是岛国，山本于1899年把佐藤选为派往英国从事研究、接受训练的中层军官之一。

在接下来的一年半里，佐藤（和海军兵学校的大多数毕业生一样，在英语阅读方面相当熟练）在伦敦沉浸在西方海军史的经典著作中，其中一些著作在日本是读不到的。然后他前往美国进行了为期6个月的研究。[3]1901年年底，佐藤回到日本，翌年，他被山本任命为海军大学校的教官。如果说佐藤想的是从容不迫地对他的课题进行权威的研究，那么山本则有更紧迫的考虑。这位海军大臣比以往任何时候都更加紧张地陷入了一场斗争，试图为他的舰队扩充计划向国会争取更多资金，为此他命令佐藤尽快为海军起草战略宣言，以获得政府和国会中位高权重者的支持。

1902年秋天，佐藤完成了他的论文——《帝国国防论》，由颇具影响力的海军一线军官专业协会水交社出版，经天皇批准后，通过海军省的渠道发行。作为一场旨在为海军谋取特权地位的公共活动的第一枪，该书对本书已概述过的海军至上主义要点进行了详细阐述。它认为，鉴于日本的国防从本质上说是一个海洋问题，国家的首要战略原则应该是在远离日本海岸的地方击败任何正在逼近的海上敌人，所以加强海军的需要应该凌驾于日本政府其他所有的重要职责。从短期来看，佐藤的论点所表现出的明显的党派色彩不利于海军的利益；《帝国国防论》的面世引发了一场风暴般的争议，而非一波支持山本军舰扩张计划的浪潮。这本书于1902年11月在国会、枢密院和元老（老一辈政治家组成的决策圈）中的流通引起了山本意想不到的反应。陆军退休元老山县有朋（Yamagata Aritomo）元帅被佐藤的观点激怒，委托副官起草了一篇驳论。更严重的是，国会中许多支持陆军的议员对山本哗众取宠的做法非常气愤，他们实际上削减了他的舰队扩充计划。[4]不过，佐藤的书使海军与陆军在日本战略姿态问题上存在的根本分歧公开化了。

在接下来的4年里，佐藤的职务主要是担任舰长，这让他远离了争端，但他的想法仍然恶化了陆、海军之间的关系。1906年，佐藤回到海军大学校，首先学习选修课，后在1907年担任教员。同年，他在海军大学校讲授了一系列题为《海防史论》的课程，这是对他之前著作的内容进行的扩展，只是现在加入了主要取自西方海军史的历史案例。1908 年，佐藤努力把这些课程的内容变成手稿形式，那一年，就在他离开海大去指挥"宗谷"号巡洋舰前，水交社出版了使他成名的巨著——《帝国国防史论》，这本书是根据他 1907 年的讲课内容所编撰的。

由于篇幅有将近 900 页，又在历史写作方式上模仿兰克的极端沉闷的编排手法，还蕴含大量神神秘秘的言辞，文风兼具啰唆和正经的特点，佐藤写的这部历史著作在当时并不易读，而且 80 多年来，它的难读性增加了 10 倍。像克劳塞维茨的《战争论》一样，该书被奉为"经典"，但它被阅读的次数不如被引用的次数多。不过这本书是日本人所写过的关于海权与日本国情之间关系的文献当中篇幅最长、内容也最全面的一本。考察其论述，不仅可以了解日本海军在太平洋战争之前的主要军事信条，还能了解它们的内在矛盾。

在佐藤的《帝国国防史论》中，最重要的主题是海军在保卫一个岛国中的重要作用，或者更具体地说，是重视海洋的积极（进攻性）防御相对于重视陆地的静态防御的优势。佐藤首先阐述了他和山本在不同时期都提过的一个简单主张：对于日本这样的岛国来说，海防是唯一的国防。佐藤指出，从理论上讲，在影响一个岛国安全的三条战略线中的任何一条或区域中的任何一块——海上、海岸上或岛上，敌人都可以被击退。但是，由于岛屿只能经由海路入侵，所以很显然，控制周围的海域才是最重要的。"任何国家如果不乘船，就绝对不可能将其武装力量部署在我国海岸，"他指出，"（甚至）假如世界上的强国都联合起来对付我们，带着几百万人逼近这些狭窄的海岸，在这种情况下，如果他们不能把这些部队运到我们的海岸，那么我们就稳如泰山。因此，我们没有理由害怕敌人的陆军，敌人的海军才是我们必须担心的。"[5]

但是如何保护日本的领海不受实力占优的敌对海军强国的侵犯呢？在思考这个问题时，佐藤认为有必要进一步完善他的战略分析，从一个岛国的角度来看，把海洋本身分成 3 个区域——近海（自己的港口、海岸或领海）、公海和敌方海域（他们的港口、海岸和领海）。如果一个国家能在敌方海域取得胜利，那么是否控制其他两个海洋区域就会变得无关紧要。因此，在敌人离开他的本土水域之前给他致命一击就是保卫国家的最可靠手段。[6] 由此可见，虽然佐藤说海军是日本的第一道防线，但他所寻求的战略立场本质上是进攻性的。

当然，佐藤在 1908 年提出的进攻性防御的设想蕴含着一种不现实的意味。这样一种针对美国的战略姿态只有把它和美国在菲律宾暴露出来的阵地联系在一起才是合理的。珍珠港当时还不是美国重要的舰队基地，[7] 日本海军在当前发展阶段也不可能认真考虑对美国西海岸进行远征。这样的军事行动需要舰队带着一长列辅助船只横跨整个太平洋，还要克服随之而来的种种困难。[8] 实际上，通过支持对本土海域的敌人进行先发制人的远程打击，佐藤确定并预想了日本海军的核心战略。东乡在 1904 年进攻旅顺港时就采取过这样的行动，1941 年日本海军袭击珍珠港时也再度实施了这一战略。当然这是一个被搁置了多年的想法。在日俄战争之后的几十年里，日本海军对美国策划的敌对行动本质上是防御性的（至少在 1941 年以前是如此），因为它们都需要等候美军舰队进入西太平洋。

不过，佐藤的主张——日本唯一有意义的国防是海防——被一个更严重的问题所削弱。在 1905 年之前，日本确实是一个岛屿帝国，由本土岛屿和从他国掠夺的岛屿组成，佐藤论述的逻辑这时可能是无可辩驳的。但到了 1908 年，日本也获得了大陆的利益，这些利益的维护不可避免地需要投入大量的陆军。为了解决这个他论点中的矛盾，佐藤做了双重论证。首先，他声称在最近的战争中，是海军而不是陆军保障了日本的安全。为了解释这一论断，他辩称如果在中国东北的远征军被击败，成千上万人的损失将是国家的悲剧；但假如海军被击败，日本的海岸为敌人的入侵敞开大门，那么国家本身将处于危险之中。其次，他驳斥了陆军中有关朝鲜和中国东北是日本安全的重要纽带的说法，还讲出了"异端邪说"，称完全放弃朝鲜和中国东北有很多好处。以"英法百年战争"期间英国在欧洲大陆付出的徒劳努力为例，佐藤认为，大陆政策给国家带来的好处少，风险大。他警告不要为了扩张领土而冒险，那样会消耗国家资源，破坏真正的国防。最重要的是，佐藤总结道，日本不应该再在大陆上部署军队来保卫国家的利益（在他看来，这些利益更多的是商业利益而不是战略利益）。相反，日本应该效仿现代英国，寻求一个大陆盟友（中国最有可能），作为对抗俄罗斯（最有可能威胁日本在大陆的利益）的缓冲地带。[9] 显然，佐藤反对在大陆上承担无限的军事义务，同时把海军对日本新战略立场的异议首度表达了出来，陆、海军的这一分歧引发了接下来 30 年里双方在国家政策上的根本性分歧。

既然佐藤排斥大陆战略，反对建立陆上强国，那么什么才是合适的海上战略呢？佐藤不仅在他的《帝国国防史论》里，而且在后来的文章中都提到了这个基本问题。他提供的答案清楚地表明他为日本海军至上主义做出的论述中存在一个基本的矛盾点：日本是需要一支海军来保卫其现有的地区性利益，还是用这样一支海军保护其大国地位，在公海上进行海权投射？这个矛盾在佐藤使用马汉核心概念时表现得十分明显。像马汉一样，佐藤不断提到"制海权"。但是，马汉把这个术语用在全球背景中，涉及的是帝国扩张和对遥远贸易路线的保护；而佐藤通常在地区范围内使用这个词，意思是控制日本及其属地的周边水域，主要涉及的是这些领土的防卫。佐藤把这个术语用在更狭隘的地区背景中，这让我们了解到日本海军军事思想在本质上所具有的国家视角。在研究世界海洋史时，佐藤不像马汉那样，对发展一种普遍性的海权理论感兴趣，相反他是在为一支具体的海军——日本海军辩护。[10] 马汉通过研究英国海军史来解释海权是如何通过广泛分布的殖民地和海军基地来与领土扩张相联系，而佐藤研究西方海军史是为了理解日本海军如何通过进攻和防御作战的结合、一支机动舰队以及那些近海基地来保卫日本。

然而，佐藤似乎已经被那种最具全球意义的马汉海军至上主义——制海权是海军力量向海外的投射，也是让国家强盛的手段——给迷住了，尽管他无法解释这要如何实现。虽然和马汉一样，他也强调海军力量、海上贸易和世界强国之间的联系，但在 1908 年，日本大部分贸易都局限于东亚，那里才是日本的殖民地和主要商业利益的所在地。日本规模有限的海军轻易地在甲午战争和日俄战争期间保护了这种贸易，而在日俄战争后的 10 年里，日本有限的跨洋贸易似乎也没有受到迫在眉睫的威胁。事实上，当佐藤写到日本商业的保护时，他似乎又不关心对日本遥远贸易线的保护，而只在乎日本领海可能遭受的损失，因为这可能导致对日本本土的封锁。和马汉一样，佐藤也写到了海洋民族的扩张活力。他主张"避开大陆，进军海洋"，似乎在暗示日本的帝国扩张与其海上命运有关。和他的许多同胞一样，他当时敦促日本"南进"〔进军东南亚（这个构想后来成为日本海军的信条之一）〕。但他只是笼统地谈到了日本在该地区的贸易和移民前景。[11]

在日俄战争和第一次世界大战爆发之间的 10 年里，由于两个既相互关联又不可避免的事实，佐藤不得不对海军在日本帝国扩张中所扮演的角色含糊其辞。首先，日本"在海上"无处可"进"，东南亚肯定不行，因为除了暹罗外，那里都是西方殖民强国的地盘。其次，1905—1914 年，世界上还有一个地区可以让日本施展雄心和力量，那就是东北亚大陆，即朝鲜、中国东北和关内地区。但这是一个容易受到陆军而非海军压力的地区，正是佐藤希望放弃的。如果日本专心致力于扩张，它几乎不可能对亚洲大陆置之不理。因此，基于佐藤的"进军海洋"的海军战略实际上根本不是什么战略。[12]

不论佐藤的《帝国国防史论》在今天看起来有多少瑕疵，它还是为佐藤在海军内外赢得了广泛的关注。1912 年，他出版了他论文的浓缩版（篇幅只有原来那本巨著的四分之一），以期使他的思想得到更广泛的传播。同年，他还写了一本供海军内部使用的薄薄小册子——《国防策议》，其中既有关于日本战略形势的一些非常笼统和神秘的声明，也有维持一定水平海防的具体建议，包括他对理想军力水平提出的假想标准（见下文）。[13]1913 年，佐藤又以同样的篇幅写了一本名为《国防问题研究》的小册子。这本小册子由海军省出版，重申了他早先的许多观点，但最值得注意的是它一方面提到了日本在东南亚的贸易和发展潜力，另一方面又主张维持一支实力达到美国海军七成的海军。[14]

1910 年，佐藤回到海军大学校，于 1911 年成为其高级教员，并在 1912 年晋升为海军少将。1910—1911 年被视为海大海军思想的黄金年代，主要是因为海军三大最著名的军事理论家佐藤、秋山和铃木在此时齐聚一堂担任教员。他们一起发展了一整套海军作战条令，影响了整整一代的青年海军军官，如山本五十六、永野修身（Nagano Osami）、米内光政（Yonai Mitsumasa），他们在那些年里接受了海大的教育，注定要在太平洋战争期间领导海军。

作为一名海军理论家，佐藤铁太郎在二战后研究日本海军历史的人当中褒贬不一。日本防卫厅在过去 20 年里出版了有关中日战争与太平洋战争中军事行动的大型历史著作，该书的作者就声称，佐藤和秋山一起为日本现代海军思想奠定了基础。其他人就没这么宽厚了，认为佐藤的思想对西方思想亦步亦趋，太笼统也过于意识形态化，因而无法形成有说服力的海军作战条令。[15] 还有一种更务实的观点认为佐藤确定并塑造了日本海军的优先任务。他对"舰队决战"的强调得到了他大多数同僚的赞同，他在《帝国国防史论》中提及火力的重要性，主要是基于他分析对马海战得出的结论，这让他坚定地站在了当时日本海军主流理论"大舰巨炮"一边。但最重要的是，佐藤给日本海军留下了一个影响巨大但有害的遗产，它由两个互相关联的构想组成——为日本海军识别假想敌的方法以及一个用来确定对付这个假想敌所需的最低兵力水平的比值。

假定的海军标准和对美七成比例

佐藤认为日本海军，特别是其战列舰队，应该根据假定的海军最低兵力标准来打造。当然，他不是"假想敌"[①]概念的发明者。英国是第一个采用理论标准来衡量其最低要求的海上强国，它在1889年采用了"两强标准"，声称英国必须维持一支与紧随其后的两大海军强国组成的联合舰队实力相当的舰队。但佐藤的设想在两个重要方面与英国人有所不同：第一，英国是为了维持其在全球的霸主地位而采用某种标准，而佐藤则是即便在日本的战略利益仅限于东亚的情况下也建议采用这种标准。更重要的是，他的设想将"假定标准"的概念和"假想敌"的概念联系了起来。

佐藤当然也不是"假想敌"概念的始作俑者。这一概念在新世纪伊始已经成为欧洲海军军备竞赛（由英德海军竞争和其他海军竞争引发）的重要组成部分。一国的陆、海军当局用"假想敌"的概念试图确定最有可能与之发生敌对行为（要么是因为明显的敌对意图，要么就是因为完全冲突的国家利益）的其他国家。佐藤运用这一概念的不同之处在于，他强调的是其他国家的实力，而不是它们对日本的意图。早在1902年，佐藤就在他的《帝国国防论》中提出，要鉴别假想敌，就需要判断哪个国家"最有潜力"损害日本，而不管日本与那个国家的

---

① 译注：原文如此，此处可能指"假定标准"。

关系如何。佐藤在撰写他的《帝国国防史论》时（以及在之后的 5 年中），认为德国是最有可能威胁日本利益的国家，因为德国干涉中国事务，并且其加强东亚水域海军力量的意图非常明显。但佐藤也认为美国对日本构成的潜在威胁要大得多。[16] 因此，虽然日本政府和美国政府之间的关系良好，但佐藤还是建议使用美国作为衡量日本海军最低兵力水平的假定标准。佐藤在 1913 年撰文预测了美国海军的造舰计划（肯定过分夸大），估计到 1920 年，美国将拥有 60 艘主力舰，包括 35 艘无畏舰。[17]

这支庞大的战列舰队及其背后大量的工业资源使佐藤明白了几件事。首先，显而易见的是，日本永远不可能在军舰方面与美国匹敌，而且在可预见的将来，日本将不得不采取谨慎的外交政策，努力维持与美国的友好关系。但佐藤认为海军实力的巨大差异并不意味着日本永远不能在必要时在海上挑战美国。他的信心基于两套不同的假设。第一是美国在地理位置上的总体劣势，这包括美国需要将它的海军分散在大西洋和太平洋，还有巴拿马运河在竣工后是否能让美国最大的军舰通航的问题，菲律宾易遭攻击的问题，美国舰队横渡太平洋所需的时间长短问题，以及跨太平洋航行时装煤困难的问题。佐藤的第二套假设围绕的是他留给日本海军的第二个观念上的巨大遗产——使日本能够在与美国的海战中获胜的最低兵力水平的公式。具体来说，它要求日本海军的实力至少占到美国海军的七成。[18]

佐藤和秋山真之于 1907—1909 年在海军大学校研究了日本海军对抗美国或德国舰队所需的必要兵力水平，70% 的比例是他们经过研究后得出的。[19] 佐藤研究的起点是当时被普遍认可的假设，即攻击舰队在火力上必须拥有超过防卫领海舰队 50% 的优势。为此，佐藤的结论是，为了击退攻击舰队，防御舰队必须拥有攻击舰队 70% 的实力；低于这一比例——比如只有来袭敌人 60% 的实力——就会危及国防的安全。[20]

对美七成比例的教条就是这样产生的，日本海军在接下来的 30 年里一直坚持这一教条。作为日本海军为扩大舰队规模而进行的国内筹资活动的核心问题，对美七成比例的提法具有若干优势：它简洁得几乎成了一句口号；听起来也很合理，因为日本只打算建造美国海军兵力的 70%。而对某些政客（就算不是海军将领）来说，它掩盖了日本自身工业基础的局限性——日本的工业基础无论如何都不可能建立起一支规模大于美国海军力量 70% 的海军。日本后来在海军军备限制的国际谈判中也同样坚持 70% 的标准用以维持海外舰队。

正当佐藤把美国视为假想敌，并建议海军部队抵御美军的时候，一场影响深远的海军炮术革命正在进行。这场革命的源头是可转动的大口径火炮，它已经演变成了战列舰武装中标志性的塔装主炮。得到改进的射击指挥和更远的射程（会在第六章中详细讨论）使许多舰船可以集中攻击一个目标。这种集中火力的能力改变了海战的动态，对数量较多的一方有利。布莱德利·菲斯克（Bradley Fiske）中校 1905 年发表的文章《美国海军政策》中描述了这种效应。[21] 它有时候被称作 N 平方定律，在 1914 年，一位杰出的英国工程师弗雷德里克·威廉·兰彻斯特（Frederick William Lanchester）给出了它的代数形式。他证明，根据这一定律，现代炮术使火力集中成为可能，从而在其他条件相同的情况下使火力占优势一方获得了"不断扩大的累积优势"。[22] 在风帆时代，一支被投入战斗的大型舰队能击败一支小型舰队，但也会遭受与小型舰队相同的损失。而在战列舰出现的现代，N 平方定律指出，不仅拥有更多火炮的舰队会获胜，而且其损失也会比对手少得多。在风帆时代，成立的是火炮射击效力的线性定律；而在现代，成立的是平方定律。因而，如果一支由 10 艘帆船组成的舰队在一场歼灭战中与一支由 7 艘帆船组成的舰队遭遇，规模较大的一方会获胜，但双方都会损失 7 艘船。然而根据 N 平方定律，如果一支由 10 艘现代战列舰组成的舰队遇到了 7 艘有着同样作战效能和火炮威力的战列舰，这支庞大舰队中幸存下来的舰只数量将等于双方舰船火炮威力之平方差的平方根。换言之，当数量较少的舰队被完全摧毁时，数量较多的一方仍将剩余 $\sqrt{10^2-7^2}$ 艘（即大约 7 艘舰船）。那么，最终，在一场美日军舰数量之比为 10：7 的战斗中，美国的火力显然会占有优势，足以鼓励美国对日本舰队发起进攻。

然而，这个推论没有包含几个在日本人看来对他们有利的重要因素。首先，在 1913 年和巴拿马运河完工之前，美国很难把它所有的舰队都调入太平洋（甚至在运河完工之后，也是如此）。如果美国战列舰队的半数都被留在大西洋，日美在太平洋上的海军实力之比则为 7：5。因此，菲斯克—兰彻斯特的逻辑可以扩展如下：在对付（5 单位实力）的美国太平洋舰队时，（7 单位实力的）日本海军将取得胜利，剩余的军舰数量为$\sqrt{(49-25)}$——大约 5 单位。假如美国大西洋舰队剩下的 5 单位军舰加入战斗，那么这将是一场势均力敌的对抗。

另有两大抵消性因素成为日本海军未来几年战略的基础：一个是建造质量上乘的主力舰，这将抵消美国在数量上的优势；另一个是在第一次世界大战后形成的，用轻型部队（以日本在一战期间获得的前德属太平洋岛屿为基地）——尤其是潜艇和飞机的攻击——来削弱向西移动的美国战列舰队的实力。

战术和舰队编制

当佐藤铁太郎在为扩充舰队据理力争时，他在海军大学校的同事秋山真之则提出了一个舰队战术编制方案。这个计划遵循了日本海军在对马海战后的正统战术：战列舰队在白天进行舰队决战，接着假如当天结束的时候敌人仍然没有被击败，那么晚上再用轻型部队实施鱼雷战将其削弱。1912 年 9 月发布的《海战要务令续编》要求日军海军以纵队为基本战斗队形，指挥官在这种队形中处于前锋位置。被批准的战术将运用这种阵型在敌舰队前占据 T 字横头位，战列舰队的主炮集中火力攻击选定的敌舰，而副炮则向敌舰全队开火。在主力交战期间，重型舰队将得到快速巡洋舰的支援。巡洋舰将阻止敌人支援巡洋舰和驱逐舰的鱼雷攻击，并且在机会来临时攻击敌人的主力舰队。假如到夜幕降临前仍然不能分出胜负，那么战列舰队就撤退（除了在非正常情况下，主力舰队之间的夜战是不被允许的）。轻型舰队将对敌人发动鱼雷攻击，把敌人削弱到次日双方战列舰队恢复接触时可以决出胜负的程度。[23]

对秋山真之来说，根据这些总的战术原则，如何有效编组的问题至关重要。在修订他早先制定的《海军基本战术》时，他认为"一个国家在建设一支海军时，它必须先对它的舰队建制进行规划，然后再建造组成舰队的军舰。换句话说，以现有舰船为基础设立建制是错误的做法。应该先设计好舰队的编制，然后建造所需的舰船。"[24] 他很快认识到一支舰队并不只是由主力舰组成的，它还包括一些小型舰船和各种辅助船只。不过在他看来，舰队中战列舰队以外的其他舰只的编制必须由战列舰队的编制来决定。他认为："定下主干部分（主力舰队）

后，枝叶部分（支援辅助舰队）自然就水到渠成。"[25]

但主力舰队该如何编组呢？对秋山真之来说，具有决定性意义的原则是火力和灵活性。根据他所认知的日俄战争教训，这两个原则的最佳组合体现在由 8 艘主力舰组成的"分队"（秋山在这里用的是"战队"一词）这个建制单位上。这种编队方式能够提供强大的舷侧火力，但也可以被分成两队或四队。过去的经验显示可以把两支（但不能再多了）这样的战队置于一名指挥官的有效指挥下。因此，根据此时的海军技术发展状况，可以想象得到和调动的最强战列舰队就是 16 艘主力舰，分成两支战队协同作战。[26]

秋山遵循他自己的格言，接着又规定了舰队其余部分的最有效编组方法。首先是巡洋舰部队，他建议每支主力舰战队中的巡洋舰队应该包含最多两支战队。秋山也相当重视鱼雷舰队的编组，这体现了日本海军此时对近距离夜战（这种作战被认为是驱逐舰的专长）的重视。他强调了小型灵活编队的重要性，以尽量减少战术上的混乱（日俄战争后期日本鱼雷攻击的特点）。最后，秋山详细说明了海军辅助舰队的组成——补给舰、煤船、弹药船、修理船，等等。[27] 在秋山看来，海军舰队结构中不那么迷人的一面正是海军力量的一项必不可少的要素，这个观点与他对后勤的关注是一致的。然而，这不是日本海军统帅机关优先考虑的事情。在一支计划发动一场短暂的被动防御性战争的海军里，他关于海军补给的著述在后来的几年里已经积了灰尘。日本在构建有效的海军补给体系上的失败，成为太平洋战争中一个灾难性的不利因素。[28]

在随后的几年里，秋山关于海军编制的观点强烈地影响了日本海军确定其最低兵力水平的方法。事实上，直到第一次世界大战结束时，日本海军在制订军备扩充计划时一直是严格依照他的设想进行的，尤其是那些以海军主力舰队为中心的设想。[29]

1907 年帝国国防方针及其内在矛盾

即使在佐藤铁太郎的《帝国国防史论》出版之前，陆军就已经在准备对佐藤及其海军同僚的海军至上主义思想进行反击。它采取的形式不是类似的侧重历史的大规模研究，而是在官制上进行改革为日本提供全面而协调的国家战略。

在日俄战争之后的几年里，随着日本的战略利益变得愈来愈复杂和脆弱，这种陆海军一体化战略的必要性变得越来越明显。

对大多数日本陆军军人来说，日本最近在朝鲜和中国东北获得的领土和经济利益是他们自己的宝贵资产，必须不惜一切代价保住；对陆军里的其他人来说，朝鲜和中国东北是日本在亚洲大陆上进行不断扩张的垫脚石。[30] 不论是哪一种情况，陆军认为，面对来自俄国的死灰复燃的威胁，日本必须加强对其亚洲立足点的控制，因为俄国一定会对日本发动一场复仇战争。有鉴于此，陆军要求在使用国家资源时掌握优先权，并要求政府控制对海军的进一步拨款。

就海军而言，在日俄战争之后的最初几年里，它的担忧主要有以下两点：

第一个问题，也是这些年来它在公开场合不断重复的一个问题，就是与其他主要海军强国相比，日本海军的实力正在下降。产生这种困境的原因是新世纪初英德海军竞争引发了激烈的海军军备竞赛。1901 年，日本有一支由 13 艘战列舰和巡洋舰组成的战列舰队，规模比美国海军庞大。但到了 1907 年，日本就落后了，只有 20 艘主力舰，而美国却有 31 艘。不仅如此，美国海军的实力正在超越其他国家的海军：1905 年超过了德国，1907 年排在世界第三。尽管在1904—1905 年间，俄国舰队遭到摧毁，日本海军赢得了战利品，但它的实力还是相对下降了，在日本海军看来，这对其保卫国家利益的能力造成了严重威胁。

表 5-1

1900—1910 年间世界海军强国的各年度排名情况

按战列舰、装甲巡洋舰和战列巡洋舰的总数排序

年份	1	2	3	4	5	6
1900 年	GB*	FR	RU	GE	U.S.	JP
1901 年	GB	FR	RU	GE	JP	U.S.
1902 年	GB	FR	RU	GE	JP	U.S.
1903 年	GB	FR	RU	GE	JP	U.S.
1904 年	GB	FR	RU	GE	U.S.	JP
1905 年	GB	FR	GE	U.S.	RU	JP
1906 年	GB	FR	GE	U.S.	JP	RU
1907 年	GB	FR	U.S.	GE	JP	RU

续表

年份	1	2	3	4	5	6
1908 年	GB	FR	U.S.	GE	JP	RU
1909 年	GB	FR	U.S.	GE	JP	RU
1910 年	GB	FR	U.S.	GE	JP	RU

战列舰、装甲巡洋舰和战列巡洋舰 [1] 的数量总和

年份	英国	法国	俄国	德国	美国	日本
1900 年	39+11+0=50[+]	25+10+0=35	22+8+0=30	14+1+0=15	7+2+0=9	4+4+0=8
1901 年	41+12+0=53	25+9+0=34	22+8+0=30	15+1+0=16	9+2+0=11	6+7+0=13
1902 年	47+14+0=61	25+11+0=36	23+8+0=31	16+2+0=18	10+2+0=12	7+7+0=14
1903 年	49+19+0=68	25+12+0=37	23+9+0=32	18+2+0=20	11+2+0=13	7+7+0=14
1904 年	55+29+0=84	26+19+0=45	26+9+0=35	17+4+0=21	12+2+0=14	5+7+0=12
1905 年	58+29+0=87	26+20+0=46	14+4+0=18	19+4+0=23	13+6+0=19	5+9+0=14
1906 年	63+33+0=96	26+21+0=47	13+4+0=17	21+6+0=27	17+6+0=23	7+10+0=17
1907 年	62+35+0=97	27+21+0=48	10+4+0=14	22+6+0=28	22+9+0=31	8+11+1=20
1908 年	62+36+0=98	31+21+0=52	10+4+0=14	25+8+0=33	26+10+0=36	9+11+2=22
1909 年	62+37+0=99	29+23+0=52	10+4+0=14	26+8+0=34	26+11+0=37	11+12+2=25
1910 年	62+36+0=98	26+23+0=49	10+4+0=14	26+9+0=35	30+11+0=41	10+13+3=26

* 缩写说明：GB——英国；FR——法国；RU——俄国；GE——德国；U.S.——美国；JP——日本。
+ 数字分别代表战列舰、装甲巡洋舰、战列巡洋舰的数量以及所有军舰类型的总数（等号后）。

　　第二个问题与 1905 年以后日美关系令人不安的突然转变有关。导致这种转变的部分原因是美国坚持在中国推行门户开放政策，这一政策在中国已逐渐演变为反日压力；还有部分原因是美国担心日本可能会利用其新获得的海权向太平洋扩张。但日美关系恶化最重要的原因是 1905—1907 年美国西海岸发生的对日本移民的排日运动，日本媒体对此进行了愤怒谴责。虽然两国政府并没有卷入这种敌对情绪，都致力于保持友好关系，但 1905—1907 年的紧张局势使太平洋两岸的海军专业人士对未来日美冲突的可能性（无论多么渺茫）非常敏感。

　　亚洲大陆东北部形势的变化、列强之间海军军备竞赛的蔓延以及日美关系

　　① 译注：从表格中的数据来看，这一舰艇类别很可能并非英国"无敌"级那样典型的战列巡洋舰，而仅指类似日本"鞍马"级那样配备了战列舰级别火炮，但又不能划入无畏舰的装甲巡洋舰。

由合作向对抗的转变——所有这些因素似乎都表明有必要为日本武装部队确立一个协调一致的国家战略。1906 年的日本陆军正好具有这样做的动力。陆军参谋本部作战课高级课员田中义一（Tanaka Giichi）中佐这一年起草了一份备忘录，呼吁制定基本的国防方针。它阐明了日本作为一个大国的战略重点，提出战时建立一个统一的司令部，确定一个陆、海军共同的假想敌，并在与那个国家处于敌对状态时确定陆、海军的联合作战计划。田中备忘录的主旨是反驳佐藤铁太郎狭隘地在海上用商业来增强国力的方式，并赞成在亚洲建立前沿军事据点。田中还重申了陆军对战时大战略和军事行动指挥权的控制。田中坚持认为陆军那种侧重于大陆的进攻性战略必须成为国家的战略，主张："我们必须让我们自己摆脱岛国的限制，成为一个拥有大陆利益的国家。"[31]

山县有朋元帅在一份上奏天皇的备忘录中吸纳了田中的观点，呼吁制定一项全面的国防政策，该政策要为日本制定一个以陆军利益至上为基本特征的协调一致战略。海军自然强烈反对。得到山本权兵卫（在前一年就退役了，但仍然拥有巨大影响力）支持的时任海军军令部长东乡重申了海军对两套独立指挥体系的支持。他否定了山县的国防一体化方案，坚持海军有权指定自己假想的敌人。[32] 在接下来的几个月里，《帝国国防方针》在日本陆、海军的一系列谈判中被敲定，并于 1907 年 4 月得到日本天皇的正式批准，不可避免地成为两种根本对立的日本大战略方案互相妥协的产物。[33]

从表面上看，陆军似乎重新确立了对国家战略重点的决定权。俄国被正式认定为日本的头号假想敌，陆军维持在亚洲大陆的前沿阵地成为日本的基本战略。不过海军也得以指定美国为其最有可能的对手，这实际上使美国作为防务准备的目标与俄国变得同等重要。此外，海军还成功地抵制了山县有朋让陆军独霸指挥权的企图。而且在接下来的 10 年里，实际上是海军而非陆军在军备扩充问题上得到了最多的公众支持和最大份额的预算支持。

1907 年的政策声明在广义上阐明了日本的战略重点，并给出了两份加强其效力的重要附件：一份关于支持战略重点所需兵力的清单——《国防所与兵力》（即《国防所需兵力》），和一份针对假想敌的军事行动总体战略计划——《帝国用兵纲领》。这 3 份文件共同构成了《帝国国防方针》，这是日本最重要的大战略方针说明，在 40 年的时间里，它一直被列为国家的最高机密。1907 年后，当国际形势似乎需要它时，它被修改了三次，分别是在第一次世界大战和国际均势转变后的 1918 年、日本和其他海军强国签订海军军备限制条约后的 1923 年以及海军军备限制条约被废除后的 1936 年。[34]

然而，从此以后，从属于《帝国国防方针》的各项计划受到更频繁的审查。在《用兵纲领》说明中列出了旨在指导陆、海军执行国防方针的作战命令。每年 4 月 1 日由海军军令部作战部起草的《年度作战计划》中都详细说明了《用兵纲领》指导下的海军具体作战职责。一经天皇批准，每一个作战计划的有效期都将持续到次年的 3 月 31 日。虽然海军军令部常常在前一年计划的基础之上制订每个计划，这导致计划更容易被泄密，也使得海军的作战思维形成惰性，但这些年度作战计划显然是在最严密的监控下被实施的。[35]

虽然《帝国国防方针》十分重要，但它几乎不能算是一份整合性的文件，因为它未能解决陆军和海军在国家战略重点上的根本分歧。该方针现在在天皇的批准下正式地使军种间冲突延续下去——从这时起，陆军准备与一个敌人作战，海军准备与另一个敌人作战。即便考虑到可能影响这两个冲突（一方面是对陆军的集结，另一方面是对海军的集结）的地理条件，《帝国国防方针》对任何国家来说也都是一种危险的立场，更不必说像日本这样资源有限的国家。

"八八舰队"构想

1907 年《帝国国防方针》的影响是模糊的，对日本海军来说尤其如此。一方面，海军可以得到天皇对"大舰巨炮主义"的批准。具体来说，《帝国国防方针》要求建造一支由 8 艘现代化战列舰（无畏舰，每艘的排水量为 2 万吨）和 8 艘现代化装甲巡洋舰（每艘的排水量为 1.8 万吨）组成的战列舰队，并辅以若干小型军舰，包括巡洋舰和驱逐舰。[36] 这便是"八八舰队"的起源，对 1907—1922 年的日本海军来说，"八八舰队"计划成了一个不容置疑的信条，就像对美七成比例一样。[37] 事实上，佐藤认为，如果不建立一支"八八舰队"，就不可能维持如今的假想敌美国海军七成的实力。[38]

有两个因素影响了日本海军集结一支"八八舰队"——由 8 艘无畏舰和 8 艘

装甲巡洋舰（最终被称为战列巡洋舰）组成——的进程。首先，军舰的建造远远落后于对建造的批准。一艘主力舰通常在建造资金得到批准后半年到一年才能开工建造，需要花费 3 年时间才能完工。因此，军舰建造计划绝不等同于现有的海军力量。所以，当"八八舰队"计划在 1922 年被突然放弃时，只有不到计划建造数量一半的军舰被真正编入舰队当中。

其次，并不是每一艘最初作为"八八舰队"一员而下水的无畏舰在 10 年后仍然会被算在"八八舰队"之内。"八八舰队"概念中的一大关键点（在 1907 年帝国国防方针的兵力水平要求中被提出）是对一线战列舰的服役年限做出了限制。鉴于此时舰艇建造速度和海军技术发展的世界趋势，日本海军得出结论，一艘主力舰 25 年的有效寿命应该被分为 3 个阶段：服役 8 年或不到 8 年的，可以被视作一线战舰；9—16 年的，应该被列为二线；16—25 年的，应该被降为三线。舰龄高于 25 年的，就应该被废弃。[39] 因此，当日本海军为了"八八舰队"不停游说数年后，一些日俄战争后建造的首批无畏舰和巡洋舰都过时了，必须在海军盘算的"八八舰队"计划中被替换掉。

虽然在 1907—1922 年，"八八舰队"这个概念是日本海军政策的核心，但它打从一开始就显然计划不周。首先，1907 年，日本和美国之间没有根本的利益冲突，也没有任何迹象表明日本或美国政府想要开战。1907 年的帝国国防方针反映了佐藤铁太郎的假定标准设想，完全无视日本外交政策的实际情况，助长了日本的大海军意识。该政策非但没有对美国海军的威胁做出详细解释，为"八八舰队"方案提供合理性依据，反而几乎是武断地把美国选为一个可能的对手，以证明它所想要的海军力量的规模是合理的。美国海军不仅仅成了日本海军最有可能的对手，而且用英国历史学家伊恩·尼什（Ian Nish）的话来说，还成了日本海军"预算上的敌人"。[40] 具有讽刺意味的是，日俄战争后日本舰队的扩充实际上起源于欧洲海军的对抗。英德海军竞赛促使西奥多·罗斯福（Theodore Roosevelt）要建造一支仅次于英国的海军。而美国海军的扩充又反过来刺激了日本海军的发展。[41] 其次，在 1907 年，"八八舰队"计划远远超出了日本帝国的经济发展水平和物质资源拥有量。由于日俄战争导致的财政紧张，不仅海军预算受到限制，而且公众对大规模的舰艇建造也缺乏热情，因为俄国已经被打败了。[42]

　　因而"八八舰队"的构想在不远的将来是无法实现的。然而，尽管无情的战略影响削弱了"八八舰队"计划的逻辑，佐藤在接下来的 13 年里还是继续大力宣传海军。虽然遇到各种各样的延宕和障碍，日本海军还是以坚定的决心追求"八八舰队"计划的实现。[43] 而就在它开展这项工作的时候，世界上所有海军强国的战列舰队又再度处于一场根本性变革之中——集中式射击指挥使战列舰主炮的射程和精度有了惊人的提高。这强化了日本海军对"巨舰大炮"的迷恋。

6

第六章

向 "八八舰队" 迈进：

1905—1922 年间
日本海军的扩充计划

　　在日本海军企图建立 "八八舰队" 的时候，海军技术出现了两项在当时引人
注目的重大进展。首先是排水量 17500 吨的英国 "无畏" 号（1905 年铺设龙骨开
工，1906 年完工）问世，其次是 17250 吨的英国 "无敌" 级（Invincible class）战
列巡洋舰（1906 年开工，1908 年完工[①]）的建造。尽管 "无畏" 号的概念起源仍
是一个被深入研究和重新评估的课题，[1] 人们还是普遍认为，这艘战舰代表了火力、
防护和速度的空前组合。它有 10 门 12 英寸火炮，它的炮塔和主甲板[②]安装的是 11
英寸 KC 装甲，两套四轴推进的帕森斯（Parsons）涡轮机提供了 21 节航速——"无
畏" 号彻底改变了主力舰的设计，也极大地改变了 20 世纪早期的海军竞赛。该舰
淘汰了无畏舰出现之前的所有战列舰，包括英国建造的那些（尽管几年来包括英
国在内的一些国家仍然在继续考虑一些替代性的设计方案）。

　　尽管如此，英国还是因为抢先一步和奋发有为而在建造这些令人生畏的新
式战舰上保持着领先于其他所有海军强国的地位。在过去 20 年的大部分时间里，

---

　　① 译注：原文如此，本书列出的包括日本在内的各国海军舰艇的建造、下水、完工时间可能与实际情况存在差异，对各国
各舰级的归类、命名和各舰级建造数量的描述可能与其他资料有所不同。
　　② 译注：原文如此，这里应该指的是主装甲带。

世界四大海军强国——英国、德国、美国和日本建造无畏型战列舰的速度越来越快。第一次世界大战爆发时，这 4 个国家正在建造航速 28 节、装备有 8—12 门 11—15 英寸大炮的 3 万吨级无畏舰，它们的大炮能把穿甲炮弹密集地发射到 12 英里以外的地方。[2] 虽然德国为了集中精力建造潜艇，在一战末期退出了无畏舰竞赛，但日本和美国建造无畏舰的竞赛却一直持续到了 1922 年。

最近的研究认为，战列舰设计的革命实际上是受到了第二大战舰类型——装甲巡洋舰设计的影响，因为各国海军从英国开始就试图将战列舰的打击能力与巡洋舰的速度结合起来。[3] 结合的产物就是无畏型装甲巡洋舰（到 1912 年被称为战列巡洋舰）。17000 吨的"无敌"号于 1906 年 2 月（正好就在"无畏"号下水之前）开工建造，是这种新型战舰的第一艘，计划部署于战列舰队当中。战列巡洋舰装备了与战列舰同样大小的火炮，排水量也至少与之相当，以适应更大的推进系统。然而，考虑到动力更强的主机增加了重量，战列巡洋舰牺牲了战列舰的大部分装甲防护。

表 6-1

1911—1923 年日本和美国主力舰建造情况

年份	旧日本海军	美国海军
1911年	2	2
1912年	2	2
1913年	1	0
1914年	1	2
1915年	3	0
1916年	0	4
1917年	2	1
1918年	1	1
1919年	0	1
1920年	1	1
1921年	1	2
1922年	0	0
1923年	0	1
总计	14	17

这里主力舰指的是战列舰、战列巡洋舰和装甲巡洋舰。数字表示的是旧日本海军每年建成的舰船数和美国海军每年服役的舰船数。

在第一次世界大战前的近 10 年里，其他主要水面舰艇类型——尤其是巡洋舰和驱逐舰——都受益于提高了所有军舰作战效能的上述火炮和推进力的发展。然而，它们并没有经历 1905 年和 1914 年之间主力舰在大小和攻击力上所展现的巨大变化。在此期间，英国海军积极着手发展巡洋舰。英国的"C"级巡洋舰是用来与驱逐舰协同作战的小型巡洋舰。这种巡洋舰的速度、机动性、6 英寸主炮以及新的装甲系统使它们成为近距离作战的理想武器，并为巡洋舰的设计设立了标准。[4] 驱逐舰在大小、速度、适航性和功能上都有了发展，现在被大量集中使用，通常被编成小舰队。这些作战部队的规模通常为 20 艘舰艇，而单艘驱逐舰的速度又不够快，故需要一艘快速巡洋舰作为旗舰来处理行政事务并给小舰队发信号。"C"级巡洋舰就是为了填补这一功能的空白而研制的。然而在第一次世界大战前夕，驱逐舰的速度甚至超过了这些巡洋舰，以至于后者被小型舰队的领队——大型驱逐舰（计划用于搭载小型舰队的指挥官及其参谋人员）所取代。大多数主要海军都把驱逐舰看作舰队中挑重担的老黄牛，无论天气如何都要护送舰队出海，承担各种各样的任务。不过，直到潜艇在第一次世界大战的最后几年里作为一种毁灭性的新型商船破坏武器出现，驱逐舰才真正在反潜上发挥出重要的作用。[5]

潜艇和舰载飞机这两种海军武器系统到 20 世纪中叶在海战中占据了主导地位，但在第一次世界大战之前，它们的潜力还尚未被认识到。到 1914 年，潜艇因为有以下几项重大改进，在体积、航程和破坏力方面取得了巨大的进步：柴油发动机对汽油发动机的取代、先进光学潜望镜的采用以及水下鱼雷发射机制的完善。然而，各国海军的高层鲜有例外地都未能预见到潜艇袭击商船的毁灭性能力。即使是在把潜艇发展成为一种进攻性武器方面处于领先地位的德国，也只是在离战争爆发仅 8 年的时候才下水第一艘潜艇，不过到 1913 年德国的 U 型潜艇已经能够以 8 节的速度巡航 7600 英里了。[6]

虽然海军航空兵仍处在其发展的黎明时分，但它早期的发展已经非常快了。"比空气还轻的船"（飞艇）大约在世纪之交开始建造，并在第一次世界大战中发挥了相当大的作用；包括日本海军在内的大多数国家海军都对它们进行了大量试验。1903 年，莱特兄弟证明了载人、重于空气的飞行器是切实可行的，而到 1911 年，海军航空兵已经有两条发展路径——水上飞机和陆基轮式飞机。

因为是水上起飞，所以水上飞机（最初被称为浮筒飞机）似乎是海军作战飞机的合理类型。1911 年，率先研制出水上飞机的美国工程师格伦·柯蒂斯（Glenn Curtiss）在圣地亚哥进行了首次从陆地到水上的往返飞行。随着其他水上飞机的纪录在接下来的 10 年里被刷新，各主要海军强国研发出了新的军舰类型——母舰，即水上飞机供应船或搭载舰。然而限制水上飞机海上作战的是它们漫长的起飞和回收时间。在水上飞机进行起飞和回收作业时，母舰必须停下来，从舷侧放下或回收飞机。

海军航空兵的第二条发展路径是使用岸基飞机，但岸基飞机航程太短，无法与舰队协同作战。早在 1910 年，美国海军就做出了历史性努力，通过放飞舰载飞机来解决这个问题。是年，在弗吉尼亚的汉普顿港群（Hampton Roads），美国海军从一艘美国巡洋舰的临时平台甲板上放飞了一架飞机。接着在几个月后，一架飞机在旧金山湾一艘巡洋舰的临时甲板上成功着陆。但这些试飞都是由单架飞机在抛锚停泊的船上起飞或降落。况且，海军专家认为水上飞机和舰载飞机的作用主要是侦察，而不是战斗。这些对海军航空兵的早期限制需要由第一次世界大战来改变。[7]

海军炮术中的水面射击指挥问题已开始被各海军大国所了解，但还不足以挖掘线膛炮的射程潜力。到 1912 年前后，膛线炮的射程可以达到 1 万码左右。如前所述，射击指挥的第一部分问题——目标跟踪已经用光学测距仪和望远镜瞄准器具解决了一部分。剩下两个最紧迫的问题是预测炮弹预计击中目标时的距离和方位，以及在观察炮弹溅起的水花的基础上找到一种可靠的校正瞄准的方法。第一个问题可以通过持续绘制一份标有目标和发射舰位置的精确绝对运动轨迹的图像来解决。只要两艘船保持稳定的航向和恒定的速度，航迹就会是直线，很容易延长以进行预测。但这是一个缓慢而乏味的步骤。人们后来还研究了其他一些方法（其中一些将在后文指出），但这一部分问题的真正解决办法必须等待能够模拟两艘舰船交战的模拟计算机的发展。第二个问题（通过观察炮弹溅射来进行瞄准校正）则借由齐射和观察弹着（见下文）来解决。

到 1905 年，人们可以经由一艘大型军舰上一个典型的主炮火控系统的结构，看到技术的进步是如何解决上述这些问题的。大多数情况下，火控系统由几个独立的部分组成——测距仪、确定目标方位的瞄准器、计算距离和方位变化率的装置（如 1902 年皇家海军采用的德梅里克计算器[①]）、载有炮弹飞行时间的射表和射击瞄准具。火炮瞄准通过观察弹着来调整，即观察弹片飞溅的情况，对"远弹"[②] 和"近失弹"进行校正。

在接下来的几年里，各国海军逐渐认识到这样的系统还远远不够完善。它处理速度慢，整合得也不够充分，而且没有把所有涉及集中准确射击的重要因素都考虑在内。计算所得到的结果仍不精确，可能还含有重要的剩余误差[③]。各国海军认识到有必要在以下方面做出进一步改进：对火控系统进行集中控制以避免重复，用自动过程代替手动过程来加速火控系统的必要功能，并保证计算人员和火炮瞄准器设置人员之间有充分的沟通。

在日俄战争和第一次世界大战之间的 10 年间，英国皇家海军和美国海军在处理这些问题上都处于领先地位（美国略逊英国一筹）。它们的努力构成了一场海军炮术革命，将独立的火控功能整合到综合火控系统中。研发于 1912 年左右的英国皇家海军火控系统包含一个负责测距和观察弹着的"桅楼指挥所"，一个负责收集方位数据以及预测目标航向和速度的"指挥仪"，还有一个在甲板下进行必要的绘图、计算并把结果传达给"指挥仪"（再从那里传给火炮使用）的信息"发射台"。装置的上部最终被整合成一个指挥仪控制塔，为火控指挥台提供距离、方位、水准测量和交叉水准测量[④]信息。美国海军火控系统的发展与英国皇家海军类似，但与之不同的地方在于，它的半自动指挥仪更多地依赖于绘图长的判断，而不是机械输入。[8]

而对于日本海军来说，1905—1914 年并不是在射击指挥方面取得重大技术进步的时期。日本海军在仪器和技术上与英国皇家海军齐头并进，因为两国海

---

　①　译注：海军使用的早期机械式火控模拟计算装置，由英国皇家海军炮术军官约翰·索马里兹·德梅里克（John Saumarez Dumaresq）上尉于 1902 年首先发明，对舰炮炮术发展影响深远。

　②　译注：射击上弹着点距离瞄准点过远的叫"远弹"，靠近瞄准点的叫"近失弹"。

　③　译注：各次测量值与其算术平均值之差。

　④　译注：对于一件武器或测量仪器进行水平调整，使火炮的水平瞄准具或经纬仪的水准器处于水平位置并与瞄准线交叉呈直角。

军基本上使用的是同一家供应商，尤其是维克斯公司、巴尔和斯特劳德公司。但在第一次世界大战期间，日本海军尝试自己开发包括射距钟和距离计算器在内的射击指挥仪器，这个项目在战间期为日本海军的火控系统奠定了基础。[9]

除了这些在炮术方面的改进，海军技术的另外两大转变在1905—1922年对军舰的设计和建造产生了重大影响。首先是推进系统的重大变化，它对舰艇建造、海军战术和海军战略产生了重要影响。除了追求可靠性的提高外，19世纪末和20世纪初的海军还不断改进蒸汽推进的两个组成部分——速度和续航力。[10]对于给定的船体，速度取决于可用来驱动船舶的马力，而续航力取决于船所携带燃料的数量和动力设备使用燃料的效率。当然，任何一艘船能够用来容纳动力设备的重量和空间都是有限的。舰船设计者总是要根据现有的推进技术做出关键的权衡折中。这些技术限制是复杂的，但与饱和蒸汽系统的蒸汽压力有关，后来还与蒸汽温度和（过热蒸汽产生装置内的）压力相关。[11]也就是说，在高压下，在给定的一定大小的轮机中可以通过更大重量的蒸汽。此外，温度越高，每单位重量蒸汽就能产生更多的热量，给动力系统带来更高的效率。效率提高了，产生的续航力也就更大，因为给定数量的燃料每小时产生的轴马力更多了。

最先将蒸汽用于船舶推进的是简单的单膨胀发动机，但单膨胀发动机对蒸汽能量的利用效率相对较低。效率之所以得到提升，首先是因为在19世纪60年代复合（双膨胀）发动机被首次投入使用，接着是由于19世纪80年代时三膨胀发动机的引入以及饱和蒸汽压力和温度的增加。然后在19世纪即将结束的时候，涡轮机首先被尝试用于小型舰船的船舶推进，而后越来越多地用于大型舰船，直到"无畏"号的出现。"无畏"号不仅是第一艘全重型火炮战列舰，而且也是第一艘涡轮机驱动的战列舰。涡轮机从诞生的那一天起就有若干优点，包括更高的效率（因为涡轮机让使用过热蒸汽却不增加蒸汽压力和随之而来的安全问题成为可能）、更低的重心，产生一定马力需要的重量和体积更小。

但是，船舶推进力的革命并不始于涡轮机的采用。动力设计随着以下支撑技术的发展而得到改进：高温下仍能保持强度的高强度材料、用于涡轮叶片的耐腐蚀和抗侵蚀金属、精密制造材料，等等。此外，在军舰上使用涡轮机仍然存在争议，主要是因为巡航速度下的燃油经济性很差。但是巡航涡轮机和减速齿轮或涡轮电力驱动解决了与涡轮机相关的遗留问题。效率更高、运行更平稳、体积更小、重量更轻的涡轮发动机成为战舰的标配。1918 年后，美国海军和英国皇家海军几乎所有新式舰船都使用了齿轮减速涡轮机。到 1922 年，世界上所有主要海军都完成了转型。[12]

海军技术的第二项重大变革是用石油代替煤作为海军燃料。这种转变不仅影响了军舰的设计，而且对世界上的主要海军产生了另一个更重要的影响。由于石油的热值[①]是煤的两倍，所以给定重量的石油将船推进的距离也是煤的两倍，而且锅炉可以更紧凑，节省空间和重量。其他优势也在不断积累。比如，与装煤相比，装油需要的时间和人力更少。煤必须直接储存在发动机舱附近，且需要大量的人力将其运进发动机的炉子里；而石油就不同，它可以储存在船上的任何地方，能直接注入炉子。此外，由于石油的密度几乎与水相同，船舶的纵倾[②]和吃水不需要改变，因为燃料被烧掉后，油箱可以注满海水。油在燃烧时不会形成灰（煤会形成灰），因此炉子不会很快变得拥堵。最后，这种新燃料产生的烟雾要少得多，燃烧它的船只不会那么快暴露在地平线上。[13]

19 世纪 80 年代，意大利海军进行了首次石油燃烧实验；1900 年后，英国海军在高速驱逐舰上也进行了石油燃烧试验。使用石油作为海军燃料的缺点是，在所有主要的海军强国中，只有美国在自己的领土内拥有大量的石油储备。所以，美国海军在 1912 年就开始用石油代替煤炭。当时，美国海军开工建造了第一艘配备燃油锅炉的军舰——"内华达"号（Nevada）战列舰[③]。同年，英国人开始建造以石油为燃料的"伊丽莎白女王"级（Queen Elizabeth class）战列舰。但对英国而言，今后燃料改用石油会让自己陷入一个两难困境：不列颠群岛可以无限供应世界上最优质的蒸汽煤，而大英帝国唯一已知的石油矿床位于半个地球之外的阿萨姆邦（Assam，印度北部邦国）和缅甸。1912 年，受英国海军部控制的英波石油公司（Anglo-Persian Oil Company）成立，开发了位于波斯湾

---

① 译注：原文为 "thermal content"，但此处应该是指 "热值"（calorific value）。
② 译注：指船舶中纵剖面垂直于静止水面，但是中横剖面与铅锤面成一纵倾角时的浮态。
③ 译注：原文如此，但事实上在 "内华达" 号开工之前，1910 年服役的美国海军 "保尔丁" 号（Paulding）驱逐舰已经配备了燃油锅炉。

顶端的丰富油田，这个可靠的来源给英国提供了充足的石油。3年后，英国海军决定将来的舰船由烧煤转为烧油，不过在第一次世界大战中，大多数英国军舰仍然使用煤作为燃料。其他国家的海军不像英国海军这样幸运，能在本国或帝国领土内找到石油资源，它们决定，要么像德国那样继续使用煤炭，要么像日本那样依赖国外采购和相对脆弱的油轮船队。在第一次世界大战之前和之后的一段时间里，大多数海军在完成向石油过渡的过程中使用了"混合燃烧"系统，即在燃烧的煤炭上喷油。但是，主力舰队对动力和速度不断增长的需求最终导致所有海军都改用纯燃油轮机，因而产生了广泛的战略影响。[14]

1905—1916年日本海军主力舰的建造

"无畏"号的下水让包括日本海军在内的世界各国海军造船技师都感到惊讶。随后，一些在日俄战争期间建造并在战争结束几年后完工的日本主力舰，自下水那天起就不可避免地过时了。这一点在最后2艘海外建造的日本战列舰"鹿岛"号（Kashima）和"香取"号（Katori）上体现得尤为明显。它们在设计上类似于英国的"英王爱德华七世"级（King Edward VII class），在当时是极为强大的战舰，但它们很快就被"无畏"号超越了——它们的混合武装中配备的12英寸火炮只有4门。在1905年5月开工建造的"安艺"号（Aki）和"萨摩"号（Satusma）战列舰本来也可以是无畏型全重型火炮战列舰（实际上，它们的排水量为19000吨，比"无畏"号还大），因为日本海军原本打算给它们配备12门12英寸口径的火炮。但由于日本当时正处于日俄战争之中，日本人认为增加武备所产生的额外费用太大，故它们仍然是"前无畏舰"。在日本海军造舰史上，"萨摩"号和"安艺"号只有一个值得注意的事实：它们是在日本建造的第一批主力舰（分别在横须贺和吴造船厂）。不过在设计上，它们与英国前无畏舰"纳尔逊勋爵"级（Lord Nelson class）非常相似，而且建造"萨摩"号的大部分材料都是外国制造的。[15]

既然日本可以在自己的海军造船厂建造最大的军舰，那么所有比它小的军舰也都可以在日本国内建造了。在日俄战争后半段时间里，日本海军发现装甲巡洋舰是有用的舰种，于是分别于1905年和1906年在吴造船厂下水了2艘大

型装甲巡洋舰——"筑波"号（Tsukuba）和"生驹"号（Ikoma）。两舰各装备
有4门12英寸口径火炮，用此时日本产的7英寸KC装甲组成主装甲带、覆盖
炮塔。在第一批真正的战列巡洋舰——英国的"无敌"级完工前，它们曾一度
是世界上最强大的巡洋舰。

　　1905年8月，横须贺海军造船厂开工建造了"鞍马"号（Kurama），之后
其姊妹舰"伊吹"号（Ibuki）于1907年在吴海军造船厂开始动工，两者都是"筑
波"号的改进版。然而，日本海军在设计它们的时候，并不知道英国的最新设计
方案，没有意识到装甲巡洋舰的时代已经结束了，取而代之的是武备更好、速度
更快的战列巡洋舰。预算困难和工期不紧造成的延误意味着"鞍马"号直到1911
年才能加入舰队。到这时，它和它的姊妹舰已经完全不如英国的"无敌"号了，
这两艘军舰在建造上的唯一显著特点就是"伊吹"号是第一艘装备了涡轮机的日
本大型战舰。[16]

　　直到1909年1月，吴海军造船厂才开始建造第一艘无畏型战列舰"摄津"
号（Settsu），4个月后，它的姊妹舰"河内"号（Kawachi）也在横须贺开工。
两舰于1912年完工，是日本独立设计的第一批战列舰，尽管它们与德国的无畏
舰"赫尔戈兰"级（Helgoland class）类似，且大炮和支架都是由阿姆斯特朗–
惠特沃斯公司供应的。随着这2艘战列舰安装上了涡轮机［"摄津"号装的是
帕森斯涡轮机，"河内"号装的则是柯蒂斯（Curtis）涡轮机[①]］，日本也成为第
三个在其主力舰上采用涡轮机的海军强国。用12英寸KC装甲组成的水线装甲带、
12门12英寸火炮组成的主炮群以及10门6英寸火炮和8门4.7英寸火炮组成
的异常强大的副炮群，使两舰在理论上与当时任何一艘在役的军舰相比都不逊
多让。但两舰主炮的布局——所有炮塔都是双联装，前后各一个，左右各两个——
比英国的无畏舰弱，因为在任何给定的射击角度下，至少有4门舰炮不可避免
地会被遮挡。[17]此外，前后炮塔均为50倍口径，翼炮塔为45倍口径，违反了无
畏舰主武装的统一性原则。不同的倍径需要不同的射角才能击中相同的目标，

---

　　① 译注：原文如此，两舰安装的都是柯蒂斯涡轮机。

这种局限性或许可以支持最近的一种观点，即在无畏舰刚刚出现的年代，海军造船师和战术家可能没有像后来的历史学家那样意识到无畏舰的革命性。[18]

无论如何，日本海军在 1910 年迫不及待地要实施一项大规模的海军扩充计划，该计划将吸收英国全重型火炮主力舰所带来的战舰设计进步。为了一步到位地实现"八八舰队"计划，海军军令部请求海军省为 8 艘战列舰和 8 艘装甲（战列）巡洋舰筹措资金。然而，考虑到日俄战争后日本的经济压力，即便是海军省也对如此庞大的计划望而却步。他们将军令部的军备扩充申请削减为 7 艘战列舰和 3 艘装甲巡洋舰。内阁随后又进一步削减为 1 艘战列舰和 4 艘装甲巡洋舰。这最终的军备扩充申请得到了国会的资助，国会通过了 1911 年的法案，批准日本海军设计和建造迄今为止世界上最强大的军舰——4 艘"金刚"级战列巡洋舰，它们共同使日本海军的实力和威望有了巨大的飞跃。

为了应对英国的"无敌"号，日本海军将注意力转向设计一艘超越它的战列巡洋舰。经过大量研究并起草了大约 30 份方案后，日本人在 1909 年设计出了规格上优于"无敌"号的排水量 18725 吨的战列巡洋舰"金刚"号，却发现英国海军刚刚开始建造一艘新的大型战列巡洋舰——26270 吨的"狮"号（Lion），这将再度超越日本最好的战列巡洋舰设计方案。这时，日本海军决定放弃它最新的"金刚"号设计方案，寻求得到英国的帮助和技术援助来设计和建造一艘排水量 27000 吨的"狮"级改进型。1910 年，为了让日本的造船厂获取英国在设计、武器装备和造船技术方面的最新进展，日本海军给予了维克斯公司一份订单，让"金刚"号在巴罗的英国造船厂建造。"金刚"号由著名的英国海军造船工程师乔治·瑟斯顿（George Thurston）爵士设计，于 1911 年 1 月开工建造，1912 年 5 月下水。该级的另外 3 艘战舰在日本按照"金刚"号的设计和规格进行建造。

在日本的该级战列舰上可以看到日本技术引进和研发战略的整个经过："金刚"号在海外建造，并完全由外国设计和制造；"比叡"号在横须贺建造，使用了大量进口材料；"榛名"号（Haruna）在神户由川崎造船所建造；"雾岛"号由长崎的三菱造船所建造。后两者用的几乎全是日本的材料。[19]

在建造"金刚"的过程中，其主炮问题成为激烈争论的对象。最初的方案要求安装8门12英寸的火炮，但根据日本海军驻伦敦武官加藤宽治大佐从他在英国海军的密友那里得到的机密情报，皇家海军的测试已经证明，更大一些的火炮寿命更长，射击散布面积也更小，英国人因此一直计划把13.5英寸的火炮安装到他们计划建造的"虎"级（Tiger class）战列巡洋舰上。加藤在东京的上

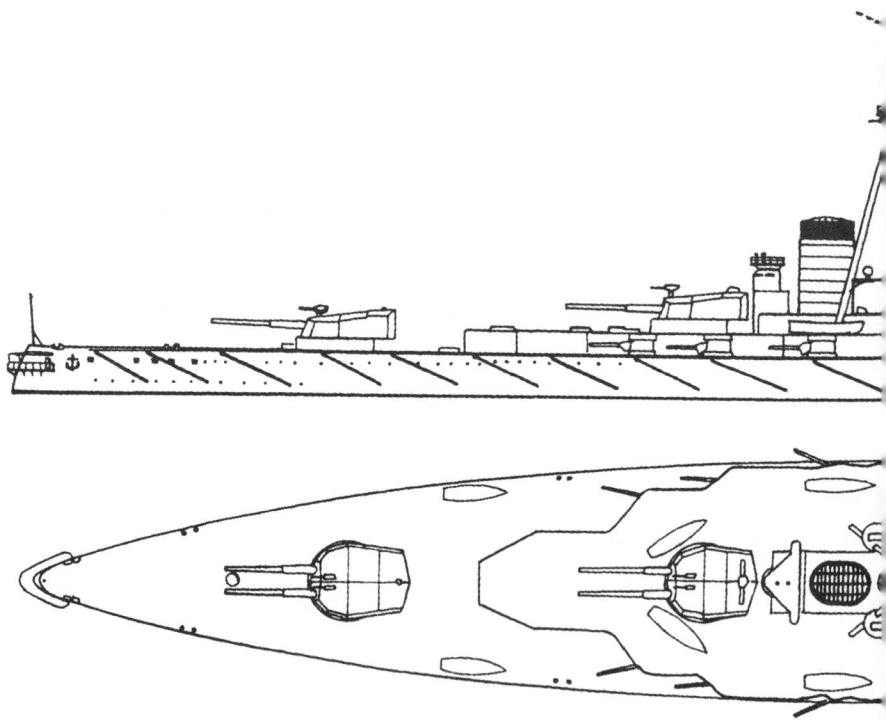

∧ 示意图6-1. 1914年的"金刚"号战列巡洋舰

司猜测如果英国人看上 13.5 英寸火炮，那么美国可能会试图在他们计划建造的
"德克萨斯"级（Texas class）战列舰上安装 14 英寸火炮超越英国人。不过，
由于 14 英寸舰炮是一种新口径的火炮，没有人确切知道额外增加口径是否会更
有效。经过与英国人的密切磋商，日本的造船厂决定出钱让海军试射几门 14 英

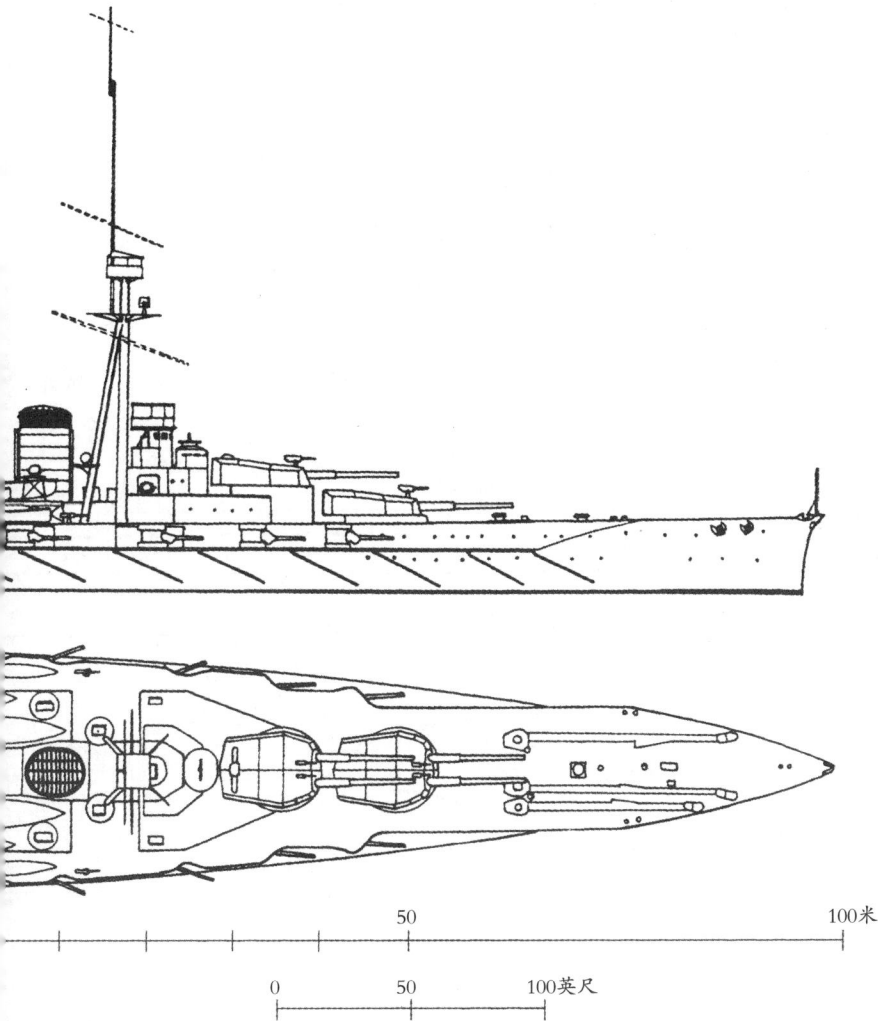

50　　　　　　　　　　100米

0　　　50　　　100英尺

寸火炮。结果非常令人满意，于是"金刚"号安装了8门14英寸火炮。但是美国在"德克萨斯"号（Texas）和"纽约"号（New York）上各安装了10门14英寸口径火炮，而在1912年，英国人开始建造第一艘装备了15英寸火炮的"伊丽莎白女王"级战列舰。[20]

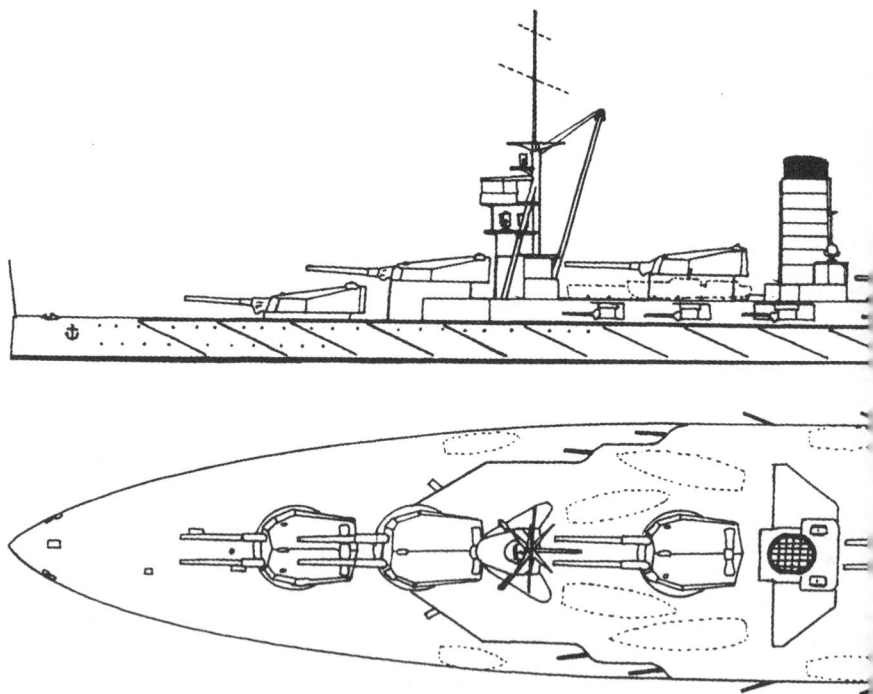

∧ 示意图6-2. "扶桑"号战列舰

　　尽管如此，"金刚"号完工时仍然是世界上性能最佳、设计最出色的主力舰。它的8门14英寸火炮被分别安装在4个炮塔（2个在舰艏，第三个在船中部、第三座烟囱后，还有一个在舰艉）。在当时，这是一种最具创新性的布局，可以大大增加火炮来回转动的范围。主炮还得到了16门6英寸火炮组成的副炮

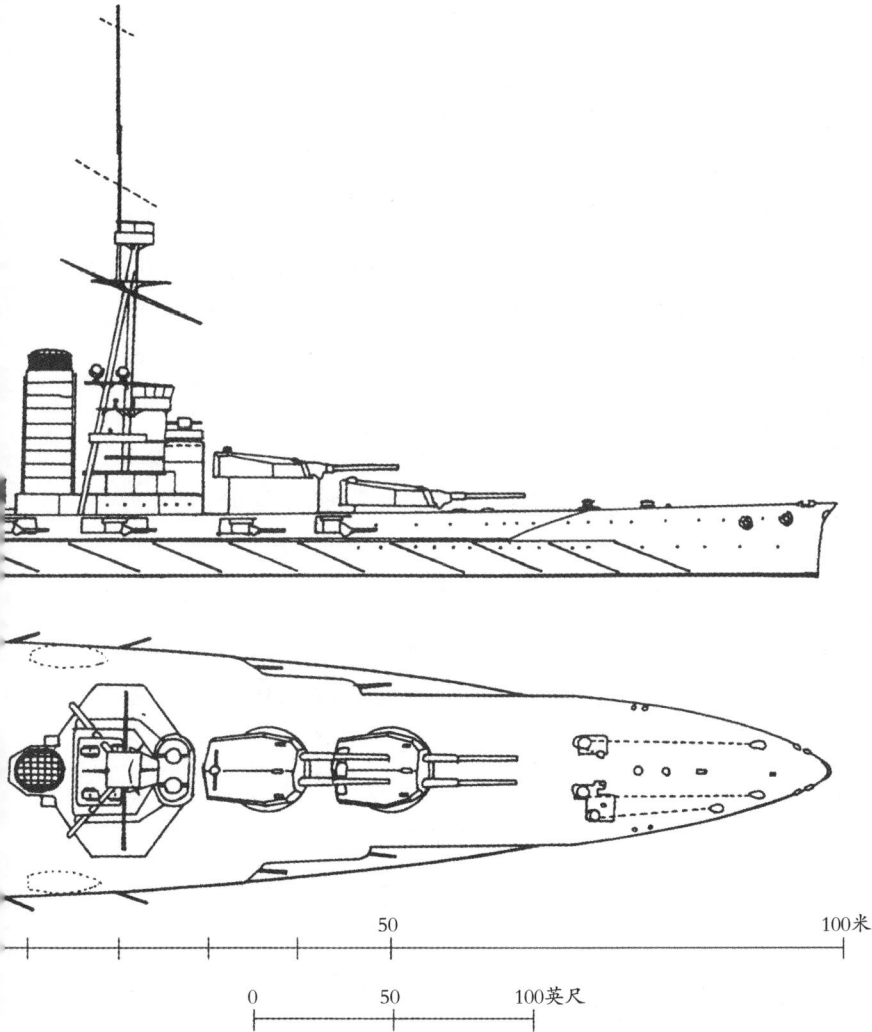

群（数量远远超过一般水平，但日本海军认为这对击退大多数驱逐舰攻击来说是必要的）的加强。由于日本海军仍然坚信主力舰发射的鱼雷的价值，"金刚"号还配备了8具21英寸口径水下鱼雷发射管，它们在重量上轻而易举地超越了当时所有在役主力舰装备的鱼雷发射管。炮塔炮座有9英寸VC（维克斯表面渗碳硬化合金钢）装甲，炮塔顶部则是3英寸VC装甲。"金刚"号的主装甲带在水线处厚8英寸，在水线以上也有6英寸；内部装甲和分舱提供了可以抵御当时炮火和鱼雷的最大限度防护。"金刚"号采用四轴推进方式，由帕森斯式涡轮机（由36台亚罗式混合燃烧锅炉提供蒸汽）提供动力，在试航时获得了27.5节的航速。"金刚"级的其他战舰几乎是相同的设计规格，但用的是日本的武器、主机和按英国规格制造的装甲，因而在某些方面要略优于"金刚"号。"金刚"号于1913年8月完工，并于当年11月抵达横须贺，是最后一艘从国外造船厂订购的日本主力舰。在日本造船厂建造的"金刚"号那些姊妹舰也在接下来的两年里加入它的行列进入现役。和其他的日本战列舰一样，这些战列舰在第一次世界大战期间都没有参加过战斗，但它们得到了极高的评价，以至于在1915年，只在主力舰上略胜德国一筹的英国试图为皇家海军租借全部4艘"金刚"级战列巡洋舰。[21] 在20世纪20年代实施了大规模改装后，"金刚"级被重新归类为战列舰，并将在第二次世界大战期间参加太平洋上几次激烈的海战。

促成"金刚"级战列巡洋舰得以建造的法案还批准建造一艘旨在与"金刚"级协同作战的新战列舰——"扶桑"号。"扶桑"号排水量29330吨，1912年在吴海军造船厂开工建造，1915年完工。日本海军打算用它来对抗美国战列舰"德克萨斯"号和"纽约"号。该舰表明日本海军确实已经参与到国际海军军备竞赛中。"德克萨斯"号有10门14英寸火炮，而"扶桑"号却有12门这样口径的火炮。这些火炮安装在排成一列的6个炮塔（2个在舰艏，2个在船中部夹着烟囱，2个在舰艉）内，在"长门"级完成前构成了世界上最强大的可舷侧齐射炮组。"扶桑"号比"纽约"号长110英尺，而且这艘日本战列舰上的4台布朗－柯蒂斯（Brown–Curtis）涡轮机产生的马力比"纽约"号多40%，使其航速达到23节。"扶桑"号完工时，它是世界上最大、武装最强的战列舰。[22]

1913年，急于推进其军备扩充计划的海军省向国会递交了申请，要求再增建 3 艘战列舰。国会于同年进行了拨款。1915 年，"扶桑"号的姊妹舰"山城"号（Yamashiro）下水。另 2 艘战列舰——排水量 29980 吨的"伊势"号（Ise）和"日向"号（Hyūga）被规划为"扶桑"号的升级版，于 1915 年开工建造（"伊势"号在神户川崎造船所建造，而"日向"号由长崎三菱造船所建造）。但在建造的过程中，两舰吸收了许多方面的改进，因而完工时（分别在 1917 年和 1918 年），它们实际上构成了一个独立的舰级。这 2 艘战列舰设计中最重要的改进是 6 个主炮塔的重新布置，使船中部的 2 个炮塔位置更接近，从而提供了更好的射击角度。重新布置这些炮塔也使 24 台新式舰本式锅炉的位置得以被重新安排，以提高效率。[23]

到第一次世界大战时，岛村速雄接任军令部长，加藤友三郎出任海军大臣。两人现在都打算加快"八八舰队"的建造进程。1915 年，受日本经济复苏、可以支持更多海军预算这一前景的鼓舞，加藤向内阁提交了一份海军军备扩充计划的申请，该计划相当于"八八舰队"目标的过渡阶段——一支"八四舰队"。算上手头已有的战舰［"扶桑"号战列舰和 4 艘战列巡洋舰（"金刚"号、"比叡"号、"榛名"号和"雾岛"号）］，以及那些正在建造中的战列舰（"山城"号、"伊势"号和"日向"号），海军省请求国会拨款再建造 4 艘战列舰，这样将使日本海军拥有一支"八四舰队"。但在西门子（Siemens）武器采购丑闻[24] 发生之后，公众对海军不知足的需求产生了不信任，因此国会拒绝了海军更宏大的扩充计划。不过，在 1916 年，国会还是为 1 艘战列舰、2 艘战列巡洋舰和其他几艘小型军舰的建造提供了资金。

虽然日本海军自身的论证和宣传未能说服怀有疑虑的国会拨款，美国海军的扩充计划却产生了显著的效果。1916 年，美国国会通过了一项海军法案（从未完全落实），计划给美国海军增加 156 艘军舰，包括 10 艘战列舰和 6 艘战列巡洋舰。这样的扩充将使美国海军对日本的优势达到 100%，并将为美国提供由世界上最强大战列舰组成的庞大新舰队。[25] 次年，日本国会针对美国这一前所未有的扩充计划，批准建造约 63 艘战舰，其中包括 3 艘战列舰、10 艘巡洋舰和若干小型战舰。日本海军在 1916 年和 1917 年获得批准建造的军舰使其得以实现"八六舰队"的过渡目标。最终，1918 年，内阁批准再建 2 艘战列巡洋舰。

如果这 2 艘军舰真的建成下水，那么"八八舰队"的目标就实现了。然而这并没有成为现实。

第一次世界大战和日本海军

到 1917 年年底，第一次世界大战中海战的大部分主要特征已经被展现出来。在水面作战中，指挥已经跟不上技术的发展，技术在这个过程中导致了僵局。这一点在北海表现得最为明显。英国和德国海军在这个海战的主要战略竞技场打了一系列胜负未分的海战，高潮是 1916 年 5 月的日德兰海战。是役，英国大舰队遭受了惨重损失，虽然两度在德国公海舰队面前抢占了 T 字横头射击阵位[①]，但无法使敌人遭受决定性失败。这是海军历史上最大规模的水面交战，也是战列舰纵队之间最后的昼间作战。在接下来的 20 年里，世界各地的海军专家们对日德兰海战进行了无休止的讨论和辩论。它影响了未来的海军建设，并有力地证明了传统海军的智慧，即远程重炮火力的迅速集中将仍然是海战的决定性因素。当然，日德兰海战实际上只是证明了现代主力舰的速度、机动性和它们重炮的射程超出了敌对双方海军指挥官及时做出决策的能力。这种战术上的困境导致了一场拉锯战，延长了英国和德国水面舰队之间的战略僵局。[26]

实际上，正是日德兰海战之后的水面战斗僵局，促使德国在 1917 年年初决定对英国实施无限制潜艇战，其结果很快威胁到英国的经济及其继续战争的能力。U 型潜艇给协约国商船造成的巨大损失加上到战争结束时大批被潜艇击沉的协约国军舰（10 艘战列舰、18 艘巡洋舰、20 艘驱逐舰）表明潜艇已经最终成为一种毁灭性的海军武器。直到 1917 年协约国采取护航队体系，并研发深水炸弹这样的反制武器，海战的趋势才不可逆转地渐渐不利于潜艇。[27]

尽管海军航空兵在一战中的影响远没有潜艇那么重大和广泛，但飞机偶尔也在海军作战中显示出它潜在的多种用途。甚至在战争爆发之前的 1913 年，一架希腊水上飞机就曾在达达尼尔海峡（Dardanelles）对一支土耳其舰队进行

---

① 译注：即英国舰队正好横在德国舰队的前进路线上，两者共同构成一个T字，英国舰队位于T字一横的位置。

过侦察突击。1914 年，一架英国水上飞机对一枚标准的舰用鱼雷进行了空投练习；翌年，英国水上飞机在一次空中鱼雷攻击中击沉了土耳其一艘军用运输船。1916 年，奥地利水上飞机用炸弹击沉了一艘法国潜艇。日德兰海战本身就是海军航空兵参与（尽管作用不大）的海战。当时，一架从隶属于大舰队的英国水上飞机母舰起飞的飞机发现了正在航行的德国战列巡洋舰队，并试图向友军通报敌人的位置。[28]

虽然有这些"第一次"，但前面提到的那些局限性——在海上放出和回收水上飞机的耗时过程和从普通军舰上安装的临时平台上起飞多架飞机的困难——仍然阻碍着海军航空兵在海上发挥重要的侦察或打击作用。要从海上航行的船舶上操纵陆上飞机，就需要一种新型战舰，它有用于起飞和回收大量飞机的永久性宽大甲板。1917 年，英国海军制造了一艘现代航空母舰的原型舰——他们改装了巡洋舰"暴怒"号（Furious），为其安装了一个永久性的飞行甲板。同年 8 月，"暴怒"号飞行甲板上进行了飞机在移动中的搭载舰上着陆的首次试验。次年，着陆用飞行甲板向舰艉延伸，但是战舰的烟囱和上层建筑仍然将它与舰艏的起飞甲板隔开。1918 年，这艘看起来很奇怪的战舰实施了首次航母对陆上目标的攻击。[29]

对 1914—1917 年海战的所有这些新变化，日本几乎都缺乏直接的认识，因为它对一战的参与仅限于三场战役，而这三场战役全都远离北海和北大西洋中的海战主战场，都对战争的结果影响甚微。第一场战役是在 1914 年 9—11 月，英日成功围攻青岛这一山东半岛上的德国占领港口和海军基地。从海军的角度来看，这次战役最引人注目的是日本水上飞机在青岛上空的侦察和轰炸行动。与此同时，日本海军在 8 月和 9 月分别组织了一个派往中太平洋的战斗群。表面上看，这些舰队是为了追击向东逃窜的德国东亚分舰队而组建的，但他们真正的目标是攻占德属密克罗尼西亚群岛，这场兵不血刃的军事行动于 1914 年 11 月完成。[30] 这两场战役都拓展了日本帝国的领土边界，对密克罗尼西亚的占领则产生了重要的战略影响，不过就增加海军的作战经验或了解海战的最新变化而言，这对日本海军的作用不大。

而第三场战役虽然在地中海东部悄无声息地进行，却为日本海军提供了这样的机会。1917 年，在德国宣布对协约国运输船发动无限制潜艇战后不久，日本同意了英国的请求，派遣了一支日本驱逐舰编队到地中海。大约 34 艘敌人的潜艇（既有德国的，也有奥地利的）正在给协约国运输船造成严重的破坏。当年 3 月，日本海军组织了一支特务舰队（为其盟国作战的两支分舰队中的一支），它包含 1 艘巡洋舰和 2 支驱逐舰分队，每支驱逐舰分队都由 4 艘日本海军最新锐的驱逐舰组成。当年 4 月，在德国潜艇攻击最猛烈的时候，佐藤皋藏（Satō Kōzō）少将率领的日本小型舰队抵达马耳他，立即被投入作战，护送协约国的运兵船来往于马赛（Marseilles）、塔兰托（Taranto）和埃及的港口。在接下来的一年半里，日本这支特务舰队参加了大约 348 次护航任务，护送了 750 艘舰船，航行了 24 万多海里。它很快因为灵活操纵舰艇而赢得了良好的声誉，以至于皇家海军最终移交了 2 艘驱逐舰给它，在战争期间由日本舰员驾驶。在地中海战役中，日本舰队甚至出现了伤亡。一艘驱逐舰"榊"号（Sakaki）遭到鱼雷攻击，包括舰长和其他军官在内的 59 名官兵阵亡，但该舰还是成功地返回了马耳他，最终归队。[31]

虽然日军不能宣称击沉过一艘德国潜艇，但盟军在地中海的损失自日本人抵达就位后就急剧下降了。更重要的是，从日本海军史的角度来看，参与这种护航行动的日本舰员在反潜战术、技术和武器方面学到了很多。然而，由于这些护航行动规模小、耗时费力、重复度高且单调乏味，东京的海军参谋人员认为它们稀松平常，并不起眼。就这样，护航体系的重要原则和少数日军官兵在遥远的异国他乡花了很大力气才学会的反潜战教训，很快就被遗忘了。毫无疑问，这一疏忽要为太平洋战争中日本海军的灾难性失败——未能发展出有效反制美国潜艇破坏的措施——负一定的责任。[32]

引起日本海军高层注意的是在北海，特别是日德兰半岛附近的大规模水面交战。[33] 日本海军忽视了这次战斗最后以战术僵局而告终的事实，像它们的西方同行一样，仍然坚信这次战斗不但提供了未来海上决战的战术决定因素，而且将导致主力舰设计和建造发生一些重大变化。日德兰海战之后，海军专家们认可了舰船设计和建造上的许多重大变化：16 英寸成了主炮的标准口径；对水线以下部分装甲进行重点强化，军舰关键部位周围（主机舱和弹药库）的装甲尤

∧ 平贺让

其如此，而对船头、船尾、舰桥上层建筑和副炮则只做相对较轻的防护。前桅的三脚桅被换成了一根加固的中柱。舰内采用了齿轮减速涡轮机，轮机舱被分隔开来，以减少进水和倾侧的危险。[34]

根据 1916 年和 1917 年计划建造的第一批战列舰——"长门"号（Nagato，于 1917 年 8 月在吴海军造船厂开工建造）和"陆奥"号（Mutsu，于 1918 年 6 月在横须贺造船厂开工）就包含了上述的一些特征，代表了日本海军领先于外国海军主力舰设计的又一次质的飞跃。这些军舰已经被设计了一段时间，早在日德兰海战爆发前几个月，注定要成为日本最著名和最受争议的造船工程师平贺让（Hiraga Yuzuru）就已经起草了它们的总体设计方案。[35]

但是在几个月之内，被送到日本海军的日德兰海战情报使得平贺让彻底修改了他正在建造的军舰的排水量、装甲、速度和重量分布。他计划建造排水量达 32720 吨的军舰，该舰拥有更快的速度和更大口径的火炮（16 英寸），将在性能上超过英国"伊丽莎白女王"级，开创世界先例。根据它们的体积大小，平贺让决定每舰只需要安装 8 门巨炮，而不像以前的军舰那样要安装 12 门，这一决定帮助"陆奥"号和"长门"号极大地节省了重量和空间。反映出日本海军逐渐开始改用石油作为燃料的是，它们的舰体内装有 15 台燃油锅炉和 6 台油煤混合燃烧的舰本式锅炉，这些锅炉提供蒸汽给适应于四轴推进的舰本式涡轮机，使其能够让舰船以 26.5 节的速度（可与当时任何一艘在役的战列舰相匹敌）航行。只有在防护上——船中部覆盖的是 12 英寸装甲带，覆盖炮塔炮座的也是 12 英寸装甲——"长门"号和"陆奥"号才被认为略逊于外国建造的军舰，特别是不如速度更慢的美国"宾夕法尼亚"级（Pennsylvania class）、"新墨西哥"级（New Mexico class）和"田纳西"级（Tennessee class）战列舰，它们都以速度换取防护力。[36]

1917 年有 2 艘更大的战列舰——38500 吨的"加贺"号（Kaga）和"土佐"号（Tosa）被批准建造，但拖延了 3 年，这两只怪物的龙骨才被真正铺设。由平贺让设计的"加贺"号和"土佐"号计划搭载 10 门 16 英寸口径火炮，两舰的设计包含了若干鲜明特色，这些特色显然是基于从英国经验和日德兰海战造成的战斗损伤中吸取的教训。它们包括：速度加快（虽然增加了排水量），采用平甲板和倾斜装甲。但是，"加贺"号和"土佐"号的蓝图在 1919 年刚刚完成，平贺让就开始着手设计更大的战舰，那就是 1917 年法案批准建造的 2 艘战列巡洋舰。[37] 它们被命名为"天城"号（Amagi）和"赤城"号（Akagi），每舰排水量 4 万吨，航速 30 节，装备 10 门 16 英寸火炮，平贺打算用它们来超越英国的新战列巡洋舰"胡德"号（Hood）和美国计划建造的"萨拉托加"级（Saratoga class）战列巡洋舰，但它们的建造也被推迟，龙骨在 1920 年 12 月下旬才铺设。[38]

对日本政府来说，第一次世界大战的最后 6 个月应该是仔细地对国际形

势和国家战略地位进行重新评估的时刻，而不是充满乐观情绪的时候。形势到
1918 年 6 月明朗了。德国在东亚的海军强国地位就此终结，革命和内战的混乱
也破坏了俄罗斯在该地区的军事力量。然而，俄国与德国的单独媾和导致俄国
至少在理论上有可能向东对日本发动进攻，中国民族主义的高涨也威胁着日本
在华利益，使东北亚的未来充满不确定性。更令人不安的是，英国决心保持其
在海军上的霸主地位，而美国显然决心建立一支首屈一指的海军，这可能会引
发一场新的甚至更大规模的海军军备竞赛。

　　考虑到这些因素，日本政府于 1918 年 6 月对它的《帝国国防方针》进行了
第一次修改。在之前进行的军种间讨论中，海军军令部长岛村和海军大臣不得
不接受陆军的主张：仍然把俄国列为日本的头号假想敌，二号和三号分别是美
国和中国，以换取陆军对海军大规模增加造舰数量的勉强支持。日本了解到，
威尔逊政府已向美国国会提交了一项海军法案，如果该法案获得通过，将在根
据 1916 年法案已经在建的 10 艘军舰的基础上再增加 10 艘，从而为美国海军提
供世界上最庞大的战列舰队。作为回应，日本海军提议将目光投向"八八八舰队"
的设想，以应对美国的挑战。经过修改的海军兵力水平计划现在要求建设 3 支
战列舰队，每支舰队包含总数为 8 艘的战列舰和战列巡洋舰——根据建造计划，
每年开工和完工 3 艘战列舰或战列巡洋舰，这样，8 年后日本将拥有一支由 24
艘主力舰组成的战列舰队。[39]

　　但就算海军提出了建议，为如此强大的舰队拨款的还得是有权批准或扣留
军舰建造资金的国会。1918 年，内阁和国会中的许多人认识到海军有意忽视的
问题：虽然日本经济在一战期间显著增长，但海军的开支增长得更快。事实上，
每艘新战列舰和战列巡洋舰的造价都以十分惊人的速度上涨，所以日本大藏省
警告称，未来的海军预算可能会决定日本经济的生死。因此，在 1918 年，国会
给海军军备扩充的实际支出相当有限：再建造的也是由平贺让设计的 2 艘战列
巡洋舰——"爱宕"号（Atago）和"高雄"号（Takao），日本海军拟将它们作
为"天城"号和"赤城"号的姊妹舰。算上海军的这 4 艘最新式的战列巡洋舰
（"金刚"号和"比叡"号在 1923 年超龄），新的巡洋舰使日本海军得以建立
一支"八六舰队"。

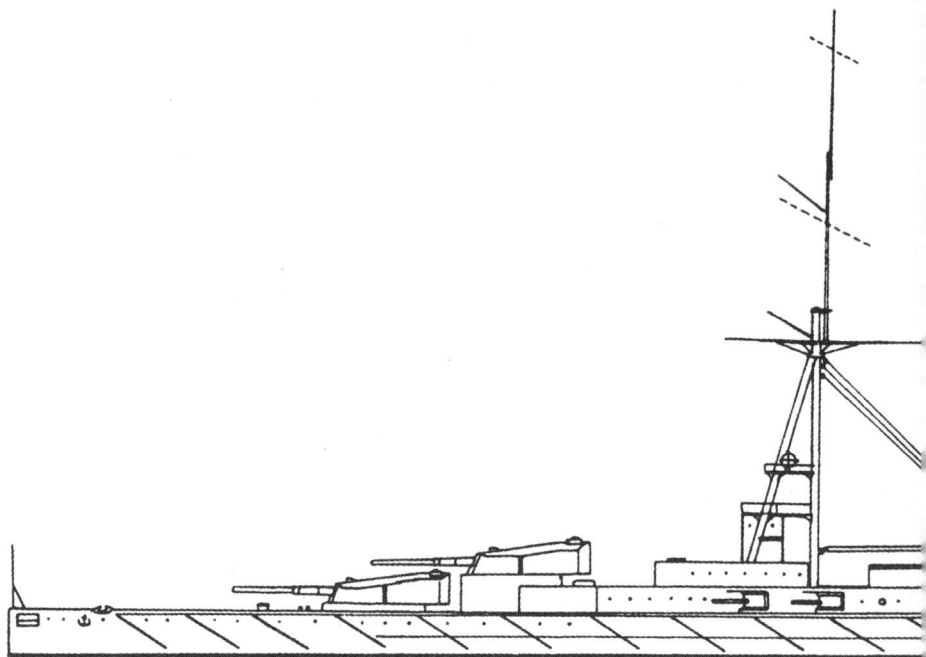

∧ 示意图6-3. "长门"号（上，1920年）和"陆奥"号（下，1921年）战列舰

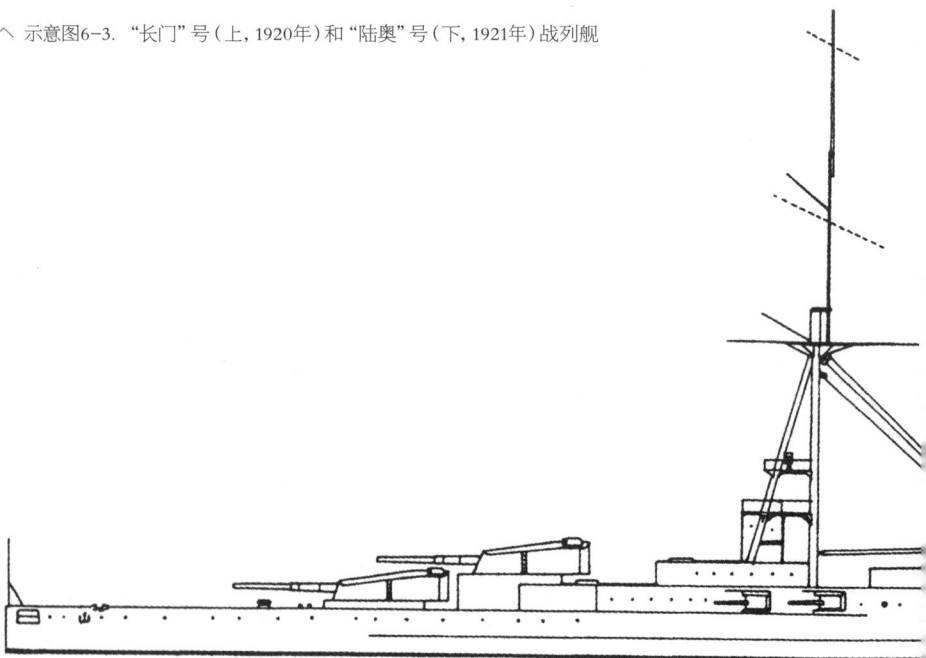

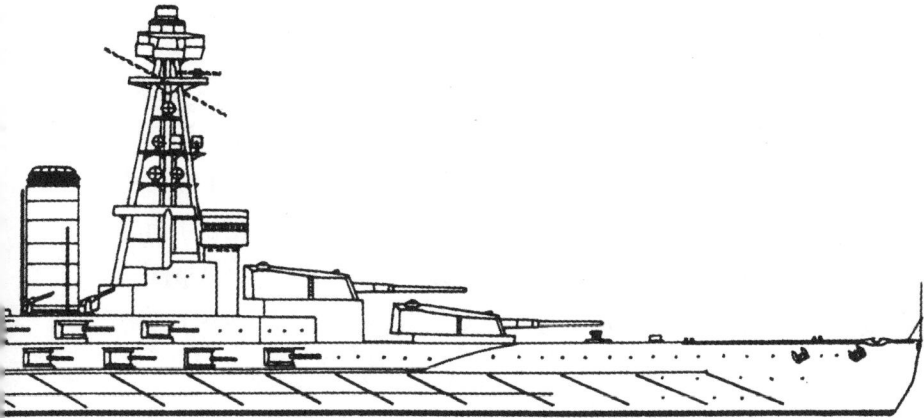

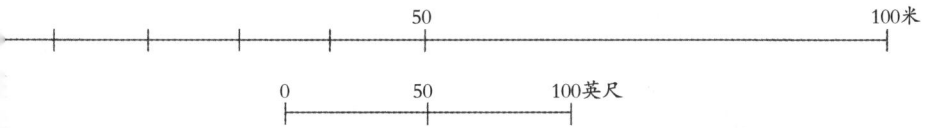

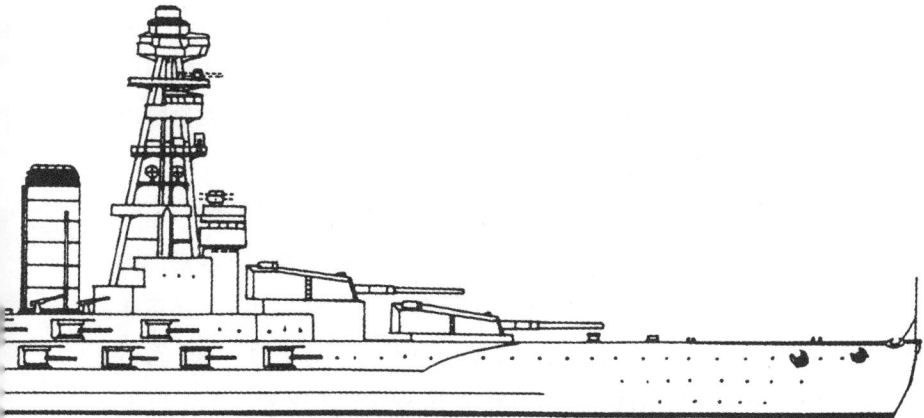

1919 年，威尔逊总统此时决心要使美国海军取得霸主地位，而不仅仅与英国平起平坐，故他向美国国会提交了一份建造计划，要求在 1916 年计划已经批准建造的舰艇基础上再增加 10 艘战列舰和 6 艘战列巡洋舰。美国人这一新的行动方针足以刺激日本国会。1920 年，日本国会最终批准了一项海军军备扩充计划，该计划最终将实现"八八舰队"这一日本海军长期追求的目标。根据这个计划，所有军舰都计划在 1927 年之前完工。日本海军计划建造 4 艘 41400 吨类似"天城"级（Amagi class）的巡洋舰，每艘配备 10 门 16 英寸口径的火炮；4 艘 47500 吨类似"加贺"级（Kaga class）的战列舰[40]，每艘配备 10 门前所未有的 18 英寸口径火炮。超级战列舰的设计和建造工作在 1922 年被日本参与缔结限制主力舰建造的国际协议（在华盛顿会议上被敲定）的决定所推翻。结果，"八八舰队"的概念虽被提出，却从未实现，而更宏伟的"八八八舰队"只是一个令人陶醉的愿景。[41]

然而，虽然"八八舰队"计划流产了，但计划建造的舰只中最大那级的设计工作为日本海军的造船厂提供了宝贵的经验，这些经验在 20 年后的超级战列舰"大和"号及"武藏"号的设计和建造中得到了应用。

日本海军其他舰艇种类的建造

在 1907—1920 年打造一支由主力舰组成的"八八舰队"的计划是这些年中推动日本海军政策的核心问题。但日本海军同时也在努力追赶国外海军技术的全面进步。赶超的结果便是在这些年中一些小型军舰的建造，以及日本潜艇和海军航空兵的发展。到 1918 年，日本海军显然已经开始改变对巨舰和大炮的迷恋——它在 1918 年的军备扩充计划包含了小型军舰和新武器系统的重要份额，它们的价值在第一次世界大战期间被英美的海军部队所证明。[42]

例如，日德兰海战已经证明了巡洋舰的重要性——既可以用作舰队的侦察员，又可以担当驱逐舰攻击的支援者，英国海军在这方面算是开风气之先。早在第一次世界大战前，日本海军就已经仔细研究了英国"C"级巡洋舰，从这样的研究中发展出一种轻型巡洋舰的基本设计方案，这是日本海军的第一个轻巡洋舰方案。这种轻巡洋舰的基本设计方案贯穿了 16 艘舰船的建造，直到 20 世纪 20 年代日本海军停止建造轻巡洋舰。根据 1916 年的军备扩充计划建造的首批 2 艘巡洋舰，以英国 "C" 级巡洋舰为蓝本建造，分别是 3230 吨的 "龙田" 号（Tatsuta）和 "天龙" 号（Tenryū）。两舰均于 1917 年开工建造，1919 年完工。它们速度很快，由强力的英制和美制涡轮机驱动，能以 33 节的速度航行，因而可以成为驱逐舰队的优秀旗舰。虽然装备的是小口径火炮（主炮为 4 门 5.5 英寸火炮），但它们是第一艘携带三联装鱼雷发射管的日本军舰。[43]

　　1917 年，日本海军重新评估了它对轻型巡洋舰的需求，决定建造体积更大、速度更快、火力更强大的巡洋舰，以用作舰队的侦察舰或驱逐舰队的领航舰。这一决策的结果便是 1918—1925 年建造的 14 艘轻巡洋舰，虽然在技术上分为 3 种舰型——"球磨" 级［Kuma class，有 "球磨" 号（Kuma）、"木曾" 号（Kiso）、"北上" 号（Kitakami）、"大井" 号（Ōi）和 "多摩" 号（Tama）］、"长良" 级［Nagara class，有 "长良" 号（Nagara）、"阿武隈" 号（Abukuma）、"五十铃" 号（Isuzu）、"鬼怒" 号（Kinu）、"名取" 号（Natori）和 "由良" 号（Yura）］和 "川内" 级［Sendai class，有 "川内" 号（Sendai）、"神通" 号（Jintsū）和 "那珂" 号（Naka）］，但遵循的都是 "龙田" 号的设计方案。它们排水量都达到 5000 多吨（"球磨" 号接近 6000 吨），每舰都装备了 7 门 5.5 英寸的火炮和 4 座双联装鱼雷发射管（8 具），能以 35—36 节航速航行。虽然到第二次世界大战的时候，这些轻巡洋舰中已经有不少舰龄达到了 20 年，但它们在太平洋上最激烈的战役中还是充当了

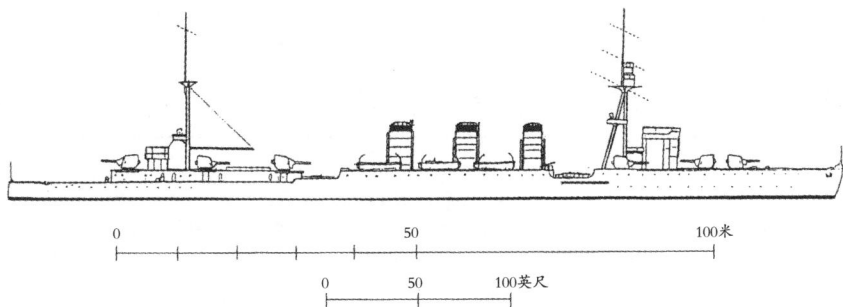

0　　　　　　　　50　　　　　　　100 米

0　　　50　　100 英尺

∧ 示意图6-4. "天龙" 号轻巡洋舰①

① 译注：原文如此，该舰应该是一艘 "球磨" 级巡洋舰。

老黄牛的角色。[44]

从日俄战争到第一次世界大战，日本驱逐舰的布局主要是基于英国的设计，但大部分舰只是在日本造船厂建造的，而且其中相当一部分由私营公司建造。1911 年，为了提高驱逐舰的耐波性能，日本海军停止了 380 吨驱逐舰的建造，转而开始建造 1150 吨级的驱逐舰。然而，尽管日本有几艘设计优良的驱逐舰，第一次世界大战开始时，日本人发现这些军舰对执行巡逻和护航任务来说还是太少，因此，从 1914 年开始，日本海军实施了一项紧急建造 10 艘排水量 665 吨的"桦"级（Kaba class）驱逐舰的计划。1917 年，应英国海军的要求被派往地中海执行护航和反潜任务的正是该型驱逐舰。

随着战争期间英国对军舰设计相关情报管制的加强，日本人被迫回头依靠自己的设计，并在战争接下去的时间里，对各种舰体形式、舰桥、鱼雷发射管和火炮布局进行试验。其成果便是一种新型一等驱逐舰——"峰风"级（Minekaze class）驱逐舰，其中 15 艘根据 1917 年和 1918 年的扩充计划建造，还有 9 艘根据 1921 年和 1922 年的扩充计划建造。这些驱逐舰速度极快，都由帕森斯齿轮减速式涡轮机提供动力，能以 39 节航速行驶。此外，它们的设计者还通过以下措施使它们能够经受住东亚海域里频现的大浪：加长舰体，保留了旧式驱逐舰的"龟背"前甲板，将鱼雷发射管直接安装在前甲板后，并尽可能增大火炮的

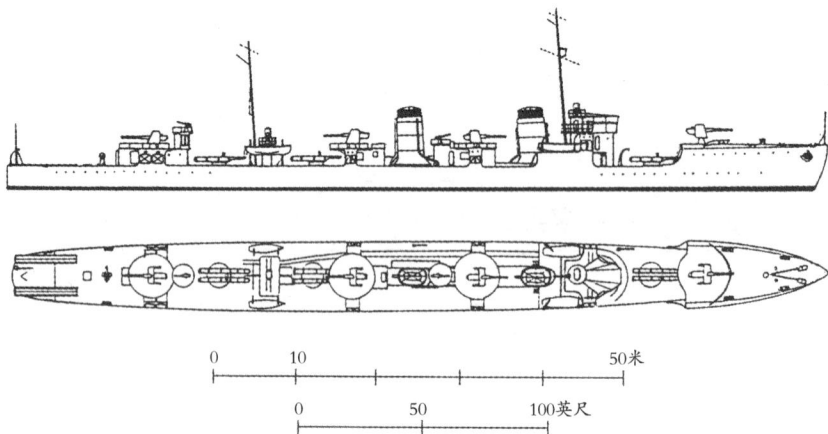

∧ 示意图6-5. "峰风"号驱逐舰

安装高度，以便在恶劣天气下也能最大限度地发挥作用。该级驱逐舰在 20 世纪
20 年代成为日本驱逐队的骨干舰型，直到 20 世纪 30 年代被著名的 "吹雪" 级
（Fubuki class）所取代。根据 1918 年和 1920 年的舰队扩充计划，日本到 1921
年还增加了 30 多艘较小的二级驱逐舰，但随着日本对更强大的舰队驱逐舰的需
求越来越大，该型驱逐舰在 20 世纪 20 年代中期就停产了。[45]

和大多数国家的海军一样，日本海军没有很快认识到潜艇的潜力。1897—
1900 年，许多日本海军军官被派往美国考察美国的 "霍兰" 号（Holland）潜艇，
随后日本从美国订购了 5 艘这种类型的潜艇，另有 2 艘设计方案相同的潜艇在国
内建造。这些潜艇都没有准备好在日俄战争中使用，虽然第一支潜艇部队在第
一批潜水器建造期间就已经组建完成了。日本海军对潜艇的兴趣在日俄战争后
增加，一方面是由于军中几个狂热潜艇爱好者的推动，另一方面是因为与俄国
的冲突已经表明利用潜艇进行封锁和攻击被封锁舰队是可行的。对潜艇的兴趣
导致日本海军又购买了十几艘乃至更多的潜艇，大部分是外国设计，但在日本
组装。虽然在第一次世界大战之前日本又组建了两支潜艇部队，还把潜艇纳入
九州海域的海军演习中，但是这些早期潜艇的弱点——动力不足、航程有限——
使它们对日本海军的大多数人来说仍然仅仅是一种危险的奇珍异物罢了。[46] 事实
上，在第一次世界大战之前，日本潜艇发展过程中最广为人知的事件是 1910 年
广岛湾一艘潜艇的意外沉没。[47]

然而，第一次世界大战中德国潜艇战所带来的惊人冲击不可避免地刺激了
日本潜艇的发展。日本在欧洲的海军观察员了解了很多有关德国潜艇战略、战
术和技术方面的信息，并将它们传回东京的海军军令部。[48] 德国宣布开始无限制
潜艇战后在北大西洋取得的成功无疑是促使日本海军决定在 1917 年海军扩充计
划中包含建造 18 艘远洋潜艇的关键因素。此外，在战争结束时，9 艘德国潜艇
作为赔偿转让给日本也加速了战间期日本潜艇技术的进步。[49]

海军起飞：
日本海军航空兵的早期发展

日本海军航空兵最初与陆军航空兵开展合作研究，之后于 1912 年创立了

"海军航空术研究会"，日本海军航空兵才真正开始发展起来。海军航空术研究会是在舰政本部授权下建立的，负责海军航空技术的发展和飞行训练的进一步开展。[50] 虽然该委员会最初的兴趣集中在软式飞艇上，但很快就转向了有翼动力飞机的发展。

日本海军使用比空气还轻的飞艇的尝试最终被证明是失败的，而这仅仅是日本海军航空主要发展方向上的一个分支。第一次世界大战快结束时，英国和美国海军都投入大量精力发展半硬式飞艇，主要原因是德国齐柏林飞艇（Zeppelins）在战争期间发挥了作用。皇家海军早在1917年就已经开始在侦察中使用飞艇，随后对飞艇进行了认真研究和训练。由于美国可以大量供应氦（这减少了爆炸的危险，使飞艇更加安全），美国海军在这项技术上取得了更大的进步。有鉴于这些进展，日本海军开始考察飞艇在自己战术和战略计划中的用途。1918年，它在横须贺基地建立了一支飞艇部队（后来搬到霞浦），并开始向国外购买飞艇技术。日本海军购买的第一艘飞艇是软式的，且无发动机，本质上就是只大型气球，它们被系留在军舰上，用于观测炮弹弹着和追踪鱼雷。1921年，日本海军从英国、法国和意大利购买了几艘半硬式自航飞艇。在成功地进行了将飞艇融入舰队作战的测试之后，日本海军开始自己建造一些这种类型的飞艇。1921年后，若干艘硬式飞艇被配属给联合舰队，并定期参加海军的年度演习。[51]

在20世纪20年代，军令部的一些军官认为，这种硬式自航飞艇是海军西太平洋防御战略的重要组成部分。由于续航力相对较强，飞艇可以在远远超出当时有翼飞机航程范围的地方发现敌方舰队的舰艇。它的支持者认为，配备能攻击敌舰的炸弹和自卫的机枪后，它可以为日本海军提供远程打击能力。但质疑之声却不绝于耳。首先，世界上3支主要海军都发生过与飞艇有关的严重事故，其中最引人注目的是1925年美国"谢南多厄"号（Shenandoah）的坠毁，这引发了人们对飞艇技术可靠性的质疑。其次军令部的其他人指出了飞艇的缺陷：它很容易损坏，在恶劣的天气中情况更糟（看看英国和美国海军的坠毁次数）；它为敌人的战斗机提供了一个庞大而柔弱的目标；建造成本高；另外，其所谓的军事用途只是猜测，并非证据。

最终，是有翼飞机显现的潜力使日本人放弃了对飞艇的进一步研发。考虑到硬式飞艇造价高昂，且其作战能力和生存能力遭到不断质疑，相比之下有翼飞机是海军试图进入天空这一新维度的更有希望的载体。而且毫无疑问的是，庞大、缓慢、笨拙的飞艇很难与有翼飞机的魅力相媲美，成为海军航空倡导者热情鼓吹的对象。1931年，由于所有这些原因，海军废除了飞艇部队，并在接下来的几年里逐步淘汰了隶属于舰队的飞艇。[52]

事实上，承载日本海军航空兵命运的是机翼和发动机，而不是轻于空气的气体。日本海军航空兵滥觞于海军航空术研究会的两大决策：购买外国有翼飞机和派遣初级军官到国外学习如何驾驶和维护这些飞机。结果，海军从纽约汉蒙德斯波特（Hammondsport）的格伦·柯蒂斯工厂购买了2架水上飞机，从法国购买了2架莫里斯·法曼（Maurice Farman）水上飞机。为了建立一支海军飞行员和技术骨干队伍，海军派遣了3名军官到汉蒙德斯波特、2名军官到法国接受培训和指导。[53]1912年年底，2名刚完成训练的海军飞行员一回到日本，就在横须贺湾的追浜（Oppama）进行了日本海军航空史上的首次飞行，一人驾驶的是柯蒂斯水上飞机，另一人开的是莫里斯·法曼飞机。

不到一年时间，日本海军就开始开发飞机的军事用途；不到两年，日本海军飞机就开始执行首次作战任务。1913年，海军将"若宫丸"号（Wakamiya Maru）海军运输舰改装成水上飞机母舰"若宫"号，该舰能携带组装完成和被拆卸的水上飞机各2架。"若宫"号就这样参加了那年在佐世保附近举行的海军演习，并在1914年被派往胶州湾附近的水域，它的水上飞机在那里攻击了青岛的德国海军基地。在这些军事行动中，日本飞机出击了50次，在基地上空进行侦察和轰炸，同时也实施了海上搜索。[54]

1916年，海军航空术研究会解散，支持该组织的资金被用于建立3支海军飞行队，它们受海军省军务局的管辖。第一支飞行队于1916年4月在横须贺成立。然而，当横须贺航空队被短暂地运送到海军当时用于演习的任何训练地区时，它每年只与舰队进行一次协同作业。这表明日本海军早年还没有确立具体的海军航空政策。但日本海军航空兵依旧在许多方面取得进展。1917年，横须贺海军兵工厂的军官们设计并制造了第一架日本水上飞机——横厂式"吕"号甲型水上侦察机，它在海上比日本海军正在使用的莫里斯·法曼飞机有用得多，危险性也小得多。这种飞机最终得到批量生产，成为到 20 世纪 20 年代中期日本海军航空兵的主力。到一战结束时，越来越多的日本工厂开始根据外国的设计生产发动机和机身。1918 年的海军扩充计划中包含有大幅增强日本海军航空力量的内容，这使得日本海军得以在佐世保建立一支航空队和一个海军航空基地。1918 年，日本海军在东京东北部的茨城县霞浦湖（Lake Kasumigaura）附近获得了一片土地。次年，一个陆上和水上飞机两用的海军航空基地开始动工建造，随后海军航空训练从横须贺转移到那里。日本海军在霞浦建立海军航空训练部队后，该基地成为海军主要的飞行训练中心。[55]

　　虽然这些举措意义重大，但在第一次世界大战结束时，日本的海军航空专家得出结论，英国海军在海军航空兵领域取得的进步最大。日本海军对"暴怒"号展现出的舰载机航空作战的潜力非常感兴趣，故在 1918 年的"八六舰队"计划中加入了 1 艘航空母舰。排水量 7470 吨的"凤翔"号（Hōshō）航母于 1919 年 12 月在横滨的浅野（Asano）造船厂动工建造。"凤翔"号是继英国"竞技神"号（Hermes）航空母舰后第二艘从龙骨开始就设计为航母的战舰，也是最先完工的航母。与此同时，在 1920 年，日本海军派了一名代表到英国去观察"暴怒"号甲板的起飞作业。最后，日本政府于 1921 年要求英国海军航空兵派遣一支代表团到日本，以便向日本海军的这一最新武器提供专业优势。1921—1922 年的森皮尔海军航空兵访问团标志着一支有战斗力的日本海军航空兵的真正起步，这将在接下来的章节中讨论。[56]

改善推进：

蒸汽动力技术的发展

　　推进系统的持续改进（尤其是更快的速度和更大的续航力）对保持日本海军在技术上不落后于西方海军极为重要。对于海军舰艇来说，最大速度始终是一个非常重要的战术问题，而对于在太平洋广阔海域作战的海军来说，续航力也是至关重要的。最终，在设计推进系统的过程中，日本海军和西方海军一样，不得不在速度和续航力之间做出折中。不过，最初这只是一个在蒸汽压力方面赶上西方标准的问题。

当然，蒸汽压力的问题与海军用锅炉的结构设计和材料直接相关。到 19 世纪 90 年代末，日本海军在较大的军舰上使用回程式圆筒形锅炉，在较小的军舰上使用机车式锅炉。最初，这些都是外国制造，并从国外进口的。但随着日本国内锅炉制造能力的提高，这些原本需要进口的锅炉都可以在日本通过许可协议进行生产。按照后来的标准，这些铁制锅炉产生的压力是微弱的——只有每平方英寸 44 磅力多一点。后来引进了钢锅炉，压力从每平方英寸 70 磅力逐渐增加到 170 磅力。1897 年完工的战列舰"富士"号和"八岛"号装有能产生每平方英寸 155 磅力压力的饱和蒸汽锅炉。在 20 世纪的头几年，日本海军在其一等巡洋舰和战列舰上开始采用外国设计的水管锅炉，但考虑到日本的技术转接模式，日本自行设计的该种锅炉设备很快出现也是不足为奇的。1895—1896 年，宫原二郎（Miyabara Jirō）少将主持设计和研发了一种大管型的水管锅炉。1903 年，这种以他名字命名的锅炉被日本海军采用。宫原锅炉造价便宜，制造简单，可以容纳大量水，并使水高效循环；经过逐次的改进，它最终得以产生每平方英寸 233 磅力的压力。[57]

就在这几年中，日本海军还研制了一些小管型水管锅炉，最初是根据国外的样式仿造。它们中的第一款被称为舰本式锅炉，1900 年由舰政本部设计，1902 年被日本海军采用。该锅炉首先在"龙田"号炮舰上安装和测试，产生的蒸汽压力为每平方英寸 180 磅力，以 5500 的额定马力驱动两个螺旋桨轴。在第一次世界大战之前，该锅炉被安装在若干型驱逐舰上，而在巡洋舰"平户"号（Hirado）、"筑摩"号（Chikuma）和"矢矧"号（Yahagi）上则产生了180—274 磅力每平方英寸的压力。但是锅炉水鼓的扁平形状引发了一些问题，故日本海军研发了一种使用一个圆柱形水鼓的新型锅炉——"吕"号舰本式锅炉。该锅炉于 1914 年被日本海军采用，在整个太平洋战争当中也仍然是日本海军的标准锅炉。到 20 世纪 20 年代中期，它为日本战列舰提供了每平方英寸 274 磅力的蒸汽压力。[58]

日本锅炉之所以能够产出越来越大的蒸汽压力，是因为日本使用了外国（主要是英国）的技术。第二个因素是日本在冶金和工程技术方面的进步，因为日本国内工业实力更强了。这是日本这些年成功赶上西方海事和海军技术的又一个迹象，到第一次世界大战时，日本海军在提高蒸汽压力的竞赛中已经大大缩小了与西方海军的差距，所以在动力和速度的竞赛中亦是如此。[59]

日本海军也意识到了涡轮发动机相对于活塞式发动机的优势。在 20 世纪的头 10 年里，它在一些正在建造的军舰上试验了外国设计和制造的涡轮系统。日本海军对它们的性能相当满意，因此努力掌握涡轮机技术。涡轮机体积更小、重量更轻、无振动、更省油，但是采用涡轮机推进并不是没有问题。与其他海军一样，日本海军面临着两个问题：一是对涡轮机效率需要的叶片高转速和高轴速，与螺旋桨效率所需的低轴速进行协调；二是在较低的动力水平上高效地运行涡轮机组。一战期间，通过在涡轮机和传动轴之间插入减速齿轮（虽然日本海军和其他国家的海军一样一直被减速齿轮的问题所困扰），在一定程度上解决了第一个问题。第二个问题就通过采用巡航涡轮机解决。在这种巡航配置方案中，蒸汽先通过巡航涡轮机，再供给主涡轮机；而在高速／高效率的配置方案中，巡航涡轮机就被撇开不予考虑了。[60]

在设计和研发齿轮减速式涡轮机的过程中，日本海军就是通过运用各种齿轮和涡轮机的布局方案，开始得出这些解决办法的。与它的技术转接战略相一致的是，它开始只是进口外国涡轮机安装在军舰上，然后变成根据许可协议由私营公司在国内生产外国的主机。三菱安装了帕森斯涡轮机，川崎使用的是柯蒂斯 – 布朗的设备。在这个时候（1910 年左右），日本海军在涡轮机系统建造上可能只落后其他主要海军强国几年。[61]

然后在第一次世界大战期间，舰政本部以由此获得的知识为基础，开始设计和研发自己的全齿轮减速式涡轮机，它很快成为日本海军的标准涡轮机。完全由日本设计和制造的强力发动机——技本式（后被定名为舰本式）涡轮机，首先安装在"长门"号和"陆奥"号战列舰上，4 套这样的涡轮机总共提供了 8 万轴马力，使两舰的最高速度接近 27 节。[62] 该涡轮机是为计划中的"天城"级战列巡洋舰设计的，该型军舰建造完工的只有一艘"赤城"号（建成为航母）。但是"赤城"号的四轴涡轮机提供了 13.1 万匹马力和 30 节的航速，这样的性能在第一次世界大战后的几年里仅次于英国战列舰"胡德"号的动力设备。虽然 2 艘以巡洋舰舰体为基础建造的美国航空母舰"列克星敦"号（Lexington）和"萨拉托加"号（Saratoga）配备了比"赤城"号性能更强的动力设备，但直到1941年"北卡罗来纳"级（North Carolina class）完工下水以前，没有一艘美国战列舰的标称轴马力是3.5万，更不用说"长门"级的8万轴马力和"伊势"级（Ise class）的4.5万轴马力。[63]

通过比较，我可以看到日本军舰和美国军舰的动力设备设计背后所蕴含的不同战略假设。日本海军假设自己将在西太平洋上作战，重视战术速度，所以在其主力舰上安装了相对较大的动力设备。而美国海军假设它将在跨太平洋航行的最后阶段作战，故愿意安装更小的动力设备，为燃料留下更多的空间——这是用速度换续航力。

因此，由于英美日三国海军存在截然不同的设计指标，所以很难说在20世纪20年代初它们当中谁在蒸汽技术上处于领先地位。不过，当这三支海军都开始挖掘过热蒸汽——速度和动力竞赛中的第三大要素的潜力时，日本海军开始在这一重要的技术领域中落后了。

海军和石油：
新能源问题的肇始

1905—1920年，日本海军参与的所有技术进步——使用燃油锅炉的快速战列舰的研发、柴油动力潜艇的出现以及汽油动力飞机的出现——累积起来给日本海军带来了一个日益严重的新能源问题：如何获取足够的石油做海军燃料。

事实上，早在1887年，日本海军就考虑过使用燃油锅炉。当时军舰才刚刚脱离风帆时代。而日本国内的煤，虽然质量很差，却容易得到。因此，在19世纪余下的时间里，日本几乎没有动力推进对石油燃料的研究。[64] 如前所述，就在日俄战争之前，日本海军已经开始从英国进口优质的卡迪夫煤，同时努力研发以国内煤为原料的生产煤球的技术。当这一技术完善后，日本海军曾短暂地实现了其历史上唯一一次燃料的自给自足。但是，具有讽刺意味的是，正是在这个时候"无畏"号的出现和对更优良推进装置的需求促进了世界上各主要海军中对液体燃料的使用。

日本海军自己在1900—1904年实际上已经开始尝试使用石油，并于1906

年做出了以石油为海军燃料和安装混合燃烧推进装置的决策。在 1904 年，老式鱼雷艇"小鹰"号已经试验性地改用以燃油为主要燃料的推进装置，但是日本第一艘配备煤油混合锅炉的军舰是 1905 年开工建造的"生驹"号巡洋舰。"金刚"级战列巡洋舰、"扶桑"级和"伊势"级战列舰已经被建造为主要是烧煤的军舰，尽管它们在紧急情况下也可烧油。1915 年，在"浦风"号（Urakaze）驱逐舰上安装了第一台完全以石油为燃料的锅炉，这标志着日本海军的一个转折点。从此以后，海军不再订购锅炉严重依赖煤炭的军舰。当"长门"号和"陆奥"号战列舰在第一次世界大战末期下水时，它们主要装备的是燃油锅炉。[65]

　　当日本海军决定采用石油作为海军燃料时，日本国内储量适中的石油资源被认为足以满足海军的需要。但早在 1909 年，由于日本海军对国内石油的需求越来越大，并开始与日益增长的工业需求发生竞争，能源再次成为日本海军的主要问题。海军现在不得不将这种新燃料的问题纳入其战略考量中。为了解决这个问题，日本海军在接下来的 10 年里同时采取了若干行动。首先是在其 4 个主要基地建造重油储罐来储备石油，第一个在 1909 年建于横须贺，接下来是在吴市和佐世保。到 1914 年年底，日本海军手头总共有 24500 吨燃料。[66]但是海军军令部已经判定，考虑到预期在建的舰艇，舰队手头必须至少要有 19 万吨，即 6 个月的供给。随着第一次世界大战的爆发，燃料的情况变得更加危急。当国内石油产量在 1915 年显而易见达到顶峰时，日本却不得不从海外获得石油。因此，在 1916 年，日本海军与益格鲁－撒克逊石油公司签订了一份长期采购协议，从婆罗洲（Borneo）北部打拉根（Tarakan）油田购买石油，这一协议标志着日本海军燃料政策的又一次转变，也标志着日本海军开始对东南亚的战略资源产生兴趣。[67]两年后，日本海军与一家英国公司在东亚的代表——朝日石油公司签订了一份长期合同，从婆罗洲（主要是打拉根）购买 15 万吨石油，随着日本海军需求的增加，该合同的范围也扩大到了把美国加利福尼亚的石油也包括了进来。[68]

　　1920 年，日本海军将这种进口政策与大力节约石油资源的计划结合起来。军令部宣布应留出 36 万吨燃料油，供任何可能的战争的第一年使用，另留 26 万吨供战斗的第二年使用。[69]为了建立这样的储备，日本海军不仅从美国购买了大约 7000 个储油罐，而且还鼓励在桦太岛（Karafuto，日本对库页岛南半部分的称呼，为日本所有）开采新的油田。它与苏联签订了从库页岛北部购买石油的协议，并进行了合成燃料的实验，特别是以液化煤和从页岩中提取的石油进行合成。最后，日本海军开始升级其燃料运输工具。在燃料从煤炭改成石油的最初几年里，日本海军从民用航运公司租用了所需的油轮。但随着需求的增长，它在 1915 年开始建造自己的油轮，在接下来的 10 年里建成了大约 15 艘。[70]

　　这些措施都没有使日本海军摆脱对外国石油的依赖，特别是通过英国或美国公司购买的石油。而且，其中一个来源还被日本海军认定为假想敌，这最终对日本海军和整个国家产生了不祥的战略影响。但除了这些要考量的因素，还有一个严峻的事实，那就是日本对外国石油的需求一直在增长，而日本似乎没有任何办法来减少这种需求。

日本海军和英日同盟的衰落

　　虽然日本海军越来越依赖外国石油，但它越来越不依赖于 1902 年英日同盟正式确立的与英国海军的特殊关系。尽管该条约在日俄战争期间没有完全生效，在冲突期间却还是对日本有利。1905 年战争结束时，该协定被修订并延长 10 年。1907 年，山本权兵卫和海军上将"杰基"·费舍尔在伦敦就条约中海军方面的内容进行了讨论。但 1907 年海军会谈的内容与 5 年前相比受到了更为严格的限制，很大程度上是因为双方都没有对两国关系给予同等程度的重视。虽然日本海军公开表示，与其他海军强国相比，日本海军正处于危险的衰落之中，但到 1907 年时它变得越来越自信。例如，在伦敦的秘密海军会谈中，日本代表团不再要求英国对其在东亚的具体军力水平做出承诺。相反，该代表团只是满足于询问英国打算在东亚水域保留什么部队，以及如何分配这些部队。[71]

　　尽管如此，日英同盟还是得到了续存，因为它仍然符合双方的利益。一方面，它继续为日本获得英国海军技术提供便利，减少了俄罗斯对日本发动报复战争的可能性。另一方面，它使英国得以从东亚水域抽调海军力量集中对付德国。然而，有迹象表明，英国对它的这个合作伙伴越来越警惕，越来越不愿意分享英国海军在训练和技术方面的进展。例如，英国海军部对日本提出的举行联合海军演习的建议反应冷淡。[72]

　　英日同盟条约最初的焦点——俄国在东亚的威胁在 1905 年后已经大为削弱，而美国海军已成为日本海军在太平洋地区的主要竞争对手。条约中主要的紧张点是日本和英国在与美国开战的可能性这一问题上态度不同。英国人不想和美国发生战争，因此希望在协议中把美国列为"第三国"条款中的例外。而日本，至少在理论上考虑过日美战争的明显可能性，担心一旦发生这样的冲突，第三国（可能是俄国、德国或法国）可能会加入美国一起对付日本。日本担心一旦发生一场亚洲战争，美国可能会加入对它的进攻。因此，日本希望英日同盟在这方面不要有所变动。[73] 然而，最终，当 1911 年对英日同盟进行复审时，日本屈服于英国的坚持，不得不接受一项条款，该条款实际上规定，英国和日本根据条约都没有与美国开战的义务。在日本海军看来，这一条款大大降低了同盟的价值。[74]

　　对日本尤其是日本海军来说，英日协定在 1914 年起到了最后一次作用。第一次世界大战开始时，日本渴望夺取德国在中国和太平洋地区的殖民地，于是求助于同盟，以便以英国盟友的身份参战。虽然根据具体的国际局势和条约的实际条款，日本没有真正的义务这样做。结果，日本迅速占领了德国位于山东半岛上的青岛基地和密克罗尼西亚中的德属岛屿［从马里亚纳群岛（Marianas）向东到马绍尔群岛（Marshalls）］。后一项举措似乎大大改善了日本在与美国发生战争时的战略地位。虽然英日同盟成了日本为取得这些领土而公然利用的借口，但在战争结束时，同盟本身显然处于岌岌可危的状态。它对英国来说是一件无关紧要的事，而对大多数日本战时盟国来说则是公然敌视的对象。

1907 年日本海军的最初对美战争计划

　　日俄战争后，日本海军对可能与假想敌美国发生冲突的想法明显模糊不清，原因有三：第一，遗留的相关历史记载很少。第二，在此期间，日本在那些恶化两国关系的问题上还没有举国上下的一致决心去对抗美国，这一事实使日本海军的对美战争战略规划与其说是为日美冲突拟定的一个严肃指导方针，不如说是为海军的预算需求提供一个理由。第三，日本海军既没有将战火烧到美国海岸的物质实力，也没有武器系统和潜在的基地来抵消可能接近日本本土的美军战列舰队的优势。

由于日本海军缺乏进行远距离或长时间作战的物质手段，它将不得不打一场速战速决的防御战。而且，美国现在在西太平洋和东南亚拥有的领土既是战略资源又是不利条件。因此，在任何日美海军冲突中，决定性的海战很可能是在西太平洋发生，在日本本土舰队和美国西进舰队［任务是支援、援救或重新占领美国在关岛（Guam）和菲律宾的战略要点］之间展开。在这种情况下，美国人会带来具有压倒性优势的海军力量。在日美海军对抗的早期（1905—1914年），飞机和潜艇的发展还处于初级阶段，真正适航性好的驱逐舰很少，鱼雷战也不是完全有效。因此，海战的主要仲裁者仍然是主力舰。而美国拥有的主力舰数量又比日本多。即使日本海军拥有大量的飞机、潜艇和搭载鱼雷的轻型舰艇，当时所有这些飞机和舰艇的航程也都是有限的。如果在太平洋上没有前进基地，它们的行动就会受到严重限制，只能发挥有限的防御作用。这些实际情况迫使日本采取了一种利用日本防御地位优势的战略"邀击作战"（意即伏击战略），即日本舰队等待敌人接近日本附近海域，然后给予一次毁灭性打击，就像东乡在日俄战争末期所做的那样。[75]

虽然由于缺乏必要的文献记录，很难确定日本海军对美战争的战略思想起源，但可以相当肯定的是，它肇始于 1907 年《帝国国防方针》被采用后。作为附录的 1907 年的政策说明有一个针对国家假想敌人的总体战略计划。根据该计划的规定，陆军参谋本部和海军军令部各自拟订一份针对主要假想敌的"年度作战计划"，它的有效时间将从当年的 4 月 1 日持续到下一年的 3 月 31 日。该年度计划在战时将给所有战略和作战提供基本指示，在和平时期则成为陆海军战备、训练和情报规划的基础。附随于陆、海军各自年度作战计划的是详细的战时编制计划。海军的计划称作《年度帝国海军战时编成》。从和平编制转向战时编制的实际序列包含在"出师准备"（意即舰队预备动员）中。[76]陆、海军彼此间仍然出现持续不断的摩擦，并对自身声望给予了过分关注。虽然年度作战计划本应该是陆、海军之间协商一致的产物，但实际上是陆军参谋本部和海军军令部制订各自的计划。故一些历史学家认为它们只是一纸空文罢了。但野村实认为，那些在太平洋战争期间取得最大胜利的军事行动都是日本陆、海军处心积虑多年的作战：入侵菲律宾（策划始于明治时代后期）、占领关岛同时摧毁美国太平洋舰队（第一次世界大战之后就立即着手研究）、香港和马来亚作战（最早策划于20世纪30年代中期）。当然珍珠港事件是个例外，袭击珍珠港的计划是在太平洋战争爆发不久前才制订出来的。

没有证据表明，日本海军在1906年以前曾考虑过与美国开战的哪怕最小的可能性。甚至在1907年《帝国国防方针》中提到的潜在日美冲突，也只是用抽象的语言陈述了主要目标是摧毁美国海军。虽然日俄战争后的10年中，日美之间的敌意并非根深蒂固，而是断断续续的，但在1905—1907年双方之间的紧张关系（主要是由加利福尼亚出现的反日种族主义情绪和日本对这种情绪的反应引起的）还是使太平洋两岸的日美海军专业人员对未来日美冲突的可能性非常敏感（无论这种可能性多么小）。美国方面，这一认识体现在《橙色战争计划》最早版本的起草过程中。在接下来的30年里，《橙色战争计划》被多次修改，成为美国对日作战的基本战略指南。[77]

虽然目前似乎不存在详细描述这几年日本制订对美海战作战计划的日本海军文件，但在一些史料中，我们可以看到日本海军对战争将如何进行的思考。例如，有一份简短的记录记述了日本海军1908年11月7—9日在九州以东进行的一次演习。演习假设敌人占领了奄美大岛（Amami Ōshima，位于九州和冲绳之间的战略要地），海上决战将在该岛以东进行。[78] 在接下来几年里的某个时间，日本海军开始将菲律宾纳入其战略计划。日美战争开始时，日本陆、海军对菲律宾展开联合作战，摧毁那里的美国海军基地，并使美国海军在菲律宾海域的舰队失去战斗力。轻型舰队沿着一条从小笠原群岛延伸到伊豆群岛（Izu Islands）的巡逻线部署，充当最初将集结驻扎于奄美大岛附近的联合舰队对前进的敌军主力进行大规模反击的绊索。海军大学校1911年实施的一次图上演习记录表明，日本海军曾考虑与陆军在吕宋岛（Luzon）林加延湾（Lingayen Gulf）进行联合登陆作战，将美国的亚洲和太平洋舰队从菲律宾海域驱逐出去，占领马尼拉——所有这些都将在美国大西洋舰队抵达之前进行。演习以日本联合舰队和美国大西洋舰队在冲绳岛附近发生的一场事先经过精心部署的战斗结束，但并未决出胜负。[79]

到第一次世界大战时，东京和华盛顿的海军参谋人员将他们对太平洋战争的研究集中在两个常见的假设上：一旦发生这样的冲突，日本就会对菲律宾发动攻势，[80] 而美国则会调派一支战列舰队西进，穿过太平洋前去援助那里的美国驻军和海军舰队。对美国人来说，他们面临的主要困境是如何将距离和时间的比率缩小，从而达到挽救他们在菲律宾脆弱的战略要点的目的。在接下来的四分之一个世纪里，那些不断修改《橙色战争计划》的人一直在设法解决这个几乎无法解决的问题。

对日本人来说，问题是如何对抗和击败数量和火力都占优势的美国战列舰队。海军军令部在制订应对这一问题的年度作战计划时，最终得出结论：解决这一问题的关键在于在决战之前以某种方式削弱敌人的实力。因此，对抗向西推进的美国战列舰队的战略必须分两大阶段来实施。第一阶段是由日本轻型舰队在中太平洋实施一系列的初步进攻，逐步削弱敌人，直到美国和日本的战列舰队在数量上势均力敌。然后，当实力被大大削弱的美军主力进入西太平洋水域时，集结于奄美大岛附近某处的日本联合舰队将出击寻求决战（大概在琉球群岛和吕宋岛北端之间），依靠其主力舰的重炮赢得胜利。[81]

这些战略设想到第一次世界大战时似乎还没有被制订成详细的计划，这在很大程度上是因为所有轻型部队，特别是驱逐舰、潜艇和飞机的作战能力有限，也因为日本在太平洋地区没有前进基地来安置它们。[82] 这些客观因素使得日本海军很难具体规划它应对美国舰队的战略在消耗战阶段如何实施。然而，到第一次世界大战结束时，有两件事对日本未来制订持续削弱战略的计划产生了极大助力。首先是出现了潜艇这一对付水面战舰的潜在有效武器，这一海军技术的发展将大大增强针对西进的美国战列舰队实施持续削弱战略的效果。另一件事是 1914 年日本占领德属密克罗尼西亚群岛。如果日本人选择在前德国领土［马里亚纳群岛、加罗林群岛（Carolines）和马绍尔群岛］上驻扎大量海军部队的话，那么它们在日本人手里就像一个跨越西太平洋的屏障。这种可能性将使美国在所有对日战争中的核心战略问题都变得极其复杂。第一次世界大战期间，密克罗尼西亚在日本的战略中看起来无足轻重。战后，日本被迫同意从这些岛屿撤出所有的海军力量，并保证不会将这些岛屿要塞化。不过，由于美国也要让其西太平洋的潜在基地"不设防"，同时把密克罗尼西亚群岛的大部分岛屿留给日本占有（虽然也是不设防的），如此一来日本便能称霸东亚水域，并使美国跨越太平洋的海上攻势变得更加困难和充满风险。因此，尽管绝对没有证据表明日本在国际联盟委任其统治密克罗尼西亚的至少第一个 10 年间违反了承诺，但在 20 世纪 20—30 年代，该地在日本海军的太平洋战争计划中显然变得越来越重要。[83]

"八八舰队"计划的破产：
1922 年的日本海军和《华盛顿海军条约》

在第一次世界大战之后的几年里，3 个最大的海军强国的舰艇建造计划有可能引发一场既危险又耗资惊人的新海军军备竞赛。在这些计划中，美国的造舰计划似乎有着最重大也最具潜在颠覆性的企图——取得海军的霸主地位。由于威尔逊政府的努力，美国已经拥有了 16 艘现代化的主力舰。威尔逊 1916 年的扩充计划完成后，将给予美国 35 艘这样的战舰，而 1919 年的计划完成后将提供一支由 50 多艘一线战列舰组成的战列舰队，完全超过英国的由 42 艘战列舰和战列巡洋舰组成的舰队。即使是模糊而雄心勃勃的日本"八八八舰队"计划，在如此庞大的军力面前也黯然失色。出于这些原因，英国感到愤怒，日本感到震惊，两者都认为自己是美国海军大规模扩充计划针对的具体目标。威尔逊海军扩充计划背后的动机问题不在本书的研究范围之内；一言以蔽之，到 1921 年威尔逊离任时，他的海军霸权计划就被抛弃了。接下来的哈定（Harding）政府认识到，这种规模的军备竞赛对参与竞争的任何大国都是不利的，于是开始考虑推动一项关于限制海军军备的国际协定。

在日本海军里，经验丰富、敬业谨慎的海军官僚加藤友三郎海军大臣是过去 6 年海军扩充计划的坚定旗手。加藤和海军军令部长岛村速雄一起，不知疲倦地为"八八舰队"争取资金，以应对一战时美国海军舰艇扩充带来的挑战。然而，在下一个 10 年的前夕，加藤开始认为一战后不受限制的海军军备竞赛所带来的威胁对所有海军强国来说都是不祥之兆，对日本尤其如此。对加藤来说，

∧ 加藤友三郎

欧洲最近的冲突决定了未来几十年的战争形态，在这场战争中，军事冲突的结果取决于工业和经济实力。在加藤看来，日本的工业和经济基础要小得多，因此没有资格在造舰竞赛中挑战美国。到 1921 年，日本海军的总吨位将略多于美国的一半。而到 1925 年美国的 1916 年造舰计划完成时，即使日本在自己的"八八舰队"计划上取得了进展，它的吨位也只比以前增加了 10%。到 1927 年日本的造舰计划应该完成时，日本的海军力量仍然比美国少 20 万吨，远远低于美国海军实力的 70%。根据这些无情的统计数据，加藤认为，与美国之间不断升级的军备竞赛是愚蠢的，愚蠢程度能超越这个的只有与美国开战。加藤把日本的战列舰队视作对美国侵略的一种威慑，而不是一支必然会被用来对付美国的部队。

他的结论是，日本的最大利益在于与国际社会合作，限制所有海军强国继续建造主力舰。[84]

加藤友三郎越来越能接受海军军备限制的概念，英美海军机构也有类似的想法。不过，加藤对战后解决国际海军军备问题的可能性特别有先见之明。1919年，他已经指定了一个特别的海军委员会来考虑这个问题并提出政策建议。该委员会在1920年的第一份报告中敦促，如果国际社会试图就海军军力问题达成协议，日本海军应该坚持维护其海上安全的两项基本原则：完成"八八舰队"；保持日美之间7∶10的吨位之比。到1921年，委员会和加藤一样，开始意识到不受限制的军备竞赛的危害可能会迫使日本海军放弃"八八舰队"计划。但是委员会坚持对美70%的比例。而加藤则更重视阻止美国要塞化其在菲律宾和关岛的前进基地，他没有正式为委员会的报告背书，尽管报告总体上强化了他的观点。[85]

无论如何，加藤认为有必要与英美海军强国合作寻求军备限制的观点在日本海军内部不是主流。直接提出反对的是海军军令部和海军大学校的一帮强硬的青年军官，他们坚持认为不受约束地扩充海军既是国家安全问题，也是国家威望问题。他们的主要发言人是海军大学校校长加藤宽治少将和军令部作战部一课课长末次信正（Suetsugu Nobumasa）。正是加藤宽治这个鲁莽好战、民族主义情绪强烈的海军军官最清楚地表达了完全不同于他上级加藤友三郎对国防的看法。加藤宽治对工业战争影响的解读和老加藤完全不同，他激烈地据理力争称美国可以接受舰队规模限制，因为它知道一旦冲突爆发其庞大的兵工厂可以轻易造出任何它需要的军舰，而日本的工业资源相对较少，因此需要尽可能保持大的舰队规模。对小加藤和他的支持者来说，最愚蠢的事情是没有尽可能大规模地准备在他们看来不可避免的日美战争。[86]

1921年夏，哈定政府发出了在华盛顿特区举行的有关海军军备限制和东亚事务的国际会议的邀请函。由于加藤友三郎在日本官僚机构中享有盛誉，他被任命为出席华盛顿会议的日本代表团首席代表，同时继续担任海军大臣。反过来，因为加藤宽治代表了日本海军内部重要一派的意见，他被邀请加入代表团作为老加藤的海军首席随员。这一决定导致日本在会议上的代表们出现了几

∧ 加藤宽治

乎致命的分裂。

　　华盛顿海军会议及国务卿休斯提出的稳定世界上各大海军现有军力的意外建议，以及这些建议在日本代表团内引起的骚动已经被其他历史学家很好地记录了下来，故这里只做总结。[87] 美国提出了一项主力舰暂停建造 10 年的建议，并提出了五大海军强国各自报废特定军舰的时间表，以便达成对总吨位的稳定限制。经过多次谈判，美国和英国的限额是 52.5 万吨，日本是 31.5 万吨，意大利和法国是各 17.5 万吨。除了这个主力舰吨位，英国和美国都获准建造 13.5 万吨航空母舰，而日本获得的配额是 8.1 万吨，意大利和法国则分别得到 6 万吨的配额。任何一国的主力舰排水量都不能超过 3.5 万吨（不过英国正在建造的 4.1

万吨的"胡德"号战列巡洋舰最后还是破例了）。所有主力舰都不得搭载口径
16 英寸以上的火炮，单艘航空母舰的吨位不得超过 2.7 万吨（不过这一限制最
终提高到 3.3 万吨，只要不超过航母的总吨位限制）。虽然华盛顿会议对巡洋舰
的建造数量没有做出限制，但不允许巡洋舰的排水量超过 1 万吨，也不允许其
搭载任何口径超过 8 英寸的火炮。[88]

　　对日本来说最大的症结当然在于允许建造的海军总吨位不平等。美国和英
国认为，为他们保留更大的限额是合理的，因为前者在大西洋和太平洋都有安
全利益，后者则需要足够的海军力量来保护一个环绕全球的帝国。而日本的安
全需求在英美看来仅限于西太平洋。对日本人来说，休斯的提议威胁到了日本
海军政策中神圣不可侵犯的两大支柱——"八八舰队"和海军吨位对美七成比例。
然而，会议一开始，加藤就断定，最符合日本利益的做法是接受这些提议，而
不是面对这样的前景：与美国展开不受限制的海军军备竞赛和可能出现的经济
崩溃。在这一点上，他受到了日本代表团中由他的首席海军助理领导的强硬派
持续不断的猛烈抨击，以至于代表团几乎处于分崩离析的边缘。只是凭借高超
的政治技巧和组织领导能力，以及他在东京的下属和盟友的大力支持，加藤友
三郎这位首席代表才得以获得最高统帅机关的支持，否决和压制加藤宽治对条
约的反对。[89] 然而加藤友三郎的胜利是皮洛士式的。在会议结束后的几年里，加
藤宽治利用了"大海军"狂热分子对最终条约内容的极大不满。1930 年，当参
加华盛顿会议的海军强国在伦敦开会讨论条约的续存和修订时，日本海军内部
赞成条约和反对条约的派别之间再次爆发分歧。

　　日本代表只在华盛顿会议中几个为数不多的辩论议题上获得了一些让步。
其中一个问题涉及"陆奥"号（该舰以及一些正在建造的英美战列舰，根据休
斯计划，原本是预定要报废的）。这是日本海军的一大痛点，因为"陆奥"号
不仅是日本最大的两艘军舰之一，而且它的建造资金部分是由公众捐助的，大
部分捐款来自学校的孩子们。最终，日本代表团成功地证明，"陆奥"号已经
完全服役，已经靠自己的动力航行了 1000 英里，故该舰不在计划报废的在建军
舰之列。[90]

　　更重要的是，加藤友三郎和他的同僚们在条约中得到了各国对不设防条款

∧ 末次信正

的同意。该条款规定，太平洋地区的列强不得在其岛屿属地建立或加强任何防御工事或海军基地，但新加坡、夏威夷和日本本土岛屿除外。该条款措辞简短，而且事后看来模棱两可，这是致命的，因为它没有给出"防御工事"或"基地"的定义。毫无疑问，条约的制定者是在一个传统的、航空时代以前的背景下考虑这些术语的，前航空时代重视防御工程、海岸火炮、守备队、干船坞、燃料堆等方面。实际上，条约带来的结果是阻止了美国和英国在西太平洋或东南亚的任何地方建立稳固的基地。

　　然而在受到条约限制的新时代，日本海军将面临已经发生了重大改变的情况。首先，虽然说日本海军在东亚是最强大的，但它也是孤独的，因为《华盛顿条约》（Washington Accords）要求日本结束与英国实质上的海上同盟。更为重要的是，日本海军长期以来的目标——"八八舰队"，在 1921 年还明显处在他们的掌控之中，但到了1922 年却成了一纸空文。新的五国条约的规定，正在建造中的"加贺"号战列舰和"赤城"号战列巡洋舰被建成为航空母舰；"爱宕"号和"高雄"号战列巡洋舰以及"纪伊"号（Kii）和"尾张"号（Owari）战列舰的龙骨都被废弃了；剩下四舰的设计方案已经编号，但尚未命名，战列巡洋舰则被取消。战列舰队退回到由较老的主力舰组成的"六四舰队"（4 艘战列巡洋舰在 20 世纪 20 年代改装后被重新归类为战列舰），将由 3 艘航母提供支援。它的对手可能是一支由 15 艘战列舰和 3 艘正在建造的航母组成的美国舰队。

日本和美国海军实力的这种不均衡足以加深加藤宽治的怨恨，并使日本海军的反条约势力在 1922 年后变得更加强大。为了进一步推进他于 1922 年在华盛顿确立的与美国的新合作方针，海军大臣加藤友三郎曾试图将其纳入 1922 年起草并于 1923 年获得批准的《帝国国防方针》的第二个修订案。但由于日本的战略环境发生了变化，加上以小加藤为首的一群反条约的"大海军"激进分子的影响，修订后的《帝国国防方针》明确指出美国是日本陆军和海军最有可能的假想敌。又因为美国在中国的经济扩张和美国西海岸的反日运动，日本陆、海军现在都认为与美国的战争是不可避免的。这还不是全部。1923 年夏，加藤友三郎罹患癌症过世，劳累过度加速了他的离世。虽然军令部的高级职位直到 1929 年都由支持《华盛顿条约》的军官担任，但随着事态的发展，海军中"反条约派"的影响力急剧上升，特别是在军令部内部。[91]

尽管如此，就此时而言，日本还是同意遵守限制其海军地位的国际协议。在物质条件受限制的新"条约时代"，日本海军如何保持其战斗力仍有待观察。

7

第七章

"以少胜多"：

条约时代到第一次伦敦海军会议时的日本海军，
1923—1930 年

在 20 世纪 20 年代的剩余时间里，《华盛顿条约》的条款是加强而非削弱了最广泛意义上的日本国家安全。[1]1923 年东京大地震后重建东京的巨额开支加剧了日本经济的压力和不确定性，在接下来的 10 年里海军军备限制为日本政府节省了一大笔用于维护和建造主力舰的资金。在这种情况下，"八八舰队"计划如果完成，其对国家的破坏力无疑是毁灭性的。结果，日本海军在这几年里不得不有选择性地、小心翼翼地研发小型军舰。

此外，《华盛顿条约》规定美国在西太平洋的潜在军事基地要不设防，同时让密克罗尼西亚群岛的大部分岛屿处于日本的控制之下（虽然也要不设防），从而使日本在东亚海域处于霸主地位，并使美国海军在太平洋的进攻变得更加困难，风险也更大。这些优势如果放到第一次世界大战结束时已经发生了巨大变化的经济和战略环境中来看的话，就显得更为重要了。在 1904 年之前，日本基本上是一个自给自足的农业国家，只有有限的海外贸易、有限的贸易路线和规模有限的商船队。在甲午和日俄战争中，日本海军的职责主要局限于保护亚洲大陆上陆军远征军的补给线以及在中国东海贸易航线上的巡逻。第一次世界大战结束时，日本人口和工业的增长导致日本对东南亚和亚洲大陆东北部的食品和原材料形成了依赖。这样的增长也将日本的贸易航路向南拓展至婆罗洲的油井，并刺激了世界第三大商船队的发展。根据海军军备限制协定的规定，日本的贸易本应得到 10 年的安全保障，这对日本来说无疑是一个巨大的利好。

五国在 1922 年签署的海军条约只是当年在华盛顿签署的几项条约中的一项。其他条约从本质上讲是区域性的：重申了中国政治和领土完整的原则以及所有大国在中国经济机会均等的原则。在这个意义上，它的主要目标之一就是降低日本和美国在东北亚大陆发生利益冲突的可能性，从而减少两国之间发生武装冲突的可能性。此后，在没有战争风险的情况下，在中国进行和平的经济扩张是日本政府在 20 世纪 20 年代的基本外交政策（至少在一段时间内是如此）。

鉴于这些对日本的好处，就不难理解为什么由已故加藤友三郎所确立的日本海军的正统观念接受了海军军备限制体系，认为它在总体上符合日本的国家利益。因为它降低了战争的可能性，也减少了毁灭性的海军竞赛的必要性。然而，甚至在加藤早逝之前，这种温和的正统观念就正在被一个主要由军令部军官组成的坚决反对条约的团体不断增长的影响力所侵蚀。如前所述，该团体以军令部次长加藤宽治中将为中心，在较小范围内以军令部作战部代理部长末次信正大佐为中心。他们在思想上顽固地反对条约体系，把它视作西方特别是美国利益的工具，执着于"大舰巨炮"的教条及其直接产物——对美七成比例。加藤和他志同道合的同党认为与美国的冲突是必然且合理的。事实上，正是加藤宽治和末次信正于 1922 年在海军内部积极主动地对《帝国国防方针》进行了再次修订。他们无视与美国在华经济利益进行妥协的可能性，坚持在修订时加上一段特别的断言："美国以其无限的经济资源，通过实施经济侵略政策，特别是通过煽动在华反日活动，威胁日本在华处境，而我国已经为中国赌上了我们的国运。"[2]

因此，美国不再像佐藤铁太郎所处的时代那样仅仅充当日本海军"预算上的敌人"——一个与陆军争夺政府资金的方便理由。1923 年修订的《帝国国防方针》将美国指定为日本的头号"假想敌"，这反而确定了不可避免要与之发生战争的宿敌。具有讽刺意味的是，就在《华盛顿条约》的安排似乎降低了日本或美国成功发动跨太平洋海上进攻可能性的那些年里，对美终有一战的信念却在日本海军里扎了根。[3]

　　《帝国国防方针》再度被证明是造成日本陆海军之间龃龉而非合作的根源。日本海军取得了重大胜利,将美国指定为最有可能与之开战的假想敌,防备它成了国家的第一要务。但海军无法阻止《帝国国防方针》里年度作战计划的措辞在陆军的坚持下插入以下内容:可能会与 2 个甚至 3 个敌人发生战争。于是,一场一系列高层谈判都未能解决的激烈争论爆发了,直到 1933 年,日本陆、海军才就制订作战计划的准则——"一次一个敌人"达成一致。[4]

截击和削弱:
针对美国海军太平洋攻势的战略计划

　　与确信对美战争不可避免的信念结合在一起的是一个被重申的信念:这样一场与美国的战争将与美国战列舰队的西进攻势有关,以在西太平洋某处的舰队决战为高潮。到 20 世纪 20 年代初,日本海军已经在相当程度上确定了美国海军进攻日本的战略和战术计划。这或许是由于日本人通过某种秘密渠道获取了美国对越洋战争中所涉及问题进行的作战研究。[5] 更有可能的原因是,日本人只是根据常识推断出了将对美国海军远征日本海域造成影响的主要考虑因素。例如,美国海军只能通过 4 条航线穿越太平洋。最短的航线是北线,经由珍珠港或美国西海岸,北上至阿拉斯加,然后沿着阿留申群岛(Aleutians)航行,沿千岛群岛南下到日本。不过由于天气不好,这条航线太危险,但可以作为牵制性的行动。有一条南线可以利用美国甚至是英国或法国在南太平洋的基地进行补给和加油。然而,这条航线是最迂回曲折的路线,美军认为它耗时过多,尤其是考虑到日本在战争早期对菲律宾的进攻行动就更是如此。最后还有两条中太平洋航线。一条是从夏威夷出发直接跨越太平洋到达小笠原群岛和马里亚纳群岛之间的日本防线。这条航线会触发一场沿线的主力舰队遭遇战。另一条航线稍微靠南一点,穿过吉尔伯特群岛(Gilberts)、马绍尔群岛、特鲁克和关岛(该岛很可能在战争一开始就被日本攻陷)。日本控制的这些岛屿必须夺取和攻占,因为美国舰队行进时,这些岛屿会提供更好的交通、燃料补给和维修。[6]

　　至于要预测美军战列舰队将从这两条中太平洋航道中选择哪一条,那主要取决于对美军进攻速度的估算。一些日本战略家认为，鉴于美国人的性情，美国海军会直接穿过这两条航线中的更北边那一条进攻日本。但最终，对美国计划的正统估计认为，除非美国在主力舰上对日本形成 50% 的优势，否则美国不会组织跨越太平洋的进攻。与这种谨慎相一致的是，美军可能会取道中太平洋航线中更靠南的那一条，力图在前进的过程中建立一些基地。[7]

20 世纪 20 年代初，美国和日本的主力舰建造能力之比估计是 3∶1 或 4∶1。因此，在美国强大的火力优势变得势不可挡之前，冲突持续时间尽可能短明显是符合日本利益的。显然，在 20 世纪 20 年代，日本海军不可能在美国西海岸或夏威夷附近决定性地击败美国战列舰队，打一场短期战争。因此，日本最现实的战略，就是像它在第一次世界大战之前所做的那样，立即去击败规模较小的美国亚洲舰队，并在战争开始时占领菲律宾和关岛，期待受到刺激的美国公众会要求早日派遣战列舰队夺回这些领土。[8]但在东京的日本海军计划制订者也担心，战斗可能会在日本舰队准备就绪之前就强加到它头上。他们相当焦虑的是，在日本海军无法阻止美国亚洲舰队的某段时间里，未被发现并逃脱了毁灭性打击的美国亚洲舰队，会在与美国主力集团会合之前，溜出去袭击日本在台湾岛北部海域和通向对马海峡的贸易和交通线，在日本人还没组织好的时候迫使他们进行决战。因此，在日美战争开始时，粉碎敌人的亚洲舰队并夺取其在西太平洋的基地更加重要。[9]

因此，在 1923 年海军军备限制时代开始的时候，日本针对美国的计划总体上类似于第一次世界大战前军令部起草的那些计划，不过现在它们要详细得多，并且把海战中的新元素——特别是巡洋舰、驱逐舰、潜艇和飞机——摆在了更加突出的位置。日军高级指挥机关希望在战争开始时将日本海军部队集中在东亚海域，以便迅速向西太平洋的美国基地和海军部队发起进攻。事实上，考虑到美国亚洲舰队微不足道的规模和舰船的老化，日本人几乎没有理由担心它们的突袭。但日本海军还是计划秘密派遣潜艇去控制菲律宾所有重要的港口、海湾和海峡，以进行监视、侦察、早期预警、布雷和鱼雷攻击。日本的水面舰队将从奄美大岛、冲绳岛和马公岛（属澎湖列岛）的前进基地出发，在潜艇和飞机的配合下尽早找到并摧毁美国的亚洲舰队。同以前一样，日本海军也将与陆军合作，促成在吕宋岛的林加延湾和拉蒙湾（Lamon Bay）的登陆行动。登陆之后，可以接连占领马尼拉，摧毁甲米地（Cavite）的敌军基地，控制巴丹半岛（Bataan Peninsula），并对科雷吉多尔（Corregidor）发动进攻。无论如何，这些军事行动必须在日军预料中的美国战列舰队西进之前完成。美军舰队可能有运输船和补给舰伴随，也可能没有，这取决于美国的战略目标。[10]

日本海军的第二阶段战略相比第一阶段要重要得多，难度也大得多，因为它要对付和击败美国战列舰队的大部。和过去一样，1924 年日本海军的大演习是建立在"邀击作战"（意即截击作战）基础上的，它要求引诱敌人尽可能靠近日本水域，以便用日本舰队的全部力量集中打击敌人。具体来说，该计划此时要求安排两条日本巡逻线来提醒日本重型舰队美国战列舰队即将逼近。第一条线由远洋拖网渔船和潜艇实施巡逻，从本州岛北部向南延伸到小笠原群岛。[①]更有可能被敌人穿过的第二条巡逻线，从小笠原群岛向南延伸到马里亚纳群岛，由日本海军第三舰队的巡洋舰和驱逐舰维持，辅之以潜艇、水上飞机和各种辅助舰船。[11] 一旦得到警报，日本的两支主力战列舰队第一舰队和第二舰队将对敌人实施突然袭击，在一场经典的战列线对决的炮战中击败它。交战的预期地点现在已东移到小笠原群岛和马里亚纳群岛之间的区域。[12] 但日本只有在火力上胜过（或至少敌得过）美国战列舰队火力，才能赢得这样的决战。《华盛顿条约》签订后，如何与数量上占优势的美国舰队抗衡的问题变得更重要了。因此，日本海军从基于《帝国国防方针》1923 年修订版制订的年度作战计划开始，就越来越重视其先前的设想，即在美国舰队仍在穿越中太平洋时就通过轻型舰队的初步攻击，削弱美国战列舰队。[13]

在 20 世纪 20 年代日本海军制订的计划中，这样的"渐减作战"（字面意思为"持续削弱作战"）成为决战前的必要准备。由于不论美国战列舰队选择两条中太平洋航线中的哪一条，夏威夷都必定是它的出发地，因此日军的计划要求尽早向夏威夷派遣潜艇和水上飞机（搭载在水上飞机母舰上），以监视美

---

① 原注：在20世纪30年代，随着远程船身式水上飞机的出现，这种由小型船只组成警戒线的想法被放弃了，但在太平洋战争早期又被重新采用。

国海军的动向。一旦确定了敌人的航向，日本海军就会开始在东面集结准备实施削弱作战的轻型舰队，在相对靠西的地方集结用于最后的巨炮交战的主力战列舰队。急速派往马绍尔群岛、加罗林群岛和马里亚纳群岛的潜艇将发动攻击，削减敌人的规模。晚上，驱逐舰和轻型巡洋舰会用鱼雷攻击敌人。当日本主力战列舰队从奄美大岛和冲绳岛向东推进时，最终决战的地点和时间由日军总指挥官决定，他的决定将根据削弱作战的结果、天气状况和其他一些变数做出。但至少在 20 世纪 20 年代，日本海军认为舰队决战会在白天进行，大概是在轻型舰队实施了一长夜攻击之后的黎明时分。这场战斗被称为"翌晨舰队决战"。这样安排的部分原因是日本战术家担心美国巡洋舰和驱逐舰的夜袭对主力舰造成的破坏会像他们的敌人日本那样有效，还有部分原因是自 1912 年以来，日本海军的《海战要务令》一直坚持认为"夜间协同行动和统一控制大舰队是困难的"。所以，根据轻型舰队夜战的结果，日军总司令将指定次日黎明时舰队的集结点，以便协调日本舰队的全部力量——战列舰、战列巡洋舰、巡洋舰和驱逐舰，它们将向虚弱和士气低落的敌人逼近。战列巡洋舰将摧毁敌人的掩护部队，使巡洋舰和驱逐舰组成的驱逐舰中队得以接近美国战列舰，同时后者将受到日本战列舰队的远距离炮击。[14]

　　总的来说，这是针对美国海军攻势的分阶段防御战略的理想结果，在 1941年以前，这一直是日本的基本战术计划。但到了 20 世纪 20 年代初，日本海军高级指挥机关发现了一个明显的新问题，而且这个问题还非常复杂：美国战列舰队不仅会搭载着数量更多的巨炮向西挺进，而且会在西进时采用一种防御力很强的战术部署。这就是所谓的环形队形，在 1924 年美国海军的正式指令中被称为"美国舰队巡航部署二号方案"，旨在最大限度地保护舰队的主力舰和随行的大批船队。它也被用于美军取得制海权之前的海外航行。该编队要求潜艇、驱逐舰和巡洋舰环绕舰队的核心——战列舰部队、辅助船队和运输舰，用自己的鱼雷和炮火击退日本巡洋舰和驱逐舰，保护舰队核心免受它们的鱼雷攻击。战列舰队中的作战舰艇将被分别部署在由舰队中心向外，距舰队中心 6 英里、11英里、16 英里和 21 英里的 4 个同心圆内。每个圆将被分成 3 个扇形区，按顺时针方向编号，掩护部队将会被分配到每个扇区的固定位置（示意图 7-1）。潜艇

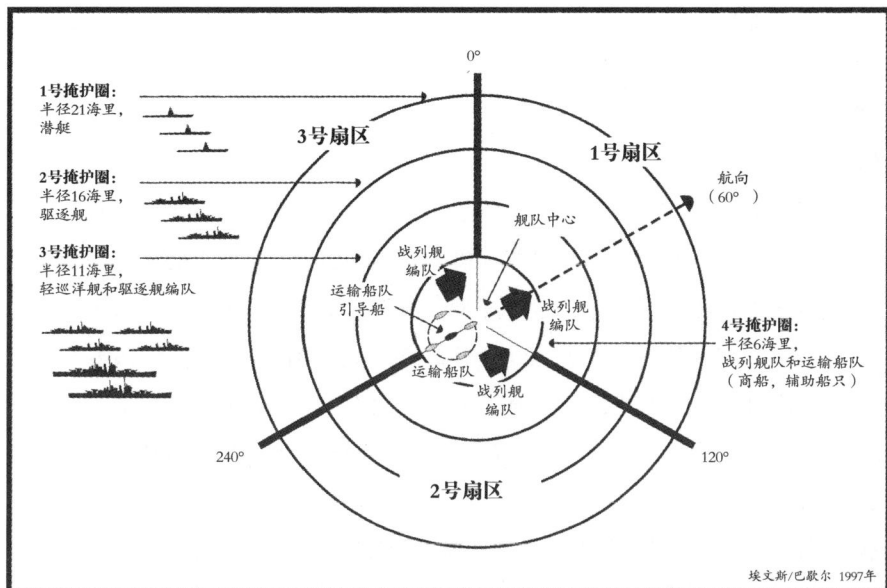

∧ 示意图7-1. 1924年的美国海军环形队形。4个掩护圈都部署有掩护部队，每个掩护圈的每个扇区都有7—9个隔开的阵位，那里部署有一艘或多艘军舰。设计这种阵型是为了使舰队在获得制海权前，"在海外进军时能够得到最大限度的保护"（来源：美国海军作战部长，《美国海军·第45号舰队战术出版物·基本战术教范》，华盛顿特区：美国政府印刷局，1925年）

将被部署在第一圈或最外围，提供早期预警，并对合适的目标实施攻击；第二圈上的驱逐舰也有类似的作用；巡洋舰和驱逐舰编队将被部署在第三个掩护圈，承担防御性更强的任务；而战列舰分队通常会占据第四环，保护没有武装的船队。在这个最内层的圈子里会部署一支战列舰编队在前进线上，中心的两个正侧方也会各部署一支战列舰编队。在这种情况下，只要对日本舰队的逼近有足够的预警，至少有两支战列舰编队可以迅速合并，提供比日本能聚集起的任何主力舰力量都要强大的火力。1920年美国海军战列舰队组建并驻扎在美国西海岸，大约在同一时间，环形队形的概念在美国海军形成，在接下来15年研究和演习的基础上又进行了修改和修正。尽管如此，据说它的基本原则仍然没变：保护美国舰队的主力——战列舰和辅助船队不受敌轻型水面舰队的攻击，后来则是不受敌航空部队的攻击。[15]

"以少胜多"：
日本对抗美国海军优势的举措

在接下来的 15 年里，美国舰队的这种新阵型对日本海军的战术计划和技术创新构成了挑战。日本海军高级指挥机关——特别是海军军令部则是在一个大得多的问题背景下看待美军的这种阵型。根据日本签署的海军军备限制协议，美国不仅可以将更多的主力舰（20 世纪 20 年代是美国 16 艘对日本 10 艘）投入太平洋，而且能投入更多其他类别的军舰。在限制海军军备的整个"条约时代"（1923—1936 年），日本海军的战略、战术计划和军舰、武器的研发都是为了应对这个严峻的问题。与过去一样，日本海军的解决方案是重视更好的武器和更好的计划，希望这些武器和计划能让日本海军在对付敌人美国时能以少胜多。事实上，日本海军旨在抗衡美国舰队数量优势的所有措施，都可以被归入在甲午战争和日俄战争中都曾被援用过的"以少胜多"原则。这些措施包括发展远距离水下进攻能力，完善鱼雷中队夜战技术，实现卓越的重巡洋舰设计和建造，制定"在敌人射程外攻击敌人"的战术，在 20 世纪 30 年代建立快速战列舰夜战部队，锻造一支一流海军航空兵，最后则是有史以来最强大的战列舰。[16]

这些不同的举措受到日本海军进入条约时代时其总体技术能力和专业看法的影响。在第一次世界大战结束时，日本海军技术最显著的特点是，日本政府的设备加上私营造船公司的能力已经可以为日本海军提供充足的技术。这样的进展情况与日俄战争前夕日本海军所处的形势形成了鲜明的对比。1904 年，东乡率领的是一支英国建造的舰队，而现在几乎所有的军舰类型和武器系统只需要用日本的材料和劳动力并按照日本的设计就可以在日本建造出来。

海军军令部是舰艇设计、建造流程的起点。一旦得到国会的拨款，军令部就会下达它认为海军需要的军舰的规格。这些规格被传递给海军省，海军省又将它们传递给舰政本部（顾名思义，就是"舰船管理总部"，有时候被简称为"舰本"）。舰政本部是海军省下属的负责军舰设计和建造的中央机构（示意图 7-2）。它相当于美国海军的"船舶局"。它的起源可以追溯到 1871 年，但它最早建立

镇守府
（横须贺、吴、佐世保）

海军造船厂和兵工厂

技术会议

海军省
海军大臣

技术部

行政部
第一部（火炮、炸药、光学设备、装甲板）
第二部（鱼雷和水雷）
第三部（水文测量仪）
第四部（船舶制造）
第五部（轮机）

技术研究中心

化学
电气
造船

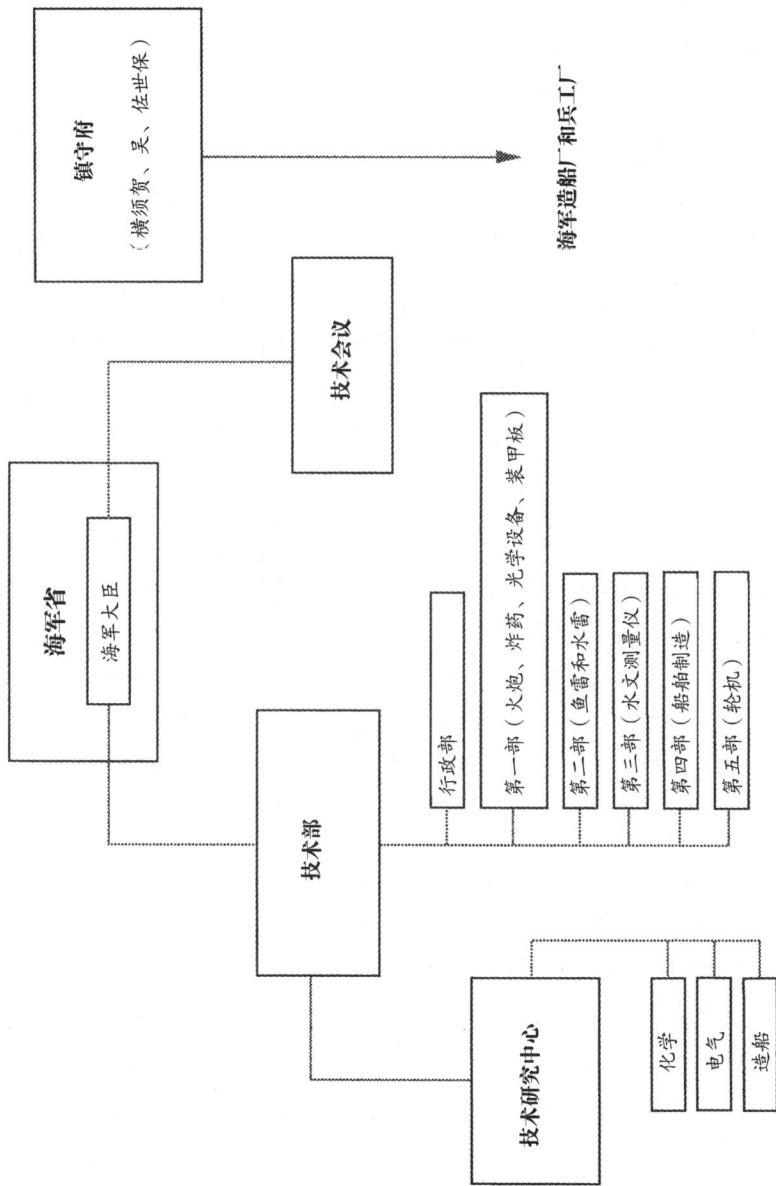

∧ 示意图7-2. 1925年左右的日本海军技术管理架构

于 1900 年。在 1914 年的西门子丑闻①之后 [17]，该部门在一战期间被划分为两个独立的机关，其职能也被分解到这两个机关。但舰政本部在 1920 年重建时，这两者又被合并到了一起。在两次世界大战之间的这段时间，舰政本部的职能逐渐包含舰艇、武器和主机的维护、测试、研究、设计和规划。该部门最重要的两个分支机构是基本设计部 [Basic Design，在不同时期要么被设在第三部，要么被设在第四部，在神奈川县（Kanagawa Prefecture）的大船 (Ōfuna) 设有办公地点，处于海军军舰设计工作的核心位置] 和海军技术研究所 [最初位于筑地，后位于目黑（Meguro），在材料、船体设计、电力系统等方面进行各种试验]。除去在私人造船厂建造的军舰，横须贺、吴市、佐世保和舞鹤海军造船厂的实际造舰工作最终都是由这些地方的镇守府司令长官负责的，尽管实际上这是造船厂造船总工程师的责任。[18]

三菱造船公司旗下的横滨、神户和长崎等大型私营造船厂所承担的工作对海军造船厂的造舰工作起到了补充作用。其他重要的造船设施有位于东京的石川岛重工业株式会社、东京附近的浦贺船渠株式会社（Uraga Dockyard Company）、神户的川崎造船所、大阪的藤永田造船所、兵库（Hyōgo）的播磨造船所。

因此，到 20 世纪 20 年代初，海军和私人造船厂所掌握的技艺使日本有能力制造出一系列在设计上不亚于世界上任何其他海军或比它们更优越的军舰。只有在潜艇技术、飞机设计和光学等特定领域，20 世纪 20 年代的日本技术人员仍然依赖外国的理念和设计。一开始，对日本有着主导性影响力的是英国，但在英日同盟终止以及日本在一系列技术领域所获得的特殊优惠停止之后，日本海军在光学和潜艇设计方面，主要求助于战败的德国人。[19]

然而，虽然日本海军的技术此时在理念、材料和设计方面基本上是独立自主的，但它仍然受到强大的制约。除了《华盛顿条约》对设计和建造的限制外，日本国内对海军技术的发展也有限制。其中一个限制性因素是国会总体上的消极和节俭态度，至少在 20 世纪 20 年代的上半叶，那里充斥着具有商业头脑和

① 译注：有关该丑闻的具体内容见注释第六章注24。

多少有点自由主义倾向的政客，他们反对陆军和海军的巨额开支。另一大限制性因素是一战后的经济衰退，这使政府陷入了糟糕的财务状况。政府预算因为1923年的东京大地震和火灾而更加紧张，需要增加额外的重建费用。这些情况加在一起，严重制约了20世纪20年代的日本海军舰艇建造。在这10年中，海军军令部起草的造舰计划一次又一次地连续遭到海军省、大藏省、内阁和国会的缩减，有时甚至是断然拒绝。

但是这种预算紧缩加上《华盛顿条约》的限制对海军有两个好处：它迫使海军做出选择，并仔细考虑替代技术和战略；它强化了海军对质量优势的追求。正如一位前海军造船师几十年后回忆的那样，这就造成了这样一种局面："海军造船总工程师费尽心思地想在单舰性能上优于假想敌的同类舰船，哪怕有一门火炮或一具鱼雷发射管比对手强，在速度上比对手快一节都好。" [20]

当然，日本海军领导层非常敏锐地意识到，海军的战斗优势不仅仅依赖其军舰的性能，还取决于其战术的稳健性、基地的效用、组织架构的效能、训练的全面性、各类院校和研究所的技术研究质量以及官兵在陆上和海上的专业训练水平。因此，在整个条约时代，日本海军投入了大量精力来对所有这些"内容要素"进行升级，这是对质量优势原则的又一大助力。

能体现日本海军强调质量优势原则的一个例子就是，它非常重视保持持久的战备状态，为此制订了最严格的演习和训练计划。日本海军的训练周期是从一年的12月到下一年的11月。这个周期是根据海军当年的作战计划和军令部下达的训练重点制订的。海军大臣依据最近对特定舰船、武器和飞机的测试得出的结果对训练重点进行调整，并通知联合舰队最重要的训练点。然后联合舰队指挥官增加他认为必要的任何其他训练项目。该周期始于1月份的舰员基本培训，在此期间，舰船进行修理、改装，并装载物资和弹药。2月，个别舰艇前往位于本土海域或中国沿海的作战区域进行巡航和演习。5月，它们返回各自的海军基地和港口进行改装和补充，舰员们被派去休假或在各个部队中轮调。5月或6月，各舰队移动到舰队作战区域，在那里进行战时条件下的一般训练和射击演习。10月，联合舰队开始进行模拟战斗条件下的大规模军事演习。这些军事演习有可能是"重大演习"（如果天皇来检阅的话，那就是"特别重大演习"），也有可能是相对次要演习。大演习每三年举行一次，聚焦于某个具体问题。[21]

　　海军的许多演习，无论重大与否，都是在日本北部的暴风雨水域进行的，目的是锻炼舰员，并让舰队免遭外国的监视。为了完善海军的夜间作战能力，加藤宽治在 1926—1929 年 ① 任联合舰队司令长官期间，命令舰队进行"比战斗条件下的演习更有英雄气概"的高速、近距离夜间演习。[22] 这样高风险的演习不可避免地会导致一些重大碰撞事故，比如在日本海美保关（Mihogaseki）附近海域发生的那次事故就有 1 艘军舰沉没，另有 3 艘严重受损，近 150 人丧生。美保关事故发生在 1927 年 8 月 24 日的岛根县（Shimane Prefecture）附近。日本驱逐舰正在练习对"敌人"的主力舰队进行攻击。因为支援他们的巡洋舰"吸引了敌人的探照灯"，它们迅速掉转了船头。轻巡洋舰"神通"号在黑暗中误判了驱逐队的位置，撞沉了驱逐舰"蕨"号（Warabi），造成了大量人员死亡，而轻巡洋舰"那珂"号切掉了驱逐舰"苇"号（Ashi）的舰部，也造成了人员伤亡。两艘巡洋舰都严重受损。加藤将军丝毫没有被这场悲剧吓倒，在舞鹤的水交社发表演讲颂扬死伤者时，他宣称为了弥补《华盛顿条约》强加给日本的不利条件，在训练方面做出这种牺牲是必要的。他满怀激情地宣布，海军将继续进行越来越多的像最近这样的训练，海军在这些训练中已经付出了生命的代价，为的是在三对五（《华盛顿条约》规定的日美海军力量比例）的战斗中取得一定的胜利。[23]

　　其他事故也接踵而至。其中最严重的一次于 1934 年 6 月 24 日 ② 发生在朝鲜半岛南端的济州岛（Cheju Island）附近。当时两支水雷战队 ③ 正在练习借助烟幕实施白昼攻击。在烟雾中，"电"号（Inazuma）驱逐舰撞沉了驱逐舰"深雪"号（Miyuki），造成多人死亡。[24]

　　在有这些危险的情况下依然试图保持和提高海军战斗力（如果可能的话）

---

① 译注：原文如此，实际到1928年12月10日。

② 译注：原文如此，应为29日。

③ 译注：日语中广义的"水雷"为水中爆炸兵器的总称，涵盖"机雷""鱼雷""爆雷"等。"机雷"为"机械水雷"的简称，对应中文的"水雷"；"鱼雷"为"鱼形水雷"的简称；"爆雷"则对应中文的"深水炸弹"。翻译时"水雷战队"取日语原文转写，在此约定，本书中仅"水雷战队"一词中的"水雷"按日语词义理解，文中其余的"水雷"除特别说明外，均按照"水雷"的汉语释义理解。

的决心集中体现了这一时期日本海军各层级的专业素质。日本海军个别领导人以及整个军官团都表现出一些严重的弱点，亚瑟·马德尔和麻田贞雄已将它们列举了出来。这些弱点包括：普通海军军官既缺乏独立和理性的判断力又缺乏自信；太多的高级军官倾向于将责任推诿给他们的参谋人员；海军大学校的海军高等教育关注的都是狭隘的战略和战术问题；晋升制度更重视资历而非能力；职务上过快的人事变动妨碍了海军政策的连续性；当然还有过分的军种自豪感使海军与陆军之间持续不断的破坏性竞争长期存在。[25]

毫无疑问，这些缺点促使日本海军在1941年参与了日本轻率发动的对英美海军强国的战争，并在战争中一度削弱了日本海军的指挥能力。不过，在条约时代，日本海军因为领导层素质的关系在训练、技术革新和技术熟练程度方面可能与其他两大海军不相上下，在某些情况下甚至还超过了它们。在此期间，它确实在这些活动上超越了它的英国导师。战间期海军政策编年史家斯蒂芬·罗斯基尔（Stephen Roskill）就在书中写到了20世纪20年代英国海军的厌战情绪。他讨论了英国海军领导层在战术上的不思进取以及训练上的刻板和死气沉沉。英国在进行训练演习时，射击的目标是被以6节的速度缓慢地拖曳着的，演习的目的是降低生命、肢体和职业声誉所面临的风险。[26]

但是，日本海军的专业眼界在战间期存在两个严重的盲点，一个是日本独有的，另一个为英美日三国海军领导层所共有。日本所特有的是海军领导层倾向于从精神和思想角度来解决海军的战略和战术问题。于是，日本人所谓的独特的战斗精神、意志力和道德优越感被用来弥补数量劣势对军备造成的限制。这一观点起源于现代日本军队对从前武士阶级价值观的诠释方式，并在秋山真之和佐藤铁太郎的后期著作中被首次应用于日本海军军事思想。从以加藤宽治和末次信正为中心的激进团体开始，新一代海军领导人用更激烈的方式表达对精神和士气的强调。虽然他们强调的这些内容直接与日本海军的不懈追求（在物质上与英美海军强国平起平坐）相矛盾，但它却成了日本海军信仰卓越战斗素质的基石。[27]

日本海军在思维上的另一种扭曲（美国人和英国人也都有）是一直痴迷日德兰海战式的舰队决战，这样的海战需要所有类型的战舰参与，但以战列舰为中心，由战列舰决定海战的胜负。日德兰海战中英德双方采取的共同战略和战术被认为证明了日本海军自明治时代后期以来痴迷"大舰巨炮"是正确的，故多年来一直是日本海军大学校细致研究的课题，也是定期修订《海战要务令》的重点。[28] 最终，日军教范倾向于阻止采用替代性战略和武器系统（如威胁贸易的潜艇）。然而，条约时代的英美海军将领对这一问题的疏忽与日本那些热衷战列舰的海军将领相比并无二致。在皇家海军参谋学院、战术学校以及英国各舰队司令部的参谋人员当中，日德兰海战是 20 世纪 20 年代无尽沉思的焦点。历史学家长期认为，战列舰队的理念在两次世界大战之间的那段时间里仍然对英国海军军事思想有着强大的影响力。在美国海军里，高级军官也致力于"舰队交战"，坚信战列舰的主导地位。[29]

1918—1936 年日本潜艇的发展

一战期间，潜艇已经在技术和作战层面证明了自己是一种强大的新型海军力量，这一点在它对商船的巨大破坏力上体现得尤为明显。到 1918 年，主要由德国研发的潜艇技术已经非常先进了，以至于在两次世界大战之间的 20 年里，除了加强船体结构以增加作业深度，完善逃生和救助设备，采用液压系统以更有效地控制阀门、通风口和舵以外，世界各主要海军在潜艇设计上几乎没有做任何根本性的变革。[30]

在第一次世界大战结束时，关于潜艇的主要未解问题是它未来的用途。它是舰队力量在水下的延伸，与组成舰队的其他作战单位协同对敌方水面部队进行攻击，还是用于保卫海岸和港口？或是像德国那样，用作能够摧毁敌人补给线和交通线的终极商船袭击者？潜艇在后一种作用上的破坏力是如此之大，以至于英国在华盛顿会议上曾试图将其定为非法战争武器，但没有成功。但是，由于其他与会者的强烈反对，会议没有对任何国家海军潜艇的大小、武器装备或总吨位加以限制。倒是美国提出的妥协方案虽然措辞含糊，却对用潜艇袭击商船施加了严格的限制。

然而，这些给人以希望（但最终不切实际）的禁令显然与条约时代潜艇使用和设计的原则关系不大，而与各主要海军面临的战略问题和潜在敌人关系更大。还与此有关的就是海军参谋人员的特定观点和他们分配给各个军舰类别和武器系统的优先任务。在 20 世纪 20 年代，由于思维被舰队交战的观念所主导，三大主要海军的参谋人员都把潜艇视为舰队作战中的一个重要组成部分，退而求其次也可用于海岸防御。因此，美国海军在这些年里开发了两种潜水器，一种是"舰队潜艇"，大到足以伴随战列舰队向西航行，另一种是为保护美国沿海水域而设计的水下小艇。由于即使是舰队潜艇也无法进行长距离或长时间独立作战，所以它们无法从夏威夷或美国西海岸的基地抵达东亚。20 世纪 20 年代，由于美国海军决定优先发展海军航空兵，美国的远程"巡逻潜艇"被耽搁，直到 20 世纪 30 年代末才出现，这种潜艇能够攻击东亚海岸附近的日本贸易航线。[31]

日本海军将潜艇发展成舰队的重要组成部分，这又是日本决心弥补主力舰数量劣势的结果。军令部认为，潜艇是一种能执行其渐减战略、对付美国西进舰队的有用武器。但在 20 世纪 20 年代初，日本潜艇在技术、编制、训练和团队精神方面似乎还有所欠缺，无法在此类作战中发挥有效作用。当时日本海军所拥有的潜水器的航程还远远不够，只能用于近岸防御。因此，军令部主要从防御的角度来看待对它们的运用，即一旦敌方舰队进入西太平洋，就用它们向敌人发动攻击，而不是考虑对美国基地实施战略进攻或对处于本土水域的美国军舰发动攻击。而且，日本到这时为止没有对潜艇部队进行过真正的作战训练，因为日本海军不存在这种部队：所谓的潜艇部队只不过是一批隶属于舰队的小船。最后，由于一系列技术原始、训练不足引起的各种事故——意外沉没、爆炸和碰撞，日本潜艇船员的士气相当低落。[32]

到 20 世纪 20 年代中期，有两项进展极大地改变了这种状况。1920 年 9 月，吴市建立了一所潜水学校（意即潜艇学校），但它位于老式防护巡洋舰"严岛"号上的最初设施是非常简陋的。1924 年 7 月，学校搬到了更固定的校区，正好与吴海军造船厂隔海湾相望。随着搬迁的进行，该校开始提供彻底和严格的训练，为潜艇指挥官、军官和士兵提供基础和专业课程。[33]

第二项进展是任命末次信正少将指挥海军第一潜水战队。虽然末次自己没有受过潜艇方面的训练，但他在一战期间曾以海军观察员的身份在伦敦研究过德国 U 型潜艇的作战，他相信潜艇为粉碎美国在太平洋的主力舰优势提供了最大的希望。带着这个信念，他着手对第一潜水战队进行最严格、最逼真的训练，无情地裁撤反对他训练方法的指挥官，甚至老兵。当他指挥第一和第二潜水战队参加 1924 年的海军大演习时，他已经开始在日本潜艇艇员当中培养真正的技能和团队精神，就像 10 年后德国的卡尔·邓尼茨（Karl Dönitz）把魏迪根潜艇分队（Weddigen Flotilla）变成一支精锐的 U 型潜艇部队那样。在此期间，末次也开始制订一些战术，日本潜艇凭借这些战术将充当海军对付敌人美国的渐减战略的先锋。[34]

　　渐渐地，末次和其他人在许多方面——侦察、港口封锁、潜艇和飞机之间的协同以及舰队作战（尤其是在舰队决战）中潜艇的使用——制定出了日本海军潜艇作战条令，旨在将潜艇从被动的近程防御武器转变为远的主动进攻武器。1925 年，日本海军指派潜艇部队监视美国的港口和船坞，次年，日本潜艇被赋予了被认为是最重要的任务：在敌舰队从其主要前沿基地（大概是珍珠港）出击时确定其位置，并在最终的舰队决战前攻击它、追击它和持续监视它。[35] 这些水下攻击实施的范围要比任何针对美国挺进舰队的水面削弱战大得多，不但会给敌人造成物质上的损害，而且还会打击他们的士气。这就是末次所提倡的对潜水艇的远距离、进攻性和战略性运用。

　　为此，日本海军需要一种比它在一战结束时拥有的任何潜艇有着更快速度和更远航程的潜艇。由于缺乏设计此类水下舰艇的专业知识，日本海军便求助于国外的模板。1921 年，它在吴港根据英国大型"K"级潜水器的设计开工建造了一艘潜艇。排水量 1390 标吨的伊 –51 号（I–51）潜艇于 1924 年完工，是迄今为止日本建造的最大潜艇。它融合了一些新特点，包括 4 个产生 5200 马力的柴油发动机。该潜艇在水面上能以 20 节的速度航行，在水下则是 10 节。更引人注目的是，它的航程达 2 万英里，使其成为日本海军的第一艘 KD 型（即海大，kaidai）或者说大型潜艇。但是各种各样的问题——主要是引擎缺陷——使海大 1 号原型艇没有得到进一步的生产。[36] 相反，日本海军转而求助于一个更好的国外潜艇技术来源——德国，毕竟它的潜艇曾几乎让英国屈服。幸运的是，1918 年战争结束时，德国被迫向协约国做出赔偿，作为赔偿的一部分，日本得到了 7 艘德国 U 型潜艇，其中 5 艘是德国最新设计的。日本技术人员对这些潜艇进行了全面的测试和研究，为设计强大的新型潜艇提供了重要数据。为了协助潜艇的设计任务，日本海军不仅派遣了一批军官到德国进行咨询和研究，而且还按合约方式把德国海军的海军造船师、技术人员和前潜艇指挥官请到日本。它还从不同的欧洲公司聘请光学技术人员来帮助设计测距仪和潜望镜。[37] 日本潜艇上使用的光学设备最初是进口的，然后根据国外的样板制造，但到了 20 世纪 30 年代，则完全是在日本设计和生产。到第二次世界大战时，日本人已经研制出高品质的架桥式夜视双筒潜望镜，他们的潜艇就装备了这种潜望镜。[38]

　　1922 年，利用这些数据和专业知识，特别是以德国 U–139 型潜艇为基础，日本海军下水了一艘与海大 1 型（伊 –51 号）具有相同吨位和主机的海大 2 型潜艇（开工时编号为伊 –51，但完工时为伊 –52）。由于燃料储量变小，海大 2 型的航程只有海大 1 型的一半，但水面速度略快。尽管海大 1 型和海大 2 型分别只建造了一艘，但它们都在一系列长期试验中被用于确立大型潜艇在日本海军中担当的角色。

　　特别是海大 2 型作为"舰队潜艇"的原型，在 1924—1939 年又接连发展出各种不同型号。日本海军打算用它和后来的型号组成潜艇部队与日本水面舰队协同作战。虽然柴油发动机容易发生故障，电池电压也不足，但在这个大小规格上，这些潜艇有着明显优于美国同类潜艇的速度和航程。[39]

　　20 世纪 20 年代，大多数日本柴油发动机是从国外进口的，但经过大力研究和发展后，日本在 30 年代开始生产自己的潜艇推进系统。1931 年，日本生产出第一台柴油发动机，两年后将其安装在伊 –68 号（I–68）潜艇上。该发动机为二冲程循环双作用型发动机，与安装在美国潜艇上的四冲程循环单作用发动机相比，它能产生双倍的马力。但是日本的发动机比美国的更难维护。[40]

　　由于日本海军要对美国战列舰队采取"削弱和截击"战略，它对舰队潜艇的规格要求为水面航速 20 节（尽管一些舰队潜艇的航速高达 23 节）。它们的武器装备非常强大，通常是 4.7 英寸口径的舰炮和 6 具 21 英寸口径的鱼雷发射管。这些优势加上它们良好的适航性和航程，使这种潜水器成为实现末次"拦截"战略的理想战舰。[41]

　　在舰队潜艇日臻完善的同时，日本海军也开始研制一种新型潜水器。这便是 J 型（J 代表"junsen"，即巡潜的意思），或"海洋巡洋潜艇"，在一些西方资料中也被称为"巡航潜艇"。它是为深入太平洋和印度洋进行远洋独立作战而设计的，也是以德国潜艇为样板。日本海军从位于基尔港（Kiel）的克虏伯日耳曼尼亚造船厂（Krupp Germaniawerft）购买了 U–142 号潜艇的设计图，这是一种先进的"U 型巡洋潜艇"，在第一次世界大战期间用于袭击英国商船。该型潜艇的第一艘于 1923 年在神户的川崎造船所开始建造。一支 10 名德国技术人员组成的团队在第一次世界大战时的主设计师汉斯·特谢尔（Hans Techel）博士领导下对建造工作进行监督。[42] 一份美国报告称，"在他们合同的头两年里，（德国）工程师承担了准备潜艇设计图的主要工作。但当各种潜艇完工时，日军工作人员逐渐接管了建造工作，直到最后一种独特的日式潜艇被开发出来"。[43]
这便是伊–1 号（I–1）到伊–4 号（I–4）潜艇。它们每艘排水量 1970 吨，各有 2 副螺旋桨，为其提供动力的是 2 台曼恩（MAN）柴油发动机和 2 台电动机。它们的水面航速较高，达到 18 节。由于是双壳体结构，它们可以下潜到日本潜

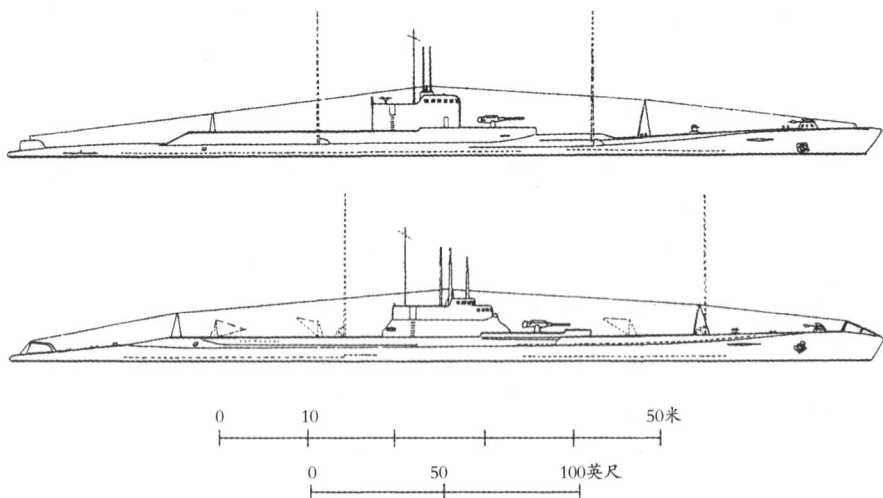

0　　10　　　　　　　　　　　　　　　　　50米

0　　　　　50　　　　　100英尺

∧ 示意图7-3. 海大2型潜艇（上），海大3型潜艇（下）

艇从未达到过的深度。伊–1号在试航时便下潜到了260英尺。这些潜艇武装强大，拥有2门5.5英寸甲板炮（成为潜艇的标准配置）和6具鱼雷发射管（4具在艇艏，2具在艇艉）。但真正值得注意的是它们的航程和续航力。它们的燃料储量使它们可以不补充燃料航行2.4万英里；理论上，如果储备充足，它们可以在海上航行两个月。[44]

因此，巡潜型潜艇给了日本海军一个非凡的触角。它们现在可以实施一项对日本水面战舰来说从未想过的举措：把海战带到美国本土。这些潜艇可以到达美国西海岸并在那里停留数周，对美国沿岸的贸易和西海岸与夏威夷之间的交通线构成潜在威胁。虽然日本海军在1929—1938年建造了8艘以上的巡航潜艇，但很明显，执着于舰队决战的军令部只是偶尔考虑了一下这种战略。[45]

另一方面，日本海军未能想到用潜艇攻击商船，这总的来说可能是由于它对破交活动的分析有误，具体而言则是因为它对自己用潜艇来赢得传统上所设想的短期战争的分析有误。总体而言，这种观点认为，袭击商船不是赢得短期战争的合适策略。具体来说，没有一个国家成功地通过破交活动使两个海岸相隔甚远的美国屈服。因此，可以理解的是，当日本海军真正的目标是赢得一场短期战争时，他们不愿将宝贵的资源浪费在一个不太可能实现的目标上（事实上，这个目标只能在长期内实现）。事实上，与美国之间的海上战争如果延长，只会让美国更强大的造舰能力发挥作用。此外，使用日本潜艇袭击美国商船，将严重削弱日本的战略，因为在20世纪20—30年代威胁日本的决定性武装力量显然是美国的战列舰队。如果这支舰队被击败，按理说，日本就有机会赢得与美国的战争。日本海军的目标是引诱美国战列舰队西进。如果对美国商船和补给船队进行攻击，肯定就"不能"把它引诱过来了。[46]

这是一个有力的论证，为日本潜艇战略提供了一个几乎被曾就此发表过评论的海军历史学家完全忽视的理由。然而，这个论证考虑不周。首先，它没有考虑到，日本潜艇对美国在太平洋的补给线的进攻，将使美国在试图夺回其前进基地（可假定在战争初期就丢失）时所面临的巨大距离问题变得非常复杂。其次，它忽视了如果日本在太平洋的潜艇战役能够像二战中德国U型潜艇在大西洋的攻势那样成功的话，可能对美国士气造成的心理冲击。但最重要的是，该论证没有考虑到日本人对自己潜艇攻击美国商船目标的潜力的忽视，导致在日本海军的思维中产生了一个致命盲点。日本人无法设想美国潜艇对日本商船和补给线发动大规模协同水下进攻可能带来的后果。

无论如何，日本潜艇作战条令的创新是指向舰队作战的，而不是袭击商船。日本潜艇的设计和功用当中有一个独特理念，就是潜艇和飞机之间的协作，彼此都扩大了对方的活动范围，这个战术创新其他国家海军也在试验，但只有日本人大范围实行。20世纪30年代，日本海军尝试使用潜艇来增加其水上飞机（特别是海军在这10年中研发的大型水上飞机）的航程，方法是让潜艇在前沿基地为这些飞机加油和补充弹药。反过来，日本海军也开始考虑通过在潜艇上部署侦察机来扩大潜艇的作战范围。这一决定主要是根据日本海军这样的期望做出的，即它最大的潜艇——巡潜型潜艇依靠自己的情报来源独立作战。① 理论上，潜艇和侦察机之间的协作是可能的。但在20世纪20年代，战术侦察，特别是针对遥远的敌方基地的侦察，对于陆基飞机来说是不可能做到的，因为它们的航程较短；对于潜艇来说也很难，因为它们的视野有限。显而易见的解决方案是在较大的潜艇壳体中建造机库，携带一架或多架小型水上飞机，在潜艇浮出水面时派出去侦察敌人。日本海军早在1923年就首度在潜艇上进行飞机作战试验，1925年，第一架潜艇搭载的飞机——一架装有双浮筒的双翼飞机（机翼为折叠式以方便保存）在一艘"伊"级潜艇上进行了试飞。到1933年，许多日本巡潜型潜艇配备了用于起飞专门水上侦察机的弹射器和用于回收它们的折叠式起重机。这些潜艇在战间期对日本海军的战术和战略观念产生了重大影响。[47]

因此，到20世纪20年代中期，远洋潜艇的出现使日本海军得以制订一套新的任务：监视基地中的敌军舰队，在舰队离开基地后对其进行追踪和监视，最后，在日美两支战列舰队发生水面决战前对敌人进行伏击。当然，日本海军特别关注的是对从夏威夷出击的美国战列舰队进行拦截。军令部曾设想让3个或4个舰队潜艇中队参加截击。一些潜艇被派去进行密切监视，另一些则在适

① 原注：通常与日本水面舰队联系更紧密的舰队潜艇，可以依靠他们的轻巡洋舰旗舰来获取关于敌人的情报。

当的地点等待美国战列舰队的出发。到1930年，该战略要求在临近开战时派6艘巡潜型潜艇到夏威夷，以保持对战列舰队的监视。日本潜艇部队的大部（多数为舰队潜艇）将被部署在密克罗尼西亚海域，执行"警戒任务"，并在进击的美军会经过的预期路线上进行伏击。然后，当后者向预定作为决战地点的水域推进时，舰队潜艇的大部将冲在前面支援日军主力，而小部分将继续跟踪敌人。由于水面速度大大快于美国战列舰队的预期巡航速度（约12节），日军舰队潜艇有望能轻松跟上美军舰队，甚至有时间占据好水下发射阵位。[48]

到1930年，末次的远距离拦截战略成了军令部和日本潜艇部队内的信条。然而，令人惊讶的是，在20世纪20年代剩余的时间里以及随后10年的大部分时间里，它基本上未经过任何测试。虽然日本海军将其一般原则纳入各种舰队训练和演习中（这并不稀奇），但不知什么缘故，直到太平洋战争爆发的前几年才开始对其各组成要素进行严格的战术实践和试验。后来，日本潜艇指挥官发现，"末次战略"在很大程度上是基于错误的假设，但为时已晚。

日本驱逐舰、夜战和鱼雷战术

虽然日本海军制订了一项通过潜艇攻击远距离削弱西进美国舰队的计划，但它几乎并不指望这样的作战本身能在舰队决战时为日本带来数量上的优势，甚至是火力上的势均力敌。1927年，末次将军在海军大学校授课时，指出了日本海军部队在渐减战略中可能会遇到的一些风险，其中就包括这样的可能：即使日本的舰队潜艇集中攻击美国舰队，敌人也有可能全部从它们身边溜走。因此，末次认为，要抗衡敌人的火力优势还必须从根本上提高水面作战能力——主要是鱼雷部队的战斗力。[49]

用舰队重炮消灭敌军主力自中日甲午战争以来便是日本海军的基本战术原则。但这一原则的主要附则是依靠鱼雷中队的夜间作战，在决战之前在敌人的编队中造成巨大破坏和混乱。前已述及，日本海军比当时任何其他国家的海军都更重视夜间鱼雷作战。到第一次世界大战时，实施这种作战的主要军舰是驱逐舰，日本海军依靠它来进行连续不断的鱼雷攻击，即使付出惨重的损失。但通过对第一次世界大战中夜战成败的仔细研究，特别是日德兰海战中英德双方对驱逐舰的运用，日本海军逐渐认识到，要想在夜间作战中发挥效力，驱逐舰必须得到良好的组织、巧妙的部署，单艘驱逐舰必须具备顶级的作战性能。1914 年，日本海军效仿英国的驱逐舰编制，将其 4 艘一队的"驱逐队"（驱逐舰编队）编成 16 艘一队的"水雷战队"（鱼雷舰队），每支水雷战队由一艘轻型巡洋舰担当旗舰。[50]

在第一次世界大战的最后几年里，日本海军着力升级它的驱逐舰设计，设计的巅峰便是 15 艘"峰风"级快速驱逐舰。这些驱逐舰在性能上与其他海军强国的驱逐舰不分伯仲，但战争结束后，军令部又提出要建造一种更强大的驱逐舰。它判定日本海军需要一艘最大航速 39 节、航速 14 节时（这将使它能够与正在设计和建造的强大快速巡洋舰协同作战）航程达到 4000 英里的驱逐舰。该驱逐舰将能够搭载大量刚刚投入生产的 24 英寸（61 厘米）新式鱼雷。

"吹雪"级便是对海军订单的回应。该级的 24 艘驱逐舰是根据 1923 年的建造计划订购的，但建造于 1926—1931 年。相较于以前的驱逐舰，它们的改进非常大，因而被正式命名为"特型"驱逐舰，也因此成为大多数见证过太平洋战争作战的日本驱逐舰的原型舰。[51] 它们是当时最先进、最强大的驱逐舰，是日本海军力求在质量上领先于世界海军的杰出范例。它们在当时算是庞然大物了——长 390 英尺，官方公布的排水量为 1680 标准吨。[52] 由于它们的舰桥、射击指挥部位和炮架都采取了封闭式结构，因而即使在波涛汹涌的大海里和恶劣的天气中，它们也有着出色的战斗性能。它们还具有强大的动力，舰上的齿轮减速式涡轮机能产生 5 万马力，但它们 35 节的最大速度并没有超越日本以前的驱逐舰舰型，因为它们增加的重量消耗了许多额外的动力。更值得注意的是它们的武器装备——6 门 5 英寸口径的火炮，两两成对地装在 3 个炮室内，这些炮室不仅能防风雨，而且还能抵御弹片和毒气。在最后 14 艘该级驱逐舰上，这些炮的仰角能达到 70 度，使它们既能用来对付水面目标，也能用来对付飞机。弹药是直接用升降机从每个炮室下的弹药库中取出来的，这使得它们火炮的射速比那些靠人工把弹药搬到每门火炮上的驱逐舰快得多。主炮的以上诸种设计给了"吹雪"级相当于许多轻巡洋舰的火力，[53]"吹雪"级上得到的这些应用才若干年后才被其他国家海军的驱逐舰采用。

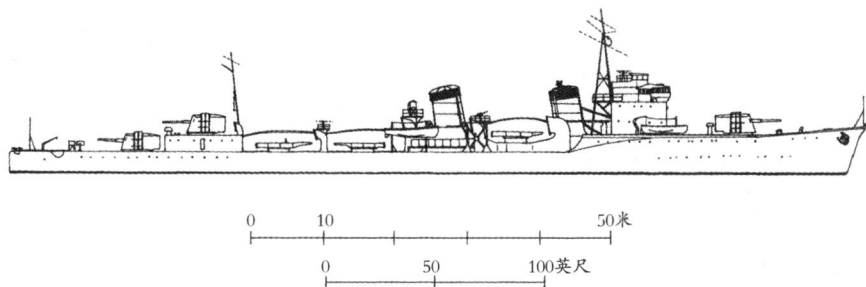

0　　10　　　　　　　　　　　　50米

0　　　　　50　　　　100英尺

∧　示意图7-4. "吹雪"级驱逐舰

　　但"吹雪"级驱逐舰成为当时最强大驱逐舰的原因在于大大增强的鱼雷武装，也正是这种得到强化的武器系统导致它们的排水量增加。每艘"吹雪"级携带18枚24英寸鱼雷（9具鱼雷发射管被3具一组并联安装在3个发射器上，每具各备有2枚鱼雷）。这样的配置使其得以比其他国家海军的驱逐舰打出规模更大的齐射。[54]

　　总而言之，这些军舰非常适合日本海军当时正在贯彻实施的夜间近距离战斗。"吹雪"级驱逐舰让海军界大吃一惊，因为除了建造过几艘"驱逐领舰"（驱逐舰中队的领航舰），其他海军强国都没有建造过大型驱逐舰，也没有建造过具有"吹雪"级这样规格和性能的驱逐舰。关于这些年海军军备计划的官方历史实际上已经断言，以该级驱逐舰为代表的进攻性火力的进步是如此之大，以至于日本海军在1929年决定暂时停止建造这些舰艇，以免刺激其他国家也建造这种类型的驱逐舰。[55]

　　因此，到20世纪30年代，拥有9—12具鱼雷发射管的日本驱逐舰是一种全面的攻击型舰艇。从这个意义上说，它的功能比英美海军的驱逐舰要专业得多。在第一次世界大战期间，由于形势和英美海军编制上的需要，驱逐舰已经不再只有最初单一的鱼雷快艇驱逐功能，而是变成了一种万能舰艇。它更多地出现在防御作战中——护航、侦察、掩护战列舰队和实施反潜作战，而不是针对敌方舰队发动鱼雷攻击。相比之下，在日本海军，原来与夜战有关的鱼雷快艇所具有的那种功能，仍然是驱逐舰的最主要功用。具体来说，日军的水雷战队（驱逐舰队）和西方鱼雷作战条令[56]所要求的一样，通常被部署在前卫的前方或舰队交战一侧的后方；其任务是突破敌人的掩护，攻击敌人的主力编队，不仅要迫使敌人转向，而且要在日本和美国的巨炮对决开始之前，尽可能地击沉、削弱或扰乱敌人的主力舰。

在整个 20 世纪 20 年代，为了实现这一目标，日本海军通过持续不断并且常常是危险的训练来改进它的鱼雷战技术。和往常一样，日本鱼雷战术家必须考虑鱼雷的特性。它相对较慢的速度和可探测到的尾流使敌人得以采取规避行动。鱼雷也不是一种连续发射的武器：没有办法迅速对鱼雷的射击做出修正，因为鱼雷要么是初次攻击就击中目标，要么就是未击中目标。日本海军试图通过两种方法来解决这些困难。第一种方法通过技术手段，需要一种舰载鱼雷火控系统，该系统结合了标准陀螺仪的功能（在鱼雷发射后确定其航向）和一种计算方法（计算运动目标各种航向变化的概率以及目标在任意给定航向上被击中的概率）。日本驱逐舰上的鱼雷长使用这种火控系统（至少在理论上）学会了在敌人航向和速度不断变化的情况下，轻松快速地指挥鱼雷射击。[57]

应对鱼雷武器所固有的难题的另一种方法是制定战术，这种战术如果能被出其不意、果敢准确地执行，将使敌人难以逃脱鱼雷攻击。当然，日本水雷战队仍然遵循"肉迫必中"（迫近致命攻击）的传统，不过，虽然这种积极进攻的精神仍然一如既往地强大，但实际的考量证明，瞄准和发射鱼雷的标准距离在白天作战时为 5000 米或 5000 米以内，在夜间战斗时为 2000 米或 2000 米以内。[58] 这些距离的有效性一直要持续到 20 世纪 30 年代日本海军研发出远程氧气鱼雷。在此之前，为了最大限度地提高鱼雷攻击的成功率，日本战术家必须制订出具体的战术方法。一种方法是突然对敌人进行迎头痛击，因为这将给他很少的反应时间，并将提供迫近攻击的最佳机会。另一种方法是让日本鱼雷舰队向敌人后方推进，力图包围一定数量的目标，然后对这些目标进行连续的鱼雷攻击。要使敌人的规避战术失效，最有希望的策略是从不同的方向同时发动进攻，这样日本的驱逐舰就能铺设一张敌人无法逃脱的交叉鱼雷轨迹网。当然，所有这些机动都是极其危险的，自己的舰船在白天都会遇到风险，就更别提晚上了，这显然是日本海军对这些作战进行坚持不懈的练习的一个原因。[59]

甲型巡洋舰的问世

"吹雪级"级驱逐舰为日本海军提供了一套用于实施夜间鱼雷攻击的卓越武器系统。然而，自从第一次世界大战以来，日本战术家们对驱逐舰这方面的使用就有两个方面的担忧。一个是协调和控制的问题，另一个是驱逐舰在进入敌人主力舰的攻击范围之前就可能遭受重大损失。在这两种情况下，这些困难的解决办法似乎都在于研发这样一种巡洋舰：首先可以充当一支驱逐舰中队的旗舰，然后作为一种较重型的战舰，其速度仍然可以与驱逐舰相媲美，但火力又使它得以炸出一条穿过敌人防御屏障的通道，为水雷战队开路。前已述及，在第一次世界大战期间和刚结束的那几年，日本海军把轻巡洋舰发展为一种既可以充当舰队侦察舰又可以担任水雷战队领舰的舰艇，这一类军舰建造了大约16艘，分别有"龙田"级（Tatsuta class）、"球磨"级、"川内"级三大舰型。从20世纪20年代承担舰队侦察舰和水雷战队旗舰这样的早期双重任务开始，巡洋舰被日本海军造船师和技术人员发展成一种强大得多的舰队作战单位——"甲"型巡洋舰（或称重巡洋舰）——这种巡洋舰成了海军夜间战斗部队的核心。

日本"甲"型巡洋舰的发展历程，主要是军令部企图打造一款多功能战舰的故事。它是战列舰的替代品，因为《华盛顿海军条约》（Washington Naval Treaty）[60]已经让各国中止了对战列舰的进一步建造。这样导致的结果便是日本人在条约时代引领了巡洋舰设计。然而，为了满足军令部对作战性能日益增长的需求，日本海军舰船设计师和建造师设计这些舰艇时在结构和稳定性上冒了很大的风险。

日本巡洋舰的建造必须被视为20世纪20年代全世界巡洋舰竞赛的一部分，这种竞争很可能是不可避免的。虽然《华盛顿条约》对巡洋舰的设计进行了定量限制——排水量不得超过1万吨，火炮口径不得超过8英寸——但该条约并没有限制每个国家可以建造的巡洋舰吨位总数。由于此时已经完全禁止建造战列舰，巡洋舰（第二大军舰类别）的海军军备竞赛几乎是不可避免的，各国海军往往会建造到条约允许的设计极限。于是便诞生了特别受日本和美国海军青睐的"条约型巡洋舰"。[61]

显然，20 世纪 20 年代初的日本巡洋舰设计在很大程度上掀起了各国的重型巡洋舰建造竞赛。从一战后最初几个月开始，日本海军军令部就坚持这样的设计规格：在将来的日本巡洋舰执行各种战斗任务[①]时，为其提供最快的速度和最强大的战斗力。早在 1918 年，以这些功能为目标的日本海军就曾一度考虑过建造一艘搭载 8 英寸口径火炮的 8000 吨级侦察巡洋舰，但由于日本决定参加华盛顿会议，这些计划被叫停。[62]

然而，甚至在做这样的考虑之前，军令部就设想过这样一种巡洋舰：将重武装和高速融合在一个比例适当的舰体内。在战后年代，英日同盟的即将结束意味着日本不能再依靠英国的技术来实现这一造舰壮举。幸运的是，日本海军有一位可以应对此挑战的海军舰船设计师平贺让，他在华盛顿会议之前设计了日本最后一批主力舰，此时是军舰设计总部——舰政本部基本设计部的负责人。平贺让的设计于 1921 年被海军采用，虽然在武器装备方面并无特别之处，但在船体结构和装甲的布局上却别具匠心。为了减少船的总重量，平贺让将装甲部分（高强度硬化铬钢）融入船体内部结构，而不是按通常的工序把它拴在既有的钢板和横梁上。这样不仅减轻了船体的重量，而且大大提高了它的强度。其他新特色包括一个有助于提高舰船适航性的天鹅颈型舰艏曲线，将两个锅炉排气管道接入上层甲板上方的同一座烟囱中，以及扩大舰桥结构来集中配置所有的指挥、通信和火控系统。[63]

排水量 2890 吨的试验型巡洋舰"夕张"号（Yūbari）[64]将这种设计变为现实，该舰于 1922 年在佐世保下水。"夕张"号作为单艘舰船的重要性更多地体现在它是平贺让设计的一系列巡洋舰的原型舰，正是凭借该舰，日本在巡洋舰的设计上处于世界领先地位，直到太平洋战争时才被超越。利用从"夕张"号上获

---

① 原注：远距离侦察、保护己方战列舰队免受鱼雷攻击、突破敌战列舰队的防御、保卫日本的海上航线以及攻击敌人的海上航线。

得的经验，平贺让和他的助手藤本喜久雄（Fujimoto Kikuo）少佐着手设计了一种更大更强的巡洋舰，它能够在速度和火力上超越美国的"奥马哈"级（Omaha class）和英国的"霍金斯"级（Hawkins class）巡洋舰。"古鹰"号（Furutaka）和"加古"号（Kako）便是日本首批"甲"型巡洋舰，也称重型巡洋舰，它们于 1922 年《华盛顿条约》生效前动工建造，旨在实现侦察和保护战列舰队的双重功能。"夕张"号的大部分特色都融合在这两舰当中。它们安装了 6 座 8 英寸（20厘米，实际为 7.87 英寸）单装舰炮，3 座位于舰艏，3 座位于舰艉（1936—1939年换装了 3 个 8 英寸双联装炮塔，2 个在前，1 个在后）。与日本海军重新强调夜间作战和鱼雷攻击相一致的是，"古鹰"级巡洋舰最强大的攻击力是由 12 具24 英寸鱼雷发射管提供的。军令部不顾平贺让的强烈反对，坚持要将这种不同寻常的重型鱼雷武器分配到这两艘巡洋舰上，而平贺让认为军令部对火力的过分要求给这些军舰的稳定性和完整性带来了巨大风险。[65] 要不是平贺让采用新颖的船体设计和轻质材料，尽了一切努力来降低上层甲板的重量，12 枚鱼雷加上它们的发射管（再加上另外 12 枚备用鱼雷）所增加的相当大的上甲板重量会使这 2 艘军舰的稳定性低到十分危险的程度。平贺让更担心的是，"古鹰"级较高的干舷使它不能以正确的角度把鱼雷射入水中，军令部下令在舰体内的上层甲板安装固定鱼雷发射管。根据在废弃的"土佐"号战列舰舰体上进行测试得出的结果，平贺让确信，一旦军舰起火或被敌军炮弹击中，这种鱼雷弹头靠近轮机舱和弹药库的布局将给战舰带来灾难性的风险。此外，固定而非移动式的鱼雷发射器意味着整艘战舰必须将舷侧转向目标进行鱼雷齐射。[66] 不管怎样，日本海军军令部在军舰设计上顽固地坚持战术兵装凌驾于结构考虑的做法，在整个 20 世纪 20 年代一直困扰着日本军舰的性能，并导致了 20 世纪 30 年代许多本可以避免的灾难。

　　但总的来说，"古鹰"级巡洋舰是一款成功的舰型，它足以刺激美国人建造他们第一批战后巡洋舰——强大的 9100 吨排水量的"彭萨科拉"级（Pensacola class），并促使英国人开始建造他们的"郡"级（County class）巡洋舰，也鼓舞了日本海军对"古鹰"级的基础设计方案进行改进。日本随后的 2 艘排水量7000 吨的"青叶"级（Aoba class）巡洋舰［"青叶"号（Aoba）和"衣笠"号

（Kinugasa）〕于 1924 年动工建造，1927 年完工，按照日本海军的最初设想，它们应该与"古鹰"级相同。然而，在建造的中途，同样是在军令部的压力下，这 2 艘巡洋舰被重新设计，以便在 3 个双联装炮塔上安装 6 门 20 厘米（8 英寸）口径的舰炮。[67] 双联装炮塔的布局值得特别注意，因为一些海军此时已经接受了作战效能更高的三联装炮塔。由于未知的原因，日本海军在这个时代将双联装炮塔定为巡洋舰的标准配置，这也是日本巡洋舰最明显的特征之一。[68]

　　甚至在"青叶"号和"衣笠"号开工之前，平贺让就已经开始设计这样一

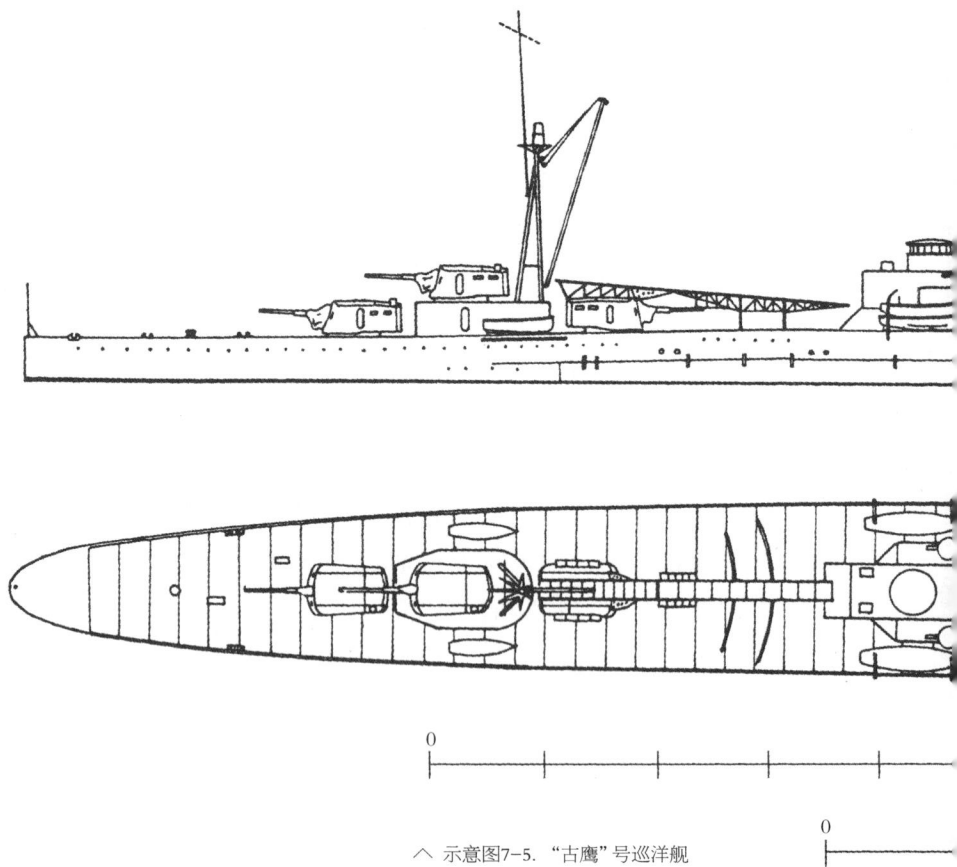

∧ 示意图7-5. "古鹰"号巡洋舰

种巡洋舰，它不仅能达到1万吨排水量的极限，而且就像驱逐舰中的"吹雪"那样，将优于其他所有同类战舰。他努力的结果是4艘"妙高"级（Myōkō class）重巡洋舰——"妙高"号、"足柄"号（Ashigara）、"羽黑"号（Haguro）和"那智"号（Nachi）。虽然平贺让早期巡洋舰设计上的大部分新颖的结构特征也被融入"妙高"级巡洋舰的设计当中，但这些军舰仍然是日本第一批"条约巡洋舰"的代表，因为它们的设计是在《华盛顿条约》签订之后开始的，计划排水量为1万吨。

　　我们从"妙高"级巡洋舰的建造过程中可以再次看到日本海军军令部试图

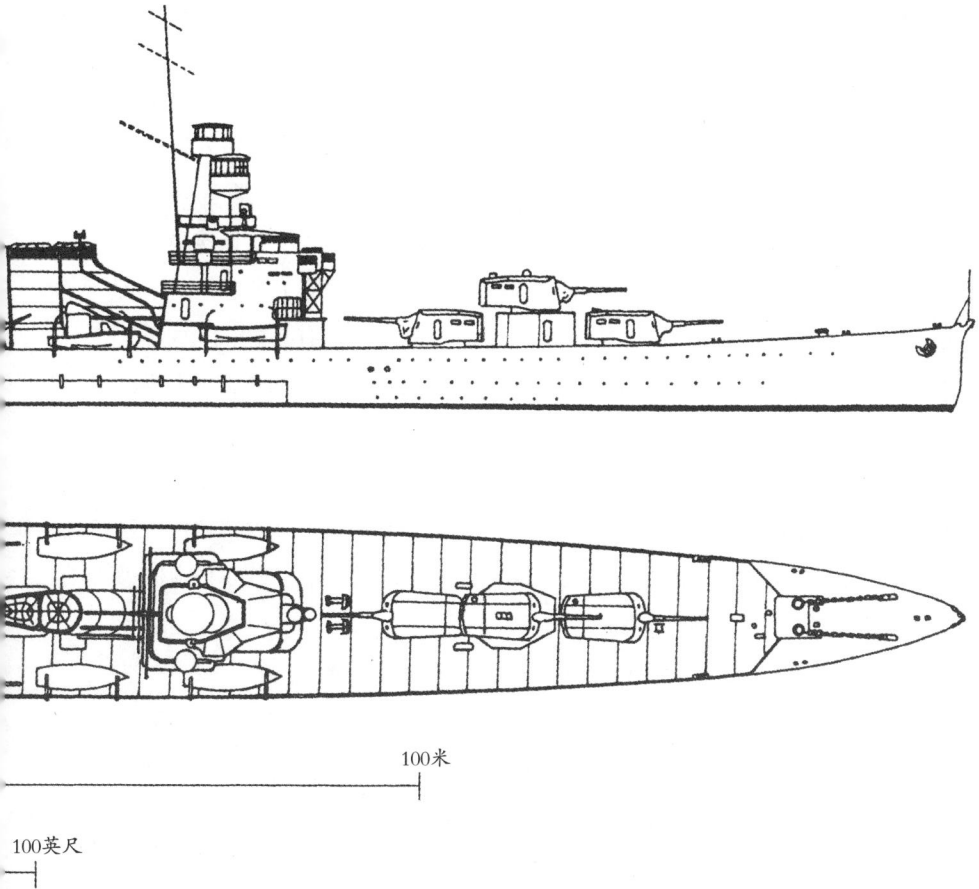

100米

100英尺

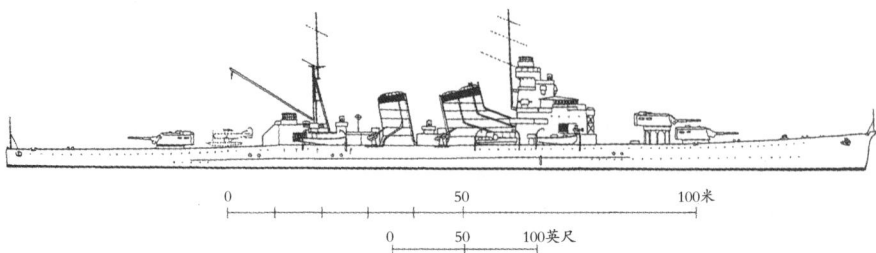

∧ 示意图7-6.“青叶”号巡洋舰

将其对进攻性力量的过分要求强加到军舰设计上。军令部对这4艘巡洋舰提出的最初要求包括：武器装备为装在5个双联装炮塔（舰艏3个和舰艉2个）上的共10门8英寸炮，安装在船尾上层甲板下固定发射器中的8具鱼雷发射管，对关键部位的防护要能抵御15厘米炮弹的直接命中，沿轮机舱设置防鱼雷突出部①，最大航速35节以上，能以14节航速航行1万英里。虽然平贺让接受了大部分的要求（事实上，他说服了军令部在舰艉增加第五个炮塔），但他对甲板下安装固定式鱼雷发射器的方案犹豫不决，因为这既危险又没有必要。1925年，在平贺让去欧洲出差期间，军令部的鱼雷专家说服了平贺让的继任者藤本中佐，在舰内轮机舱上方安装了不止8具（实际上是12具）固定式鱼雷发射管。[69]然而，如果按照军令部的要求对这些巡洋舰进行舾装，它们就会比原定计划或条约允许的限度重大约1000吨标准排水量。因此，它们的速度和火力是以适航性、稳定性和纵向强度为代价获得的。这些不利因素在20世纪30年代最终必须通过局部改装加以纠正，以减轻额外的重量。[70]

　　这种超重一直是二战后一些有关日本条约巡洋舰的文献讨论的主题，有一种观点认为日本这种违反条约限制的做法是蓄意的。这个问题很复杂。一方面，很难想象日本海军明知这种额外排水量会带来严重弊端，却仍能接受。另一方面，上层甲板重量问题导致的稳定性下降，也困扰着美国的条约巡洋舰，因为设计了

———————————

① 译注：即"bulge"，是船体外部附加的防雷水密隔层。也译作"防雷护体"。

精确的吨位限制后，很难增加排水量余裕。毕竟军舰上层甲板总是在加东西——桅杆、天线、改进的武器、探测设备，等等。此外，在精确达到设计的排水量这一困难而又了不起的工作上，日本舰船设计师和建造师可能没有他们的英美同行那么有经验，也没有他们那么娴熟。另一方面，即使是在一个其他国家海军都超过了公认的吨位限制的时代，日本海军在吨位上的超标也是不同寻常的。它的巡洋舰比条约规定的规格重几千吨，而不是几百吨。日本军舰的设计在一开始并没有超出条约规定的范围，但是军令部坚持要求加入额外的武器，有意让条约型巡洋舰的排水量增加到远远超出条约规定的范围。20 世纪 30 年代初的情况尤其如此，当时日本显然将宣布抛弃海军军备限制。[71]

然而，这些军舰对舰队来说是极大的加强，因为它们的速度和火力使它们能够根据情况进入或避免战斗。在与西进的美国战列舰队的交战中，它们可以在敌人战列舰的射程之外与之保持接触，跟踪它直到黄昏，而能见度的降低使前置水雷战队成为可能。这些重巡洋舰的速度几乎与驱逐舰相当（并且在波涛汹涌的海上比驱逐舰还要快），能够率领这些水雷战队对抗敌支援舰队的重型战舰。

到 20 年代末，重型巡洋舰在日本海军的作战计划中占据了中心位置。因此，它们在日本海军作战编制中的地位应略做考虑。在这期间，日军基本舰队单位是通常有 4 艘或 4 艘以上舰船的战队。在演习期间（和战时）会组建两支或两支以上战队组成的两大主要舰队——"主力舰队"（或称第一舰队）和游击舰队（或称第二舰队）。在 20 年代中期，日本海军正在组建它的第一支重巡洋舰战队，由 4 艘 "妙高" 级巡洋舰组成。然后在 1925 年，军令部决定建立第二支更强大的巡洋舰战队，由配备 8 英寸火炮、航速超过 33 节、能以 14 节航速航行 8000 英里的 1 万吨级巡洋舰组成。这些舰艇将协同作战，充当战列舰队的前卫部队，也担当突入敌战列舰队各支援舰船当中的攻击舰队，或者单独执行侦察任务。考虑到这支战队预计具备的速度和火力，军令部希望组成它的巡洋舰在和平时期能充当舰队的旗舰，在战争时期能充当战队的旗舰。由于平贺让被派往欧洲，所以 "高雄" 级（Takao class）的这 4 艘巡洋舰 ["高雄" 号、"爱宕" 号、"鸟海" 号（Chōkai）和 "摩耶" 号（Maya）] 的设计就交给了藤本喜久雄负责，他遵循了 "妙高" 级巡洋舰的总体设计思路。然而，"高雄" 级和 "妙高"

级还是有一些实质性的差异。第一个差异点是主炮。"高雄"级主炮的仰角最
大能达到70度，这使它们在原则上能兼作高射炮使用。同样重要的还有8具24
英寸鱼雷发射管的布局。在领会了平贺让反对在船体内安装固定支架的警告后，
藤本小心翼翼地把鱼雷发射管放在了船体外舷侧凸体上的可转动双联装支架里，
船舷每侧各有2具。[72]

　　这些巡洋舰最大的变化与它们作为舰队旗舰的预期功能有关。日本海军期
望它们在涉及远程火炮和鱼雷的白昼和夜间战斗中都能充当一支舰队的作战指
挥中心。指挥这些战斗所需的越来越复杂的设施——所有的通信、指挥、导航、

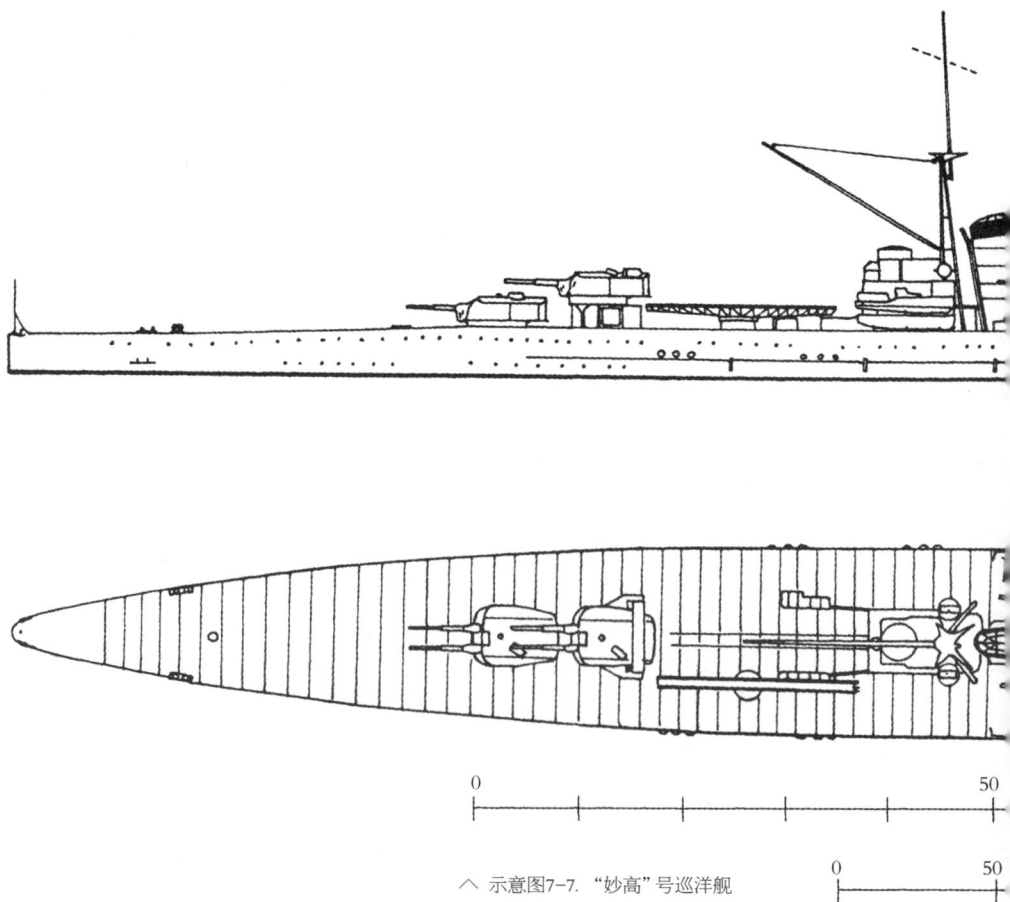

△ 示意图7-7. "妙高"号巡洋舰

火力和损管控制台——被集中在一个分为 10 个不同层次的巨大舰桥综合设施中。这种将指挥设施集中化的代价是上层甲板超重、抗风能力不强，并为敌人提供了更大的射击目标。[73]

伦敦条约：
日本海军和 8 英寸舰炮巡洋舰问题

到 20 世纪 20 年代末，日本舰艇建造触发的巡洋舰造舰竞赛引发了一场有关进一步限制海军军备的国际争端。日本和美国海军出于不同的原因，在重巡

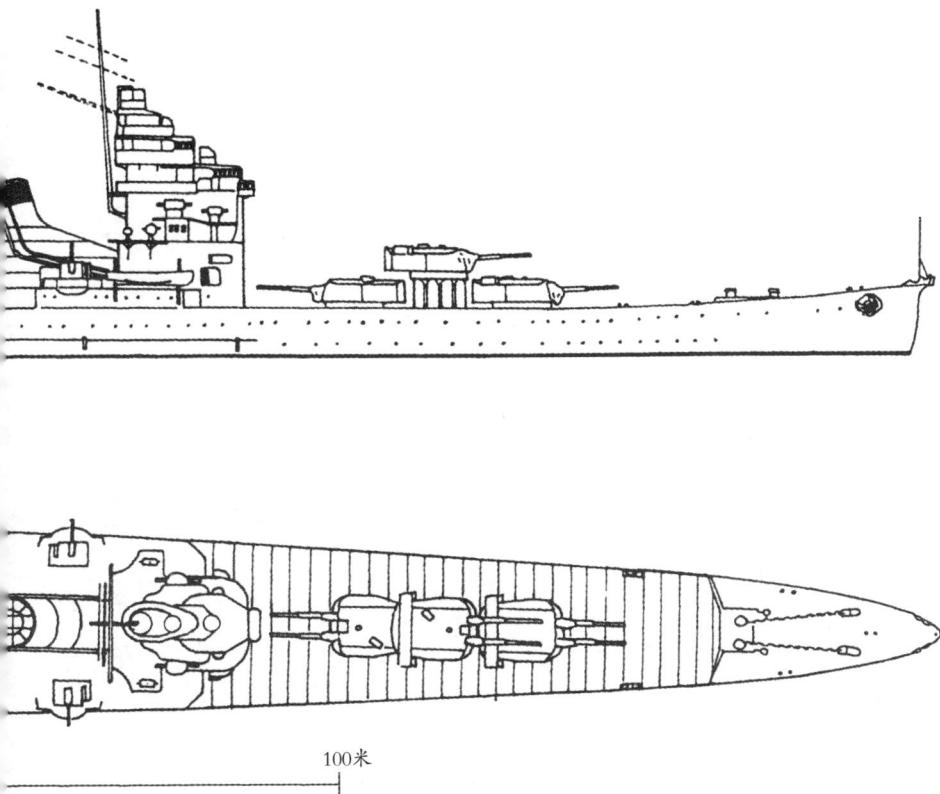

100米

洋舰和轻巡洋舰两者当中更青睐前者，因为前者满足了它们在远洋作战中的战略和战术需要。美国人尤其反对对单艘巡洋舰、驱逐舰和潜艇的规格进行削减，但确实想限制这几种舰艇的总吨位。英国海军所寻求的东西却恰恰相反，英国有着众多的海外基地、遍布全球的贸易和数不清的义务，这一切都需要轻型巡洋舰。英国人想要更多的总吨位，同时废止或至少大大削减条约许可的巡洋舰所具有的规格。英美两国在这个问题上的争论破坏了 1927 年的日内瓦海军军备限制会议，并导致关于无限制军舰种类的辩论被推迟到 1930 年在伦敦举行的重

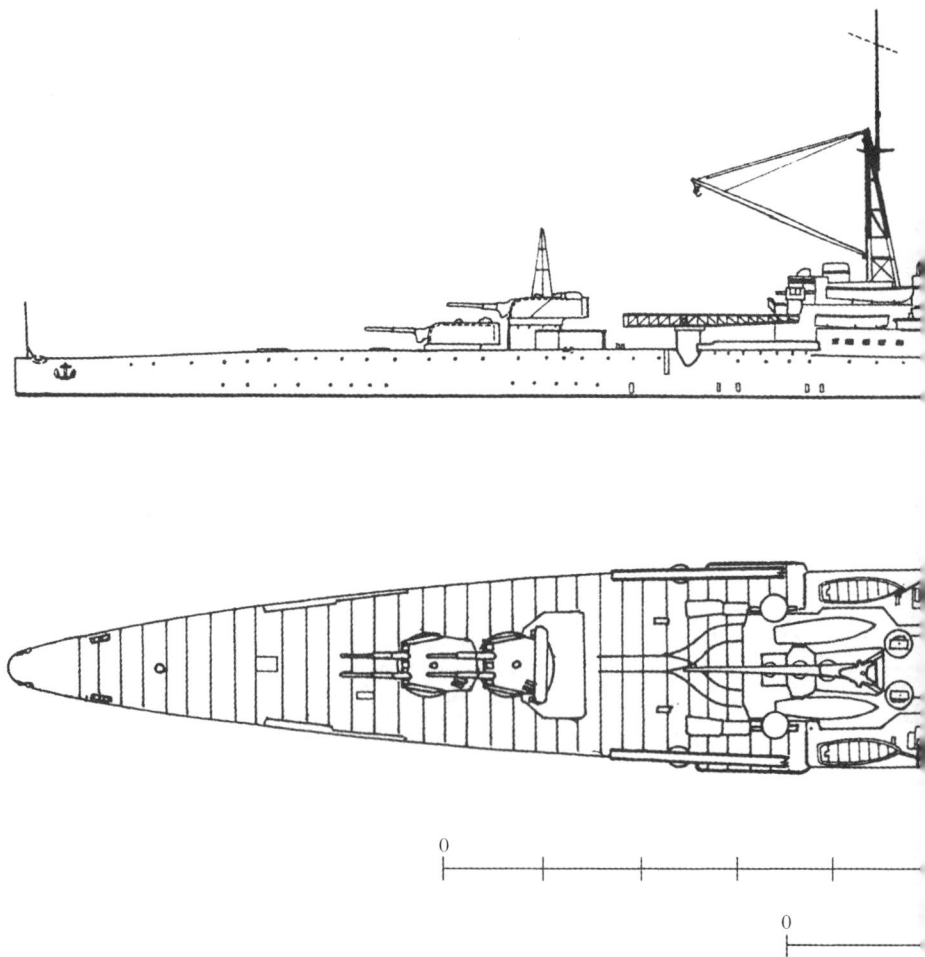

0

0

要海军会议中举行。[74]

　　在日内瓦，日本代表团置身于主要争端之外，既不站在美国一边，也不站在英国一边，但表示愿意讨论对巡洋舰总吨位、巡洋舰大小及其火力的限制。日本海军在日内瓦和伦敦海军会议上的主要关切是，美英日三国在小型舰种上的总吨位比例不应该遵循华盛顿会议上确定的主力舰之比（5∶5∶3）。[75]日本海军再次祭出了佐藤—秋山的日本海上安全公式，坚称如果日本不能与英美这两个海军竞争对手平起平坐，就至少要在这些舰种（尤其是重巡洋舰）吨位

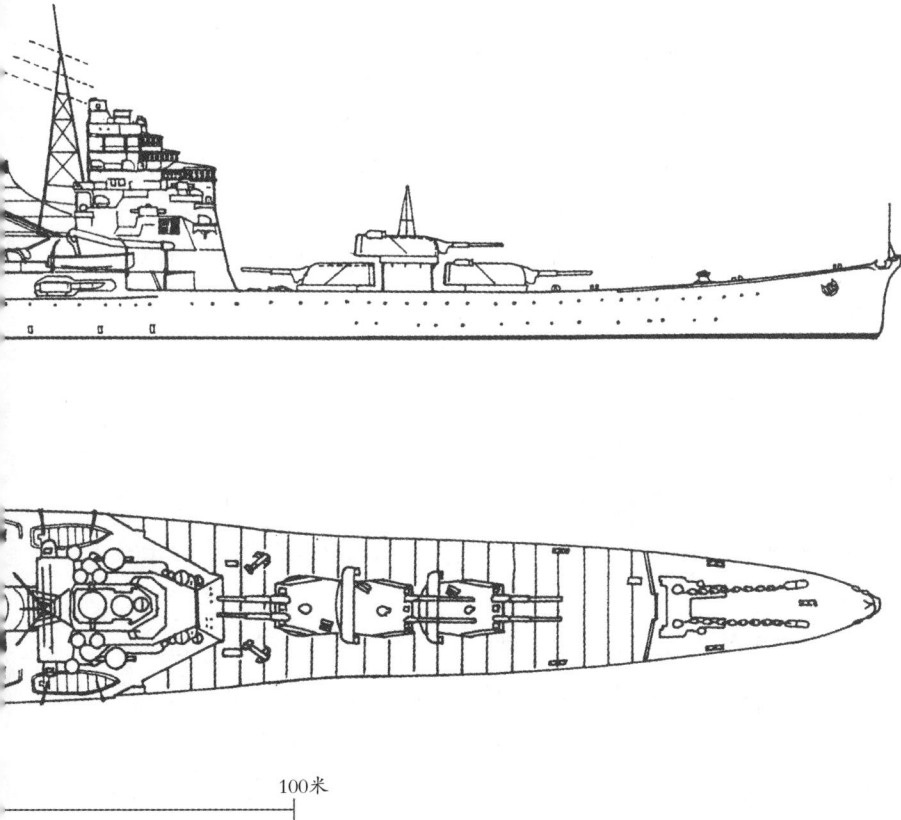

100米

∧　示意图7-8. "高雄"号巡洋舰

上达到英美的七成。[76]

1927 年，军令部期待着伦敦会议的召开，该会议将围绕《华盛顿条约》遗留下来的吨位不受条约限制的军舰类别问题进行讨论。军令部成立了一个由野村吉三郎（Nomura Kichisaburō）海军中将领衔的 20 人委员会，该委员会将根据日本的战略形势、最有可能的对手的实力以及预期的海军军备限制，对日本海军的需求进行重新探讨。该委员会于 1928 年 9 月向海军大臣提交的报告极大地影响了日本海军未来的规划，特别是在军舰的设计和建造方面。该报告提出了许多建议，要点是海军需要再度重视高超的作战技能和性能优越的海军武器装备，将它们作为克服劣势比例和打决战的主要手段。为了实现第一个目标，野村委员会强调了完善日本海军辅助战舰[77]以下各项能力的重要性：侦察、巡逻、追击、突袭、潜艇作战以及巡洋舰和驱逐舰的夜间攻击。在提供未来所需军舰的计划表时，野村委员会给个别军舰规格应遵循的重要标准提出了建议：充分的防护和充足的武器装备，炮弹、鱼雷拥有更高的射击精度、更快的射击速度，所有舰种都具备高速性能，舰体强度能够适应各种海域。[78]前已述及，忽视最后一个标准在 20 世纪 30 年代中期产生了恶劣的后果，我们将留到后面进行讨论。

然而，如果日本在即将到来的伦敦海军会议上同意进一步削减其海军力量，上述建议就意义不大了。最重要的是，军令部决心在配备 8 英寸口径舰炮的重巡洋舰上保持英美 70% 的比例。重型巡洋舰对日本的以下两个计划至关重要：一是对美国战列舰队的削弱，二是随后的决战。军令部极其看重 8 英寸炮弹比 6 英寸炮弹多出来的那一倍多重量，认为 8 英寸炮弹的射程比 6 英寸炮弹远得多，几乎可以与 14 英寸炮弹的射程相媲美。这是对美国舰队发动白昼和夜间攻击的一个重要考量。[79]

海军军令部的噩梦是，虽然日本在 20 世纪 20 年代的重型巡洋舰建造方面领先于美国，但美国在 30 年代的造舰计划可能会在这方面超过日本和英国。特别是 1929 年的 "15 艘巡洋舰法案" 将使美国的万吨级巡洋舰的舰只数在 1935 年达到 23 艘。[80]为了促使日本海军省、内阁和国会对这一威胁做出反应——将排水量 5000 吨级的老式巡洋舰中的 6 艘替换为 5 艘 1 万吨级的巡洋舰，军令部作战部于 1929 年发表了一份冗长的声明，说明了重型巡洋舰保持对美七成比例的重要性。该宣言似乎使重型巡洋舰成了海战的仲裁人（依据的是其航程、速度和火力）。军令部认为不仅重巡洋舰作为商船袭击舰比潜艇功能更多，而且依托太平洋众多基地进行作战的美国重型巡洋舰拥有数量优势，这将削弱日本海军长期以来所坚持的防御部署，特别是其截击战略。太平洋将因此变成美国的一个湖。最重要的是，军令部坚持认为，研究和演习已经证明，重型巡洋舰的相对实力将是决定舰队决战结果的关键，因此，重巡洋舰保持美国 70% 的比例对日本海上安全来说是绝对必要的最低要求。[81]

　　日本海军军令部发表的这一声明夸张且不合逻辑，但与之相比更重要的是日本参加 1930 年在伦敦召开的旨在完善海军军备限制体系的会议的讨论时，该声明给日本的海军思想提供的观点。1922 年，军令部在华盛顿已经勉强同意将日本主力舰与美国主力舰之比控制在 70% 以内，以换取无限制地建造巡洋舰、驱逐舰和潜艇的权利，并据此制订了削弱美国舰队的计划。而在伦敦会议时，它决心在这些中小型舰艇类别上继续维持这样的比例。伦敦会议谈判的细节超出了本书的范围，但简而言之，那里签署的条约完成了海军裁军体系：在小型舰艇类别上确立了低总吨位水平，并将禁止建造主力舰的禁令延长至 1936 年。[82] 对日本海军来说，《伦敦条约》所的规定令他们深感沮丧。虽然允许日本建造的舰艇总吨数（368340 吨）占英美海军力量总吨数的 69.75%，但这些吨数中的很大一部分是对日本来说次要的舰种。日本代表团不得不怀着相当大的痛苦接受搭载 8 英寸火炮的万吨级巡洋舰的比例为 60.23%（108400 吨）。由于日本在条约签署时已经达到了这一限额，这意味着在条约有效期内，日本不能再建造更多的重型巡洋舰。条约允许日本建造的轻巡洋舰吨位可以达到美国轻巡洋舰队的 70%（100450 吨），但它搭载的舰炮被限制在 6 英寸口径。虽然日本海军有 132495 吨的驱逐舰，但《伦敦条约》只允许日本拥有 105500 吨（70.3%）的驱逐舰。虽然日本企图保留 77842 吨的潜艇吨位，但最后还是不得不勉强接受与其他国家相同的潜艇总吨位——52700 吨。只有在轻型巡洋舰上，日本人稍稍占到了一点便宜，被允许建造的总吨位为 100450 吨，对美比例为 70.15%，但军令部认为这类巡洋舰太小，不足以保证日本海军渐减战略的成功。[83]

　　《伦敦条约》使日本海军恼火的真正原因是，该条约不仅导致日本海军的

重巡洋舰（8英寸炮）实力对比

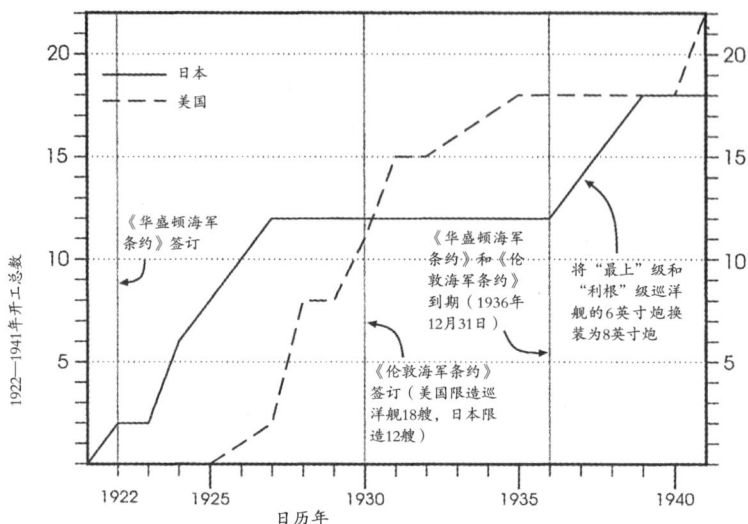

日本
美国

《华盛顿海军
条约》签订

《华盛顿海军
条约》和《伦
敦海军条约》
到期（1936年
12月31日）

将"最上"级和
"利根"级巡洋
舰的6英寸炮换
装为8英寸炮

《伦敦海军条约》
签订（美国限造巡
洋舰18艘，日本限
造12艘）

1922—1941年开工总数

日历年

配备5—6英寸舰炮的轻巡洋舰实力对比

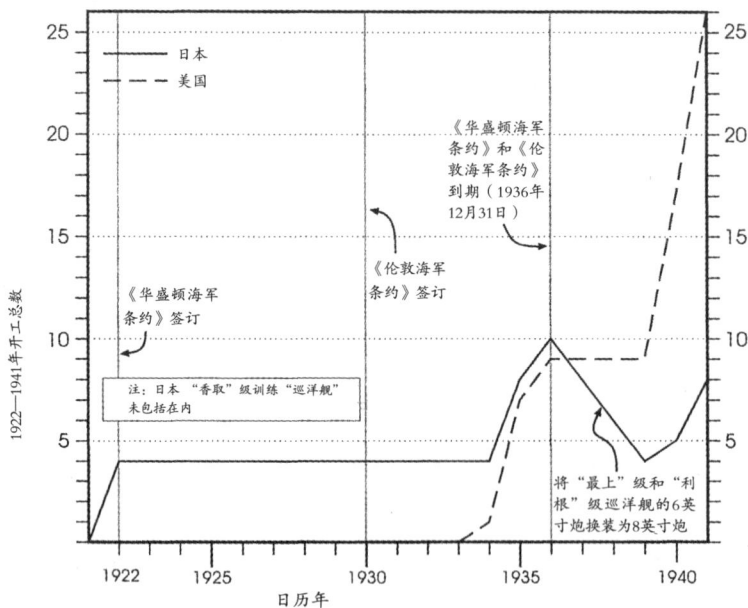

日本
美国

《华盛顿海军
条约》签订

《伦敦海军
条约》签订

《华盛顿海军
条约》和《伦
敦海军条约》
到期（1936年
12月31日）

注：日本"香取"级训练"巡洋舰"
未包括在内

将"最上"级和"利
根"级巡洋舰的6英
寸炮换装为8英寸炮

1922—1941年开工总数

日历年

马克·A.坎贝尔

∧ 示意图7-9. 旧日本海军（实线）和美国海军（虚线）重巡洋舰（搭载8英寸炮）和轻巡洋舰（搭载5—6英寸炮）实力对比，1922—1941年

总体实力处于劣势，而且还实际上削弱了日本海军相较于其他两大海军强国的实力。在华盛顿会议上，主力舰的限制比例本质上反映了当时三大海军强国的实际相对实力。在伦敦会议上，日本被迫停止建造重巡洋舰——虽然在过去 10 年里，为了在这一舰种上取得领先地位，日本已经费尽心机——而美国则在这一舰种的建造上赶上了日本。[84] 不过，在《伦敦条约》签订后的几年里，日本的总吨位仍然享有美国 80% 的比例，因为美国直到 1934 年才努力达到条约规定的限额。即使在那之后，美国也要到 10 年后才赶上并超过日本。

然而，日本海军军令部内部对《伦敦条约》积怨极深，这种怨恨在 1934 年导致日本文官政府推翻了其支持限制海军军备体系的基本政策。早在 1930 年夏天，以条约体系的主要反对者、现任军令部长加藤宽治为首的在军令部中占主导地位的一派人就已明确表达了他们的决心：在 1936 年年底条约到期时，让日本退出整个军备限制体系，甚至在此之前就要为条约时代结束后将爆发的激烈的新海军军备竞赛做准备。

8

第八章

"在敌射程外攻击敌人":

第一次伦敦海军会议到条约时代结束时的日本海军,1930—1936 年

　　虽然日本海军对海军军备限制体系越来越失望,但在 1930 年,离日本退出该体系还有 6 年时间。在此之前,日本海军不得不应对《伦敦条约》带来的新情况。它游刃有余而又巧妙地做出了应对:把每一种受到限制的军舰类别建造到条约分配的限额,并加强条约没有做出限制的海军武器和兵种。

　　这一努力的第一个实质性成果是《伦敦条约》后的一系列"补充计划",非正式称呼为"丸"计划。事实上,这些计划是海军军令部和大藏省之间漫长谈判(始于1928 年,但因伦敦会议和《伦敦条约》而中断)的高潮。它们现在也是日本海军高层向政府施加压力的结果,海军要求政府提供额外的资金,最大限度减小对日本海军力量的限制,以换取海军接受《伦敦条约》的安排。从 1930 年到第二次世界大战爆发,有 4 个这样的"丸"计划,分别制订于 1931 年、1934 年、1937 年和 1939 年。[1]

　　1931 年的"丸一"计划由海军省提交,1930 年 11 月得到内阁同意,1931年获国会批准,允许建造 39 艘新战舰,其中最重要的是"最上"级(Mogami class)的 4 艘巡洋舰["最上"号(Mogami)、"三隈"号(Mikuma)、"熊野"号(Kumano)以及"铃谷"号(Suzuya)],它们在 1931—1934 这段时间开工建造,并在 1935—1937 年完工。这些军舰代表了军令部的一种努力:在巡洋舰舰体内放入《伦敦条约》所能允许的最大火力。面对分配给日本的 8 英

寸舰炮巡洋舰配额已经被用完的情况，军令部仍然决定将巡洋舰定为其夜战的战术核心，决定用其剩余的巡洋舰配额建造能够与 8 英寸舰炮相抗衡的 6 英寸舰炮巡洋舰。为了达到这个目的，负责设计的藤本大佐在 5 座（舰艏 3 座，舰艉 2 座）三联装炮塔中安装了 15 门舰炮，在舰体内安装 4 座三联装鱼雷发射装置，左右两舷各 2 座。军令部对该型巡洋舰提出的作战要求，与 1 万吨的"甲"型巡洋舰相同，要求装甲能够承受 8 英寸炮弹的攻击，炮塔可以被迅速改装以容纳 8 英寸的火炮。这些"乙"型巡洋舰的排水量，正如被标示的那样，大大超过军令部原来的规格所要求的 8400 吨。[2] 藤本试图用轻合金和电焊（只要有可能）来减少重量。完工时，"最上"级的装甲比以往任何日本轻型巡洋舰都要厚，并且拥有比英美轻型巡洋舰更强大的火力——包括更强大的防空武器。但与此同时，日本海军军令部再度坚持船只上层结构重量超标从而导致危险的不稳定的军舰设计方案。这一缺陷并不是唯一的问题：当"最上"级的前两舰——"最上"号和"三隈"号的主炮组进行试射时，由于焊接不良，船体上出现了明显的变形。所有这些缺陷都要求在接下来的几年里对这些军舰进行大规模的改造。[3]

事实上，就像建造"古鹰"号激起了一场重巡洋舰竞赛一样，"最上"级巡洋舰的出现引发了一场评论家口中的"重型轻巡洋舰"竞赛。[4] 为了挑战这些新的日本"乙"型巡洋舰，美国人建造了"布鲁克林"级（Brooklyn class，排水量 1 万吨，搭载 15 门 6 英寸火炮），英国人建造了"南安普顿"级（Southampton class，排水量 1 万吨，搭载 12 门 6 英寸火炮）。但在 20 世纪 30 年代的大部分时间里，日本人在巡洋舰的设计和建造上都保持着质量上的领先地位。这种优势，就像驱逐舰的优势一样是"买"来的，代价是在海军军令部战术家和理论家的坚持下设计和制造了装载过多武器、装备和设施的舰船，使得巡洋舰处在危险的不稳定状态。因此，这些头重脚轻的船中必定会有一艘要遭灾。但令人惊讶的是，当灾难真的降临时，出事的是日本海军中较小的一艘舰艇。

海难：
1934—1935 年的"友鹤事件"和"第四舰队事件"

由于《伦敦条约》将驱逐舰总吨位限制在了在日本海军看来低于作战需要

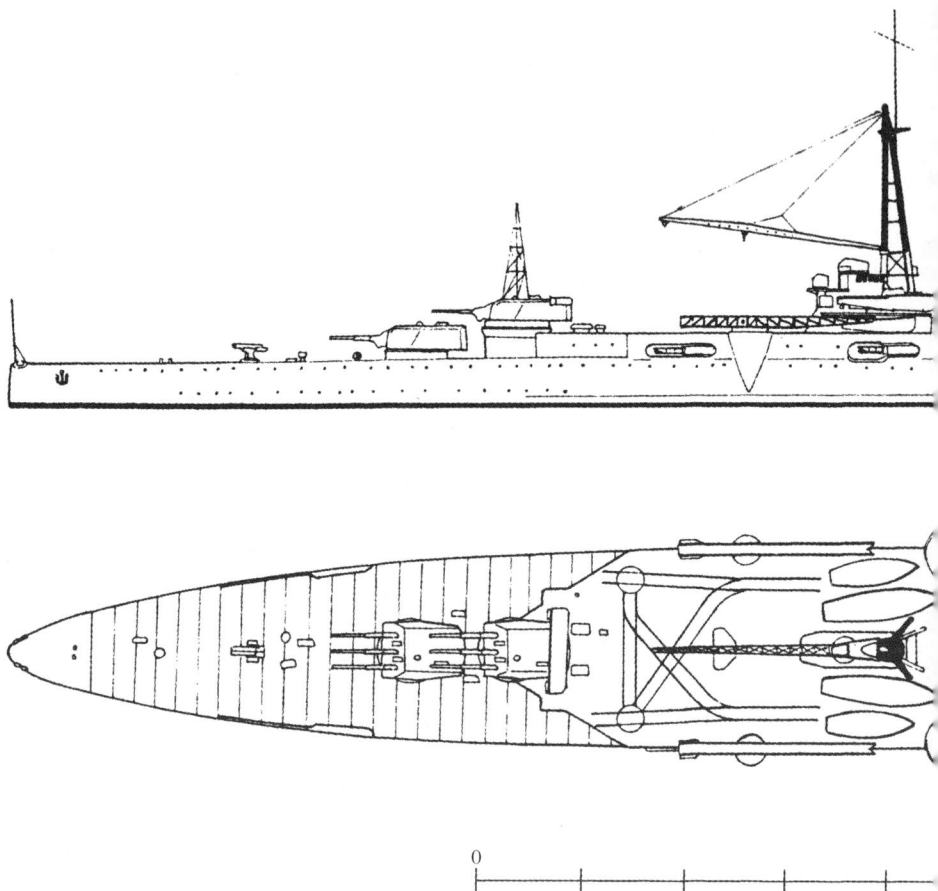

的水平上，日本海军决定用一种新战舰来弥补这一差距。这便是排水量 600 吨，可以充当日本港口和海军基地哨舰的"水雷艇"（鱼雷艇）。该型艇计划建造 20 艘，前 4 艘在 1931 年和 1932 年根据"丸一"计划开工建造，并于 1933—1934 年间完工。日本海军在这些小船上寄予了很大希望。由于其体积小，总吨位又不受条约限制，因此它们可以被大量建造。"千鸟"级（Chidori class）在尽可能小的船体上安装了尽可能多的武器——4 具 21 英寸鱼雷发射管和 3 门 4.7 英寸口径火炮，日本海军打算用它们接管更大的驱逐舰的日常巡逻和反潜任务。

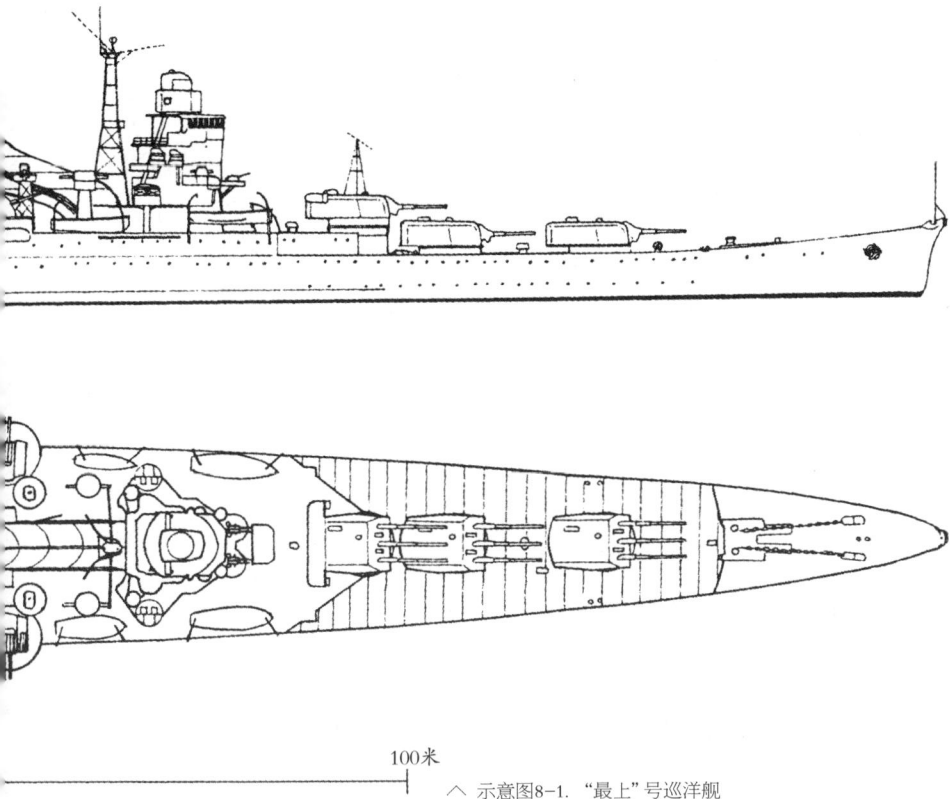

100米

∧ 示意图8-1. "最上"号巡洋舰

　　但是，军令部对攻击力的需求又导致该型艇出现头重脚轻的危险设计。1934 年 3 月，几艘这样的小船在佐世保附近的狂风中进行演习时，悲剧发生了。3 月 12 日清晨，以 14 节航速航行的"友鹤"号（Tomozuru）发生倾覆，且再也没有翻转过来。当天晚些时候，漂浮着的"友鹤"号倾覆舰体被发现，被"龙田"号轻巡洋舰从船尾拖住，拖回佐世保。当该舰在港口被扶正时，原来的 6 名军官和 107 名舰员中只找到 13 名幸存者。在随后对事故原因的两次正式调查中，已经越来越明显地可以看到该型鱼雷艇的稳定性存在重大缺陷，故调查人员建议采取措施，改善尚在建造中的该级鱼雷艇的适航性。日本海军取消了计划建造但还未开工的 16 艘鱼雷艇，已经完成的 4 艘甚至可以取代二级驱逐舰的想法也被放弃了。[5]

　　"友鹤"号事故给日本海军上下带来了巨大冲击。舰政本部的基本设计部，特别是其负责人藤本喜久雄海军少将受到了严厉批评。具有讽刺意味的是，在 1934 年 4—6 月对事故进行调查的第二个调查委员会是由前海军军令部长加藤宽治领导的。正是军令部固执而喋喋不休地坚持为日本军舰搭载过多的武器和装备，才导致了军舰的设计失误。无论如何，责难都落在了军令部意志的执行者藤本身上，他最终被解职，由福田启二（Fukuda Keiji）大佐接替。翌年，心力交瘁的藤本去世。由于藤本的工作受到批评，日本海军的许多舰艇设计方案此

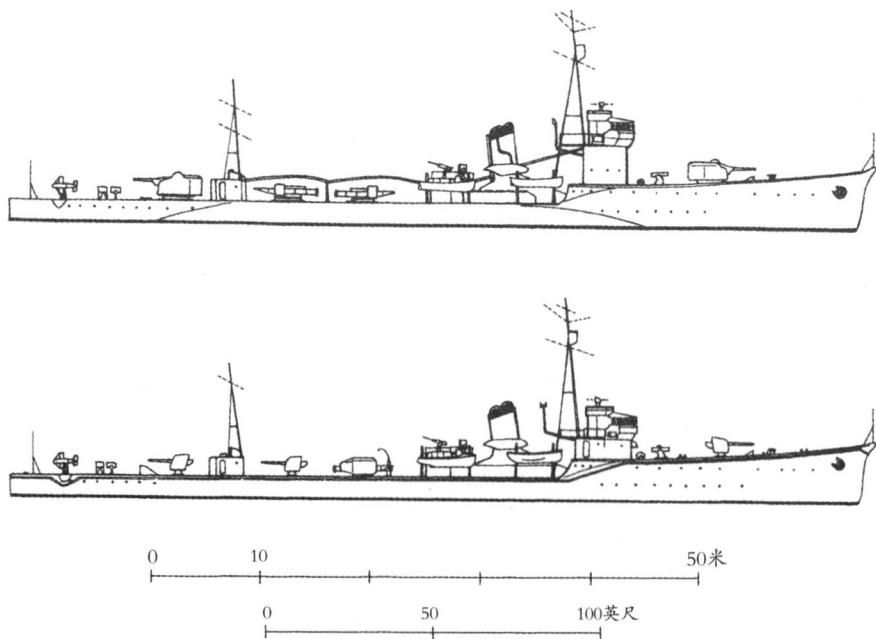

∧ 示意图8-2. "友鹤"号鱼雷艇

时也受到了质疑。就在日本海军设计人员着手应对这一令人不安的现状一年多一点后，第二场海难又发生了，证实了上述的质疑。1935 年 9 月下旬，为联合舰队年度大演习而临时组织起来的"第四舰队"的 58 艘军舰正在参加演习的最后阶段。演习区域为本州岛以北和千岛群岛之间的西北太平洋海域。9 月 21 日黎明，第四舰队向东航行，然后南下，大约位于本州北部以东 100 英里处。这时，舰队收到警报称，南面有一股巨大的台风，台风在 200 英里长的锋面上急速北上。由于没有足够的时间或空间来躲避暴风雨，第四舰队的舰船企图硬挺过去。在此过程中，舰队连续受到如同山崖一般高的巨浪和速度达 79 节的狂风的可怕打击。风暴毁坏了"凤翔"号和"龙骧"号（Ryūjō）航母的舰桥，使"妙高"号和"最上"号舰体中部的结合部松动。然而，小型舰船遭受的破坏最大。轻型巡洋舰"鬼怒"号的横摇达到了 36 度，几艘"吹雪"级的横摇达到了 75 度。虽然奇迹般地没有发生翻船事故，但一些舰船的损坏情况却惊人地严重。就在舰桥前，"夕雾"号（Yūgiri）驱逐舰的整个舰艏部分折裂，"初雪"号也是如此。"胧"号（Oboro）和"白云"号（Shirakumo）驱逐舰的钢板严重变形，其他驱逐舰的结合部发生松动和断裂。风暴过去后，第四舰队几乎所有的舰艇都受了损伤，54 人死亡或失踪。[6]

　　尽管在这种强度的风暴中无论造得多好的军舰都可能要受损，但随后官方对第四舰队事故的调查显示，基本的设计和建造缺陷是造成许多军舰受伤的主要原因。如前所述，在条约时代设计的许多日本巡洋舰和驱逐舰承受着危险的顶部重量。1935 年 9 月的风暴使我们看到，这些军舰（尤其是"吹雪"级驱逐舰）的纵向强度远远低于预期，当它们乘风破浪、在大浪中颠簸时，这是一个几乎致命的缺陷。焊接上的失误也导致巡洋舰和驱逐舰的结合部不牢固。[7]

　　在掌握了"友鹤"号和第四舰队事故此时显现出来的证据后，日本海军被迫把"丸二"计划中的造舰项目推迟了几年，转而实施一个巨大的改装计划，以纠正 10 年来军令部的过分要求导致的设计失误。首先，日本海军的鱼雷艇和驱逐舰都得到了大幅度重新设计和改装，4 艘已经建成或正在建造的"千鸟"级鱼雷艇的设计被大幅修改，减小了主炮的尺寸并减少了其防护，也减少了鱼雷发射器和甲板上携带的鱼雷数量，将舰桥高度降低了一层，并增加了龙骨压舱物。

接下来正在建造或已经完工的 8 艘"鸿"级（Otori class）鱼雷艇吸取了"友鹤"号倾覆的所有教训。6 艘新的"初春"级（Hatsuharu class）驱逐舰和 10 艘"白露"级（Shiratsuyu class，有时被称为改进型"初春"级，或"初春"级改）进行了大规模修改，做出了种种修正：重新设计上层建筑以形成一个更紧凑和更高效的布局，重新安装火炮，移除一个鱼雷发射器，增加额外的压舱物，并从甲板上移除多余的设备。[8]

日本海军的巡洋舰——特别是那些最新的"最上"级巡洋舰——成了重点关注对象。该级巡洋舰的不稳定性问题非常严重，所以"最上"号和"三隈"号在 1936 年秋被编入预备役，送往吴海军造船厂进行部分改造，以改善它们的横向稳定性。两舰巨大的舰桥被降低高度，甲板的高度也被降低，舰体上增加了额外的防雷突出部。这些修改都被它们仍在建造的姊妹舰"熊野"号和"铃谷"号吸收。"高雄"级巡洋舰也在 1935 年年底被临时编入预备役以便在横须贺海军造船厂进行改装，以提高其纵向强度（通过加装钢板来增加舰体两侧的厚度）并改变它们的结构。通过以上种种修改，相当数量的日本战舰——从鱼雷艇到重型巡洋舰——都获得了真正的稳定性，而它们的潜在性能只有轻微的下降。[9]

除了迫使已经服役的舰船进行部分改装外，"友鹤事件"和"第四舰队事件"（日本人对它们的称呼）的教训还影响了 2 艘"利根"级［Tone class，"利根"号（Tone）和"筑摩"号］巡洋舰的设计，它们于 1934 年和 1935 年根据"丸二"计划开工建造，在 1938—1939 年完工，被用作主力舰队的侦察巡洋舰。[10] 两舰是"最上"级的改进版，更加稳定（部分原因是增加了侧装甲和水下凸起），并在主武装上采用了激进的布局。它们的 4 个炮塔中搭载了 20.32 厘米（8 英寸）口径的火炮——全部位于舰桥的前方，这就在船尾给 5 架侦察机和 2 个飞机弹射器留出了空间，[11] 还能使它们免受火炮冲击波的影响。在居住性、稳定性、适航性和速度方面，它们都是优秀的舰只。然而，当它们建成的时候，它们代表的是一种过时的战术理念。它为了携带比正常数量更多的水上飞机而牺牲许多武装并在设计上做了平衡，但在航母和陆基飞机数量不断增加和性能不断增强的时代，[12] 这样做意义已经不大了。

总而言之，虽然 1934 年和 1935 年发生的灾难可能很严重，但它们对日本海军或许反而有好处。如果没有发生这些灾难，日本海军可能还认识不到他们在这些事故中损坏的舰艇的弱点。事故发生在和平时期，海军还有时间和资源来纠正事故中表现出来的设计和建造缺陷。当然，如果考虑到这些巡洋舰和驱逐舰在太平洋战争头两年的作战表现，以及它们承受和输出相当大损伤的能力，那么 20 世纪 30 年代中期的改装计划显然是值得日本海军去实施的。[13]

日本海军现代化：
已有舰艇的改装和改造

然而，如果把 20 世纪 30 年代中期日本舰队的大部分改装仅仅看作是一个纠正设计上不寻常缺陷的紧急措施——因为一系列灾祸而突然出现——那就错了。相反，这是自第一次世界大战以来就一直在进行的现代化工作的一部分，不但日本海军在进行，而且世界各国海军都在实施。石油替代煤炭、新锅炉的设计、涡轮发动机的出现、新型装甲板（铬硬化钢、高强度钢和低锰结构钢）的研发、航空炸弹的改进、鱼雷尺寸的增大和破坏力的增强，这些都是日本海军必须做出回应的挑战和机遇，否则就可能被淘汰。[14] 虽然他们可以建造而且确实建造了新型军舰，但在全球海军预算紧缩的时期，对现有的海军作战舰艇进行改装和改造，以应对或利用上述技术的发展，相对而言成本更低。于是，在《华盛顿条约》签订后，改造和改装基本上成为海军现代化的唯一手段；而在《伦敦条约》签订之后，这种做法变得更加惯常。

因此，在条约时代，日本海军的所有主要作战舰艇都得到了改造，这是经过深思熟虑的现代化计划的一部分。例如，1934—1935 年对"高雄"级巡洋舰做出的许多改进（更换主炮和升降机、扩充无线电设备、改善舰员宿舍、搭载新式飞机，等等）实际上是两年前就安排好的，是海军军备升级工作的一部分。从 20 世纪 20 年代后期开始，一直到 30 年代末，日本海军所有的主力舰都进入造船厂接受过改造：增加主炮的最大发射仰角，对舰桥结构进行现代化改造以吸纳最新的火控系统，安装弹射器和水上飞机防护罩，加强甲板装甲以抵御大角度来袭火力和航空炸弹，增强水线以下的鱼雷防护。[15]

在条约时代开始之前将要建造的最后一艘日本战列舰上已经有了一些新的

防护设计，但还没有受过战斗的考验。几年前，几艘废弃或未完工战舰（特别是"土佐"号战列舰）的舰体，在试验进攻性海军武器和防御性武器方面发挥了有益的作用，这些经验教训都被后来的舰艇建造吸收。在华盛顿海军会议期间建造的"土佐"号和"加贺"号，根据会议后的条约条款被取消。"加贺"号的船体后来被保存下来，改装为航母；而"土佐"号的船体在1924年6月被炮术学校接收，用作靶舰。由于"土佐"号在下水时被规划为日本海军最先进的主力舰，在其船体上进行的测试为日本海军提供了一个前所未有的机会：不用战斗就可以在最新的装甲上测试武器系统。到1925年2月"土佐"号在丰后水道（Bungo Strait）沉没时，日本海军已经积累了大量的重要数据，不仅可以用于现有战舰的改装和改造，而且还能用于10年后"大和"号和"武藏"号超级战列舰的设计。[16]

军令部的要求还刺激了其他一些军舰设计上的改进。一个相关的例子就是20世纪30年代中期的夜间战斗队形。由于日本海军后来需要快速和强大的军舰伴随驱逐舰和巡洋舰在夜间作战，于是"金刚"级战列巡洋舰便被改装成能够以30节航速行驶的快速战列舰。氧气鱼雷的发展最终促使一些日本海军轻巡洋舰被重新设计成鱼雷巡洋舰。

对速度和续航力的追求：
蒸汽技术的进一步发展

推进技术的进步使战舰性能的一些重要改进成为可能。20世纪20年代末，世界上的海洋国家在追求速度和续航力时，他们的办法是不仅增加蒸汽压力，而且要升高蒸汽温度。对商船和军舰来说，技术发展趋势是趋向"过热"蒸汽，因为它的优点已经得到了充分证实。过热的蒸汽比温度较低的"饱和"蒸汽能更有效地利用燃料中的热量，从而节省了燃料。而且由于过热的蒸汽不含水分，可以减少对涡轮叶片的腐蚀和侵蚀，从而改善涡轮的运行和寿命。1930年，英国驱逐舰"阿刻戎"号（Acheron）下水，它的动力设备使用了每平方英寸500磅力、大约750华氏度的蒸汽，这就引领了高压、高温蒸汽的使用。[17]

在日本海军，过热蒸汽的试验最开始是在一战前的涡轮驱动巡洋舰"伊吹"

号搭载的宫原式锅炉上进行的，一直持续到战争结束后的 20 世纪 20 年代。但日本海军这些年对于选用过热蒸汽还是饱和蒸汽没有固定政策，到底使用哪一种的决定权留给了为单个舰型设计蒸汽锅炉的工程师。因此，在 20 世纪 20 年代中期，在设计和建造"妙高"级巡洋舰和"吹雪"级驱逐舰时，日本海军仍在使用每平方英寸 284 磅的饱和蒸汽。但是为了跟上美国和英国海军在高压、高温蒸汽方面的发展，20 世纪 20 年代开工建造的"最上"级巡洋舰和"初春"级驱逐舰使用了每平方英寸 312.4 磅力、572 华氏度的过热蒸汽。在 20 世纪 30 年代中期，"千鸟"级和"鸿"级鱼雷艇使用的是每平方英寸 426 磅力、662 华氏度的过热蒸汽。由于这些舰艇令日本海军满意，"阳炎"级（Kagerō class）驱逐舰和"翔鹤"级（Shōkaku class）航母也采用了类似的高温、高压蒸汽。此后，每平方英寸 426 磅、662 华氏度分别成为日本海军中的标准蒸汽压力和标准蒸汽温度，虽然一些小型军舰上最终采用了温度和压力高得多的蒸汽。[18]

在日本海军采用高压、高温蒸汽的同时，锅炉的功率和效率得到提升，锅炉的总重量和每马力所占的锅炉容积则有所减少。此外，由于给水设备采用了足够的密封装置，锅炉给水管道免受空气和机器润滑油的影响，这便大大提高了锅炉水的纯度，便于高压、高温蒸汽的使用。所有这些技术进步带来的结果就是，20 世纪 30 年代日军许多舰型的燃料消耗率和世界上大多数海军一样显著下降。[19]

所有这些蒸汽技术的发展都标志着重要的技术进步，有助于提高日本海军的战术灵活性和战略影响范围，正如它们对速度和续航力带来了积极影响。问题是，从 20 世纪 30 年代初开始，美国和英国都在研发效率更高、功率更大、续航力更好的动力设备。在日本和美国海军将要作战的广大太平洋海域，续航能力和燃油经济性至关重要，对日本联合舰队来说尤其如此，因为它既缺乏舰队后勤船只，也不容易获得海军燃料。

日本和美国蒸汽推进系统在两次世界大战之间的这段时间里差距越来越大，最能体现这一点的是 20 世纪 20—30 年代两国驱逐舰的性能，因为驱逐舰这种军舰对推进的要求是最高的。它们的动力装置需要具备高功率和可靠性，能够让军舰进行经济的巡航，而且要重量轻、体积小、易于维护。大约在《华盛顿条约》签订之前，美国和日本驱逐舰的蒸汽锅炉性能大致相同，但当美国海军在 20 世纪 30 年代初重新开始建造驱逐舰时，其蒸汽推进设备明显好于同时代的日本设备。到 20 世纪 30 年代末，差距进一步扩大；而到了太平洋战争前夕，美国驱逐舰的锅炉在各方面都明显占优势。几乎可以肯定的是，美国的优势来自对高压、高温蒸汽的使用以及结构非常紧凑、重量十分轻的涡轮机。[20]

虽然动力装置对军舰的发展很重要，但改变军舰设计最有力的可能是飞机越来越强的潜在破坏力。加强甲板装甲以抵御航空炸弹，不断增强水下防护以抵御航空鱼雷，安装新型高射炮和高炮射击指挥仪，并改装所有战列舰和重型巡洋舰以容纳、放飞和回收水上飞机——这些都是航空兵改变日本军舰设计的表现。

航空兵——日本海军谋划中的新兴组成部分

在两次世界大战之间的 20 年里，日本发展了海军的航空兵，将其作为克服《伦敦条约》后日本海军力量不足的又一种手段。对日本和美国来说，海军航空兵发展于条约时代海军预算严重受限的年代，而且这时候飞机的发展也不快，尤其与其他可选择的武器（特别是潜艇）相比。日本海军这样考虑与 20 世纪 20 年代它在水下作战技术和条令上的快速发展（虽然它在海军航空兵的发展上是落后的）有很大关系。美国海军在 20 世纪 20 年代的发展重点就正好与日本相反。[21]

第一次世界大战期间，日本海军通过与英国海军的接触，学到了关于海军航空兵的不少东西。在 20 世纪 20 年代的大部分时间里，日本海军航空兵在技术和作战条令上都仍然以英国为范式。如前所述，日本的第一艘航空母舰"凤翔"号基本上是在英国的建议下设计的。1921—1924 年，英国海军航空兵使团在日本提供了训练流程和飞机设计方面的指导。此外，加入舰队的大部分飞机是陆基水上飞机，其主要任务是侦察和反潜巡逻。在条约时代之初，日本海军已经制订了计划，将这些飞机组建为 17 个中队，但考虑到预算方面的问题，只得在 1931 年以前将中队数量限制在 11 个。选中陆基水上飞机中队表明，直到 20 世纪 20 年代中期，日本海军还不必在水上飞机、岸基飞机与航母舰载机之间做出事关作战条令的选择。选择航母舰载机的决定可能是 1927 年大演习的结果，该演习表明日本海军缺乏将舰队力量延伸到空中的能力。[22]

在 20 世纪 20 年代，日本海军发展其空中力量的最重要一步便是决定增加 2 艘能够与舰队协同作战的大型快速航母。日本海军之所以能够这样做，主要是因为《华盛顿条约》要求拆除当时正在建造的所有主力舰（除了那些得到特别豁免的），而根据该条约的条款，日本还剩下 4 艘未完工的大型船体。就在美国决定用 2 艘被取消的战列巡洋舰"列克星敦"号和"萨拉托加"号的船体建造航空母舰的同时，日本海军也决定将 4 艘大型船体中的 2 艘建成为舰队航空母舰。1923 年 9 月，改装"天城"号战列巡洋舰的工作开始了，但当月的东京大地震严重损坏了其船体，使其报废，于是改装计划转移到未完工的"加贺"号战列舰的船体上。同年 11 月，"天城"号姊妹舰"赤城"号的船体改装工作也开始了。"赤城"号于 1927 年完工，"加贺"号稍晚一年。虽然此二舰最初吸收了被证明非常不令人满意的设计特点，需要在 20 世纪 30 年代中期进行大规模改造，但它们及其飞机的加入使得将海军航空兵视为舰队战略规划的重要组成部分成为可能；大约在同一时间，"列克星敦"号和"萨拉托加"号标志着美国海军内也有了类似的进展。

到 1927 年，日本海军航空兵已经有了足够的规模和复杂度，因此有必要将其在和平时期的各种活动（在此之前都是在海军省和舰政本部之间分派）集中管理起来，于是成立了一个单独的海军航空本部。[23]1932 年又建立了一个单独的海军航空兵工厂，集中测试和发展飞机及武器。在成立之初，这些机构都是受精明强干、能言善辩的航空狂热爱好者控制，他们在接下来 10 年里日本海军航空兵的迅速扩充中起了不小的作用。同样重要的是，1930 年《伦敦海军条约》对军舰建造施加的新限制，使军令部将海军航空兵视为弥补海军水面舰艇部队实力不足的一种新的重要手段。

因此，日本海军终于在 1931 年力促国会通过了它的要求：将 1923 年扩充计划中规划的 17 个飞行中队的剩余 6 个组建完成。这些中队最终被合并成 6 支航空队，分布在日本境内的 6 个基地。此外，"丸一"和"丸二"海军扩充计划中有一项重要内容就是增加 12 支航空队，发展某些航空技术，加速空勤人员的训练。[24]"丸一"计划的重点是研发包括大型船身式水上飞机和陆基攻击机在内的新型飞行器以及制造水上飞机和航母舰载机这样的舰载空中作战单位。"丸二"计划继续增加海军飞机数量，并批准建造2艘航空母舰。

除了日益重视空勤人员的训练外，发展俯冲轰炸和航空鱼雷战术、设计更强力的航空炸弹和鱼雷、在越来越多的大型战舰上搭载水上飞机——这些举措都迅速增加了海军航空兵在军令部眼中的价值。当与主力舰队的重炮配合使用时，飞机这时候就被视为对付敌方战舰的强力武器。但是，1934年修订后的《海战要务令》强调，海军航空兵只被期望为主力舰队作战提供便利，还不被认为有能力单独对付敌人的主力舰队或其航空母舰。[25] 这种谨慎无疑是恰当的，因为航空母舰当时可能还没有能力承担其他的任务，也不可能发挥独立的作用。

在敌射程外攻击敌人

日本海军航空兵力量在20世纪30年代的突然飙升，必须放在日本试图"在敌人射程外攻击敌人"[26] 的战术背景下加以看待。也就是说，日本人在决战一开始就想利用先进的武器或技术，在敌人无法反击的距离上打击敌人。[27] 这一概念发端于海军远程炮火可能实现的效果，但最终被应用于鱼雷、潜艇，当然还有海军的飞机。

在射程上超越敌人的想法缘于日本海军对"大舰巨炮"的痴迷。敌人将被日本战列舰队的主炮击败，后者将进行"集中远距离射击"，从而在决战开始时就击溃敌军舰队的前卫部队。1910年，"金刚"号战列巡洋舰的下水首次使这一设想成为可能。其口径为36厘米（14英寸）的火炮在其下水时射程（超过25000米）比当时任何一艘在役的舰艇都要远。1917年前后，当日本企图组建"八八舰队"时，这一构想在日本海军中被强化为战斗原则。在接下来的20年里，通过同时改进若干火炮技术，日本海军将"在敌人射程外攻击敌人"（以远程集中火力的形式）确立为一项基本原则。[28]

第一项改进是在炮术领域。如第六章所述，火控系统各组成部分的不断整合、集成和机械化，使得协调重炮的远距离射击日益成为可能。到1920年，大多数海军把水面上的射击指挥问题都搞得非常明白了。然而，问题的以下几方面仍有待解决：将绘图功能进一步压缩到受保护的单一绘图室，预测目标的下一步位置，加速内部沟通，修正射击时炮座与海平面之间的关系，实现重炮运动的自动化。[29]

在两次世界大战之间的这些年里，英美海军开始处理这些问题中的大多数。首先，两国海军在炮术发展上当然存在差异，特别是在测距方面。英国人更依赖指挥仪指挥射击，而美国人更多地依赖于绘图室，在那里可以处理来自测距仪、指挥仪和弹着观察员的数据。其次，虽然在第一次世界大战之前，英国皇家海军在射击指挥的发展上处于领先地位，但在两次世界大战之间的 20 年里，美国赶上并超过了英国。到 20 世纪 30 年代末，美国海军通过几项创新正在实现炮术的第二次革命。其中最重要的是建立一种具备垂直稳定性、精确和高性能的自动控制装置。舰艇通过一个基于陀螺仪的仪器来保持稳定的垂直状态，这个仪器可以持续地检测舰艇和海平面之间的关系。精确的高性能自动控制装置便是电动机，它可以遥控大炮的瞄准和俯仰。有了这些技术变革，火炮只要在指定的水平面和交叉水平面开火，就可以在所有海域（海况最恶劣的除外）实现持续的瞄准而不需要人为干预。[30]

日本海军走的技术发展道路同样要处理这些炮术问题，但步伐要比英美海军更慢。尽管日本人在 1915—1930 年曾试验过测距钟和距离转换计算器，但在 1926 年前，它的射击指挥设备仍是支离破碎的。在那一年，意识到自己火控系统已经过时的日本海军已经从巴尔和斯特劳德公司为"金刚"号战列巡洋舰购买了精密的射击指挥表。除了用于"金刚"号，这些射击指挥表被日本人深入研究，并可能为爱知（Aichi）公司在 20 世纪 30 年代研发的射击指挥表（也是日本制造的首个）提供了基础。[31]

这几年日本在射击指挥方面的主要创新是一种独特的日本仪器——测的盘。这个术语的直译（测量目标计算器）不如对它功能的描述有用：利用测斜仪（测得目标航向与目标方位线之间的夹角）和一定时间内方位的变化来计算目标航向和速度。这些信息反过来被用于计算距离率和方位率，然后再与其他数据相结合，用来提供瞄准设置。到 20 世纪 30 年代，除了"最上"级和"利根"级重巡洋舰外（它们是将测量到的目标倾斜角输入射击指挥表，计算出目标的航向和速度）[32]，测的盘被整合到日本所有的射击指挥系统中。

　　测的盘代表了日本在战间期的射击指挥技术发展状况。它的所有仪器都过于笨重，占用人力过多，使用的是人工跟进系统，而没有整合自动输入。日本海军对这些系统的坚持可能反映出当时日本在开发更小、更轻、更复杂的计算设备（如英美海军使用的那些）方面缺乏技术资源。尽管如此，日本人在这一时期的射击指挥和射击技术仍有几个亮点。日本海军的光学仪器非常好；测距仪在一些射击指挥表上显示出的平均距离非常精确；日本的射击人员受过足够的训练，能够准确射击。事实上，战间期射击指挥设备的缺陷并没有阻碍日军炮术在太平洋战争第一年的水面作战中发挥较大作用。[33] 一旦美国海军在太平洋战争中途充分利用火控雷达和高性能自动控制装置来进行火炮射击指挥，日本的炮术就再也无法与美国人对抗了。

　　从 20 世纪 20 年代海军炮火的协调可以看出：如果射击指挥长能看得更远的话，火炮有效射程也可以扩大，而这可以通过在舰艇上尽可能高的位置放置射击指挥站来实现。1912 年左右，英国海军首创了火控"指挥仪系统"，它通常安放在远离所有火炮的舰桥上层建筑上，上层建筑也远离主炮塔本身的烟雾和噪声。而射击指挥长正是在此处为实施齐射对目标进行测距，然后将必要的仰角和瞄准角度传送到各门火炮上。如此一来，随着火控装置被安装在主力舰舰桥上层建筑的高处，指挥仪系统显著地改变了军舰的设计。除了这些装置外，为了扩大舰炮的有效射程并提升其准确性，还增加了其他仪器——测距仪、探照灯引导设备，以及 1923 年后日本海军使用的一套射击盘（即射击计算装置）和测的盘（目标航向和速度测量仪）的组合仪器。这套组合仪器用来计算火炮的开火次序，因此，它们两者结合起来发挥的功能与美国海军的垂直陀螺仪和射程计算仪组合发挥的作用是一样的（不过，日美两国指挥仪系统中的单独元件并不执行相同的功能）。因此，各战舰的舰桥上层建筑都变得越来越高，也越来越复杂，而且，由于日本人决心要用比英美舰船更复杂（但不一定更好）的射击指挥系统来超越其他所有国家的海军，所以他们主力舰上巨大的"塔"式桅杆成了所有主力舰中最高、最杂乱的部分，看上去头重脚轻。[34]

　　既然舰炮已经能瞄准更远的距离，那它们接下来就只需要射得更远。实现这一目标的一种方法是增加主力舰主炮的最大仰角。第一次世界大战开始时，

测距仪

指挥仪
（方位盘）

射击控制台
（射击指挥所）

目标航向和速度测量台
（测的所）

此处设有测的盘

测距

数据修正

目标航向
日标速度

火力控制指挥中心
（发令所）

此处设有射击计算器（射击盘）

测距仪

测距

炮塔

瞄准具
（照尺量）

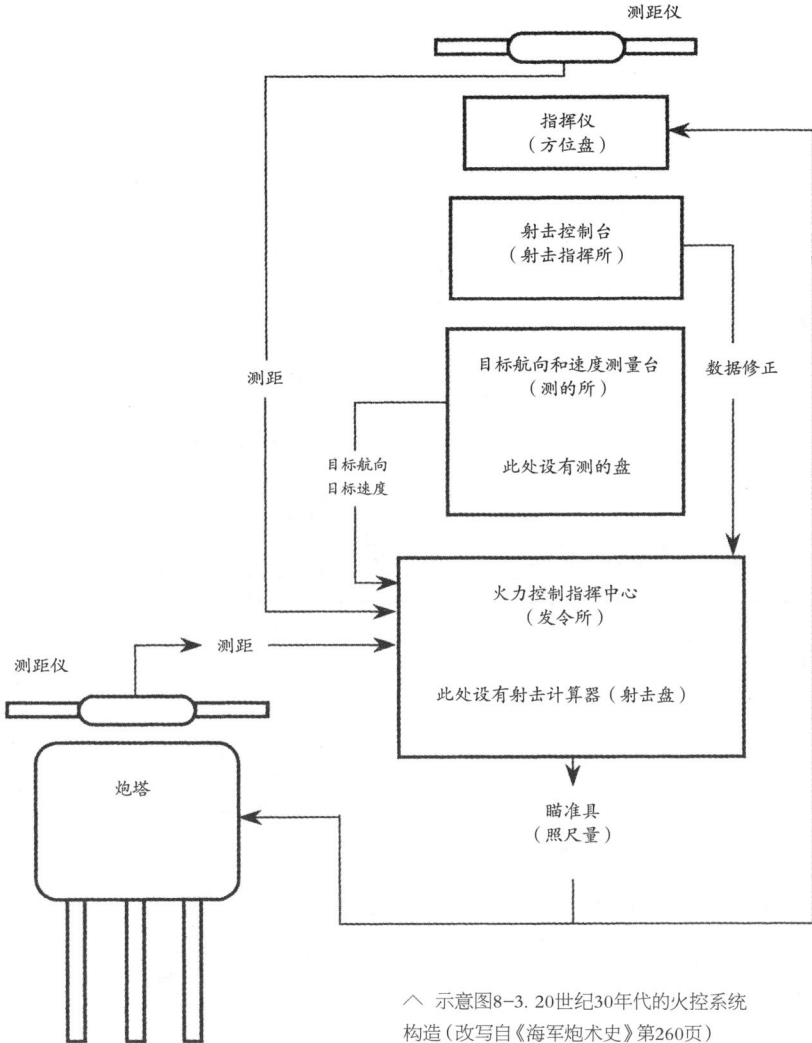

示意图8-3. 20世纪30年代的火控系统
构造（改写自《海军炮术史》第260页）

大多数国家海军的主力舰主炮的标准最高仰角都在 15 度到 20 度之间，但是，在一战即将结束时建造的军舰完工后都配备了仰角远高于此的火炮：英国战列巡洋舰"胡德"号的舰炮仰角可以达到 30 度，而当时正在建造的美国战列舰的舰炮仰角有望能达到 40 度。

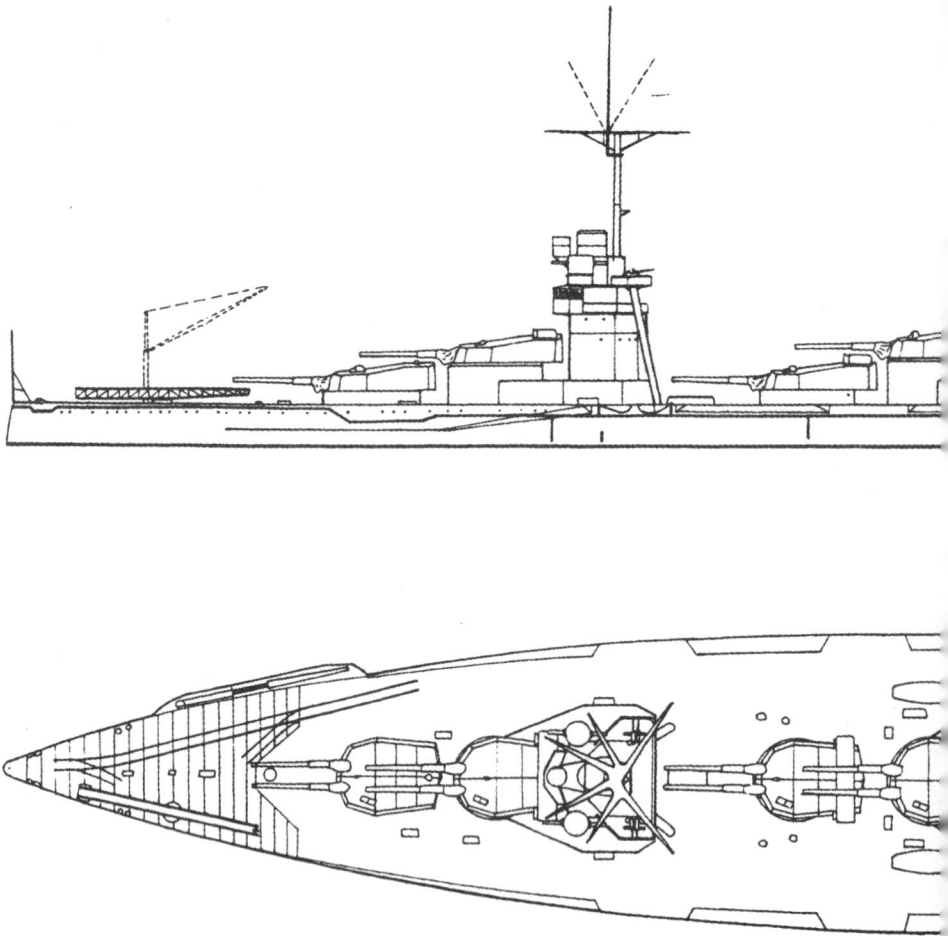

∧ 示意图8-4. 1937年改装后的"伊势"号战列舰

在这种情况下，日本海军从 20 世纪 20 年代中期到 30 年代中期对其主力舰进行了一系列改装和重大改造。除了安装燃油锅炉、在船体外部增加防雷的水密隔层、加强装甲外，日本海军对炮塔结构进行了彻底的改造，以增加火炮的仰角。[35] 日本海军的大多数重炮通过这种方法被重新安装，获得了 43 度的最大

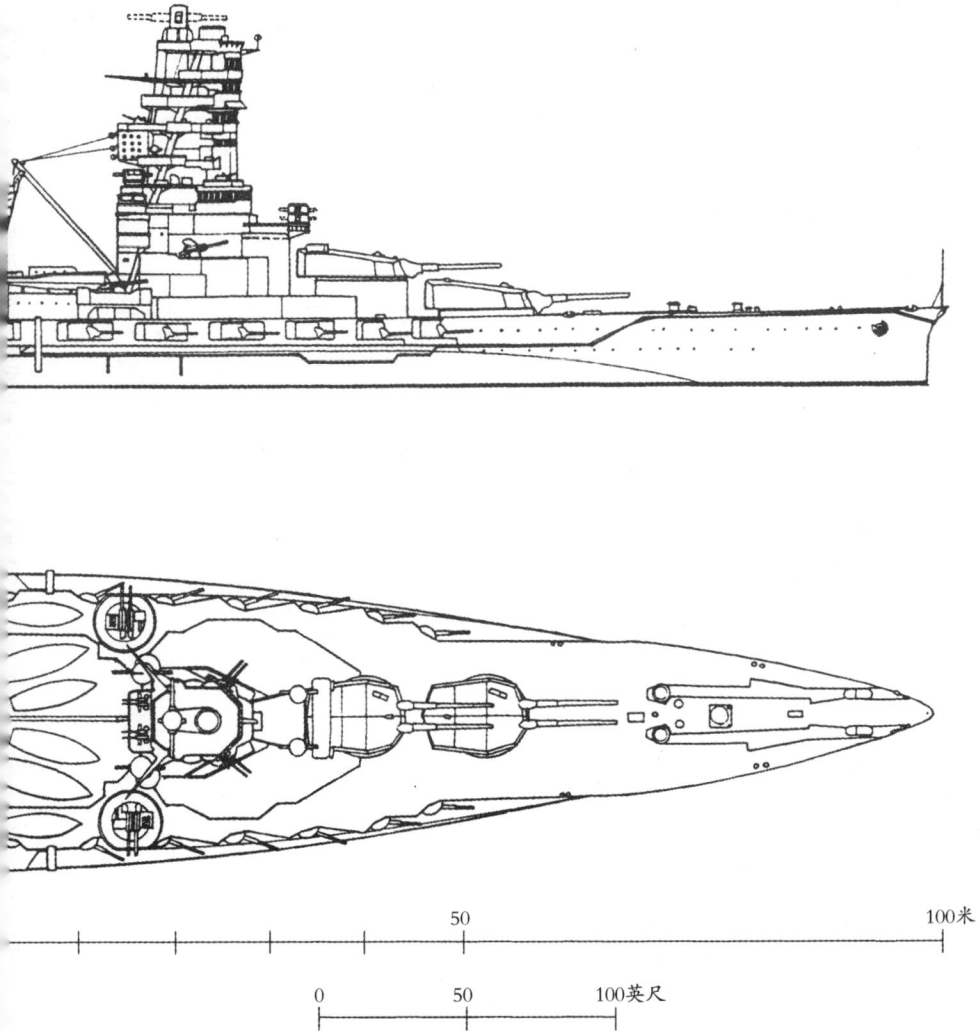

50 100米

0 50 100英尺

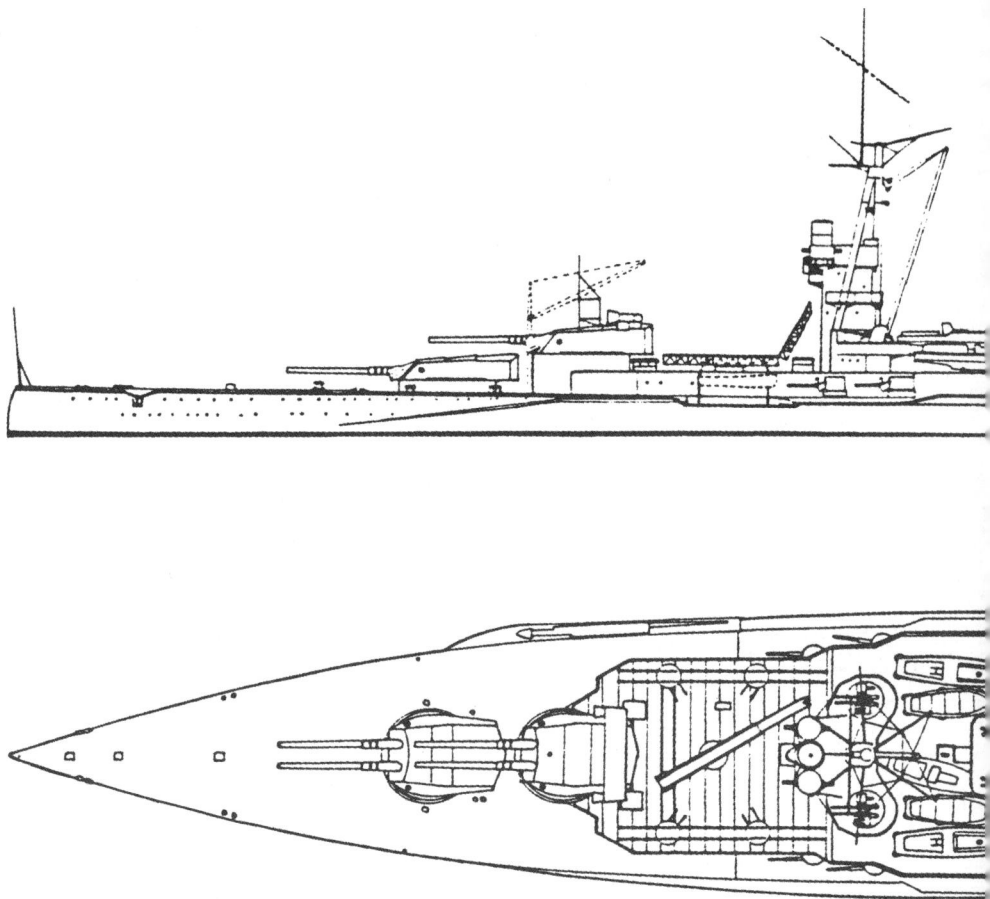

∧ 示意图8-5. 1936年改装后的"陆奥"号战列舰

仰角，最大射程由此增加到33000米。

加强战列舰主炮当然是让日军炮火能够打得比潜在敌人更远的一种显而易见的手段。但海军军备限制条约禁止这种改进方式，因此日本海军实际上无法实施这样的改进。然而，这些协议并没有明确禁止日本战术家和造舰师设计那

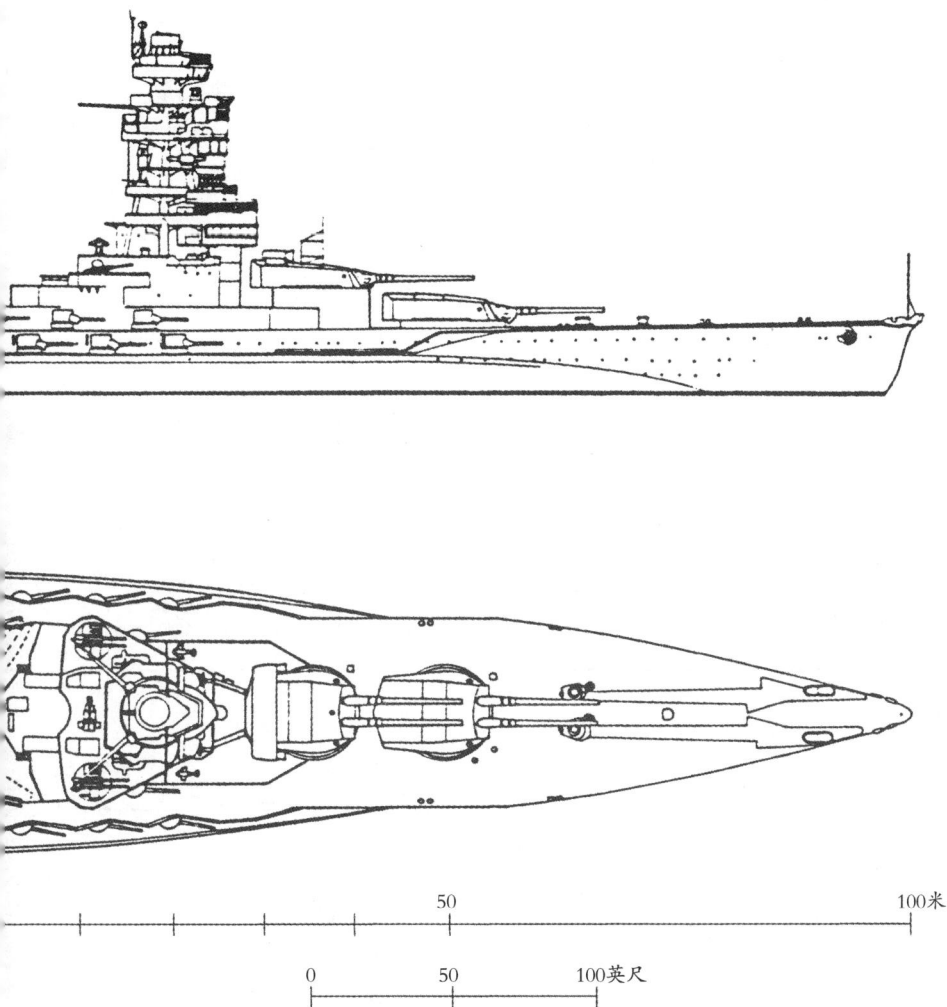

50   100米

0   50   100英尺

些安装日本海军中空前巨大的主炮的战舰。

与此同时，日本海军现有重型火炮的远距离集中火力也可以通过其他方式加以改进。其中一个方法就是开发更好的舰炮炮弹。第一次世界大战爆发后，日本海军开始在吴市制造第一批由日本人自己设计的炮弹，但当日德兰海战展

示了欧洲——特别是德国——海军炮弹的射程、大角度弹道和引信延迟的性能
后，日本海军开始改进自己的炮弹。1925 年，经过广泛的研究和测试，日本海
军正式采用了五式 AP（穿甲）炮弹（有 8 英寸、14 英寸和 16 英寸三种规格），
它以英国的设计为基础，该设计吸取了日德兰海战的弹道学经验——特别是为了

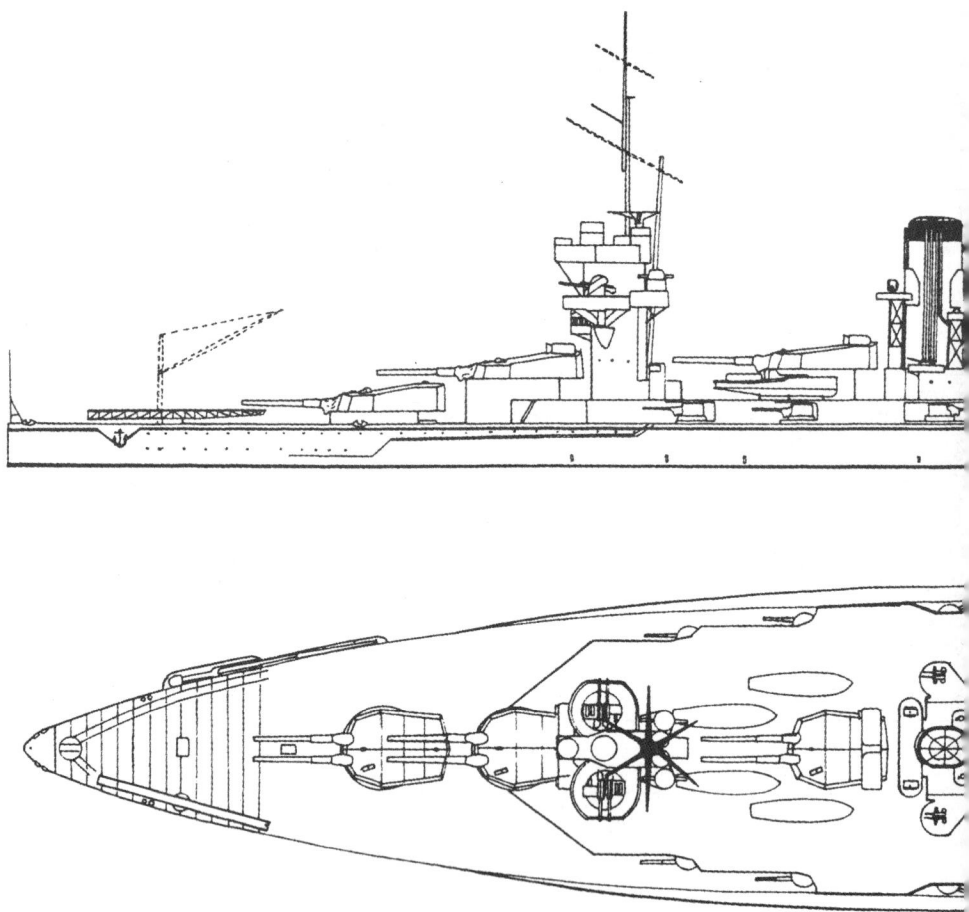

∧ 示意图8-6. 1934年改装后的"扶桑"号战列舰

改善气动性能而采用锥形风帽，为了获得最大穿透力而在锥形风帽下采用钝头。它的这种设计是为了防止过早引爆。然而，日本海军采用该型炮弹后发现它存在引信延迟故障，于是在几年之内在试验"水下炮弹"的时候又开发了另一种炮弹，这便是八八式穿甲弹，它改进了引信的时间延迟，穿甲性能更好，在穿

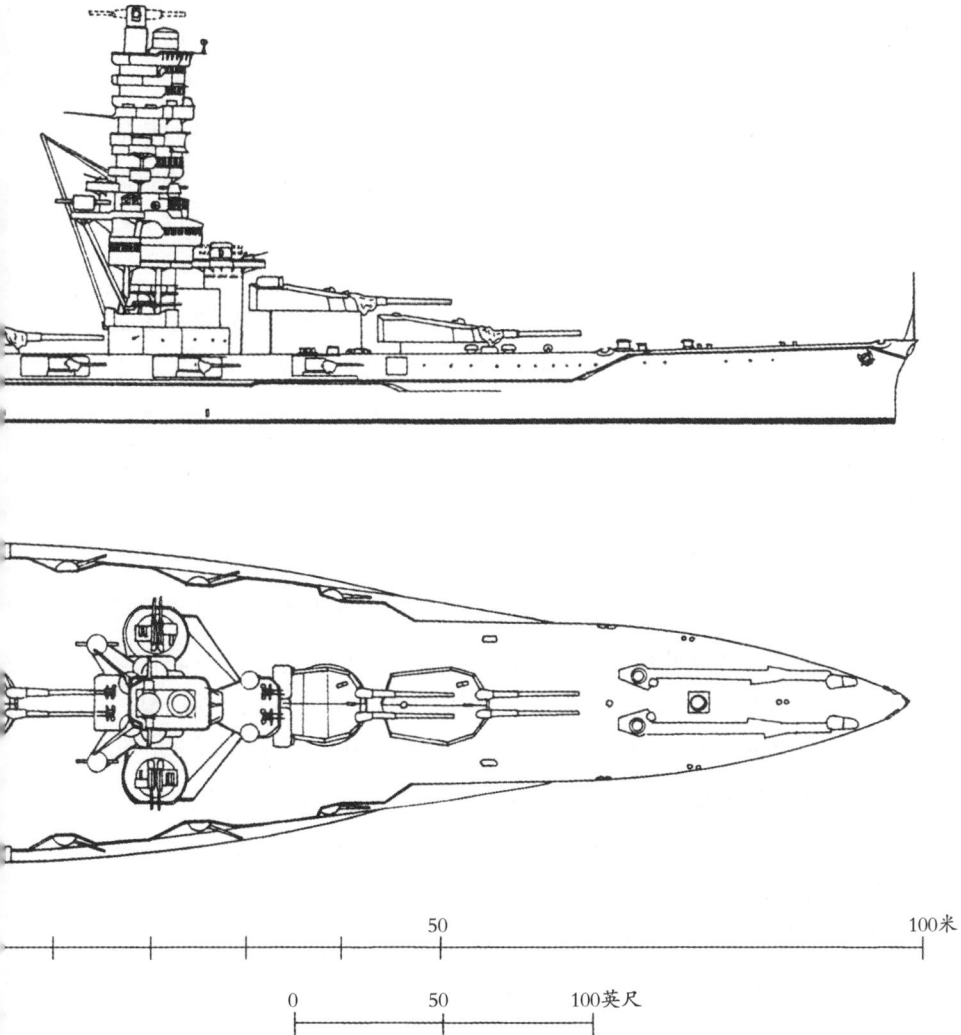

50   100米

0   50   100英尺

过水中时有更平滑的弹道。[36]

接下来炮弹弹道性能又有了进一步改进。军械设计师们早就知道，"船尾"炮弹，也就是底部略微变细的炮弹，射程会更远，但代价是精度不高。日本海军一度反对采用这种炮弹，因为它最重视实现最集中的齐射。不过在《华盛顿条约》签订后，日本海军的发展重点发生了变化，它开始对在射程上超过敌方越来越感兴趣。尽管制造一种新的远程炮弹意味着要改装炮塔和弹药库，日本海军还是决定这么做，结果便在 1931 年采用了九一式穿甲弹。其主要特点是船尾形状、延迟时间更长的引信、防止过早爆炸的保险装置以及炮弹上的钝帽（其上有一个制成流线型外形的尖头锥）（示意图 8-7）。通过使用合适的装药和最大限度地加大其最大主力舰主炮的仰角，日本海军用 14 英寸九一式穿甲弹获得了 35500 米（38800 码）的射程，用 41 厘米（16.14 英寸）的该型炮弹获得了超过 38000 米（41500 码）的射程。[37]

另一种获得更大有效射程的重要方法是使用舰载飞机，主要是将搭载于战列舰和巡洋舰上的水上飞机用作校射机来标记炮弹的落点，从而达到从任何战舰的桅杆上都无法达到的观测高度。从 1932 年开始，这项技术被越来越多地与施放厚厚的烟幕以保护日本舰只免受敌方火力攻击的方法一同应用，其他国家的海军也开始对此技术进行试验。在 1933 年的海军演习中，联合舰队实施了这种"烟幕超过射击"（超越烟幕射击），取得了相当大的成功，1935 年以后，日本海军用舰载飞机能在 3 万米的距离内取得高命中率。在随后的几年里，日本海军不断地实践这一战术创新，并将其纳入日本的大炮决战计划中。这种战术极大地促进了对海军航空兵的日益重视，因为把飞机用作弹着观测机，显然不能在日军没有夺取交战舰队上空制空权的情况下进行。因此，到了 20 世纪 30 年代中期，日本海军逐渐认为，为夺取交战舰队上空制空权而进行的战斗应该先于水面舰艇的决战进行。但显而易见的是，日军的作战条令并没有把空中优势视为发展独立空袭任务的手段，而是看成支援日军战列舰队的手段。[38]

但是，日本海军没有将"在敌射程外攻击敌人"发展成绝对可靠的战术。首先，有人担心"在敌人射程外攻击敌人"可能会在战斗早期阶段或在各种情况下用掉太多弹药，那么日本的战列舰队在逼近敌人的时候可能就没有足够的弹药去结果敌人。还有人认识到，舰队的标准化炮术教范没有跟上火炮和射击指挥的快速发展。事实上，直到1930年日本海军才分发了一份包含决定性炮战最佳攻击距离和各类穿甲弹性能等内容的舰队炮术手册。而且，到20世纪30年代，

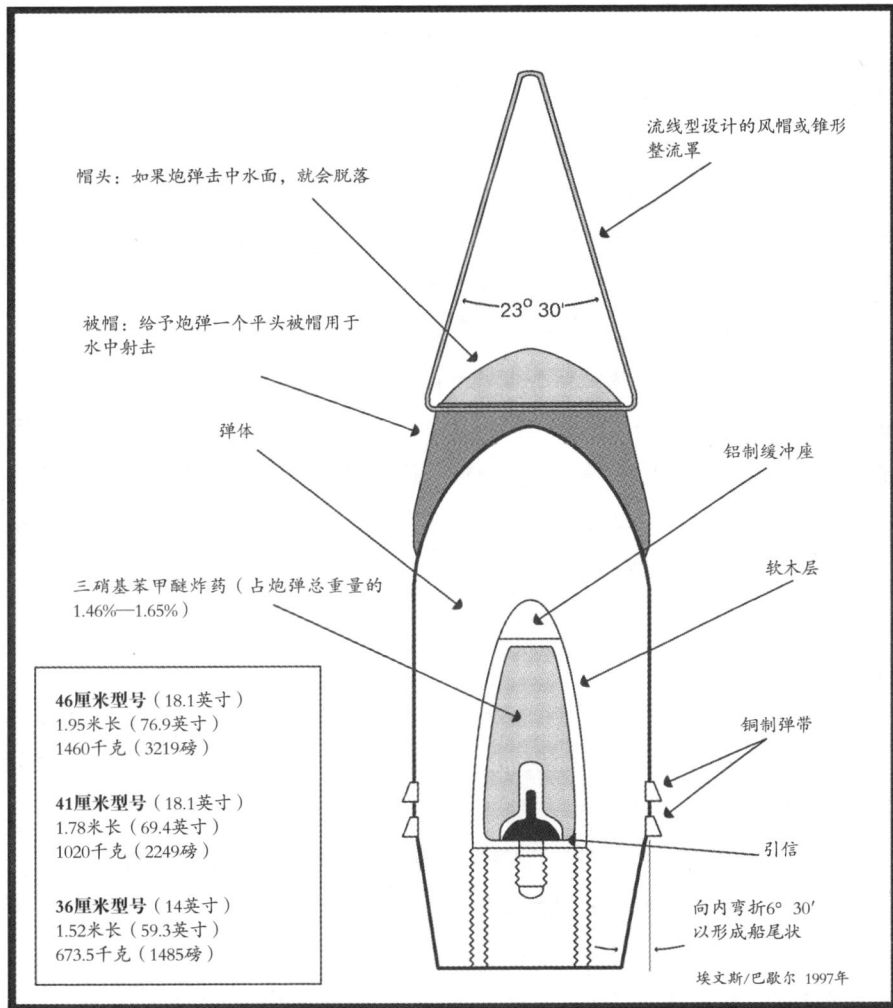

流线型设计的风帽或锥形整流罩

帽头：如果炮弹击中水面，就会脱落

被帽：给予炮弹一个平头被帽用于水中射击

23° 30'

弹体

铝制缓冲座

软木层

三硝基苯甲醚炸药（占炮弹总重量的1.46%—1.65%）

46厘米型号（18.1英寸）
1.95米长（76.9英寸）
1460千克（3219磅）

41厘米型号（18.1英寸）
1.78米长（69.4英寸）
1020千克（2249磅）

36厘米型号（14英寸）
1.52米长（59.3英寸）
673.5千克（1485磅）

铜制弹带

引信

向内弯折6° 30'以形成船尾状

埃文斯/巴歇尔 1997年

∧ 示意图8-7. 大口径九一式穿甲弹［来源：《海军炮术史》，第48页；美国海军赴日技术特派团，《日军炮弹：通常型》NTJ-L-O-19（1946）］

这些教范已经过时了。它们没有把当时日本海军正在设计的巨型战列舰上将要安装的 18 英寸口径火炮考虑在内。[39]

尽管如此，到了 20 世纪 30 年代中期，日本人对他们的火炮和炮术还是有足够信心的：他们主力舰队舰船的射程将比美国战列舰队远 4000—5000 米。根据日本海军计划拥有的可用火力，海军大学校估计日本战列舰队能够在 4 万米（21.5 英里）的距离上追踪敌人，并能在 34000 米左右的距离上开火以掌握主动权，能在美国舰队的前卫部队反击前给予其毁灭性的打击。在远距离击溃敌人后，主力部队接下来就迅速缩短距离，完成对敌人的摧毁。[40]

1938 年，"大和"号和"武藏"号超级战列舰还在建造的时候，海军就用当时日本军舰安装的最大舰炮——"长门"号的 16 英寸炮向 34600 米（18.7 英里）远的目标开火了。次年，使用弹着观测飞机和间接射击的日本海军，报告在 32000 米的距离上直接命中了 12% 的炮弹，这在当时是高超的射击技术。[41]

当然，可以这么说，虽然日本海军凭借其最大的火炮获得了非凡的射击技术，但美国海军因为之前提到的美国创新取得了更大的进步。日本海军可以通过实施最严格的训练，耗巨资增加火炮的数量和承载它们的排水量，或者通过强化夜间作战来达到西方的炮术效率标准，这样美国在射击指挥方面的优势将被抵消，至少在雷达出现之前是这样。[42]

水中弹（水下炮弹）

另一种与"在敌射程外攻击敌人"关系不大，但非常出人意料的炮术技术是日本海军在战间期秘密研发的。它产生于 1924 年在一些过时或未完成的战列舰上进行的一系列射击试验。未完工的战列舰"土佐"号为海军提供了第一次也是唯一一次测试这种新型战列舰装甲的机会，看看它能承受什么样的损伤。

到这时为止，传统海军观点认为，唯一能对军舰水线以下部分造成损害的是鱼雷和水雷，因此，对保护船体水下部分来说，只有防鱼雷突出部和其他舱壁是必要的。瞄准战舰这个"柔软"部分的炮弹是无效的，大概是因为，当炮弹击中水面时，速度会被大大削弱，几乎不会造成什么损害。但在 1924 年夏秋两季对"土佐"号进行的射击试验中，军械官发现一枚在 2 万米距离上发射，于目标前方 25 米处入水的 16 英寸炮弹穿透了装甲下方的船体，轻易地穿过了防雷突出部，在轮机舱内爆炸，造成了巨大破坏（示意图 8-8）。[43] 后来的测试表明，一枚设计合理（即装有平头被帽）的炮弹可以打在距离目标 80 米的地方，只要炮弹以最佳角度 17 度入水，它就能穿透船体。距离目标 40 米入水，炮弹的水下轨迹是最好的，造成的破坏最大。[44] 更高的入射角（达到 25 度）也能实现有效命中，只要炮弹在距离目标 20—25 米的地方入水（示意图 8-9）。根据这些和随后测试的结果，九一式穿甲弹被设计成一种双重用途的炮弹。如果它落在装甲上，则靠被帽进行穿透；如果它落在水面上，风帽和被帽头就会脱落，而此时被帽已经变钝了的炮弹就会沿着一条浅而平滑的水下弹道飞向敌舰的船体。日本的射击指挥条令开始强调在没有直接命中情况下的近失弹（而不是远弹）的可取性，因为炮术专家认为这种未命中的情况（近失弹）实际上就是命

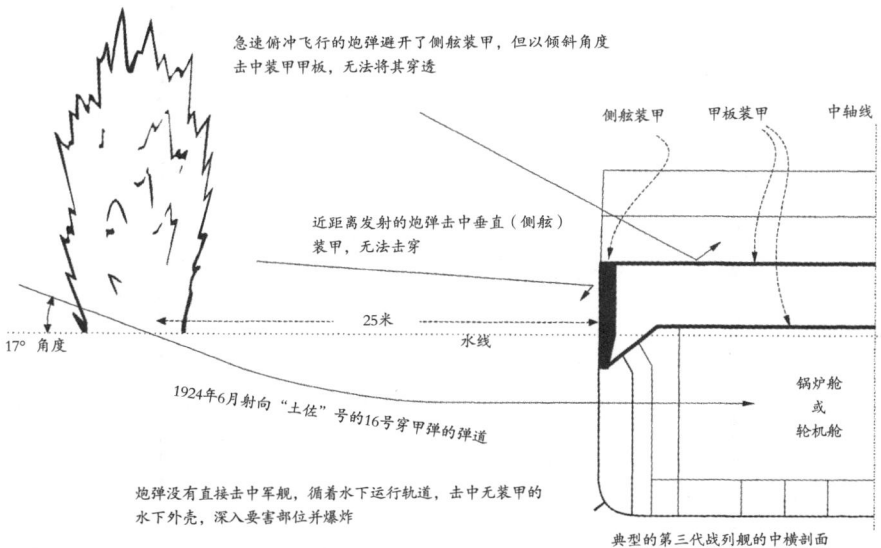

急速俯冲飞行的炮弹避开了侧舷装甲，但以倾斜角度击中装甲甲板，无法将其穿透

侧舷装甲　甲板装甲　中轴线

近距离发射的炮弹击中垂直（侧舷）装甲，无法击穿

25 米

水线

17° 角度

1924年6月射向"土佐"号的16号穿甲弹的弹道

锅炉舱
或
轮机舱

炮弹没有直接击中军舰，循着水下运行轨道，击中无装甲的水下外壳，深入要害部位并爆炸

典型的第三代战列舰的中横剖面

︿ 示意图8-8. 水下攻击的优势（据《海军炮术史》第46页）

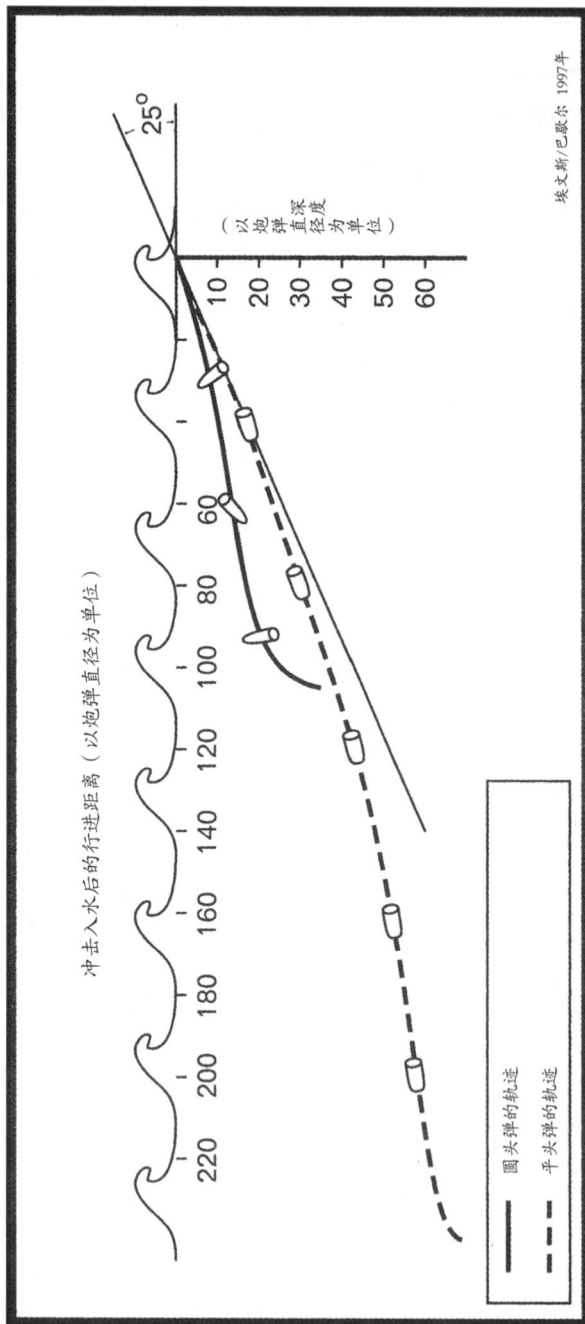

埃文斯/巴敦尔 1997年

∧ 示意图8-9. 炮弹在水下的轨迹（据《海军炮术史》第46页）

中。九一式炮弹会穿透船体，造成严重损害。即使从敌舰底下擦过，它们也会在龙骨下面爆炸，因为延迟引信会在与水撞击的瞬间被触发。炮弹爆炸所产生的爆破效应会使龙骨弯曲，造成比炮弹穿透更大的破坏。这些水中弹（水下炮弹）所实现的技术和成果很快被列为最高机密，因为日本海军人员认为，一旦日本战列舰队接近到可以歼灭美军战列舰队的距离，这种战术将成为日军的一个重要优势。[45] 然而，这种技术有一些重要的缺点。首先，因为这是最高机密，所以在和平时期的训练中从来没有练习过。其次，除非是在 2 万米左右的范围内用大型火炮射击，在 1.8 万米左右的范围内用 20 厘米口径火炮进行射击，否则这种炮弹是无效的。[46]

美国海军技术人员怀疑，即使日本海军使用了"水中炮弹"的方法，也不会取得多大的成功。炮弹的引信延时过长是一个主要缺陷。它为水下弹道留出了时间，但使直接击中目标舰艇的炮弹穿过了舰艇而不爆炸。[47] 战争结束后美国海军派往日本的技术特派团总结道："（日本人）为了实现可疑的水下命中或爆炸效果而牺牲了直接命中（特别是对大型巡洋舰）情况下的穿甲弹效果，他们为此而做的穿甲弹设计非常糟糕。"[48] 不过，在 20 世纪 30 年代，美国的舰船设计师开始意识到水下打击的危险（但显然对日军的炮弹并不知情），并给"北卡罗来纳"号（North Carolina）战列舰打上了特殊的装甲补丁来抵御水下炮弹的打击。后来"南达科他"级（South Dakota class）、"衣阿华"级（Iowa class）和"蒙大拿"级（Montana class）战列舰都被设计成可以抵御水下炮弹。[49] 如果说太平洋战争中日本人水下命中的证据并不充分的话，那是因为在必要的射程范围内几乎没有发生炮战。1942 年 10 月，在埃斯佩兰斯角海战中，日军一枚炮弹在美国巡洋舰"博伊西"号（Boise）水线以下 9 英尺的地方打出一个洞，几乎造成致命后果。还有来自 1941 年 5 月在大西洋发生的著名战列舰交战的证据。"威尔士亲王"号（Prince of Wales）和"俾斯麦"号（Bismarck）可能都被对方的水下炮弹击伤。根据最近的一项权威研究，"击中'胡德'号的致命炮击可能来自一颗具有这种弹道的炮弹"[50]。

氧气鱼雷和远程隐蔽射击

如前所述，鱼雷传统上是日本海军继重炮之后的首选武器，而在《华盛顿条约》签订之后，对重型火炮的限制又强化了这种偏好。但是，除非将鱼雷攻击限于夜间作战，否则，鱼雷舰队所遭受的损失将是无法承受的。虽然日本海军一直在进行夜间鱼雷攻击的严格训练，以增加成功的可能性，但一种能使日本驱逐舰和巡洋舰在白天或夜间都能在远距离发射鱼雷的系统，显然将是一个巨大的战术进步。到20世纪30年代的下半叶，日本海军认为他们已经偶然发现了这样一个系统和使远距离发射行得通的武器——氧气鱼雷。[51]

大多数鱼雷都是由蒸汽发动机提供动力的，这种发动机是依靠燃烧室中的压缩空气、燃料和水（快速加热成蒸汽）的混合物来运行的。使用氧气代替空气可以节省相当多的重量，这些被节省下来的重量可以用于增加额外的射程或在一个给定大小的鱼雷中增加有效载荷。此外，氧气鱼雷的燃烧产物（二氧化碳、一氧化碳和水）在水中具有高水溶性，这使它成为一种没有航迹的鱼雷（常规鱼雷排出的氮气会产生明显的尾迹）。这一点早为世界各国海军所知，事实上，英国和美国都曾在相当长的一段时间内试验过氧气鱼雷或富氧鱼雷，但最终都认为这种方案行不通而放弃了。[52]

美国和英国抛弃氧气鱼雷不难理解。纯氧会自发且非常活跃地与许多物质——特别是碳氢化合物（例如油和油脂）发生反应，而这种反应可能是爆炸性的。因此，纯氧在舰上环境中是非常危险的，在鱼雷中尤其如此。鱼雷的密闭空间要求所有管道都小半径弯曲，包括向燃烧室供氧的管道。这样的弯曲和氧气管内部任何形式的表面粗糙都会阻碍氧气流动。这种局部的减速会导致氧气被压缩和加热。在极端情况下，温度足以氧化金属碎片或粗糙表面。而真正的危险在于，氧气管可能含有残余的油或油脂，它们即使在低温条件下接触纯氧也会自燃。在制造过程中，小心翼翼的抛光和清洁可以把这个问题的不利影响降至最低限度。而给氧气鱼雷的活动部件涂润滑油难度很大，也是因为完全相同的原因。[53]

日本人在1924年左右开始试验氧动力鱼雷，但在多次爆炸和失败后放弃。然后在1927年，一个8人组成的日本海军代表团去韦茅斯（Weymouth）的怀特黑德鱼雷工厂学习，他们购买了一条普通型的怀特黑德鱼雷。在英国期间，他们认为他们偶然发现了皇家海军秘密试验氧气鱼雷的证据。虽然他们搞错了，但日本代表团对他们所收集到的资料印象深刻，因此在1928年向东京发回了一份详尽的报告。到这一年年底，吴海军工厂已经开始深入研究和试验一种切实可行的氧气鱼雷。从1932年开始，岸本鹿子治（Kishimoto Kaneharu 或 Kishimoto Kaneji）大佐主持了这项工作。[54]

岸本和他的同事开始逐步着手解决这种武器的设计中固有的问题。在发动机点火开始时，使用自然空气把爆炸的可能性降到最低，然后逐渐引入氧气来代替它。这些人还采取了一些预防措施，以避免氧气和鱼雷动力装置使用的润滑油发生接触。他们对燃料管予以特别关照：用钾化合物清除里面的油和油脂，并对其重新设计，使所有尖角更加圆润；把内衬磨得很光滑，以清除所有会累积任何残留氧气、油或油脂的小坑。[55]该武器系统拥有一台标准的怀特黑德公司设计的发动机，但使用了氧气代替空气，第一次点火测试在1933年获得成功。当年，日本海军正式将该武器定名为九三式鱼雷，西方称其为"长矛"鱼雷。[56]

横须贺鱼雷学校在巡洋舰"鸟海"号上对完全装配好的九三式鱼雷进行第一次试验，试验表明日本海军确实制造出了一种可怕的新式武器。该鱼雷体积庞大，重2700千克（近3吨），直径61厘米（24英寸），长度约9米，弹头可以装近500千克（超过1000磅）的炸药。它的速度能达到48节，射程可以达到4万米[①]，具体多少取决于所需速度和射程的组合。最后，该鱼雷几乎没有留下任何可见的尾迹。[57]

1935年11月，九三式鱼雷被水面舰艇采用，并于3年内被安装在甲型巡洋舰上。1940年，最新的驱逐舰上安装了九三式鱼雷的改进型。[58]日军还开发了九四式航空鱼雷和九五式潜射鱼雷（于1935年被采用），都取得了不同程度的成功。[59]鉴于九三式鱼雷的巨大潜力，日本海军采取了一切防范措

---

① 原注：有关速度和射程的组合，以及与标准美国海军鱼雷的比较，请参见示意图8-11。

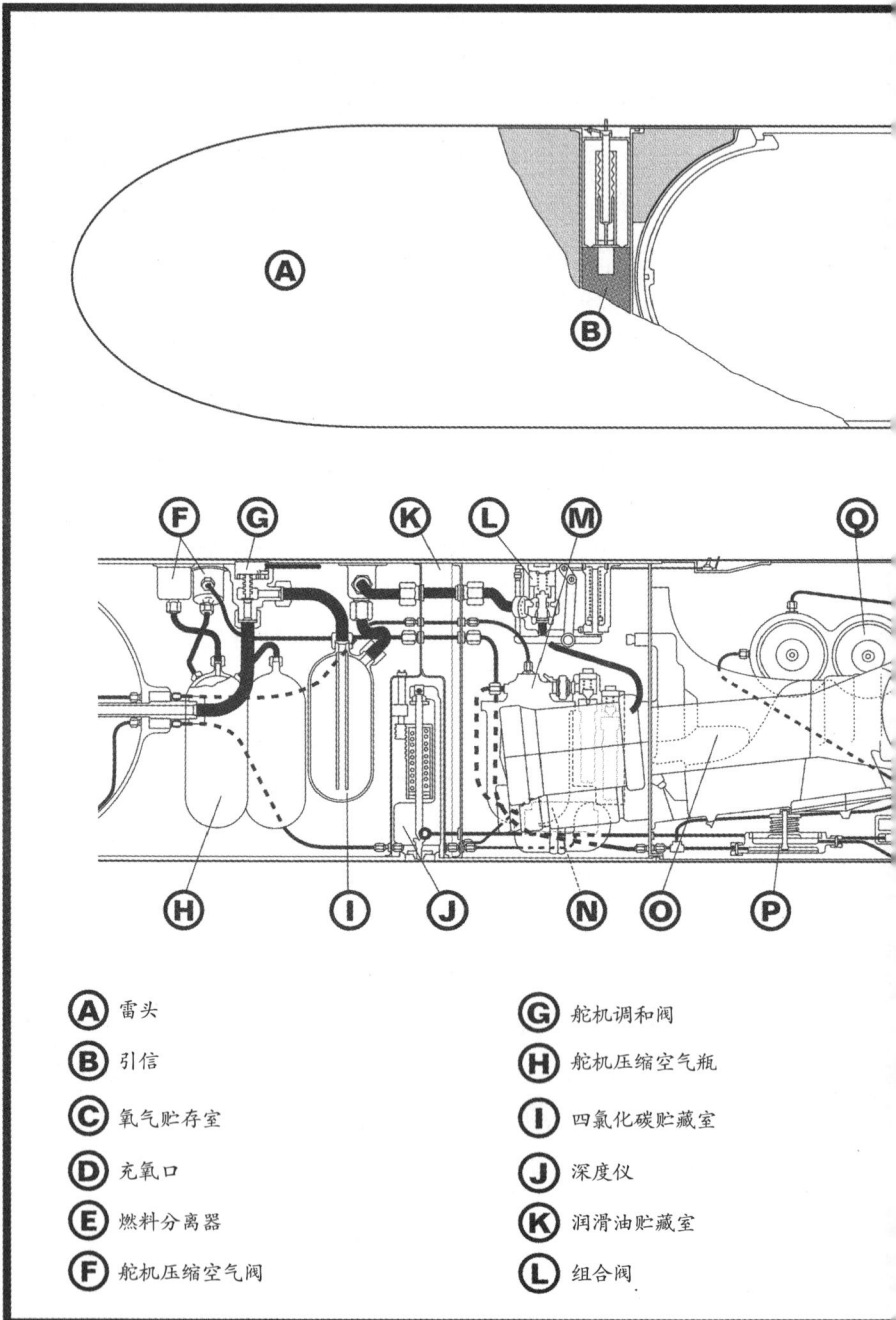

(A) 雷头　　　　　　　(G) 舵机调和阀

(B) 引信　　　　　　　(H) 舵机压缩空气瓶

(C) 氧气贮存室　　　　(I) 四氯化碳贮藏室

(D) 充氧口　　　　　　(J) 深度仪

(E) 燃料分离器　　　　(K) 润滑油贮藏室

(F) 舵机压缩空气阀　　(L) 组合阀

∧ 示意图8-10. 九三式鱼雷

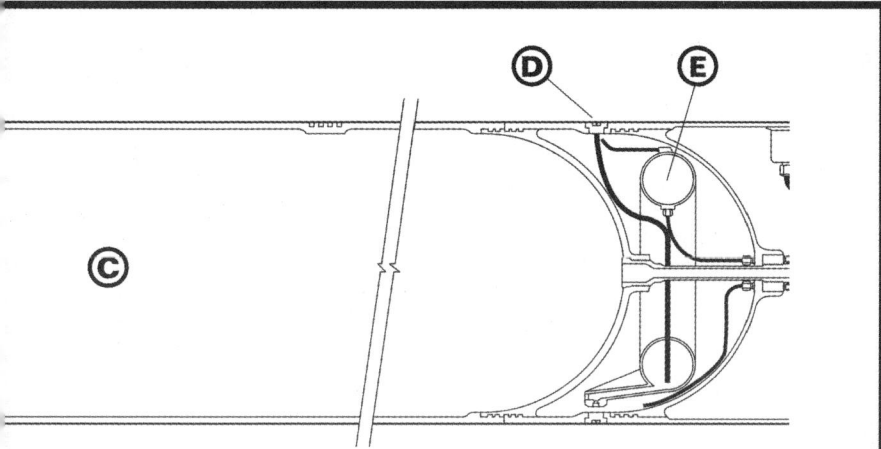

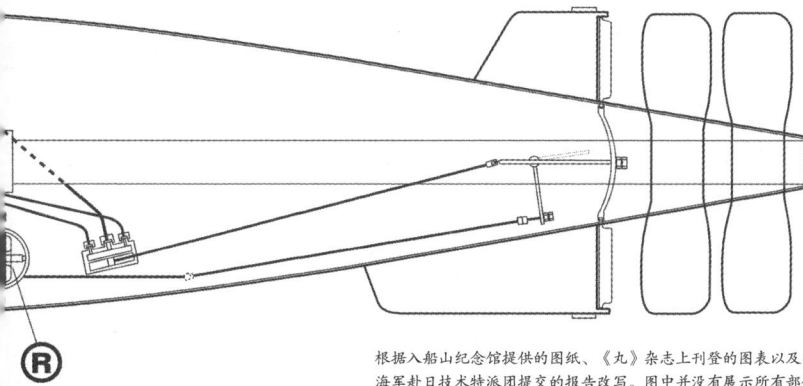

根据入船山纪念馆提供的图纸、《九》杂志上刊登的图表以及美国海军赴日技术特派团提交的报告改写。图中并没有展示所有部件，有些部件没有按比例显示

Ⓒ 燃烧室

主油泵

燃烧筒

减压阀

减压阀

陀螺仪

尺寸比较

日本九三式鱼雷

直径24英寸，长度29英尺6英寸

美国Mark 15鱼雷

直径21英寸，长度24英尺

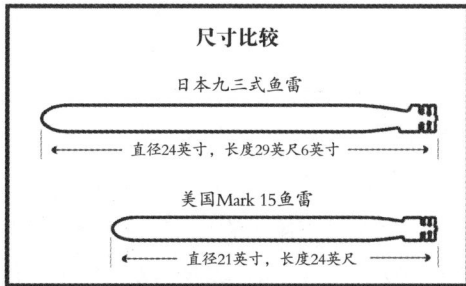

巴歇尔/埃文斯/米尔福德 1997年

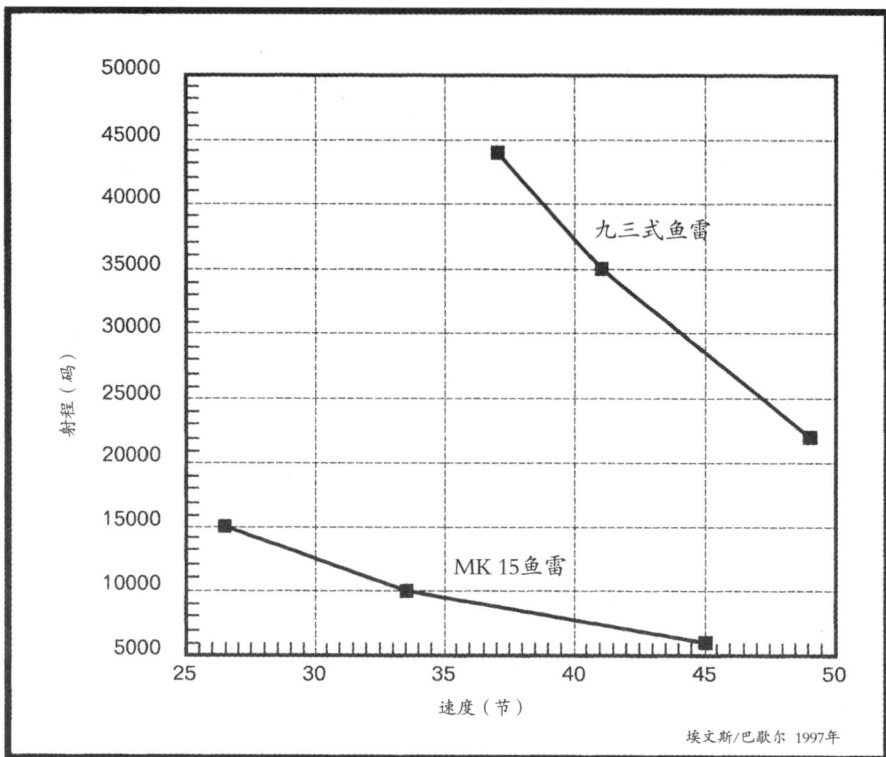

示意图8-11. 旧日本海军九三式鱼雷和美国海军MK 15鱼雷的射程和速度

施将其列为机密。尽管在演习中发射的鱼雷是不安装弹头的，但在海上演习后每一枚九三式鱼雷都必须回收。一名参加演习的人战后回忆说，整支舰队都会在海上仔细搜寻偏航的鱼雷，偶尔也会因为天气恶劣担心丢失鱼雷而取消演习。[60]

对当时的日本海军来说，这些预防措施似乎是唯一合理的做法，因为在速度、射程、爆炸威力和隐身性方面，九三式鱼雷显然是能够远距离打击美国人而不会遭到反击的理想武器。日本海军的战术家们此时通过挖掘该新武器的潜力，制定了一种新的鱼雷战术——"远距离隐秘发射"（远距离隐蔽射击），该战术要求日本的前锋部队，特别是巡洋舰，在白天敌人开始部署战斗前与之发生接触。

巡洋舰在至少2万米的距离上发射120—200枚新式无航迹鱼雷，在战斗一开始敌人还不知道自己有危险，甚至还没有考虑规避策略时，就能给敌人以沉重的打击。[61] 日本鱼雷发射人员假设，在对移动目标进行如此远距离的射击时，许多鱼雷会偏离目标。但就算只有10%的鱼雷击中了敌人的战列舰队，也会有12—20枚鱼雷命中美国的主力舰和巡洋舰，这会让敌人陷入恐慌和混乱。[62] 当然，如此庞大的鱼雷消耗需要投入相当数量的轻型舰艇。不过，1936年在日本海军中流行着这样一种想法，即将一些"球磨"级轻型巡洋舰改装为能够一次发射20枚鱼雷的"重雷装舰"（鱼雷巡洋舰），就可以实现同样的舷侧鱼雷攻击。但实际上该级只有"大井"号和"北上"号两艘巡洋舰进行了这样的改造，而且它们的改装直到1938年才开始。[63] 甚至在此之前，巡洋舰就已经被指望在夜战和白天的舰队决战中发挥重要作用了。

有了九三式鱼雷和远距离隐蔽发射的设想，日本海军战术家开始规划昼间水面鱼雷战的两个阶段：首先，在舰队被总体部署成战斗队形之前，日本前锋部队的巡洋舰先进行远距离鱼雷齐射；接下来由水雷战队进行近接鱼雷攻击。日本海军认识到，这两个阶段的鱼雷攻击都需要舰队中主力部队以下所有舰艇

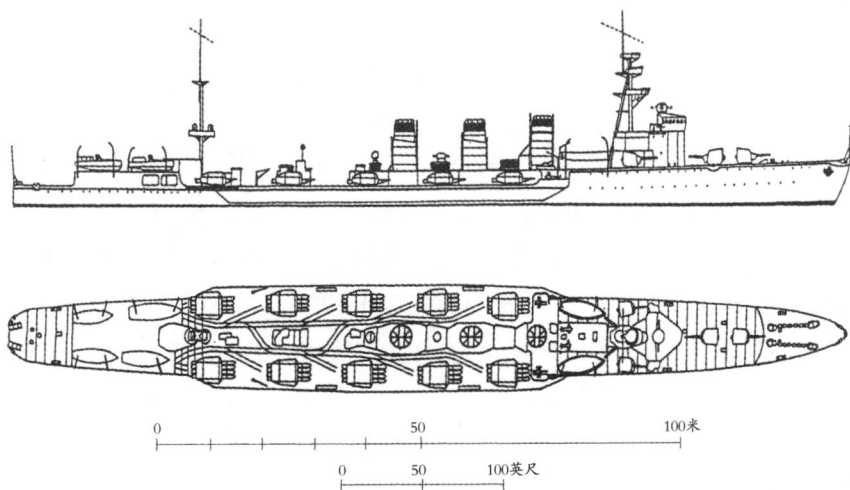

∧ 示意图8-12. 改装为鱼雷巡洋舰的"北上"号巡洋舰

的高度协同，因此，在 20 世纪 30 年代后期，日本海军的鱼雷训练不仅是练习基本的机动以及装弹、瞄准和发射这些隶属于鱼雷舰队的单艘舰艇所需要掌握的技术技能，而且要实施在白昼和夜间战斗中运用大型编队的"对抗性演习"。为了确保远距离鱼雷射击完全不被敌人发现，必须考虑各种各样的问题，比如如何在射击时机动、施放烟幕、击退敌人的巡洋舰群以及阻止敌人可能的撤退。所有这些问题都在反复的演习中得到了细致关照。[64]

到 20 世纪 30 年代中期，九三式鱼雷的发展和对远距离鱼雷作战持续而严格的练习给了日本海军这样的信心：在巡洋舰对抗巡洋舰的交战中，鱼雷将发挥决定性作用。日本巡洋舰将大量装备这种武器，日本的作战条令也强调它在海战中的主导地位。而在同一时期，美国海军则坚持着一个完全不同的原则——远程炮火第一。由于对日本鱼雷或鱼雷战术缺乏了解，在罗得岛纽波特（Newport，Rhode Island）进行图上演习的美国战术家在这些年中错误地认为鱼雷在远距离炮战中毫无作用。美国理论家们也得出了类似的结论，认为鱼雷本质上是一种驱逐舰武器，不适合巡洋舰使用，这导致美国海军到 20 世纪 30 年代中期时移除了所有巡洋舰上的鱼雷发射器。这是一个严重的错误。日美在巡洋舰作战条令和武器配置上的差异，是日本在太平洋战争第一年的巡洋舰战斗中取得一系列胜利的主要原因。[65]

袖珍潜艇

日本海军还在完善另一种"秘密武器"和战术，相信这种武器和战术将在对抗数量上占优势的美国舰队时，为日本提供一种早期优势。前者是一种新型潜艇，它体积小，价格便宜，但水下启动速度快，可以大量使用，既可以用来攻击美国的主力舰队，也可以用来封锁敌人的基地。在 20 世纪 30 年代中期，在主持过氧气鱼雷研制的岸本鹿子治大佐的领导下，日本海军开始在吴海军造船厂的潜艇部试验这些袖珍潜艇。

这个项目打从一开始在吴市一家特殊封闭商店里开工的时候就是在最机密的状态下进行的。1934 年，在设计和制造第一批原型艇的过程中，所有文件中它们都取了个听起来人畜无害的名字——"甲型金物"。原型艇在 1934—

1935 年进行了广泛的测试，最后于 1939—1940 年在位于吴港正南方的仓桥岛（Kurahashijima）大浦岬（Ōurazaki）的一个特殊工厂里制造了这些雪茄形小型潜水器的 36 个"甲"型量产型。这些小艇排水量为 46 吨，由 2 名艇员操作，装备有 2 具 45 厘米口径的鱼雷发射管。靠电池供电的引擎可以使其在水下以 19 节的速度航行 50 分钟，或在水面以 6 节的速度航行 13 个小时。它们一加入舰队就处于保密状态。日本海军希望这些小艇的小尺寸、形状和掩护代号［"甲标的"，即"A"靶的意思］能有效地掩盖它们的用途，使不知情的人相信它们是潜艇在射击练习中使用的靶船。[66]

起初，这些潜艇将由特殊的勤务船装到一个前沿区域。水上飞机母舰"千岁"号（Chitose）和"千代田"号（Chiyoda）在 1940 年年底进行改装便是为此目的。他们的姊妹舰"瑞穗"号（Mizuho，1939 年完工）和"日进"号（1942年完工）也是被建造出来用作袖珍潜艇的母舰[67]。每舰可以装载 12 艘袖珍潜艇。这些勤务船将驶向决战区域，在到达那里之前放出它们的 48 艘袖珍潜艇（共装备 96 枚鱼雷），用于攻击美国的主力舰队。[68] 因此，当其他国家为了局部防御和特殊作战而研发袖珍潜艇时，只有日本是为了在主力决战中将它们用于进攻。此外，就在战争爆发之前，日本海军开始考虑用这些小型潜水器远征到敌方水域进行攻击；巡潜潜艇就是为搭载袖珍潜艇并放出它们靠近美军基地而进行了改装。[69]

夜战

因此，到 20 世纪 30 年代中期，日本海军已经规划或实施了若干技术和战术创新——8 英寸舰炮巡洋舰、重型驱逐舰、氧气鱼雷、远距离隐蔽发射、水下炮弹、鱼雷巡洋舰和袖珍潜艇，旨在弥补海军军备限制条约强加给日本海军的重炮劣势。与此同时，军令部也在不断检讨舰队决战中可能出现的情况，依据的不仅是日本自身的技术和战术发展状况，而且还有此时已知的美国海军实力。

经过仔细研究，军令部又把重心重新放在了夜战上。[70] 在整个 20 世纪 20 年代的大部分时间里，军令部都认为白昼决战之前的夜战是海军轻装部队——特别是水雷战队——的职责范围。其任务是削弱敌人的战列舰队，使其在面对自己

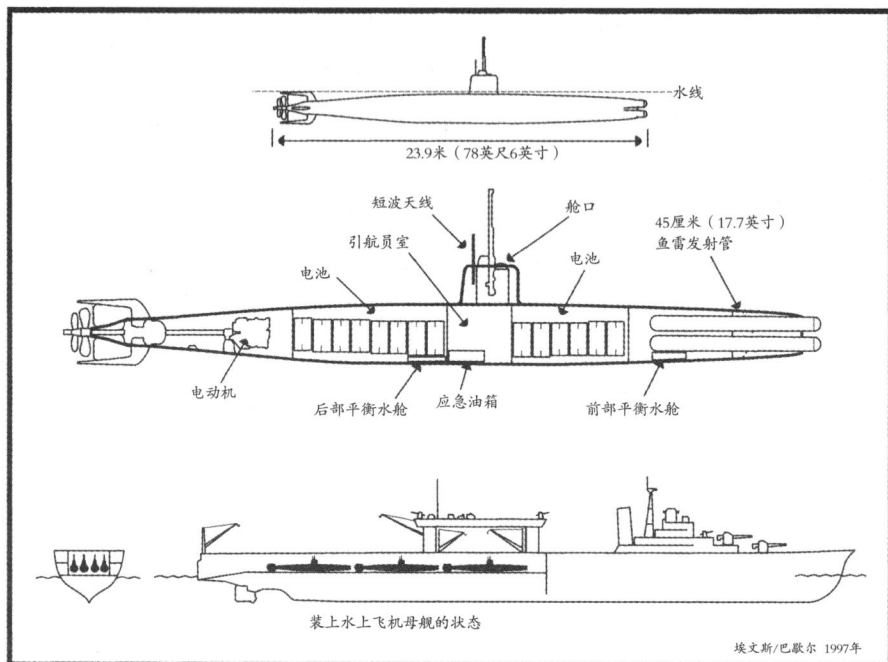

水线

23.9米（78英尺6英寸）

短波天线　　舱口

引航员室

电池

45厘米（17.7英寸）
鱼雷发射管

电动机

后部平衡水舱　　应急油箱

前部平衡水舱

装上水上飞机母舰的状态

埃文斯/巴歇尔 1997年

∧ 示意图8-13. 袖珍潜艇和水上飞机母舰

的战列舰和巡洋舰的致命一击时毫无招架之力。《海战要务令》在第四次修订时规定，这些体量较大的作战单位不能参加夜间战斗，部分原因是为了避免在最后合适的时刻前暴露主力部队的位置，还有部分原因是主力部队的规模太大，晚上难以机动。因此，在 20 世纪 30 年代以前，夜间作战一直被视为海上决战的前奏。然而，从 30 年代开始，若干事态的发展使军令部对这种作战给予了新的重视。[71]

首先，美国重巡洋舰的实力越来越强，尤其是 6 艘强大的"北安普敦"级（Northampton class）快要完工，这将极大地加强美国的"环形队形"，以至于日本海军不得不想方设法在黑夜时破坏它。其次，日本获取了先进的观测装备，增强了夜间探测敌方战舰的能力。

前已述及，日本在光学方面的进步极大地促进了潜艇的发展。第一次世界大战之前，日本海军完全依赖进口光学设备，因为西方国家在该领域处于领先地位。然而，一战结束后，当日本海军短暂地经营过光学设备的设计和制造后，日本私营企业开始向日本海军提供其所需的一切。[72] 在 20 世纪 20—30 年代，日本光学工业株式会社稳定地生产了一系列光学设备——测距仪、双筒望远镜、潜望镜和瞄准望远镜，这些都位居世界最优之列。特别值得注意的是双筒望远镜的高放大倍率和强聚光能力，以 21 厘米大的镜片为特色。12 厘米镜片的望远镜是最受欢迎的产品之一。日本海军在 1932 年采用的八八式一型望远镜被认为在增强夜视方面特别有效。到 20 世纪 30 年代初，日本海军认为他们的光学仪器已经优于其他国家的海军部队。[73]

新的照明设备也提高了夜间敌我识别的能力。在第一次世界大战之前，日本海军专门依靠探照灯来达到这一目的，探照灯能发出稳定而持续的光束，但也暴露了它们的光源，从而使搭载它们的舰艇处于危险之中。1921 年，日本海军进行了照明弹实验，该炮弹被设计用来从上空照亮敌对目标。这种炮弹的初始弹药能提供很大的照明半径，但照明持续时间很短。1935 年，悬挂在降落伞上的照明弹在演习中被证明非常有效，采用这种照明弹以后，上述那些问题（暴露自身、照明时间不长）基本就解决了。于是，到 30 年代末，日本海军拥有了比世界上任何一支海军都强大、有效和可靠的夜间作战装备。[74] 当然，最大的例外就是雷达（见第十一章）。

所以，日本海军之所以开始考虑把主力舰队中的那些舰艇部署到夜战行动中，既是迫于形势，也是实力使然。巡洋舰和驱逐舰自然是实施夜战的主力战舰，但它们将被编成比以前更强大的夜间作战部队。每支水雷战队都会增加至少一支重巡洋舰战队，这些重巡洋舰将增强驱逐舰的打击力，协助它们穿透敌军的中心。这样的部队这时将组成"夜战军"（夜间战斗群），其中 4 支将组建于战时。但日本海军此时对夜间作战非常重视，所以决定组建一支能够跟上夜间战斗群，并向它们提供强大火力支援的主力舰部队。由于受条约限制，不能为此建造任何新战列舰，日本海军便想到了"金刚"级战列巡洋舰。该级战舰在 1927—1932 年已经进行了重大改进：增强了甲板装甲，增加了主炮的最大仰角，加入了防雷突出部并加装了水上飞机。在 7 年的时间里（1933—1940

年），该级战舰中的 3 艘——"金刚"号、"榛名"号和"雾岛"号被重新武装和改造为快速战列舰。[75] 新的舰本式燃油锅炉，使它们马力增加一倍多的新的舰本式涡轮机，再加上舰部的加长和重塑，使它们的速度从 26 节增加到了30.5 节。其他的改进包括新的射击指挥系统和副炮的改善。这些军舰以前是第二舰队的主力，现在成为第一舰队或战列舰队的第三战队。取代它们被配属给第二舰队的是大部分新近完工或接近完工的重巡洋舰，其指挥官现在负责夜间作战行动。[76]

虽然日本海军已经着手购置足够强大的战舰，并为夜战编组了最合适的战斗群，但是如何恰当地部署这些部队以及与白昼决战相关的夜战进行的时机，从 1934 年开始一直是军令部激烈辩论的问题。1934 年发布的《海战要务令》第五个修订版的一个主要特点就是突出了夜战。该教范特别强调了驱逐舰战队（水雷战队）充当夜战主力武器的重要性，并认为在夜战中最好避免使用主力舰，尽管该文件也含糊地提到了海军战列巡洋舰（很快将成为快速战列舰）在击退敌人的警卫部队和"促进友军巡洋舰和水雷战队前进运动"方面的作用。另一方面，1934 年的《海战要务令》要求在黄昏发动进攻，然后在能见度允许的情况下用所有部队进行夜战，并以第二天早上的大决战为高潮。日本海军甚至严肃讨论过"薄暮决战"（黄昏决战）。但到了 1935 年，日本的夜战条令变得谨慎多了，对主力舰只的夜袭问题不置可否。[77]

无论如何，到 1936 年时，日本海军很明显已经不再把夜间作战仅仅看作是一场为决战做准备的小规模遭遇战，而是决战前的一场大规模序战。那一年组建了一支规模更大的新部队——"夜战部队"，它也被称为"前进部队"（先遣部队），与第二舰队大致相当。该部队还将包含所有夜间战斗群，从而把第一和第二舰队的所有重巡洋舰战队和水雷战队都用上了，并由快速战列舰队提供支援。夜战部队的主要任务是突破美国舰队的防卫圈的外环，使水雷战队能够对敌方战列舰队进行主要的鱼雷攻击。在 1936 年时，对夜战的这种大体设想成为联合舰队年度演习的重点，当时新改造的快速战列舰"榛名"号和"雾岛"号已经重新加入了联合舰队。[78]

20 世纪 30 年代中期，日本海军军令部在制定夜间作战条令时，设想了几种可能的情况。读者可以通过其中一种情境了解该条令设置的进攻节奏和阶段划分。[79] 首先，日本海军认为日军要夜袭敌军主力有 3 个必不可少的先决条件：第一，日军应在日落前发现敌主力部队；第二，日军部队应距离敌主力 60 千米（约 33 英里）以内（这样即使敌人试图撤退，日军也能在午夜前追上它们）；第三，日军部队应采取任何手段尽可能与敌人保持接触，必要时甚至可以与之发生不分胜负的小规模战斗，以确定其航向和航速。

一旦发现敌人，日军就要停止使用搜索队形，而日军夜战部队指挥官将立即命令所有部队进入预定的位置进行包围（示意图 8-15），并避免在实施包围的过程中被敌人的掩护部队发现。一旦指挥官确定所有部队均已就位，他将下令鱼雷巡洋舰和除第四战队以外的所有巡洋舰战队进行远距离隐蔽鱼雷射击。130 枚几乎不带任何航迹的鱼雷被交错射出，此时向敌人疾驰而去。收到所有部队的射击报告后，指挥官便命令："拉近距离，准备进攻。"为了防止美国人改变航向，第四巡洋舰战队将分成实力相等的两部分，移动到位置最靠后那些敌舰（被日军探照灯和照明弹一直照亮着）的斜后方两侧。随着"全军突击"的命令下达，夜战部队将协同作战，在报告敌军动向的飞机、敌军主力舰上空的降落伞照明弹以及被投放在敌舰航向前方的浮动信号弹的指引下，展开全面进攻。在"全军突击"令被下达的几分钟内，先前发射的大批鱼雷现在会从两个方向聚拢，并开始发生爆炸，对敌舰船体造成破坏。军令部估计鱼雷的命中率为 15%，所以他们坚信 20 枚左右的鱼雷可以击中军舰的要害，至少 10 艘处于敌舰队内环的舰艇会被摧毁或受伤。包括第四战队在内的重型巡洋舰，连同快速战列舰此时将向前猛冲，冲进美舰队防卫圈的内环，即使冒牺牲自己的风险也要不遗余力地确保水雷战队的成功。作战的最后阶段，也就是夜间交战的最关键时刻，将是水雷战队的攻击（理想情况下将由所有的驱逐舰部队协同实施）。这种攻击将由轻型巡洋舰率领的驱逐舰以传统的"迫近致命攻击"的方式进行，水雷战队会以 2000 米作为瞄准和射击的标准距离。在最初的攻击之后，水雷战队旗舰将集合正在重新装填的驱逐舰，以发动连续的攻击，直到所有的驱逐舰鱼雷消耗殆尽。[80]

前文所述的整个夜间作战，从最初部署包围阵型到水雷战队作战结束，预

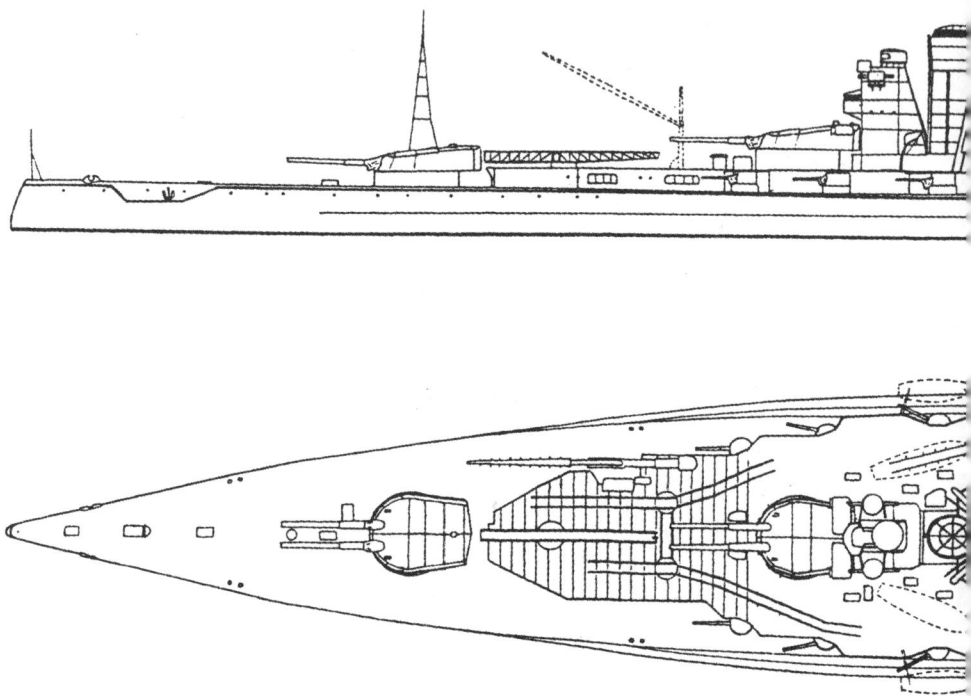

∧ 示意图8-14. 1937年改装后的"金刚"号快速战列舰

计需要 3 个小时。但军令部也认识到，具体情况可能会极大地改变作战的顺序或时机。虽然在军令部的计划中，这是一场在夜战指挥官严格控制下策划的进攻作战，但如果情况发生变化，军令部希望舰队下属各舰艇指挥官充分利用战斗中可能出现的任何稍纵即逝的机会。

对于研究西方海军战术的人来说，这个计划有两点引人注目。第一是最初的远距离鱼雷攻击的复杂性，策划这种攻击是为了在交错的鱼雷轨迹中捕捉美

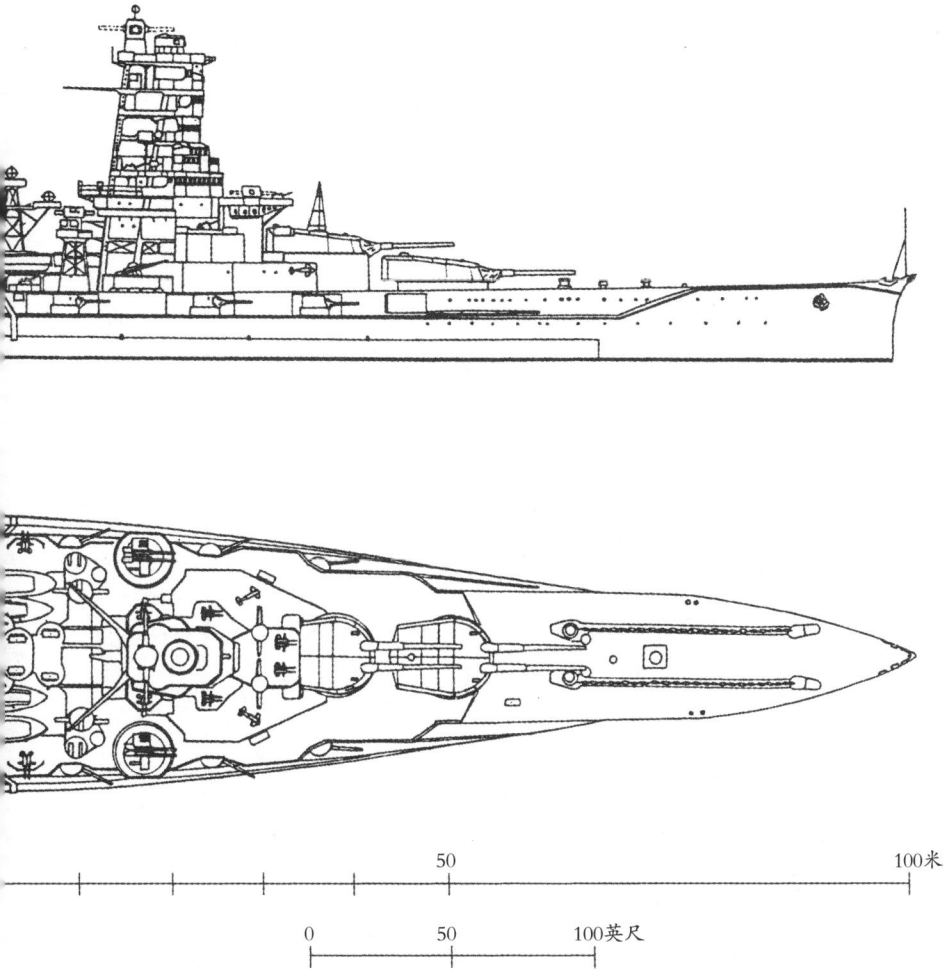

国主力舰队。第二，在这个战术方案中，为了驱逐舰的任务，重型巡洋舰甚至战列舰这样的重要作战单位将被牺牲掉，这是对西方战术条令的惊人颠覆，因为在西方战术条令中，驱逐舰传统上被视为消耗品，而排水量较大的舰只则要不惜一切代价加以保护。[81]

值得注意的是，该作战计划中没有包含日军主力部队中的任何舰船。到1936年，军令部已经得出结论，主力部队不应该参加夜战，除非遇到了极为特

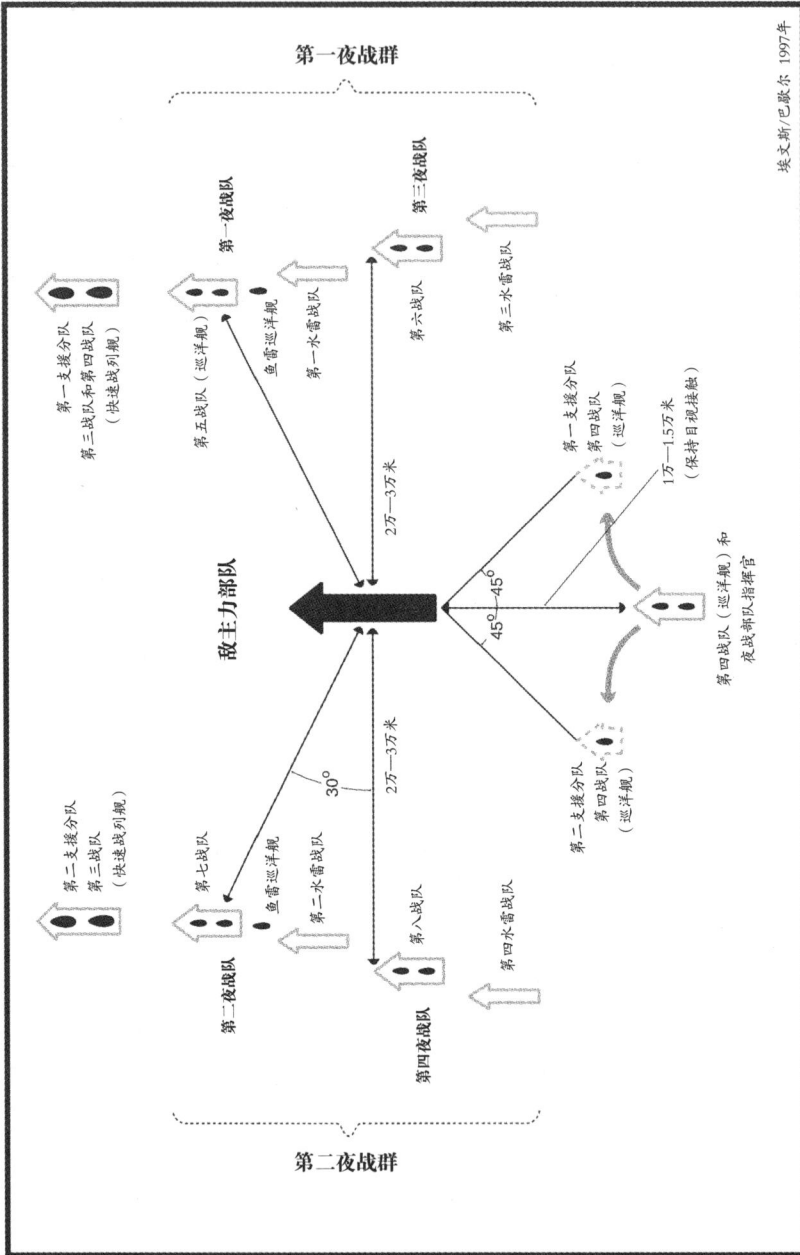

第一夜战群

第二夜战群

敌主力部队

第一支援分队
第三战队和第四战队
（快速战列舰）

第五战队（巡洋舰）

鱼雷巡洋舰

第一水雷战队

第一夜战队

第三夜战队

第六战队（巡洋舰）

第三水雷战队

第一支援分队
第四战队（巡洋舰）

1万—1.5万米
（保持目视接触）

第四战队（巡洋舰）和
夜战部队指挥舰

2万—3万米

45°

45°

第二支援分队
第三战队
（快速战列舰）

第七战队

鱼雷巡洋舰

第二水雷战队

第八战队

第四水雷战队

30°

2万—3万米

第二夜战队

第四夜战队

第二支援分队
第四战队（巡洋舰）

埃文斯/巴歇尔 1997年

＜示意图8-15. 20世纪30年代中期部署夜战包围圈的实例（基于《海军水雷史》第509页的示意图绘制）

殊的情况，比如夜战部队已经取得了巨大胜利，它只需要主力部队的舰艇参与战斗来确保彻底摧毁美国的主力部队。在这种情况下，日军的夜战部队将继续进攻，主力部队也不等次日白天的交战，当即就加入战斗，歼灭敌人的残余舰艇。而通常情况下，主力部队应该被调离夜战战场，准备拂晓作战。如有必要，应保留一些夜战部队的舰艇用以增援主力。如果总指挥官决定在黎明与敌人交战，夜战部队将在日出前 3 小时左右逐步撤出战斗。但在黎明前一小时，它必须与主力部队一起返回，成为白昼战斗队形的一部分。[82]

白昼舰队交战

　　虽然日本战术家们在 20 世纪 30 年代中期认为积极发动一场夜战可能会打乱敌人的阵脚，为胜利开辟道路，但日本海军的正统思想仍然觉得，舰队决战必须由战列舰的主炮来打。1934 年修订的《海战要务令》明确说明了这一点："战列舰战队是舰队战斗的主要武器，它们的任务是与敌人的主力交战。"[83]

　　因此，打断敌人脊梁的将是战列舰，它们将在美国人无法还击的距离开火。一旦敌人的战列舰队被削弱，它们就会逼近以实施歼灭战。但是，在战斗的最初阶段，负责削弱敌人的是与战列舰队适当协调的其他部队。不管付出什么代价，海军航空兵都要在任何作战开始之前建立空中优势，甚至用飞机进行单程打击，以确保敌人被攻击时无法还击，并预先决定牺牲航空母舰，以确保对美国航母的摧毁。[84]巡洋舰和驱逐舰将在美军怀疑它们进入射程范围之前，首先在极远距离，而后在近距离，以强力鱼雷攻击协助战列舰队进攻。在主要战斗开始前就跟踪敌军舰队的舰队潜艇，会潜入水中用鱼雷协助其他部队，而袖珍潜艇则会在关键时刻被投放出去用以包围美国的战列舰队。

　　简而言之，这些就是军令部白昼决战计划的内容要素。今天很难精确地描述其细节，因为现有的文献记录不够充分。现存仍然可用的记录通常避免提及关键的细节，只是含糊地提到"适当的攻击"或"针对具体情况进行机动"。尤其欠缺的是关于日本舰队在战斗前如何准确进入阵位的信息。不过有了这些现存的记录，我们至少可以为白昼决战的情况勾勒出一个轮廓。以下是综合若干史料还原的决战计划。[85]

　　显而易见，日本的主力部队将由6艘战列舰组成，并被分成两支战列舰分队：第一战队由2艘"长门"级战列舰组成，第二战队由"扶桑"级和"伊势"级战列舰组成。这些重型作战单位将有1—2支巡洋舰战队和2支由驱逐舰组成的水雷战队伴随。前卫部队将由4艘"金刚"级快速战列舰、3—4支重巡洋舰战队、2支水雷战队和2艘鱼雷巡洋舰组成。

　　航空母舰会与主力部队保持相当大的距离，它们的任务是在舰队交战之前取得空中优势。为了"包围敌人"，它们被单独分散部署，将在进入敌机攻击范围前放出飞机攻向美军航空母舰。为了做到这一点，军令部认为他们的飞机需要150英里的航程优势。如果具备这种能力的飞机尚未在舰队中投入作战，那么就必须对现有的飞机采取极端措施：减少武器载荷，在途中加油或发动单程空袭，指望空勤人员在水上迫降后能够获救。[86]

　　一旦取得了空中优势，日本舰队将采取与美国战列舰队大致平行的航向，并稍稍领先于它，两者相距约4万米。舰队总司令将发出"展开预令"（初步部署命令），详细说明战斗队形和可能的攻击方向。随后，在主力部队前方约2万米处的前卫部队将接到实施远距离鱼雷射击的命令。它的快速战列舰将靠近敌人的前卫部队，并用它们的火炮实施攻击。这一行动，大概会在敌人的战列舰以及前卫部队的重型巡洋舰、鱼雷巡洋舰和驱逐舰之间开辟一条走廊。在这种情况下，位于美国战列舰领航舰斜前方约35000米处的日本鱼雷巡洋舰和驱逐舰应该处于向美国战列舰队发射鱼雷的最佳位置，而美国战列舰的大炮却还打不着它们。巡洋舰和驱逐舰将利用这一机会，齐射两次，总共发射280枚鱼雷。日本海军参谋人员考虑用以下几种方法掩盖这种毁灭性的打击：快速战列舰的炮火会转移敌人对鱼雷的注意力；各舰队作战单位可以制造烟雾来掩盖鱼雷的发射；而美国人因为不了解九三式鱼雷，不会想到日军会在这种极限距离内实施鱼雷攻击。此外，日本海军参谋人员认为，日本的主力部队不用害怕美军的鱼雷。他们正确地估计到美国先遣部队几乎没有鱼雷攻击能力，认为敌人只会局限于为战列舰队主力形成一个防御屏障。

　　当鱼雷高速逼近目标时，日本舰队将为炮战做最后的部署（示意图8-16）。快速战列舰、巡洋舰和驱逐舰会退回到主力部队的交战一侧，并领先于它，与

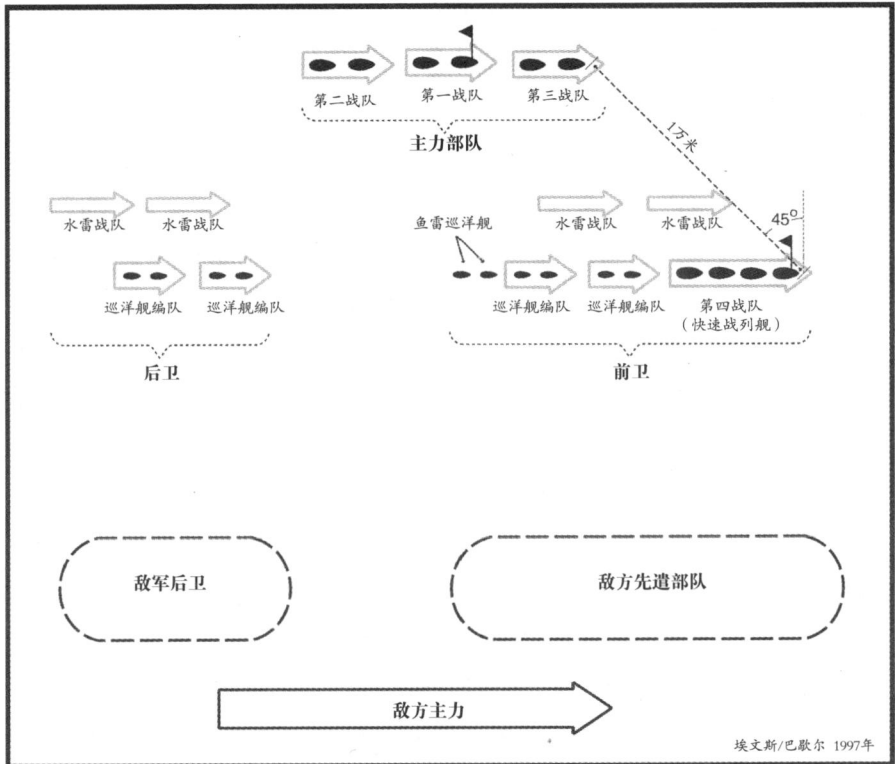

∧ 示意图8-16. 决战：一种版本的最终炮战部署（来源：《海军炮术史》，第505页）

之相距约 1 万米。主力部队的巡洋舰和驱逐舰也将改变位置，占据后方交战侧的位置，以防止美国舰队改变航向和逃离鱼雷陷阱。

日军参谋人员的计划假定，在前卫部队齐射鱼雷大约 20 分钟后，日本鱼雷就会开始打击迎面而来的美国重型舰船。那时，已经和美国战列舰队相距不到 35000 米的日本战列舰就会用它们的主炮开火。日本海军参谋人员断定，"长门"号和她的姊妹舰"陆奥"号用飞机进行着弹观测，可以在 35000 米至 34000 米的距离范围内给美军造成重大损伤，而美国的战列舰队则要到大约 31000 米["科罗拉多"级（Colorado class）战列舰的假定射程〕时才能做出反击。

参谋计划人员认为，命中的鱼雷和炮火这时候将一起开始对敌人造成重创，他们估计光是日军的鱼雷就能重创或击沉大约 10 艘美军主力舰。而假定拥有更高命中率的日军炮火将使美军的损失进一步扩大。一旦美军舰队陷入混乱，日本的战列舰队将靠近至大约 22000 米到 19000 米——这是日本 16 英寸和 8 英寸火炮发射水下炮弹的最佳射程——并将从这个距离给予敌人最后一击。在给予这致命一击时，它们将得到日本支援部队的协助。巡洋舰将为驱逐舰炸开一条道路，然后驱逐舰将冲向敌人发动疯狂的（甚至是自我牺牲式的）攻击，在与敌舰相距不到 5000 米时射出剩余的鱼雷。理论上，每支驱逐队将能干掉至少一艘战列舰。所以，如果把所有驱逐舰——4 支水雷战队，共 48 艘——都投入对敌作战，它们应该能够击沉 16 艘美国主力舰。

在激烈的水面战斗进行时，潜艇也会参战。3 艘快速潜艇母舰将冲到敌舰队前面，放出它们装载的 12 艘袖珍潜艇。这些小型潜水器随后将潜入水中，等候美军战列舰队的到来。届时，它们将凭借它们相当快的水下速度放出它们的鱼雷——总共 72 枚。舰队潜艇也会在战场集结，对敌人实施鱼雷攻击。

军令部还制定了一个上述方案的替代性计划，以防日军在战斗开始时没能在敌人射程外攻击敌人。这便是"Z"战术，它要求日军战列舰占据一个与美军战列舰队平行的位置，两者相距大约 31000 米（日军判断这是美国主炮射程的极限）。

日本前卫部队的驱逐舰会顺着日本舰队后撤，为掩护整支日本舰队制造烟幕。随后并驾齐驱的日美两支战列舰队将发生一场平行航向上的经典炮战，日本战列舰将与美国战列舰展开角逐，日军前卫和后卫也将在稍稍偏向交战侧的 28000 米距离上向它们的敌人开火。日本飞机也会制造烟雾，飞过美军编队的中心，使其陷入混乱（示意图 8–17）。[87]

今天我们回顾 60 年前军令部的计划，会被它的两个明显缺陷所震惊：复杂性和对敌人部署的乐观假设。虽然在两次世界大战之间的这段时间里，其他国家的海军也喜欢制定详细复杂的战术计划，[88] 但日本的战斗方案在复杂程度上似乎超越了其他所有国家。日本的计划制订者显然沉湎于一厢情愿的想法，认

〈示意图8-17. "Z"战术：在决战中施放烟幕。来自1936年日本海军大学校的一项研究（来源：《战史丛书·海军军战备第一辑，1941年11月前》，第173页）

埃文斯/巴歇尔 1997年

为日本海军的舰队在执行这些复杂的行动时能够把握准确的时机、实现精确的协同。而且，军令部的战术家们还做出了一个天真得令人吃惊的假设：在日本进行战术部署的时候，敌人会消极地袖手旁观。而实际上，美军的战列舰队几乎不会主动进入日本人的圈套，美国的防范措施将使日军舰队在事前极难进行准确定位。例如，美国在 20 世纪 30 年代的计划中，要求在距舰队中心 75—100 英里远的地方设置警戒线（示意图 8-18）。[89] 一些日本海军军官注意到并抨击了日本战略战术演变中这种自欺欺人的形式主义倾向。当时的杰出军官堀悌吉（Hori Teikichi）在太平洋战争结束后回忆说，针对美国的图上演习和作战计划，总是假设敌人会按照预先确定的惯例行事。[90]

在今天不太容易看到的一点是，即使这些计划已经拟订好，日本海军也没有做好执行的准备。战斗中使用的一些武器，如袖珍潜艇，仍在研发中。[91] 此外，战术家们所要求的舰队各舰艇的复杂组合在舰队演习中还没有得到检验。然而，以对马海战为代表的天赐胜利传说显然对日本的计划制订者产生了巨大的影响。一些计划制订者对大规模海战胜利的可能性采取了近乎神秘主义的态度，他们对实际困难不予理会，显然认为"天佑"将再次为胜利提供合适的条件。

1930—1935 年的日本海军战略：
从近距离防御到远距离防御

当然，上述这些战术方案是在日本为可能发生的日美战争制定战略计划这个更大的背景下产生的。1930 年，日本战术家们所策划的本质上仍旧是一场近距离防御战，他们根据的假设是美国远征舰队将通过两条中太平洋路线中的一条或另一条进入西太平洋。计划的核心是"邀击"和"渐减"战略，以便在决战之前减少敌舰数量。在那一年，日本海军军令部的一项计划要求将最强大的日本战舰分配给两支舰队——第一舰队和第二舰队。[92] 第一舰队（或称"主力舰队"）将包含所有在役的 9 艘战列舰（战列巡洋舰"比叡"号已经根据《伦敦条约》的条款被解除武装）、2 艘重巡洋舰（装备 8 英寸口径炮）、1 支航母编队（2 艘航母），加上 2 支驱逐队和 2 支潜水战队。第二舰队（或称"先遣部队"）将包含大部分的重巡洋舰、2 支水雷战队和 2 支潜水战队。在战争爆发时，这两

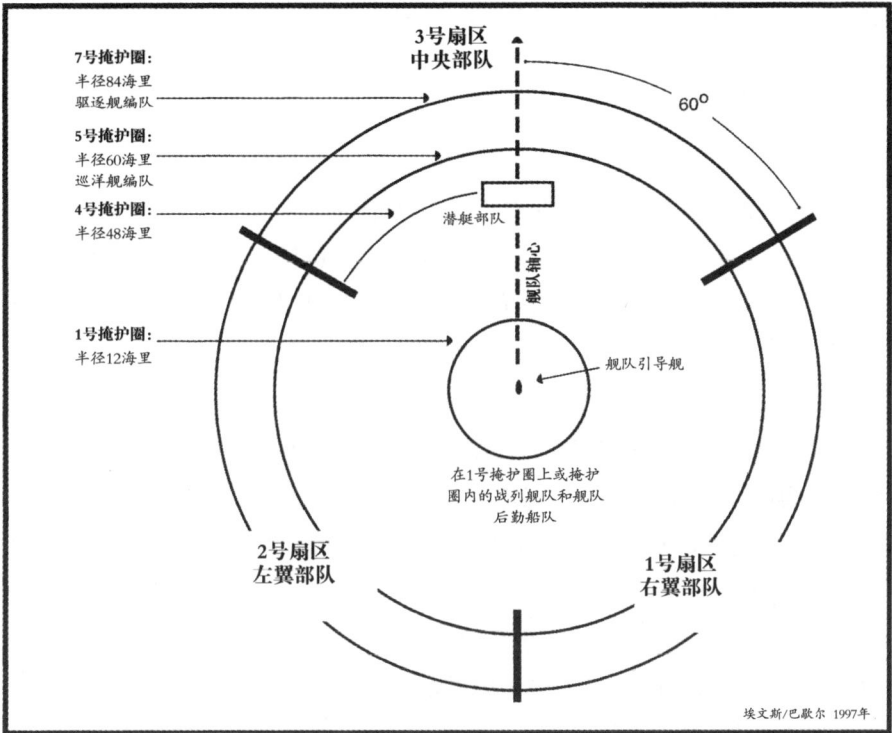

∧ 示意图8-18. 1934年美国海军环形队形（巡航部署编号3V）。该阵型是一种"适合获取敌机临近的早期情报"的部署，美军认为不适合用于其他目的。掩护圈的半径由可用的掩护舰只数量和天气状况决定，但美军认为最外围的警戒圈半径在75—100英里比较合适（来源：美国海军作战部长，《美国海军·第142号舰队战术出版物·基本战术教范》，华盛顿特区：美国政府印刷局，1934年）

支舰队将联合起来组成联合舰队，其任务是在琉球和小笠原群岛之间的某处削弱并击败敌人。

　　第一舰队和第二舰队的大多数潜艇都将部署在一条从伊豆群岛向南、向西延伸到马绍尔群岛的大弧线上，以侦察和攻击向西推进的敌人。在这条线之后，第二舰队和第一舰队的一部分——包括２艘重型巡洋舰、１艘航母和１支水雷战队将准备在小笠原群岛东部进行夜间鱼雷攻击。最后，第一舰队的大部分舰艇将位于琉球以东，等待与美国主力部队的决战，后者预计将在开战后第45天左右（在最坏的情况下）抵达决战区。日军估计，美军将会因为日本潜艇和先遣部队的削弱战而遭到很大削弱。

与此同时，由轻型巡洋舰（6英寸口径火炮）、一支水雷战队和若干潜水战队组成的第三舰队，将不理会以菲律宾为基地的美国亚洲舰队（目前被认为相当虚弱），转而支援日本陆军在这些岛屿上的登陆。日本海军估计这些作战将在大约30天内完成，这点时间足够第三舰队向北推进，为最终击败敌人主力部队出力。

在整个20世纪20年代，"联合舰队"作为一种战术部队，每年进行一次短暂的集结，本意是在年度大演习期间协调那两支主要舰队。然而，在20世纪30年代初，国际局势突然变得紧张起来，日本与美国开战的可能性也随之增大。日本海军认为，使和平时期的舰队编制尽可能符合他们所预期的战时作战的要求，对制定作战计划来说至关重要。于是，在1933年，联合舰队自1905年被东乡平八郎解散以来首度被确立为一支常备部队。第一舰队司令担任联合舰队司令长官，由他决定日军战略计划中拦截、削弱和决战各阶段实施的步骤和时机。[93]

到30年代中期左右，海军技术的进步——尤其是飞机、潜艇航程和性能的加强已经开始改变日军对美军战略的认知并使它们成为反制美军战略的最佳手段。由于陆基飞机现在能够飞行1000多英里，日本海军深信美国远征舰队会企图在北马里亚纳群岛、威克岛、小笠原群岛和琉球群岛建立航空基地。美军可以从那里攻击日本的水面舰艇部队，并最终攻击日本本土岛屿。不久，日军越来越坚信，美国可能会试图用最迅速、最可行的方式对日本工业和城市中心地带（从东京到神户）发动出其不意的海空突袭。[94]在他们看来，美军潜艇也对活动于本土岛屿附近的日本海军舰队构成了直接威胁。日本的计划制订者开始假定：美军潜艇能在日本海域活动，将企图在日本港口和海湾附近骚扰日本海军进出这些地方的行动。[95]

但是，如果美国的飞机和潜艇可以在比10年前更远的距离上作战，那么日本的飞机和潜艇也可以。因此，在30年代中期，日本的战略规划虽然基本上仍然是防御性的，但开始呈现出明显的进攻性色彩。例如，1935年的作战计划要求在战争一开始就将第一舰队和第二舰队的潜艇派往夏威夷和美国西海岸，对美国海军各作战单位进行攻击。1936 年，日军开始计划组织一支"第四舰队"前往密克罗尼西亚，以维持对敌人的侦察，并攻击敌人可能在岛上建立的任何前哨基地。[96] 同样是在这一年，日本海军开始计划将密克罗尼西亚建为新式双引擎三菱 G3M 中型轰炸机的基地，以便对敌方舰队各舰艇和中太平洋上的敌军前哨基地发动攻击。

日军越来越侧重于远距离作战是为了防止敌人把战火迅速烧到日本人的家门口。在他们的盘算中，这一侧重点也不断地把预想的决战战场向东推移。从1910 年到 20 世纪 20 年代末，这个决战场一直在琉球附近；20 世纪 30 年代早期，刚好在琉球的东边；20 世纪 30 年代中期，则位于小笠原群岛和北马里亚纳群岛之间连线上的某处；而到了 1940 年，则远在东边的马绍尔群岛。[97] 不过日本海军很少关注因决战点东移导致距离增加而产生的对后勤船队、油船、拖船和修理船等的需求。

新武器和新战略（特别是那些涉及海军航空兵的）就这样影响了日本海军击败美国的计划。然而在 30 年代中期，日本海军的正统思想仍然认为与美国舰队的最后摊牌只能依靠"大舰巨炮"的原则来取胜。为了实现这一原则，日本人现在计划建造世界上最大的军舰和最大的火炮。

日本海军谋求优势：
超级战列舰战略

日本这些作战方案的一个显著特点是，尽管日本海军在海战中不断训练和练习，它们很大程度上仍停留在理论层面。事实上，日本海军从未按照"黄昏—夜晚—白昼"这一针对假想敌美国的战斗顺序同时对协同作战的各项内容进行过全面测试。宏伟的决战计划主要是在海军大学校的图上演习桌上和海军军令部的办公室里被制定出来的，但是联合舰队的年度大演习只是分别测试了这些计划的各组成部分。[98]

日本海军没有通过综合演习来测试作战设想是有若干原因的。除了燃料供应限制（这个问题自始至终都困扰着日本海军），新的武器系统也受到一些限制，比如九三式鱼雷这件武器，舰队就无法大量获得。最后，对日军作战计划能否成功至关重要的几个武器系统要么还在规划阶段，要么还在设计或建造中。袖珍潜艇要到 30 年代末才可使用；4 艘"金刚"级战列巡洋舰中只有 2 艘被改装成快速战列舰；在远程隐蔽发射计划中被日本海军十分倚重的鱼雷巡洋舰要到 1941 年才重新改装。但是，日本海军决战方案中最重要的组成部分是一种它的军火库中还没有的新型超级战列舰，舰上火炮有着前所未有的尺寸，根据日本当时正统的战术思想，将在美国战列舰队的射程外将其摧毁。

日本追求如此强大火力的先例可以追溯到"八八舰队"的设想。1920 年，口径为 48 厘米（近 19 英寸）的大炮实际上已经进行了射击测试，日本人的想法是：将这些大炮安装在新型快速战列舰上，从而建成"八八舰队"。《华盛顿条约》阻止了这些计划的实现，在接下来的 10 年里，日本海军被迫放弃了用更大口径的火炮去实现"在敌人射程外攻击敌人"的方法。但条约并没有禁止投机取巧，甚至没有禁止为此目的进行的规划。所以，在 20 世纪 20 年代早期，基于《华盛顿条约》在 1932 年到期后不会再续期的假设，日本海军已经开始考虑更换 4 艘"金刚"级战列巡洋舰的计划。1930 年，它重新研究了 4 艘装载 16 英寸大炮的 3.5 万吨级战列舰的各种设计方案。虽然日本参加了伦敦会议，且《伦敦条约》迫使日本海军放弃了这些计划，但在同一年，日本已经开始试验 18 英寸的大炮。1933 年，以测试 40 厘米口径火炮为幌子，吴海军工厂实际上生产了几门 18 英寸口径火炮。[99] 同年 10 月，前舰政本部成员、激烈反对条约的日本海军"舰队派"军官中一颗冉冉升起的新星——石川信吾（Ishikawa Shingo）中佐提交给伏见军令部总长一份备忘录，概述了他提出的一项为期 10 年的舰艇建造计划，该计划基于这样一个假设：海军军备限制条约将终止，日本会发现自己处于一场不受约束的海军军备竞赛当中。

石川军舰扩充计划的主旨是再度强调了日本人 10 年来追求质量上优于对手的偏好。他提出了各种建议，其中一条就是购置 4 艘重巡洋舰，要求比现有的巡洋舰大一倍，搭载 12 门 12 英寸火炮，配备能够承受 8 英寸炮弹攻击的装甲，且航速可以达到 40 节，这样的规格几乎不可能全都包含在一种设计方案当中。但石川计划的核心是建造 5 艘安装 20 英寸火炮的超级战列舰，并提供足以承受

10 枚鱼雷打击的水下防护。石川指出，获得这样的火力（指 20 英寸火炮）将使日本海军能够获得一次巨大的飞跃——从不如美国战列舰队的弱势地位，跃居令人瞠目结舌的优势地位。它将为日本海军提供一套能够在白昼决战中对已经遭受重创的美国舰队实施致命打击的武器系统。[100]

军令部认为，石川提议的妙处在于，美国不会很快有能力对日本的这种高明策略做出有效回应。美国若要进行一项在数量上超过日本海军扩张计划的舰艇建造工作，就需要在扩建船厂设施方面投入巨额资金，更不用说，为跨太平洋作战而得到扩充的美国太平洋舰队还需要建造大量的舰队后勤船队。这样做暂时超出了美国的工业能力。虽然美国总的工业潜力，包括生产主要军备的能力，正常情况下比日本大得多，但美国经济近来已被严重削弱，而日本获得中国东北的工业资源和设施后，工业实力得到大大增强。最能说明问题的是，如果美国人试图从质量上对日本的超级战列舰计划做出反应，他们将立即面临几乎不可逾越的障碍：巴拿马运河的水闸太窄，无法容纳日本目前设想的那么大的军舰。事实上，日本海军参谋人员的研究认为：能够通过运河的最大战舰的排水量不可能超过 4.5 万吨，这样的体量不足以安装任何口径大于 16 英寸的火炮。日军安装更大火炮还有一个更直接的理由，那就是依靠现有的 16 英寸主炮，日军炮弹很难穿透当时美国战列舰的装甲甲板。因此，如果日本在研发巨型舰炮（18 英寸的舰炮似乎比 20 英寸的更可行）方面处于领先地位，并尽可能长时间地保守这个秘密，它或许能够保持这种领先地位若干年，在此期间，这些巨炮在射程上可以超过任何美国海军的火炮，并能摧毁美国战列舰。而美国肯定要花 5 年的时间才能造出 1 艘与日本超级战列舰相匹敌的战列舰，到那时，日本海军又将会获得尺寸更大、火力更强的战舰。[101]

1934 年 8 月，军令部秘密决定推进建造 4 艘超级战列舰的计划。1934 年 10 月，它向舰政本部提出了为新型战列舰制作一份设计研究报告的要求。[102] 军令部对新战列舰的要求包括 9 门 46 厘米（18.11 英寸）口径的火炮（把石川的 20 英寸主炮降级），装甲能承受住在 2 万—3 万米距离上发射过来的 18 英寸炮弹，最高速度 30 节，航速 18 节时的巡航距离为 8000 英里。[103] 有了这些指示，舰政本部的造船工程师开始从事一个规模和难度对任何海军来说都没有先例的设计项目。[104] 不过在他们的任务中，他们可以回顾日本海军 10 年来的测试、研究、观察，其中包括对日德兰海战教训的详尽检讨、1920 年的火炮试验、1924 年在"土佐"号舰体上进行的大量测试、从 1929 年失败的战列舰设计中获得的领悟，以及改造和改装日军现有重型舰船（特别是"比叡"号战列舰）所获得的持续不断的经验。[105] 到 1935 年秋，对新型战列舰设计的初步研究已经完成，但是在 1937 年 3 月最后的设计方案被批准之前，舰政本部最终连续起草了大约 23 个空前复杂的设计方案。

与此同时，在 1935 年，军令部和海军省就新一轮舰艇建造（最终被称为"丸三"计划）的实际授权进行了讨论。"丸三"计划于 1936 年被批准，并于 1937 年开始实施。该计划的核心是批准建造头 2 艘计划中的超级战列舰（分别被命名为"大和"号和"武藏"号），这两艘超级战列舰是能够在敌人射程外攻击敌人的终极武器系统，也是日本海军"大舰巨炮"传统的典范。1934 年夏天军令部决定建造超级战列舰的决策，标志着一旦条约体系崩溃，日本具有直面一场不受限制的海军军备竞赛的新信心。

日本海军和条约时代的终结

到 1934 年，条约体系崩溃的可能性已经显而易见了。缔约国已走到了十字路口，由于它们中任何一个希望废除条约的国家都必须在年底前宣布其意图，这反过来又促使它们在 1935 年召开了一次会议。在各大国间之前没有对条约进行重新谈判的情况下，这是必要的。英国已经提议于 1934 年在伦敦举行初步会谈，全面审议海军军备限制问题。

在日本海军中存在着对现行体系极度不满的军官，尤其是以加藤宽治大将和末次信正为核心的"舰队派"强硬分子。[106] 按照他们的观点，要么必须给予日本海军同等地位，要么必须完全废除日本的条约义务。一群不那么强硬的军官（其中一些人与所谓的"条约派"是同盟）对军备限制体系的看法与加藤友三郎十多年前阐述的观点基本相同：虽然条约体系可能对日本有些不利，也可能伤害日本的民族自豪感，但对日本的安全来说，继续维持这个体系比全面的海军军备竞赛更好。

20 世纪 30 年代初，东亚地区日益浓厚的国际危机氛围大大加强了"反条约派"在日本海军中的地位。当然，紧张的气氛主要还是日本自己造成的。1931年日本陆军对中国东北的入侵、1932 年深冬日本海军在上海挑起的战斗、陆军对中国热河省的攻占、1933 年沿长城发生的战斗以及日本在同年退出国际联盟——所有这些都恶化了日本与中国的关系，并威胁到了西方列强在东亚的利益。美国对日本这些举动做出的慎重反应——包括把参加完 1932 年度舰队演习的侦察舰队留在美国西海岸、1934 年通过旨在于 8 年内将美国海军实力提升至条约规定限度的《文森－特拉梅尔法案》（Vinson–Trammell bill）——只是加剧了日本国内的危机气氛。这种不安情绪公开体现在日本出版界重新出现的"战争恐慌"文学[107]，并在接下来的几年里被日本海军充分利用。

在日本海军内部，一些事态的发展壮大了强硬派的势力。许多支持延续条约体系的高级军官在 1933 年被海军省清洗。更重要的是，军令部通过任命伏见宫博恭王（Fushimi Hiroyasu）为军令部总长，实际上获得了不受约束的权力，并给军令部的决策增添了皇室的尊贵光环。而且，重新起草的行政条例也确立了军令部高于海军省的最高地位。[108] 从 1933 年开始，日本海军在全国范围内开展了一场宣传运动，以争取公众支持政府从根本上重新调整对条约体系的政策。海军非常有效地改变了媒体和公众对这一问题的看法，使日本政府屈服于压力同意接受这样一项基本政策：设法结束目前对日本海军军备的"不平等"限制，用一种主要海军大国间的平等体系取而代之。

正如第七章所指出的那样，激怒日本海军的与其说是条约时代实际存在的各国军力之比，不如说是条约体系给日本规定的低人一等的军力标准。日本海军在 1922 年的华盛顿会议、1930 年的伦敦会议上追求 10∶7 的比例，到了1934 年，日本海军的总吨位已经达到了美国海军的八成，这是因为日本已经达到了条约规定的上限，而美国还没有。日本海军一直希望舒服地占便宜到1936 年，而《文森－特拉梅尔法案》对他们来说是一个沉重的打击。如此一来，美国新的军备扩充计划使军备限制体系更令日本人反感。日本海军现在坚定地认为，这些条约应该彻底修改或完全摈弃。在公开场合，日本海军宣称它寻求条约体系中的平等地位；而在私下里，它的领导层现在对日本在海军军备竞赛中保持质量优势的能力充满信心，希望彻底废除条约体系。

1934 年秋，在伦敦举行的初步会谈中，日本海军选择了山本五十六少将担任日本代表团的海军首席代表，这可能是因为他较低的军衔传达了日本海军对整个谈判过程的蔑视，但更有可能的原因是，山本的英语知识、参加过之前伦敦会议的经历、判断力稳健和思维敏捷的名声，使他能有效地代表海军利益。在这些初步的讨论中，山本清楚地表明了日本的立场：要求在军舰吨位的限额上与美国和英国平起平坐，英美日三支主要海军把总吨位削减到一个共同的上限，并建议彻底废除对战列舰、航空母舰和巡洋舰的吨位限制。此外，日本代表团坚持认为，如果没有事先就 3 个海军大国的数量限制达成协议，它就不准备对各舰种的质量限制进行任何讨论。[109]

毫无疑问，日本代表很清楚，他们的立场将是英国海军和美国海军无法接受的。英国海军和美国海军也确实抗议说，海军力量对等和海上安全不是一回事。日本的要求遭到了美国的拒绝，美国认为现行的吨位比例体系是所有海上强国安全的最佳保障。在一次失败的妥协尝试后，英国人也拒绝了日本人的要求，他们坚持认为，一个把三国海军力量都限制在低水平的均等体系，将危及大英帝国分散的领土。在 1934 年进行的持续几个月的讨论中，英美日三国代表团没完没了地重复各自的各种观点，各自的立场都没有发生任何大的变化。1934 年12 月，日本政府宣布退出该条约。

如此一来，当各国代表们在 1935 年 12 月的正式会议上与接替山本成为日本代表团高级海军军官代表的强硬派人士永野修身会面时，达成协议的最后可能已经丧失殆尽。永野重申了日本的立场并遭到拒绝，日本代表团便在1936 年退出了谈判，剩下的代表团只能为残留的、毫无意义的限制体系进行讨价还价。虽然从技术上讲，《华盛顿条约》的效力将持续到 1937 年 1 月，但这个体系实际上已经死了。日本现在正准备在一条雄心勃勃而又危险的海军自主道路上另起炉灶。这一决心的主要象征便是巨型战列舰 "大和" 号和 "武藏" 号，这 2 艘战列舰不久将分别在吴市和长崎开工建造。然而，实际情况是作为海战的关键武器，它们在完工时就已经过时了，它们本可以发挥决定性作用的大规模水面交战越来越不可能发生。海军力量的新维度是舰队上空的空域。具有讽刺意味的是，正是日本海军自己在当时那几年付出的巨大努力实现了这一点。

9

第九章

空中打击：

1920—1941 年间的
日本海军航空兵

在第一次世界大战期间，海军航空兵未来的作用已在一个或多个场合得到展现，它们包括：舰队侦察、舰炮弹着观测、空袭（对海上或陆基目标），以及为海上或岸上友军提供空中掩护。这就是飞机将海权投射到舰载武器射程之外的前景，世界各大海军因此觉得有必要发展某种形式的海军航空兵。到 20 世纪 20 年代初，每个国家都开始发展陆基飞机、水上飞机和航母舰载机，在其军舰名册中也都包含至少一艘航空母舰的原型。

然而，在当时那几年的战争中，对海军航空兵进行的试验没有一个被证明可以发挥决定性作用。新武器的前景在很大程度上取决于猜测，而不是经验。根据当时那几年的历史经验，几乎没有证据可以动摇海军当权者对重炮巨舰继续处于统治地位的信念。在 20 世纪 20 年代，所有海军中重视战列舰的将领即便不是用嘲笑的目光，也都是带着一种怀疑的眼光看待当时的普通飞机。早期的海军飞机体积小，结构脆弱，只能进行短距离飞行。它们没有足够的手段与舰船或岸上基地进行通信，只装备了最简陋的导航系统。他们无法准确地投放炸弹，而且常常会在任何恶劣天气下留地停飞。因此，海军飞机几乎没有能力对水面舰艇构成严重威胁。尽管美国陆军航空队的重型轰炸机击沉了一艘停泊在弗吉尼亚角（Virginia Capes）附近的德国老式战列舰，但在可疑情况下进行试验所得出的测试结果并不具有说服力。

在 20 世纪 30 年代以前，海军飞机在速度、航程、升限和有效载荷等方面的表现并不出色，因此潜力也不大，这意味着在所有 3 支主要海军中，"制空权"只被视为与水面决战有关。20 世纪 20 年代初，战列舰和巡洋舰的水上飞机都被用作舰队的侦察机。到 20 世纪 20 年代末，它们在战场上承担为战列舰队的射击提供弹着观测的任务，这个任务随着航母舰载机数量增加而为舰载机所共同承担。人们越来越确信航空母舰本身在空袭面前不堪一击，而海军专家们则怀疑航母攻击机是否真的能击沉一艘主力舰。[1]

1935 年左右，高性能飞机开始服役。他们有大型的星形发动机、喷油器、可变螺距螺旋桨、全金属结构的单翼机配置、用埋头铆钉铆接和可收放起落架。尽管这些创新被纳入所有类型的飞机当中，它们似乎为轰炸机（一种进攻性武器）提供了一种优于战斗机（本质上是一种防御性武器）的更显著优势，从而使前者对海军水面舰艇构成了日益严重的威胁。

因此，日本海军航空兵甚至到 20 世纪 30 年代末都仍是试验性的。但是，虽然它在 20 世纪 20 年代走的头几步都是没有把握的，但仍然是重要的探索，足以解释太平洋战争临近时日本海军在该领域的非凡进展。

20 世纪 20 年代日本海军对空中力量的看法

在 20 世纪 20 年代，日本对航空兵的战略影响感到犹豫不决。一方面，像许多欧洲列强一样，日本夸大了当时存在的空中武器的性能。日本军方和政界领导人吸取了第一次世界大战期间早期空袭的"教训"，开始担心日本遭到空袭的后果。最终，日本代表在 1932 年日内瓦海军会议上谋求缔结一项国际协议，把航空母舰定性为侵略武器，禁止建造，或者至少是对其建造进行严格限制。

然而，日本海军却很快就认识到了新兴航空技术的重要性，甚至在第一次世界大战结束之前就已经开始制造自己的飞机。不过在日本海军航空兵发展的最初几年，日本飞机核心设计者和制造商的规模不够大，技术也不够先进，无法跟上世界其他地区航空发展的快速步伐，更别说在航空领域追求自己的创新了。在第一次世界大战期间，由于欧洲交战国在大规模生产飞机方面获得了宝贵的经验，并开发出性能显著优于战前制造的产品的飞机，日本和西方在航空技术上的差距已大大拉开。因此，在一战后的10年里，日本在航空技术领域采取了两项互相关联且力度很大的举措：在大量输入西方技术援助的同时，通过本国努力建立自己幼小的飞机制造工业。

对日本海军而言，这些举措是受国内外竞争的关键问题推动的。一方面，日本海军必须关心美国和英国海军近年来在海军航空技术方面取得的进步，因为这些技术进步将会把日本这个现代海军强国远远地抛在英美之后。另一方面，日本海军有理由对日本陆军航空兵的快速发展感到懊恼。1919年，应日本陆军的要求，一支法国空军代表团被邀请到日本访问，正是他们的到访促成了日军陆航的飞速发展。

由于这些原因，日本海军领导层在1920年决定寻求英国海军的帮助，以提高其海军航空兵发展水平。第二年，尽管英国海军部对允许日本不受限制地获得英国技术持保留态度，但英国政府还是向日本派出了一个非官方的民间航空代表团。该代表团由威廉·弗朗西斯-福布斯·森皮尔爵士（Sir William Francis-Forbes Sempill，后来被封为男爵）带队，他曾是一名英国皇家空军军官，第一次世界大战期间在皇家海军飞机的设计和测试方面有着丰富的经验。1921年11月，代表团抵达霞浦海军航空兵基地。[2]它的27名成员大多是在海军航空兵方面有经验的人，其中还包括几家英国飞机公司的飞行员和工程师。与该使团为日本海军航空兵发展带来的培训一样重要的是，它提供了获取最新航空技术的途径。不但学员们熟悉了最新的空中武器和装备——鱼雷、炸弹、机枪、照相机和通信设备，而且使团也为霞浦带来了100多架飞机，包括20个不同的型号，其中5种在当时正被皇家海军的舰队航空兵使用。这些飞机最终为许多日本海军飞机的设计提供了灵感。当森皮尔使团最后一批成员返回英国时，日本海军已经掌握了最新的航空技术。

日本海军飞机的设计和制造

森皮尔代表团并非日本在一战后10年中引进外国航空技术的唯一来源，海军也不是唯一的受益者。在那之前，日本海军航空兵主要依赖购买外国制造的发动机和机身，或者依靠外国许可协议在日本制造。但在20世纪20年代初，西方技术援助通过为日本发展独立的飞机工业奠定基础开始让日本受益。³早在1914年，横须贺的海军兵工厂（日文汉字称"横须贺海军工厂"，简称"横厂"）就开始产出一些水上飞机，它们的设计基于外国机身，但使用了日本设计的发动机。1920年，在吴海军工厂的广村分部，日本海军在英国制造商肖特兄弟（Short Brothers）的帮助下开始生产水上飞机。⁴

　　日本私营公司也争相参与飞机制造这项利润日益丰厚的业务，在设计和制造飞机方面并没有落后军方太多。已有的工商企业开始建造研究和测试设施，包括用于研究升力和阻力的风洞和水箱。为了掌握西方航空科学的新发展，日本公司聘请外国技术人员，派遣工程师留洋，并购买外国飞机进行深入的研究和分析。20世纪20年代初，三菱在创办飞机合资企业之初就非常幸运。在得到了一支英国设计团队的效力后，它很快就获得了一份来自日本海军的合同，受命设计、开发和生产3种不同类型的飞机——战斗机、侦察机和攻击机，用来装备即将完工的日本第一艘航母"凤翔"号。另一家飞机制造商爱知公司与德国亨克尔公司（Heinkel Company）达成协议，后者为日军新一代海军飞机的设计提供技术援助。其中最成功的就是一款性能出色的俯冲轰炸机。⁵

　　中岛（Nakajima）飞机公司由中岛知久平（Nakajima Chikuhei，日本海军最早的飞行员之一，后来成为极具影响力的实业界人士和政治家）于1917年创立，在日本早期的飞机制造公司中独树一帜。从一开始，它就使用自己的工程师和设计师，而不聘请外国专家。该公司在20世纪20年代取得了巨大的成功，当时它为日本陆军和海军生产了一系列一流的飞机机型，并在飞机引擎的设计和制造方面表现出色。

　　另一家新成立的公司——川西（Kawanishi）公司，常常被认为与海军关系密切，因为它的许多员工都曾是海军军官。该公司于1928年与肖特兄弟公司合作成立，并与日本海军签订了合同，开始进行一些非常成功的水上飞机设计工作。⁶

　　虽然横须贺一直到太平洋战争结束时都仍然是指导航空技术发展方向的中心，但早在20世纪20年代初，日本海军就开始在飞机生产方面实行分工。1921年，舰政本部被赋予根据军令部要求的规格举办飞机设计比赛的权力。像三菱、爱知、中岛和川西这样的私营公司将提交它们的设计方案，日本海军对原型机进行测试后，将把合同"奖给"那些最成功地满足了海军要求的公司。在这样的制度安排下，20世纪20年代末的一系列设计竞赛产生了一些世界上最好的侦察机、舰载轰炸机和舰载战斗机，这些飞机将在未来10年内被投入使用。海军方面，在继续设计和制造一些它认为应该发挥引导作用的飞机机型的同时，也利用其有限的设施来测试和修改原型机。如此一来，根据新的制度安排，日本海军负责进行大部分的研究工作，私营企业则承担了大部分的生产工作。[7]

随着海军航空兵规模日益扩大，复杂度日益增加，日本海军显然需要一个机构来协调其技术和训练。因此，它于1927年成立了海军航空本部。海军航空本部位于东京，直接对海军大臣负责，但不隶属于海军省。除了负责研发与海军航空兵有关的飞机机身、发动机、武器和装备外，该部还负责除空战以外的所有训练（空战训练仍掌握在各航空队手中）。

日本海军还试图通过将其技术研究设施与横须贺现有的战术训练设施结合起来，来加强其航空兵研究。1936年，海军航空厂（简称"空厂"）建成，被置于横须贺镇守府的领导下。兵工厂的建立首度把飞机设计和飞行测试的所有工作以及没有与私人公司签订合同的原型机建造工作都集中到了一起。在兵工厂满足了海军基本安全和性能要求的原型机被移交给横须贺海军航空队，后者负责测试它们的作战性能和航母作战的适用性。考虑到它所评估的许多飞机设计方案的重要性，以及到1937年时其中一些设计取得的显著成功，建立海军航空兵工厂这样先进的航空技术中心，对日本成为世界领先的飞机制造国之一来说向前迈出了一大步。[8]

1932年，海军航空兵工厂实施了一项重大变革。这便是"原型机制度"——一种对日本航空工业设计和研发海军飞机的竞争进行管理的制度。借由这种体制，飞机制造公司在竞争中结成对子，争夺根据海军的指标进行设计和制造的各类飞机的订单。原型机最成功地达到海军指标的公司将获得生产合同；竞标失败的公司将生产其竞争对手的设计方案，或者作为第二货源供应商生产飞机的引擎。通过这种方式，日本海军从私营企业那里诱导出了最好的竞争活力，一旦选出最好的设计，就对所需要的技术进行综合和分享。"原型机制度"不仅为一系列性能优异的海军飞机（是首批完全由日本飞机工程师设计的飞机）提供了指引，它还为日本至今仍然存在的军事采购制度奠定了基础。[9]

有了 10 年的学徒生涯和飞机生产经验，日本海军从 1932 年开始在飞机设计和制造方面果断地转向自给自足。海军航空厂的建立便与此有很大关系，但这种新政策背后的驱动力来自海军航空本部本身。1932 年，在海军航空本部先后担任技术部长（1930—1933 年）和本部长（1935—1936 年）的山本五十六少将在那里推动一项计划，旨在打破海军乃至日本飞机工业对外国飞机设计的依赖。该计划规定，海军飞机的自主生产基本上要以日本自己的设计、海军新出现的作战需求以及对民用飞机公司的动员为基础。

当然，日本飞机制造业从未完全达到不依赖外国飞机技术的程度。20 世纪 30 年代余下的时间里，日本飞机制造工业主要从美国进口设备、发动机，甚至飞机，而在太平洋战争期间，它至少从轴心国盟友那里得到了一点与飞机相关的物资。[10] 但是，山本在海军航空本部的举措与海军航空厂的"原型机制度"相结合，在海军飞机的设计、研发和生产方面，开创了一套非常有效的流程。[11] 在 20 世纪 30 年代期间，通过海军的强有力引导和私营企业的积极介入，日本的飞机制造业不仅开始参与前面提到的军用飞机设计和建造的技术革命，而且在某些领域还开始起带头作用。到 20 世纪 30 年代末，日本海军已经拥有了一些世界上最先进的战斗机，并成为世界海军飞机转型的主要参与者，使飞机从海军力量的边缘转移到了中心位置。下文将对太平洋战争初期服役于日本海军的那些最重要的飞机做一个简单的回顾。

在 20 世纪 20 年代和 30 年代初，日本海军获得了一系列性能优异的航母舰载战斗机。但到了后期，这些飞机在速度和航程上已经落后于陆基轰炸机，这是当时世界军用航空技术发展的一个表现。因此，在 1934 年，日本海军开始寻找一种新的单座飞机来取代当时标准的双翼航母舰载战斗机。其规格要求为速度快、重量轻和操控性能优良。[12] 即使航空技术在当时取得了巨大进步——发动机功率更高和外形更趋于流线型，航空母舰的设计也带来了特殊的问题。这些问题缘于航母作战的限制，舰载飞机需要良好的驾驶舱能见度、较低的着陆速度和能被飞行升降机容纳的小尺寸。考虑到这些限制，一架成功的航母舰载战斗机的设计需要在海军当局规定的指标范围内仔细选择优先要达到的性能指标。

日本海军最终选择了三菱的设计。这便是 1935 年完工的 A5M［九六式，盟军代号"克劳德"（Claude）］航母舰载战斗机。它在当时是一种具有划时代意义的飞机：蜂窝状的全金属开放式座舱单翼机，由一台 500 马力的星形发动机提供动力，在发动机罩上部装有 2 挺 7.7 毫米口径的机枪。它光滑的外形、铝制的硬壳构造、埋头铆钉使空气阻力最小化，这样固定的起落架就可以得到保留。它在不到 6 分钟内就能爬升到 5000 米（16500 英尺），并达到 243 节（每小时 280 英里）的水平速度，在这两方面都远远超过了海军提出的指标。其超强的机动性印证了日本海军对空战中空中格斗的重视，而不是单纯依靠速度和火力（这个问题曾在 20 世纪 30 年代头 5 年在日本海军顶尖战斗机飞行员当中引起激烈的争论）。在侵华战争[①]的最初几年里，这架战斗机多次粉碎中国战斗机的抵抗，表明它是一架作战效能很高的飞机。[13]但最重要的是，它和 G3M 中型轰炸机（见下文）的亮相，标志着山本五十六雄心勃勃的海军飞机换装计划达到高潮，也标志着日军航空兵进入自给自足的时代。

然而，航空技术的发展非常之快，甚至当 A5M 于 1937 年春天被分配给海军的航母部队和陆基航空队时，海军航空本部就开始计划制造一种性能超过 A5M 的飞机。在参加侵华战争的海军前线飞行员看来，他们需要的是一种速度和火力都足以摧毁敌人轰炸机的战斗机，其航程和续航力足以护送海军中型轰炸机进入中国腹地执行远程空袭任务，机动性足以应对可能在途中遇到的任何战斗机。

根据这些考虑和航母作战的需要，海军航空本部提出了一种性能指标具有空前难度的新型航母舰载战斗机。要求有超长的航程和超强的武备意味着这将是一款又大又重的飞机；而对速度和机动性的要求则需要一种由功率强大的轻型发动机驱动的轻型小飞机。设计 A5M 的三菱团队最终赢得了这款飞机的竞标。

---

① 译注：即1937年7月7日开始的中日全面战争。

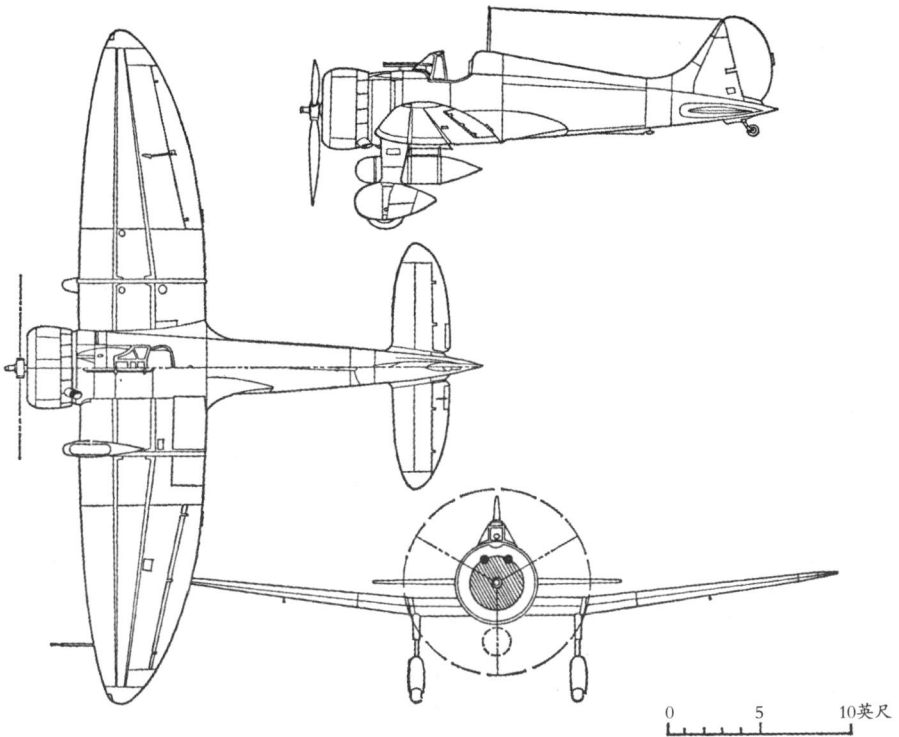

^ 示意图9-1. 三菱A5M（九六式，代号"克劳德"）舰载战斗机（来源：勒内·J. 弗兰西昂，《太平洋战争中的日本飞机》，安纳波利斯，马里兰州：海军学会出版社，1987年）

在堀越二郎（Horikoshi Jiro）的带领下，团队通过各种方法解决了优先要达到的性能指标之间的冲突。他们使用比通常更轻的结构部件来减轻重量。又通过以下方式实现了符合空气动力学原理的设计：采用埋头铆钉铆接、可收放起落架、座舱罩和流线型机身设计。创新点包括可拆卸的副油箱、宽大的机翼面积、大型副翼，可变螺距螺旋桨和一台 870 马力的三菱瑞星发动机。[14]

堀越二郎团队努力的成果是 A6M［零式，盟军代号"泽克"（Zeke）］航母舰载战斗机。1940 年，日本海军正式装备后来为人所熟知的三菱零式战斗机。

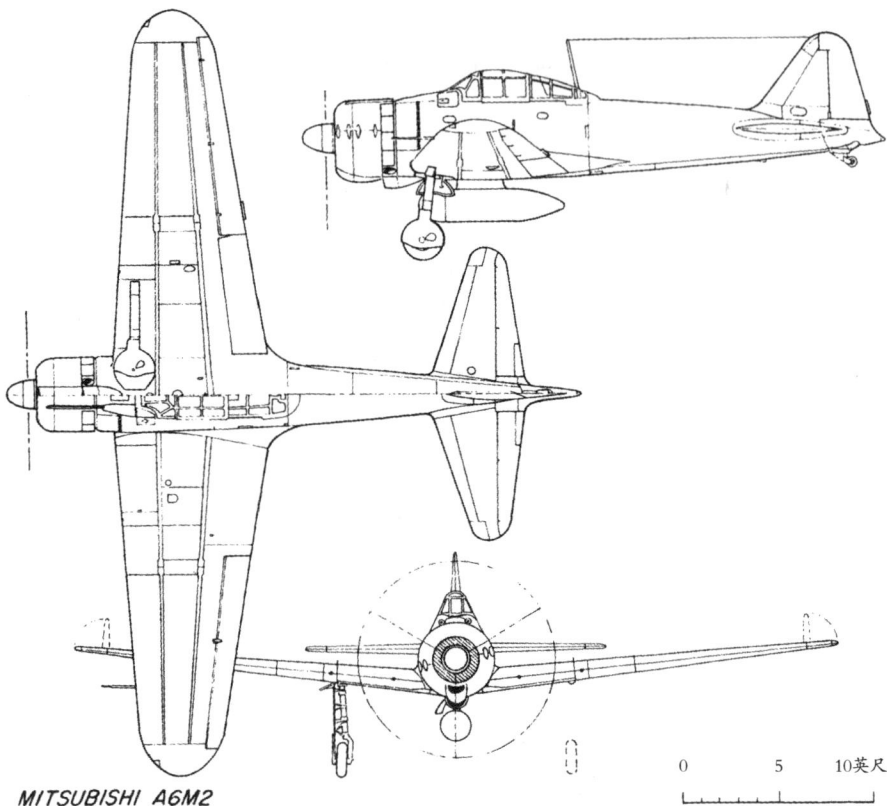

MITSUBISHI A6M2

∧ 示意图9-2. 三菱A6M（零式，代号"泽克"）航母舰载战斗机（来源：勒内·J. 弗兰西昂，《太平洋战争中的日本飞机》，安纳波利斯，马里兰州：海军学会出版社，1987年）

它毫无疑问是航空史上设计最精巧的战斗机之一。零式登场时，它是一架有着惊人航程（1000英里）的高速（288节，每小时332英里）飞机；拥有比当时正在生产的任何战斗机更小的回转半径；它的爬升速度比当时任何飞机都要快；在大多数情况下，它提供了一个非常稳定的射击平台。首次参战时，它的缺点——如在高速时操纵性不佳，俯冲速度不够快——几乎看不出来。它最初被派到中国上空战斗最激烈的地方，为日本轰炸机提供远程护航，很快便消灭了对手大量的飞机。直到在太平洋战争中遇到更坚固、更强大的美国飞机时，它的弱点才完全显现出来。[15]

与美国和英国海军一样，到20世纪30年代，日本海军已经研制出两种军械搭载飞机——鱼雷轰炸机和俯冲轰炸机，当然日本海军对它们各有不同的叫法（前者叫"攻击机"，后者叫"爆击机"）。鱼雷攻击是日本海军发展的两种攻击系统中的第一种。鱼雷轰炸机从日本航母甲板上起飞始于20世纪20年代。到1937年，日本海军已经拥有了一种可以承担多种任务（鱼雷攻击、高空轰炸和侦察）的航母舰载机。这便是B5N［九七式，盟军代号"凯特"（Kate）］航母舰载攻击机，一种由中岛公司制造的设计简洁的三座单翼机。它的速度约为200节（每小时230英里），可以携带800千克的鱼雷或同等重量的炸弹。九七式舰载攻击机获采用后几乎马上被投入航母部队服役，也有部分被分配到日本海军在中国的陆基航空队，它在那里由A5M（九六式）舰载战斗机伴随并在支援地面部队方面表现良好。太平洋战争爆发时，日本海军使用的是一种九七式舰载攻击机的改进型号。在珍珠港，它帮助摧毁了美国战列舰部队，它毫无疑问是当时世界上最好的鱼雷轰炸机。[16]

D3A［九九式，盟军代号"瓦尔"（Val）］航母舰载轰炸机[17]对一架日本飞机来说是相当坚固的，它由爱知公司在20世纪30年代中期研发，主要仿造当时的亨克尔飞机。它有固定的起落架，巨大的椭圆形机翼，两侧机翼下方都装有空气刹车襟翼。九九式与德国的"斯图卡"（Stuka）和美国的道格拉斯"无畏"（Douglas Dauntless）属同一代飞机，三者在结构完整性、航程和速度方面不相上下，当然九九式在炸弹载荷和航程上都要逊色一些。它的战果是突出的。在太平洋战争的第一年，九九式轰炸机参与了所有主要的日军航母作战，击沉的盟军战舰比任何其他种类的轴心国飞机都多。

研发一种有效的陆基远程轰炸机是山本五十六在1930年接任海军航空本部技术部长时的首要任务之一。三菱原型机G1M远程侦察机令人印象深刻的性能，为山本的这种轰炸机构想奠定了现实基础。

在12个月的时间里（1935—1936年），三菱公司不断测试经过改进的原型机，直到1936年6月，日本海军最终接受了一种先进的型号——G3M［九六式，

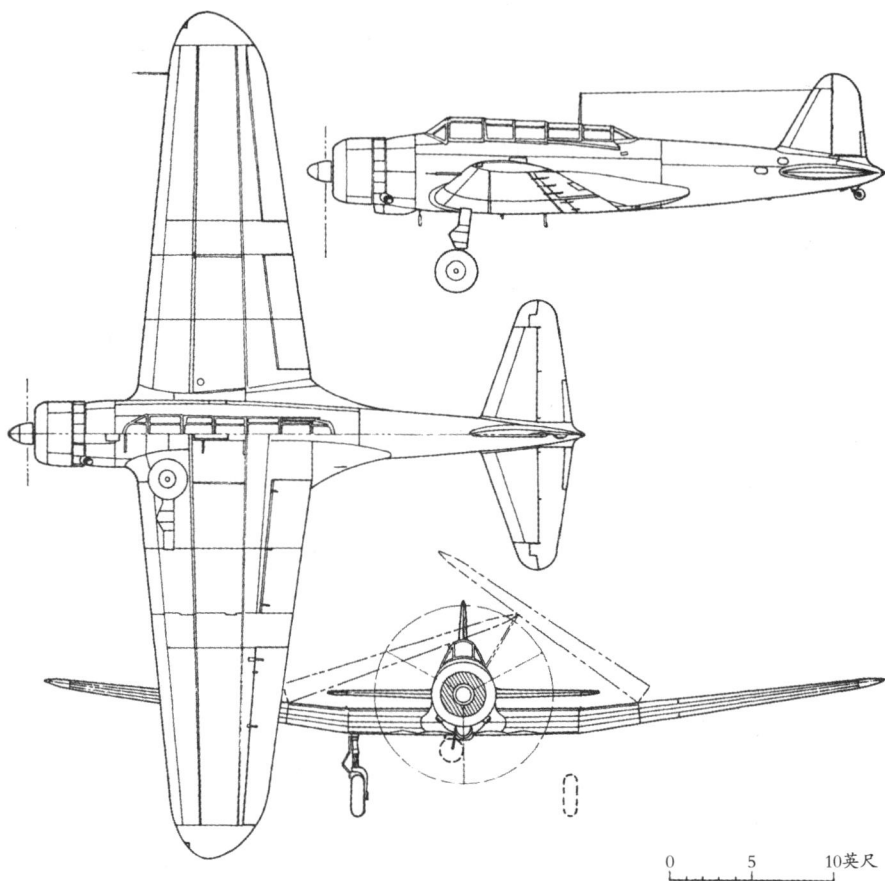

∧ 示意图9-3. 中岛B5N（九七式，代号"凯特"）航母舰载攻击机（来源：勒内·J. 弗兰西昂，《太平洋战争中的日本飞机》，安纳波利斯，马里兰州：海军学会出版社，1987年）

盟军代号"奈尔"（Nell）〕陆基攻击机[18]。G3M 是一款光滑的全金属单翼轰炸机，其细长的外形是设计中取消了内置炸弹舱才得以实现的。它装载的 800 千克炸弹或单枚鱼雷是通过安装于机身下的挂架投放的。它由两个气冷星形发动机提供动力，武装为装在机身背侧炮塔内的 2 挺机枪和腹侧炮塔内的 1 挺机枪。在航程（超过 2300 英里）、速度（200 节，每小时 230 英里）、实用升限（9130 米，

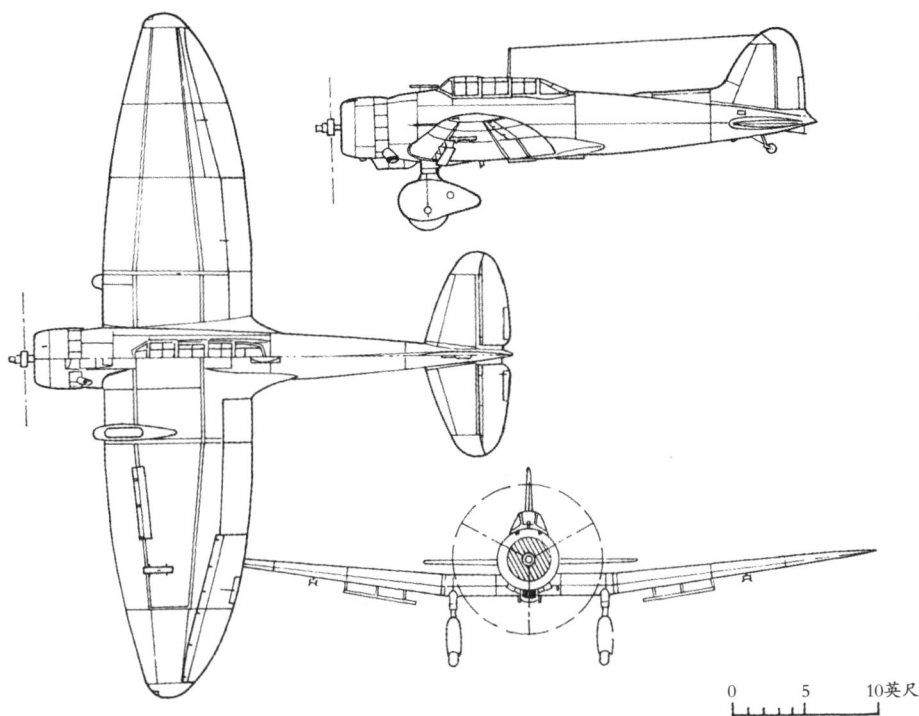

∧ 示意图9-4. 爱知D3A（九九式，代号"瓦尔"）航母俯冲轰炸机（来源：勒内·J. 弗兰西昂，《太平洋战争中的日本飞机》，安纳波利斯，马里兰州：海军学会出版社，1987年）

约3万英尺）和有效载荷方面，G3M是一款前所未有的日本飞机，当时只有波音（Boeing）B-17的原型机可以超越它。G3M的弱点——主要是缺乏防护装甲和防御武器不足——只有在经受中国上空的战火考验时才会逐渐显露出来。[19]

　　甚至就在侵华战争中G3M首次执行远距离任务时，日本海军已经在寻找它的后继机。这款后继机要有更强的发动机功率、更快的速度、更远的航程、更大的有效载荷，并且比G3M的细长机身能容纳更好的武器。1939年9月，三菱公司生产了一架原型机，这是一款双引擎雪茄形中型轰炸机，机身有一个内部弹舱，比G3M有更多防御武器（机头、机身左右两侧腰部位置共有4挺机枪，

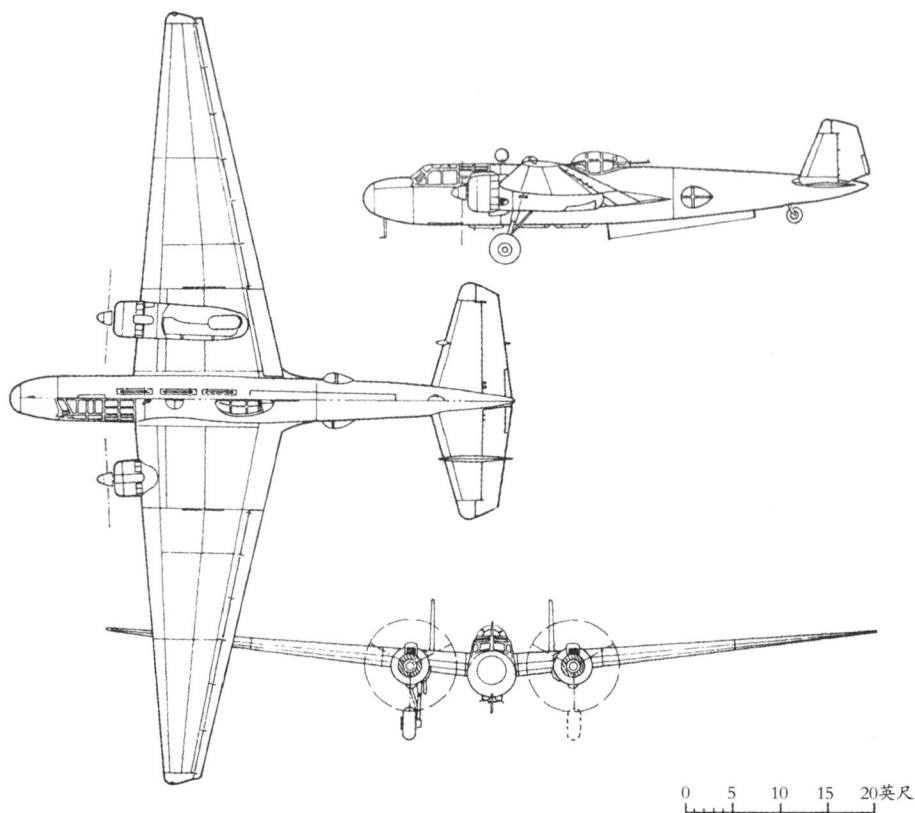

∧ 示意图9-5. 三菱G3M（九六式，代号"奈尔"）陆基攻击机（来源：勒内·J. 弗兰西昂，《太平洋战争中的日本飞机》，安纳波利斯，马里兰州：海军学会出版社，1987年）

背部和尾部炮塔有2门机炮）。1940年年初，日本海军认可了这款机型，将它定名为G4M［一式，盟军代号"贝蒂"（Betty）］陆基中型攻击机。在实际航程上，它被证明不如G3M的最新型号，但是对其进行的改进使它能够在1941年被成功地用于执行深入华中和华南的远距离任务。在太平洋战争的头6个月里，G4M在东南亚和太平洋地区如入无人之境。但事实证明，它遭到敌人攻击后极易爆炸，所以机组人员给它起了一个可怕的绰号——"飞行打火机"。[20]

在日本海军里，飞机最初的任务是为舰队进行巡逻和侦察，为此，日本海军在 20 世纪 20 年代使用了各种水上飞机。但是在 20 世纪 30 年代早期，当飞机开始被用于水面炮击观测时，日本海军研发了一系列弹射水上飞机用作校射机和侦察机。到 20 世纪 30 年代末，它已经为此研制出了在太平洋战争中发挥重要作用的可靠的新飞机。三菱制造了 F1M［零式，盟军代号"皮特"（Pete）］水上观测机，这是一种单浮筒双翼飞机；由于机动性良好，它在太平洋战场上被用于战斗。爱知公司研发了 E13A［零式，盟军代号"杰克"（Jake）］水上侦察机，这是一种双浮筒水上飞机，在战争中也被用于执行各种战斗、运输和海空救援任务。[21]

在两次世界大战之间的这段时间里，日本和美国海军都认识到了远程水上侦察的必要性。为此，两国海军都研发了大型水上飞机（在 20 世纪 30 年代中期，日本海军以陆基中型轰炸机作为补充）。研发这种机型的经验使川西又拿出了 H6K［九七式，盟军代号"马韦斯"（Mavis）］的设计方案，该方案于 1938 年被日本海军采用。这是一种应用伞式翼的飞机，由 4 台利用空气冷却的星形发动机提供动力。它的航程为 2200 英里，这使它可以把触角伸到太平洋的广阔范围内。在太平洋战争的早期，它成功地执行了几次轰炸和侦察任务。但是 H6K 面对敌军战斗机攻击的脆弱性最终导致它退出了战斗任务。[22]

它的后继机型川西 H8K［二式，盟军代号"艾米莉"（Emily）］水上飞机更坚固，于 1941 年进入日本海军服役。它在速度和航程上都超过了 H6K，增加的装甲和武器使它更能抵抗攻击。H8K 是大型水上飞机的杰出代表，日本海军曾设想将其用作侦察机，但它的速度和航程使前者认为它可以充当一种攻击机。这两种角色它在太平洋战争中偶尔都扮演过。[23]

到太平洋战争前夕，这些飞机作为一个整体构成了世界上最先进的航空技术成果的一部分。例如，在速度和机动性方面，零式是无与伦比的；在航程和速度上，很少有轰炸机能超越三菱 G3M；而日本海军手中的川西 H8K 则是世界上最好的水上飞机。这些飞机和上面提到的其他飞机都是由技术高超的空乘人员驾驶的，它们共同组成了一种极其危险的进攻性武器，也可以说是空中的长剑。然而，长剑很脆弱，如果承受过大的压力，就会折断。

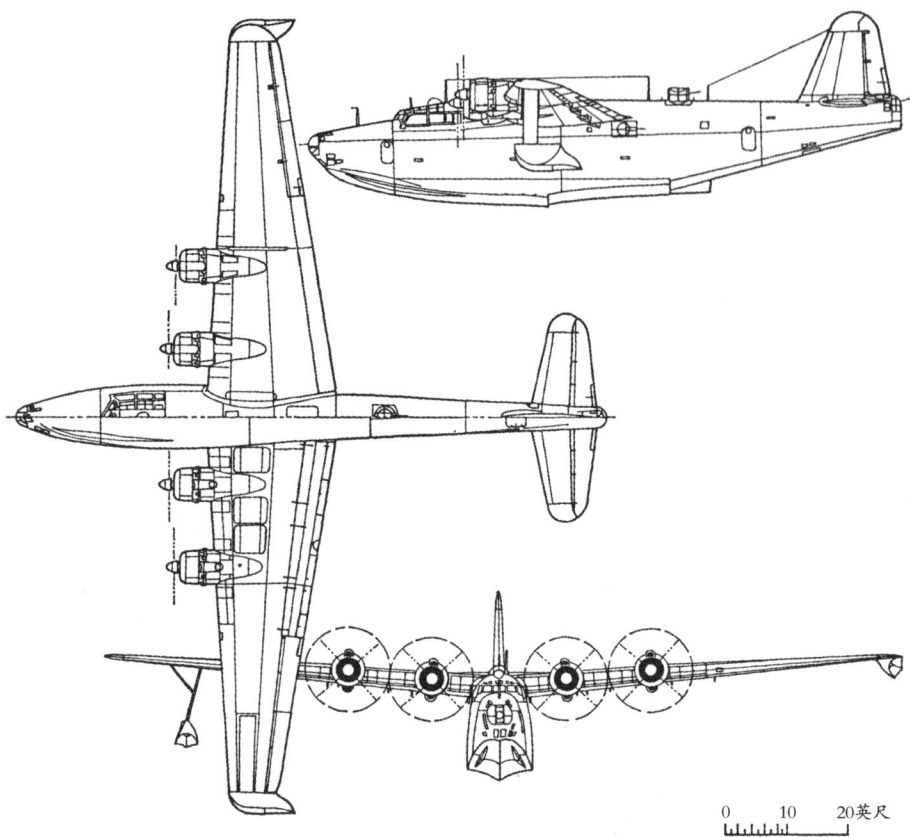

∧ 示意图9-6. 川西H8K（二式，代号"艾米莉"）水上飞机（来源：勒内·J. 弗兰西昂，《太平洋战争中的日本飞机》，安纳波利斯，马里兰州：海军学会出版社，1987年）

　　日本海军的航空技术也是如此。日本飞机制造业整体上的一个主要问题是日本工业在飞机发动机的研制上没有跟上西方，这是因为具有战略意义的合金无法获取，日本研发基础不足以及战时补充需求的压力巨大。事实上，随着太平洋战争的进行，日军在与美军航空部队的战斗中损失越来越大的一个主要原因就是日本在发动机方面的落后。日本海军飞机设计的另一个主要问题是没有平衡考虑攻击和防御。当然，从本质上讲，海军航空兵是一支进攻性部队。但对进攻性指标的考量——速度、机动性和航程——过大地影响了大多数日本海军飞机的设计与制造，以至于它们几乎没有任何防护措施。当它们在太平洋上遇到比它们更坚固的美国对手时，它们在装甲、防御武器、自封油箱等方面的缺陷就开始显现出来。这样导致的结果就是机组人员开始蒙受巨大损失。倘若日本海军能够利用相当大的人力资源，这将是一个可控的战时问题。但日本海军航空兵官员对空勤人员——尤其是飞行员——招收标准很高，这样做极大地限制了人员数量。太平洋战争中，日本海军飞机的脆弱性和训练有素的空勤人员的有限数量共同造成了致命的后果。

1920—1941 年间日军航母的设计与建造

在航母时代的黎明时分，这种新型军舰的设计者面临诸多困难。首先，他们面临的是推进力、船体结构、耐波性、船员住宿以及与岸上设施的兼容性这些海军所有舰种的建造者都面对过的问题。显然，设计者们还必须处理飞行作业带来的一系列困难。航空母舰需要用于起降的长甲板、飞机指挥中心、机库和维护设施。它的设计者不得不为特别危险的物资——航空燃料和军械安排储存和运输系统。除这些新挑战外，前已述及，虽然日本和美国海军已获准将某些主力舰改装为航母（如"赤城"号、"加贺"号，以及"列克星敦"号、"萨拉托加"号），但海军军备限制条约将航母建造的排水量限制在 23000 吨。[24]

但这一时期有两个问题尤其困扰着航母的设计。首先是飞机技术的快速发展，表现在飞机重量的增加和速度的提升，这需要为起飞增加飞行甲板的长度。第二是航母相对于战列舰队的作用和地位仍然不明确。情况的不明朗至少一段时间内似乎还支持在航母上安装重炮以防御巡洋舰和驱逐舰的做法。考虑到这些问题，这段时间里的航母设计是一个试错的过程就不足为奇了。在 3 支主要的海军中，该舰种第一批军舰的设计包含了某些从长远来看不切实际的特点。

这些问题在日本第一艘且本质上属于实验性质的航空母舰"凤翔"号的建造沿革中表现得很明显。以后来的标准来看，这艘排水量不到 8000 吨、飞行甲板只有 552 英尺长的"凤翔"号是一艘非常小的航母。它的右舷有一座岛式舰

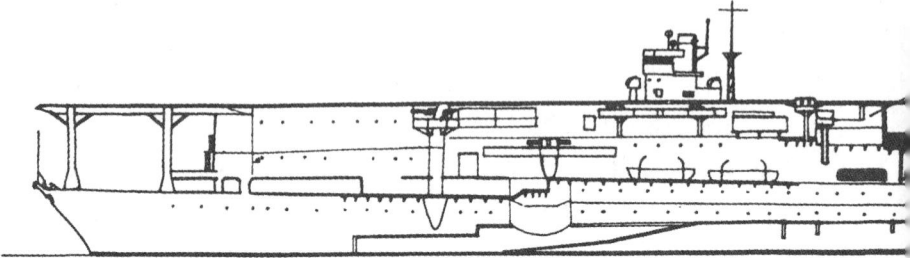

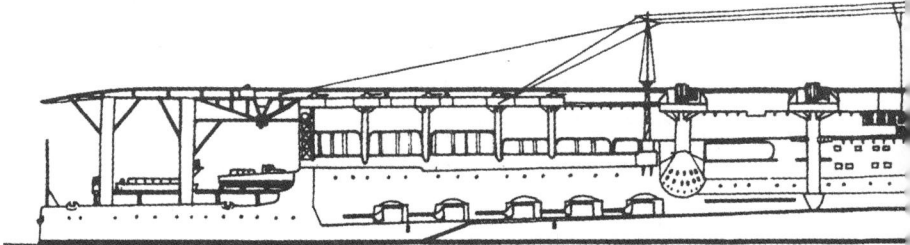

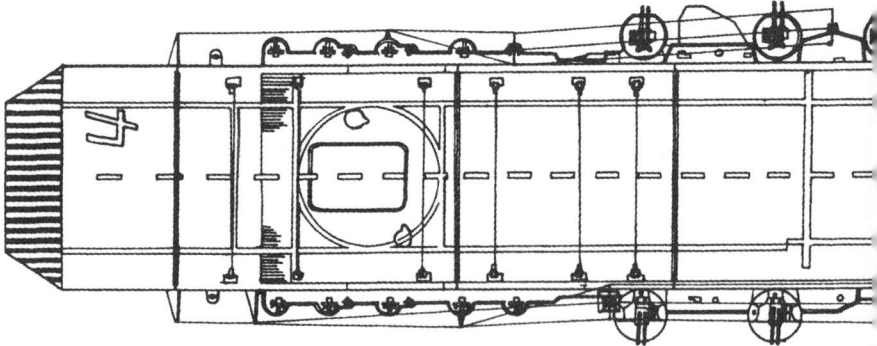

∧ 示意图9-7. 1935年的"加贺"号航母

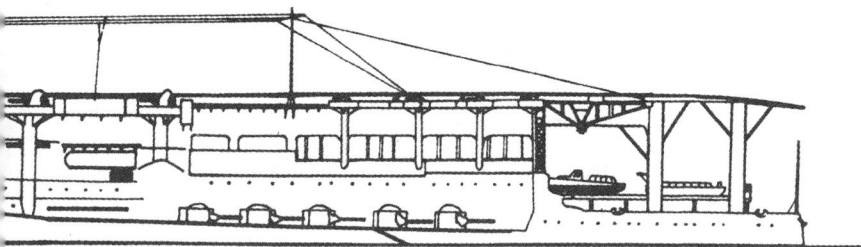

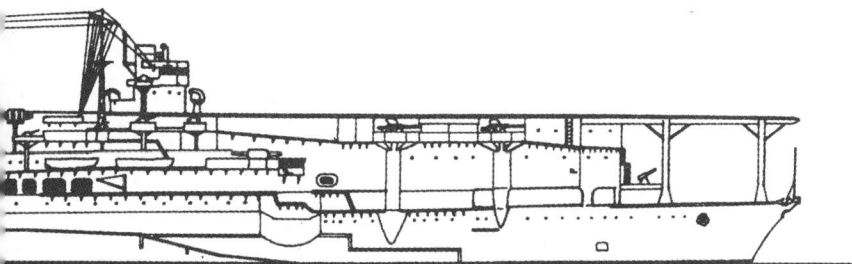

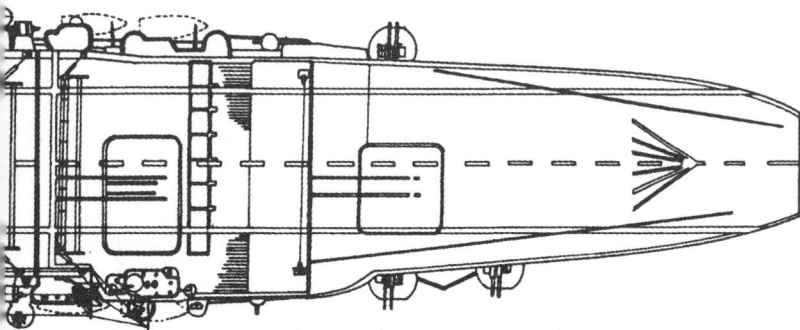

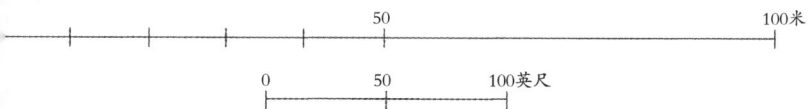

桥，那里既是操舵的地方，也是指挥飞行作业的指挥所。锅炉排气口从右舷的 3 座烟囱排烟，后者互相之间用铰链连接，以便在飞行作业时折叠起来。机库甲板在扇形尾处占满了整条船的横梁，但在船中部变窄，在岛式舰桥的正前方消失。这样的构造只能允许 20 架左右的舰载机（战斗机、鱼雷轰炸机和用于侦察的攻击机）上舰。在下水后的几年内，"凤翔"号通过改装安装了平甲板，后来，它的 3 座烟囱在右舷上方被永久固定于某个向下的角度。但任何改造都无法弥补这艘船的主要缺陷——体积太小。20 世纪 30 年代，随着更大、更快的攻击机被研制出来，这一缺点变得越来越明显。在太平洋战争临近的时候，"凤翔"号的舰载机编制仅限于战斗机，它的功能也仅限于训练，或者顶多是为舰队提供防御掩护。但事实证明，作为航母设计、建造和飞行作业的"实验室"，这艘航母是有价值的。[25]

另一方面，在 20 世纪 20 年代末，大型航空母舰"赤城"号和"加贺"号以及它们的 150 多架飞机加入了舰队，这为海军创造了新的战略和战术可能性。它们最初的设计方案——包括一层平顶飞行甲板、其下两层较短的飞行甲板以及 8 英寸口径的水面舰炮——表明当时日本海军还无法确定航空母舰的功能，并低估了海军航空兵的发展速度。如前所述，这两舰最初都是作为主力舰建造的，完工的时候成了航母，这一功能上的改变要求在改装时不仅仅是用飞行甲板取代装甲甲板和上层建筑。对它的改装包括降低装甲带高度、减少装甲带厚度并修改防雷突出部。锅炉废气的处理尤其麻烦；设计师们在船的舷侧上方建造了向下弯曲的大型排气通道："赤城"号左舷[①]建有一个大烟囱，"加贺"号的两舷各有 300 英尺长的管道。[26]

到 20 世纪 30 年代中期，作战经验、海军观点的改变、海军飞机尺寸的加大以及动力的增强促使日本海军对"赤城"号和"加贺"号进行了改装。一个小型岛式上层建筑被安装在了"赤城"号的左舷，但在"加贺"号上它位于右舷。"赤城"号保留了 8 英寸口径火炮，"加贺"则将其削减[②]，因为海军的设

---

① 译注：原文如此，应为右舷。

② 译注：原文如此，实际上"加贺"号的20厘米（8英寸）火炮数量比"赤城"号更多。

计师得出结论，在抵御水面舰艇时，航空母舰的攻击机比大炮更重要。最重要的是，两舰的三段式飞行甲板被移除，取而代之的是单一的上层飞行甲板，覆盖船尾，几乎延伸到船头。这一改造扩大了机库空间，从而大大增加了载机量（从 60 架增加到 90 架）。2 艘航母的其他重大改造包括：增加了第三台飞机升降机，将锅炉排烟口设置在一个位于右舷上方的弯曲单烟囱内，以及安装完全烧油的锅炉。[27]

当"赤城"号和"加贺"号在 20 世纪 20 年代末加入舰队时，舰载航空兵的巨大潜力开始显现。但是，由于预算限制，再加上"赤城"号和"加贺"号在军备限制条约分配给日本建造航母用的 81000 吨限额中已经占掉了 54000 吨，新航母的设计选择范围被缩小了。于是，日本海军试图建造一艘排水量 1 万吨以下的航母。在计算日本被分配到的航母吨位限额时，这样的规格可以使它和"凤翔"号一样被排除在外。结果便诞生了"龙骧"号，这是一艘几乎没有装甲防护且只有 1 个机库的平甲板航母。这是 1941 年以前建造的最小的航母，自 1929 年开工建造之日起，它就被各种问题困扰着。一个海军专家小组认为"龙骧"号的标准载机数太少，于是在舰上又建造了第二个机库。这不仅使它的排水量增加到 12000 吨（这在当时是保密的），而且使它的稳定性降低。因此，在 1934—1936 年，该舰两次在干船坞进行结构改造以改善稳定性。[28]

这些改造对提高"龙骧"号的整体作战效能几乎起不到什么作用，不过吸取的经验被应用到了接下去的"苍龙"级（Sōryū class）航母。该级的 2 艘军舰最初在 1931—1932 年被规划为混合战舰（即巡洋舰和航空母舰的结合）以规避条约对航母建造总吨位的限制。当军令部意识到日本将退出条约体系时，这 2 艘军舰便被打造为纯粹的航母。但它们保留了巡洋舰的船体结构和推进系统，因此航速能够达到令人印象深刻的 35 节。完工于 1936 年的"苍龙"号是一艘排水量近 16000 吨的航母，其双层机库可容纳 68 架飞机，它的下层机库被放置在船体内，以获得更好的稳定性。作为日本航空母舰的标志性设计，锅炉排气口被放置在船中部右舷上方的两座烟囱里。在船右舷，烟囱正前方是一座小型岛式上层建筑。[29]

1936 年 7 月，在"苍龙"号（Sōryū）下水 6 个月后，"飞龙"号动工建造，它的设计采纳了根据经验和研究提出的改进措施。1935 年大风暴对第四舰队造成的损伤清楚地表明，日本海军舰船需要更好的稳定性。因此，建造者加固了"飞龙"号的船体，加高了船首楼，加宽了它的横梁。在结构上不同于它的姊妹舰的另一个地方是，像"赤城"号一样，它的岛式上层建筑位于左舷，但日本人最终发现这种布局对飞行作业造成了麻烦。"飞龙"号的最大载机量为 73 架，略大于"苍龙"号。[30]

1936 年 12 月，条约时代的结束让日本得以建造各型舰艇，包括体量和性能都前所未有的航空母舰。于是，在太平洋战争爆发前的 5 年里，日本海军增添了 2 艘日本有史以来建造得最好的航空母舰："翔鹤"号（Shōkaku）和"瑞鹤"号（Zuikaku）。"翔鹤"级航母根据"丸三"计划订购，旨在对抗美国日益增强的航母力量，它们组成能够与巨大的"大和"级战列舰协同作战的航母战斗群，这项任务需要既能够搭载强大空中打击力量，又能够有效保护自己的大型快速航母。军令部对标准载机量的规格要求与改造后的"赤城"号和"加贺"号（96 架）相同，速度要与"苍龙"号（35 节）相同，作战半径要更大（以 18 海里每小时的速度可以航行 1 万英里）。由于主机、弹药库和航空汽油贮存舱上方的主甲板上铺有装甲，"翔鹤"级航母比"苍龙"号重 1 万吨，但它们有极好的稳定性。它们的轮机可以提供 16 万马力，甚至比超级战列舰"大和"号的主机还多 1 万马力。在参与夏威夷袭击作战时，"翔鹤"号和"瑞鹤"号为日本海军提供了强大的攻击力量：它们各搭载了 27 架俯冲轰炸机、27 架鱼雷轰炸机和 18 架战斗机——每舰总计 72 架飞机，还不包括 12 架备用飞机。[31]

"翔鹤"号和"瑞鹤"号是对日本航空母舰舰队的重要加强。在战时出现"埃塞克斯"级（Essex class）航母以前，它们在性能和战斗力上超过了所有的美国航母。这两艘军舰的价值是如此之高，以至于发动偷袭珍珠港的决定在一定程度上是基于它们能被用于为那次作战而组建的机动部队。此外，它们要是没有缺席中途岛海战，日本很可能就获胜了。[32]

在这篇对日本航母舰队的纵览（从第一次世界大战刚结束时的起源到太平洋战争前夕）中，还没有提到的是 1941 年 12 月战争开始时正在建造的航空母舰。对日本海军来说，它们在即将到来的战斗中被证明都不具有持久利用的价值，不过其中最有前途的是"信浓"号（Shinano）和"大凤"号（Taihō）。"信浓"号在 1940 年 5 月开工建造，是"大和"级超级战列舰的第三艘，但是在战争期间被改装为航空母舰。"信浓"号是一个巨大的航空作战平台，安装了厚重的装甲，但它完工后不久就在 1944 年 11 月被击沉了。"大凤"号航空母舰在 1941 年 7 月动工之初就是作为航母进行建造的，它显然是根据英国"光辉"级（Illustrious class）航母仿造的，故与后者十分相似。"大凤"号是日本第一艘在最初就计划采用装甲飞行甲板的日本航空母舰，但这样的防护措施对 1944 年 6 月击沉它的美国潜艇攻击来说却毫无用处。[33]

除了根据公开宣布的建造计划完成的航母外，还有一些航母来自辅助船只和商船组成的"影子舰队"。这些航母被设计成一旦发生战争就能迅速改装为航母。早在《伦敦条约》签订之前，日本海军就已经开始实施这个半秘密的建造计划，特别是与日本邮船公司合作，设计易于改装成航母结构的快速客船。其中 2 艘在珍珠港事件之前被改造成航空母舰，并分别以"瑞凤"号（Zuihō，1940 年）和"祥凤"号（Shōhō，1941 年年末）的舰名入役。1940 年，另外 2 艘"影子"航母的改装工作已经开始，太平洋战争爆发后，又有 9 艘这样的航母投入使用。但从整体上看，这些改装是不成功的。它们速度慢、动力不足、载机量小、防护措施少——这些缺点都使它们无法成为有战斗力的航空母舰。[34]

到太平洋战争爆发前夕，日本海军有 10 艘航空母舰在役（尽管其中 1 艘只是轻型航母）。和美国、英国皇家海军的航母一样，它们共同代表了两次世界大战之间航母设计的演变过程：最初是小型航空平台，结构上主要为平甲板，起初采用后来又放弃水面交战武器，使用主力舰作为 2 艘早期大型航母的舰体（美国和日本海军）以及在回归大型船体前用小型航母［如"龙骧"号和美国航母"突击者"号（Ranger）］进行实验。日本在许多方面处于航母设计的前沿，1941 年，2 艘"翔鹤"级航母——日本战前航母设计的顶峰——优于当时世界上所有在役航母。

日本和美国的航空母舰都牺牲了装甲防护，以最大限度地发挥其飞机的进攻潜力。在日本航空母舰中，有装甲防护的地方仅限于最大航空母舰的船体。主机、弹药库和航空汽油箱会有适当的防护。"凤翔"号和"龙骧"号几乎没

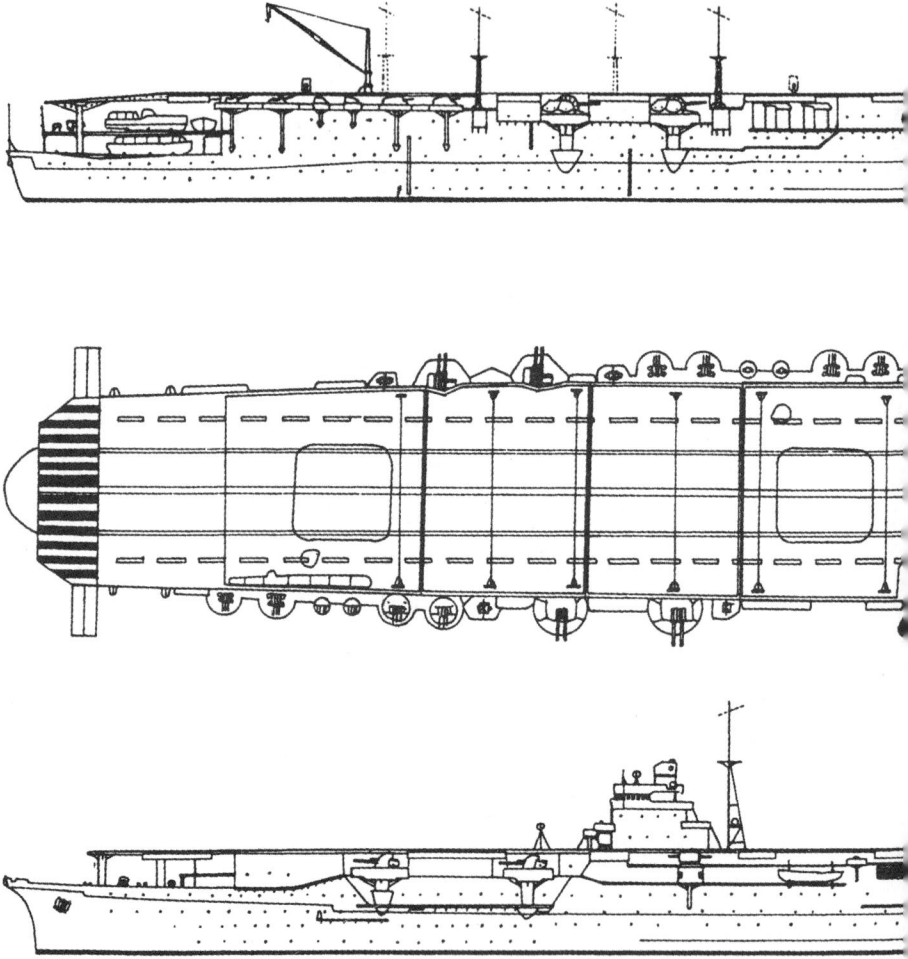

∧ 示意图9-8. "翔鹤"号航母

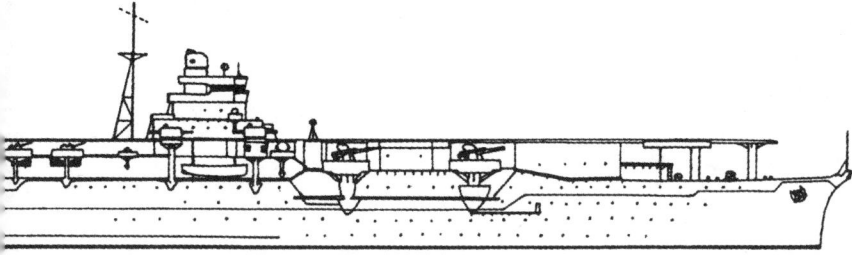

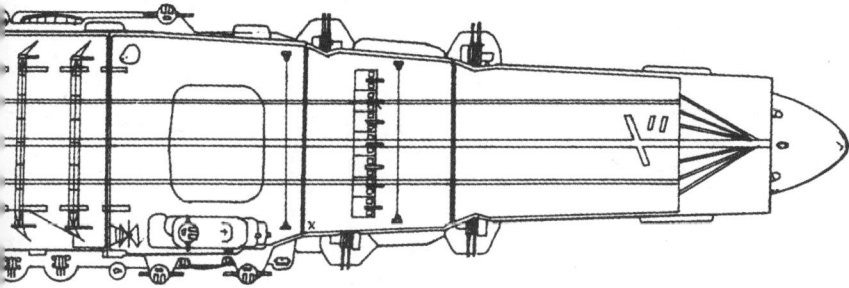

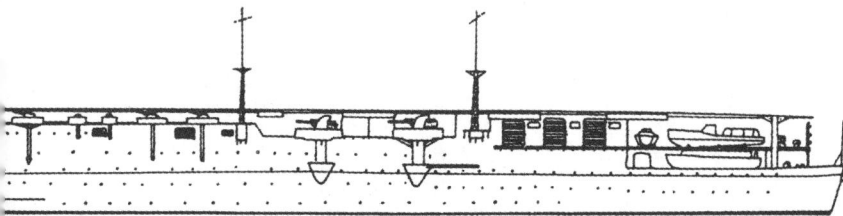

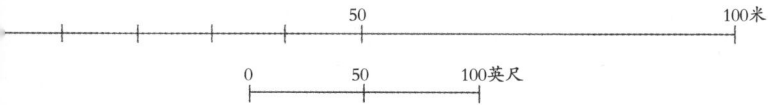

50　　　　　　　　　100米

0　　　50　　　100英尺

"凤翔"号（1923年）：519英尺，25节

"加贺"号（1926年）：815英尺，28节

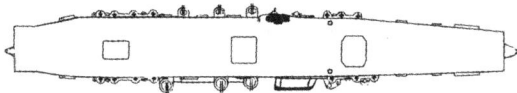

"赤城"号（1927年）：817英尺，31节

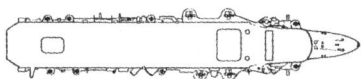

"龙骧"号（1931年）：513英尺，29节

"苍龙"号（1937年）：711英尺，34节
（"飞龙"号：相似但更大）

"翔鹤"号（1941年）：794英尺，34节
"瑞鹤"号（1941年）：794英尺，34节

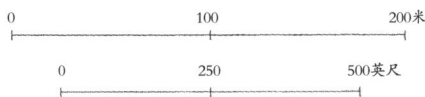

∧ 示意图9-9. 1922—1941年的日本航空
母舰发展历程。图中航母是它们在1941年
改装后的样子。括号内的数字是航母完工
的年份；"英尺"前的数字指的是飞行甲
板的长度；"节"前的数字是航母标称的
最大速度（实际作战时的最大速度总是
大大低于这个数字）

有装甲。和美国航母一样，飞行甲板在很大程度上只是简单地叠加在船体上，
而不是像当时皇家海军航母那样，充当支撑船体的强度甲板。日本人的甲板也
没有装甲，只有纵向铺设在薄钢甲板上的木板。类似于美国航母，日军航母的

机库也是没有装甲防护的。[35]

　　但日本和美国的航母在设计和建造上也有三大明显的差异。第一个不同点是最大载机量。和皇家海军一样，在日本海军当中，载机量是由机库的大小而非飞行甲板的尺寸决定的。美国航空母舰从一开始就在通常情况下把大部分飞机停放在飞行甲板上，下面的机库只用来进行维修和保养。而另一方面，日本航母则把它们的机库用作主要的存储区域，同时也用于维修、加油和装载弹药。由于机库的存储空间通常比飞行甲板提供的小，所以以与美国航母排水量大致相同的日本航母所拥有的航空队数量更少（鉴于日本人使用航空母舰机库来储存飞机，他们没有更重视折叠机翼来腾出更多的飞机储存空间还是很奇怪）。[36]

　　日美航母的第二个不同之处在于，日本航空母舰的机库被储藏室包围，这样他们的飞机和准备出击的机组人员就能避开风和天气的影响。然而，这样的布局将会带来致命的后果。在太平洋战争中，当敌人的炸弹穿透了没有装甲的飞行甲板并在机库中爆炸时，由此产生的爆炸压力将是灾难性的：飞行甲板被炸成碎片，机库侧面则发生变形。封闭的空间也让燃料和军械无法被快速扔出舰外，并使消防水龙带不能方便地从掩护舰船插入舰内灭火。在战争期间，日本航空母舰设计最严重的缺陷之一是航空燃料系统的易燃性，这一缺陷无疑导致"苍龙"号和"飞龙"号在中途岛海战中因为火灾而损失掉。[37]

　　日美航母的第三个差异点在于飞行作业。美国航母使用跑道拦阻装置来分隔停放的飞机和降落的飞机，而日本人在所有的飞行作业中都需要清空飞行甲板。每一架日本飞机着陆后，都要先把它存放在甲板下面，然后才能让下一架飞机着陆。这种作业模式让日本航母的飞行甲板可以保持清空状态，并能快速放出飞机。但在连续飞行作业期间，升降机升降周期控制着放出和回收飞机的速度。所以这样补充燃料和弹药花费的时间会多于在飞行甲板上进行补充。在紧急战斗情况下，意欲加快日本航母飞行作业周期的企图容易导致地勤人员在给飞机添油加弹时马虎大意。事实上，广为流传的"赤城"号和"加贺"号折损于中途岛的故事就证明了这是个隐患。[38]

日本海军航空兵的招募和训练

随着日本海军获得了更多更好的飞机，并通过不断摸索建立了一支航母舰队，它也开始了招募和训练熟练飞行员的艰巨任务。在日本海军航空兵建立的最初几年里，飞行员和观察员的招募主要局限于海军兵学校的毕业生。但是在20世纪20年代末和30年代初，随着基地航空队和航母飞行队的增加，自愿加入航空兵的海军兵学校毕业生数量不足，而他们在水面舰队服役的漫长训练又与海军航空兵基本无关。

为了解决这些问题，日本海军制定了两个平行的招收计划，通过从军官团以外的人员中选拔候选人，极大地增加了航空学员人数。创建于1928年的"飞行员培训项目"（最出名的是其日语缩写名称——"操纵"培训体系）招募的是在舰队服役的军士。而创建于1929年的"应募后备飞行员培训项目"（也被缩写为"预科练"）则直接从民间招收适合的学员。它招收15—17岁、小学毕业的少年，要求体格健壮、学业优秀。经过3年的常规海军训练（包括短暂的出海），新兵要么作为飞行员，要么作为观察员，被送往横须贺航空队进行基础航空训练。1937年，为了提高海军飞行员的素质，日本海军对"预科练"制度进行了升级，重点招收中学毕业生（这时他们只需要花一年左右的时间进行海军常规训练）。[39]

尽管一些航空学员仍然继续从自愿的军官当中招收，但直到太平洋战争结束，绝大多数日本海军飞行员和观察员是"操纵"和"预科练"培训体制的产物。日本海军飞机驾驶舱中的士兵比例如此之高——在太平洋战争开始时约为90%——是由于军官缺乏自愿参加飞行训练的动机，因为海军飞行员未来的指挥前景有限。与美国海军不同，日本海军并不要求其航空队指挥官或航空母舰舰长必须是合格的海军飞行员。[40]

自创立之初，日本海军航空兵大多数情况下使用作战设施而不是专门的学校来训练其人员。为此，1916年成立了"横须贺海军航空队"；1921年，海军航空兵的训练转移到了霞浦，把横须贺留作比"空气还轻的航空器"的训练基地。1930年，随着日本海军基本放弃了"比空气还轻的飞行器"，霞浦海军航空队成为飞行学员接受基本飞行训练的部队，直到1940年由土浦（Tsuchiura）

海军航空队接替。横须贺海军航空队成为针对"预科练"学员和空战高级培训的训练部队。随着日本海军扩大了对"预科练"人员的招募，日本本土各地建立了新的训练航空队。从这些部队毕业后，未来的战斗机飞行员被派往3支作战航空队——九州的大村（Omura）航空队、大分（Ōita）航空队以及四国的德岛（Tokushima）航空队中其中一支接受进一步训练，在那里掌握航母飞行作业、特技飞行、编队飞行和空战机动这些科目。之后，这些飞行员被派往航空母舰或陆基作战航空队进行最后一年的强化训练。最好的飞行员都隶属于航空母舰。从1937年夏天开始，随着侵华战争的爆发，空战的痛苦经历成为海军空勤人员教育内容的一部分。航母飞行员被特意轮换到中国的陆上基地，以便给予他们作战经验。从1938年开始，轰炸机（水平轰炸机、俯冲轰炸机和鱼雷轰炸机）的空勤人员接受为期9个月的轰炸、观察和通信方面的强化训练。[41] 因而到1941年，日本海军飞行员在世界三大航母部队中无疑是训练最好、作战经验最丰富的。在太平洋战争的头6个月里，日本海军飞行员以高超的水平进行战斗和飞行，在东南亚和西太平洋上空来回穿梭，用他们的零式战斗机像长剑一样对付经验不足且又驾驶劣等飞机的盟军飞行员。[42]

然而，到了1942年年底，日本海军的航空队开始在溃败中走下坡路。这是由若干因素导致的，但其中最主要的是，在太平洋战争爆发前的几年里，日本海军培养的飞行员太少了。在20世纪30年代，日本海军航空兵训练过程中采取的严格筛选和淘汰做法，从数千名合格的学生中只挑出少得可笑的年均100名毕业飞行员。[43] 尽管随着太平洋战争的临近，这一数字大幅增加，但在1941年年底，日本海军可能只有不到600名"杰出"的战斗机飞行员（大部分在航母上，每人有800小时的飞行时间），而在美国，优秀的飞行员则多得多。[44]

美国海军的情况提供了一个有益的对比。大约在太平洋战争爆发前3年，美国海军做出了一项基本决策：扩大飞行员培训和教练机生产，甚至不惜牺牲作战飞机和航空作战部队的人员数量。因此，美国飞行员在第一年战斗中的损失在1943年年底得到补充并不是很难。但日本海军直到1941年才做出这样的决策，当时它开始计划每年训练1.5万名飞行员。但对日本海军来说不幸的是，战争爆发严重影响了它建立足够的训练有素的飞行员储备的努力，它被迫带着它仅有的精英骨干飞行员参战。[45] 在 1942 年春天的大规模航母战斗和当年秋天的所罗门群岛战役中，一旦消耗战造成损失，日本海军就没有高水平的飞行员储备来补充那些损失的第一线飞行员。而且，尽管它对最优秀的飞行员进行了大量的训练，日本海军在实践中可能还是低估了他们的价值，也许是因为意识到日本的工业和经济弱点，海军被迫推行牺牲安全要素（装甲、自封油箱和结构完整性）以获得更好的性能、速度和机动性的飞机设计方针。

日本海军空袭技术的产生

在日本海军航空兵发展的头 10 年里，日本海军认为无论是陆基飞机、水上飞机还是舰载机在搜索和侦察方面都很有用，在舰队防空方面则作用稍弱。到 20 世纪 20 年代末，它们还被用于为战列舰队的射击进行弹着观测。虽然轰炸机和鱼雷机是由羽翼渐丰的日本飞机工业研发的首批海军机型之一，但航空兵在很大程度上并没有被视为一种进攻性的海军资源，这主要是因为它的作战范围仍然很小，续航力仍然很弱。然后在 20 世纪 30 年代，随着飞机性能的提高，日本海军开始考虑使用飞机攻击敌军舰队。因此，在这 10 年的大部分时间里，日本海军更重视发展能有效执行进攻任务的战术和飞机而非对敌机进行防御性拦截。

日本海军第一次尝试对敌方水面舰艇进行空中轰炸是 1914 年秋在青岛进行的水平轰炸。这次作战没有经过训练，也没有投弹瞄准器的辅助，因此没有取得任何显著的战果。一战后，森皮尔技术顾问团将水平轰炸（日文称“水平爆击”）的操作指南连同英国的投弹瞄准器一起提供给了日本海军。但是直到 1921 年美国在弗吉尼亚角附近进行的轰炸试验被媒体报道，日本才对这种战术产生了兴趣。1924 年，日本海军在横须贺附近模仿美国的试验，轰炸了一艘不设防的废船，实验结果同样不足以下定论。[46] 在 20 世纪 20 年代的剩余时间里，日本海军每年都进行进一步的水平轰炸实验，以改进装备，提升瞄准技能和炸弹投放技术。虽然在 2000—5000 米（6500—16400 英尺）对固定目标的打击精度变得相当不错，但在 1930 年以后，通过引导轰炸训练攻击移动目标使其更接近实战的尝试却让命中率下降了许多。为了改善命中率，日本海军尝试以较低的高度和较慢的速度进行轰炸，并使用规模更大的轰炸机群。虽然命中率略有提高，但高精确度投弹瞄准器的缺乏和飞行员与投弹手之间的协调不足仍然是水平轰炸中存在的问题。而针对移动目标，轰炸技术几乎没有取得任何进展，到1939年，日本海军决定采用另外两种有望取得更高、更稳定命中率的轰炸战术——空中鱼雷攻击和俯冲轰炸。[47]

鱼雷攻击实际上是日本海军航空兵研究的第一种空袭方法。这种方法符合日本海军进攻的传统，它在战术上与水面鱼雷战相关，而且在技术上是可行的。

1916年，在东京南部的馆山湾（Tateyama Bay），对舰队舰艇进行的一系列飞机模拟夜袭为这一想法提供了相当大的推动力。日本海军早期的一些飞行员认为，这种新战术有巨大的潜力。[48] 在这些年里，快速推进这一构想的主要障碍，是搭载鱼雷的飞机、鱼雷本身以及确保鱼雷在空中和水中方向稳定的机械装置存在滞后。

随着时间的推移，日本海军沿着不同的路线克服了这些困难。1931年被日本海军采用的九一式航空鱼雷是日本人获得的一种强大武器，这种武器能使日本鱼雷轰炸机保持100节的空速，并能从100米的高度发射。[49] 研制一架携带这种新型鱼雷的飞机花了更长的时间。经过多年的测试，三菱研制出一种性能全面的舰载攻击机，日本海军采用后将其定名为十三式。这是一种单引擎三座双翼飞机，直到侵华战争早期一直是海军的主力攻击机。该机随后被前面所述的B5N取代。耗费时间最多的是解决空投鱼雷特殊的空气动力学和水动力学问题，以使航空鱼雷能在适当的深度和角度上航行。鱼雷下落的角度、俯仰和飞行中翻滚的问题（一旦进入水中就会影响鱼雷的航向）则考验了海军航空兵工厂的工程师们的创造力，有些问题直到太平洋战争前夕才完全解决。[50] 但是到了20世纪30年代中期，解决这些问题时出现的突破性进展使得空投鱼雷攻击战术变得切实可行。

除了这些技术进展外，日本海军当中还出现了一批具有奉献精神且技艺娴熟的鱼雷机驾驶员，通过夜以继日地练习攻击方法，他们一直在持续地提高日本海军空中鱼雷战术的准确性。不仅提高了速度并增加了发射高度（到1937年达到了200米的高度和120节的速度），而且到1935年对移动目标的命中率跃升到了平均70%—80%。即使考虑到当时海军防空火力不起作用，射击演习的裁判员判定只有少数飞机被击落，这些年里日本海军空勤人员所取得的高命中率也还是显示出他们高超的技术和伟大的精神。[51]

俯冲轰炸是日本海军发展的第三种空中打击技术。随着航空母舰变得越来越重要，军令部开始研究对付它们的最佳空中战术。关于航母对航母的交战，它很快得出了两个结论：首先，最先攻击的一方将是赢家；其次，与尽可能早地摧毁敌人的飞行甲板相比，设法击沉敌人的航空母舰（可以用航空鱼雷来完成，但大概不可能赶在敌人放出自己的飞机之前实现）并不是那么重要。因为已经研究过的原因，水平轰炸几乎没有成功的希望。[52]

于是，在20世纪30年代初，日本海军抓住了美国海军陆战队刚刚提出的俯冲轰炸的构想。俯冲轰炸与水平轰炸相比有一些重要的优势。首先是它的准确性。俯冲轰炸机在相对于目标来说较低的高度释放有效载荷，飞行员可以根据目标船的任何规避动作轻松调整轰炸航路。其次，尽管俯冲轰炸机在低空更容易受到防空火力的攻击，但它坚固的机身能比其他类型的飞机承受更多的打击。总而言之，鉴于俯冲轰炸技术的精确性和航母在这种攻击面前的脆弱性，日本海军开始将俯冲轰炸视为其进攻体系中的一个基本要素。

从1931年开始，日本海军开始在旧船体和美国航母的模型上进行一系列俯冲轰炸试验，使用的是第一航空战队的结构经过加固的战斗机。新战术的准确性是惊人的。有些轰炸取得了100%的直接命中率。[53]

和空中鱼雷攻击的发展过程一样，俯冲轰炸技术的进展取决于是否制造出了专门的俯冲轰炸机以及是否培养出了受过专门训练的飞行员。前文已经叙述了爱知公司坚固的D3A航母舰载俯冲轰炸机的发展历程。到1937年，通过不断严格的训练，日本海军还培养了一批技术高超的俯冲轰炸机机组人员，其中以江草隆繁（Egusa Takashige）大尉为首，他注定要成为太平洋战争中日本伟大的俯冲轰炸机王牌飞行员。

空中搜索

从一开始，建立日本海军航空兵的基本动力之一就是增强侦察能力。在第一次世界大战期间，舰载（虽然不是舰上起飞的）水上飞机就被用于执行一些搜索任务；一战后，从冲绳到朝鲜半岛的远距离侦察飞行已经证明了空中侦察对舰队作战的价值。日本的第一艘航空母舰"凤翔"号在建造时就非常重视搜索和侦察。

随着舰载航空兵自身的发展，侦察的重要性也与日俱增。对敌方航母进行先发制人打击的作战条令尤其强调了侦察的重要性。然而，专注于进攻作战的日本航母战略家们，几乎没有为航母侦察做任何准备。和太平洋战争前的美军不同的是，日本海军没有对专门的航母侦察机在侦察方面进行完善，而是希望最大限度地增加舰上攻击机的数量，并宁愿让它的巡洋舰水上飞机和船身式水上飞机来承担侦察任务。虽然日本海军研制了许多优良的水上飞机，但它们受到很大的限制。水上飞机是由弹射器发射的，容易受到风和盐雾的损害，在恶劣的海况中很难回收。而船身式水上飞机需要在平静的水面上降落和起飞。此外，与攻击能力相比，搜索能力的优先度较低，导致日军空勤人员对侦察任务的训练敷衍了事。[54] 结果，日本航母和日本特遣舰队的侦察能力普遍低于美国航母及其特遣舰队。

日本海军战斗机的变迁

与日本陆军不同的是，日本海军在 20 世纪 20 年代到 30 年代初对战斗机作为进攻性武器甚至用于舰队防空的价值考虑得出奇地少。日本陆军从第一次世界大战的研究中得出结论，战斗机是空中力量的主要组成部分。因此，在 20 世纪 20 年代到 30 年代初的大部分时间里，日本陆军发展了空战战术，而海军的战斗机部队所取得的进步没有超出森皮尔技术顾问团所给予的训练。

但在 20 世纪 30 年代初，日本海军开始采取一系列措施来提高其战斗机部队的空战技能：派遣较好的飞行员到陆军甚至英国接受培训，举办航母飞行员和基地航空队的联合训练演习，雇用英国皇家空军教官。[55] 在技能得到提升的基础上，海军最优秀的战斗机飞行员参加了横须贺海军航空队战斗机中队举行的频繁演习。在这种严格的训练环境下，许多技能高超、斗志高昂的战斗机飞行员涌现了出来，他们在 20 世纪 30 年代末塑造了日本海军的战斗机作战条令，并最终在太平洋战争中指挥了日本海军中一些最好的海军航空队。在这些人中最出名的是源田实（Genda Minoru）少佐。作为"源田马戏团"空中特技队的队长，他是他那一代人中最有影响力的海军飞行员。因而到 20 世纪 30 年代中期，横须贺海军航空队成为战斗机飞行员的麦加①，海军航空兵开始在空战能力上与日本陆军航空兵平起平坐。[56]

尽管海军战斗机飞行员的空战技能在 20 世纪 30 年代上半叶有所提高，日本海军还是开始怀疑其航母舰载战斗机的价值。这在一定程度上是由于日本海军传统上偏好进攻性作战，鱼雷机和俯冲轰炸机非常适合这种作战，而担任防御角色的战斗机则不适合。此外，世界上所有的空中强国这些年来都认为，与轰炸机相比，战斗机在速度、航程和武备方面性能较差。日本飞行员认为，如果速度上不具备比轰炸机快 30% 的优势，战斗机将难以实施必要的机动去击落敌人的轰炸机。这种观点随着 1936 年 G3M 中型轰炸机的出现而得到有力的佐证，G3M 的速度和航程超过了日本到此时为止生产的任何飞机。对许多在海军航空兵服役的人来说，这架飞机的出现证明了战斗机这一机种应该被废除，航母甲板应该完全让给攻击机。[57]

不过还是有一些日本海军飞行员坚持认为战斗机仍然可以在空战中发挥作用。他们相信战斗机的弱点可以通过改变战术、改进指挥和通信系统以及研发新的战斗机设计来克服。他们坚持认为，可以通过从后方攻击或瞄准敌人轰炸机最脆弱的部分——机翼油箱，来克服轰炸机在速度上的优势。他们还认为，战斗机被认为没有用的一个根本原因在于缺乏一个使它们能够在天空中应对来犯之敌的早期预警系统。这是个世界上所有航空兵都面临的问题，直到雷达的完善才得以解决。不过，也有一些日本飞行员认为，大力加强情报、飞机通信和航空母舰上的指挥控制能够提高战斗机的作战能力。与此同时，还可以花大力气重新设计单座战斗机，具体通过加强速度、机动性和武器装备来实现。[58]

最后，为了寻求最佳性能，日本战斗机设计师必须要在以上 3 种性能指标中做出选择。20 世纪 30 年代中期横须贺海军航空队的试飞员以及后来在中国上空作战的海军战斗机飞行员都先后做出了重视机动性的选择。这个决定深刻地

---

① 译注：伊斯兰教的"圣地"。

∧ 源田实

影响了 A5M 及其后继机 A6M（零式）的设计。设计者们在这两种飞机上调试出了令人印象深刻的高速度，随着这两者的出现，战斗机开始在日本海军航空兵中扮演重要角色。在中国战场的混战中，日本海军的战斗机飞行员，先从航空母舰，后又从大陆上的基地里起飞，展示了这些高性能飞机的作战能力。他们在那里还展示了精湛的团队合作，减少了——即便不是克服——曾妨碍战斗机部队作战的空中通信方面的问题。[59]

　　在太平洋战争之前的 4 年里，日本海军逐渐认为战斗机中队是海军进行防御和进攻的关键。太平洋战争期间，足够的舰队防空一直都是个问题。但是联合舰队寄希望于它的战斗机能够保护舰船和基地不受敌人轰炸机的攻击，并期望有一套精心设计的巡逻系统能够掩护它的航空母舰。虽然战斗机构成了舰队防空的核心，但它们在海军日益增长的进攻性力量中所扮演的角色更受重视。在中国的战争已经证明，零式战斗机的航程和火力使其成为对日本海军可以集结的任何轰炸机部队来说都极为强大的辅助力量。珍珠港、吕宋岛北部、达尔文港（Darwin）、科伦坡（Colombo）以及亭可马里（Trincomalee）——零式战斗机在太平洋战争头几次进攻作战中所取得的成功都证明这一信念是对的。[60]

日本航母作战条令（理论）的产生（1920—1937 年）

如前所述，由于在舰载航空兵的早期建造航母的理由还不明确，所以为建造航母所做的设计也就必然是实验性的。日本海军在这一时期建造的各种航空母舰充分证明了当时航母发展的这种状况。航母作战条令也同样具有实验性。它的发展是循序渐进的，一方面基于海军军令部对武器的需求，另一方面也是基于那些年日本航母作战取得的实际战果。

当日本第一艘航空母舰完工下水时，日本海军中很少有人想到海军飞机在进攻中的作用。而且由于只有一艘航空母舰，日本海军也很少考虑航母作战条令。不过在 1928 年，日本海军用 3 艘航空母舰①组成了第一航空战队，并开始认真研究航空母舰在舰队作战中的作用。当然，由于舰载机航程短，仍然非常重视水面舰艇的海军高级指挥机关认为航母是主力舰队的支援性力量，而不是进攻性武器。舰载机将发挥以下作用：侦察、为海军炮火提供弹着观测、在"烟幕超过射击"中施放烟幕、负责舰队防空，以及随着飞机性能提高以战列舰为优先目标进行攻击。[61]但海军飞行员们认为，一场旨在清空交战舰队上方空域的重大空战将会在最后的水面舰艇决战之前展开，他们越来越把敌人的航空母舰视为舰载航空兵的主要目标。因此，在 20 世纪 30 年代早期，日本海军对在舰队作战中如何使用航母尚无统一的条令规定，而且对空中力量在海战中的作用也没有明确的认识。[62]

---

① 译注：原文如此，第一航空战队编成时只有2艘航母。

然而，随着航母舰载机航程和发动机功率一次次增加，航母最重要的能力被公认为打击位于水面火炮和水面鱼雷射程以外的目标。炮术参谋和飞行员相信，航空母舰应该被用来对敌人的航母进行先发制人的打击，从而在水面战斗附近取得空中优势。因此，在1932—1933年，日本海军开始将其空中打击目标从敌人的战列舰转移到敌人的航空母舰上。而在20世纪30年代中期，随着轰炸机，特别是俯冲轰炸机性能的提高，摧毁敌人的航母部队成为日军航母部队关注的重点。刚刚出现的大规模空袭的设想把航空母舰的航空力量从保护主力舰队转向攻击地平线以外的目标。[63]执行这种战术的关键是在敌人发现日本航母之前发现它。因而，重要的是日本海军航空兵能够"在敌人航程外攻击敌人"，正如日本水面舰艇部队的炮弹和鱼雷"在敌人射程外攻击敌人"一样。所以在整个20世纪30年代，日本海军在新式飞机的规格中都强调了航程。

用航母实施先发制人打击的构想带来了一个难题：在战斗中是集中还是分散配置航母。这个问题的关键在于，虽然航空母舰拥有强大的攻击力，但它们本身也极易被空袭摧毁。因此，虽然发挥它们进攻能力的最好方式是集中进行大规模空袭，但在这样的阵型中，它们很可能被一举歼灭。但如果它们分散开来，单艘航空母舰所具有的防空力量便会更弱，它们被削弱的攻击机编队面对敌战斗机时也是脆弱的，而且由于时间和燃料的因素，它们攻击的连续性会减弱。在20世纪30年代早期，日本海军当时还只有2艘舰队航母，故集中和分散的相对优点只能通过桌面演习来测试。不过到了1936年，根据舰队演习（有3艘舰队航母[①]）和图上演习，大多数日本战术家开始赞成分散航母的原则，尽管如此，一旦攻击机升空，他们仍然试图将攻击机集中使用。日本海军认为攻击成功的关键有以下几点：大规模的攻击、先发制人的打击和攻击部队"在敌航程外攻击敌人"。[64]

日本航母飞行队这些年来的总体构成反映了这些作战思想。与日军新提出的侧重进攻的航母作战条令契合的是，航母上的飞行队更青睐攻击机——俯冲

---

① 译注：原文如此，实际上日本海军要到1937年年底才有3艘舰队航母。

轰炸机和鱼雷机——而不是战斗机。在俯冲轰炸的有效性被最终证明前，鱼雷机成了攻击机中的发展重点。

到1941年年初，大多数日本航空母舰搭载的鱼雷机和俯冲轰炸机数量大致相当，但战斗机的数量仍然少很多。[65]

陆基航空兵：
日本海军航空队

除了发展海军舰载航空兵外，日本海军还拥有许多岸基航空兵分队，这与为本土提供快速防御、抵御美国海军可能发动的西进攻势的战略是相一致的。事实上，直到太平洋战争前夕，陆基飞机构成了日本海军航空兵的大部分兵力。在这一点上，日本海军在战间期的3个主要海军强国中是独一无二的。在二战前那几年，唯一与日本海军岸基航空兵部队相似的建制单位是美国海军陆战队的两个航空联队。

日本海军陆基航空兵部队的建立始于第一次世界大战末期，当时已经制定了组建17支这样的航空队的计划，但这些计划直到1931年才完全实现。这些部队驻扎在日本本土的6个基地——横须贺、佐世保、霞浦、大村、馆山和吴市——由各种类型的飞机组成，其中大多数是水上飞机。[66]在太平洋战争之前的几年里，日本海军航空力量在绝对数量上出现最大增长的是陆基飞机。1927年开始的"丸一"海军军备扩张计划，要求建立28支新的航空队。[67]尽管到1934年只有14支航空队真正建立起来（是对根据第一次文森计划实施的美国海军扩充做出的回应），"丸二"计划又要求到1937年再建立8支航空队。它们将驻扎在本土的6个新航空基地——大凑（Ōminato）、佐伯（Saeki）、横滨、舞鹤、鹿屋（Kanoya）、木更津（Kisarazu），以及朝鲜南部海岸的镇海。

然而，日本陆基海军航空兵最大规模的激增尚未到来。在美国第二次文森计划的压力下，日本海军加快了建设其岸基航空兵的步伐，不仅把完成"丸一"扩充计划的航空兵建设的最后期限提前到1937年，而且很快就全力争取在当年年底完成"丸二"计划的航空兵建设。[68]到1937年12月31日，日本海军拥有563架岸基飞机。加上航母舰队的332架飞机，日本海军总共有895架飞机和分

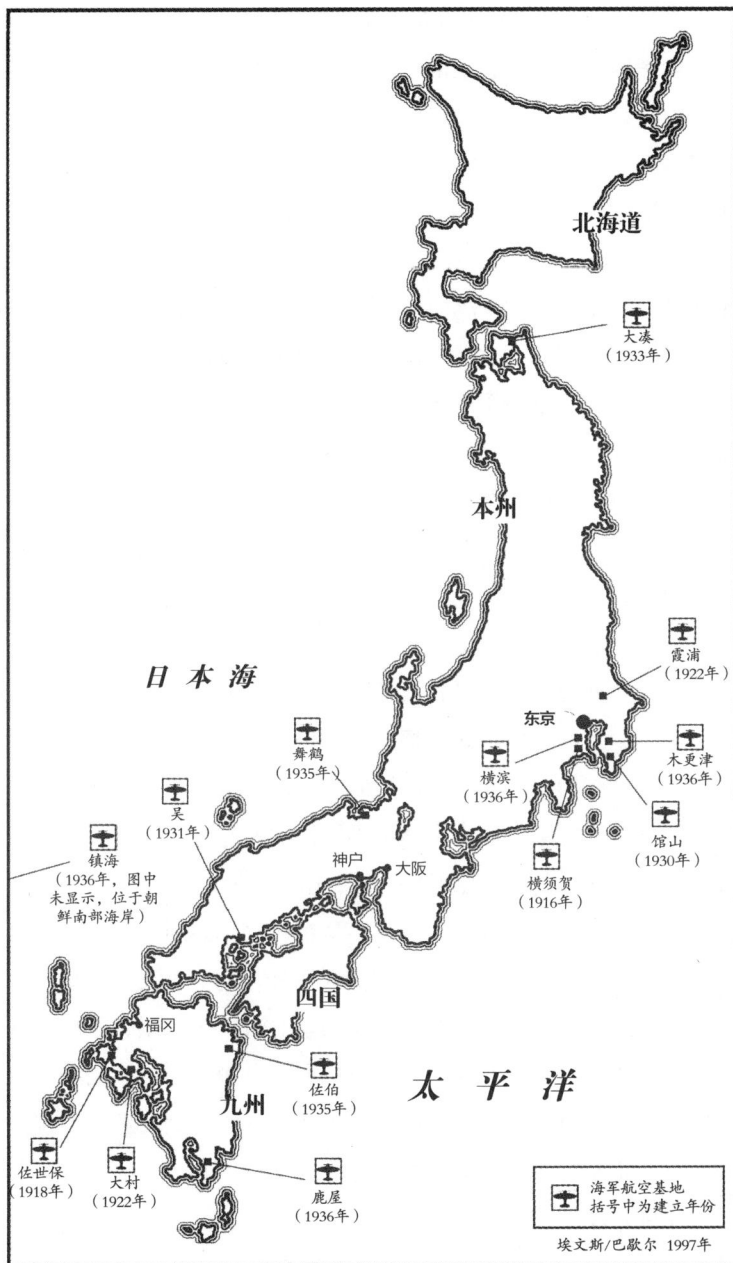

北海道

本州

日本海

大凑
（1933年）

霞浦
（1922年）

东京

木更津
（1936年）

横滨
（1936年）

馆山
（1930年）

横须贺
（1916年）

舞鹤
（1935年）

吴
（1931年）

神户

大阪

镇海
（1936年，图中
未显示，位于朝
鲜南部海岸）

福冈

佐伯
（1935年）

四国

九州

太平洋

佐世保
（1918年）

大村
（1922年）

鹿屋
（1936年）

海军航空基地
括号中为建立年份

埃文斯/巴歇尔 1997年

∧ 示意图9-10. 1916—1937年的日本海军航空基地

布在 39 支航空队的 2711 名机组人员（飞行员和领航员）。[69] 虽然最后这个数字远远低于同期美国海军空中力量的总和，但日本海军的陆基航空兵规模要大得多。这种兵力结构上的差异在 20 世纪 30 年代这两个海军强国之间的任何冲突开始时应该都是毫无意义的。但是，当 1937 年日本与陆上强国中国开战时，日本海军强大的陆基航空兵还是给日本带来了优势。

陆基中型轰炸机的研发和"航空万能论"的提出（1927—1937 年）

在两次世界大战之间的这段时间，现代日本海军航空兵具体技术、军备和战术的演变是发生在日本海军内部爆发广泛而激烈的辩论这一背景下的。争论的焦点在于航空兵在海战中大体处于何种地位。与美国海军一样，辩论中的一派是海军的大多数军官和高级指挥机关，另一派是人数少得多的航空力量狂热分子。前者认为日本战列舰队的主炮仍然是海战胜利的仲裁者，而后者认为飞机的航程、速度和破坏力已经彻底颠覆了战列舰的霸主地位。这场辩论受到两个因素的影响。

首先，这一时期的日本，也和其他国家一样，航空力量的鼓吹者不断夸大空中武器的能力。尤其是各国政府都认为飞机已经有了直到第二次世界大战时才出现的炸弹投送能力。因此，在最初的阶段，飞机与火炮之争是在两种人之间展开的：一种是空想家，他们声称飞机能做到所有它还不能做的事情；另一种是现实主义者，他们注意到飞机和水面舰艇在作战能力上的巨大差异。

其次，在争论的后期阶段，争论并不是在盲目顽固的战列舰派系和一小撮努力为海军航空兵寻找用武之地的飞行员之间进行的。相反，争论的一方是现在对空中力量的潜力敏感，却仍然重视战列舰的海军正统派，而另一方是一群相信未来所有海战都将由航空兵决定的航空激进分子。前者认为，航空兵业已获得的进攻能力应加以开发利用，以确保水面舰队的胜利。后者的视野主要聚焦于陆基重型飞机的航程和打击能力，提出了"航空万能论"（航空兵无所不能），呼吁废弃所有的主力舰。

从某种意义上说，这场争论始于日本海军航空兵刚刚起步的时候。1915 年1 月，中岛知久平机关大尉起草了一份备忘录递交给海军的航空委员会，概述了他对海军武器采购的看法。备忘录的主旨是，虽然飞机还处于摇篮期，但它注定是未来的决定性武器，因此无畏型战列舰现在受到了来自空投鱼雷和水雷的致命威胁。[70] 考虑到当时飞机相对羸弱的作战能力，因而放到任何国家都属史无前例的中岛的"空中力量宣言"在当时的日本海军圈子里遭到了冷遇。的确，这还是一个空想家的观点；未来数十年里的飞机技术实际发展状况，让如此脆弱的机器几乎不可能实现中岛以及与他有类似想法的航空力量倡导者所期望的一切。

　　十多年后，航空力量理论及其事实之间的这种技术鸿沟仍然束缚着航空兵支持者。1927 年在霞浦海军航空基地，注定要成为日本海军航空兵最重要人物之一的草鹿龙之介（Kusaka Ryūnosuke）少佐在一群军令部官员面前列举了飞机在海战中具有的一些明显优势，但他也不得不承认，大多数飞机在海战中也有同样明显的局限性：它们不能在空中停留很长时间；他们很难与舰队一起进行远距离作战；它们的作战取决于天气；由于飞机的体积仍然还小，载弹量非常有限，故不能对敌人的舰队造成实质性的损伤。[71]

　　当然，航空母舰和舰载机的发展在某种程度上解决了上述的一些问题，但在日本政府和武装部队担心敌人可能派航母接近日本海岸的时候，当时在役的陆基飞机的作战范围似乎有所不足。在 20 世纪 30 年代初，一些日本海军军官，包括时任海军航空本部技术部长山本五十六，提出为海军航空兵发展一种新的远程作战能力，专门研发一种在来犯的敌舰队还远在海上的时候就将其搜寻到并摧毁掉的陆基轰炸机。山本是日本海军中一位空中力量的倡导者，他有将这一想法变为现实以保卫本土及本土以外太平洋领地的远见和影响力。山本是这样设想的：日本可以利用其位于密克罗尼西亚的非军事化岛屿，在太平洋中部建立一群连锁基地，他看到了从这些基地起飞的远程轰炸机具有"可以在敌人攻击范围外实施攻击"的巨大优势。这种在岛屿间灵活转移的轰炸机攻击将使日本海军对抗更大规模的美国西进舰队的渐减战略得到升级。

　　根据这一设想，山本开始计划设计一种全金属、双引擎、航程能达到 2000 海里、载弹量有 2 吨的陆基单翼飞机。他的倡议和三菱飞机公司努力的最终结果便是 G3M（九六式陆基攻击机）。[72]

　　20 世纪 30 年代中期陆基远程轰炸机的出现似乎强化了日本海军中航空至上

主义者的观点。然而，就在他们对飞机有了指望的同时，日本海军中所谓的"铁炮家"（"火炮俱乐部"）提出了建造"大和"号和"武藏"号超级战列舰的计划。将这两种截然不同的武器系统（它们都还没有投入作战）的规划结合到一起，加剧了日本海军中突然发生的有关飞机与舰炮孰强孰弱的争论。这一争论当时在西方鲜有报道，在此后的数十年里也被大部分西方海军历史学家所忽视。[73]

这场辩论是对同一问题提出两种解决办法产生的结果，而这个问题便是：与美国战列舰队相比，日本战列舰队在数量上处于劣势。这些年来，日本海军的图上演习和实际演习再次证实，兵力构成类似的舰队之间发生的冲突中，具有数量优势的一方必定获胜。"大炮俱乐部"解决这一战术难题的办法是建造武装比敌人更强大、装甲也更厚的主力舰。另一方面，航空兵鼓吹者的解决方案是通过制造得到轻型舰艇和海军主力舰队支援的航空母舰来彻底改变日本海军的兵力构成，以规避和减弱日本在主力舰上的劣势。[74]

第一批牢牢抓住陆基轰炸机出现的机会，将它当作空中力量霸权预兆的日本海军航空参谋当中就有大西泷治郎（Ōnishi Takijirō）大佐，他注定要成为日本海军中最有力的空中力量鼓吹者之一，也是山本五十六的心腹以及太平洋战争末期日本海军孤注一掷的"神风特攻"战略的设计师。20世纪30年代，大西起草了几份备忘录，对日本海军此时重视战列舰的政策提出了激进的批评，并呼吁废弃所有的巨炮大舰，将海军的进攻能力主要放在飞机，尤其是陆基轰炸机上。[75]其他年轻的航空力量倡导者，在战列舰正统派领导下的海军高级指挥机关中焦躁不安，也开始提出类似的观点。当时还是海军大学校学生的源田实少佐就写了一篇文章，建议海军废弃战列舰，集中力量发展陆基和舰载飞机、用驱逐舰和潜艇提供支援。[76]

就山本而言，他认为建造战列舰的计划是愚蠢至极的。起初，他把他的反对只局限在与海军航空兵的同事和下属交谈时以讽刺的口吻提及战列舰正统派。而在伦敦海军会议的预备会议上，尽管他心存疑虑，还是听从了上面给他的指示，坚持日本也必须获得同等的巡洋舰吨位。但是到了20世纪30年代中期，作为"丸三"计划一部分的超级战列舰计划受到了认真的讨论。因此，他试图将空中力量的问题直接传达给海军上层中赞同超级战列舰计划的强大支持者。他一从伦敦回来，就与时任军令部军备部长古贺峰一（Koga Mineichi）中将 ①、舰政本部中负责协调巨型战列舰设计的福田启二大佐，以及超级战列舰计划中最坚定的设计师之一、时任舰政本部长中村良三（Nakamura Ryōzō）进行了会面。

　　山本试图向这些人证明这样的战舰最终是多么不堪一击，多么陈旧过时，但徒劳无功。凭借详细的数据，他辩称如果日本海军在海军航空兵上投入同样多的资金，就能获得更强大的进攻能力。[77] 日本海军当权派则坚决捍卫超级战列舰计划，它对批评的激烈回应反映出它对集体智慧受到质疑越来越感到愤怒。事实上，当仍然对空中力量和战列舰之争持开放态度的时任联合舰队司令长官高桥三吉（Takahashi Sankichi）大将向海军省和军令部建议，或许海军应该集中精力建设其空中力量，而不是建造更大的战列舰时，他被告知管好他自己的事情。尽管他位高权重，但从那时起军令部就不让他接触任何有关超级战列舰项目的信息。[78]

　　日本海军高级指挥机关排斥山本和其他航空支持者的主张，不仅仅是上层傲慢的问题。"火炮俱乐部"的军官们认为，"航空万能论"的观念存在严重缺陷。正如他们所指出的那样，飞机（在 20 世纪 30 年代中期）仍然是不可靠的机器。而且，水平轰炸已经被证明没有能力击沉一艘正在航行的战列舰。他们指出，主力舰的攻击力和防御力相反都有所增强：新的观测弹着技术据说已使战列舰主炮的精度提高了一倍，舰载防空武器的数量大大增加，效能也大大增强。

　　当然，军事专业人员的责任不仅是分析今天的战术可行性，而且还要预测明天的战术可行性。他们解读未来的能力将受到任何特定时代技术变革速度的影响。在一个进展缓慢的时代，预言家似乎成了空想主义者。第一次世界大战期间，在海军航空兵刚刚起步的时候，飞机的孱弱性只能给像中岛知久平这样的航空力量狂热者的想法带来一丝幻想。但到了 20 世纪 30 年代中期，当山本五十六主张空中力量至上时，空中力量理论与技术现实之间的差距正在迅速缩小。他的预言越来越具有冷静盘算的权威性。

　　然而，凭借 20 世纪 30 年代中期可以获得的证据，日本海军的战列舰正统

---

① 译注：原文如此，当时古贺应为少将。

观念在争论中显然更有道理。山本的论点的问题在于，它们仍然是预测多于事实。俯冲轰炸技术和航空鱼雷战术仍在研究中，新的中型轰炸机还没有在任何种类的战斗中进行过测试，更不用说用来攻击移动目标了。此外，与主张废弃所有主力舰的大西和源田等空中力量鼓吹者鼓吹的激进理论相比，主流观点似乎是更理性的兵力平衡观点，认为海军既需要主力舰，也需要飞机，由后者支援前者。英美海军对这种兵力结构和原则的坚持证明了这种平衡的正确性。

无论如何，由于日本海军高级指挥机关支持超级战列舰计划，像山本这样的航空力量鼓吹者无法阻止它的实施，也无法把它占用的资源转移到加强海军航空兵上。在未来的几年里，日本海军航空兵会越来越有信心地主张航空力量至上论，一些人甚至要求航空兵完全独立于两个已有的军种。但在后条约时代开始时，海军航空力量的战斗力，要想令人信服，必须在实际的空中作战中得到证明，而不是在口舌之争中被用作理论上贬低战列舰队重要性的论据之一。这一机会将在几个月后出现在中国的上空。

攻击大陆：
1937—1941 年在中国的日本海军航空兵

在 1937—1941 年的中日战争中，日本海军负有两项主要职责：第一，支援陆军地面部队在中国沿海实施两栖登陆，这不仅是日本海军的传统功能，而且也是所有海军的传统职能，我们对此将不做讨论。第二，对中国的城市实施战略空袭，并最终深入中国内陆实施轰炸，这在世界海军历史上是独一无二的，因为这是海军有史以来第一次执行这样的任务。总而言之，这一作战主要发生在长江流域，以 1937 年夏天日本航空母舰攻击中国沿海的中国军事设施为始，以用陆基中型轰炸机在 1938—1939 年对中国内陆深处的中国人口中心实施猛烈轰炸为顶峰，最后以 1940—1941 年日本海军的战术飞机——既有舰载机，也有陆基飞机——试图切断华南地区的交通线为结束。1937—1941 年的空中攻势，虽然确实减少了流入中国的战略物资，一度缓和了日军在华中和华南的军事局势，但政治上和心理上的目标却完全没有达到（1945 年 8 月以前的所有战略轰炸行动也都是如此）。

日军针对中国的航空作战对太平洋战争前日本的海军航空力量发展和海军军事思想演变产生了重要影响。首先，尽管旧日本海军根深蒂固地将军舰视为海战的决定性武器，它在中国的航空战还是使其几乎整个领导层深刻认识到，航空武器具有巨大的进攻潜力。从这个意义上说，这场战争极大地改变了日本海军使用空中力量的设想。早些时候，飞机被认为主要用于战术任务，但中型轰炸机对远距离目标的攻击显示了它们的战略价值。甚至连曾被预想发挥纯粹防御作用的战斗机，也逐渐被视为进攻性空中武器，尤其是在 A6M 零式战斗机问世之后。[79] 舰载战斗机部队虽然接受的是海上作战训练，但在扫射敌方机场设施和地面飞机方面却具有奇效。所以，日本海军开始试验使用战斗机扫射海上的水面目标，特别是敌舰的舰桥，在航母俯冲轰炸机和鱼雷轰炸机攻击船体、甲板和主炮时，给敌人的指挥部制造混乱。[80]

同样重要的是，对日本海军来说，侵华战争在展示航空兵如何有助于将海军力量投射到岸上方面具有重要价值。日本航空母舰在战争早期集结的空中力量，连同九州和台湾岛的陆基航空队的空中力量，很有可能都一定程度上预示了四年半之后实施夏威夷作战的半独立航母特遣部队对空中力量的集中使用。

日本海军认识到空中力量的巨大潜力（就算不是首要地位）所造成的必然结果，就是对空战规模产生了新的思考。在中国上空的航空作战显示了使用比冲突前所预想的规模大得多的部队所带来的战术优势。具体来说，日本海军航空兵指挥官已经明白，由于中国战斗机和防空系统的存在，能够使空袭奏效的唯一途径就是派出由强大战斗机部队掩护的庞大攻击机编队。诚然，陆地上空的航空作战不同于海洋上空的航空作战，但在这两种情况下集中空中力量所取得的战果则并没有那么大的差异。如果一定要说有，那么海上的战果可能更具有决定性意义，毕竟摧毁一艘航母可以造成永久损失，而破坏一个航空基地或许只会造成暂时的损失。因此，日本海军开始认识到规模的作用：航空队体系逐渐让位于联合航空队编队，联合航空队又产生了航空舰队的概念，在太平洋战争的头几个月里，日本海军正是用航空舰队对盟军的海军舰队和设施发动了大规模沉重打击。[81]

而且，中国上空航空作战带来的一个影响就是，飞机技术随着空战的经验教训被有效地纳入飞机设计中（无论是通过改进现役机型还是开发新型飞机）

而得到不断改进。但是，如果没有有效的集中研发机构（海军航空本部、海军航空兵工厂、横须贺海军航空队），就不可能将空战经验同飞机设计者的设计能力、生产设施的生产能力进行协调和整合。在战争进行的过程中，这些中央指挥机构和中央研究、试验单位得到了极大的扩充，作战补给和修理制度也得到了完善。这些都是日本海军在为即将到来的与美国海军的战争做准备时取得的重要进展。[82]

同样重要的是，日本海军战斗机飞行员在侵华战争中获得的战术熟练度。在中日冲突之前，海军航空兵是一个没有现代空战实战经验的军事单位。一位空战老兵后来就指出，1932年上海事变[①]中个别战斗机飞行员的战绩是光鲜的，但他们实际上属于空中决斗的里希特霍芬（Richthofen）[②]时代，而不属于现代空战的年代。[83]即便是横须贺海军航空队的演习以及20世纪30年代中期资深飞行员的战术实验和创新，在价值上也无法与在中国上空激烈战斗中所产生的经验相提并论。正是1937—1941年日本战斗机飞行员在中国上空的空战中磨炼出来的技能以及日本航空武器的卓越性能，使日本空中力量在太平洋战争的头6个月里获得了极高的战斗力。[84]此外，日本海军航空兵为战斗机开辟了新的用途。它是世界上第一支使用战斗机为远距离轰炸任务护航的航空部队，盟军战斗机直到1943年才担起这个角色。[85]

在侵华战争中，作战效能方面取得最突出进展的是海军的基地航空队。由于其深入内陆执行任务，中型轰炸机部队获得了远距离作战的信心，并证明日本海军既有战略航空兵，又有战术航空兵，有能力打击远在前线后方的陆上目标或数百英里外的海上目标。而且在战前，日本海军的空中力量是只用来击沉敌方战舰的。但在侵华战争开始一年后，是否能熟练地摧毁对手的空军基地和其他陆地目标成为衡量日本海军战备程度的一项重要指标。[86]

但是1937—1941年在华中和华南的航空作战，也损害了日本海军的整体利益，尤其是它的航空兵。从最广泛的意义上说，它把日本海军的注意力从它的

---

① 译注：即"一·二八"事变。
② 译注：一名德国飞行员，在第一次世界大战期间共击落敌机达80架之多，被称为"王牌中的王牌"。

主要任务（消灭美国海军）上移开了。与联合舰队共同进行的例行航空作战演习已经停止或推迟。除了空对空战斗，在中国的航空作战很少包含在海军看来重要的任务，涉及的任务都是与陆军地面部队的协同、轰炸军事和航空设施、封锁交通补给线。由于把精力都集中在了执行对地任务上，在中国的日本海军航空兵的作战效能开始下降。中型轰炸机尤其如此。因为对陆地目标的水平轰炸（特别是对城市的随机恐怖轰炸）并不需要有对海上舰艇目标进行轰炸所需的那种精确性。此外，虽然日本海军在侵华战争期间定期将大部分航空队撤回联合舰队进行休整，但在此期间对海洋侦察、航母飞行甲板作业和水面舰艇攻击的训练实际上减少了。训练减少的另一个原因是太平洋战争爆发前的几年里日本海军航空兵突然扩充。这迫使海军将预算和骨干教官分散到更多的海军航空队去。航母交战中具有实际意义的训练——比如航母和它们舰载机的集中——受到了妨碍。因此，当日本海军在 1940 年和 1941 年开始减少在大陆的航空作战时，联合舰队不得不进行高强度的训练，以恢复日本海军在海上的航空作战能力。[87]

尽管如此，在技术、作战能力和组织效率方面，1941 年夏天的日本海军航空兵比 4 年前要好得多。事实上，如果我们可以说日本海军航空兵到 1941 年夏在几个主要方面都优于美国海军航空兵，那么这种差距就源自日军在侵华战争中的经验和进步。

羽翼渐丰：
1937—1941 年日本海军的空袭战术

尽管受到中日战争的干扰，日本海军还是越来越能认识到舰载航空兵的重要性，也越来越能意识到与美国海军发生冲突的可能性正变得越来越大。为了解决这些问题，日本海军（尤其是在 1940—1941 年）磨炼了各种航母舰载机的战术，并将它们整合成一种强大、高速的进攻系统。

在海军的各种空中轰炸方法中，水平轰炸在侵华战争期间得到了最广泛的试验。但是，尽管日本海军在中国上空进行的远距离、高空轰炸作战为其航空部队提供了此类作战各方面的有用经验，但它们对提高海军轰炸机的**准确度**帮助不大。[88]1941 年以前，这并不是日本海军担心的主要问题；直到 1941 年，日本海军战术家们得出结论：作为珍珠港袭击计划的一部分，空投鱼雷或俯冲轰炸无法保证攻击美国港口舰船能取得成功，必须将水平轰炸也包括在计划内。为了克服高空水平轰炸准确度不高的问题，海军战术家们将空投高度降低到3000米（9800英尺），并组成更紧密的轰炸队形不停地进行训练。在攻击珍珠港时，这些经过改进的战术在高空轰炸中取得了巨大成功，命中率高达80%，击沉了"亚利桑那"号（Arizona），日本海军在太平洋战争中再也没有取得过这样高的命中率。[89]

俯冲轰炸战术也在这几年中被重新研究和完善。在20世纪30年代中期的试验和挖掘D3A俯冲轰炸机的先进性能的基础上，开始制定出对敌舰进行突然袭击的强力进攻方案。这就要求俯冲轰炸机接近目标时航向要与目标相反，开始攻击时先做一段长距离的平缓俯冲，然后再急剧俯冲。在距离目标600米（约2000英尺）高的地方投放炸弹后，俯冲轰炸机在目标面前猛地拉起结束投弹，然后用尽一切可能的办法躲避防空炮火。当几个轰炸机编队同时攻击时，它们将马上从不同的倾斜角度接近目标。到1940年，日本海军将这种技术定为标准的俯冲轰炸战术，这种战术在太平洋战争的头6个月中取得了显著战果，击沉2艘航母［"竞技神"号和"大黄蜂"号（Hornet）[①]］和2艘重巡洋舰［"康沃尔"号（Cornwall）和"多塞特郡"号（Dorsetshire）］。[90]

虽然鱼雷轰炸在侵华战争中没有发挥作用，但日本海军仍能够通过各种创新，在海上的不断练习以及获得更大、更强力的鱼雷机来改善这一领域的表现。它进行了大机群攻击、航母舰载机和陆基鱼雷机协同作战以及夜间鱼雷轰炸等试验。和俯冲轰炸一样，日本鱼雷轰炸机中队制定了一种接近目标舰艇的战术：在10—12英里处散开，用"铁锤和铁砧"战术从两个相反方向夹击目标。为了最大限度降低从两侧实施攻击的鱼雷轰炸机发生碰撞的可能性，日本海军制定了规则，要求在相对较高的高度和较远的距离发射鱼雷。一些海军飞行员谴责规则过于谨慎，但新方法减少了训练中的危险，提高了空中鱼雷攻击的命中率。[91]

---

① 译注：此处原作者应该是把时间记错了，"大黄蜂"号是1942年10月27日在圣克鲁兹海战中被日军击沉，此时距离太平洋战争爆发已经不止半年了。

空中反舰攻击的类型

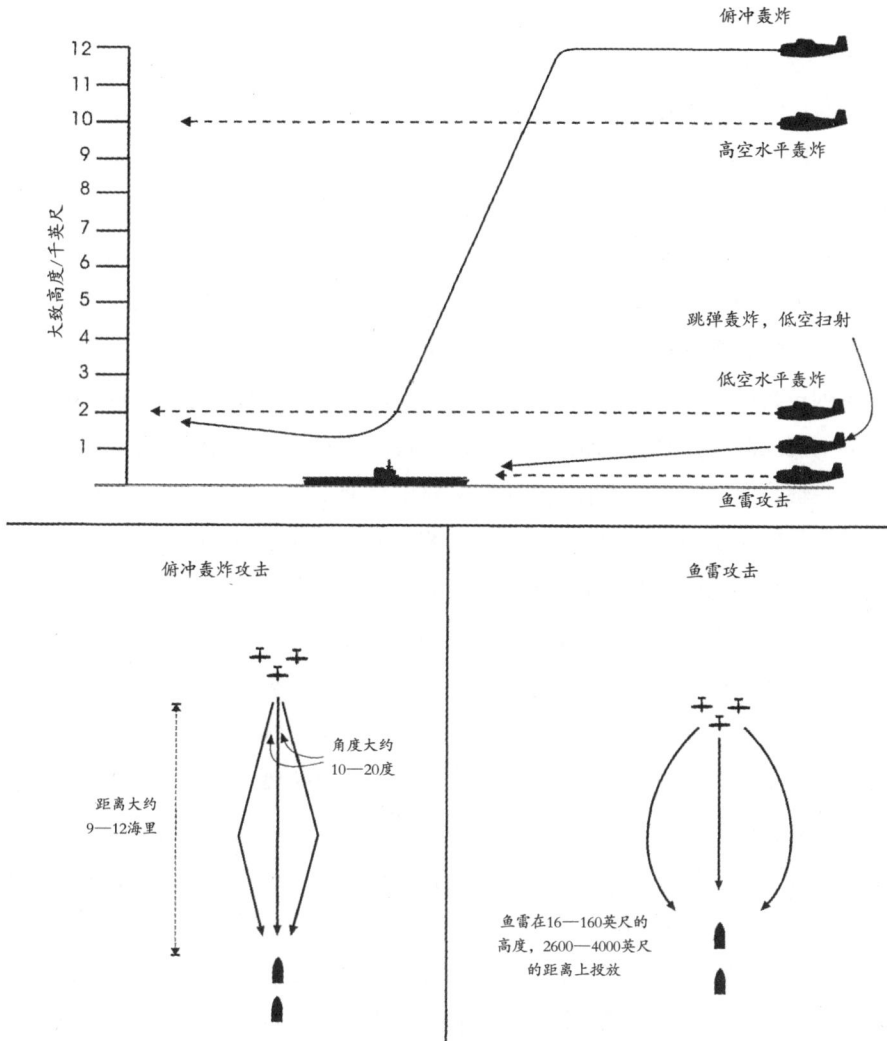

大致高度/千英尺

俯冲轰炸

高空水平轰炸

跳弹轰炸，低空扫射

低空水平轰炸

鱼雷攻击

俯冲轰炸攻击

鱼雷攻击

角度大约
10—20度

距离大约
9—12海里

鱼雷在16—160英尺的
高度，2600—4000英尺
的距离上投放

马克·A.坎贝尔

∧ 示意图9—11. 飞机对舰攻击 [来源：联合情报中心，太平洋战区，《了解你的敌人：日军对舰船目标的空中战术》，载于《美军太平洋司令部总司令—太平洋战区最高指挥官情报周刊，第一辑》（1944年，10月20日），第19、21—22页]

空中鱼雷战术演变的最后一个要点值得一提，因为它在太平洋战争的开始几个小时中起了决定性作用，这就是浅水攻击。日本海军在珍珠港对"战列舰大街"使用浅水鱼雷攻击，据说是受到 1940 年 11 月英国在塔兰托攻击意大利舰队的启发。英国人这次的袭击很可能增强了日本人对这种战术的兴趣，但事实上，日军早在 1939 年就已经对驻扎在九州佐伯湾（Saeki Bay）浅水处的己方舰队实际应用过这种战术。当时，他们还并没有特别想到珍珠港。这次试验中出现的困难促使日本海军开始研究鱼雷攻击的问题，因为这样的攻击可能在亚洲和太平洋的 5 个主要港口（包括珍珠港在内）进行。日本海军沿着两条不同的路线进行研究和实践，最终解决了这个问题。首先是对九一式航空鱼雷进行一系列革新设计，借此稳定了它的飞行，降低了它触水时的速度，也限制了它最初下沉的深度。另一条路线是对接敌和投放技术进行不懈的实验和实践。这些工作都是由海军的首席航空鱼雷专家村田重治（Murata Shigeharu）少佐率领的横须贺海军航空队鱼雷机飞行员在九州鹿儿岛湾上空进行的。众所周知，这些完美的战术在珍珠港取得了惊人的成功。[92]

1939 年，日本海军开始致力于将所有的空中打击系统——水平轰炸、俯冲轰炸、鱼雷轰炸以及战斗机攻击整合到一个大规模空袭系统中。目的是最大限度地提高舰载机攻击移动中目标的命中率。对这个问题的研究催生出一种空袭条令，要求战斗机、俯冲轰炸机和鱼雷机紧密地分阶段行动。一些战斗机将被用作轰炸机的护航机，其他战斗机会冲在前面扫射敌人航母的舰桥和甲板。这些步骤完成之后将立即进行水平轰炸攻击。俯冲轰炸和一波接一波在海面正上方的鱼雷攻击将完成协同攻击。[93]

执行一个如此复杂、危险的计划并不简单。它需要一个经过扩充的战术编制、细致的计划、严格的训练、熟练的飞行员和大胆的指挥。对于最终实现攻击停泊在珍珠港的美国太平洋舰队这一计划的准备工作来说，所有这些要素自然都是必不可少的。

舰队防空

对敌人航空母舰进行先发制人的空中打击条令，自然提出了舰队防空的问题。在考虑这样的打击时，日本战术家认为两种打击——一种是自己的，另一种是敌人的——大约会在同一时间发动。如果是这样，那么他们将如何保留部分打击力量在双方发动攻击后去消灭已经受创的残敌？而且，他们又如何提高自己航母部队的防御能力，不仅要应对敌人的第一次打击，还要应对敌人的第二次打击？[94]

日本海军在投身于太平洋战争时，仍在努力解决这些问题。总体上说，联合舰队的参谋人员在太平洋战争以前很少考虑舰队的防空问题。[95] 他们的疏忽是有原因的。首先也可能是最重要的一个原因，是日本海军传统上只专注于进攻作战，其他一切都被排除在外。[96] 其他原因是与客观条件相关的。在没有雷达的年代，敌机接近时很难探测到。由于缺乏足够的无线电通信设备（更不用说雷达了），组织和指挥有效的战斗机掩护几乎是不可能的。这些因素让日本海军的航空战术家们达成了一个普遍的共识：完全挫败敌人的空袭是不可能的（美国海军在解决 20 世纪 30 年代的"舰队问题"时，也得出了同样的结论）。

1937—1941 年日军的航母作战条令

在由各种海军飞机组成的综合进攻作战体系的发展过程中，如果海军没有首先发展出一种集中运用航空母舰的体系，那么任何涉及大规模集结飞机的作战都无法被考虑。在第二次中日战争爆发时，舰队演习和桌面图上演习使日本海军倾向于分散其航母的条令。但侵华战争的头几年不仅表明战斗机性能已有了提高，而且也证明集结攻击机，无论是对轰炸威力还是对抵御敌方战斗机都非常重要。日本海军很快得出结论，轰炸机只有在大量集结并得到大量战斗机掩护的情况下才能发挥作用。把这样的事实慢慢推广到海上航空作战，必然使日本人得出结论：航母部队必须集中使用。[97] 但仍然存在的问题是，如果集中使用航母，假如敌军的第一次打击就得手，这会不会把航母部队一网打尽，或者危及大部分航母？

到 1940 年年底，日本海军的战术家们想出了一个办法来解决战术效果与战略风险之间的两难问题，这便是航母的"箱形"编队。它不仅使进攻作战可以更快速地集结飞行队，而且还提供了更大规模的空中战斗巡逻和集中程度比任

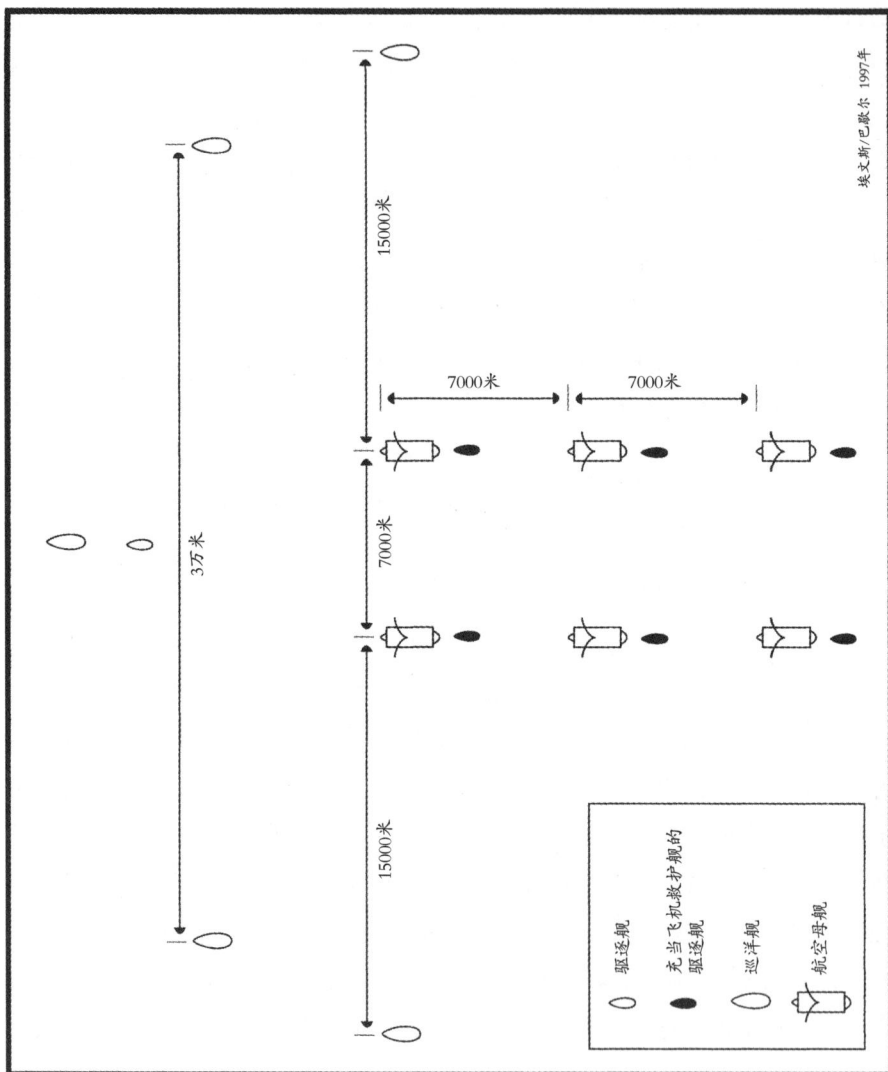

示意图9-12. 1941年的日军航母"箱形编队"（来源：源田实，《珍珠港作战回顾》，第63页）

何单艘航母都要高的防空火力。[98] 次年，这一创新促使联合舰队进行了几次航空母舰集中使用的作战试验。虽然这些试验取得了一些成功，但也显示日军需要一个固定的航母指挥部。在此之前，日本海军的航母编队（每队一般有 2—3 艘航母）被配属给不同的舰队。不仅舰队和航母编队经常发生变更，而且日本海军几乎没怎么下功夫让它们协同作战。因此，日军没有标准化的航母训练计划，对任何似乎可以提供最大进攻潜力和最好防护措施的集中使用航母的战术也缺乏统筹领导。

而恰恰是小泽治三郎（Ozawa Jisaburō）少将在海军分散的陆基航空队和航空母舰的潜力当中看到了一种获得强大攻击力的革命性手段。虽然小泽本人不是飞行员，但他受过航空事务方面（包括他下属负责的航母作战）的良好培训。他的下属逐渐让他意识到有必要将日本海军所有的航空力量集中到一个机构的指挥下。为此，小泽设法说服山本在联合舰队中组建一支"航空舰队"，以便其所有作战飞机（不论是舰载还是陆基）都在统一指挥下联合作战。1940 年年底，山本批准建立这样一支舰队，1941 年 1 月，随着第十一航空舰队的成立，日本海军建立了航空舰队编制体系。该舰队由 3 支"航空战队"（相当于航母编队的陆基航空队）组成，包含 8 支陆基航空队。在即将到来的冲突中，第十一航空舰队所辖各部队将在 1941 年年末至次年年初的冬天率先向东南亚推进。[99]

然而，日本海军航空力量的真正集中指挥是在 1941 年 4 月实现的，日本海军成立了由 3 支航母编队、2 支水上飞机编队和 10 艘驱逐舰组成的"第一航空舰队"①。[100] 当第一航空舰队组建时，它是世界上海军航空兵的唯一最强集结，连美国太平洋舰队也望尘莫及。第一航空舰队包含日本所有 7 艘现役航空母舰和 474 架飞机——137 架战斗机、144 架俯冲轰炸机、183 架鱼雷机（以上飞机数字也包含备用飞机）。② 第一航空舰队不是一个可以独自承担海军军事行动的

---

① 译注：原文如此，按照注释100所引用的《战史丛书·海军航空概史》第150页中的说法，第一航空舰队成立时由第一、第二、第三、第四共4支航空战队编成。而按照《战史丛书·大本营海军部：联合舰队第一辑，到开战时为止》附表（联合舰队编成推移表）中的说法，第一航空舰队成立时由第一、第二、第四共3支航空战队（5艘航母）编成，且仅编有8艘驱逐舰。这两本分册均未提及第一航空舰队编入了水上飞机母舰。

② 译注：原文如此，此处数据有误。

∧ 小泽治三郎

独立战术编队，因为它不像后来的美国特遣部队，没有伴随的补给部队或任何
重要的水面护航舰艇。它只是山本为偷袭珍珠港而派往太平洋另一端的机动部
队（相当于美国的特遣舰队）的一个组成部分，虽然是最重要的一个组成部分。
不过在集结航空母舰这一点上，第一航空舰队在战略观念上是革命性的。如果
没有这个观念的存在，就不会有奇袭珍珠港的作战构想，更不用说执行了。[101]

　　虽然第一航空舰队和航母"箱形编队"最初是为了对敌人的航空母舰进行
先发制人的打击而组建的，但在太平洋战争的头 6 个月里，在没有重要的盟军
航母部队来挑战它们时，舰队和航母主要被用来对付盟军的陆上设施（印度洋
突袭和珊瑚海战役是例外）。事实上，在中途岛海战中，第一航空舰队对航母

的集中使用被证明是灾难性的。在这次战斗后，日本航空母舰作战条令在集中和分散之间采取了折中办法。日本海军残余和新服役的航母集中在 3 支不同的编队，但每支编队都与其他编队相隔很远。[102]

太平洋战争前夕的日本海军航空兵实力

到 1941 年的深秋，日本海军航空兵是 3 支主要海军中最强大的进攻力量，这支部队的缺陷在当时无论是对敌人还是对自己的领导层来说都还不是很明显。事实上，我们可以这样认为，假如通过与其最危险的竞争对手——美国海军航空兵进行比较来评估日本海军航空兵实力的话，日本的弱点恰恰是其优势的反面。

在 1941 年深秋，日本海军的作战飞机在世界上名列前茅，除了某些重要的飞机外，一般可以飞得更快更远，总体上胜过美国的作战飞机。然而，这些飞机大多有致命的弱点，主要是对油箱和机组人员保护不足。无论如何，在一场与得到美国丰富的工业资源支持的海上敌人进行的斗争中，除非打短期战争，否则日本的飞机太少了。

到 1941 年 12 月，日本海军拥有 3000 多架飞机（投入作战和储备的都包括在内），其中约 1800 架是作战飞机，500 多架是训练飞机。[103] 这与太平洋战争刚开始时可使用的近 5000 架（近一半是教练机）美国海军飞机形成了对比。[104] 总的来说，由于性能普遍不如日本飞机，且分散在东西两岸和各岛屿领地上，美国海军飞机似乎使美国海军在当时处于非常不利的地位。但美国人的技术技能和生产能力最终会极大地改变这些对比。

日本海军飞行员训练有素，作战经验丰富，其中最优秀的人员被部署到航空母舰上。然而，这些人背后只有为数不多的训练有素的后备飞行员。而美国海军和海军陆战队的飞行员人数要多得多。如果说在那个时候这些人还不具备日本飞行员的飞行时间和战斗经验，那么美国海军在未来几个月增加他们人数的能力，在与日本海军发生的任何长期冲突中都将是一个影响力巨大的因素。不过在战争开始时，日军飞行员的优异素质给予了日本海军巨大的初期优势。

然而，在太平洋战争之前的几年里，日本海军没有充分考虑到其大大增强的航空兵实力所带来的一些最基本影响。日本海军领导层多年来一直在策划与美国海军主力进行的决战，却几乎没有考虑过海军航空兵的维护和补给问题。在付出了高昂的代价后，日本海军才了解到在一场大空战中飞机和人员是多么容易被耗尽。而且，日本海军从未真正衡量过美国发动一场长期海空战争的能力。1941年12月战争开始时，日本海军飞行员的技术水平及其飞机、武器和装备的质量都是一流的。但是，日本海军高级指挥机关没有经过计划或深思熟虑，就投身于这场冲突。他们没有准确比较敌我双方飞行员的技术水平及其飞机、武器和装备的质量，也没有考虑到敌人在持久战的情况下在这些方面获得加强的前景。[105]

纸面上看，日本的航母部队在1941年12月比美国和英国都更强大：面对日本的10艘航母，美国有6艘航母（"大黄蜂"号正在建造中，尚未投入使用），其中只有3艘在太平洋上，英国在印度洋上还有1艘小型航母。但毫无疑问，在太平洋战争开始时，日本海军航空兵最有力的方面是把它的航母部队整合成了一个有效的行政和作战单位。虽然这三个国家的海军都曾试验过航母协同作战，美国海军在20世纪30年代的一些"舰队问题"演习中也曾专门这样测试过，但只有日本海军将这种做法转化为一支固定的航空母舰部队——第一航空舰队，与之相比，美国专门为演习而编组的是临时航空母舰部队。[106] 日军第一航空舰队的飞行员们在联合空袭战术方面已经接受过密集的训练。1941年12月，他们摩拳擦掌，准备发出一声惊雷。

然而，尽管第一航空舰队拥有强大的打击力量，日本海军领导层却并不将其视为联合舰队的主力。根据日本海军的正统观点，这一角色仍然留给了"巨炮大舰"。下一章将讨论日本海军购置的有史以来世界上最大的军舰和最大的舰炮。

10

第十章

船坞之战：

1937—1941 年间的
日本海军舰艇建造情况

国际海军军备限制体系的法律有效期一直要持续到 1937 年 1 月。然而事实上，在日本宣布它将听任军备限制条约失效后，随着第二次伦敦海军会议的失败，一场新的海军军备竞赛在 1936 年 1 月开始了。如前所述，到 20 世纪 30 年代初，日本海军对条约已经形成了一种阳奉阴违的政策。日本对它的英美竞争对手和世界其他国家宣扬的是：在条约体系框架内各国在所有主要战舰类型上所享有的建造配额一律平等。而在日本国内，海军——或者更确切地说是占主导地位的"反条约派"相信日本有能力在与美国的军备竞赛中保持质量优势，一直致力于削弱政府和公众对日本进一步参与海军军备限制体系的支持。

就美国而言，它已经开始了一项重要的舰艇建造计划，弥补 10 年来因财政限制和依赖国际协议而造成的实力不足，以保证其海上安全。在 1922—1932 年的这 10 年里，日本建造的军舰吨位是美国的两倍多，其他大多数海军强国的舰艇建造吨位也超过了美国。[1]

虽然美国海军早在新十年伊始就获准购置若干新航母和巡洋舰，但美国为了纠正自己相较于日本和其他海军强国的弱点而采取的首个重大举措——1934 年的《文森—特拉梅尔法案》（有时也被称为"第一次文森计划"）则要在 1934—1942 年的 8 年时间里建造 102 艘舰艇，旨在将海军实力提升到条约规定的限度。因为美国的"条约"海军和日本的"条约"海军一样，是围绕得到其他舰种支援的战列舰建立起来的，因此，接下来由美国总统罗斯福在 1936 年 6 月签署的海军法案授权在条约允许的情况下建造 2 艘主力舰也就不足为奇了。美国的舰船设计师们相信条约体系可能很快就会消亡，因为他们已经接到指示：无论如何都要为这 2 艘战列舰起草设计方案。建造于 1937 年 6 月并于 1941 年完工的排水量达 3.5 万吨的"北卡罗来纳"号和"华盛顿"号（Washington），相较于美国在条约时代前建造的最后一艘战列舰"西弗吉尼亚"号（West Virginia），在速度、装甲和射击指挥方面都有巨大提升。[2]

但在两次世界大战之间的那段时间里，美国海军的领导层一直坚信，保持一支力量均衡的舰队对击败日本至关重要。战列舰队无法独自西进打开穿越太平洋的道路，它需要足够数量的支援兵器和辅助舰只。因此，鉴于海军军备日益复杂，美国不得不将其开支分摊到越来越多的对战列舰队安全至关重要的舰种上。[3] 所以，在 20 世纪 30 年代美国海军力量的大扩充时期，值得注意的不是美国战列舰队的增强，而是其他（有时是新的）海军力量的增加——海军航空兵的加强、潜艇部队的现代化、舰载机和远程侦察机在侦察上取代巡洋舰，其中最重要的是，通过建造高速油轮提高了海军的后勤供应能力，并发展出有效的海上加油技术。[4]

在 20 世纪 30 年代末，日美关系恶化导致美军舰队得到进一步扩充。1937 年夏天，日本全面入侵中国，同年 12 月，日本海军飞机击沉了停泊在长江上的美国炮艇"帕奈"号（Panay）。这些国际局势的发展是 1938 年所谓的"第二次文森计划"被制订出来的原因，该计划批准将美国海军总吨位增加 20%。随后，在建造了条约型航母"约克城"号（Yorktown）和"企业"号（Enterprise）以及轻型航母"黄蜂"号（Wasp）后，美国海军又开始添置战列舰了。在 1938 年 11 月，美国海军部宣布计划建造 4 艘"南达科他"级（South Dakota class）战列舰，外加 9 艘轻型巡洋舰、23 艘驱逐舰、2 艘潜艇、1000 架海军飞机，并对几艘老式军舰进行现代化改造。[5]

1940 年，美国海军力量取得了许多巨大的进步。6 月初，国会通过了另一项由卡尔·文森（Carl Vinson）起草的军备扩充法案，该法案规定增加 11% 的

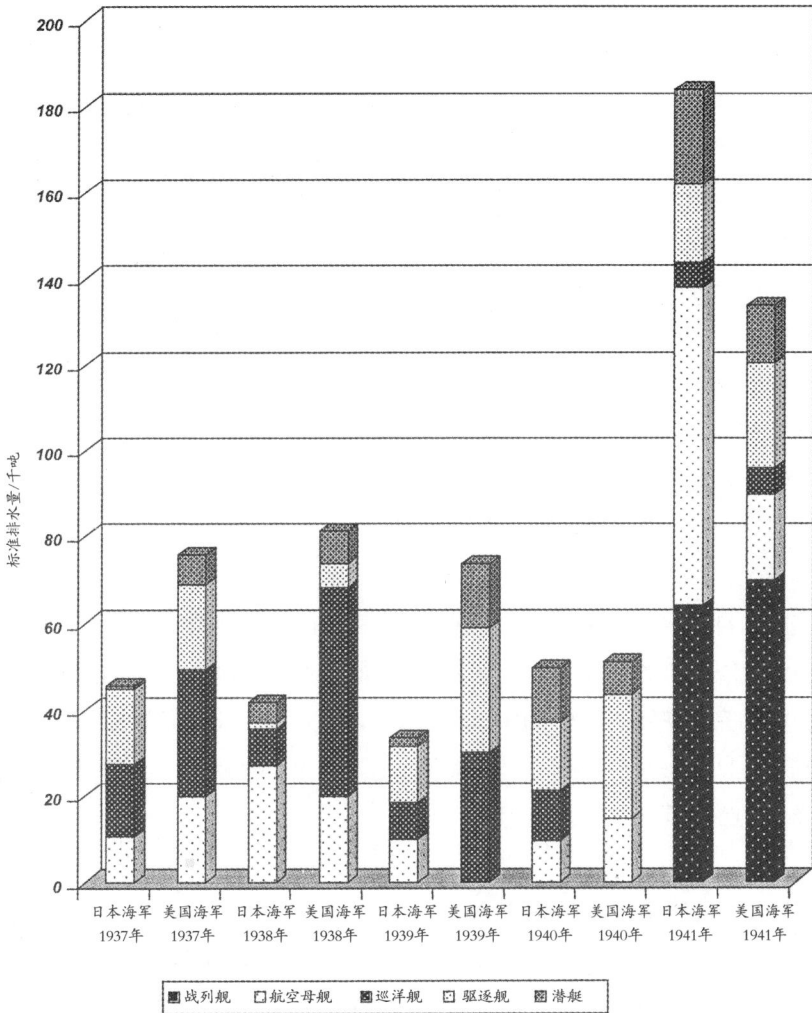

∧ 示意图10-1. 1937—1941年美国和日本建造的主要战斗舰艇完工情况

海军吨位，并大力扩充海军航空兵。但该法案即便获得通过，也赶不上事态的发展。鉴于德国在欧洲取得的巨大胜利所构成的威胁并且意识到日本可能会进军东南亚，美国在 6 月中旬宣布了一项庞大的造舰计划——《两洋海军法案》。该法案旨在通过建立两支独立的实力均衡的舰队，使美国海军得以在欧洲海域和太平洋同时展开重大军事行动。随后在 7 月，在海军作战部长哈罗德·斯塔克（Harold Stark）将军的建议下，国会通过了一项经过大幅扩充的《两洋海军法案》。这一前所未有的造舰计划有时被称为"斯塔克计划"，以其发起者命名，它将使美国海军规模扩大 70%，需要 8 年时间才能完成。斯塔克自己估计，除了计划中要求的 3000 架飞机外[6]，该法案还要求建造大约 18 艘快速航空母舰和 200 艘其他种类的舰船——战列舰、小型航空母舰、巡洋舰、驱逐舰、潜艇和庞大的后勤辅助船队。

随着这一雄心勃勃的海军造舰计划的实施，美国实际上正在努力成为世界上规模最大、实力最强的海军。但是《两洋海军法案》并不是美国海军野心的不切实际的自我放飞，在背后支撑这一法案以及能让美国准备好生产该法案所要求的大量舰船和飞机的，是美国强大的工业力量。到 1940 年，美国的工业生产能力已经完全恢复。面对美国工业生产能力的大幅扩张以及美国海军力量的重新崛起，日本海军在条约时代结束到太平洋战争爆发之间的 5 年时间里，不得不修改自己的军备扩充计划。

1937—1941 年日本海军的造舰计划

由于废除了海军军备限制协议，摆脱了英美强加的主战舰艇建造吨位占英美六成的限制，日本认为它终于恢复了海上安全的基本要素——建造战列舰直至吨位至少达到美国海军 70% 的能力。然而，事实证明，一个没有条约的世界对日本的威胁比日本海军领导层预想的要大得多。美国也从条约的限制中解放出来，现在不仅可以在舰艇建造上达到旧条约的限制，而且还可以将其工业力量投入远远超出条约限制的海军军备重整当中。美国海军接二连三的扩充计划最终浇灭了日本实现对美七成比例（更别提对等了）的希望，日本海军领导人开始担心，他们的海军实力甚至可能下降到美国的 60% 以下。鉴于这种不祥的可能性，日本海军领导人认为，日本海军唯一的依靠便是性能优越的武器、进一步提高的作战技能以及"以质补量"。[7]在日本海军的后条约时代，这种信念导致了一些涉及舰艇建造的基本决策，其中最著名的便是其超级战列舰战略。

1935年10月，军令部和海军省代表举行会谈，制订了在海军完全自主新时期的舰艇建造计划。1937年，这些磋商以及随后几年讨论和规划所导致的结果就是，日本海军开始了"丸三"造舰计划，这是1930年以来日本海军的第三个重大造舰计划。"丸三"计划是一个为期6年的造舰计划，它不仅表明日本海军从旧的条约束缚中被解放出来，而且还集中力量着力于取得质量优势来弥补相较于美军的数量劣势。[8]

虽然"丸三"计划的核心是建造2艘超级战列舰"大和"号和"武藏"号，该计划也要求建造2艘"翔鹤"级航母（见第九章）以及64艘其他种类的舰艇。日本海军意识到，美国在主战舰艇数量上将会处于领先地位，对现有舰艇进行现代化改装是应对这种局面的成本最低的手段之一。因此，"丸三"计划也要求重新武装被解除武装的"比叡"号战列舰，并改装其姊妹舰"金刚"号、"榛名"号和"雾岛"号。日本海军也同样加快了对4艘"最上"级巡洋舰的升级：将6英寸的主炮换成了8英寸的主炮。正在建造的2艘"利根"级巡洋舰也以同样的规格完工。在航空兵方面，"丸三"计划的目标是保持可以与美国海军航空兵分庭抗礼的地位，为此将添置827架飞机配属给14支新的陆基航空队，并增添近1000架舰载机。随着飞机数量的急剧增加，该计划要求建造或扩建几个新机场，并大幅增加海军用于飞机和飞机武器生产的设施规模。[9]

1937年夏天，就在"丸三"计划中的第一个舰艇建造项目动工时，日本海军发现自己卷入了中国大陆不断扩大的冲突当中。它对大量部队进行了调动以应对这一新危机和日益恶化的国际环境，为此不得不实施四项"战备促进计划"，加快"丸三"计划中某些项目的实施。其中前两个计划先后于1937年夏季和初秋实施，后两个则分别在1938年和1939年9月实施。前三个计划是对某些较大的舰船进行快速现代化改装，但它们的重点是建造或改装较小的军舰并将商船改装为军舰。第四项计划在欧洲战争爆发后实施，它进一步加速了整个舰队的改装工程，日本海军认为所有可使用的战舰在入役前都必须接受改装。[10]

1938 年，随着"丸三"建造计划的进行，日本海军高级指挥机关开始考虑为军备的下一次大规模扩充做准备，时间暂定于 1940 年。但是"第二次文森计划"让美国海军力量产生的巨大飞跃促使军令部加快了计划进度，唯恐 5 年后日本海军发现自己在数量上落后 30 万吨和 1000 架飞机。随后，军令部和海军省进行了一轮激烈的磋商，其结果便是 1939 年 9 月得到批准的"丸四"6 年期扩充计划。"丸四"计划要求建造 2 艘"大和"级战列舰（用来替换老旧的"榛名"号和"雾岛"号）、1 艘舰队航母（后来成为"大凤"号）、6 艘新型护航航母、6 艘巡洋舰、22 艘驱逐舰［开始替换将在 1943 年超龄的"秋月"级（Akizuki class）[①]］和 25 艘潜艇（其中 10 艘将替换即将在 1943 年超龄的伊型潜艇）。[11]

不过真正的重点是海军航空兵，日本海军希望在这方面处于领先地位。"丸四"计划要求采购 175 架舰载飞机和将分配给 75 支新组建的陆基航空队的近 1500 架飞机。在完成"丸四"计划的航空兵扩充后，日本海军将拥有 874 架舰载机和分布在 128 支陆基航空队的 3341 架飞机，其中 65 支是战斗航空队，63 支是训练航空队。[12]"丸四"计划的目标是在短短 5 年内将日本海军航空兵力增加一倍，这是一个雄心勃勃的计划，旨在实现东亚和西太平洋地区的空中优势。在尝试达到这一目标的过程中，日本海军意识到它的成败在很大程度上取决于日本的民用工业能力能够多快地应对这一挑战。利用"丸三"计划所要求的飞机生产加速的势头，日本海军希望促进在当时仍然非常年轻的飞机工业的加速扩张。事实上，民用飞机制造商的飞机产量确实增加了，1941 年生产了 5088 架军用飞机。然而，这还不足以超越美国飞机制造业，后者在同一年生产了 19433 架军用飞机。[13]

1939 年秋，随着欧洲战争的爆发，军令部和海军省的代表开始就下一轮舰艇建造（即"丸五"计划）的规模和内容进行初步磋商，这些讨论一直持续到 1940 年，但那时日本的海军领导人已经对他们国家保持对美七成比例的能力感

---

① 译注：原文如此，"秋月"级的首舰在1942年才完工。

到越来越悲观。[1] 和往常一样，军令部提出了一份极端的愿望清单：再建造 3 艘超级战列舰、3 艘航空母舰、2 艘"超级巡洋舰"、32 艘驱逐舰、45 艘潜艇、67 支陆基航空队（1320 架飞机）和 93 支训练航空队（2138 架飞机）。考虑到日本的财政、原料和工业极限，包括日本造船厂已经塞满了"丸三"和"丸四"计划订单的事实，海军省认为这样一个主战舰艇的扩充计划至少需要 9 年才能完成。出于这个原因，海军省主张应该先从该计划的航空兵部分着手，因为这一任务的完成速度将远远快于军舰的建造。[14]

1940 年春公布的美国海军飞机数量增加计划以及日本在中国上空航空作战的持续损失，使得日本海军不可能在海军航空兵上与美国海军平起平坐。考虑到日美发生冲突的情况下，美国可能会企图在亚洲（最有可能的是在菲律宾）部署相当数量的飞机，美国海军的空中优势对日本海军来说似乎比以往任何时候都更像是一个不祥之兆。另一方面，日本海军认为（最终却贻笑大方的是）美军航空兵的战斗力很低，而在亚洲和西太平洋适当分布航空基地却可以提高日本海军航空兵的机动性，这或许能弥补数量上的劣势。因此，日本只需要保证能在发生战争的时候困住这些前沿美军航空部队的航空力量即可。至少，日本人当时就是这么想的。[15]

当参谋人员和海军省官员对"丸五"扩充计划进行最后的润色时，他们收到情报，获知了可怕的美国"两洋海军"计划的细节。震惊之余，日本海军高级指挥机关紧急召开会议，考虑如何应对美国的新挑战。因而，当"丸五"计划根据美国的斯塔克计划进行修订时，军令部开始考虑第六次扩充计划，以缩小预期中的美日海军实力差距。参谋人员的解决办法又是给舰队增加更多的超级战列舰。"丸三"和"丸四"计划要求建造 4 艘这样的庞然大物，而"丸五"和"丸六"只是模糊地提到要再开工建造 7 艘，每艘装备 500 毫米口径（约 20 英寸）舰炮。[16] 鉴于日本的造船厂已经满负荷工作，它的物质和财政资源已经到了极限，这样的计划是不现实的，这反映出日本海军的造

---

① 原注：不过，他们决心在航空母舰上保持与美国势均力敌的地位，因此转而对本书前文讨论过的商船"影子舰队"进行改装。

舰计划在即将到来的战争和美国工业实力挑战的压力下日益脱离现实，并越来越缺乏连贯性。

1941 年 5 月，军令部敲定了"丸五"计划草案，交给海军省执行。海军省随后开始与大藏省、内阁计划委员会以及陆军省就必要的资金、工业生产能力和跨军种合作进行谈判。最后一点尤其重要。这一扩充计划空前的规模和成本意味着预算的重点已经明确转向海军。6 月，军令部请求陆军参谋本部支持为海军的造舰计划所需物资拨款。后者只是勉强地暂时同意，但其提出的严格限定条件最终导致两个参谋机构在国家军备生产问题上发生激烈争吵，这是一个老问题日益威胁日本安全的又一表现。[17]

不管怎样，"丸五"和"丸六"计划注定要成为日本海军大规模长期扩充军备的空洞计划，被太平洋战争更为紧迫的需要所取代。"丸五"计划中的舰船很少有完成的，"丸六"计划也从未超出最初的研究范围。1942 年 6 月中途岛战役后，"丸五"计划被完全取消，取而代之的是一个"改丸五"造舰计划，航母和潜艇被给予了更大的优先权。[18]

1941 年，当日本海军正在努力解决建造主战舰艇的长期规划问题时，它发现对许多辅助舰艇有更迫切的需求，如布雷舰、扫雷舰、供应船舶等。这一年，为了到 1943 年时弥补这些不足，日本海军实施了 3 个特别"丸"计划，每一个计划都用不同的汉字来命名："丸临"（"临"表临时追加）计划——提供近 6 万吨的辅助船只；"丸急"（"急"表紧急）计划——加快 2 艘航母、26 艘驱逐舰和 33 艘各型潜艇的建造；"丸追"（"追"表追加）计划——仅仅只是"丸五"计划的发展，追加一些辅助船只作为对"丸五"计划的补充。[19]

到太平洋战争爆发前夕，日本海军经过巨大的努力，几乎完成了"丸三"计划中的全部建设项目，"丸四"计划的一半和"丸临"计划的一半正在顺利进行，"丸追"计划的一部分已经完成，"丸急"计划（总共有 230 艘军舰和 160 艘其他船只）的一部分舰船已经开始建造。[20]然而，当战争终于来临的时候，这些建造计划所提供的舰船还是太少，而且不合时宜的种类太多。

在 1940—1941 年，日本又采取了另一类措施——"出师准备"，以使海军处于战时状态。"出师准备"这个术语可以追溯到 1894—1895 年的中日甲午战争，最好的翻译是"舰队预备动员"。这些措施缘于这样一个事实：由于经济原因，日本海军有相当大一部分兵力在和平时期仍处于预备役状态。不仅一些军官和士兵是半薪预备役人员，而且许多军舰——甚至是一级作战单位——都被指定为后备舰艇，配备的人员、燃料和弹药都是降级水平，都还处在没有做好战斗准备的状态。[21] 还有一些商船，就像 20 世纪 20—30 年代日本海军资助建造的"影子舰队"一样，在和平时期是民用船只。但在战争期间，日本海军可以合法地征用它们。

所以，"舰队预备动员"包含了在和平时期也长期有效的指令，日本海军每年对这些指令进行审查并根据需要进行修订，以便在快要开战时将整个海军转为战时状态。预备动员的措施由军令部提出，被移交给海军省后，由海军省提交内阁审批。其计划包括将所有后备人员召回现役、重新启用所有后备舰艇（召集每艘舰船的在编人员、清洗所有锅炉、燃料舱加满燃料、装填必要的弹药、测试所有主机，等等）、征用民用商船并根据海军需要对其进行改装，以及使舰队进入全面战备状态所需的所有其他措施。启动这样的计划将是把日本海军推向全面战争的一大步。出于这个原因，1940 年和 1941 年的"舰队预备动员"的激活指令被列为最高机密。与陆军和内阁就此进行的协商和谈判也是最紧张的。这些指令还包括按照对海军有利的原则大幅度修改战略物资分配的长期安排，并对商船进行征用和改装。[22]

在太平洋战争前的 5 年时间里，日本海军在继续进行新舰船建造的同时，也在积极推进需要实现现代化的军舰的改装工程。日本海军的现代化改装计划始于 1936 年，并在 1939 年和 1940 年达到顶峰。到太平洋战争开始时，只有一艘军舰——一艘驱逐舰被认为需要彻底检修。[23]

所有这些现代化改装计划和新造舰项目都是由日本海军自己的 4 个造船厂——横须贺造船厂、吴市造船厂、佐世保造船厂和舞鹤造船厂（第五个大凑船厂只处理大修工作）和 8 个主要的商业造船厂承担的。前面几章已经讨论过，自 19 世纪后期以来，私人造船厂一直在日本海军舰艇建造中扮演重要的角色。它们的首要地位缘于日本海军对作为重要战略产业的本国商业船厂给予了一贯的支持。在接下来的几十年里，日本海军向私营造船厂下了相当大一部分的建造订单，不仅是为了弥补自身船厂产能上的不足，也是为了保持和提高该行业劳动力的技术技能。[24] 为了进一步增加舰船建造的经验，舰政本部将特定类别的军舰分配给特定的海军造船厂和商业造船厂进行建造（表 10–1）。

表 10–1

1941 左右按军舰类别将日本海军舰艇建造分配给主要造船厂的情况	
舰艇类别	造船厂
战列舰，*舰队航空母舰*，重巡洋舰，潜艇	横须贺造船厂
战列舰，重巡洋舰，潜艇	吴市造船厂
轻巡洋舰，驱逐舰，潜艇	佐世保造船厂
驱逐舰，潜艇	舞鹤造船厂
战列舰，巡洋舰	三菱长崎造船厂
潜艇	三菱神户造船厂
特殊船舶	三菱横滨造船厂
航空母舰，巡洋舰，潜艇	川崎造船厂
驱逐舰，小艇	石川岛造船厂
驱逐舰，小艇	浦贺造船厂
驱逐舰，小艇	藤永田造船厂
潜艇，小艇	三井造船厂

斜体字表示的是在特定的造船厂建造的这类舰船比在任何其他船厂建造的都多，或者某一类舰船的第一艘就是在该船厂建造的，然后该船厂负责为其他船厂建造该类船舶制定统一的蓝图和程序。
来源：《昭和造船史》，第一卷，第 738 页。

　　多年来，商业船厂开始在日本海军的造舰计划中占有越来越重要的地位。从 1926 年到太平洋战争结束，日本总共建造了 1794000 吨舰艇，其中 1056000 吨（59%）是在商业造船厂建造的，737800 吨（41%）是在海军造船厂建造的。在太平洋战争前的后条约时代的 5 年里，日本海军建设更加明显地依赖私营造船业进行舰艇建造（表 10–2）。[25] 在战争期间，这样依赖私营造船业给国家造成了可怕的困境。日本海军对商业船坞（毕竟是商船建造的唯一来源）的需求日益增加，使得弥补因敌人潜艇和空袭而造成的商船损失变得极为困难。日本根本不具备与美国作战所需的既造军舰又造商船的船坞产能。

表 10-2

1937—1941 年日本海军船厂与商业船厂的建造情况

年份	建造的总吨位	在海军船厂建造的吨位	百分比	在私营船厂建造的吨位	百分比
1937 年	59990	33350	56	26640	44
1938 年	50300	18400	37	31900	63
1939 年	109840	50200	46	59640	54
1940 年	210810	85900	41	124910	59
1941 年	120420	24300	20	96120	80

这些数字是按下水吨位而不是按交货吨位计算的。
来源：《昭和造船史》，第一卷，第 738 页。

1937—1941 年美国和日本的造舰情况比较：
以驱逐舰为例

我们已经在前文提到，日本海军在太平洋战争爆发前大约一年的时间里提出的扩充计划不现实。这些最雄心勃勃的计划不仅超出了日本工业的产能，无法在预期时间内实现，而且注定要在后条约时期被美国造船业的规模和效率赶上，在战争年代被其碾压。

日本问题的严重程度可以从表 10-3 和表 10-4 所示的美日舰艇建造数据中看出。美国的优势表现在几个明显的事实上。当日本在 1941 年 12 月决定开战时，美国正在建造 8 艘新的战列舰和 5 艘新的"埃塞克斯"级航空母舰。在这场战争结束时，美国拥有 98 艘航母（其中 28 艘是舰队航母），而日本仅存 4 艘，其中只有"凤翔"号和"葛城"号（Katsuragi）两艘可以被认为具有远洋作战能力。最引人注目的比较来自 H. P. 威尔莫特，他指出："美国工业力量的规模是如此之大，以至于就算旧日本海军在袭击珍珠港时能够击沉整个美国海军的所有主战舰艇，然后在不损失一艘舰艇的情况下完成自己的造舰计划，它到 1944 年中期仍然无法将一支相当于美国在战争期间的 30 个月里所能集结的舰队投入大海。"[26]

当然，造成美国和日本造船厂生产能力存在巨大差异的主要原因在于两国可用的金融财富和工业资源大不一样。对所有相关因素的详细阐述超出了本书

表10-3

美国和日本在1937—1941年各年份完工和服役的各主战舰艇

	战列舰		航空母舰		巡洋舰		驱逐舰		潜艇	
	美国海军	日本海军	美国海军	日本海军	美国海军	日本海军	美国海军	日本海军	美国海军	日本海军
1937年	—	—	19900（1）	10500（1）	29350（3）	17000（2）	19850（13）	17340（12）	6770（5）	700（1）
1938年	—	—	19900（1）	27000（3）	48500（5）	8500（1）	5500（3）	1500（1）	7250（5）	4755（3）
1939年	—	—	—	10050（1）	30000（3）	8500（1）	28920（19）	13000（7）	14750（10）	2180（1）
1940年	—	—	14700（1）	9500（1）	—	11600（2）	28900（18）	16000（8）	7375（5）	12640（6）
1941年	70000（2）	64000（1）	20000（1）	74000（5）	6000（1）	5800（1）	24450（15）	18160（9）	13400（10）	21930（11）

该表格分别列出了1937—1941年各年份服役的舰船（美国海军）和交付的舰船（日本海军）。第一列数字表示的是总标准吨数，第二列数字（括号内）表示的是该类舰艇的数量。美国的数据是根据日历年①整理的，而日本的数据则是基于财年（4月到次年3月）②。来源：《美国海军作战舰艇辞典》，第一和第二卷；费伊，《美国舰队的舰艇与飞机》，战时版；美国战略轰炸调查团，军用物资部门，《日本海军的造舰情况》，附录A，第15页。

① 译注：公历1月1日—12月31日。
② 译注：日本的财年表型属于跨于财年制，即财政年度起止期与公历年历始末不相同，日本是自4月1日起至次年3月31日止。

的范围，尤其因为它们已经是其他综合研究[27]（涉及第二次世界大战前夕各大国的战争潜力比较）的主题。然而值得注意的是，1937 年美国的 680 亿美元国民收入里只有 1.5% 被用于国防，而同年日本已经把相较于美国来说可怜的 40 亿美元的国民收入的 28% 以上投入了国防。两国各自可得到的工业资源也相应地不成比例。舰艇建造的核心组成部分——钢铁清楚地证明了这一点，例如，1940 年美国的钢锭产量为 6100 万吨，日本则是 750 万吨。[28]

但是，美国之所以具备能够建造大量舰艇的超强工业能力，不仅仅是拥有更多的财富和工业资源的问题。要理解美国在舰艇建造上拥有的数量优势的本质原因，有用的做法是比较美国和日本在一个特定军舰类别上的建造能力。本书将以驱逐舰为例进行比较。[29]

在第一次世界大战结束前，日本海军的驱逐舰数量还远远超过美国海军，但战争结束时美国海军的大规模舰艇建造计划扭转了这一局面。到 1921 年，美国海军有大约 300 艘驱逐舰，而日本只有不到 100 艘。有了这样的数量，美国觉得在 20 世纪 30 年代以前没有必要再开工建造更多的驱逐舰。另一方面，日本海军在 1921—1932 年间实施了一项重要的驱逐舰建造计划，在此期间开始动工建造 57 艘驱逐舰的船体。其中一些驱逐舰——特别是"吹雪"级具有卓越的品质。从 1932 年开工的首批 8 艘"法拉格特"级（Farragut class）的船体开始，美国采取了一项重大举措，试图在驱逐舰方面赶上并最终超过日本。在接下来的 10 年中，各级驱逐舰的建造数量总体呈增长趋势：例如，建于 1937—1940 年的"本森"级（Benson class）有 32 艘，在 1938—1941 年下水的"利弗莫尔"级（Livermore class）有 64 艘，"弗莱彻"级（Fletcher class，第一艘在 1940 年动工建造）总共有 119 艘。在太平洋战争期间，建造"萨姆纳"级（Sumner class）和改进版"弗莱彻"级又给美国海军增加了 126 艘驱逐舰。1932—1945 年，美国海军购置了 502 艘驱逐舰，这些驱逐舰由 12 家商业造船厂和 7 家海军造船厂建造。

表 10-4

1942—1945 年战时美日海军完工和服役的舰船总数

	美国海军	旧日本海军
战列舰	320000（8）	64000（1）
护航航空母舰	670000（82）	53490（3）
驱逐舰	737420（354）	106620（61）
航空母舰	703900（30）	190900（7）
轻型和重型巡洋舰	558200（48）	34772（5）
潜艇	310070（203）	144182（121）

表格列出的分别是服役的舰船（美国海军）规模和交付的舰船（日本海军）规模。规模以标准吨排水量和舰船的数目来表示，后者即括号中的数字。美国数据按日历年来列出，日本的数据则按财年（即自 4 月 1 日起至次年 3 月 31 日止）列出。美国海军的战时数据一直统计到 1945 年年底，而日本海军的战时数据则只算到 1945 年 7 月。驱逐舰的数据包含日本的"松"级（Matsu class），一些权威人士把它看作护航驱逐舰。来源：《美国海军作战舰艇辞典》，第一和第二卷；费伊，《美国舰队的舰艇与飞机》，战时版；美国战略轰炸调查团、军用物资部门，《日本海军的造舰情况》，附录 A；弗里德里克 · J. 米尔福德于 1994 年 5 月 15 日致作者的书信。

美国的驱逐舰建造计划不仅产出很大，而且造得很快。最有经验的造船厂将 2100 吨和 2200 吨驱逐舰的建造时间缩短到了 4 个月，5 个月成了正常时间。当然缺乏经验的船厂所花的建造时间要长得多，但美国驱逐舰的平均建造时间仍然只要 6 个月左右。

美国造船厂进展如此迅速的原因是不难确定的。首先，第一次世界大战的大规模生产计划的经验没有被遗忘。建造技术的学习时间被分散在大量的舰船上。部分原因是美国人图纸上的驱逐舰设计方案（舰型）数量很少，而各舰型被订购的驱逐舰数量却很多。还有部分原因则是极少数造船公司承包建造了大量的驱逐舰。在 1932—1945 年，仅仅 3 家公司就建造了 60% 以上的美国驱逐舰。而且，许多造船厂开始同时建造几艘驱逐舰。1937 年以后，新龙骨通常在前一艘的船体下水后几天内就铺设好了。为了进一步加快建造工作，美国舰艇设计师简化了船体结构，给它们安装了平甲板，并在设计中避免不必要的曲线。美国海军在 20 世纪 30 年代早期采用的全焊接船体技术也缩短了建造时间。此外，大多数驱逐舰舰型的主机和武器装备都已标准化。例如，"本森"级之后建造的驱逐舰的动力装置是如此相似，以至于美国船舶局可以为 331 艘驱逐舰发布单一的操作手册。[30]

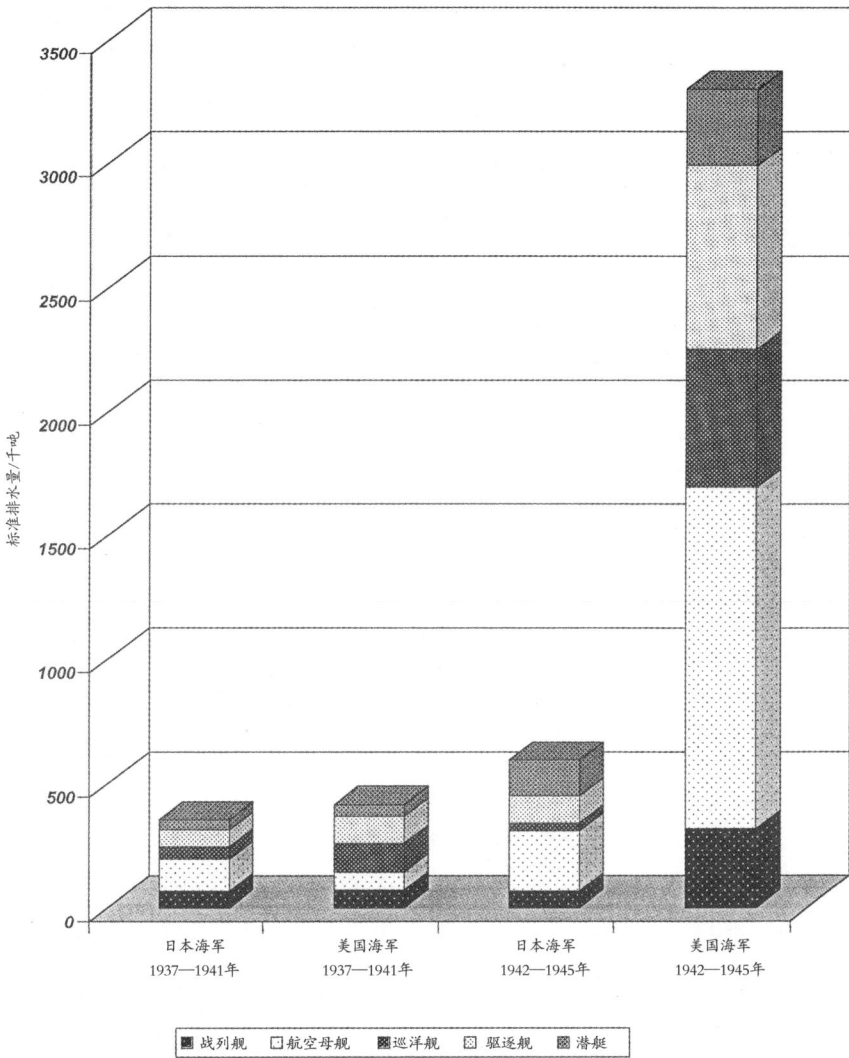

↖ 示意图10-2. 美国和日本的造舰情况：1937—1941年及二战期间所建造的主战舰艇吨位

舰队驱逐舰建造情况对比

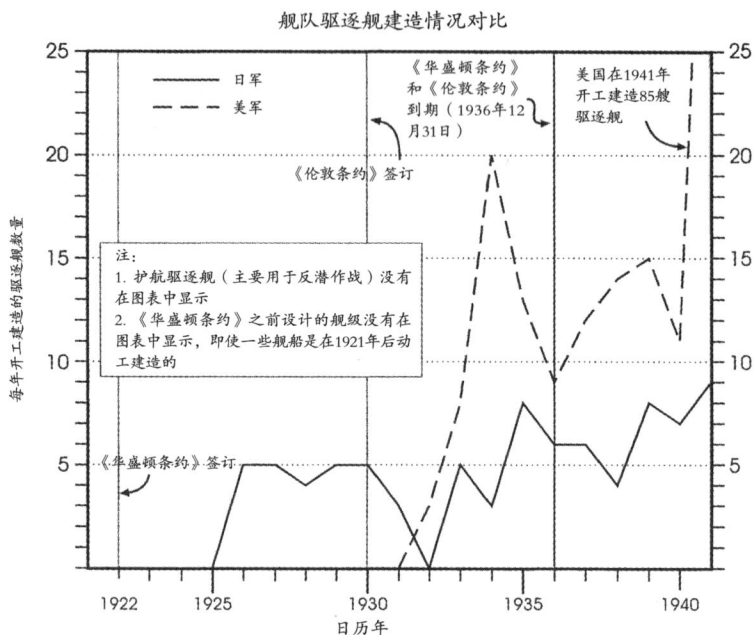

注：
1. 护航驱逐舰（主要用于反潜作战）没有
在图表中显示
2.《华盛顿条约》之前设计的舰级没有在
图表中显示，即使一些舰船是在1921年后动
工建造的

《华盛顿条约》和《伦敦条约》到期（1936年12月31日）

《伦敦条约》签订

美国在1941年开工建造85艘驱逐舰

《华盛顿条约》签订

日军
美军

每年开工建造的驱逐舰数量

日历年

潜艇建造情况对比

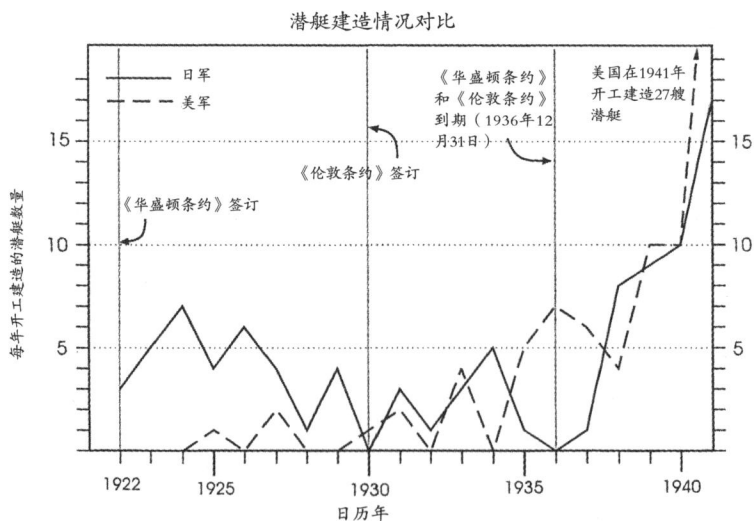

日军
美军

《华盛顿条约》和《伦敦条约》到期（1936年12月31日）

《伦敦条约》签订

美国在1941年开工建造27艘潜艇

《华盛顿条约》签订

每年开工建造的潜艇数量

日历年

马克·A.坎贝尔

∧ 示意图10-3. 1922—1941年日本海军和美国海军的舰队驱逐舰和潜艇建造情况对比

　　尽管存在一些稳定性问题，且动力装置体积庞大、功率也略低于美国的驱逐舰，1921—1945 年在日本生产建造的 177 艘驱逐舰大体上是非常优秀的军舰。真正的问题在于它们的数量相对较少。造成建造数量有限的最直接原因有两个：各具体设计方案（舰型）建造成舰的太少，各造船厂建造的舰船也太少。只有共同建造且联系紧密的 48 艘"朝潮"级（Asashio class）、"阳炎"级、"夕云"级（Yūgumo class）才能在单厂生产 10 艘以上。第二个问题的例证是，日本只有两家商业造船厂（藤永田造船所和浦贺船渠株式会社）和一家海军造船厂（舞鹤船厂）建造了 20 多艘各型驱逐舰。即使在这些经验更丰富的船厂，特定舰型的产量一般也被限制在 5—6 艘。因此，在建造驱逐舰的过程中，日本造船厂没有像美国造船厂那样迅速提高建造效率，这导致日本人的完工时间明显更长。大阪的藤永田造船所最终缩短了"朝潮"级、"阳炎"级和"夕云"级驱逐舰的 15 艘舰体的建造时间，从 18 个月减少到最后 3 艘平均 7 个月，但它们整体耗费的平均时间是 12 个月。[31]

　　导致日本驱逐舰产量相对有限的更间接的长期原因是多方面的。钢铁和其他战略物资的短缺是一个因素，再加上运输系统运输能力不足，无法将这些物资足量地运到日本造船厂。同样明显的是，由于日本首先在造船厂数量上就远远不如美国，因此用于下水滑道和干船坞的空间也就比美国小得多。此外，大多数造船厂的产能根本不足以满足日本海军实际落实的建造计划，而且一种军舰的建造计划经常因为另一种军舰的计划被推迟。由于国家的紧急状态，1937—1941 年造船设施的扩建相当有限（在吴市和横须贺为建造"大和"号与"信浓"号而增建的海军船厂滑道除外），而且只影响到现有的商业船厂，增加了它们8.2%的建筑面积和 8.1% 的滑道长度。[32] 日本的地形和城市模式使得船厂有限的扩建也很困难，这两个因素都减少了船厂的可选址数量。日本各岛上多山的地形和崎岖的海岸意味着在深水区附近几乎没有平坦的土地。有这种土地存在的较老船厂位于港口城市，通常在海滨，要在那里为造船腾出空间既困难又昂贵。[33] 但日本没有建造新船厂的主要原因是它根本没有建造新船厂所需的经济资源。较大的船厂很难招到足够的熟练工人。在一些地方，重型机械不足，机床的质量就可能下降。不管怎样，老旧的造船厂存在着严重的问题，它们在过去的几十年里已经变得越来越支离破碎。它们拥挤不堪，组织混乱，常常采用笨拙而过时的建造方法。这些困难使得大规模生产技术无法被实际运用，并在太平洋战争期间变得更严重了。日军必须研发新的舰种以适应不断变化的战术形势；必须弥补战斗损失，必须经常进行修理工作。这些要求打乱了正常的造舰时间表。[34]

无论如何，在太平洋战争期间，日本有限的驱逐舰产量加上美国船厂驱逐舰建造数的激增，标志着日本海军实力处在极度劣势的地位。虽然在两次世界大战之间建造的日本驱逐舰质量很好，但最终起决定性作用的是数量而不是质量。这种数量压倒质量的情况在日美海军对抗的其他方面也是常态。尽管美国驱逐舰遭受过战斗损失，也有部分被改装为其他舰种，其数量在战争期间大体上还是翻了一番，而日本驱逐舰的数量却因为战争损失大且建造计划赶不上敌人美国而减少了五分之四。

超级战列舰——"大和"号与"武藏"号

在日本海军利用其质量优势来抗衡日益强大的美国海军的所有举措中，最引人注目的莫过于"超级战列舰"战略。这一努力的巨大成果就是建造了2艘有史以来最大、最强的战列舰——"大和"号和"武藏"号。[35]从1935年秋季开始，新型战列舰的方案经过了23次设计，直到1936年7月最终方案才被接受。一些早期方案要求建造的舰型比最终批准的方案体积更大，而造舰师平贺让和福田启二的最初方案连军令部都认为过于雄心勃勃，且造价过于昂贵。尽管如此，经过修改后的军令部规格要求——9门18.1英寸的大炮，装甲能够承受在2万—3.5万米距离上发射的同样口径炮弹的轰击，水下防护能抵御300千克（660磅）TNT当量的一次鱼雷爆炸，最高时速27节，以18节的航速可以巡航行驶8000英里——仍不可避免地意味着前所未有的排水量（69000吨左右），这几乎是其他所有已建成战列舰的两倍。[36]

除了军令部提供的实际规格外，平贺让和福田的工作还受军令部制定的原则和海军造舰工程实际情况的指导。考虑到海军实施超级战列舰计划的根本原因，设计一艘在与敌方主力舰进行的任何炮战中都表现出色的军舰是很重要的。为了实现这一目标，设计方案必须在装甲和武装上提供优势。但与此同时，减

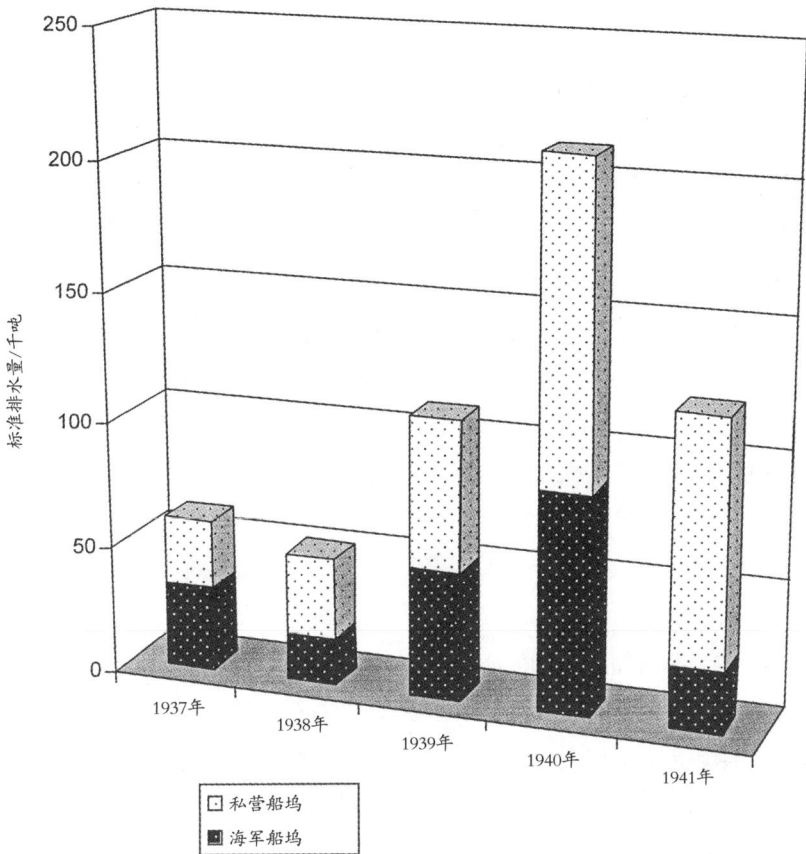

示意图10-4. 日本船坞的主战舰艇下水情况，1937—1941年

少装甲重量也至关重要。和许多战列舰的设计一样，平贺和福田对这个问题的解决办法是把装甲防护集中在船的某个部分上，最明显的地方就是船的中央部分，因为至关重要的轮机舱和弹药库都在这里。所以，为了使装甲所要覆盖的纵向面积最小化，关键是要将舰上这些至关重要而又脆弱的部分集中起来。这对一艘有着"大和"号、"武藏"号那么大轮机舱的舰船来说尤其重要。这样的集中布局只能在宽度史无前例的船体结构中实现，狭长船身肯定是不行了。

最后，平贺和福田与所有的造船师一样，不得不在设计时做出选择和妥协。就像盔甲在某些地方必须很坚固，而在其他地方必须很薄或几乎不存在一样，舰艇防护也不可能有效防御所有可能的攻击。平贺和福田在草拟他们的设计方案时，接受了军令部提出的优先考虑在水面作战中享有优势的要求。[37]

最终完成超级战列舰的设计时，日本还没有造船厂能够建造如此巨大的船体，日本海军判断只有吴市、长崎、横须贺和佐世保这四个地方的船厂适合进行让超级战列舰的建造成为可能的必要的扩建和改造。在吴海军造船厂——1937年将开工建造"大和"级第一艘战列舰的地方，码头被加深，干船坞上的龙门吊被加强以吊起用于建造该舰的超大型装甲板。1938年，在将成为"武藏"号诞生地的长崎三菱造船厂，滑道被加长了大约15米，直接挖到了山坡里。几年后，在横须贺建造了一个新的大型干船坞，它可以容纳8万吨的舰船。作为姊妹舰的"信浓"号（但完工时是航空母舰）将于1940年在那里开工建造。在佐世保也建造了一个差不多大小的干船坞，"大和"级的第四艘姊妹舰就在那里铺设了龙骨，但从未完工。[38]

鉴于日本海军对超级战列舰战略的高度重视和绝对保密，也就无怪乎所涉及的安全保密措施可能是所有战前扩军备战的举措中最严厉的。由于在建造时要隐藏的船体非常大，因此保密措施是最困难和最复杂的。在"大和"号的摇篮——吴市，干船坞周围竖立起一道巨大的栅栏，只有一个入口，由重兵把守；在可以俯瞰港口的较高处设置了高大的锌合金栅栏和守卫防止好奇的人靠近，所有经过吴市的火车面向港口一侧的窗户都被覆盖。

在长崎，隐藏"武藏"号的任务更加艰巨，因为港口三面环山，从长崎倾斜的街道可以俯瞰造船厂。此外，这座城市不仅有大量的中国人，而且还是上海轮船公司的终点站。美国领事馆靠近港口的位置使保密工作进一步复杂化。日本海军解决这些问题的办法是在滑道上方的龙门吊上悬挂了一连串用绳编制的巨大天幕。还有一项保密措施就是修建了一座两层高的长仓库，以挡住美国领事馆看向港口的视线。在这两个船厂，所有与船舶设计和建造相关的人员都经过了仔细的筛选，并被要求提供大量的个人资料；他们只有凭照片识别才能进入码头区。获准参观建造场地的少数外来者必须得到海军大臣亲自签署的批准文书。蓝图只有在必要的时候才能使用。能看到军舰整个设计布局的仅有少数几个人，就算看也只能在一个受到严密监视和特别看守的房间里看。两舰各自的下水仪式（"大和"号在1940年8月举行，"武藏"号在同年11月举行）都简短、低调，且是秘密举行的。最后，两舰下水后都采取了各种保密措施，使船的一部分不让公众看到，这样就很难确定它们的确切长度。[39]

这些保密措施非常成功。这两艘军舰的保密状态几乎一直持续到太平洋战争结束前。战前美国和英国海军得到的关于日本海军重整军备的情报总体上相当匮乏，有关这些战列舰的具体情报几乎完全不存在。英美两国情报匮乏的部分原因在于日本的保密措施，还有部分原因是英美海军分析人士无法想象日本有能力建造如此庞大和复杂的军舰。[40]

倘若在二战前的几年里，英国和美国海军的情报官员对这两艘超级战列舰的结构和性能有一丁点儿了解的话，他们就算不被吓到，也会感到惊讶。"大和"级战列舰设计方案的核心当然是主炮组的9门18英寸口径火炮，这是战列舰上有史以来安装过的最强大火炮。[41]只有德国在第二次世界大战期间在塞瓦斯托波尔使用的攻城炮和一些超大的迫击炮比这口径更大。"大和"级战列舰的每门炮重162吨，每座安置它们的三联装炮塔的旋转重量约为2774吨，比当时大多数驱逐舰的重量都要重。每门主炮发射的炮弹重约1.5吨（实际上是3219磅或者说1460千克），最大仰角时的设计射击速度是每分钟1.5发炮弹，当然仰角更低的话有更快的射击速度。[42]

"大和"号和"武藏"号的副炮组有12门6.1英寸口径的舰炮，安装在4座三联装炮塔中，这4组副炮是这样分布的：在主炮塔的前后各有一组，在船中部的两侧各有一组。虽然这些火炮是攻击水面目标的优秀武器，但它们缓慢的射击速度使它们无法成为有效的防空武器，因此在太平洋战争期间，那些6.1英寸口径炮塔被移除。至于远程防空武器，12门5英寸口径高射炮在船中部组成了基本的炮群，分别配置在左右两舷各3个的双联装炮座内。当两舰还处在设计阶段时，围聚在舰体中部的24门三联装25毫米机炮（日本海军精选的轻型防空武器）和前桥塔上的4挺13毫米机枪被认为对近距离防空来说已经足够了，但是在太平洋战争期间，空中威胁变得如此之大，以至于"武藏"号

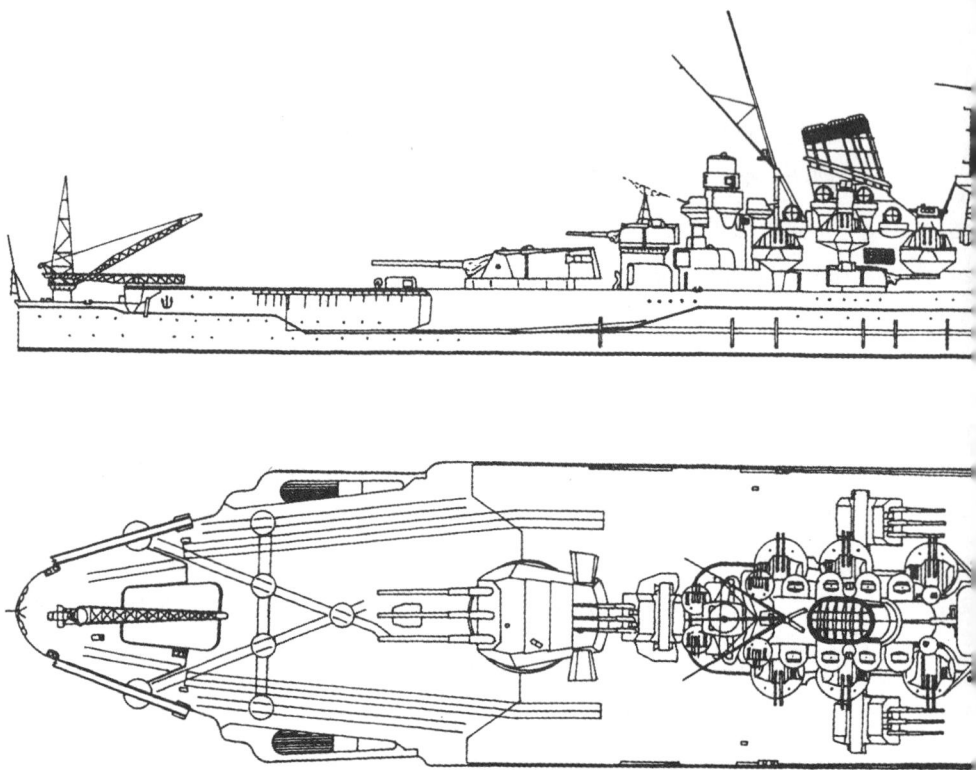

∧ 示意图10-5. 建成时的"大和"号

和"大和"号改装后安装的 25 毫米高射炮数量分别是最初安装数量的 8 倍和 12 倍①。[43]

"大和"级战列舰的独特之处在于：相对于其水线长度（839 英尺）而言，

---

① 译注：原文如此。

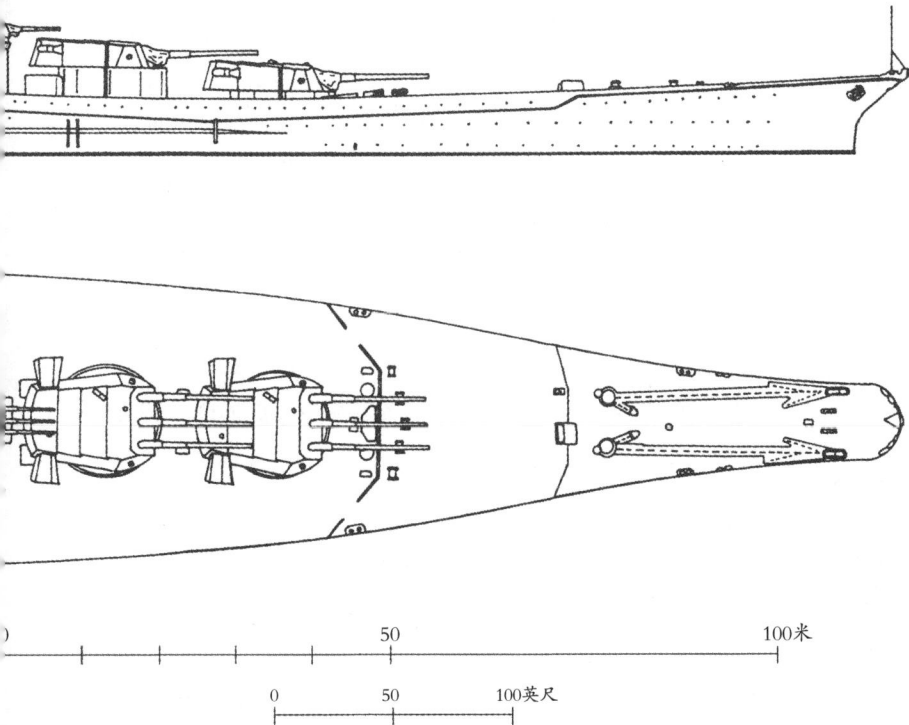

它们的宽度（127.7英尺）极大；而排水量如此大的军舰，吃水却相对较浅，这是我们从刚刚提到的设计重点中可以预料到的。但是当它们满载时，它们的吃水深度达到了35.4英尺（10.8米），这就需要疏浚一些指定给这些庞然大物使用的港口。"大和"级在设计阶段进行了许多关于船体阻力和推进效率的测试，这导致了该级战列舰发展出另一种独特的船体结构：舰艇的水面部分又细又窄，

末端（水下部分）呈巨大的球根状。这样的舰艏形状加上船底龙骨和螺旋桨轴托架的改进，使得"大和"号在以 18 节的标准航速行驶时达到了惊人的 58.7% 的推进效率，这是在日本设计的战舰上获得的最高推进效率之一。[44]

在设计如此宽大的船体时，"大和"级的造舰师获得了军令部追求的装甲防护优势。船体的宽度让 4 台主涡轮机和相关的锅炉在船体内得以并排放置，而不是纵向串联。这意味着，保护极其重要的主机区所需的空间局限于船体的一个短得出奇的部分，只有其水线长度的 53.3%。缩短船中心的装甲堡垒（或者说"盒子"）的长度节省了大量的装甲需求，因此使得装甲厚度达到了前所未有的程度。[45]"盒子"本身使用了 410 毫米厚的钢材。甲板装甲由 7.8 英寸的钢板组成，能够承受从 1000 米高处投下的 1000 千克穿甲炸弹的攻击。炮座的前装甲由 22 英寸厚的装甲板组成，侧面装甲由 16 英寸厚的钢板组成，两者都经过特殊的硬化处理。当装甲甲板被炸弹或炮弹击中时，为了保护军舰内部免受飞散的螺钉和铆钉之害，设计者在装甲甲板下安装了 9 毫米厚的低锰结构钢。最后，在"大和"级的船底，或者更确切地说是弹药库和主机下面的部分，有 2—3 英寸厚的装甲板保护，用来抵御鱼雷或水雷的爆炸。为了减轻重量，并提供额外的强度，"大和"级的设计方案将一些装甲当作加强件装在舰体上，如安装下部舷侧装甲以加强纵向强度。总而言之，"大和"号和"武藏"号是人类有史以来装甲最多的军舰。然而，它们的装甲防御力由于装甲接缝和装甲分布的缺陷而受到了严重损害。[46]

为了把"中央堡垒"的防护加强到前所未有的程度，"大和"级的设计者们当然不得不牺牲军舰其他地方的装甲。具体来说，这就意味着对水下的船头和船尾部分不做防护。然而，为了弥补这些区域装甲的缺乏，他们非常注意增加水密隔舱，并提供了非比寻常的储备浮力（57450 吨）。他们认为这足以使舰只在受创的情况下依然能浮在水面上并保持相当稳定的状态，只要它有装甲防护的部分仍有浮力，舰只就能把倾斜度稳定在 20 度。此外，据推测，"大和"级战列舰内置的注水和抽水系统可以使舰只从 18.3 度的倾斜度恢复到平衡状态，即便舰艏的干舷由于舰体前部完全毁坏、舰内进水而降低了 4—5 米，它们也能使舰只正常航行。[47]然而实践表明，对"大和"级的稳定性和损伤控制的计算过于乐观了，"装甲堡垒"并非无懈可击。

除了火力和装甲防护外，速度是"大和"级战列舰在设计时的第三个关键因素。除了船体的改进外，要满足军令部提出的 27 节最高航速的要求，选择效率最高的推进装置至关重要。早期的一些设计要求完全使用烧柴油或混合柴油的蒸汽动力装置，但后来，在平贺让的坚持下，用柴油进行推进的想法被彻底放弃了。[48] 设计师们用蒸汽轮机动力装置代替。蒸汽由 12 个舰本式锅炉提供给 4 台舰本式齿轮减速涡轮机，这些锅炉在整个船体内排成 4 列，每列 3 个锅炉，每个锅炉都有自己的锅炉间。每列锅炉为其中一台涡轮机提供蒸汽，4 台涡轮机加在一起总共为 4 个推进轴提供 15 万马力的标称总功率。"大和"号下水的时候是当时海上的战列舰中推进力最强的。在它服役时能与之匹敌、达到 27 节航速的（"大和"号在海试时达到了 28 节航速）就只有美国的"北卡罗来纳"级和英国的"英王乔治五世"级（King George V class）。[49]

机动性强和可居住性好是这级著名战舰的其他两个显著特征。"大和"号和"武藏"号的转弯能力非常出色，强于太平洋战争初期其他所有在役的战列舰。它们的横倾角小（在 26 节航速和 35 度舵角时只有 9 度）在躲避鱼雷和炸弹时是一种巨大的优势，且能为火炮提供最稳定的射击平台。在服役时，"大和"号和"武藏"号也是日本海军中最舒适的舰船（尽管就每个船员的空间而言，日本海军的宜居性标准仍然低于西方海军）。"大和"号是第一艘配备空调的日本战舰（尽管并非所有生活区都安装了空调），按照日本的标准，它的住宿条件是如此奢华，以至于它在太平洋战争期间获得了"大和旅馆"的绰号。[50]

"大和"的外形设计都展现出高速、高推力和堡垒般的防御力：长长的、起伏的舷弧线（这是战间期较大的日本战舰的特点），舰艏弧线向上弯曲，两个主炮塔坐落在巨大的前端指挥塔前，一个倾斜的烟囱，第三个主炮塔指向船尾。从 1941 年秋"大和"号试航时的照片中，我们可以推测：能亲眼看到它在海上颠簸前进的话，这样的情景想必是日本海军历史上最令人印象深刻的奇观之一。事实上，这种形象的影响力对当时的日本海军士兵是很显著的。在与航空兵倡导者的争论中，军令部作战部一课课长福留繁（Fukutome Shigeru 或 Fukudome Shigeru）大佐将"大和"号与"武藏"号描述为"海军力量的象征"，称这能让官兵对他们的海军充满信心。[51] 加强这种象征意义的是这些军舰的名字，它们对日本人有特殊的意义。"大和"不仅是日本文明的摇篮，而且是日本最早的名字之一；"武藏"是一个古代平原的名字，现代东京市就坐落在那里。就像诗意的"哥伦比亚"[①]之于美国人和"阿尔比恩"[②]之于英国人一样，"大和"和"武藏"这些名字给所有日本人传递了一种历史神秘感。[52]

在规划"大和"级战列舰时，军令部和设计团队曾试图在未来几年生产出一艘优于所有其他主力舰的战列舰。然而，"大和"号和"武藏"号的设计和性能都存在不同程度的缺陷，有的轻微，有的致命。有些缺陷是设计本身固有的，还有些则是技术的迅速发展和必然进步导致的。这些技术上的进步最终压倒了超级战列舰战略和设计所依据的假设。要理解这些问题的演变，我们有必要在2艘"大和"级战舰服役的历史背景中找出这些问题。[53]

两舰在其服役生涯的前半段时间里，先后为停泊于加罗林群岛中部特鲁克环礁的联合舰队充当宏伟的司令部。"大和"号在1942—1943年担当了山本五十六的旗舰。"武藏"号在古贺峰一死前的1943—1944年也发挥了同样的作用。两舰在1942年和1943年所罗门群岛附近的海战中都没有发挥任何作用，可能是因为日本海军刻意想把它们保存下来，用于日军高级指挥机关仍在设想的炮对炮决战，也有可能是因为它们的燃料耗费非常惊人。[54] 在瓜达尔卡纳尔战役关键的早期阶段，很少有历史学家不批评这两艘巨舰的"无所事事"。日本海军找到并摧毁美国战列舰队的机会是如此之少，而日本在太平洋上的其他战略需求是如此之高，以至于有一次"大和"号不得不充当一艘运兵船。在第二次世界大战中，这样的用法肯定是对尖端技术最大的浪费之一。

两舰都挨过美国潜艇的一枚鱼雷：1943年12月，"大和"号右舷后部的主装甲带中雷；1944年3月，"武藏"号的左舷前部中雷。在这两次中雷案例中，爆炸导致的进水都远远超出了设计阶段的预期。虽然损伤并不致命，但却是不祥之兆，它揭示了两舰在船舶设计和建造上的重大缺陷。"大和"号的问题在

---

① 译注："哥伦比亚"是美国的旧诗歌名称，现在已很少使用这个名字称呼美国。
② 译注："阿尔比恩"是大不列颠岛的古称，也是该岛已知最古老的名称。今天，阿尔比恩仍然作为该岛的一个雅称使用。

于，由于上下舷侧装甲带的接合处存在缺陷，它的舷侧防护有很大一部分是严重失灵的。[55]"武藏"号的缺陷是无防护的舰艏和舰艉处非常脆弱，尤其是舰艏处，大舱室将导致过量进水和过度倾斜。实践证明，旨在加强抗进水能力的抽水系统还是不够。[56]但两次中雷案例中两舰所受损伤的独特之处在于，它们都是由单枚装备了威力强大的新型美国炸药——托佩克斯式（Torpex）水下炸药的鱼雷造成的。[57]

可以进一步说明"大和"号与"武藏"号的设计缺陷的是，在1944年10月的莱特湾战役中，两舰都没有发挥什么作用；或者更确切地说是作为栗田健男（Kurita Takeo）中将游击部队的重要组成部分，两舰在锡布延海（Sibuyan Sea）和萨马岛（Samar）附近的海战中都无所作为。在锡布延海海战中，"武藏"号遭到了美国航母舰载机的猛烈攻击，它的防空系统主要由多门25毫米机关炮组成，但总体上是无效的。在战斗过程中，美军的轰炸和扫射削弱了"武藏"号四分之三的防空力量。尽管"武藏"号挨的17枚炸弹对它的甲板和上层建筑造成了巨大的破坏，但它们并没有威胁到该舰的生存。相反，它是被命中它的20枚鱼雷中的最后11枚摧毁的。这些鱼雷导致弹药库下的舱室进水，并利用了水线以下主装甲带两侧的结构缺陷。[58]次日，在萨马岛附近的战斗中，被几枚炸弹击中后损伤轻微的"大和"号在它的服役生涯中唯一一次向水面目标——保护一群美国护航航空母舰的驱逐舰开火，但在面临驱逐舰鱼雷的威胁后，它被迫中断了战斗。

"大和"号的突然毁灭发生在战争快结束的时候，当时它是唯一一艘仍在服役的战列舰，也是日本海军可怜的残余力量的旗舰。1945年4月初，它在没有空中掩护的情况下作为一支舰队的主力作战单位被派往冲绳，执行一项自杀性任务——打击在冲绳附近的美国海军部队及船舶。200多架航母舰载机在九州西南方向袭击了它。在空袭中，它遭到多枚炸弹和10—12枚鱼雷的攻击，鱼雷大多是攻击其左舷。这一次又是炸弹对上层甲板造成了可怕的破坏，而最终导致它倾覆的是鱼雷，当它的其中一个弹药库被点燃时，它就像被观察到的那样发生了一次可怕的爆炸。

在评估这两艘如怪兽一般的战列舰的毁灭时，一些主要的结论似乎是合理的。首先，考虑到它们所遭受的毁灭性空袭，不管是什么设计方案造出的军舰，在这样的空袭中能否幸存下来都是值得怀疑的。到1944年"武藏"号和1945年"大和"号分别被击沉的时候，大量美国海军航母舰载机对任何水面目标的破坏力以及它们对任何水面目标投掷的炸弹和鱼雷的总重量，足以摧毁20世纪30年代任何海军造舰师所设计的军舰。

然而，"大和"级战列舰的具体设计思路清楚地表明了分配装甲时孤注一掷的设想所包含的危险。就其本身而言，这种装甲分配方式在遭受空袭时并不一定是致命的。然而，如果和一些缺点——不充足的分舱（船头和船尾舱室太大，因此即使是一个单独的舱室进水也需要大量的损管工作）、抽水能力不足的抽水系统和大面积舷侧装甲带之间的薄弱连接——结合在一起的话，这样的装甲分配设计方案就加速了2艘"大和"级战列舰的沉没。集中在"中央堡垒"周围的装甲为这一重要区域提供了最厚重的防护，但让太大一部分船体容易遭到鱼雷的破坏。事实证明，水密隔舱的设计不足以防止船体内过量进水，抽水系统也阻止不了。即使"堡垒"以外的所有区域都进水了，船也应该保持稳定，然而设计者却假定在这种情况下"堡垒"仍会完好无损。当有缺陷的舷侧装甲带——实际上它正是"大和"级战列舰的阿喀琉斯之踵——垮掉时，装甲堡垒本身也受到了致命的威胁。

把这些观察提升到一个更普遍的层面，"大和"号与"武藏"号的装甲分布缺陷是两个实际情况导致的结果，一个是它们的设计者知道的，而另一个在当时对他们来说则并不那么显而易见：第一个是在任何战舰的设计中做出选择的必要性，第二个是无法预见海军技术的发展方向和发展速度，它们可能一起推翻任何舰艇设计背后的假设。[59]

最初的设计决定是重视舰艇水线以上抵御炮火和炸弹爆炸的需要，而不是抵御水线以下鱼雷造成的破坏。这一决定反映了军令部对大规模炮战的痴迷，而大规模炮战又反映了这样一个事实：任何可能被选择的设计方案都代表了一系列偏离"理想"规格的妥协方案，因为"完美"的战舰设计是不可能的。一组不同的妥协方案必定会产生一组不同的问题。举例来说，如果装甲分布得更均匀，它就会更薄，那么在船的任何部位都不会那么有效了。[60]

对2艘"大和"级战列舰来说不幸的是，它们的设计者往往容易忽视鱼雷的威胁。舰体水线以上的防护是要优先保障的，而在水线以下，敌方炮弹在水中的运动被认为和鱼雷的危险程度一样。"大和"级的设计师更关注提供坚固的装甲——它可以一直向下延伸到龙骨——而不是构建能够吸收鱼雷爆炸冲击波的空隙。在建造两舰的过程中，测试表明舰体可以承受400千克（880磅）TNT当量的爆炸威力。这超出了任何美国鱼雷——无论是空中还是海上发射的——当时所能提供的威力。然而，在战争期间，美国的技术进步使鱼雷更具杀伤力，这一事实加上该级舰有缺陷的装甲结合部对解释"大和"号与"武藏"号的毁灭非常有帮助。[61]

尽管如此，这两艘战列舰所表现出来的对战斗损伤的抵抗力是它们总体设计成功的最好证明。击沉"武藏"号与"大和"号所需的炸弹和鱼雷数量之多，令摧毁它们的飞行员和研究它们被毁的分析人员都感到吃惊。人们不禁要想，如果它们曾经被用在日本海军本打算进行的炮战中，它们能挺过怎样可怕的猛烈攻击，且还能在战斗中保持战斗力。从这个意义上说，虽然它们有缺点，但它们确实是"人类有史以来建造的最强大的战列舰"[62]。

"大和"号和"武藏"号防空武器的总体弱点也反映了技术进步的迅速和不均衡。两舰服役时日军似乎计划给它们安装密集的近程防空武器，而战时对它们的改装又增加了更多这样的武装。在两舰还处在设计阶段时，舰上数量最多的高射炮——25毫米口径的机关炮是用来抵御当时速度缓慢、结构脆弱的飞机的合适防御武器。到太平洋战争的第三年，随着更快、更坚固的美国飞机的出现，这类高射炮被证明火力孱弱，而这时日本海军已经没有合适的替代武器可用。[63] 两舰的远程防空武器在战争中期也被证明是无效的。由于没有美国人发明的那种毁灭性的近炸引信，"大和"号与"武藏"号上的5英寸高射炮炮手们被训练的内容是集中火力在预估的来袭敌机所在高度上形成弹幕。虽然这种战术对高空轰炸机相对有效，但到1944—1945年，这种战术对航母舰载机几乎毫无用处，因为它们更加难以捉摸。[64]

最后，我们也可以对被视为"大和"级关键组成部分的18英寸巨炮提出批评。当然，我们没有毋庸置疑的方法来评估它们真正的战斗效能，因为两舰都没有使用过主炮来攻击敌人的主力舰。但是若干研究表明，尽管在研究、设计和制造这些巨型舰炮上花费了大量的时间和成本，但日本人所取得的成果（在想定射程内的装甲穿透力）可能与付出的努力并不相称。[65]

对"超级战列舰战略"背后的设想及其最高典范——"大和"级战列舰都不宜采用事后诸葛亮的方式进行评价。[66] 随着时间的推移，人们将大量的笔墨用于阐述主力舰的明显无用性。最近的一本通俗读物对它们大加嘲讽，认为"大和"级战列舰是海军专家近乎宗教崇拜的对象。[67] 由于"大和"号和"武藏"号是人类有史以来建造的最大的主力舰，又从来没有被用于当初建造时设想的目的，而且它们不是被其他战列舰的齐射轰沉入海底的，而是被雨点般的航空炸弹和鱼雷击沉的，所以许多历史学家都确信建造两舰的最初想法背后是愚蠢的思想。甚至连日本海军军人在回顾这两舰的诞生与死亡时也认为"大和"号战列舰是"世界上最愚蠢的三样东西"之一。[68]

然而，如果我们更仔细地观察，可能会发现日本海军军令部在20世纪30年代初首次设想的超级战列舰战略是一项合理的政策。鉴于日本注定会输掉与美国在战列舰建造上展开的具有经济破坏性的数量竞争，那么建造超级战列舰作为当时对造舰竞赛的一项替代性方案根本不能被称作愚蠢的行为。此外，战列舰的理念和它的具体形态在起草"大和"级设计方案时都没有过时。二战前飞机对水面战舰的威胁被夸大了，像朱里奥·杜黑（Giulio Douhet）、"比利"·米切尔（"Billy" Mitchell）和中岛知久平这样的空中力量倡导者的言论被推崇航空力量的历史学家引用为神圣预言。最终，这些预言被证明至少部分正确，而且战列舰在俯冲轰炸机和鱼雷机面前也确实脆弱得令人震惊。然而，直到20世纪30年代中期，无论是当时脆弱的飞机，还是它们携带的威力孱弱的武器，都无法对战列舰的主动或被动防御系统构成极大的威胁。"大和"级战列舰的设计者们不可能知道未来的技术发展会抹杀他们的设计方案，他们也不可能猜到这些发展——特别是飞机和机载武器的发展会多快地超过主力舰设计那缓慢得多的进展。他们并不知道，这种军舰的造舰工程正在接近它的终点。

对日本海军超级战列舰战略最中肯的批评和超级战列舰的建造本身无关，它批评的是该战略接下来把海军的注意力从它面临的以下那些至关重要的战略问题上转移开了，如：（日本）对其海外航线的彻底依赖；添置舰船、形成护航建制和条令，并开展最有效的保护这些航线的训练的需要。

1937—1941 年间日本海军其他舰艇的建造

由于 20 世纪 20 年代和 30 年代初日本在巡洋舰建造上进行了大量投资，所以确定它暂时可以在重型巡洋舰的建造数量上保持美国七成的比例。日本认为有必要在这类舰艇上保持速度、火力和鱼雷武器装备的质量领先。[69] 这一点尤为重要，因为在日本海军水雷战队的部署中，巡洋舰一直被赋予重要的角色。第八章已述，水雷战队积极的鱼雷攻击是两支敌对的战列舰队之间舰炮决战前的必要准备。海军战术家们曾计划由充当鱼雷中队旗舰的轻型巡洋舰率领水雷战队进入战斗。到 20 世纪 30 年代末，考虑到日本驱逐舰的先进性能，日本海军正在寻求替换排水量 5000 吨的老式"球磨"级轻巡洋舰，该型轻巡洋舰已服役近 20 年。1938 年，日本海军获准建造 4 艘新设计的巡洋舰，但由于各部门之间对详细规格争吵不休，所以直到 1940 年才开工建造这些军舰的第一艘——"阿贺野"号（Agano）。该舰排水量 6652 吨，搭载 6 门 6 英寸 50 倍径火炮，它们分别被安装在 3 个双联装炮塔（两前一后）当中。[70] 配备了快速再装填装置的 2 个四联装 24 英寸鱼雷发射管支座被放置在烟囱和后桅之间的中心线上。虽然"阿贺野"号和它的姊妹舰的速度和火炮并不强于它们要取代的"球磨"级，但它们的鱼雷武装更强大，它们的设施条件对于指挥舰来说明显更优越。但是，由于佐世保海军造船厂还背负着其他舰艇建造工作的压力，所以在太平洋战争爆发之前，该级的 4 艘舰（有 3 艘是在佐世保船厂建造的）——"阿贺野"号、"能代"号（Noshiro）、"矢矧"号（Yahagi）和"酒匂"号（Sakawa）没有一艘整装待命。因此，在 1942 年早期的水面作战中，日本的水雷战队参加战斗时不得不把 5000 吨级的轻巡洋舰用作旗舰。[71]

大约在规划"阿贺野"级巡洋舰的同一时间，日本海军决定加强巡洋舰和舰队潜艇在削弱美国战列舰队时的作用。鉴于尽早侦察到预料中的美国舰队西进动向对执行削弱战任务帮助甚大，军令部设想组建一支潜艇—水面舰艇混合部队，它由一支大型潜艇中队和一艘快速巡洋舰旗舰组成。这艘旗舰将是一种混合舰，可以遂行侦察和指挥任务。它作战半径很大，配备了许多设计先进的高速水上侦察机。据推测，这种侦察机将在海上搜索，定位水面上的敌方目标，并在发现目标后向旗舰报告。然后，旗舰将协调潜艇的攻击，很可能通过无线电引导它们到达目标。被计划用于这一目的的巡洋舰在设计上与"阿贺野"级相似，但是比它重 1500 吨，且装备的不是 5.9 英寸的火炮，而是 6 门 6.1 英寸的火炮。1941 年年初，"大淀"号（Ōyodo，该级只建造了 1 艘）开工，并在战争中期服役。它的主炮组安装在前部，以便在舰艉安装一个强力弹射器和大型吊杆式起重机来操作该舰的飞机。它是唯一一艘没有配备鱼雷武装的巡洋舰，大体上是通过牺牲防护来获得高速。然而，作为战争期间日本潜艇作战彻底失败的一个标志，"大淀"号从未发挥过预想中的作用。充当计划中的潜艇攻击群"眼睛"的新式飞机也没有生产出来。[72] "大淀"号在本土饱受美国空袭之苦，最终于 1945 年 3 月[①] 在吴港倾覆。[73]

后条约时代初期，日本海军与美国海军的驱逐舰比例仍然保持在 7 : 10 左右。美国接二连三的大型舰艇建造计划和美国驱逐舰建造时间的大幅缩短确实引发了一些担忧，即日美在这一领域的实力差距可能很快就会拉大。但是，日

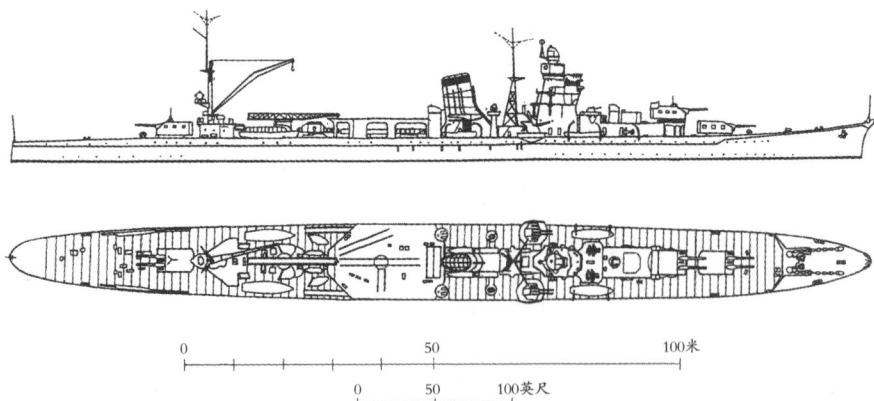

∧ 示意图10-6. "阿贺野"号巡洋舰

---

① 译注：原文如此，应为1945年7月。

本海军对驱逐舰鱼雷武器打击威力及其夜战效能的信心促使他们得出结论：他们在大型驱逐舰上的优势可以抵消美国该类战舰增加带来的影响。[74] 所以日本海军需要做的是在计划以新式驱逐舰取代老式设计时，保持设计上的优势。由于没有吨位或军备限制来阻碍其规划，军令部现在可以为一款新型快速舰队驱逐舰制订规格，最初将其命名为"甲型"。

于是便有了"阳炎"号（Kagerō）。该舰于 1937 年开工建造，1939 年完工，是 18 艘"阳炎"级驱逐舰中的第一艘，该级有 15 艘订购于"丸三"计划，3 艘订购于"丸四"计划，不过所有这些舰船都在 1941 年年初服役。"阳炎"级与"特型"（"吹雪"级）驱逐舰配置相似，排水量略大于 2000 吨，比改装后的"吹雪"级稍重，但稳定性明显要好得多。它的船宽加大，吃水增加，鱼雷发射器的布局也更高效。"阳炎"级最大速度（35 节）与"吹雪"级类似，作战范围也有约 5000 英里，但具有更高的巡航速度（18 节）。动力输出增加到 52000 轴马力，动力机械（有 3 台舰本式锅炉、2 台齿轮减速式涡轮机驱动 2 根螺旋桨轴）得到改进，重量减轻、效率提高。从数量上看，火力基本没什么变化：3 个双联装炮塔共装有 6 门 5 英寸主炮，1 个在舰艏，2 个在舰艉；还有 8 具 24 英寸的鱼雷发射管，它们被分成 2 组，分别装在船中部沿中心线排列的 2 个四联装发射器上。[75] 凭借"阳炎"级驱逐舰，日本海军在质量上一直领先于英美同期的驱逐舰，特别是在火炮和鱼雷武器方面。它们在太平洋战争头两年最激烈的炮战中表现良好。其中一艘名为"雪风"号（Yukikaze）的驱逐舰成为日本海军中最著名的小型舰只。在它经历的三年半的战争中，它在执行战斗任务时航行了 1 万英里，几乎参加了每一场重大炮战，最终挺过了战争，而且没有挨过一发炮弹、一枚炸弹和一条鱼雷。[76]

1939 年，日本海军根据"丸四"计划订购了 12 艘类似设计的驱逐舰。该级最后总共建造了 20 艘，第一艘和舰型同名，都被称作"夕云"，它在战争爆发前服役，比"阳炎"级略大略快。但最大的改进是安装了仰角可以增加到 75 度的 5 英寸口径主炮。该级驱逐舰只有"夕云"号和"秋云"号（Akigumo）在战争开始时服役，最后一艘直到 1944 年 3 月才入役。[77]

在太平洋战争开始前设计的这最后一款驱逐舰舰型，源自加强日军航母编队护航舰防空和反潜作战能力的需要，因为日军航母编队正日益与主力部队分开作战。大多数"吹雪"级以前的驱逐舰已经不足以担当航母的护航舰了：它们的武装太弱，作战半径太有限，适航性也不足。所以在1938年，军令部制定了新护航舰的规格：最高速度35节，航速18节时作战半径达到1万英里，8门高射炮。根据这些指标设计出来的结果便是"秋月"号，这是12艘2700吨级驱逐舰中的一号舰，有4个全电力操控的炮塔，2个在舰艏，2个在舰艉，每个炮塔上都安装了2门新式高射速3.9英寸口径高射炮。这些高射炮仰角可以达到90度，每分钟能射出15—20发炮弹，垂直射程有14000码，水平射程有2万码。为了提高他们的作战效能，舰艏舰艉分别设置了单独的射击指挥点。这是当时所有在役驱逐舰中最强大的防空武装。为了能给予水面目标沉重打击，"秋月"和它的姊妹舰在船中部配备了一具四联装24英寸鱼雷发射管。1941年开工建造了4艘，但是没有一艘在战争开始时服役。[78]

　　因此，日本人是带着所有海军中最好的驱逐舰参加太平洋战争的。但由于美国驱逐舰在战前大量建造，而许多日本驱逐舰是在20世纪20年代和30年代初建造的，故组成日本驱逐舰部队的驱逐舰相对美国的来说就要老旧一些。[79]此外，他们整体上缺乏足够的防空和反潜防御武器，最糟糕的是，和战争期间大

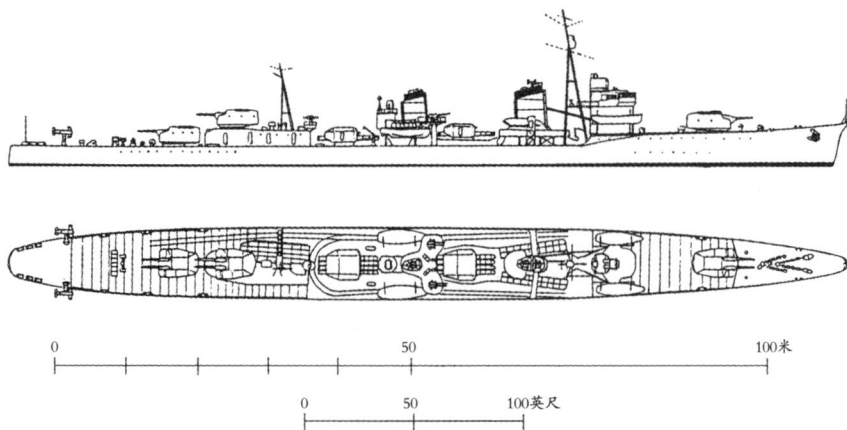

∧ 示意图10-7. "阳炎"级驱逐舰

多数时间里的大多数日本战舰一样，它们缺乏高质量的搜索和火控雷达。但是，在 1942—1943 年东南亚和西太平洋水域的一些最激烈的战斗中，这些驱逐舰都挺住了。它们在这些战役中数量越打越少，说明与其说它们在设计上存在什么缺陷，[80] 不如说它们所承担的任务具有高风险性，它们的舰长和舰员具有积极的献身精神，以及美国舰载航空兵和潜艇战的威力越来越强。

在 20 世纪 30 年代的大部分时间里，日本在远洋潜艇的数量和质量上一直领先于美国海军，但随着美国舰队潜艇的出现，这种情况发生了巨大的变化。在这十年中，日本潜艇的"伏击"战略和舰队决战条令都要求部署相对较少的大型潜艇。事实上，袖珍潜艇曾被认为是弥补大型潜水器数量有限的一种手段。[81]

在 20 世纪 30 年代中期，军令部已经开始为协调部署潜艇中队制订战术计划。如前所述，这些想法是设计作为潜艇旗舰的"大淀"号巡洋舰的根本原因。不过，军令部甚至在此之前就已经规划了 3 款新型潜艇，每一款都是远洋攻击群的具体组成部分。第一款是巡潜甲型潜艇，被设计为指挥艇，协调中队内其他潜艇的攻击。这是一款大型潜艇（排水量 2434 吨，长 343 英尺），它的设计方案中包含以下内容：为更多的艇员提供额外的空间，为更精密的通信设备提供额外的空间，为中队的指挥官提供住宿以及在上层建筑中建造一个机库来储藏一架水上侦察飞机。它的柴油发动机功率（6200 轴马力）比早期的日本潜艇略大，使它的水面速度超过 23 节。与其功能相匹配的是，这艘潜艇有能力在海上停留 3 个月，其活动半径被扩大到 16000 英里。对日本海军打算让它承担的任务来说，这艘潜水艇的设计方案似乎是足够应付了。不过该型潜艇只建造了 3 艘：两艘在 1938 年开工建造，1941 年完工；第三艘则完工于 1942 年。[82]

计划中的远程攻击群的第二部分是巡潜乙型潜艇，设计该型潜艇的初衷是用于为潜艇中队侦察。它由海大 6 型发展而来，拥有与海大 1 型相同的动力机械，虽然也装备了用于侦察的水上飞机，但潜艇本身体积更小、作战范围也更有限。"丸三"计划订购了 6 艘这种类型的潜艇，"丸四"计划订购了 14 艘。第一艘在 1939 年下水，在 1940 年 9 月完工；最后一艘完工于 1943 年。[83]

远洋潜艇攻击群的真正撒手锏应该是巡潜丙型攻击潜艇。除了不搭载飞机和武器装备增加（装备的 21 英寸口径鱼雷发射管从 6 具增加到 8 具）外，该型潜艇几乎与巡潜乙型完全相同。尽管它们属于为远距离攻击战略而设计的 3 种设计潜艇方案中最小的一款，它们依然足够大，大到可以根据需要携带一艘袖珍潜艇。这些潜艇中的 6 艘是根据"丸三"计划订购的 ①，第一艘在 1937 年开工建造，另外 4 艘在 1941 年完工。[84]

如果要把太平洋战争前夕正在建造的日本潜水器的清单补全的话，那么还必须提到两种中程攻击潜艇——10 艘根据"丸四"计划订购的排水量 1630 吨的海大 7 型潜艇和 18 艘根据 1941 年特别"丸"计划订购的海小型潜艇 ②。后者被设计用于海防作战，尤其是用于防卫日本在密克罗尼西亚的航空基地。[85]

我们可以从美国在战前几年的潜艇设计方案中看出日本海军潜艇建造计划的一些基本缺陷。美国海军在 20 世纪 30 年代早期就确定它需要一种具有出色适航性和强大武装的多用途潜艇，速度要快到足以与战列舰分舰队协同行动，同时还能在太平洋的广阔海域执行巡逻和攻击任务。为此，它专注于设计和建造单一的标准型潜艇。这样导致的结果便是设计出了一种由可靠和经济的发动机提供动力、具有超强续航力和极佳居住性的远洋潜艇。这种潜水艇一般被称为"舰队潜艇"。建造单一标准型潜艇的决定带来的规模和成本优势使美国造船厂能够大量生产它。[86]

塑造日本潜艇舰队的影响因素则完全不同。随着时间的推移，分配给日本潜艇的任务——舰队攻击、埋伏攻击、侦察警戒、海岸防卫和商船突袭——五花八门，内容各异。这不可避免地导致了各种潜艇设计方案的零散，每个设计方案都是为了一项特定的任务而起草的，实际上却很少得到大量生产。日本海军军令部和日本海军造船师似乎在一个个设计方案上跳来跳去，总想为一个特定功能寻找最佳设计方案，但从来没有在一个设计方案上停留足够长的时间，以便大量生产或在舰队服役时进行充分的测试。这种技术上反复无常的核心原因自然是日本潜艇作战理论的要求无法用一套单一的设计规格来满足。远程攻击群里的 3 种不同的潜艇设计方案就是一个很好的例子。日本海军无法决定，是

---

① 译注：原文如此，根据"丸三"计划订购的巡潜丙型潜艇应为5艘。
② 译注：原文如此，海小型可能指吕-100型潜艇，该型潜艇有9艘订购于"丸临"计划，9艘订购于"丸急"计划。

由潜艇旗舰还是水面旗舰来指挥，因此建造了3艘巡潜甲型潜艇和"大淀"号巡洋舰。事实上，潜艇和"大淀"号都没有被用于预期的目的，主要是因为远程攻击群从未被真正组建完成过。鉴于可供日本海军使用的造舰设施有限，这是对日本工业资源的可耻浪费。

日本海军使用的其余舰艇是一些较小的军舰种类。内河炮艇是日本海军中一种设计和功能都超出了它总体战略和战术考虑的军舰类型。它之所以存在，一方面是由于日本在中国内地的利益，另一方面也因为日本为了保护自己的这种利益，自20世纪初以来就与其他通商口岸列强一道在长江保持海军力量的存在。到太平洋战争前夕，日本的炮艇是长江上数量最多的，而日本海军2艘新增炮艇——"伏见"号（Fushimi）和"隅田"号（Sumida）在所有海军中毫无疑问是速度最快、航程最远的。[87]

尽管日本海军长期强调它鱼雷战和"肉迫必中"的悠久传统，但他们从未真正重视过小于驱逐舰的"快艇"。也许这是因为日本海军认为鱼雷快艇在海上决战中无法发挥作用，且日本的战略计划并没有把保卫国家海岸线放在首位。不管是什么原因，总之在太平洋战争前夕，日本海军只有少量这样的快艇、两三艘外国建造的小艇（有的购买，有的俘获）以及大约38艘用于中国内河的浅吃水木船，而且没有一艘在性能或战斗力上接近于美国的PT鱼雷艇。使用鱼雷快艇的主要理由是看重它的速度，而速度则是由发动机功率决定的。但是和日本海军在飞机发动机上遇到的问题的原因相同，这些小艇的船用发动机动力严重不足，所以它们只是摩托艇而不是鱼雷快艇。由于在和平时期没有进行发动机和船体的预备研究、设计和测试，日军接下来在战时发展鱼雷快艇部队的努力均以失败告终。由于缺乏类似美国鱼雷快艇部队那样的快速打击小艇，日本海军在1942—1943年所罗门群岛的战斗中处于非常不利的地位。[88]

当然，在20世纪，任何海军的战斗力都不能仅仅用它建造的那些军舰来衡量，不管它们是6万吨的战列舰还是18吨的鱼雷快艇。它的运输和补给能力、它收集和正确分析敌人情报的效率、它打击敌人的补给线和交通线的能力、它向岸上投射兵力的能力——这些都是海军力量的基本要素。接下来的两章将讨论太平洋战争前夕这些要素在日本海军中的情况。

11

第十一章

舰队背后:

1937—1941 年间
日本海军的后勤辅助

对所有主要的海军来说,非战斗活动——经济、工业和组织上的活动对第二次世界大战期间海上冲突造成的影响与投入战斗的军舰和飞机的数量和类型相比可以说不相上下。由于轴心国的政府是专制政府,它们在战争开始时似乎能够比英美海洋国家更迅速、更有效地利用这些战争潜力。但是轴心国坚信它们自己的军事体制具有优越性,假定冲突的时间不会长,因此未能有效地动员它们的工业、技术和科学资源进行长期作战,这在战争波及它们时就造成了巨大的问题。

诚然,在第二次世界大战前夕,同盟国在很大程度上也一样忽视了对海战的这些方面进行充分的规划。例如,虽然美国海军几十年来一直在策划对日本发动越洋作战,但几乎没有采取什么具体措施来确保为这一战略建立一个适当的后勤保障架构。[1]直到太平洋战争爆发前不久,美国海军的许多舰队问题都是源自未经检验且往往是错误的假设。美国的战略计划要求在太平洋建立前进基地,并不远万里为舰队提供补给。然而在战争前夕,美国海军还没有集结物资、部队或人员来承担这些任务。

美国的两大优势使美国海军得以迅速而大规模地弥补了战前对服务于其战略的后勤保障的忽视。第一个是美国工业的强大生产力,另一个是美国人在随机应变和组织筹备上的才能。美国的工业一旦被充分动员起来就能源源不断地生产战争物资。美国的研究一旦被发掘利用起来就可以开发高效的后勤技术，如航行中补给燃料、弹药和给养。美国海军创建了像海军修建营——或者称为"海蜂"——这样的编制单位，有丰富的土木工程设备和人力资源供他们使用，使他们得以灵活地建造前进基地。此外，美国海军可以在一个单一的政府机构指导下协调军事行动的航运和民用经济的持续需求。

在战间期，英国和美国都没有像日本那样改造和加强他们的商船队。但作为海上强国，它们单纯在规模上有很大的优势，在战争开始时掌握着大约300亿吨商船，并且有资源在必要时租用或购买更多的商船吨位。德国U型潜艇部队的复兴和新的大规模水面攻击作战理论在战争开始时对英国构成了威胁，但是希特勒在建造主力舰上浪费了时间和金钱，在这个关键时期没有足够的潜艇和艇员来猛烈攻击英国的商船。由于美国拥有丰富的资源、强大的生产能力和技术创新能力，它最终能够在加入这场冲突后向两个大洋（太平洋和大西洋）的前线提供物资。"自由轮"的发展体现了美国的这些实力，因为有了它，美国最终不仅弥补了损失，还满足了战时日益增长的航运需求。1941年9月，第一艘"自由轮"下水，它用预制组件建造，建造速度快，且操作简便。到1945年，大规模生产技术已经使2700艘姊妹船得以建成，而从1943年开始，531艘大小相近但速度快了50%的胜利轮也为两大洋战争的补给做出了巨大的贡献。

轴心国在第二次世界大战中的一大失算在于他们低估了盟国——特别是美国——能以足够的速度调集足够的兵力来抵抗轴心国征服的能力。他们假定，美国不可能在必要的时候建立起这样一支军官及技术专家队伍：他们能够从事将美国工业制造的武器装备进行大规模扩充的工作。做出了这种误判时，他们既忽视了美国的组织才能，也忽视了美国教育机构在迅速大量培养合格人才方面的巨大潜力。在整个战争期间，数百所美国学院和大学举办的特别预备役军官训练项目和专门技术学校培训项目在既有的各军种学院和后备军官训练团（ROTC）毕业生基础上又培养了数十万名学员。仅在V–12项目中，就有6万多名美国海军和海军陆战队军官候选人在8个月到2年的时间里获得了培训和任命。在海军军官候补学校，许多有大学文凭的人只接受了短短3个月时间的训练，这就是战时海军的"九十天奇迹"。所有这些项目都基于一个典型的美国式假设：只要采用正确的培训方法，任何受过足够的预备教育、有正常智力水平的人都能习得令人满意的能力来完成必需的任务。[2]

太平洋战争之前，美国海军从未在全球范围内关注过的一个问题是舰队的燃料供应。美国在石油方面完全能够自给自足，且海军在怀俄明州和加利福尼亚州拥有尚未开发的大型油田。这种战略资源在美国的储量非常大，大到在20世纪30年代，美国舰队驻扎的加州还向日本出口石油。这些年来，美国海军唯一关心的问题就是向远在海上的舰队输送石油。在20世纪20年代，美国海军估计需要把美国民用油轮总吨位的83%用于为舰队穿越太平洋到菲律宾的航行运送燃料。虽然现有的民用油轮速度较慢，但从1936年开始，由海运委员会资助的快速油轮建造计划为海军提供了相当好的石油运输能力。此外，美国海军非常清楚跨太平洋军事行动的后勤挑战，因而早在1936年就开始试验航行加油的技术，并在20世纪30年代末完善了为舰队重型舰艇加油的技术。[3]

军事技术创新在第二次世界大战中比第一次世界大战更为普遍。研究实验室是第二次世界大战中两项最具决定意义的军事技术——电子设备和原子武器的诞生地。在这一点上，像德国、意大利和日本这样的专制政权又是有优势的：由于其有强大的官僚机构，本应更能利用科研人员的研究成果来满足军事指挥官的要求。但二战后若干出色的研究清楚地表明，民主国家（不像那些更专制的国家）鼓励基础研究，并获得了不同研究人员在科学和技术问题上分工协作所带来的益处。民主国家可以更好地把战略需要与自由讨论和创造性思维的原则联系起来。因此，科学探索中的民主自由取得了军事技术发展竞赛的胜利。[4]

英国和美国雷达的发展，或者更具体地说，雷达在海上搜索和火力控制方面的应用，就是这种成功的一个例子。虽然雷达研究在20世纪30年代分别在英国、美国、德国和日本秘密开始，但在第二次世界大战前夕，在这项技术上取得最大进步的是英国人和美国人。

20世纪30年代中期，英美两国对脉冲雷达进行了积极的研究，美国发展了能描绘距离的阴极射线探测仪。1936年，这两种技术都在美国海军研究实验室和海军舰艇上成功地进行了演示。早在1938年，一艘战列舰上就安装了搜索雷达，并于1939年冬季在加勒比海的舰队演习中进行了全面而成功的测试。该装置能探测到50英里以内的飞机。接下来的两年里，美国7艘航空母舰、5艘战列舰、6艘巡洋舰和2艘大型水上飞机补给舰上全都安装了经过改进的搜索雷达。海军火控雷达的研发始于1937年，在第一套火控雷达交付给海军后，经过改进的火控雷达在珍珠港事件之前安装到了巡洋舰上。因此，在太平洋战争前夕，美国海军已经拥有了作战雷达系统。尽管这套系统按照后来的标准可能是很原始的，它还是极大地帮助了舰队：能24小时全天候及早发现逼近的敌军航空和水面舰艇部队，并指挥炮火对敌方空中和水面目标进行攻击。

在战术意义上与雷达相匹配的是一种更早的相关技术——无线电，它已经为所有指挥官提供了与其部队进行快速通信的手段，从而加强了对部队的战术控制。反过来，它的主要弱点——其通信易受拦截——也日益成为情报的关键来源，这成为敌对双方部队制定战略计划的关键要素。通过对电文进行编码或加密来保护无线电通信的企图不可避免地导致其他政府和军事机构发展对这些电文进行解码和解密的反制措施。

在过去的10年里，越来越多的文献追溯了20世纪30年代英美海上强国尝试破解德国、日本和意大利的无线电通信的过程：在20世纪30年代初还是断断续续的，而到了30年代末它们的能力和技术就越来越强了。到1941年年末，英美这两个海上强国从轴心国获取的无线电情报规模之大、连续性之强、速度之快和通用性之好，使得最近的一项学术研究将其称为"情报革命"。[5]现在我们知道，盟军用以成功破解大量轴心国最高级电码和密码的主要情报机关——"终极"（ULTRA）和"魔术"（MAGIC）最后调集了大量跨学科的军方和民间人才。这类密码分析机构在研发破解复杂电码和密码的技术方面表现出了极大的独创性。

信号（无线电）情报以极低的成本提供数量和种类日益增加的信息，内容则涉及所有舰队的动向、组成和意图。无线电测向使监视另一支舰队的日常活动成为可能。通过对一艘军舰的无线电信号进行交叉定位，就可以确定这艘军舰的位置，甚至可以确定它的航向和速度。对另一支舰队的无线电通信进行分析，确定哪台发报机和哪台发报机通话，使推断一支舰队的指挥系统成为可能。对无线电通信量的分析也可以对舰队作战的迫切性做出有根据的评估，因为无线电通信量的增加通常发生在重大军事行动之前。信号情报中最困难但可能也是最有价值的部分是密码分析，即发现任何电码或密码的明确含义的各种方法。

整个 20 世纪 20—30 年代，美国海军一直在努力破解日本海军的密码。这项工作有时还得益于秘密潜入敌营对电码和密码进行拍照。除此之外，美国海军经过多年艰苦的密码分析最终得到了有用的情报。到 20 世纪 30 年代末，美国海军已经拥有一批经验丰富、能力出众的密码分析师。但就像在英国破译德国 "恩尼格玛"① 密码一样，最终成功破译最重要的日本密码的关键因素，是认识到单靠军事人员是无法找到解决办法的：它需要大量民间和军队的各种专家、数学家和语言学家的才能来解决问题，毕竟这个问题头绪繁多。

日本海军和商船队：
补贴和征用

日本海军后条约时代的扩充计划不仅包括建造新的军舰舰体，还包括从民用商船队征用船只，将其改造成辅助舰艇或为舰队增加运输能力。这个征用计划是日本政府（尤其是日本海军）支持日本民用航运的一种制度带来的有益的最终产物。[6]

虽然日本商船队在第一次世界大战期间大幅增长，但战后的大萧条使日本以及全球航运业在 20 世纪 20 年代大部分时间里都处于衰退中。由于船舶数量供过于求，船舶的建造量自然急剧下滑。对整个日本政府来说，空荡荡的民用造船厂使失业人数急剧增加，也加剧了日本经济危机，而 1930 年《伦敦海军条约》又使这种情况恶化，它进一步减少了提供给国营和私营船厂的造船订单。[7]

20 世纪 30 年代初，文官政府、海军和私营企业共同努力，通过一项补贴计

① 译注：这是对二战时期纳粹德国使用的一系列相似的转子机械加解密机器的统称，它包括了许多不同的型号，为密码学对称加密算法的流加密。

划加强日本的船舶建造业和航运业务，这项补贴计划不仅造福了日本经济，而且从长远来看也造福了日本海军。根据"报废和建造"计划，日本政府同意资助那些愿意为每 1 吨新船报废 2 吨旧船（船龄超过 25 年）的日本航运公司，只要新的商船排水量超过 4000 吨，且航速能达到 13.5 节即可。1936 年，各种类型的商船（尽管要求提高到 6000 吨排水量和 19 节航速）都可享受补贴，同年，日本政府为新造船舶提供补贴时不再要求报废旧船。[8]

这些补贴计划的结果便是日本造船量的激增，使日本商船队得到了扩充：从 20 世纪 30 年代早期的 400 多万吨增加到太平洋战争前夕的 600 多万吨。但更重要的是日本海运在现代化程度、速度和燃料效率方面取得的巨大进步。[9] "到 1940 年，"马克·帕里罗（Mark Parillo）总结道，"日本拥有的商船队在规模上排名世界第三，在效率上或许无人能及。"[10]

对日本的海军和陆军来说，考虑到他们过去在战时（在甲午战争和日俄战争中）征用民用船只用于作战的历史，商船队的这种质量优势带来了明显的好处。而且这对海军来说是特别有利的，因为这样一来许多这些相对较新的船只可以在战时被改装为海军辅助舰艇。一些船只就是根据便于改造的规格设计的，因此构成了秘密的海军作战单位。这些安排是日本海军计划中的航母"影子舰队"的基础，"影子舰队"的航空母舰在 20 世纪 30 年代被伪装成快速客轮（见第九章）。例如日本邮船公司的"春日丸"号（Kasuga-maru）后来变成了护航航母"大鹰"号（Taiyō）；它的改装工作完成得非常及时，使其能够参加对东南亚的入侵。在太平洋战争爆发前的一年左右，得到政府补贴建造的其他民用船只被改装成辅助巡洋舰、炮舰、扫雷舰、巡逻舰等。[11]

然而，在海上运输船方面，对日本海军来说最重要的民用船只是油船。当日本海军在明治末期开始实行石油储备政策时，它还没有自己的油轮，完全依靠民用船只来运输燃料。1916 年，它建造了第一艘自己的油轮，在第一次世界大战后的几年里，海军转而使用自己的船只为舰队提供石油，只把民用油轮用作后备运输力量。这一政策的核心是在 1920—1923 年建造 10 艘"知床"级（Shiretoko class）高速给油舰，每艘的速度为 14 节，每艘能装载 8000 吨石油。该级的第 11 艘船甚至在离开滑道前就被改装成水上飞机母舰"能登吕"号

（Notoro）。[12] 但是在 20 世纪 30 年代，除了一些可以改装成其他舰种（如航空母舰、潜艇补给舰等）的油轮外，海军油轮的建造工作被停了下来。相反，日本海军为建造更新、更快、更高效的民用油轮提供补贴，以便在和平时期租船供应石油（租金远高于通常的民用租船费率），或者在战争期间进行征用。在这样的政策的支持下，日本海军对石油的需求稳步增长，成为石油的主要市场，日本油轮产业出现了蓬勃发展。日本的油轮吨位从 1934 年的 12 万吨增加到 1940 年的 36.4 万吨，年承载量则从 1934 年的 100 万吨增加到 1940 年的 400 万吨，增加了 3 倍。而且，质量随着数量的增加而得到提升。私营公司愿意建造 1 万吨的油轮，这在当时是世界上最大的油轮。到 1940 年，日本有 33 艘远洋油轮的航速可以达到至少 16 节。[13] 尽管如此，到了 20 世纪 30 年代末，侵华战争和海军大力囤积石油导致日本对石油的需求急剧上升，这使得 49 艘油轮规模的民用船队无法满足日本的需求。[14]

甚至在战争爆发之前，陆、海军对所有民用航运的庞大需求就使它们与民用经济的需求发生竞争，这对后者造成了极大的损害。如前所述，征用商船在早前的战争中是陆、海军的惯常做法。对这种"征用船舶"，陆军通常用来运输，而海军既需要用它们来运输，又需要用它们改装成辅助战舰。随着 1937 年全面侵华的开始，新一轮的政府征用政策开始生效，日本海军这一年征用了大约 60 万吨商船。其他的征用需求也接踵而至，但直到 1940—1941 年的 3 次"船舶大量征用"（意即"大规模商船征用"）才对民用航运造成了真正的压力。第一次发生在 1940 年 11 月，当时海军征用约 55 万吨商船为海军服务，其中包括征用后被改装为辅助军舰的那些商船；第二次征用是 1941 年 8 月海军"紧急"建造计划①的一部分，其中包括将 2 艘快速邮轮"爱国丸"号（Aikoku Maru）和"报国丸"号（Hōkoku Maru）改装成用于袭击商船的武装商船巡洋舰。[15] 第三次征用发生在 1941 年 11 月，日本海军又征用了 55 万吨。到太平洋战争开始的时候，日本海军已经接管了 482 艘商船，总吨位 1740200 吨，占商船总数的 30%。[16]

---

① 译注：即"九急"计划。

这样一来，日本海军在短期内能够获得以下两方面的好处：一是一些世界上最好的商船迅速给它带来了海运运力的加强；二是以极低的费用迅速扩充了辅助部队。但是，一旦日本发现自己处于战争状态，日本海军（和陆军）对日本民用航运提出的这些几乎不加考虑的需求就产生了灾难性的后果。日本的船只太少不仅在日本本土和整个正式的殖民帝国内无法满足日本民众的需求，而且由于动员了主要由经验丰富的商船海员所组成的所有后备军人，剩下的民用商船队都由经验不足的船员驾驶，而这些船员在他们的船只受到攻击时往往表现很差。[17]

此外，还有一个严重的问题影响了对一支一流商船队的维护。在太平洋战争之前的几年里，商业造船厂在日本海军的舰艇建造中占据主导地位。而到战争前夕，这些船厂就算没有达到最高效率，也已经满负荷运转。这些情况使日本要在海运船舶建造和海军舰艇建造之间做出关键选择，因为国家的资源和造船设施都不能铺张地同时用于这两方面。在战争期间，商船建造的产能增加了，对商船建造的控制权和责任被移交给了海军，海军对商船的关注也比以往有所增加。然而，随着敌人的空袭和潜艇攻击造成的损失不断增加，舰艇建造需求和商船建造需求之间的紧张关系日益加剧。[18]

日本商船队的覆灭最终缘于日本海军在两次世界大战之间的 20 年里令人吃惊地未能优先考虑商船保护和反潜战的问题。我们说"令人吃惊"，是因为日本作为一个自身自然资源匮乏的工业国家，已经越来越依赖其海上贸易，也因为第一次世界大战已经极为清楚地展示了一个岛屿贸易国遭残酷的潜艇战削弱会陷入怎样的绝望境地。

后勤：
准备短期战争导致的结果

早在 20 世纪的最初 10 年，秋山真之就已经提到了"战务"——除了战略、作战和战术之外的战争指挥行为的重要性。虽然秋山把这个词的含义扩展到了后勤之外，但它的核心是对以下两者的关注：物资——为海军提供武器、燃料、给养和配备人员；运输、建造和转移技术——使上述物资源源不断地流向海军军舰和基地的若干程序。显然，没有这些要素，任何海军在和平时期都无法保持战备状态，更不用说在战争中有效作战了。虽然目前关于日本海军后勤方面的详细资料很少，但在甲午战争和日俄战争这两场考验中，日本海军的后勤要求似乎很简单，得到了充分的满足。

然而这两场战争都是与相距日本本土不远的敌方海军的短暂冲突。即使在第一次世界大战期间，大多数主要作战舰艇在海上行进的作战距离也相对较短。海军基地的位置也是固定的，舰队从那里出动几天后就回来了。在这种情况下，不需要后勤辅助船队，也不太需要关心燃料对舰队移动的限制。而数十年后的日美海战将使日本海军面临更严重的后勤问题，因为它将跨过遥远的距离与一个由强大的工业基地提供强大支持的敌人作战。此外，在这个时代，像飞机这样的新型武器对燃料、零部件和维护都提出了前所未有的新需求。[19]

在太平洋战争中，日本海军在策划开局作战时所面临的意料之外的后勤问题之一就是海上加油。美国海军对跨太平洋作战的后勤挑战必定有更多的了解，所以早在 1936 年就开始进行燃料补给实验，并在 20 世纪 30 年代后期完善了为舰队中的重型舰船提供燃料补给的技术。[20] 然而，日本海军传统上一直考虑的是在本土海域进行决战，在设计舰船时考虑的是速度，而不是作战半径，因此当它要往返 6000 英里实施夏威夷作战并在海战期间为入侵马来亚、菲律宾和荷属东印度群岛提供支援时，它在为舰队加油和补充燃料方面就面临着前所未有的挑战。不过到了 1941 年中期，日本舰队开始实施海上加油。它采用了两种方式：一种是"舷侧"加油法，即油轮和正在加油的军舰并排航行；另一种是"船尾"加油方法，即油轮和正在加油的军舰一前一后航行。在给驱逐舰和巡洋舰加油时，两种方法都被采用。而在给战列舰和航空母舰加油时，它们的动力和惯性使它们更难以机动，这样就更有可能在采用"船尾"加油方法时折断加油软管，所以油轮和受油舰的位置被颠倒了过来。无论如何，夏威夷作战特遣部队在危险的北太平洋水域成功实施加油，表明在执行这项重要后勤任务上日本航海技术是相当出色的。[21]

至于对美战争中更难解决的物资问题，日本海军显然考虑不周。这一点首先表现在太平洋战争前夕日本海军舰队"预备动员"的举措上。除了燃料储备问题，弹药短缺是日本海军在进行这些准备工作时面临的最严重的后勤问题。日本海军很快发现舰队作战单位对弹药的需求远远超过了和平时期的储备。[22]

特别是日本海军面临严重的航空弹药短缺，九一式航空鱼雷和 20 毫米飞机航炮炮弹的拥有量只达到预期需求的 10%—30%。鉴于这些弹药此时的产量相当低，日本海军认识到，除非迅速而彻底地补足短缺，否则舰队很可能在开战后几个月内耗尽这些弹药的库存。此外，在太平洋战争爆发时，日本海军的军舰都满载弹药从它们所在的各个基地出发，但此后横须贺、佐世保和吴港弹药库中的 25 毫米口径炮弹便告罄。在最后时刻，为了处理这个问题和相关的物资问题，日本海军实施了一个紧急的工业动员计划，以协调后勤规划并监督所需材料的增产。这项前所未有的举措包括主要军械设施的改造以及原材料、零部件和机器用途的根本性变化。虽然日本海军在战争开始时成功地阻止了弹药供应的中断，但在战争余下的时间里，它一直受到弹药供应短缺的困扰。[23]

在两次世界大战之间的那些年里，日本海军高级指挥机关没有预料到的另一个后勤要素是，在前线基地的建设中需要土木工程。事实上，山本五十六是少数几个预见到基地建设在未来太平洋冲突中的重要性的人之一。"在我看来，"山本曾在 1936 年宣称，"未来的海军军事行动将包括占领岛屿，然后在尽可能短的时间内——一周左右的时间里建造一个机场，派驻航空部队，用它们来取得下一段海域的制空权和制海权。[24]

但是当时的日本海军缺乏部队、训练和装备来实现这一目标。它（就像整个国家一样）在土木工程上严重落后。特别是它缺乏必要的机器——推土机、重型推土机和蒸汽挖土机，而且几乎所有的施工都是用手完成的。[25]

在战争的最初几个月里，随着日本军队横扫东南亚和西南太平洋，前进基地的建设是作战部队自己的责任。在这些战场上，日军通常设法占领或修复撤退敌人的海军基地和港口设施。但是在几个月之内，当日军的进攻浪潮席卷了太平洋中部未开发的环礁时，日本海军认识到需要专门的部队来建造机场和前进基地设施。第一批这样的部队——"设营队"（即工兵部队）是在 1941 年 11 月组建的。这些部队主要由殖民地居民组成，还有少量拥有指挥权的日本军官和具有工程经验的日本平民，它们在性质上只是半军事化部队，作战价值有限。尽管如此，这些特殊的工兵部队和劳工营（技术甚至更不熟练）被一起紧急送往太平洋，他们经常和第一波登陆的作战部队一起上岸。但设营队从未拥有美国海军修建营（"海蜂"）所拥有的专业技术和设备，也从未受过他们得到过的训练。由于日本海军统帅机关既不了解设营队的局限性，也不了解完整的土木工程原理，设营队往往被赋予不可能完成的建设任务。最终，随着日军前进的步伐放缓和停止，他们的任务和装备转向了防御工事的建设——隧道、要塞、炮位、分散的机器修理厂，等等。后来，设营队经常被合并到更大的"根据地队"（即基地防御部队）。当美军开始在中太平洋展开反攻时，设营队在一系列徒劳无效的防御作战中被击垮，被烧死在自己曾帮助建造的掩体中。[26]

导致日本海军未能提早认识到对美战争后勤问题的唯一重要原因还是因为它把决战看得重于一切。"粮食、弹药和黑油"的问题无法引起参谋人员和前线军官的注意，他们都把注意力集中在了大规模海上遭遇战那激动人心的战略和战术上。只有那些被认为能力较差或身体有缺陷的军官才被派去解决运输、供应或建造方面的困难。由于这两群人之间没有人员流动，彼此对对方的困难或情况了解甚少。根据一位前海军军官的回忆，这样导致的结果就是在太平洋战争期间，指挥海军作战的人与负责为军事行动提供后勤供应的人之间不断发生摩擦。前者在制订作战计划的时候往往不考虑后勤资源。他们假设人力和物资已经准备就绪，实际上却发现通常需要几周甚至几个月的时间才能为他们的军事行动提供物资。而且，由于国家商船队被破坏，海上运输工具开始减少，这种情况只会进一步恶化。[27]

为海军配备人员：
精英主义的危险

在海军后勤中，人力问题和弹药、物资、燃料、食品、运输或工程一样重要。当然，有两种基本的方法处理这个问题，它取决于一个国家的人口规模和它打算维持的海军规模。第一个办法是无论在和平时期还是在战争时期，都依靠由少量训练有素的现役官兵组成的骨干队伍，也就是说，依靠手头的资源和人力进行战斗。第二个办法是打造和平时期的海军专业人员核心，由受过训练的军官和士兵组成的规模更大的后备力量做后盾，这些人可以被动员起来扩充队伍以满足战时的需要。

　　日本海军自建军之日起就采取了第一种方法，并做了一些修改。日本海军一直奉行"少数精锐主义"（数量少但战备充分的政策），即质重于量，[28] 这与它对舰队最合适兵力结构的看法一致，也与它对适用于自身的最佳战略战术的见解相符。几十年来，日本海军成功地建立了一支小规模的精锐部队，其中包含一些世界上经验最丰富、训练最有素、纪律最严整、积极性最高的海军专业人员。有了这样一个由现役军官和士兵组成的核心，日本海军在其前 30 年的历史中赢得了两场重要的海上战争。

表 11-1

1928—1942 年旧日本海军的官兵数量

年份	在役军官数	未服役的官兵数	总数
1928 年	7849	72746	80595
1929 年	8016	68208	76224
1930 年	8095	71298	79393
1931 年	8096	70334	78430
1932 年	8184	75638	83822
1933 年	8514	80394	88908
1934 年	8873	84196	93069
1935 年	9310	89586	98896
1936 年	9749	97718	107467
1937 年	11029	122984	134013
1938 年	12719	146414	159133
1939 年	15040	175058	190098
1940 年	18113	205060	223173
1941 年	23883	287476	311359
1942 年	34769	394599	429368

截至 12 月 31 日的数字。
来源：《战史丛书·海军军战备第一辑，1941 年 11 月以前》，第 638—639 页。

　　日本海军内部的动态以及其一贯强调质量重于数量的观点也限制了军官

的数量。它有一个考虑周到的晋升计划，设法保证海军兵学校的每一个健康而有能力的毕业生都能升任大佐（上校）。因此，海军兵学校招收的军官人数必须保持在最低限度，这也是它入学要求严格的一个主要原因。[29] 这样的人事政策是建立在人力资源具有稳定性、连续性和稳定的晋升意向这一假设之上的，在日俄战争之后相对和平的几十年里，该政策可能一直都适合日本海军的人力需求。

麻烦始于 20 世纪 30 年代中期，当时日本海军在军备限制条约失效后启动了扩充计划。1936 年，当时只有不到 1 万名军官和不足 9.8 万名士兵，不仅要满足迅速发展的水面舰队，而且还要应付不断扩大的航空部队、规模可观的海军登陆部队和岸上机构（包括在本土和中国的船坞、港口设施、海军基地、航空基地、各种学校和研究中心）。108000 人中近一半在舰上或航空作战部队服役，余下的一半则在岸上服役。这种被当代军事用语称为"牙齿"与"尾巴"的比例与日本海军传统的作战重点一致，但最终会损害日本海军实施现代海战的整体能力。[30]

在这些军备迅速扩充的年代，最大的困难是训练足够的军官。当时，海军兵学校录取的军官人数（以及水兵的数量）是根据当时舰队的规模而定的。日本海军的惯例是，只有在军备预算定下来之后才能确定人员需求。因此，直到一项建造新式舰艇和飞机的计划被批准后，日本海军才开始增加军官的人数，并征募新的水兵。在一支据说要花 10 年时间才能培养出真正合格的大尉、花 20 年时间才能培养出一名合格中佐的海军里，训练本应该能预见到 10 年之后所需的军官和士兵数量。[31] 获得充分训练和经验所需的准备时间被认为比海军舰艇的平均建造时间要长得多（最大的海军舰船除外）。

当日本海军开始将一项扩充计划叠加到另一项扩充计划之上时，情况变得更加糟糕。1936—1941 年，日本海军估计缺少大约 800—1000 名军官。根据估算，日本海军在 1941 年年末参加战斗时至少缺 2000 名作战军官和轮机长。[32] 当然，真正的麻烦是在太平洋战争期间出现的，当时由于战斗伤亡人数不断增加，新造舰艇的人员配备变得更加困难。日本海军可以通过扩大军官队伍和加快军官学院的训练来弥补大部分初级军官的损失，但事实证明，中级军官的损失——特别是中佐和少佐——是无法替代的。日本海军尝试了各种各样的权宜之计：征召更多的预备役人员，提拔准尉和特别勤务军官，把大尉派到少佐和中佐的职位上。[33]但是，被招来填补这些中层军官短缺的军官往往被证明是不合格的，因此总体上降低了日本海军的作战效能。[34]

表 11-2

1934—1941 年旧日本海军的军官短缺情况

年份	获批准的职务数	可任命军官数	缺额
1934 年	4917	4501	416
1935 年	5030	4735	295
1936 年	5469	4663	806
1937 年	6185	5164	1021
1938 年	6824	5922	902
1939 年	7751	6642	1109
1940 年	9013	8326	687
1941 年	12045	10894	1151

来源：《战史丛书·海军军战备第一辑，1941 年 11 月以前》，第 650—654 页。

　　到战争中期，许多中层军官阵亡，中层军官短缺的问题达到了引发危机的程度。但直到出现所罗门战役的战斗损失后，海军省的人事部门才开始重新考虑其人力政策。到这时候，海军省意识到对这个问题采取任何有效措施都已经太晚了。海军大臣在 1943 年年初报告称："目前还没有办法解决我们严重的人员限制问题，未来情况只会变得更糟，而不会更好；我们现在所面临的情况是，我们不能减轻前线人员的疲劳，也不能完全补充（在战斗中）损失的人员。"他承认，造成海军灾难性人事困境的根本原因在于其人力政策的基本特征："在这场战争中作战的所有国家中，日本在动员人员方面是最慢、最不彻底的。"[35]

　　在战前的几十年里，建立一支强大的、受过适当训练的后备力量，本可以在很大程度上改变这种局面。日本海军不仅没有采取这一预防措施，而且几乎没有考虑过规划一支在战争时期可以迅速扩充的部队。[36]他们确实有一支后备队，但只局限于商船学校及该校少数毕业生，商船队自然也需要这些军官作为人手。直到 1934 年，日本海军才开始扩招预备役人员，在医、药学分院设立了预备役类别，并在海军航空兵中建立了学生预备役制度。然而，这些项目直到侵华战争开始后才训练了少数军官。

受过训练的士官和士兵的短缺几乎和军官的短缺一样严重。海军的人力需求几乎总是只在单纯的数量上得到满足，因为如果没有足够的志愿兵，海军就征召义务兵。问题就在于质量。海军自然需要尽可能多的志愿兵，因为除了士气问题，志愿兵服役的时间更长（5 年，而义务兵只有 3 年），因此可以得到更好的训练，可以更好地保持海军所要求的高水平的技术熟练度。1927—1942 年，志愿兵每年约占海军应征人员的三分之一；到 1942 年，参加海军的志愿兵和义务兵人数是差不多的（但是，由于志愿兵服役的时间更长，他们总体上所占的比例变得更大）。义务兵给海军带来了一定的困难。征兵是由陆军管理的，常常明显不利于海军。当海军需要士兵时，它必须与陆军协商，而陆军自己也有人力需求需要满足，可以拒绝海军的要求。有强有力的证据表明，在太平洋战争期间，陆军不仅开始向海军输送质量低劣的新兵，而且开始征召海军文职雇员加入自己的队伍。[37]

造成日本海军人事政策重大缺陷的根本原因是完全缺乏远见。[38] 这种依赖于将少数训练有素的专业人员组成的精锐部队投入战斗的政策，毫无疑问适合按日本海军计划进行的以单一战役为中心的短期战争；但这在发动一场日本海军不得不打的长期消耗战时则是一个致命的缺陷。

命脉：
日本海军的石油问题

到 20 世纪 30 年代中期，对日本海军来说，海军后勤最重要的方面就是石油了。[39] 当日本海军的主要燃料在第一次世界大战后不久从煤转变为石油时，问题便开始产生了（见第六章）。20 世纪 20 年代，由于日本海军增添了新的以石油为燃料的战舰——航母、巡洋舰、驱逐舰和潜艇，又因为它的一些主力舰在 20 世纪 30 年代被改装成快速战列舰，为舰队训练和演习供应足够石油的问题变得严峻起来。随着庞大海军航空部队和对高辛烷值燃料需求的出现，石油变得至关重要。

　　大约在《华盛顿条约》签订的时候，日本海军估计需要1万吨船用燃油来维持整个舰队的运转，使其能以24节的速度航行24小时。[40]根据这个数字，日本海军判断：在战争时期，每年至少要消耗300万吨燃油。[41]它的困境在于国内石油资源的匮乏使得维持足够的石油储备以满足这种紧急需求变得极为困难。

　　为了应对这种情况，日本海军尝试了两种解决方案——开发合成燃料和积极储备石油。然而第一个计划不太成功。1926年，它开始与南满铁路在中国东北的抚顺合作，从页岩中开采石油，6年后，又在中朝边境上建起了另一座采油厂。日本海军本想从这一石油来源获得近50万吨石油，但从来没有实现过，每月1万—1.1万吨的"涓涓细流"与国家紧急情况下的预计消耗量相比微不足道。[42]

　　另一项措施是加快做好和平时期的石油储备。通过不断增加储罐容量并进行离岸采购，日本海军到1926年已经能够储存大约150万吨石油。在海军预算紧张的时期，用于进口石油和储罐建设的资金都很难获得。不过1925—1930年，海军把原本用来建造舰艇的资金用于储备石油，每年储存30万—40万吨，这样到1931年，它已经有了300万吨的石油储备，不过它不想与陆军和日本文官政府分享。[43]

　　虽然日本海军的燃料政策几十年来一直专注于建立重油储备（燃料库），但随着海军航空兵规模的不断扩大，开发和储存航空燃油和润滑油也变得同样重要。早在20世纪20年代和30年代初，日本海军就开始在几个燃料库和航空兵工厂对它们进行研究和测试，但直到20世纪30年代中期，它们才成为优先事项，因为当时飞机发动机的性能不断提高，要求使用更高等级的燃料。于是，日本海军在增加燃料供应的同时，[44]还推进了燃料研究，特别是在生产高辛烷值汽油方面。开发这种燃料和润滑剂遇到的一个困难是，除了制取这些物质的原油外，许多技术和生产设备都来自美国。因此，1937年全面侵华战争开始后，日本航空母舰和陆基航空队被紧急调往大陆时，日本海军被迫实施应急计划，从美国进口了4300吨100辛烷值的航空燃料。由于在中国的航空作战规模很大，日本海军高级航空燃料的消耗量激增，在1938年年初，它又进口了43400吨美国燃料，其中包括一些用作添加剂的异辛烷。这些进口进一步刺激了日本的燃料研究，要使日本海军在航空燃料方面能够自给自足，这样的研究是必不可少的。然而事实上，由于中国战事的持续需求，1939 年以后从美国的进口又接连受到限制，再加上 1940 年以后全面海战的威胁越来越大，日本海军在燃料研究方面从未真正赶上来。[45]

日本海军努力使其石油供应与目前和预计的消费量之间保持平衡，但它遇到了一些困难。它不得不担心日本在日益不确定的国际石油市场上获取石油的能力，还担心与陆军、民用部门和私营企业在从政府获得足够的石油分配上产生竞争。1933 年，为了解决第一个问题，日本海军发起成立了跨部门的国家石油政策委员会。随后，在 1934 年，日本海军沮丧地发现，私营企业明显依赖海军的燃料储备来满足国家紧急状态下自己的需求，于是它说服政府通过了《石油产业法案》。该法案规定：每家石油公司必须将其每年进口石油的一半储存起来。[46]

1936 年，由于这项法律的通过，日本海军储备了约 350 万吨石油。[47] 然而，随着侵华战争的开始，日本和日本海军面临着新的能源危机，这倒不是因为当时的燃料库存立即消耗殆尽，而是因为战争加上国际局势日益紧张，未来的战略前景变得越来越不确定。[48] 在这些年里，日本海军每年进口约 120 万吨石油，消耗 80 万吨左右。其中 55 万吨用于舰队训练和维护，另有 10 万吨用于在中国上空的航空作战和在中国沿海的海上作战，10 万吨用于训练舰船和沿海巡逻艇，另外 5 万吨用于国内港口的后备舰船。[49] 虽然日本海军在中国上空实施了作战行动，但它也认识到，在中国的战事是次要的，在战略上偏离了其在太平洋上的"蓝水任务"①。日本海军此时计算出在与美国的真正海战中每年将消耗 359 万吨重油和 44 万吨航空汽油。鉴于 1937 年日本国内石油产量仅为 39.7 万吨，一项积极的石油进口和储备计划就比以往任何时候都更加紧迫。[50] 对海军有利的是，日本国会通过了一系列紧急拨款，它们有助于石油储备，使资金从一项支出转到

---

① 译注：所谓的"蓝水"，指的就是远洋的蓝色海水，所以"蓝水任务"指的是将海上力量扩展到远洋及深海区域，实施海上远征作战。

另一项支出成为可能。这些拨款又使日本海军不仅能向外国特工，而且还能向陆军和其他政府机构隐瞒其储存石油和建造燃料库的行为。[51]

但这些石油储备仍主要是通过从美国购买而积累起来的，而美国却是一个越来越不友好的供应国。1939 年，《美日商业条约》的废除，将石油和石油生产设备及技术的出口置于美国政府的控制之下。在接下来的几个月里，所有这些商品都接连受到了限制，最重要的是，高辛烷值燃料也受到了限制。在 1940 年，美国对炼油设备和四乙基铅实施了禁运。

由于日本 80%—90% 的石油依赖于从美国进口，所以尽管日本海军已经尽最大努力去实现燃料自给，这些限制还是对它造成了严重打击。最重要的是，这些限制让日本海军意识到其燃料供应的巨大脆弱性。它长久以来一直非常危险地依赖从美国进口石油，而荷属东印度群岛和英属北婆罗洲的油田似乎日益成为不断减少的美国石油供应的极佳替代品。[52] 随着法国和荷兰的崩溃以及 1940 年春天德国对英国的围困，将这些领土及其资源置于日本控制之下的道路似乎已经打开。

然而，日本海军的循环推理，把日本对东印度群岛实施的任何陆海军军事行动，都建立在与美国发生战争的风险之上。反过来，对日本在这样一场（日美）冲突中取胜的评估，是基于这样一种假设：日本海军可以获得荷属东印度群岛的巨大燃料资源。1940 年 8 月，日本海军高层开会讨论了相关的后勤风险，并得出结论：以目前的石油储备，日本作战时间不可能超过一年。[53] 在那年 9 月的一次部门间会议上，军令部总长伏见宫博恭王证实，海军没有足够的燃料来与美国进行一场长期战争。此外，到 1940 年，由于失去了来自美国的石油供应，消耗了当时日本所用石油四分之一的日本海军开始挖掘其石油储备（日本最大的石油储备）。[54]

1941 年，随着日本逐渐走向与美国的海战，石油在这样一场战争中将扮演的关键角色，成为海军内外若干机构仔细研究的焦点。6 月召开会议的是第一委员会（或许是 20 世纪 30 年代主导日本海军政策制定的中层军官所组成的权力最大的专门委员会）；11 月是海军省军务局；同月，内阁计划委员会（一个跨部门机构，负责为战略规划目的整理资源数据）也召开了会议。虽然他们的计算在一些重要方面有所不同，但这三个机构显然得出了一些共同的结论。首先，他们都假定战争将持续 3 年，主要是因为他们都认为这是日本与美国进行工业战争的最长持续时间。其次，他们都认为海军有足够的燃料资源进行一年的有力战斗，但是从燃料供应的角度来看，第二年是最重要的，而第三年将充满灾难。最后，所有人都认为日本要控制荷属东印度群岛和英属北婆罗洲的石油资源。

到 1941 年夏天，这最后一个条件已经成为日本海军战略的基石。然而在战前的这几年里，日本的海军计划制订者显然没有考虑到成功夺取和开采东南亚的石油和其他资源所涉及的后勤和战略要求。首先，该地区的油田要么必须被完好无损地占领，要么必须迅速恢复全面运作（如果受损的话）。但更重要的是把这些原料从东南亚运到日本的问题。这项任务的核心又是油轮的问题。虽然日本在太平洋战争开始时拥有超过 30 万吨的油轮运力，但日本海军征用了大约 27 万吨，只剩下大约 3 万吨以及所有可用的新造油轮用于非军事目的。[55]

在太平洋战争初期显而易见的是，尽管日本海军努力补贴民用油轮的建造，日本用来运输石油资源（1940—1941 年其战略野心的主要目标）的油轮运力仍然是不足的。此外，在东南亚战争的开局阶段，油轮短缺是陆军和海军之间产生摩擦的另一个原因。到了战争的第三年，美国的潜艇和空袭造成了油轮的惊人损失，使战争初期就有的油轮短缺问题更加严重。战争开始后，如何保护漫长的航线，是当年日本海军为日本势力"南进"施加最大压力时少有海军军人考虑过的问题。

然而，尽管在日本发动战争前的最后几个月里，政府内部委员会对这个问题发出过警告，日本海军还是严重错估了问题的规模和性质。截至 1941 年 12 月 1 日，日本海军手头有 650 万吨石油，足够维持两年的战时作战，它估计有：143.5 万吨原油，363.4 万吨燃料，47.3 万吨航空汽油，2.7 万吨异辛烷，6400 吨飞机润滑油，13600 吨普通润滑油；已经分发给本土以外舰船和基地的 92.1 万吨。[56] 日本海军计算：战争开始后，平均每月将消耗燃料约 23.3 万吨，其中 20 万吨将是船用燃料，2.05 万吨为航空汽油，平均每年消耗的燃料不超过 280 万吨。事实上，在太平洋战争期间，尽管采取了极端的节约措施，日本海军还是消耗了超过 1200 万吨的石油——战争第一年 485 万吨，第二年 428 万吨，第三年 318 万吨，这比预期多了大约 440 万吨。据估计，这在战争期间日本石油消耗总量中占到了惊人的 60%（表 11–3）。[57]

事实证明，在太平洋战争期间，来自东南亚的石油为日本海军的作战既提供了实实在在的燃料，也提供了象征性的燃料。[58] 但到了 1943 年，联合舰队已经被拴在了东南亚的石油管道上。由于美国潜艇的攻击，这些石油很少能到达日本帝国的本土或其他港口。日本海军执迷于"决战"的战术细节，却很少考虑燃料问题，因此也极少考虑战舰的巡航半径，但这个问题在战争期间却一次又一次地困扰着日本海军。[59] 此外，正如后来人们所知道的那样，日本海军水面作战并不只有一场日本海军原本预计将消耗 50 万吨燃油的"决战"，而是至少有 3 场总共消耗了 115 万吨的大规模交战——中途岛海战、菲律宾海海战（马里亚纳海战），以及在菲律宾群岛附近的联合作战。[60] 最后，作为日本最大的燃料消费者，海军只狭隘地考虑自己的利益，几乎没有考虑整个日本的燃料需求。随着太平洋战争的爆发，由于陆军、文职政府和私营企业的燃料供应开始耗尽，作为日本全国掌握最多石油供应的海军，偶尔不得不动用自己的石油储备去帮助其他部门。[61]

对于 1941 年的日本海军来说，石油是其承担战争风险的最重要原因，也是唯一的理由。它赌通过战争将能获取大量石油，却对此做出了灾难性的错误估计（在这一点上，陆军也犯了同样的错误）。到了 1944 年，情况已经非常危急，以至于日本海军开始研究从松树根中提取航空燃料的可能性。[62] 日本海军没有充分考虑石油作为海战关键资源的问题，在太平洋战争开打的第一天就体现出来了。袭击珍珠港，无论是在策划时，还是在执行时，都没有人关注珍珠港的大型石油储藏设施，这些设施的破坏本可以使美国海军在太平洋的作战瘫痪数月之久。

日本雷达的发展：
太少也太迟

在所有对日本和美国海军在太平洋战争中的相对表现至关重要的海军技术

领域中，电子设备是最重要的。对日本海军来说具有灾难性影响的是，其电子设备，特别是雷达的发展状况，[63] 是数量太少，出现太迟。具有讽刺意味的是，日本的研究人员几乎和他们的英美同行同时开始探索这一领域，但是日本官方的漠不关心、科学人才的随意调动以及一直以来都存在的军种间合作的缺乏不可避免地推迟了日本雷达研究被投入实际军事应用的时间。

日本的雷达研究开始于 20 世纪 30 年代早期的一些零散而孤立的探索：在一次会议上，陆海军联合递信省共同探索电磁辐射；在海军技术研究中心，年轻的海军大尉伊藤庸二（Itō Yōji）主持了关于使用磁控管通过无线电波探测目标的研究；武器制造师谷惠吉郎（Tani Keikichirō）大佐沿着这一思路进行了进一步研究；到 1936 年，大阪大学发现了一种探测过往飞机的电测法。1937 年，日本海军与日本广播公司合作，开始试验调频连续波无线电信号，1939 年，在东京湾的一次海军检阅中，它使用一种 10 厘米波段的设备探测到了距离 5 公里的舰船。所有这些研究项目似乎都是独立于英美的类似研究进行的，但没有一个进展得很快。它们的影响似乎也没有促使日军高级指挥机关加快它们在海军中的实际应用。[64]

然而，欧战的爆发以及对西方雷达技术一些进步的认识，使日本海军对这种新技术越来越感兴趣。1941 年年初，当时已是技术研究中心重要成员的伊藤庸二随由野村直邦（Nomura Naokuni）将军率领的海军技术考察团前往德国。伊藤得以考察德国的雷达并获得德国的技术报告。借由伊藤的完整报告和海军造兵中佐浜崎亮（Hamazaki Ryō）从伦敦发来的对英国防空雷达防御系统的详细描述，日本海军第一次了解到脉冲雷达在欧战中正被作战人员使用的事实。[65] 日本海军高级指挥机关清楚地注意到雷达的影响和促进该领域研究的迫切需要。军令部军备部第三课长柳本柳作（Yanagimoto Ryūsaku）大佐就声称：没有雷达，海军根本无法参战。[66] 1941 年 8 月 2 日，海军省的一份指令最终下令采取紧急措施研制雷达。[67]

表 11-3

对太平洋战争期间国家石油供应和实际消耗的两种估计（以百万升为单位）

太平洋战争第一年

	海军估算	内阁计划委员会估算	实际情况
年初的储备	9.4	8.4	8.4
日本国内产量	0.2	0.25	0.26
合成产量	0.3	0.3	0.24
东南亚进口量	0.3	0.3	1.49
总供应量	10.2	9.25	10.39
消耗量	5.4	5.2	8.25
海军消耗量	?	2.8	4.85
年底余量	4.8（2.5）*	4.05（2.55）†	2.14

太平洋战争第二年

	海军估算	内阁计划委员会估算	实际情况
年初的储备	4.8	4.05	2.14
日本国内产量	0.2	0.2	0.27
合成产量	0.7	0.4	0.27
东南亚进口量	2.44	2.0	2.65
总供应量	8.14	6.65	5.33
消耗量	5.4	5.0	6.62
海军消耗量	?	2.7	4.28
年底余量	2.74（0.44）*	1.65（0.15）†	-1.29

太平洋战争第三年

	海军估算	内阁计划委员会估算	实际情况
年初的储备	2.74	1.65	-1.29
日本国内产量	0.4	0.3	0.25
合成产量	1.5	0.5	0.22
东南亚进口量	4.77	4.5	1.06
总供应量	9.41	6.95	0.24
消耗量	5.4	4.75	4.68
海军消耗量	?	2.5	3.18
年底余量	4.01	2.2	-4.44†

来源：海军的估算数字（1941 年 8 月由海军省军务局给出）和内阁计划委员会的估算数字（1941 年 10 月 22 日给出）均来自日本防卫厅防卫研究所战史部编纂的《战史丛书·海军军战备第一辑，1941 年 11 月前》（朝 云新闻社，1969 年），第 730—732 页。实际生产和消费数据来自日本防卫厅防卫研究所战史部编纂的《战 史丛书·大本营海军部：联合舰队第六辑，第三阶段作战后期》（朝云新闻社，1971 年），第 114—115 页。

另见迈克尔·A. 巴恩哈特，《日本对全面战争的准备：寻求经济安全，1919—1941》（伊萨卡，纽约：康奈尔大学出版社，1987 年），第 261 页；和野村实，《日本的二战计划》，载于《国际军事历史评论》第 38 期（1978 年版），第 208—213 页。
* 估计日本全国石油留出了 100 万千升供私营企业储备，80 万千升是油罐中的废弃剩余油，50 万千升供重大海战使用。
† 估计日本全国石油供应留出 150 万千升作为最低储备。
‡ 在战争之前，无论是研究分析还是战争计划都没有考虑到将东南亚的石油不首先运回本土而进行使用的可能。然而，大量的东南亚石油实际上是这样使用的——海军舰艇经常在苏门答腊岛的巴巴邻旁（Palembang）加油。这可能就解释了供应和消费之间产生差异的原因。见前文刚刚引用过的，野村实，《日本的二战计划》，第 208 页。

到 1941 年年底，雷达的研制已经取得了明确的进展。在军令部、舰政本部和感兴趣的日本私营企业的鼓励下，伊藤大佐和他的工作人员在米波长雷达方面取得了进展，这促使日本海军对本州西海岸的几处陆基对空搜索设备进行了测试。第一个生产型号——一号一型对空搜索电探——在 1941 年 11 月下旬准备就绪。按照西方的标准，它的电子和机械性能都很粗糙，它的探测范围不超过 35 英里。在战争早期的西南太平洋地区使用时，它经常会出现故障，因为它不是为在热带地区的潮湿环境使用而设计的。战争期间，后期型号的改进减少了这些故障，并极大地扩展了它们的有效范围，但是日本海军的雷达型号从来没有与盟军雷达设备处在同一水平上过。[68]

太平洋战争开始时，日本海军根本没有舰载雷达、火控雷达和任何可以安装在飞机上的雷达。[69] 日本海军本来对其夜战条令和装备（强大的光学设备和探照灯）充满信心，但在太平洋战争开始一年后，却发现自己像个被蒙住眼睛的人一样在战斗。到 1942 年秋，日本海军开始了解到雷达为它的敌人美国提供了巨大的优势。[70] 认识到这一点后，军令部迫切要求加快这种新技术的研发。然而，对于日本海军的研究实验室和中心来说，从雷达研究开始到战争结束，最大的一个问题是无法开发出大功率的厘米波长发射管——磁控管，它对美国研发的那种精确水面搜索和火控雷达来说至关重要。而且，军令部对雷达设备的严格指标——体积小、重量轻、可靠性高、100 海里的探测范围以及在 50 公里内读取目标方位的能力（误差不超过十分之一度）将是日本海军研究人员不可能在规定的时间内满足的。[71] 如果说存在"太少""太迟"的情况，日本海军对雷达技术的关注就应得到这样的评价：关注得"太少"也"太迟"。

考虑到日本海军开始雷达研究的时间与西方差不多，那么是什么原因导致日本没能赶上英国和美国的研究进度的呢？在导致日本海军雷达研发失败的一系列因素中，有几个原因很明显。首先，在全国范围内，几乎没有调用学术界、工业界和军方的科技专业知识来解决开发有用的海军和陆军雷达系统所涉及的关键技术问题。假如有这样的跨界合作，微波（厘米长）雷达的重要性本可能会更快地被日本人认识到。战前没有急着挖掘雷达的发展潜力，对它也没有需求的原因是日本海军对其光学瞄准器很有信心，认为雷达只是瞄准敌人的辅助设备。也有人断言，日本海军在获取雷达技术方面未能取得实际进展，是因为某些错误的观点认为，使用无线电波更有可能对日军的行动造成大的危害，而不是帮助日本海军部队发现敌人。[72] 此外，日本海军显然不愿意在纯粹的研究上投入大量资源，军令部一贯需要能立即投入实际应用的技术。[73] 还有一种可能是（尽管无法证明）：雷达本质上被视为一种防御技术，因此对一支强调进攻的海军来说吸引力较小。然而，当日军认识到雷达的重要性时，它的发展却被许多其他问题所耽搁。其中最主要的是日本陆、海军长期无法合作，在电子技术方面进行完全独立的研究不可避免地导致重复劳动和浪费时间。显然，海军的过分保密也使得民间科学家和技术人员无法登上安装了雷达的军舰，也无法了解这些设备在海上是如何工作的。而且，与西方大国相比，日本的电子工业是微不足道的；专业知识和资源根本不足。一旦战局不利于日本，军事形势的变化就会导致雷达的生产、运输出现混乱，在军舰和飞机上的安装也无法有序进行。[74]

就算日本海军对抗的是一个在电子工业上同样有缺陷的敌人，这一切也都够严重了。在太平洋战争期间，盟军在电子技术方面取得的巨大进步意味着黑暗将不再是日本水面部队、潜艇和飞机的安全领域。相反，它们会越来越多地被敌人发现，成为目标，并在他们能够攻击之前被敌人攻击。[75] 毫无疑问，战前美国在雷达方面取得进步和日本没能跟上美国的进步是太平洋战争中美国海军获胜而日本海军失败的主要原因之一。

日本海军情报机关

日本海军的情报能力是太平洋战争开始时日本海军取胜的关键，而其情报工作的缺陷是此后遭受大败的主要原因。在最高级别（军令部），海军的情报职责由第三部（情报）和第四部（通信）分管。前者于甲午战争后不久成立，履行大多数标准的情报职能；后者于日俄战争时建立，负责通信安全和密码分析。[76]

日本海军情报组织的地位和结构存在一些异常。首先是情报部门在日本海军的战略和政策形成过程中的作用和影响有限。情报部的主要职能是向作战部提供与作战有关的情报。将这些情报与来自通信部的通信情报和来自各舰队作战单位的战术情报结合起来，作战部就可以形成对敌人实力和意图的评估。但在提供情报时，情报部本身显然并没有评估它所收集到的情报，尽管这看起来很不可思议。[77]因此，情报部门在海军军令部或海军省内的其他部门几乎没有影响力也就不足为奇了。然而，令人惊讶的是，即便在作战部内，情报部提供的情报也往往被当作可疑或无关紧要的信息而遭到忽略。专注于自己工作事项的作战部有时甚至会在没有咨询情报部门的情况下启动作战计划。[78]

日本海军情报机关的第二个特点与第一个相关。因为情报部门由于实际需要已成为作战部的得力附属机构（虽然人手不足），所以它从未发展成一个能够收集、处理和在海军各级部队中传播有用情报的协调机构，1937年以后尤其如此。例如，联合舰队从军令部接收情报，而不是情报部门。联合舰队司令部唯一的情报官负责指挥一小队士兵进行无线电拦截，收集的情报完全供舰队司令长官使用，并不一定与下属部队或军令部共享。组成联合舰队的5支舰队各有一名情报官，但他不会收到联合舰队司令部的定期情报简报。对于舰队层级以下的海军其余人员来说，情报工作被认为是次要的职能；没有一个唯一责任是收集、分析和传播情报的官职或军官。联合舰队司令部这样的情报观念带来的结果是，虽然许多情报是在高级指挥层收集的，但向海军战术部队传播的情报太少了。[79]

最后，虽然情报部配备了非常能干的军官，但他们人数太少，日本海军几乎没有采取措施去增加他们的人数或提高他们的技能。事实上，日本海军并没有能与著名的（同时也是臭名昭著的）陆军中野情报学校相提并论的培训机构，它没有提供任何专门的培训课程来协助被分配到情报工作岗位的军官，也没有提供任何关于情报技术和方法的课程。总的来说，司令部级别的情报人员职务是根据外语水平、海外经历、个人喜好或因身体残疾而免除舰队值勤工作这些标准进行指派的。[80]

像大多数情报机构一样，情报部获取情报有多种来源。传统上，它依赖于外国书籍、期刊的翻译以及在海外安置海军武官、秘密特工。在中国，情报部通过一个"特务机关"（日本海军运作的间谍中心）网络对外国机构和特工进行监视。其中最大的一个位于上海。这些对向海军提供作战情报来说几乎没有实际用处。不过在上海、新加坡和泗水等地，日本海军也依赖于由日本领事馆提供的关于外国船只动向的报告。[81]

但是日本海军唯一的最大情报来源是国外，尤其是美国的无线电通信。在最高级别上，无线电情报是海军军令部第四部的职责，它最初于 1929 年在东京南部相模湾（Sagami Bay）的平冢市（Hiratsuka）成立，是负责密码分析的一个小型分支机构。在 1932 年"一·二八"事变中取得了通信情报方面的巨大成功后，第四部的职责扩大到包括通信情报的所有方面。改名为第十部后，该部门被分为计划、作战、研究、培训和材料收集处。随着战争的临近，军令部总长在 1940 年年末意识到了该部的重要性，让它直接隶属于自己，将它的地位提升到一个部门，重新命名为"特务班"。[82]

特务班内部有一个密码破译研究处，以及一支位于东京外埼玉县（Saitama Prefecture）大和田（Owada）的通信部队。大和田监听站成为日本海军的主要无线电拦截中心，并且规模逐渐扩大。到太平洋战争爆发时，它由 100 多名通信人员组成，他们分析舰艇的呼叫信号、辨别外国电码，并以其他方式监视所有的海上无线电通信。[83]1937 年，大和田精密的无线电测向设备使日本海军能跟踪"美国海军 18 号舰队问题"演习。两年后，在马绍尔群岛贾鲁伊特环礁（Jaluit Atoll）上的日本拦截站点的帮助下，大和田监听站的操作人员能够识别出在夏威夷外参加大规模演习的个别舰只。[84]

自 20 世纪 20 年代以来，日本海军也开始试验使用舰队油轮作为秘密的浮动拦截站。1924 年，它派甲板下塞满了电子设备的油轮"佐多"号（Sata）前往夏威夷海域，监测部分"美国海军舰队问题"演习。但由于设备故障，这一努力收效甚微。1932 年，凭借能够拦截美国短波传输的设备，一艘在夏威夷附近徘徊的姊妹船"襟裳"号（Erimo）获得了对美国海军"第 13 号舰队问题"演习的相当准确的了解（而且距离近到该船可以观察到美国陆军轰炸机对"萨拉托加"号航空母舰的模拟攻击）。通过对在这些演习中收集到的无线电通信进行分析，日本海军能够破解美国海军的两位数密码。1939 年，另一艘姊妹舰"石廊"号（Irō）监听了位于美国西海岸港口的美国舰艇的无线电通信，拦截了加利福尼亚和夏威夷之间的中波信号。[85]

美国海军在监听和拦截太平洋地区通信情报方面也做出了类似的努力。[86] 对美国来说，面对一个难以安置特工的种族单一的社会，这种手段就变得尤为重要了。美国海军和海军陆战队采取了几项措施，以增强它们在东亚和西太平洋的电台和舰船的无线电拦截能力。它们在北京、上海、马尼拉，以及驻泊在长江的美国炮艇上都设立了监听站。[87] 但日美两国海军都认为，当主力舰队在海上的时候——尤其是在年度海军演习期间——对对方的无线电通信进行监控是最有价值的。为此，美国海军在得到足够掩护时偶尔会派遣亚洲舰队的舰艇到日本海域。1927 年秋天，美国巡洋舰"马布尔黑德"号（Marblehead）进行了一次这样的尝试。在负责美国驻上海总领事馆的海军无线电拦截站时，埃利斯·扎卡里亚斯（Ellis Zacharias）少校注意到日本海军的无线电通信量突然出现了不寻常的激增。他断定日本即将进行特别重要的海军演习，于是通知了华盛顿的上司。海军部得知了日本海军刚刚获得了"赤城"号，并相信它会参加演习，故立即将扎卡里亚斯连同他的所有装备都派发给"马布尔黑德"号，后者即将离开上海前往神户进行礼节性访问。在前往神户的途中，"马布尔黑德"号穿越了日本舰队的演习区域，因此收集了大量来自电波的情报资料，其中一些资料对了解日本舰队的组成和战备状态很有价值。[88]

美国海军还派出可以在东亚各港口进行正常航行的船只，从而减少它们在穿越日本附近海域时日本产生的怀疑。这些行动中最成功的一次是在 20 世纪 30 年代早期对日本舰队大演习的监视。这次行动的代号是一艘驻扎在关岛的美国海军货轮的名字——"金星"（Gold Star），它负责运送关岛的大部分进出口货物，来往于包括日本港口在内的东亚各港口，因此，在日本演习最活跃的时期，这艘船在日本水域航行时获得了极好的掩护，在航行中从电波中收集了大量情报。[89]

当然，美国并不是唯一一个对日本海军实施监听的国家。英国和荷兰海军当然也监控日本的无线电通信，特别是当日本舰队进行演习时，在香港、上海和新加坡的英国军事和民间间谍机构，都外出对日本舰船进出这些港口的情况做了记录，英国潜艇也偶尔渗透到联合舰队使用的锚地。[90]

日本海军还在外国领土上安排实施积极活跃的通信情报收集活动。到 1940 年，除了在欧洲主要国家首都的日本大使馆设立各种无线电拦截部队外，日本海军还完成了遍及整个太平洋的陆地拦截站网络，借此大大扩展了对美国海军调动的电子监视范围。其中最成功的是在墨西哥的一个名为 L 机关的五人小组，他们监控美国海军舰队在大西洋上使用的无线电频率。有了这个监测站网络，加上密克罗尼西亚的空中侦察中队以及相对先进的无线电测向技术，日本海军认为，美国海军只要进入西太平洋就必定会被发现。[91]

于是，在 20 世纪 20 年代和 30 年代的大部分时间里，日本海军和美国海军互相之间玩着最密集的猫捉老鼠式的情报游戏。在 20 世纪 30 年代中期，通过这种相互间的电子通信上的间谍活动，美国海军和日本海军显然对彼此当前的战术有了相当的了解，而且在很大程度上对彼此当前的战略也有了相当的了解。彼此都有充分的理由相信对方掌握了这些情况。而日本的通信情报部门则为日本海军提供了各种有关美军作业程序的情报。不过从长远来看，日本海军之所以在通信情报战中失利是因为其破译密码的努力不像它的无线电通信分析那么成功，而且日本海军自己的密码系统也很脆弱。

自 1929 年以来，日本海军密码分析师一直致力于破解美国和英国海军及相关的外交电码。到了 20 世纪 30 年代，通信部门的人员能够破解和读懂美国海军两位数的 AN-2 电码和更简单、重要程度相对较低的国务院电码，但完全无法理解美国海军两部分的"布朗"电码。在太平洋战争爆发前的几个月，日本海军终于认识到人员不足的问题，但为时已晚。它临时抱佛脚，从大学和商科学校招募了数十名有前途的毕业生，对他们进行速成培训。通过这样的方式，日本海军的通信情报处得到了扩充。[92]

尽管如此，除了一两个突破（如盟军商船电码的部分破解）外，日本海军在太平洋战争期间无法在理解美国无线电通信方面取得任何进展，甚至连中层系统也超出了日本密码分析师的能力。破解起来特别困难的是美国海军的"条带密码机"①。这让日本海军的密码分析家非常沮丧，以至于他们实际上放弃了密码破译，直接依靠无线电分析。[93]

当我们考虑到美国和英国在太平洋战争前夕取得的惊人成就（破解了几个关键的日本电码和密码）以及盟军在战争期间联合破解几乎所有密码的能力时，日本军队无法以其人之道还治其人之身就需要一些解释。首先，战前的日本海军没有认识到无线电通信带来的"情报革命"的重要性，因此未能投入足够的资源——尤其是人力资源——来跟上它的步伐。与日本雷达技术的发展一样，日本在密码分析方面的成功也受到了未能及时动员民间才能（这里指的是数学技能）的阻碍，而这种才能本来可以加快密码分析的进程。此外，在分配密码分析责任方面，日本陆军和海军也没有进行有效的合作，这一失败导致了解密工作的频繁重复，从而浪费了大量的时间和精力。[94]虽然日本的盟国常常愿意分享他们成功的密码分析所破译出来的极为重要的战略和战术情报，但他们不愿透露这些情报的获取过程。[95]最后，美国的加密机制更胜一筹。在太平洋战争之前或期间，日本人都没有能力俘获或重造任何那些被盟军用于最高级别通信的设备。因此，在第二次世界大战期间，轴心国当中没有一个国家能够读懂这些最高级别的通信。[96]虽然日本海军在战间期投入更多的精力和资源到密码破译上可能会取得显著的成果，但不管怎样，盟军强大的加密系统都是日本海军在太平洋战争期间进行密码分析时不可逾越的障碍。

对日本海军来说不幸的是，美国海军在这几年极为成功地破译了日本的密码。日本密码安全的破坏始于在今天已经非常出名的一次事件：1921年，美国海军情报机关特工闯入日本总领事馆，将日本的外交密码拷贝了下来。在整个20世纪20—30年代，美国海军一直致力于破解日本海军的密码，凭借从日军每

---

① 原注：通过把滑动纸或金属条加到某种加密机制中，在现有密码中添加混合的密码字母，使密码系统更加复杂。

年的舰队演习中截获的大量原始通信素材，最终成功破解了日本海军用于水面舰队之间通信的战术通信密码。[97] 几十年后，一位参与这项工作的美国海军军官回忆道："唯一限制我们详细了解日本海军情况的障碍是翻译人员的严重短缺以及日本人有时不把重要的秘密事项用无线电通信发送。"[98]

日本海军面临的问题之一是它的密码种类太多。[99] 除了海军的高级保密系统密码外，还有各支部队、各兵种和军种职能以及各作战区域的密码。这些密码很少有特别安全的，即便各地理区域的密码各不相同，而且定期更换。在太平洋战争之前，特别是在太平洋战争期间，日本海军的密码系统被糟糕的管理、松懈的安全措施和混乱的配置严重削弱。[100]

但有两种战略密码系统对美军来说比较难以破译，分别是日本海军的"己"系统和"吕"系统。前者是日本海军的"旗官密码"（美国海军称其为 AD），是日本海军用于最高保密级别通信的 4 位数超级加密密码。太平洋战争之前的几年里，美国密码分析人员对"己"系统做的破解工作最多，但是他们从来没有破解过它。开战后的几天内，美国海军停止了对它的破译工作，以便集中精力破解敌人编号舰队的电码，最晚到 1943 年，日本海军已经摒弃了"己"密码系统，因为它太复杂、编码速度太慢，也太容易被破译。"己"（或者说 D）密码系统被美国人称为 JN-25，是日本海军使用最广泛的舰队密码系统。这是一种经过超级加密的两部分密码，承载了日本海军 70% 的通信量，是美国在太平洋战争期间花费最多精力去破解的目标。[101] 最初版本的密码 JN-25-A1 从 1939 年 6 月开始生效，由 3 个密码加法表组成，在 1940 年 12 月被 JN-25-B 替换。①
正如本章前面提到的，美国海军在 1940 年年底之前一直在破译若干版本的 JN-25-A，但直到 1942 年春天，才在当时版本的破解上取得了很大进展。[102] 美国人对 JN-25 的部分破解[103] 加上日本人更换密码本的迟缓为美国海军提供了足够的情报，助其在中途岛得以奇袭日本特遣部队，这可能是整场太平洋战争中最成功的情报战。[104] 日本人在这件事上犯的致命错误和战前一样，他们认为自己的

---

① 原注：JN-25-B使用了JN-25-A的最后一个加法表，这是日本海军在密码领域犯下的一个重大错误。

密码是牢不可破的。由于日本海军的密码系统被当时最杰出的密码分析师组成的若干美国团队盯上，这种不恰当的自信构成了日本在通信安全方面最灾难性的失误。[105]

在海军范围内缺乏统一的情报收集、处理和传播体系是一个军令部和联合舰队应该负责的错误。这个弱点在战术一级更为明显：在缺乏任何来自更高级指挥机关压力的情况下，只有少量资源被用于收集作战情报。[106] 海军航空兵尤其如此。在日本海军的航母上，对作战情报的关注程度视航母指挥官的重视程度而异。在许多情况下，作战情报这项任务是随便找人负责的，重要性几乎总是低于空勤人员的其他职责。作战前的简报虽然很粗略，但可能是作战情报两阶段中较好的那一个。它们通常由航空队指挥官执行，他向空勤人员提供尽可能多的有关目标、导航资料、攻击方法的信息以及有关通信的指示。退一步说，任务完成后的报告似乎也并不准确。对空勤人员的讯问由航母的航空长进行，然后由飞行编队长提交一份报告，飞行编队长由于缺乏情报训练，几乎不懂如何提交一份足够详细的报告以支撑自己对敌人的毁伤情况做出的断言，他们甚至对此毫无兴趣。再加上空战飞行员的过度自信（至少在太平洋战争的前半部分），这种报告上的疏忽常常导致对敌人损失的夸大。[107] 当然，公平地说，我们应该记得二战中所有航空基地的空勤人员在报告中都有夸大事实的倾向。

我们从美国在太平洋战争后对日本情报能力的评估中得知，日本海军军官"认为照片在即时战术阶段以外对作战就没用了，而且显然没有花力气用照片来策划或预测新的进攻"，考虑到日本海军的照片侦察在对中国的航空作战中取得了相对成功，日本海军军官的观点多少有些令人惊讶。此外，同一份评估报告还得出结论：按照美国的标准，日本的照片情报，即使在战争结束时仍是质量低下的。[108] 但是，这种缺陷可能不是技术能力的问题，而是上级指挥机关没有制定统一的要求和程序，也没有一个自上而下的机构来冲洗照片并传播照片情报。

日本对照片侦察的忽视只是普遍忽视空中侦察这一问题的冰山一角（见第九章）。由于空中侦察从来没有被列为整个日本海军的优先任务，高级指挥机关很难启动收集作战情报的行动。此外，由于缺乏足够的训练、飞机或专门的侦察部队，战术部队发送给上级指挥部的情报报告往往过于简短和零散，无法用于作战计划的制定。但是，即使存在技术上的缺陷，在太平洋战争中如果能实施一些定期和彻底的空中搜索，日军本应该能阻止或至少改变一些日本海军部队突然遭遇的令人讨厌的奇袭，中途岛海战就是这当中最著名的案例。

然而有一个问题无论如何是绕不过去的，那就是如果日本海军的情报系统确实存在上述列举的所有缺陷，那么如何解释它在正确策划太平洋战争的开局作战行动方面取得的显著成功呢？原因可能有两个。

首先，日本海军在战争爆发前几个月就在夏威夷和东南亚部署了人力情报资源。如此一来，因为有时间来收集、整理和分析与自己正在策划的军事行动有关的所有情报，日本海军就能够对夏威夷群岛、菲律宾、马来亚和荷属东印度群岛的盟国海军、陆军和航空部队做出非常准确的评估。但是，一旦战争爆发，这些消息来源显然就会被切断，日本海军几乎没有什么作战或通信情报来代替它们。随着战争的进行，它对各种情报的渴望也越来越强烈。由于缺乏这样的情报，日本海军不得不常常根据其最专业的推测做出选择。[109]

其次，在太平洋战争期间，情报和通信部为了收集战略情报而筛选大量材料的沉闷工作，确实在战争爆发前显著地增进了日本人对西太平洋和东南亚的盟军部队结构、军事实力和政治弱点的了解。在这方面，日本海军还从轴心国间的情报合作中受益匪浅，这些合作提供了一些极为重要的情报。[110]因此，日本海军的情报部门能够让国家清楚地了解敌人的战略形势，而敌人对日本的了解却达不到这样的程度。从这个意义上说，日本海军情报部门对国家和海军来说发挥了有价值的作用。但日本情报机关，尤其是日本海军的情报部门，在一些更大的问题上——如对国民性格、外国心理状态以及国民经济实力的评估——却又谬以千里。它们在这方面失败的主要原因是，情报部的报告虽然是为作战部撰写的，但作战部专注于自己的进攻计划，几乎不怎么使用这种非作战情报。因此，军令部（以及其他的日本高级指挥机关）忽视的不是敌军的作战力量，而是两个具有压倒性重要性的战略问题：首先是同盟国——特别是美国在经受了日本第一次打击后的恢复能力；其次是在接下来的几个月里，美国优势巨大的军事和工业能力将使美国军队能够以日本人没有预料到的速度和力量发动反击。日本海军在评估美国对其发动太平洋战争的战术和战略可能做出的反应时，未能理解这些要素是一个致命的弱点。[111]

12

性能参差不齐的武器：

1937—1941 年间日本海军的 潜艇战、反潜战和两栖战能力

在 20 世纪 20 年代和 30 年代，尽管国际法试图禁止或限制潜艇战，各主要海军强国这段时间里在建的潜艇还是有很多。[1] 虽然英国决心废除潜艇，认为它对英国海洋安全的威胁大于价值，但它也仍在继续建造潜艇，并对其设计进行试验。美国拥有的潜水器越来越多，但在 20 世纪 30 年代中期以前，它们大多还只是用于海岸防御的小型潜艇。海军相对力量较弱的国家将潜艇视为弥补其规模不大的战列舰队的一种手段。法国仍然是潜艇的首要倡导者，视其为制衡舰队的武器，并已经开始实施一项规模相当可观的潜艇建造计划，其中包括建造巨大的"舒尔库夫"号（Surcouf）。德国在 20 世纪 20 年代就开始秘密准备重建其潜艇部队，这项工作非常成功，以至于在 1935 年与英国签署了一项总体上对德国潜艇建造不做限制的协议后不到一周，德国就下水了第一艘潜艇。日本在建造远洋潜艇方面处于领先地位，并根据末次将军提出的战略原则来制定其潜艇政策。

如果说在 20 世纪 30 年代，各海军强国加快了潜艇建造的步伐的话，那么在条约时代结束时，世界各地的海军战略家们对潜艇部队的最佳用法却并无一致的意见。当然，在第一次世界大战时曾结成协约国的国家，它们的潜艇战略都没有受到潜艇袭击商船表现出的可怕破坏力的影响。在太平洋战争爆发之前，美国官方仍将潜艇主要视为舰队作战的一个组成部分，但美国海军中有影响力的潜艇艇员似乎私下里主张在与日本发生战争时积极地袭击日本商船。[2]虽然英国决心跟上潜艇设计和技术的最新发展，但它未能制定出连贯的潜艇战略，部分原因是财政紧张，还有部分原因是皇家海军继续把战列舰队放在第一位。在太平洋，英国潜艇的数量和航程都不足以对日本发动进攻。因此，尽管在第一次世界大战中，几乎没有证据表明潜水艇能有效地发挥防御作用，[3]英国海军还是把防卫新加坡基地的任务交给了潜艇部队。考虑到当时的政治和军事现实，特别是意大利在地中海西部形成的近在咫尺的威胁，法国在20世纪30年代后期建造"舒尔库夫"号的想法显得非常错误。在西方海洋强国中，只有规模虽小但正在复苏的德国海军开始集结潜艇部队，其主要目标是摧毁敌人的贸易。在第一次世界大战中，护航体系最终击退了德国潜艇的进攻。卡尔·邓尼茨现在设计了新的狼群战术来对付它，这种战术要求潜艇在夜间集结于水面。

这种战术的协调之所以成为可能，在某种程度上是因为潜艇和岸上司令部之间的通信得到了极大的改善。现在，岸上的高频无线电发射机可以向远离陆地的潜艇发送信息，甚至潜入水下的潜艇也可以接收到强度极大、频率非常低（10—20千赫兹）的信号。虽然潜艇必须浮出水面进行信号传输，但无线电通信的这些新发展不仅提高了潜艇的侦察价值，而且也使潜艇部队能够被更有效地控制。当然，在20世纪30年代后期得到完善的无线电测向技术使敌人能够探测到正在发送信息的潜艇的位置，这在第二次世界大战反潜战（ASW）的发展中是一个关键因素。

然而，在两次世界大战之间的这段时间里，反潜战除了第一次世界大战结束时的那点发展外，几乎没有什么进展。一个原因是在20世纪20年代和30年代，大多数海军都处于财政紧缩的状态。进展缓慢也与大多数主要海军机构把主力舰放在优先地位有关，还与这些机构不恰当的自信有关：如果有必要的话，可以重组第一次世界大战的战术、技术和部队结构，再次击败潜艇。使用ASDIC[①]

---

① 译注：全称为：Allied Submarine Detection Investigation Committee。

（后来被称为声呐）被证明能有效探测水下目标的方向（虽然不能探测深度），但是它的各种局限性在它首次出现后的几年里都没有得到解决。英国率先开发出了 ASDIC，对自己在这项技术上的领先地位充满信心，因此既没有把 ASDIC 的彻底改进放在首位，也没有把完善在一战中被证明有效的那些反潜战的辅助要素——护航体系、护航舰和专门用于反潜战的巡逻飞机——放在首位[4]。在两次世界大战之间的那些年里，这些战术、技术和兵力结构上的缺陷也在美国海军中得到了体现，而在第一次世界大战中，美国海军的反潜战经验是仅次于英国的。1942 年春天，在德国 U 型潜艇沿美国东海岸发动进攻时，美国从它遭受的惊人损失中尝到了忽视那些反潜战要素的恶果。[5]

如果说从第一次世界大战的潜艇战和反潜战中还能找到有目共睹的重大胜利案例，那么从两栖登陆战中显然找不到。[6]在加里波利（Gallipoli）的登陆是这场战争中最富于雄心的两栖登陆作战，也是最具灾难性的一次失败。而且，这是为数不多的几次面对陆上坚决抵抗却仍然实施的两栖登陆作战之一［对泽布吕赫（Zeebrugge）的袭击是另一次值得注意的这种情况下的两栖登陆作战］。战后，大多数陆军和海军机构仔细研究了加里波利登陆战的案例，发现它与其说是一份令人遗憾的错误记录（这些错误本可以通过更好的计划、组织和执行力来加以纠正），不如说证实了：面对固守的、有所准备的自动武器和大炮，从海上进行登陆就算不是不可能，也是困难的。

在战间期早期，《华盛顿条约》给予美日英三个主要的海军强国一个在太平洋维持两栖作战能力的理由。由于条约禁止在西太平洋建设新基地或加强那里现有的基地，在这三个海军强国的任何冲突中，成功的战略将需要占领敌人的基地或夺回被敌人夺走的基地。但到了 20 世纪 30 年代，对英国人来说，危险似乎来自离本土更近的敌人空中和地面部队。在这样的战略环境下，为海军筹集资金已经够困难的了，更不用说将皇家海军陆战队扩充为两栖部队了。在这些年中，专业上的保守主义、预算限制以及从达达尼尔海峡战役中得出的令人沮丧的结论，也把英国军队两栖作战能力的发展局限在理论上不会受到反对的参谋研究以及演习中对登陆艇、车辆和设备的测试。最后，在这一时期，英国人没有需要用两栖作战对付的敌人。在这种情况下，英国既没有发展两栖作战条令，也没有发展两栖作战部队，就情有可原了。

在三大海军强国中，美国最有动力发展两栖作战能力，由于日本在第一次世界大战开始时占领了密克罗尼西亚，这就让日本直接横在了所有美军舰队穿越中太平洋营救或夺回菲律宾的路线上。条约禁止日本在太平洋岛屿上设防。但这一禁令丝毫没有削弱美国对武力夺岛的信念，它甚至因为强烈但错误地怀疑日本在20世纪30年代后期之前违反条约承诺加强了岛屿防卫而更加坚定了这一信念。于是，在知道了具体的敌人和具体的战区后，美国武装部队通过登陆演练和参谋研究，逐步建立起两栖作战能力。两大主力军种在某种程度上都参与了这项工作：20世纪30年代，陆军和海军定期参加太平洋和加勒比地区某种规模的舰队登陆演习，并对作为两栖作战理论指导的战术手册的起草做出了有限的贡献。

但由于这两个军种的战术重点均不在于此，因此只得由美国海军陆战队来发展美国的两栖作战理论，从而为自己塑造一种使命和专业上的存在理由（海军陆战队也从未放弃过）。两栖作战理论的发展以及支撑它的武器、装备和部队结构已经在其他出版物中讨论过，而且也超出了本书的范围，[7]此处不再赘述，只讲一点就够了：美国海军陆战队对已被他们定为作战目标的密克罗尼西亚海滩的地形和构造非常重视，这迫使海军陆战队的战术家们在战间期不得不面对他们的英国和日本对手不必去面对的军事学说方面的实际困难。密克罗尼西亚低矮岛屿的狭长地形意味着登陆行动一定会在水边遭遇敌人猛烈的抵抗，因此需要最仔细的计划、最有效的运输装载方式以及最精确的海军炮火配合才能成功。要穿越这些岛屿周围的珊瑚礁，就必须使用所有海军强国的武器库中都还没有的运载工具和两栖车辆。密克罗尼西亚环礁地势平坦，这意味着即使是高速和平射炮火也无法摧毁在环礁的珊瑚和沙子中挖出的低矮掩体。随着时间的推移，海军陆战队水陆两栖作战能力的几个要素——统一指挥、战斗装载、海军火炮的调整、严密控制的舰到岸运动、水陆两栖登陆艇和专门的空中支援汇聚到了一起，在英军和日军都没有认真考虑过的战争中表现了出来。

1937—1941年间的日本潜艇战略和战术

在20世纪20年代中期，末次信正将军已经给日本潜艇部队派了几次任务，这些任务从理论上将其转变为远程进攻系统。派发给该系统的任务是对港口内的敌方战列舰队进行长期监视，当敌舰队从基地出击时对其进行追击和跟踪，在它与日本战列舰队的水面决战之前，通过追击潜艇伏击，摧毁其大量主力舰，从而削弱它的战列舰队。

到1930年，这种战略体现为对敌人进行长期远距离监视、追击、伏击和削弱的原则，就像20世纪20年代的对美七成比例一样，它成了海军军令部策划与美国海军作战时的信条。然而，令人吃惊的是，由于不完全清楚的原因，该战略从未受到其所蕴含的各种战术要素的考验。这与日本海军对其他战术问题的严格测试形成了鲜明对比。无论如何，在20世纪30年代后期，在获得水面速度很快的大型潜艇后，从巡潜三型潜艇开始，日本海军终于开始频繁而高强度地训练对敌人舰队作战单位进行监视、追踪、跟踪和伏击的战术。

这种训练始于1938年的 ·系列演习，旨在测试潜艇和艇员在敌人附近进行密集巡逻时的作战效能。[8]翌年，日本海军开始认真练习潜艇攻击的条令，开始对戒备森严的重型水面舰队进行严密监视，这既针对那些停在港口内的舰队，也针对那些正在行进中的舰队。不夸张地说，其结果是令日本海军感到不安的。一些参加演习的潜艇在试图接近舰队目标时，误入了有驱逐舰巡逻的水域，被判定为已遭到击沉；其他潜艇显然是通过无线电通信泄露了它们的位置。还有一些潜艇虽然在驱逐舰和飞机进行最激烈的反潜活动时在水下未被发现，却错过了重要的无线电指令。[9]

从这些演习中，日本海军得出了几个结论，这些结论最终在太平洋战争期间被转化为标准作业程序。对日本潜艇部队来说不幸的是，没有一种作业规程是为有效的潜艇战略设计的，有些甚至完全是灾难性的。在敌方水域的长期监视行动中，极力强调隐蔽似乎是符合常理的，但在战争期间，这导致了日本潜艇指挥官在美国海岸附近的谨小慎微。这还解释了为什么日本战时（尤其是在月夜）使用潜艇飞机而非潜艇本身来侦察敌人的港口和基地的做法。[①]但从1938

---

① 原注：虽然这种技术在战争期间被用于侦察盟军的几个基地，但没有产生任何重要的行动结果。

年的军事演习中得出的最重要的教训毫无疑问是，要对一个遥远的、戒备森严的敌人基地保持严密的潜艇监视是极其困难的。这是指出被日本海军认可的日本潜艇作战条令显然行不通的众多案例中的第一个。[10]

真正实施拦截作战时，成功的关键在于潜艇的适当部署，以便对正在前进的敌人舰队发动效果最好的鱼雷射击。经验表明发射鱼雷的最佳位置是在距离1500米（1650码）、与目标的舰艏成50—60度夹角的地方。即使潜艇指挥官对目标航向和速度的估计略有偏差，即使目标改变了航向，它在这个位置被击中的可能性也还是最大的。潜水艇要到达这个最佳位置，它需要最大的行动自由，以便在敌人航线上就位。在已知敌人航向的情况下，拦截行动要求追击潜艇要先于敌人舰队到达一个它们可以埋伏的地点，并在那里调整自己进入一个理想的射击位置。在不知道敌人实际航向的情况下，要在敌人最有可能选择的路线上设置警戒线或埋伏线。[11]

在1939年和1940年，日本潜艇开始演练这些远距离拦截作战的战术要求，这是在西太平洋举行的从本州到密克罗尼西亚的一系列演习的一部分。在这些演习中，A部队通常被指定用来保卫密克罗尼西亚，抵抗来自日本的入侵部队——B部队。一旦B部队从其基地出发，A部队就应该"截住"它，追击它，与它保持接触，然后在伏击中消灭它。令A部队的潜艇指挥官感到沮丧的是，他们发现，虽然他们的水面速度很快，但他们几乎无法与行进中的B部队保持接触。事实证明，要赶在敌人前面，然后在一个理想的射击位置守株待兔是很困难的，特别是当它们必须在水下射击时，他们实际上一到水下就是静止不动的。水面上的目标经常毫发无伤地逃脱。在水面上射击似乎是不可能的，因为潜艇不仅很容易被巡逻的驱逐舰发现，而且也易于被用于反潜战的舰载飞机发现。[12]

这些演习还给日本海军带来了两个"教训"，一个无关紧要，另一个充满了不祥。由于潜艇、陆基轰炸机和水上飞机在保卫日本控制的密克罗尼西亚环礁上的活跃，日本海军开始相信潜艇和飞机在保卫日占西太平洋岛屿基地方面的价值。[13]事实上，在太平洋战争中，除了充当被困守备部队的补给船外，潜艇在岛屿防御中几乎没有什么用处。而在1943年年末，当美国的水陆两栖攻势扑向密克罗尼西亚时，飞机却总是供不应求。更重要的是，这些演习向各潜艇艇长们证明，邀击战略中长期以来作为日本潜艇战略支柱的追击—接触—歼灭这几个战术要点几乎是不可能完成的，并且还很危险。[14]

由于日本海军从未真正组建过其计划组建的远距离攻击群，因此我们今天无法了解这样一种战斗编制会形成什么样的战术和指挥结构。在1939—1940年的演习中可以清楚地看出，虽然日本海军举行了将潜艇群聚集在一起的演习，但从未发展出协同攻击的想法。具体来说，德国（和美国）的"狼群"概念——坐镇潜艇的指挥官指挥潜艇对同一目标实施多重攻击——显然从未在指挥日本潜艇部队的指挥官脑中出现过。日本在战前的军事演习和太平洋战争期间采用的潜艇作战方法，是由一个岸上指挥部保持对潜艇部队的控制。日本海军未能生产3艘以上的巡潜甲型指挥潜艇，意味着围绕"大淀"级巡洋舰建构起来的"海上指挥"概念从来没有实现过。例如，日军或许会在他们预期的敌人前进航线上设置潜艇的埋伏线或警戒线，然后将潜艇沿着这条线部署，但一旦部署完毕，潜艇一般只根据岸上的命令调动。[15] 日本潜艇部队未能发展协同攻击的概念，也未能发展出使其发挥作用的技能和指挥结构，这是日本潜艇作战在战争中战果甚微的另一个原因。

协同攻击的潜艇作战理论是由德国和美国海军发展起来的，用于袭击商船，而不是攻击主力舰队的舰艇。而且，从末次信正的时代开始，日本的潜艇作战理论就明确地将攻击重点放在了敌人的战列舰队上，而非海上交通线和商船。但日本海军对潜艇袭击商船的可能性并非一无所知。在1940年10月的演习中，日本海军实际上部署了几艘潜艇去巡逻本土的重要海上走廊——本州和朝鲜之间的对马海峡、四国和九州之间的丰后水道以及东京湾的入口浦贺水道。这些潜艇模拟对日本商船的攻击，以确定商船队在遭遇潜艇袭击时的脆弱程度。由于日本反潜能力不足和对护航的不重视，仅5天时间，就有133艘日本商船被参与这些模拟演习的潜艇"击沉"。考虑到4年后同样的水域成为美国潜艇真正的屠场，我们只能纳闷：为什么这次演习的教训没有提供更多的益处。对日本人来说不幸的是，那些参加演习的指挥官得出的主要结论与攻击潜艇的进攻潜力无关，而是与它们容易被无线电测向发现的弱点有关。[16]

因此，日本海军忽视日本本土面对潜艇封锁时的极度脆弱性，同时在总体上也不愿优先考虑对美国沿海和跨太平洋航运进行潜艇打击也就毫不奇怪了。虽然日本海军高级指挥机关承认威胁敌人的海上生命线是海战的重要组成部分，潜艇也应该参与这种作战，但它认为，只有这种作战不严重干扰在战斗中摧毁敌人舰队的主要任务时，潜艇才有必要这样做。[17]

如前所述，日本在太平洋战争前研发的多种潜艇设计方案表明其潜艇战略存在一定的不连贯性。1940—1941 年，它的潜艇战略进一步碎片化，此时又由于潜艇类型的不同变得更加严重。这始于 1940 年年末对潜艇部队的重新编组。日本海军创建了一支独立的潜艇部队——第六舰队，它由海军 7 支潜水战队中的前 3 支组成。其他潜水战队被分配给联合舰队、第三舰队和第四舰队。每支潜水战队开始根据它们被指派的单一或多种任务进行作战训练。[18] 由于每支潜水战队通常完全由一种类型的潜艇组成，潜艇的类型因战队而异，因此任务必须根据特定潜艇类型的性能和缺点来确定。这样的战术现实在 1941 年 5 月举行的几场演习（旨在对各类型潜艇在各种作战情况下的性能进行测试）中被展现出来。巡潜型潜艇虽然显得行动迟缓，但可靠且具有很强的续航力。因此，日本海军确信它们适用于长途作战——攻击敌人基地、破坏敌人运输路线和伏击作战，但认为它们不太可能在对快速移动舰队的攻击中取得战果。另一方面，海大型潜艇的速度稍快一些，可以用来追踪、跟踪和攻击向西移动的美国舰队，或者当敌人到达日本水域时，可以部署在日本水面反击部队的前卫当中。[19]

1941 年 2—4 月，第六舰队的第二潜水战队在本州岛和密克罗尼西亚之间的海域进行的演习再度揭示了长期以来在日本海军内被接受的潜艇作战原则在追击、保持接触和攻击模式方面所面临的困境。潜水战队参谋人员在演习后的报告中指出了被批准的战略中存在的一些主要问题。其中最主要的问题在于监视行动中的潜艇数量不足、航速不足以及存在被反潜部队发现的风险。此时潜艇先遣部队的实力根本不足以有效监视遥远港口的敌军舰队。此外，报告还认为，执行这一任务的潜艇必须与敌舰队保持足够的距离，以躲避反潜巡逻，所以敌舰队经常从基地出击而没有被巡逻的潜艇发现。一旦到了海上，追击的潜艇依然很难与敌人保持接触，更难以进入攻击位置。同前几年一样，在设置伏击线或警戒线时又遇到了同样的问题：由于潜艇在这条线上停留的时间间隔太长，敌人往往会溜走。为了解决这些不同的问题，第二潜水战队的参谋人员建议：在从敌人港口收集舰队起航的情报时，海军既要依赖潜艇监视，也要依靠日本情报机关，不可偏废。为了监视向西移动的美国舰队的进展，日本海军应该在预期的敌军航线上部署渔船，在任何可能的地方用以密克罗尼西亚为主要基地的大型水上飞机提供支援。这些建议是对1941年邀击设想普遍失败的悲观评论。毫无疑问，第二潜水战队的参谋人员已经不再认为单凭潜艇就能大大削弱尚未进入日本海军和航空基地攻击范围内的美国战列舰队。[20]

1941年对设备的进一步测试和对艇员的进一步训练扩大了在与舰队决战中使用潜艇的有关问题的范围。在3月和7月，第六舰队和第四、第五潜水战队的潜艇对戒备森严的舰队中的各种舰艇实施了近距离攻击。然而同样的问题再度出现：这样的作战经常导致攻击的潜艇被发现，因为他们的潜望镜被发现了。一些潜艇军官认为，由于实施这种攻击非常困难，进行远距离射击总比让攻击潜艇被发现并让敌人掉头避开日本鱼雷要好。尽管远距离射击在20世纪20年代就有了构想，但值得注意的是，它的有效性从未真正得到过测试。不管怎样，远距离射击的设想与日本海军传统的近距离攻击精神——"肉迫必中"背道而驰。到1941年12月战争爆发时，这个问题仍未解决[21]。

1939—1941年日本潜艇演习的记录清楚地表明，日本海军的训练在把潜艇发展为攻击常规舰队作战单位的武器的过程中，试图做到全面、严格和创新。潜艇部队日夜进行战术训练，对远、近距离的作战都进行了练习，并尝试让潜艇和飞机展开协同作战。而像九五式鱼雷这样的新式武器和"潜射"这样的新技术也分别得到了测试和实践。

日本潜艇指挥官发展"全没（mò）发射"（意即潜射）的原因是，虽然他们的潜水艇有合适的测距仪和确定精确方位的设备，但这些设备只能在水面上使用。当攻击被驱逐舰掩护的舰队作战单位时，潜艇指挥官更喜欢潜入水下，露出潜望镜以获得关于目标方位和距离的最后光学读数，再把潜望镜放下来以便最终靠近射击位置，然后向合适的方位发射鱼雷。[22]这种技巧并非日本海军所独有，美国潜艇指挥官在战前也曾练习过类似的技巧（"探测射击"），但运气不好，只好放弃了。

　　虽然日本海军进行了高强度的训练并发展了新的战术，但到太平洋战争前夕，它显然还没有解决潜艇战术的核心问题——自保和进攻性之间相互对立的需求。潜艇的本质以及它自我保存的要义就是潜行。然而，为了变得具有战斗力，它必须在攻击的时候露出水面。诺曼·弗里德曼（Norman Friedman）写道："在自我保存和作战效能之间的权衡，是潜艇战术和潜艇设计的核心问题。"[23] 日本潜艇部队直到太平洋战争时都一直沿用日本海军传统的"近距离必中"鱼雷战术，而没有改用远距离发射（因此，在整支海军痴迷于在敌人射程之外攻击敌人的情况下，这是一个明显的例外）。但与此同时，日本的潜艇指挥官们又自相矛盾且被动地倾向于隐蔽，即尽可能长时间地待在水下，等待敌人的重型舰队驶过，自己送上门来成为目标。事实证明，到战争开始的时候，日军对隐蔽的关切比对进攻行动（在战前的演习中似乎经常导致潜艇被反潜水面舰队和航空部队发现）的需求更强烈。结果，日军潜艇部队受到保守作战理论的束缚，主要着眼于消灭海军目标。战后，日本潜艇指挥官在巡逻时表现出的胆怯令美国海军审讯人员感到震惊。一项分析刻薄地指出："坦率地说，很难相信（日本）潜艇能在与敌人'没有任何接触'的情况下在美国西海岸待上数周，或者在瓜达尔卡纳尔岛战役期间在所罗门群岛待上 40 多天，'而没有发现任何目标'。"[24]

　　平心而论，应该指出的是，战前美国潜艇战术也表现出类似的被动倾向。潜艇艇员根据战前的舰队演习，就潜艇攻击战列舰队时潜艇的脆弱性问题也得出了几乎相同的结论。例如，他们认为在一次舰队作战中暴露潜望镜就是自杀，于是训练根据声音探测获得的方位开火。美国潜艇在战争初期表现不佳，部分原因要归结于这些战前在美军头脑中根深蒂固的战术教训，只是由于美国在太平洋的损失造成了冲击，美军潜艇条令才被迅速调整。[25]

　　不管怎样，对于日本潜艇部队来说，这种过分的谨慎无疑缘于 1939—1941 年军事演习的教训。这些演习表明他们很难完成他们长久以来想要完成的任务。这些困难部分是由于潜艇本身的设计，但更主要的是因为对各种任务所规定的战术不可行。在一位前潜艇指挥官看来，日本潜艇部队在太平洋战争中失败的根本原因在于，那些对潜艇战术做出基本决策的人——联合舰队和海军军令部的参谋军官——对潜艇的性能和缺陷都一无所知[26]。被认为是日本潜艇战略之父的末次信正就是这种缺乏实际潜艇知识的典型。由于他是一名炮术专家，不是一名艇员，所以他为日本潜艇设计的基本战略和战术实际上是行不通的。个别的日本潜艇指挥官在战争开始时就知道这种战术是不切实际的，但作为忠诚而勇敢的军官，他们尽了最大的努力。在战争期间，参谋思想和作战现实之间的鸿沟越来越大，到战争结束时，尽管损失巨大，日本潜艇部队却基本上没有影响战争的进程。[27]

灾难的根源：

日本的护航和反潜能力

前已述及，日本海军对保护国家运输航道的问题漠不关心。早在日俄战争期间，这种忽视就给日本海上运输造成了几起严重但本可以避免的破坏。在日俄战争到第一次世界大战之间的这段时间里，由于潜艇和飞机这两大商船未来最大的威胁还处于初级发展阶段，商船保护仍然被日本海军忽视。当然，从第一次世界大战开始，潜艇造成了巨大的破坏。但最终对日本海军高级指挥机关的思想产生更大影响的还是日德兰半岛附近的那场大炮对决，而不是德国潜艇的破坏。英国和美国海军的情况也差不多。但作为第一次世界大战中护航和反潜战的主要参与者，第二次世界大战中英美在这些任务上的举措至少部分得益于高层指挥机构对护航需求的集体记忆。[28]

相比之下，日本人在时间、距离和实际经验方面对防范潜艇的商船保护严格程度的理解是有限的。1917—1918年，在遥远的地中海，在负责护航和反潜巡逻的特种勤务中队服役的少数日本驱逐舰舰员的非凡业绩，对日本海军军令部的观点影响不大。

可以肯定的是，在第一次世界大战期间和之后，日本海军采取了一些措施来让自己了解盟军在击败德国U型潜艇时所使用的技巧和技术。首先，像末次信正这样的观察员发回了有关德国潜艇战的报告。其次，作为一个特别研究委员会和日本驻欧洲海军武官进行的一项重大研究的一部分，军令部的情报部积累了大量关于英国在战争期间如何保护其海上贸易的材料。从这些材料中，海军收集了关于护航系统、反潜战技术以及应对这些问题的英国海军编制的详细信息，最后一项内容是情报部的新见政一（Niimi Masaichi）少佐在 1922 年起草的一份特别报告的重点。战后，根据收集到的信息，海军大学校举行了有关商船保护的授课和图上演习。但这些研究和授课都没有引起整个日本海军的兴趣。1929 年，军令部长加藤宽治上奏天皇，提出了保护日本海上航道的重要性，但即便如此，也未能在日本海军政策中找到任何共鸣。而且，加藤将军没有提出将改变日本海军兵力结构，以便为商船提供更大保护的具体建议来支持他的总体建议。[29]

因此，日本海军虽然在理论层面上承认了存在保护日本商船的问题，但没有采取使保护起作用的任何具体措施。之所以会如此的原因有几个。首先，20世纪 20 年代和 30 年代早期的有限预算不允许对日本海军优先考虑的舰队舰艇建造和现代化有任何偏离。其次，当时日本海军军事思想未能将商船保护与反潜战的要求联系起来，很大程度上缘于日本海军对自己潜艇部队的看法。鉴于这支部队主要针对的是美国舰艇，日本海军高级指挥机关显然认为美国海军的潜艇部队也有类似的计划。事实上，美国海军在战争开始前确实有这样的计划。[30]

而且，虽然日本海军认为保护其关键的海上通道是重要的，但在地理上定义哪些航道是关键的是有很大局限性的。这一缺陷可以通过参考日本海军的作战计划来更好地理解。例如，在与美国发生战争的情况下，1941 年以前的计划只要求对台湾海峡以北的水域和东北亚大陆沿岸实施商船保护。中国海[①] 和密克罗尼西亚水域只是暂时包括在内。日本官方的护航作战史就指出，日本海军这样限制日本的利益区域，实际上在可能发生太平洋战争的大部分海域已经放弃了商船保护的想法。[31]

本质上，日本海军将商船保护视为日本本土海岸防御问题的延伸。就在《伦敦条约》签订之前，海军军令部和海军省仔细研究了海军对海岸防御的需求。他们建议为此组建大量的轻型部队，包括护航舰、猎潜舰和陆基航空队。然而，条约时代有限的海军预算使这些计划流产。[32]

但毫无疑问，限制日本海军在商船保护方面进行资源投入（舰艇建造、训

---

① 译注：泛指中国周围濒临的海（有的是领海），东海和南海的总称。最早是英国等用以称呼中国周边的广大海域，后来成为国际地理名称。如日本海、印度洋一样，是方便记忆的地理称呼。

练和装备）的最重要因素是它给予了重型军舰以绝对的优先权，希望以此来赢得水面决战。这种对重型军舰的迷恋和战间期的预算限制反复地把"次要的"考虑——例如国家海上运输的安全抛在一边。事实上，在太平洋战争之前，日本海军将日本商船的安全视为海岸防御的问题，它认为在任何情况下，这都将得到日本作战部队的间接保障。1928 年的《野村报告》（见第七章）对重型战舰的建造给予了明确的优先权，它把海防问题留给了仍在服役的几艘超龄战舰，还有少量的特种舰艇。1936 年的《帝国国防方针》中有涉及为日本船只建立护航部队的内容，但含混不清、虚弱无力且不切实际：在和平时期的准备工作仅限于建立几支核心部队；还将进一步研究保护日本船舶所需的训练和舰艇种类；在发生战争时，海军在需要时将以某种方式承担快速而大规模的护卫舰建造工作。1941 年的作战计划就其本身而言并没有特别提到商船保护的必要准备，这些都被纳入了本土的整体防御问题当中。在该计划中，这个后方区域的海上交通将由第一线的海军和航空部队提供保护。对沿海地区的直接保护任务将留给海军屡弱的防御部队、战时工兵部队去执行，在必要时还会从一线部队抽调若干舰艇来完成。大多数日本海军军官的观点反映了官方对商船保护的这种蔑视。虽然他们受过舰队决战原则的训练，但在护航或反潜作战方面缺乏知识或经验，而且对学习似乎无利可图的边缘"技艺"毫无兴趣。[33]

日本海军的高层对于日本船舶在战时的安全极为懈怠。而文官领导人则远没有那么自信。1941 年夏天，日本内阁计划委员会曾警告称，严重的航运损失可能会超出日本弥补这些损失的能力。在那年秋天的重要会议上，内阁中的文官曾试着向军令部总长永野修身提出护航、航运安全以及美国潜艇的威胁等问题。而永野在这种场合下要么以绝对肯定的态度保证海军有能力"控制美国潜艇"，要么以国家安全为借口，拒绝讨论海军应对这些问题的准备工作。[34]

因此，在太平洋战争前夕，日本海军几乎没有考虑过在其后方地区出现潜艇战的可能，而商船保护——特别是护航——则是一项根据需要临时安排的任务。即使日本计划在本土海域打一场防御性的战争，这种观点的错误也足够严重了。但随着 1941 年领土扩张计划的出现，商船保护的潜在困难大大增加。日本占领东南亚在战略上的根本原因是为了获得该地区丰富的资源。在这种情况下，要占领该地区，不仅需要运输足够的能将其置于日本的控制之下的军事力量，而且还需要保卫该地区的部队和将战略物资运回日本的船只。而且，这两个行动都需要注意护航问题以及运输问题。[35]

正如第十一章所断言的那样，这个后勤—海军双重问题的任何一个方面都不比油轮吨位及其保护措施更重要，但似乎只有少数日本海军军官解决过这些问题。如果大井笃（Ōi Atsushi）的回忆录是准确的，那么他就是其中之一。在1939年秋，当时还是一名少佐和情报部普通工作人员的大井研究了战争开始时英国海军恢复的护航体系。然而，他缺乏影响力，无法将自己的热情转化为具体措施。两年后，在一次非正式会议上，包括大井在内的几位中层军官和几位民间石油专家开会讨论了日本获取荷属东印度群岛石油的问题。大井争辩说，问题不是把油从荷属东印度弄出来，而是把它运回日本。大井指出了英美远洋潜艇的威胁，并特别提到军令部和海军省对应对这种潜在危险的护航队的盲目自信。大井的观点引发了一场广泛的讨论，讨论的内容包括：能够定期将东印度石油运回日本的油轮数量，需要多大的海军力量才能满足对此类船舶进行护航的需求，以及敌人潜艇对油轮造成的预计损失。然而，由于缺乏一个官方论坛，与会者所表达的观点和关切从未达到能够左右高层政策的效果。因此，在开战前一个月，当天皇质问海军大将永野，"日本是否有能力冒着以澳大利亚为基地的飞机和潜艇的攻击而不受阻碍地获取和运输石油"，以及海军会采取什么措施来解决这个问题时，永野的自满情绪仍然没有动摇。[36]

鉴于日本海军普遍忽视对商船进行保护，因此太平洋战争前夕，日本海军在部队编制、舰艇、武器、战术和训练方面几乎没有什么能用于应付护航和反潜战任务也就不足为奇了。首先，海军高级指挥机关内部没有任何机构专门负责这些任务的规划。这种职责存在，但只是某个人负责的事务，而且不是他唯一的责任。在军令部作战部的第二课（负责防务计划，远不如第一课光荣，第一课里有10人负责联合舰队令人头晕目眩的作战计划），3—4名军官负责各种各样的计划制订任务，包括制订"后方"防务的计划。这最后一项任务是一名军官的责任，被认为特别包含了商船保护任务。1941年，随着战争迫在眉睫，后方区域的防务被指派给2名参谋军官。但其中只有一人负责商船保护，而且他直到同年 10 月都在兼任天皇的助手。[37]

护卫舰和反潜战的实际指挥被指派给了负责日本海岸防卫的海军军区（镇守府）。军区参谋人员不仅没有多少资源来完成这项相当重要的任务，甚至对它知之不多，而且按照先例和他们自己的意愿，他们更关心满足联合舰队的战术和后勤需求。[38] 因而在太平洋战争之前，日本海军没有负责商船保护的主要部队，直到战争爆发 4 个月之后，这样的部队才建立起来。即使在这时，负责商船保护的部队的质量和数量也完全不能胜任手头的任务，联合舰队司令部对不得不抽调驱逐舰和其他舰队作战单位进行护航感到恼火。这种情况只有到 1943 年一支成熟的护航部队建立后才发生改变。[39]

日本海军对海运保护的不重视，从正在建造的用于执行该任务的舰艇数量上就可见一斑。在《伦敦条约》签订之前，日本海军曾短暂地考虑过建立一支规模可观的专门用于保护商船的舰艇部队，但是出于预算上的考虑，放弃了该计划。对护航舰船的短暂兴趣所产生的一点可怜巴巴的成果便是日本建造了 4 艘原本被设计用于在千岛群岛附近执行日本渔业保护和渔业安全任务的海防舰。[40] "占守"级（Shimushu class）的 4 艘海防舰是在"丸一"和"丸二"计划中被提出来的，最终在"丸三"计划中获得批准。当时日本海军得出结论，这些海防舰可以发挥通用护卫舰的作用，能够执行若干沿海防御任务，包括布雷、扫雷和反潜巡逻。但是日本海军给予商船保护的低优先级不仅体现在该型海防舰最初只开工建造了不超过 4 艘，而且体现在它的排水量从原计划的 1200 吨减少到了实际的 860 吨。海防舰数量被削减是因为本来用于建造它们的一部分资金被用来支付"大和"号和"武藏"号的建造费用。[41] "占守"级海防舰是日本海军中最接近于英美护航驱逐舰的舰艇。由于对"占守"级足够满意，日本海军又订购了 14 艘"占守"级改进型海防舰——"择捉"级（Etorofu class），但由于日本海军建造标准严格，它们的建造时间太长，太平洋战争爆发时没有一艘完工。这些海防舰设计优良，建造得也很坚固，能够承受北太平洋的巨大压力。但它们武备平庸，深水炸弹少（都不能向前抛），速度不到 20 节（略低于美国舰队潜艇的平均水面速度），这些缺点使它们作为反潜舰艇来说不太理想。最后，日军海防舰建造工作最严重的失败是建造的数量不足。[42]

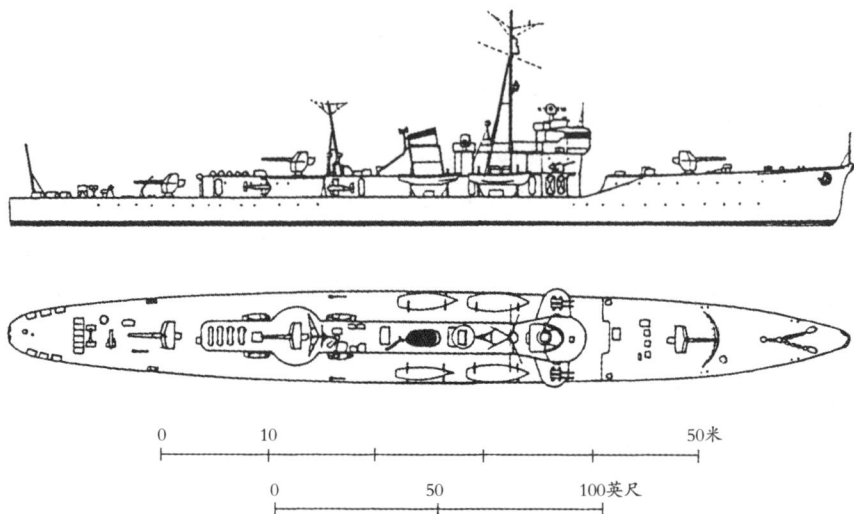

∧ 示意图12-1."占守"号海防舰

除了建造海防舰，日本海军下令建造了一些可以用作护卫舰的舰只［尽管建造它们是出于其他的目的，比如"冲岛"号（Okinoshima）布雷巡洋舰］。此外，日本海军改装了几艘鱼雷艇和较老的驱逐舰用于护航工作。从1931年开始，它还订购了一些平均排水量为250吨的猎潜艇，它们搭载2门40毫米高射炮和36枚深水炸弹。最后，日本海军将大约75艘平均排水量为130吨的辅助猎潜艇编入现役。但辅助猎潜艇只适合港口和沿海巡逻，因为它们11节的速度、薄弱的武装和低干舷使它们无法达到日本海军的预期目的。驱逐舰当然是实施护航和反潜战的最强大战舰，但是日本海军定下的优先目标使它自己不愿意派舰队作战单位去执行这些任务。[43]无论如何，被指派执行护航任务的舰艇的数量完全不足以保卫日本的航运。

不仅这些舰艇的数量完全不足以执行它们被指派的任务，而且它们的武器装备在执行这些任务时基本上发挥不了什么作用。他们没有装备前抛式反潜武器，而且他们的主炮通常不如敌人潜艇更大的甲板炮。由于错误的情报低估了美国潜艇的最大下潜深度，他们的深水炸弹往往设置过浅。[44]

在水下探测方面，除了第一次世界大战期间和战后刚发展起来的技术（其中大部分都是从英国和德国获得的）外，日本海军并没有取得多大进展。它在1920年进行了水听器的研究，1930年已经进口了美国的MV型水听器，并据此研发出了自己的水听器——九三式和零式水听器。前者是整个太平洋战争中日本海军的标准水下探测设备，尽管它的探测范围有限，只有1000码。在声波测距的领域内，日本人在战争爆发时取得了一些进展：大约20艘驱逐舰配备了九三式声呐。日军声呐的发展贯穿了整场战争，但该项目进展缓慢，而且日本的设备仍然处于初级阶段。[45]

通过拦截潜艇的无线电通信来探测潜艇很有前景。自20世纪30年代初以来，日本海军就有通过无线电拦截追踪美国海军演习的经验。然而，缓慢的方位核对使得日本海军原本高效的高频无线电测向（HF/DF）系统，对于太平洋战争中护航和反潜作战所要求的那种快速反应来说几乎毫无用处。[46]

总而言之，日本海军在应对商船保护或反潜战时，在观念、条令、训练、舰艇和装备方面都准备不充分。记载日本海军战时海上护航行动的官方历史概括了日本海军反潜护航战失败的原因。首先，日本海军没有预见到战争的长期性，也没有预见到战争不可避免地会涉及对广大地区海上运输的保护。第二，日本海军执着于水面决战，使其武备、战备和训练都朝着单一化的方向发展，而忽视了摧毁一个国家的商船也可以产生决定性意义的可能。第三，英国和美国在伦敦海军会议上主张限制潜艇，这给日本海军留下了潜艇是美国海军兵力结构薄弱环节的印象。这导致日本人得出了一个致命的结论，即美国潜艇对日本发动攻势的可能性很小。最后，护航和反潜战的防御性特点以及它们所要求执行的令人厌烦的重复性任务，使它们在传统上认为进攻是最好的防御的海军中受到了轻视。[47]

从海上到海岸：
日本的登陆战能力

日军两栖登陆能力的发展对于日本陆海军之间原本龃龉不合的糟糕记录来说是一个例外。由于日本几乎所有的现代战争都是在本土之外进行的，陆军的最初作战行动——在敌国海岸登陆——必然需要海军的支持，山本权兵卫将军曾略带嘲讽地提到过这一事实（见第一章）。因而，日本是最早认识到现代两栖作战重要性的国家之一，没有两栖作战能力，日本就无法指望在亚洲地区建立军事存在。日本海军在甲午战争和日俄战争期间配合陆军在朝鲜海岸实施的登陆作战，为未来的两栖作战定下了基调：通常在不会遇到抵抗的几个登陆点同时登陆，且要在夜间进行，以达到出其不意的效果，并在黎明前控制海岸线。

然而，直到20世纪30年代，日本陆、海军都没有维持一支像美国海军陆战队那样以登陆作战作为主要任务的部队。[48]陆军在这些战争中的作用主要是参与内陆的大规模陆战，因此，它最初对两栖作战的兴趣不大。是海军保持了一定的将其力量投放到岸上的能力。大多数日本军舰都有一部分船员（通常不到三分之一）被指定为"陆战队"（"登陆部队"），他们由受过少量步兵和轻武器训练的水兵组成，必要时可以上岸。[49]在中国的江边，特别是在上海和长江上，日军最常用的就是这种陆战队。在那里，日本的炮艇与西方国家类似的船只都驻泊在河里，保护其各自的国民和上游通商港口的商业利益。早在1897年，日本海军就在上海把这些小股部队派上了岸，表面上是为了平息一些骚乱或应对一些对日本人生命和财产的威胁。[50]"陆战队"是日俄战争中最早上岸的部队之一，还曾被用于占领德国控制的密克罗尼西亚群岛，并在1918年日本干预符拉迪沃斯托克时充当先锋。不过这些陆战队在中国被用得最广泛，他们经常在夺取一个特定的登陆点后执行守备任务。值得注意的是，从1927年开始，陆战队就在上海国际定居点的日本居住区外组建了一支永久的驻军。然而，从其武器装备和战斗技能来看，这支部队很难被认为是一支强大的两栖部队。

在第一次世界大战之前，日本军队几乎没有考虑过两栖作战的问题。但是协约国军队在加里波利的灾难①，表明在防守严密的海岸登陆是非常困难的，这极大地改变了陆军对登陆战的看法。考虑到未来的登陆战——在菲律宾和其他地

① 译注：1915年2月—1916年1月发生在加里波利的登陆战无疑是一次冒险的军事行动。由于马虎策划与错误判断，不但成为其倡导者——大名鼎鼎的丘吉尔的一大污点，而且也在人类登陆战历史上写下了极其惨痛的一笔。此次战役中，协约国方面先后派出约50万士兵远渡重洋登陆加里波利半岛，经近11个月的战斗后，有56707人死亡，123598人受伤。

方——可能必须面对敌人的炮火进行，日本陆军开始坚决要求在两栖登陆作战计划的制订中发挥更重要的作用。[51] 因此，在 20 世纪 20 年代，日本陆军积极参与了海军的一系列两栖作战演习：1922 年在四国海岸、1925 年在伊势湾、1926 年在伊豆群岛的新岛（Niijima，在这里陆军试用了第一辆两栖坦克）、1929 年在和歌山（Wakayama）海岸的演习。在这些演习中，两军解决了海军炮火支援、联合炮击地图的绘制、舰到岸通信和控制、各种登陆艇的运用、师级规模部队的进攻、烟幕弹的使用以及在绵长的水面进行部队调动等问题。根据在这些演习中获得的经验，日本陆军和海军共同制定了一系列两栖作战的指导方针。其中，1932 年的《大陆作战纲要》成为这一科目的常用手册。该文件是陆军和海军共同商议 5 年的成果，明确规定了陆军和海军在两栖作战中协同的原则，并描述了各级指挥官的职责。[52]

1932 年上海战事的爆发，使得日本陆海两军对两栖作战投入的相对关注度和精力发生了转变。当年 2 月，日本常备的海军特别陆战队与中国国民党部队在城市街道上发生冲突，在此过程中遭到重创。由于担心守备部队被击溃，海军要求陆军帮助他们将对手击退。虽然，一个混成旅团成功登陆来解救受困的海军陆战队，但从陆军的观点来看，这次作战还有很多不足之处。最初的几次登陆是用没有配备装甲和武装，且携带的弹药和武器数量都不充足的海军舰艇实施的。[53]

1932 年上海战事中日本海军的平庸表现促使其改变了对陆战队的编成方式、武装配备和使用方式。它现在完全愿意把发展主要两栖作战能力的任务留给陆军，包括设计停靠船、运输船和登陆舰。但是海军决心减少传统上对以下做法的依赖：在停靠待命的军舰上组建临时陆战队（这种做法只会耗尽部队的补充力量，降低其效率）。为此，它现在决定为有限的小规模任务建立常备的专门登陆部队。海军特别陆战队就这样诞生了，该部队最初只有营级规模的兵力，仅配备轻武器和迫击炮，但在登陆作战方面得到了广泛的训练。日本海军在 20 世纪 30 年代组建了 5 支陆战队，1 支在上海，另外 4 支分别位于日本本土的日本海军主要基地——横须贺、吴市、佐世保和舞鹤。日本海军打算让所有以日本为基地的陆战队都登上军舰（通常是轻巡洋舰和驱逐舰，其舰炮能为海军计划的有限、特殊任务提供支援）。[54]

日本陆军对其在上海作战的不满，也促使它重新考虑其在两栖作战中对海军的依赖。它的第一步是在研发专门登陆舰的过程中寻求海军的协助。"神州丸"号（Shinshū-maru）是海军按照陆军提供的规格设计和建造的，是所有国家当中第一艘专门设想用于两栖作战的舰船，也是后来美国海军研发的登陆舰码头的原型。[55]陆军又继续研制了坦克登陆艇，并对几个专门用于两栖作战的师团的训练内容进行了升级。通过这些武器的研发，作为海军合作伙伴的陆军成了实施两栖作战的主导性军种，而海军的作用则降格为提供炮火支援和护送陆军登陆艇到海滩。[56]尽管如此，两军仍继续合作，完善两栖作战训练和战术。

1937年日本侵华战争爆发时，这种训练证明了它的价值。这次冲突的第一次两栖作战发生在当年8月的长江入海口，恢复了早先海军指挥登陆的安排，即海军使用军舰将陆军部队带上岸。但更大规模的陆军部队则在一场教科书式的军事行动中被包括"神州丸"号在内的陆军船舶送上陆地。这场作战遵循了《大陆作战纲要》中规定的原则：在黎明时分，在不会遇到抵抗的几个地方同时登陆。[57]在接下来的14个月里又发生了涉及师级规模部队的3次重大登陆作战，分别是在1937年11月的杭州湾、1938年10月香港附近的大亚湾以及当月珠江入口处的虎门。所有这些军事行动都遵循了已经确立的日本两栖作战条令中的基本模式。[58]

日本在侵华战争中的登陆行动为解决大规模两栖作战在程序和后勤方面的问题提供了极好的经验。尽管这些没有遭到抵抗的登陆行动几乎没有给日本的两栖资源带来压力，但用最近一项比较研究的话来说，它们表明：在两栖作战中"日本参加二战时和美国一样做好了准备，无论是在作战部队方面，还是在公开的作战条令上"。[59]

前已述及，在20世纪30年代陆军已经逐渐主导日本两栖作战的发展，尤其是在运输、装备、战略决策以及直接参与的兵力规模方面。但陆军的主要任务是击败敌人的地面部队并占领大片土地。所以，陆军从来没有把它的两栖作战功能看作是最重要的。海军也是如此，因为它痴迷于海上决战。不过，由于面临夺取太平洋上英美所占岛屿的问题，日本海军还是继续表现出对提高其两栖作战能力的强烈兴趣。

因此，随着太平洋上发生战争的可能性越来越大，日本海军开始扩充、强化其登陆部队和任务，并使它们多样化。"特别陆战队"扩充为约 2000 人的加强营级部队，不仅装备轻武器，还装备了包括 3 英寸海军炮和榴弹炮在内的重型武器。战争爆发后，这些营级单位有时通过合并两个或更多这样的部队而扩编成一种被称为联合特别陆战队的新编制单位。太平洋战争前夕，一些军官受到启发，想要建立一支强大的、半独立的两栖部队，但这个想法从未引起海军高级军官多大兴趣，因为他们忙于加强战列舰队。[60] 不过将海军力量延伸到岸上的其他建议则得到了落实，其中最重要的是垂直包围的设想。1940 年德国伞兵在欧洲取得成功后，日本海军已经认识到这种新战争维度的可能。1940 年年末，以"1001 实验"为幌子，日本海军开始对从海军特别陆战队中挑选出来的士兵进行秘密的伞兵训练，到战争爆发时，已经在陆战队中组织了至少两支伞兵部队。在太平洋战争头几个月里为迅速征服荷属东印度群岛做出贡献的联合作战中，这些部队表现出色。[61]

所以，在太平洋战争前夕，日本有充分的理由对其进行两栖作战的能力充满信心。[62] 这种信心是其战略决策的基础，使存在已久的"南进"（日本势力向南挺进东南亚）设想在军事上得以实现。事实上，太平洋战争的头几个月证明这个国家的武装部队已经有效地掌握了两栖作战的后勤和原则问题。日本在东南亚的登陆作战通常是用少量分散登陆但集中于攻击点的部队在晚上出其不意地进行，这在它的英国、荷兰和美国敌人中造成了混乱，进而导致他们士气低落。在这些军事行动中，海军的作用比陆军小，但海军在远处和近处强大的掩护部队以及它对敌方空中打击力量的摧毁，即使不是行动成功的充分原因，也是必要因素。[63]

然而，随着日本在太平洋主要攻势的结束，海军地面部队的任务从机动战转变为阵地战。事实上，早在 1939 年日本占领中国南部沿海的海南岛时，这种转变就有了先例。对海南的占领主要是海军的军事行动，完成后，参与其中的海军特别陆战队便转变成为一支海岸警卫部队，其任务是防卫和负责岛内安全。随着战争初期在太平洋中部和西南部扩大了一圈领土，日本海军不得不重复这种模式。它的地面部队被赋予了越来越多的防御任务，这些部队的编制也相应地发生了变化。舰载快速打击特别陆战队逐渐被"根据地队"（基地部队）及其下属的警备队取代，这两者通常是仓促组建被匆忙派去保卫海军在太平洋的前进基地。虽然其中一些被证明对攻击具有极强的抵抗能力，但大多数最终都被美国发动的两栖进攻（比日本曾经发动过的任何类似军事行动都要强大）歼灭，或只是被绕过，由于陷入孤立而没有发挥任何作用。[64]

显然，日本海军在向海岸投射军力时所掌握的特殊技能，是在**没有遭到抵抗的情况下进行两栖登陆**的能力，即针对没有防御或防御薄弱的海岸线实施登陆作战。这种能力在日本所有的现代战争中都得到了充分的体现。在这些冲突中，海军和陆军都证明了对部队登陆的复杂战术和后勤问题了如指掌。他们登陆作战的特点是隐蔽、欺骗和分散进攻。

日本海军从来没有发展出的是"**两栖攻击**"的能力。"**两栖攻击**"这个术语的意思是美国海军陆战队发展出的这样一种能力——顶着躲在深沟壁垒中严阵以待的敌人的坚决抵抗实施两栖登陆。事实上，日本海军在类似军事行动中的一次经历——1941年12月对威克岛的袭击——几乎是灾难性的，并暴露出日本武装部队在实施这次登陆行动时准备非常不充分。[65]

然而我们必须认识到，两栖攻击在日本海军的整个历史中都是无关紧要的。1894—1895年的中日甲午战争到太平洋战争的第一年，日本海军都不需要这样的能力。到1943年，即便日本武装部队已经发展出两栖作战的理论和技术，开展了相应的训练，培养出能够实施两栖作战的部队，由于日本无法在太平洋战区当地建立制空权和制海权，这种两栖作战也都不可能实施了。

13

豪赌：

*1937—1941 年间的
日本海军战争计划*

在这样一本关于太平洋战争前日本海军的战略、战术和技术的书中，一个两难问题不可避免地要出现。一方面，关于 1937—1941 年日本走向战争，甚至是关于日本海军在日本走向战争时所扮演角色的详细讨论都不在本书的写作范围之内，这在其他地方已经有专家进行了充分的论述。[1] 但另一方面，人们至少需要对日本海军走向战争的过程有一个总体的了解，以便理解和评估其在开战前的战略规划。因此，本章将简要回顾与日本海军将国家引入战争的重大决定有关的问题、事件、机构和个人。本章的回顾是带着这样的认识进行的：导致太平洋战争爆发的决策中，日本海军不是唯一的参与者，只是最重要的参与者。

日本海军走向战争之路，1937—1941 年

从 1936 年开始，欧洲和东亚力量对比的变化以及一个无条约海军界所带来的不确定性，足以促使日本陆海军与文官政府一起重新审视日本的政策和战略，考虑国家面临的新危险和新机遇。重新制定大政策和大战略的公认方法当然是修改《帝国国防方针》，这一过程开始于 2 月，在联合委员会进行。这是日本最重要的战略声明的第三次，也是最后一次修订，基本上就是继续调和陆海两

军维护日本基本安全利益时各自所采取的本质上不可调和的做法。不过新的问题对更广泛的战略责任提出了要求。

对陆军来说，在大陆上投入兵力一如既往地影响了它政策的制定。在斯大林时期，俄国在西伯利亚的地位得到了极大的巩固，和过去一样仍然是日本主要的假想敌。但中国民族主义的崛起及其对日本在中国大陆攫取利益的明显阻碍，促使日本陆军坚持将中国列为日本陆军制订作战计划时的第二优先级目标。日本海军则认为没有理由改变其根本目标：称霸西太平洋和最终击败美国海军。苏联[2]和中国仍然是第二和第三大敌人，但无论如何，海军都保持着一次只打一个敌人的战略传统。到 20 世纪 30 年代中期，日本海军高级指挥机关准备将英国列入其假想敌名单（但前提是日本将单独与英国作战，或者最多同时与英国和中国作战）[3]，这主要是因为东南亚的英国海军部队可能最终会成为日本海军对该地区日益增长的兴趣的一个障碍。

前已述及，日本海军保持"南进"的政策，也就是说，将日本的力量和影响扩展到东南亚，再扩展到美拉尼西亚（Melanesia）[①]。在 20 世纪的头 20 年里，在海军与其竞争对手陆军为预算、优先权和威望而进行的斗争中，"南进"的设想实际上只是与陆军倡导的向东北亚大陆"北进"构想的一个对应物。然后在 20 世纪 30 年代，当它继续践行这个目标时，"南进"的想法在塑造海军政策的过程中有了新的生命力。出于对东南亚战略资源（尤其是石油）的关切（一些激进的中层军官对这一点表达得尤为明确），日本海军重新燃起了对该地区的兴趣。[4] 由于几乎整个东南亚都在西方殖民列强手中，日本海军最初难以确定自己在该地区的战略利益以及如何获得这些利益。然而，在接下来的几年里，国内外形势极大地增强了海军对东南亚的关注。

在对国家能源、资金和资源同时提出的两项不能共存的需求中，一项是大陆上的，指向与俄国的最后摊牌。另一项是海上的，指向美国，同时也寻求在热带地区开启一系列新的战略机遇。这两项需求都不可避免地影响了日本政府

---

① 译注：太平洋三大群岛之一，主要岛屿有俾斯麦群岛、所罗门群岛、新喀里多尼亚群岛等。

重新确定其战略目标的能力。和 1907 年、1918 年和 1923 年一样，陆军和海军在战略优先顺序上的根本分歧再度产生了一份大体上完全是空想的《帝国国防方针》（1936 年 6 月被天皇批准）。美国基本上仍然是海军主要的假想敌，作为陆军得以加强对苏战备的回报，海军得以开始实施第十章中讨论过的主要造舰计划。[5]《帝国国防方针》因其制定者们的分歧而存在严重问题，之后突然遇上了欧洲和亚洲的重大变故，本身又被烦琐的天皇批准程序所累。事实上，这一机制已经太过陈旧，无法再作为日本大战略的有效指南。在日本发动太平洋战争前的 5 年里，国防政策从未得到过检讨，更不用说修改了。

日本人还尝试过其他做法来协调国家的陆军政策、海军政策和外交政策，并确立战略重点。然而，这一切都化为泡影很大程度上是因为日本海军对东南亚地区的兴趣与日俱增。1936 年 4 月，海军大臣永野修身向（由主要大臣组成的）的内阁核心① 提交了一份政策文件《国策纲要》，强调了"南方地区"的战略重要性。[6] 当年 6 月，永野又向内阁核心递交了一份文件，其中含糊地提到可能要通过和平的经济手段实现"南进"。这两份声明都没有获得陆军的支持。

最后，在 8 月，日本陆海军试图通过一系列会议来调和两个军种在预算和战略优先事项上的分歧，这些会议主要是在（军令部作战部）作战课长福留繁大佐和参谋本部战争指导课长石原莞尔（Ishiwara Kanji）大佐之间举行的。最后，除了就日本目前的陆海军实力不能保证在与多个国家的作战中取胜这一点达成一致外，福留繁和石原莞尔彼此都是在鸡同鸭讲。前者主张"南进"和扩大舰艇建造计划，后者则坚持强调对苏战备的必要性和东北亚在战略考量上的优先地位。1936 年 8 月，陆军和海军之间关于战略的争论被搬到了内阁桌面上，经过一系列会议，最终达成了一项妥协性声明——《国策基准》。[7] 由于该声明只是简单地重申了陆军和海军各自追求的目标，并没有整合国家战略，因此完全未能解决陆军和海军在预算优先权和日本未来扩张方向上的分歧。这一政策僵局基本上表明这两个军种仍然是狂妄自大的：它们自始至终都主要根据自身需

---

① 译注：即五相会议。

求和支持它们所需的预算来确定国家政策。[8]然而，作为日本海军政策新重点的一个表征，《国策基准》这一文件也表明了日本海军的两个意图：一个是实现自身在东南亚的战略和经济利益（与陆军在中国大陆的利益相对立），另一个是着手建成一支足以称霸西太平洋乃至东南亚的舰队。[9]后者是实施"丸三"海军建造计划的基本理由。

全面侵华战争的爆发使这一问题更加复杂，因为日本扩大对中国大陆的介入可能会违背第一次世界大战前以来日本大战略的基本原则——一次只打一个敌人。就陆军而言，虽然一如既往地把注意力集中在苏联，但与中国全面开战的它现在希望为对付两个或更多敌人的可能制订计划。日本海军最初坚持现行政策，与陆军进行了长时间的谈判后，在海军中最好战分子的影响下，它做出了让步，同意了日本传统战略的根本性转变：可以同时与美国、苏联和中国三个敌人开战。[10]到1938年年末，日本海军也愿意增加第四个敌人——英国（已经被列入日本海军的假想敌名单）。英国与日本的关系明显降温，它成为日本在东南亚扩张势力和影响力的最大障碍，这主要是因为英国着力加强其在新加坡的海军基地。因此，对当时的日本计划制订者来说，把英国算在它可能要挑战的国家之列似乎很自然。对于海军来说，燃料问题已经达到了这样一种程度：为了在东南亚建立某种未来的霸权——无论是经济上还是政治上——似乎值得进行这样的对抗。[11]然而，在这时候，还没有任何对英战争的具体研究或详细计划，几乎没有任何军事资料可以为这种计划的制订提供基础。直到1940年制订年度作战计划时，陆军和海军才制订了这样的计划。[12]事实上，日本海军对与"老朋友"（亚瑟·马德尔语）发生冲突的想法是如此陌生，以至于军令部的一些人对大英帝国在南亚和东南亚殖民地的地理情况并不熟悉。但日本海军计划制订者从一开始就相信，一旦与英国发生战争，日本海军可以在亚洲水域对付英国海军部队。[13]

侵华战争的头几年在某种程度上阻碍了日本海军让国家政策重新转向"南进"的努力。"南进"战略既是出于战略或物质上的需要，又是因为海军对与陆军争夺地位和优先权的痴迷。但与之背道而驰的是海军又奉行一种投机取巧的好战政策，首先表现在1937年8月在上海的战斗挑衅，然后又表现在不停地在中国南海及其沿岸获取基地。[14] 在战争头两年，海军率先占领厦门、广州和华南沿岸的其他港口。1939 年 2 月，海军占领了海南并将其置于自己的控制之下；3 月，又占领了中国南海的南沙群岛。这些行动使日本海军在有机会时能进一步向南推进。[15] 海军对侵华战争的利用不仅限于改善其战略地位。除了航空作战，它在中日冲突中的作用小于陆军。尽管如此，海军还是利用战争坚决要求增加战略物资的拨款，现在看来，这比预算拨款更为重要。

1939 年的夏天，日本似乎既背负困难，又享有机遇。侵华战争久拖不决，长期存在的《美日商业条约》被废除又标志着日美关系的恶化。然而，日本海军中的一些人，无疑是受到了第一次世界大战期间东亚和西太平洋权力真空给日本带来行动自由的记忆的启发，认为欧洲战争的爆发可能为采取更剧烈的主动行动创造了机会。在这类言论中，最引人注目的就要数中原义正（Nakahara Yoshimasa）大佐的叫嚣了。他在军令部时从"北海事件"[16] 开始，就积极鼓吹"南进"，这为他赢得了"南海王"的称号。早在 1939 年欧洲战争正在进行时，中原就写道："终于，时机到了。日本这个海上国家应该开始向孟加拉湾进军了！长满苔藓的苔原，广袤的荒漠——它们有什么用呢？今天，人们应该开始遵循海军的大战略，改变他们从前的陋习。日本必须回归其海洋传统，将主要重点放在发展海军上（为了达到这个目的，我们甚至应该毫不犹豫地与美国和英国作战）。"[17]

虽然这些只是日本海军中最激进的"**南进**"拥护者的观点，而且此时肯定没有在陆军的观点中找到共鸣，但军令部已经开始采取某些准备措施，使海军能够迅速地抓住任何可能出现的机会。这其中就包括重组海军，使其处于半战时状态，并建立一支新的独立部队——第四舰队。该舰队被派往加罗林群岛西部，这样如果情况需要的话，海军就可以进入荷属东印度群岛。

到 1940 年年初，随着欧洲"假战"的继续，日本海军断定那里的战局不会有大的变化，因此东南亚暂时也没有新的机会。[18] 然后，在这年春天，欧洲的一连串动荡事件似乎为日本海军提供了实现其在东南亚长期追求的目标的机会。首先是 4 月份德国迅速侵入丹麦和挪威，展示了其压倒性的空军力量。然后在 5 月，低地国家和法国在德国的进攻浪潮下迅速崩溃，英国突然被包围。这些灾难使得法国、荷兰和英国在东南亚的殖民领土面对日本的压力不堪一击，甚至容易被日本彻底征服。在这些潜在的机会目标中，没有一个比荷属东印度群岛更大，这首先是因为它的战略资源是最丰富的，其次是因为保卫它的部队是最弱的。

这些事件给日本海军带来了一系列战略上的不确定性，但似乎也提供了一个实现其长期追求的目标的绝佳机会。于是，它们把日本海军引向了与西方对抗的方向，并重新树立了对其竞争对手陆军的自信。但是，为实现在东南亚的野心而采取的侵略性行动可能会把海军带入一场危险的对抗之中，而且日本海军自认为还没有为此做好准备。简而言之，问题在于如何在不挑起与英美战争的情况下，在东印度群岛展开对荷兰的军事行动。这个两难困境出现在日本海军竭力在大规模造舰计划上不逊色于美国海军并与日本陆军竞争战略资源的时候。更糟糕的是，这一困境出现在这样一个时间：日本海军意识到自己可能会卷入同时与 5 个国家（美国、英国、中国、荷兰和苏联）的战斗中，这标志着日本海军偏离一次只对付一个敌人的原则已经相当远了。多年来，机遇和危险之间的这些张力导致了日本海军在政策和战略上的转变，在当时的日本陆军和很久以后的历史学家看来，这种转变有时显得鲁莽，有时又显得怯懦。

早在 1940 年 4 月初，海军中一些有影响力的中层军官就竭力主张占领东印度群岛的时机已经到来。5 月，在德国大举进攻西欧之时，新组建的第四舰队被派往日本控制的密克罗尼西亚的帕劳，准备以保护它们的中立为借口占领东印度群岛的港口和基地。当月，日本海军举行了针对东南亚海域海军作战所涉及的更大战略问题的图上演习。从这些演习中，日本海军得出结论，在日本入侵东印度群岛的情况下，不可能把军事行动限制在只针对荷兰的陆军和海军部队。这样的行动不可避免地会使日本卷入与英国、美国和荷兰的战争中。特别令人担忧的是与美国爆发持久战的可能，图上演习参与者认为，如果战争持续时间超过一年半，取胜的机会微乎其微。除了这一令人忧心忡忡的问题外，还有日本和东南亚之间海上航线的安全问题，没有这条海上航路，就不可能持续获得东印度群岛的石油和其他资源。[19]

从这些考量中产生了两个重要的后果：其一是海军高级军官们坚信，要想在与主要敌人的战争中取得胜利，不仅需要大量的准备时间，而且需要比以往更多的国家战略资源来落实这些准备工作。其二是海军（特别是军令部的作战部）

的循环推理，将东南亚的石油问题与对美战争的**必然性**联系起来。在不断恶化的美日关系大环境下，论证的思路是这样的：美国很可能会减少或完全禁止向日本出口石油。由于美国为日本海军提供了大部分所需的石油，后者将不得不把目光投向荷属东印度群岛，这是唯一能满足日本海军同等数量需求的石油来源。但用武力夺取东印度群岛的油田将使日本卷入与美国的战争，而如果日本无法获得这些资源，那么日本又不可能战胜美国。[20] 几乎没有证据表明，日本海军领导层曾试图用替代性政策来质疑这一循环论证，这样的替代性政策本可以降低与美国开战的必要性。

事实上，在日本走向战争之际，上述两个基本假设严重地复杂化了日本的决策过程。到 1940 年 7 月，由于日本陆军突然改变立场，宣布对"南进"很感兴趣，这一过程就变得更复杂了。陆军现在认为这样的战略有助于建立一个经济上自给自足的巨大日本势力范围，它北起中国东北向南延伸到澳大利亚北部水域，西起印度洋东到美拉尼西亚。建立这样一个势力范围的第一步是占领位于法属印度支那的东京（Tonkin）① 市里的基地。不过，陆军显然做出了与海军完全不同的设想。为了实现追求的目标，日本陆军愿意与东印度的殖民地政府，甚至与英国开战，但又假定在开战时，日本可以避免与美国发生冲突。

对日本海军来说，这样的安排是不可想象的。第一，陆军政策的突然转变意味着扰乱了海军长期以来制定的"南进"计划。第二，把美国排除在日本的战争计划之外，意味着几十年来一直以美国海军的威胁作为自己存在理由的日本海军，将在东南亚战役中只发挥非常小的作用。第三，如果接受了这样一个角色，海军就很难要求为其重大扩充计划分配更多的战略物资。

在 1940 年夏天的一段短暂的时间里，这些考虑促使日本海军在政策上改弦易辙。它拒绝为入侵荷属东印度群岛做准备，并极力主张日本应该通过外交手段获取战略资源。但是，在得知如果日本在东南亚诉诸武力，美国就将对其实施禁运的威胁后，日本海军又重拾了其"循环的阴谋逻辑"（亨利·弗雷语）。

---

① 译注：旧指越南北部大部分地区，越南人称之为北圻。

它再次掉转枪口对准东印度群岛。8 月初，日本海军判断其主要舰队在未来 30
天内的战备水平较低，并预测如果美国切断对日本的所有石油供应，它只能战
斗一年。尽管如此，日本海军还是开始为一场全面海战制订计划，采取的最初
几项措施涉及对舰队的动员——特别是"舰队预备动员"——和"紧急战争计划"
（见第十章）。这些措施是走向与美国开战的第一步，甚至在与美国的关系开
始恶化之前，日本海军就已经采取了这样的措施。[21]

在 8 月下旬，日本海军认为出现以下两种情况中的任何一种就应该与美国
开战：出现"有利的机会"，或由于英美的禁运或其他威胁到日本生存的措施
把日本逼入了绝境，开战被认为不可避免。尽管如此，日本海军仍然认为这样
一场冲突的结果将在很大程度上取决于海军是否能够积聚起必要的武器和资源
以做好战斗准备。[22] 我们很难想象一套战略假设关于风险的内容较多，而对逻辑
和备选方案的仔细计算却涉及较少。

日本海军考虑较多的不是长远利益，而是眼前利益。海军领导层不顾一些最
资深和经验最丰富的军官的判断，同意支持陆军的主张——与德国和意大利签署
《德意日三国同盟条约》，以换取更大份额的资源分配。受可以优先要求战争物
资的鼓舞，日本海军在 1940 年秋加紧了准备工作：它加快了军舰的建造和改装，
动员了预备役人员，储备了物资，给港口、仓库和基地（尤其是给密克罗尼西亚
那里的这些地方）配备了设备和储备物资。日本人忽视了这样一个事实：因为签
署《德意日三国同盟条约》[23]，日本不仅进一步激怒了为日本海军提供大量战略
物资的美国，而且还与无法向日本提供任何战略物资的两个国家的军事野心联系
在了一起。这两个国家远在地球的另一边，对资源也极度渴求。

不过在 1941 年伊始，日本陆、海军仍在推进战争的进度和速度上存在分歧。
陆军在与中国的战争中陷入泥潭，无论是用武力还是通过与国民党政府的秘密
谈判都无法结束这场战争，又在前一年秋天占领了法国在（越南）东京的基地。
这一举动不仅是陆军试图切断中国外部援助的部分措施，也是可能实施的全面
入侵东南亚的第一步。尽管如此，陆军仍然坚持要限制这样一场战役的时间和
范围：它将是一场夺取马来亚和荷属东印度群岛的短期战役，在此之前先进一
步向法国殖民地政府施压，要求其承认日本军队在印度支那南部的驻扎。海军

则继续坚持要有更多的时间（和物资分配）来为这样的冲突做准备，并且一如既往地确信：对英国和荷兰殖民地的进攻将不可避免地使日本卷入与美国的长期战争。在 1941 年冬末，海军此时也坚持认为，"一个有利的机会"并不足以触发在东南亚的进攻行动。只有在战争"不可避免"的情况下，才应该采取此类军事行动，即日本的安全受到直接威胁，如英美舰队的大规模调动；或者存在间接威胁，如对日本的石油运输实施彻底禁运。[24]

对陆军领导人来说，海军的这种倒退进一步证明了海军在玩两面派的游戏：就在两军部队在九州海滩演练入侵马来亚的联合进攻时，海军似乎更感兴趣的是攫取大量资源，而不是致力于任何协同军事行动。然而，最终在制订法属印度支那以外的大部分进攻作战计划时，海军占了上风——没有海军的运输和保护，陆军哪儿也去不了。因此，陆军答应了海军的要求，暂时搁置了在马来亚或东印度群岛展开军事行动的计划。[25]

就日本的海军领导层本身而言，它在 1941 年春天就已经拿定主意——与美国的战争确实是不可避免的。它只是试图控制开战的时机和准备工作。受其激进的中层军官新兴影响力的刺激，海军变得越来越好战。"我们必须在南方的法属印度支那和泰国建立基地以便发起军事行动，"军令部总长永野修身将军 1941 年 6 月 11 日在大本营联络会议上坚称，"我们必须坚决打击任何企图阻止我们的人。我们必须诉诸武力……"[26] 然而，即使是永野也认识到，推迟对东南亚的全面进攻将给海军更多的时间来完成战争准备。军令部和海军省陷入了推动战争却不想承认海军没有真正做好准备的尴尬境地，于是在 1941 年 7 月支持日本军队进入安南（Annam）、交趾支那（Cochin China）和柬埔寨。这一举动产生了致命的后果：日军对印度支那南部的占领加速了日本和日本海军与美国的冲突。8 月，美国对日本实施了包括禁止所有石油运输在内的全面贸易禁运，这一令人震惊的回应是日本陆、海军都没有预料到的。英国和荷兰很快也跟进了这一措施。1941 年 8 月以后，日本连一滴石油都进口不了，因此日本海军不得不再次消耗其如此艰苦积累的宝贵石油储备。

日本海军现在正面临着一年前它曾宣称的将"不可避免地"导致战争的局面。在经历了几个月的好战和拖延之后，它现在认为应该尽快做出决定。在 10 月一

次讨论开战问题的大本营政府联络会议上，永野大将态度坚决："海军现在每
小时消耗 400 吨石油。情况紧急。我们希望速做定夺。"[27] 因此，在 1941 年的
最后几个月，日本海军被自身的逻辑和突然缩减的战略规划基本条件（时间和
资源）所困，沿着陡坡急速坠向战争。

日本海军没有认真考虑他们早该在 1940 年夏天就考虑的重要问题——"南
进"是否值得冒美国禁运的风险，是否有其他合理的选择来取代因禁运而开战，
海军是否真的能赢得美国肯定会试图强加给它的战争[28]——便采取了这一行动。
日本海军高级指挥机关不顾其一些最能干的高级军官的良好判断，在没有考虑
这些问题的情况下就开始了战斗。它之所以这样做，部分原因可以用 1941 年秋
其官僚政治的具体结构和特点来解释。

鹰派的胜利：
1937—1941 年日本海军的决策

虽然本书不会深入探讨旧日本海军的制度史或政治史，但将提供一个简要
的概览，内容包括将海军拖入战争以及对具体打这场战争的战略极为重要的制
度、过程和个人。

前已述及，海军省是日本海军最大、最重要的组织。到 20 世纪 30 年代，
它由许多局和部门组成，其中最重要的是海军军务局、舰政本部和航空本部。
当然在和平时期，海军省也是海军当中权力最大的机构，因为海军省在不打仗
的时候负责掌控所有海军部队。此外，假如成立大本营（见第四章）的话，海
军省会像在中日甲午战争和日俄战争时那样代表海军。在 20 世纪 20 年代，海
军大臣在海军中的主导地位很大程度上使主要供职于海军省内的海军温和派军
官——"行政集团"（麻田贞雄的叫法）感到满意，他们普遍支持根据海军军
备限制条约与英美海军强国合作的政策。海军省的主导地位也服从于政府，
因为海军大臣严格来说是由首相任命的，因此至少在一定程度上屈从于文官
的政治影响力。

然而，这样的安排并没有得到所谓"舰队派"［或者说"指挥集团"（又
是麻田贞雄的叫法）］反条约军官们的喜爱。他们是强硬派加藤宽治和末次信

正的追随者，主要供职于军令部。这个集团的成员不仅对他们在海军省里较为温和的同僚的政治观点嗤之以鼻，而且对他们自己的海军军令部和权力更大的陆军参谋本部之间的权力不平等感到气愤。20 世纪 30 年代初，在若干事件（其中最具爆炸性的是海军省对《伦敦海军条约》的处理）的刺激下，"舰队派"军官站了出来。1932 年，军令部次长高桥三吉将军发动了一场针对海军省的"下克上"，意图提高军令部的权力。高桥和他在军令部的盟友们利用新上任的军令部长伏见宫博恭王的威望以及海军大臣大角岑生（Ōsumi Mineo）的怀柔，迫使海军省不顾它多数"部""局"领导人的反对接受了某些屈辱性的职能变动。这些改变将若干海军省的职能转移到了军令部，其中最重要的是在和平时期对海军部队的指挥权和在战争期间对大本营海军部的指导权。[29] 一旦这些激进的军官巩固了他们的行政基础，他们就进一步削弱温和派的势力。他们的夺权在 1933—1934 年的"大角清洗"中达到了顶峰——在加藤宽治的催促下，大角迫使海军中大多数温和派高级军官退休。加藤在当时已经升职到军事参议院（主要是一个仪式性机构，负责审查国家安全问题）任职，但在幕后策划了这次清洗。

在接下来的几年里，"指挥集团"的军官占据了军令部的中层职位，也占据了海军省内的职位，只不过数量相对少一点。在这些职位上，他们成功地将日本海军和日本从海军条约体系中移除，并结束了与英美海军强国的合作。但是，指挥集团借以发挥最大影响力的手段是海军中的一种新的官僚现象：20 世纪 30 年代中期出现了由一些海军省和军令部下属的课长组成的临时军种内委员会。建立这些委员会的本意可能是为了在危机不断积聚的时期促进海军内对战略规划的整合，增进在这方面的共识，但这些委员会聚集了一批好战的中层军官，逐渐接管了海军政策的方向。这些独立组织中权力最大的两个分别是第一委员会（负责制定国家的大战略以及来实施这些战略的具体海军政策）和第二委员会（负责建议对海军进行组织上的"改革"，为更加好战和更热衷于扩张的海军政策消除官僚制度障碍）。早在 1936 年，第一委员会就开始认真考虑"南进"政策，第二委员会开始改组海军省军务局，使其更符合日本陆军好战、亲德的立场。[30]

虽然日本海军内部的这个激进群体通过让军令部在大本营中代表海军，赢得了对温和派的胜利，但该群体的许多军官并不热衷于将大本营当成一个机构。他们担心，与甲午战争和日俄战争一样，陆军会主导国家的最高统帅机关。[31] 在发生第二次中日战争的紧急情况下，天皇命令在 1937 年 11 月 20 日建立大本营。结果，与海军参谋军官的预期相反，海军总体上能够在大本营占据一席之地。海军主张要有与陆军几乎同等的权力，即便它不能总是随心所欲，某些情况下也能对陆军的计划行使某种否决权。在这种情况下，我们可以从大本营看出日军高层决策存在的问题。它由两个独立运作的分支机关组成，一个是陆军部，另一个是海军部，分别由参谋总长和军令部总长领导。大本营的这两个分支机关主要包含具备双重职责的军官，他们既是具体军种的成员，又是大本营的成员。在大本营海军部，就有海军大臣和大多数重要部门和局的部长、局长，他们都受军令部的领导（示意图 13-1）。

大本营的这种制度安排中最严重的缺陷是总体上缺乏一种类似于二战期间美国创建的参谋长联席会议的整合功能。它没有负责全局的总参谋长，也没有任何其他拥有最高权力的人，甚至缺乏统一指挥的具体代表。它的两个主要分支机关各自都在不同的地点（海军是海军省所在的大楼）办公。如此一来，当两个军种偶尔争得不可开交，陷入僵局时，没有任何个人或团体能充当仲裁者。大本营最接近于像真正的国家司令部那样运作的是两军的参谋会面交换重要信息，讨论涉及两军的重要作战计划，或与政府进行"联络"的时候。最后一个职能表现在从 1937 年开始定期召开的"大本营政府联络会议"上。该会议将陆军大臣、海军大臣、参谋总长、军令部总长、首相以及内阁文官召集在一起研究解决大战略的主要问题。当会议在天皇面前（在皇宫）举行时，会议上的决定被认为是自动得到了天皇的批准，使其几乎不可撤销。但即使是这些最高级别的秘密会议，有时也不能使两个军种达成一致，在这种情况下，军种之间的分歧只是被掩盖了。[32]

在野村实看来，这样的制度安排显示了日本指挥体制的陈旧性。他认为，现代战争要求军事行动的实施必须与外交政策、政治事态和经济现实相协调，而日本的军事问题往往被孤立地考虑。[33] 除了文官政府的无力外，这种缺乏配合的状况是由日军统帅机关的分裂性造成的。在统帅机关内部，军令部尤其喜欢

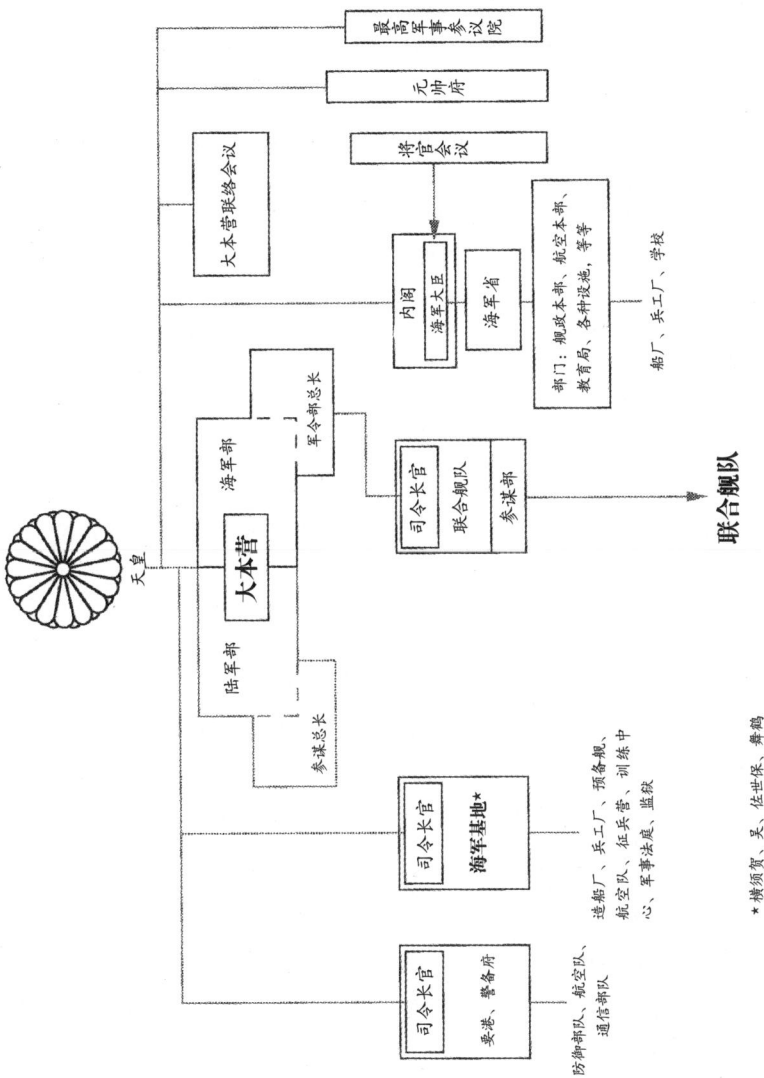

^ 示意图13-1. 1941年的旧日本海军高级指挥机关架构

＊横须贺、吴、佐世保、舞鹤

不征求官僚机构中其他机关的意见就做出决策。例如，太平洋战争开始时担任首相和陆军大臣的东条英机（Tōjō Hideki）直到日本投降后才知道海军袭击珍珠港的细节。同样，海军大臣也是在中途岛作战计划被起草完之后才得知该计划。即使是大本营联络会议也是一种有缺陷的协调机制，因为并不是所有与会者都得到了关键战略性作战行动的简报。[34]

　　因此到1940年，日本海军运作得越来越像一片片半独立的殖民地，军令部只是其中最有权势的。但在太平洋战争爆发前的两年里，推动海军政策的正是那些处于海军正式官僚结构外，由好战、极度自信的中层"鹰派"军官组成的临时海军内部委员会。他们都非常像加藤宽治（他的思想仍然在海军里阴魂不散）的信徒，认为海军是国家扩张的工具。像冈敬纯（Oka Takazumi）少将、中原义正大佐、石川信吾大佐、中堂观惠（Chūdō Kan'ei）大佐就是狂热的扩张主义者，他们强烈支持轴心国，极度反对英美，都支持"南进"和迅速增强日本的海军实力。最重要的是，他们能够利用海军决策结构中的习惯做法以及国家和海军中日益加剧的危机气氛启动政策，这些政策后来往往自动得到海军高级指挥机关那些高层的批准。

　　与这一好战的中层军官日益增长的影响力针锋相对的是由高级军官组成的陷入好战分子包围的三头同盟——米内光政、山本五十六、井上成美（Inoue Shigeyoshi 或 Inoue Seimi）。他们在战略上是已故的加藤友三郎的信徒，支持海军军备限制条约体系，并视海军为威慑力量而非日本扩张的利刃。

　　到了20世纪30年代，米内在海军中是一个罕见的异类，他拥有丰富的海上经验，对国际事务有着广阔的视野，并且认识到与英美海军强国的合作而非对抗，最符合日本的利益。在1937—1940年担任海军大臣的3年时间里，米内尽其所能让海军远离政治和战争。在1940年上半年担任首相时，他试图避免卷入与德国和意大利结盟的危险。最终，他的努力和他的内阁都被扩张主义者和陆、海军中的亲德派所瓦解。[35]

　　当然，我们都知道山本在担任海军航空本部长时，就一直对海军以战列舰为中心的正统观念持批评态度。担任海军次官时，他继续扮演这个批评者的角色，除此之外，他还坚定地支持米内反对海军中层军官的极端主义倾向，特别是反对

∧ 山本五十六

他们让日本向纳粹德国靠拢的企图。山本的温和政策以及在国会中针对这些问题的坦率言论激怒了右翼组织，他多次受到生命威胁，不得不寻求警方的保护。[36]这可能是他在 1939 年 8 月受命担任联合舰队司令长官的原因之一。山本花了 3年时间试图阻止海军和国家执行他认为会导致一场日本绝无可能打赢的战争的政策，但没有成功。于是作为日本海军最大舰队的司令长官，他在新的职位上努力减少日美海上冲突的可能性。为了完成这个任务，他给联合舰队带来了以往任何一位联合舰队司令长官都无法比拟的威望和光环，从而在海军战略决策中获得了与海军大臣和军令部总长同等的影响力。[37]

　　井上是三头同盟的第三号人物，讨厌的东西和山本类似。他不喜欢海军中极端分子的好战和亲德观点，并且憎恶军令部对战列舰的迷恋。在 1937—1939

年任海军省军务局长、1940—1941 年任海军航空本部长时，他努力在海军中抵制这两种趋势。对井上来说，海军是国防的工具，而不是扩张主义的工具，只有在国家面临毁灭或要被消灭的情况下，使用武装部队才是正当的。因此，他对任何将日本的命运与德国和意大利的军事野心联系在一起的长期规划都抱有深深的不信任感。[38] 不过井上认为，如果日本海军被拖入战争，无论是由于它与这两个国家的愚蠢关系，还是因为它自己领导人的鲁莽，它至少应该准备好打敌人强加给它的那种战争。

直到 1940 年夏天，这三位海军高级指挥机关中头脑最清晰的军官都一直坚持反对扩张主义思想和海军中"鹰派"军官对三国轴心的同情。然后到年中时，英国的虚弱、法国和荷兰的崩溃以及德军显而易见的所向无敌共同削弱了三人的地位。而与之相对的是，这些事态的发展提升了好战的中层军官的影响力，他们鼓吹接下来获得高级指挥机关首肯的侵略政策。到 1940 年秋，日本海军终于同意支持与德国和意大利签订《德意日三国同盟条约》。最重要的是，它确定了"南进"的方向。按照日本海军自己的估计，这样做了之后，与美国的一场激烈冲突就拖延不了多久了。

事实上，1940 年中期日本海军的"出师准备"（预备动员）大大强化了它的战争姿态。关于太平洋战争起源的解释通常忽略了这种预备动员的重要性。传统观点认为，直到 1941 年夏天美国实施石油禁运，日本海军才开始让自己处于战时状态。但是预备动员清楚地表明，在禁运实施一年前，日本海军就已将自己置于与美国发生冲突的轨道上，因为预备动员的启动是将日本海军带入全面战争迈出的一大步。所以，1940 年和 1941 年与此相关的早期动员的指示被日本海军严格保密。这次动员也是与陆军和内阁进行最激烈磋商和谈判的主题。它对战略物资分配的常规安排以及商船的征用和改装做出了有利于海军的重大修订。

为什么海军选择在这个时候启动这些计划至今仍不清楚。这些计划被启动时，一些最活跃的亲轴心国鹰派——其中包括冈敬纯少将和石川大佐——被提拔到海军省的重要职位，这可能不是巧合。毋庸置疑，这些举措还涉及一个战略问题。在德国取得巨大胜利和欧洲大陆发生巨变的时候，这些动员措施一定程度上表明了日本海军的这样一种决心：对日本在亚洲的任何非同寻常的机会都要加以利用，必要时动用武力。最终，这种动员具有自我实现的性质，它本身也助长了与英美海军力量发生战争的可能性。

历史学家普遍认为，在把日本拖入战争的两个军种中，日本海军的罪责要轻一些。战后不久，许多海军军官坚持认为陆军采取了重大举措。例如，大前敏一（Ōmae Tshikazu）就宣称"海军在制定国家政策方面没有发言权，陆军的影响力最大"。前联合舰队司令长官和军令部总长丰田副武（Toyoda Soemu）大将对此表示赞同，称"拥有政治大权"的是陆军。[39] 这些在日本投降后不久发表的言论是企图为海军开脱责任的自私做法，并促成了日本海军是一支温和克制的部队的神话。但坚持终止军备限制条约的正是日本海军。这些条约为日本提供了相对于美国的安全保障，这是日本海军靠自己的努力无法提供的。此外，正是海军在上海的好战行径引发了 1932 年的一场严重事变，并在 1937 年导致了与中国的全面战争。最后，正是海军在 20 世纪 30 年代中期对东南亚的野心开始把日本的扩张政策重新引向该地区。虽然陆军应该承担自己的责任，但海军在 1941 年为走向战争提供了关键的推动力。日本海军最关心的是石油，也担心美国海军的舰艇建造将压倒自己。它将美国视为主要敌人的悠久传统使得与美国的战争看起来既自然又不可避免。从这个意义上说，对日本海军来说，开战的决策是自我实现预言的最大悲剧性案例。

传统战略：
1937—1941 年海军的年度作战计划

自第一次世界大战以来，日本认为与美国的海战本质上意味着一种"等待和回应"战略，该战略有 3 个阶段：第一阶段为搜索行动，旨在寻找并歼灭长期驻扎在西太平洋的少量美国海军部队；第二阶段是对向西移动、前来解救或重占美国领土的主力舰队进行削弱；第三阶段是展开决战，在决战中消灭美军舰队，并迫使美国人谈判。虽然这一战略构想的大致轮廓在整个 20 世纪 20 年代都没有被修改过，但武器和战场都发生了变化。最初仅由水面部队实施的日本本土水域防卫，到了 20 世纪 30 年代，变成了一种包括潜艇、飞机和战列舰队在内的回应性战略。这一战略将在决战中达到高潮，这场决定性的遭遇战将在西太平洋的某个地方进行，大致位于小笠原群岛和马里亚纳群岛之间连线以东的某处。[40]

到 20 世纪 30 年代中期，某些战略和技术的发展改变了日本海军对日美战争的实施步骤和时机所做的规划。到这时候，日本人已经计划在开战时就攻占菲律宾和关岛，甚至在美国太平洋舰队从美国西海岸出发之前就这么干。而当条约时代结束和美国在西太平洋基地设防的限制被解除时，日本海军不能再假定这些基地会不设防。因此，对菲律宾和关岛的征服可能不得不推迟到美国战列舰队被消灭之后。大约在 1933 年，日本海军实际上已经开始考虑，在未来的日美危机中，美国舰队甚至可能在战争开始之前就跨越太平洋。[41]

陆基轰炸机的出现也改变了日本海军对付敌人的计划。马丁（Martin）B-10 轰炸机在美国的问世，预示着美国在菲律宾的军事存在可能扩大，这可能会阻碍日本人的计划。日本海军 1937 年的年度作战计划就假设菲律宾存在美国的航空力量（实际上直到太平洋战争前夕才出现），[42] 强调要尽早消灭敌人在这些岛屿上的航空兵。该计划的开头规定先占领吕宋岛以北的巴丹群岛（Batan Islands），将其作为一个航空前进基地，用于打击更南边的美国机场。[43]

但如果说美国在西太平洋的陆基轰炸机有可能打乱日本早期轻易占领那里敌人基地的计划，那么三菱 G3M 中型轰炸机和川西大型水上飞机的出现以及密克罗尼西亚群岛的日本托管岛屿上不设防限制的实际解除[44]，也将日本海军的进攻力量向东延伸了数千英里。到 1936 年，日本海军已经开始考虑在密克罗尼西亚建立相当数量的陆基航空基地，并在这年年底向该群岛派遣了一支特殊的水面舰艇编队，仔细考察那里的潜在航空设施。[45] 早在 1934 年，日本就开始在那里建造机场和水上飞机坡道，据说是为商用飞机而建。1937 年，密克罗尼西亚群岛的建设速度加快，尤其是马绍尔群岛的环礁，那里的地形和土壤很适合建这样的航空设施。到 1940 年，岛上的航空基地建设加快，所以到 1941 年夏天，密克罗尼西亚有了 11 个海军航空基地，设有指挥中心、通信设施、弹药库和燃料库。[46] 但这些基地缺乏真正的防御工事，如坚固的设施、海岸火炮、防空武器和海岸地雷。这是若干因素导致的结果。首先是前面已经提到过的日本海军土木工程能力不足。尤其是如果日本海军拥有土方设备，那么战争开始时，这些航空设施的建设进度会比历史上更快。更重要的是，在1937—1941年，日本海军还无法决定是要加强马绍尔群岛——马里亚纳群岛的外围防御据点——还是放弃它们，以便集中力量把马里亚纳群岛变成抵御美国海军向西进攻的堡垒屏障。直到太平洋战争前夕，日本海军才决定防卫马绍尔群岛，但它发现：要在两个群岛中任何一个建立足够的防御工事都为时已晚。1944年年初，当美国的两栖进攻如雪崩一般压向马绍尔群岛时，日本海军还在狂热地修建防御工事。6个月后，马里亚纳群岛也被美军扫荡干净。[47]

实际上，在20世纪30年代后期，日本海军的计划是将这些密克罗尼西亚的航空基地设想为一种绊网，在后面可以对接近的美国舰队进行反击。到1940年，这些基地的存在和它们可能给日本在太平洋的战略地位带来的优势，促使日本海军计划制订者把舰队大决战的战场往前推。预想中的遭遇战现在从马里亚纳以东的位置转移到了马绍尔群岛西北的水域。驻扎在这些岛屿上的航空兵被视作要积极参与水面决战和航空歼灭战（预计发生于水面决战之前）的部队。[48]

然而，遥远的距离和日本海军航空部队有限的实力，对利用这些岛屿反攻敌人和防御敌人的进攻都造成了重大问题。由于这些岛屿基地分散在大约相当于美洲大陆范围的距离上，因此不可能协调所有这些基地对敌方水面舰艇同时发起攻击。相反，必须用中型或更小的飞机——主要由鱼雷机组成，并伴有高空轰炸机（可能是三菱G3M）——从选定的基地发动连续攻击。由于目标可能远离地面基地，发起攻击的日本飞机可能没有战斗机的保护。[49]虽然日本海军计划（用"根据地队"）驻守最具战略意义的岛屿，并从这些岛屿定期派出空中巡逻队，但它从来没有足够的人手、飞机或舰船来覆盖每一个战略要点。因此，日军的战略是，当接到报告称敌人的水面舰队正在接近任何具体的岛屿防区时，就从离它最近的岛屿基地驰援该地。如果马绍尔群岛遭到攻击（在设想的敌人进攻的那些情况中最常被攻击的目标），那么增援应该来自特鲁克。但日本海军计划制订者往往忽视了特鲁克的位置——位于马绍尔群岛以西约900英里处。等到这些增援部队被调动起来的时候，想要解救马绍尔，可能已经太迟了，因为敌军可能已经占领了该群岛的基地。[50]1944年年初的马绍尔群岛日军阵地正是这样的情况。

针对东亚水域里英国皇家海军的作战计划，仍然远没有针对美国海军的作战计划那么具体。不过，1937 年海军大学校举办的一些桌面兵棋推演曾以此类作战为对象进行过研究，这些图上演习都以英国海军舰队在中国南海的战败而告终。此外，1939 年的年度作战计划特别提到派日本海军部队到马来亚和新加坡。由于该计划假设会有 4 个国家同时与日本开战，并且苏联就是其中之一，它还设想向符拉迪沃斯托克和库页岛北部派遣较小规模的海军舰队。[51]

虽然在密克罗尼西亚的新基地为日本海军提供了一个前进阵地，从那里可以对美国海军力量的西进发动远距离反击，但在 1940 年年初，日本海军战略中对美战争的基本设想仍然没有发生改变。从本质上说，这仍然是一种等待回应性战略，它把决战的时间和地点留给了美国海军去决定。

但在这一年，一些事态的发展导致日本海军突然改变了传统战略。首先是新的国家目标——确保东南亚的战略资源，特别是石油。其次是盟国在西欧的溃退为实现这一目标打开了新的机会窗口。第三是集中编组的航母编队的出现，它是日本海军里最强大的进攻部队。第四是日美两国海军总体实力的差距越来越大，这开始变得至关重要。

这些变故一起改变了日本海军的战略重点，使其在西太平洋不再采取防御姿态。新的战略方针设想要在东南亚与日本陆军联合实施进攻作战。它还要求当日本陆、海军部队真正实施"南进"时，要在美军进行干涉之前对美国舰队发动攻击。[52]

策划海军在征服东南亚作战中的角色，1940—1941 年

尽管在 1939 年开始认真研究东南亚进攻作战的是陆军而不是海军，制定于 1940 年的日本海军 1941 年年度作战计划就已经从整体上讨论了针对香港、英属北婆罗洲、马来亚、菲律宾和荷属东印度群岛的海军军事行动。[53] 由于日本海军对东南亚的野心，它在起草 1941 年作战计划时不得不考虑与 4 个潜在敌人开战（荷兰取代法国成为第四个潜在敌人）。但由于日本海军仍将美国视为其主要威胁，并为此做了最大规模的研究和策划，进攻东南亚的军事行动被简单地纳入了它针对美国的作战计划，该计划强调在战争一开始就对菲律宾和美国在西

太平洋的属地发动攻击。[54]

　　无独有偶，日本陆军也是这么策划 1940 年日本进军东南亚的军事行动的，同年夏末，日本陆军在占领越南东京地区的行动中发挥了主导作用。但到了 1941 年，日本海军也开始在法属印度支那运用军事力量。同年 1 月，S 作战（第二远征舰队对法国殖民地的一次海军示威行动，动用了重巡洋舰、驱逐舰和海军的陆基航空兵）让海军有机会调查法属印度支那的潜在基地，也有机会收集关于马来亚和英属北婆罗洲的情报。然后在 1941 年 7 月，FU 作战（与陆军联合占领安南、交趾支那和柬埔寨，包含日本海军主战舰艇）将日本海军力量直接派遣到了东南亚水域。由此引发的日美关系危机促使日本海军对在东南亚的军事行动制订了详细计划。[55]

　　在 1941 年夏天为东南亚作战制订的计划中，日本陆、海军就"获取战略物资为持久战做准备"的总体战略目标达成了共识，但在实施进攻作战的先后顺序上存在分歧。陆军坚持先进攻马来亚，然后是荷属东印度群岛，最后是菲律宾。它的论证基于这样一个前提：无论如何，针对马来亚的军事行动将是困难的，如果作战被推迟，英国在马来半岛上将变得过于强大而无法驱逐。海军则坚持应先攻菲律宾。它的理由是，如果马来亚和东印度群岛受到攻击，无论如何都将引发与美国的冲突。在与美国的冲突中，绕过菲律宾将变得更加困难，对日本的战略会造成不可估量的后果。此外，由于菲律宾地处日本和东印度群岛之间，美国在该群岛的航空兵处于可以威胁两者之间交通线的位置，这不仅会危及入侵东印度群岛的军事运输（对敌人来说毕竟是巨大的战利品），而且会危及将那里的大量重要物资运回日本的运输。[56]

　　最终，日本陆、海军对他们的分歧进行了妥协：一致同意，在东南亚展开进攻的同时，对马来亚和菲律宾也发动攻击。但是除了这些目标之外，涉及的作战范围是如此之大，发动攻击的方向是如此之多，可用的兵力又是如此之少，以至于这些军事行动必须分成连续的三个阶段进行。第一步，夺取具有战略意义的边界：占领美国和英国在西太平洋的领地（关岛、威克岛和吉尔伯特群岛）；攻占泰国；占领马来亚北部、英国在婆罗洲的领地和菲律宾。第二步，日军将从这些边界地区进入马来亚南部，占领新加坡，入侵缅甸南部，并占领东印度群岛北部。有了这些地区，第三步，日本人就可以占领缅甸，获得最大的战利品——苏门答腊岛和爪哇岛。[57]

在预想的对东南亚的征服作战中，日本海军给自己指派了两大任务：为前往不同地区目标的陆军运输船队提供支援（具体如陆、海军联合进攻计划中所规定的那样），并在战役的开始阶段提供主要的空中力量。由于战区辽阔——东西距离约 2000 英里，南北距离超过 1000 英里——而且可以为此次战役安排的水面舰艇部队并不充裕，日本海军统帅机关认定航空兵将是摧毁英国、荷兰和美国在东南亚的陆、海、空部队的关键要素。由于对夏威夷美国太平洋舰队的打击将动用日本海军几乎所有的舰队航空母舰，日本海军不得不依靠陆基航空兵来攻入东南亚。这最后阶段的攻势将动用位于台湾岛和法属印度支那南部的 G3M 和 G4M 轰炸机群。这些航空队将特别针对敌方的航空部队——马来半岛上的英国空军和菲律宾群岛上的美国航空兵①——因为英美的这些空中力量对日军预定向东印度发起的进军形成了包围态势，构成了威胁。

日本海军之所以最终决定在征服东南亚作战的最初阶段主要依靠陆基航空兵，除了上面提到的因素外，其实还有一个原因（尽管军令部内部存在疑虑）。1940 年德国在欧洲（特别是在挪威）航空作战的成功案例为日本向东南亚进军提供了战略模式。日本海军高级指挥机关里的许多军官肯定都注意到了德国空军在挪威战役中的航空作战对海战的重要性。许多人很可能把德国在挪威的军事行动看作是一种肯定，即肯定了他们自己对陆基航空兵的鼓吹。德军的胜利很可能增强了日本海军依靠这种空中力量进行"南方作战"的信心。[58]

到 1941 年夏末，各种压力将日本推向战争。显而易见，日本海军必须加紧测试其应对即将到来的冲突的战略计划。9 月，在东京举行了一系列重要性和强度不断增加的秘密图上演习。9 月初，军令部主持进行了第一次以"南方作战"为重点的图上演习。一周后，海军大学校也举行了图上演习，研究入侵东南亚期间日本和东南亚之间的海上航道的保护问题。第三次也是最重要的演习于 9

---

① 译注：美国和日本一样在二战期间没有建立过独立的空军。

月 11—17 日在海军大学校举行，汇集了军令部的高级军官以及联合舰队的主要参谋和指挥官。演习聚焦的重点内容是在维持对西太平洋控制的同时如何完成夺取东南亚的任务。前一个问题的核心是阻止美国海军从夏威夷向西推进。10月初，第十一航空舰队在鹿屋航空基地又举行了图上演习，以便使所有指挥官和参谋人员熟悉"南方作战"计划。几周后，为了让所有主要指挥官和参谋人员充分了解自己的职责，在停泊于内海西端内积湾（Murozumi Bay）的山本旗舰"长门"号上举行了最后一系列演习。[59]到10月中旬，日本海军已经为自己在征服东南亚和西太平洋过程中的任务制订出了详细的计划。[60]

因为这些具体的计划已经在别的著作中被描述得十分透彻了，[61]所以本书就简单地概括一下总的计划。日军将攻击英国和美国在亚洲和太平洋的前进据点——香港、关岛、威克岛和吉尔伯特群岛，以确保日军后方不会有敌人"耀武扬威"。驻扎在台湾岛的第十一航空舰队所辖第二十三航空战队将攻击并消灭吕宋岛的美国进攻性航空兵，他们位于克拉克（Clark）和尼科尔斯（Nichols）机场的轰炸机基地，以及克拉克西海岸伊巴（Iba）的战斗机基地。包括"龙骧"号航母在内的第三舰队若干舰艇将在驱逐舰的伴随下从帕劳向西推进，消灭美国在棉兰老岛上达沃（Davao）的空中力量。从澎湖列岛马公岛出发的第二舰队和从海南岛出发的南遣舰队将一起护送船队驶向克拉地峡（Isthmus of Kra）附近的泰国和马来亚海岸沿线的多个登陆点。第三舰队的其他舰艇将护送陆军部队在婆罗洲和西里伯斯（Celebes）登陆，而由中型轰炸机组成的第二十二航空战队将在泰国湾（Gulf of Thailand）巡逻，准备打击任何威胁到入侵马来亚或菲律宾的军事行动的敌舰或敌机。大体上来说，日本海军的这个计划是要清除敌人的前哨，保护日军"南进"的侧翼（马来亚和菲律宾）的安全，然后用完成了这些任务的部队，穿过望加锡海峡（Makassar Strait），集中力量攻占中央防卫薄弱的"战利品"——爪哇和苏门答腊。[62]

这种复杂的作战方案有赖于速度、出其不意和对敌人实力和战斗力的准确评估，其成败不仅取决于作战各个阶段近乎完美的协调，而且取决于海军航空、水面部队与陆军航空、地面部队之间的配合。为了阻止美国调派增援部队，特别是航空部队，最快的速度和最大的胜利在初期对菲律宾的空袭中尤其重要。

因此，除了用于空中进攻的中型轰炸机外，海军还计划投入它拥有的所有陆基零式战斗机，以便在一开始就彻底掌握制空权。奇袭——显然最好是靠最严格的保密措施来保证——将包含非比寻常的无线电管控纪律，而庞大的战区和日军计划要求的部队分散配置也将有助于"出敌人意料之外"。

第十一章已述，获得了关于盟军实力和意图的准确情报是日军对头几个月战争的策划所具有的一大特点。事实上，如果说日本的情报和对战前几个月东南亚盟军情况的情报分析存在缺陷的话，那么这个缺陷就是对盟军在马来亚和菲律宾的航空兵实力做了过高的估计。这导致日本在冲突最初几天里比形势所要求的更加谨慎。但是，当盟军在东南亚的空中力量在最初的空袭中被击溃或扫除时，日本海军航空兵在"南方作战"中从未丧失过主动性，损失也非常少。

最后，考虑到日本在太平洋战争后期被迫处于守势时，日本陆、海军表现出的令人震惊的不和以及对抗姿态，他们在策划入侵东南亚时的有效配合就非常引人注目了。日本在太平洋战争早期的胜利，某种程度上可能是因为一旦大体上就战役的实施时机达成共识，两个军种就不存在相互竞争的战略，于是没有为紧缺的资源发生争执。不过也有部分原因是海军发挥了不寻常的作用。一方面，南方作战最初是在海上展开的，这意味着在选择登陆地点时，往往是海军说了算。[63] 另一方面，日本陆、海军从一开始就清楚地了解这是一场包含攻占领土的军事行动。因此，海军在这场战役中扮演的角色即便不是处于字面意义上的从属地位，至少也只是发挥了象征性的次要作用：通过对敌人地面和航空部队的空袭，为陆军的登陆铺平道路，并护送陆军运输船队到达登陆点。

尽管日本海军对其计划中的东南亚军事行动进行了细致的策划，敌人在该地区的陆、海、空部队也普遍实力虚弱，整个南方作战仍然构成了一场豪赌，它既是一场与时间的赛跑，也是一场和日本的敌人（特别是美国）的实力展开的竞赛，如果输掉了这场赛跑与竞赛，那么日本的敌人们就会迅速发挥海上力量的优势。日本从一开始就认为，对日本"南进"构成最大威胁的并不是它可能在东南亚面对的实力较弱的敌军，而是美国海军力量从东面跨越太平洋发动的反攻。为了防止美军发起反攻并为自己在东南亚的冒险行动争取时间，日本海军最终决定彻底背离其对针对美国的传统战略。

策划闪电一击：

对美国舰队发动攻击的构想

现在应该清楚的是，迟至 1941 年年初，日本海军仍计划采用其传统的守势战略来对抗美国太平洋舰队。1941 年的年度作战计划仍然设想把日本对菲律宾的攻击作为吸引美国太平洋舰队西进的诱饵。日军将在马绍尔群岛附近遭遇美国舰队，由于受到飞机和潜艇的攻击，美国舰队的规模和实力都将受到削弱，然后将在公海被联合舰队的主力部队消灭，后者很快将包含装备了巨型火炮的"大和"级战列舰。

然而，在这个时候，包括山本五十六、小泽治三郎、大西泷治郎在内的少数高级军官谨慎地表达了对海军传统对美战略的批评。总的来说，这些人批评的内容主要有三点：第一，传统的"等待和回应"战略将何时何地加入战斗的主动权交到了美国海军手里。有人甚至质疑，美国太平洋舰队是否会心甘情愿地落到日本人手里，像追踪猎物的大警犬一样盲目地穿越太平洋。也许美国人根本就不会直接驶入西太平洋。事实上，根据日本人对美国"橙色"和"彩虹"计划一鳞半爪的了解，他们有充分的理由相信，美国海军更有可能尝试以马绍尔群岛为起点通过密克罗尼西亚缓慢推进。第二，海上进攻力量的首要组成部分不再是速度缓慢、大炮射程有限的战列舰队，而是海军航空兵，它可以凭借极快的速度和极远的航程投射火力。出于这个原因，日本海军期待已久的日美两国战列舰队之间的对抗越来越不可能发生。最后，根据以上所有这些假设，日本海军和美国海军之间的真正对抗将不是一场发生在大洋深海区的炮战，而是一场争夺日本人正在密克罗尼西亚建造的航空基地和其他设施的激烈斗争。[64]

因此，日本海军蹲在那里等着敌人的进攻，显得既没有必要，也不明智。有幸拥有舰载航空兵实力的少数海军现在可以策划在敌人自己的水域对其进行先发制人的打击。到 1941 年，日本海军已经具备了这种能力，唯一的问题是在哪里使用它以及如何使用。对山本五十六来说，这种打击最有价值的目标将是停泊在夏威夷任何锚地的美国太平洋舰队。

对珍珠港内的美国太平洋舰队实施先发制人的空袭这一设想的起源——它是何时、如何产生，又是如何演变和延续的——直到今天还不完全清楚。山本五十六通常被认为是这个构想的始作俑者。然而有确凿的证据表明，早在山本于 1941 年提出这个想法之前，这个想法就已经被数次提出，只是详细程度和与真正攻击的相似度各异。

至少其中一些还停留在概念上的先例可能激发了山本大将对这个问题的思考。可以进一步排除的是 20 世纪 20—30 年代日、美、英三国关于太平洋地区日美战争可能的走向的民间著作。有些猜测是有根据的，有些仅仅是耸人听闻。但是，关于日本袭击夏威夷的提法是如此宽泛，假设的条件和结果又是如此多样化，以至于它们的存在只能证明：在这几十年里，这些模糊的想法一直在公众当中流传。它们似乎并没有提供任何连贯的方案，足以令人信服地表明它们对日本海军偷袭珍珠港的计划产生过影响。[65] 英国著名记者赫克托·拜沃特（Hector Bywater）的著作对日本海军特别是对山本五十六策划太平洋战争产生过的所谓的影响的夸大说法也可以说是如出一辙。[66]

日本海军可能已经了解了 20 世纪 20 年代和 30 年代美国海军的一些训练科目和演习内容，包括他们的一部分训练日程——模拟袭击珍珠港。其中有两场兵棋推演值得注意：1932 年 2 月，哈里·亚内尔（Harry Yarnell）上将指挥的 152 架从"列克星敦"号和"萨拉托加"号航空母舰起飞的飞机在日出前 30 分钟成功地袭击了珍珠港的航空基地和设施；1938 年 3 月，"萨拉托加"号航母的飞机对珍珠港和拉海纳港群（Lahaina Roads）附近的陆、海军设施也进行了类似的袭击。[67] 日本海军军官自然不是这些演习的观察员，他们也不了解评估演习结果的机密报告。[68] 当然，日本海军可能已经从这些演习期间截获的无线电中收集了一些相关情报，但这种情报是最模糊的。

不管山本在珍珠港作战的策划中扮演了怎样的角色，像他这样的日本军官，更可能是受到了己方海军专业人员进行的研究的影响，而不是任何其他的来源。袭击珍珠港的总体构想显然在高级指挥机关流传了好几年，但尚不清楚这个想法是否包含使用空中力量。事实上，这个想法似乎没产生什么结果。[69] 不过到了 1941 年，若干既存的研究确实明确地含有使用飞机攻击珍珠港美军舰艇的内容。

首批这样的研究是一系列桌面兵棋推演，它们是海军大学校在 1927 年秋季毕业演习的部分内容。在其中一场图上演习中，扮演日军的一支以 2 艘航母为核心，由若干驱逐舰、巡洋舰伴随，并以潜艇充当前卫部队的"蓝方"舰队，在高木惣吉（Takagi Sōkichi）少佐的指挥下，模拟了对珍珠港和停泊在那里的由加来止男（Kaku Tomeo）指挥的"红方"美国舰队的攻击。虽然 2 艘航母的所有飞机都被投入了攻击，但演习的裁判仍然裁定：对港口设施和港口船只造成了轻微损伤，而"蓝方"舰队却因为受创而损失了 1 艘航母。演习结束后，按照裁判和高木的海大同学们的裁定，高木发动的攻击是"轻率"的。在接下来的一次演习中，加来用他指挥的以 2 艘航母为核心的"红方"舰队模拟了一次对东京的成功袭击。尽管蓝方进行了认真的侦察，红方舰队还是完好无损地逃脱了。[70]

作为引诱美国舰队出港的作战计划的组成部分之一，空袭夏威夷这个想法显然也曾出现在 1927 年 11 月草鹿龙之介少佐对聚集在霞浦海军航空基地的海军高级军官的宣讲中。草鹿向一群有影响力的指挥官和参谋们推销将更多资源用于海军航空兵建设的观点，宣传的其中一项内容便是空袭珍珠港的构想，包括对夏威夷发动一系列空袭，以刺激美国舰队从圣迭戈出发，按照日本人的设想穿越太平洋，这样就可以根据日军的正统战略将其摧毁。[71]

不过，对有关先发制人的打击概念进行最具先见之明和最具体的讨论的是在 1936 年 11 月海军大学校进行的研究当中。研究的成果即是题为《对美作战兵力部署研究》的论文，它显然是由海大几名教官合作完成的，其中就有草鹿中佐。该研究关于珍珠港的最重要一点就是，与美国开战应该从对珍珠港和菲律宾的空袭开始："如果敌人的主力舰艇，特别是航母，在战争开始前停泊在珍珠港，那么就应该用航母飞机和水上飞机对这些部队发动突然和令敌人意想不到的袭击，同时对菲律宾也发动类似的攻击。"[72]

在联合舰队司令长官山本五十六接受这一构想时，其他几名日本海军军官已经对其进行过试验，就其撰写过文章或发表过言论。随着时间的推移，山本逐渐认同了他们的评估，这是合乎逻辑的假设。但如果对珍珠港的美国太平洋舰队发动先发制人的航母袭击的设想不是源自山本，那么在日本海军高级指挥机关中就需要有一个人利用他的地位、声望乃至异端思想在最高决策层提出这个观点，然后不顾军令部的强烈反对推动它的实施。

在山本担任联合舰队司令长官期间担任其参谋人员的军官们看来，正是舰队在 1939—1940 年进行的海军航空训练，直接刺激了山本偷袭珍珠港计划的形成。[73] 由于山本的努力，舰队开始在每年的训练和演习中强调航空力量，并开始进行将舰队各航空队集合起来的训练。特别有趣的是由舰载鱼雷机对停泊在港口的军舰进行的一次模拟袭击。虽然日本海军内部对这次演习的结果莫衷一是，但是山本显然被说服了，相信这样的袭击再加上突然性就一定会取得成功。[74] 到 1940 年春的演习结束时，山本已意识到，日本海军航空兵的打击范围和火力甚至在美国的本土水域也足以对这个敌人发起强有力的第一击。[75]

大概也是在这个时候，他的高级参谋黑岛龟人（Kuroshima Kameto）大佐的一份备忘录进一步发展了他对日美战争可能的开局设想。虽然没有提及夏威夷，但黑岛提议用航空母舰对敌人的战列舰队进行出其不意的长途奔袭，并将日本海军的大部分陆基航空兵部署在密克罗尼西亚的日占岛屿基地。黑岛认为这些将最有可能成为这场战争中具有决定性意义的战斗的焦点。[76]

不过在回顾先发制人打击这一构想的演变过程时，我们也必须从山本的思想入手理解这一设想产生的根本原因。当然，有大量的证据表明，山本完全反对与美国和英国开战。[77] 但作为联合舰队的司令长官，他有一种强烈的责任感：如果战争来临，他必须掌握取胜的最有效手段。在山本看来，1941 年年度计划中老调重弹的当前海军正统战略——"等待和回应战略"——是会带来最终失败的祸根。如果无法让美国海军按照日本的设想参战，那么联合舰队就会在一场长期的战争中被消耗殆尽。而美国最终却可以把它极其强大的工业实力——因此也就有了压倒性优势的海军力量——发挥出来。但还有什么具体的替代方案呢？航空兵提供了一个解决方案，然而问题在于日本海军的航空兵太少。既然如此，那应该如何最好、最有效地使用航空兵呢？1940 年 5 月，美国太平洋舰队从圣迭戈驶往珍珠港，这可能进一步促进了山本脑海中先发制人打击思想的发展。然而直到 1940 年 10 月，他显然仍然认为这个想法太过危险。也许是英国人用鱼雷轰炸袭击停泊在塔兰托的意大利舰船的巨大成功使他相信，潜在的收益值得冒险。[78] 不管怎样，在 11 月的某个时刻，在与几位他信任的同事进行交流后，他据此得出结论，在一场日本海军处于巨大劣势的战争中，对珍珠港里的太平洋舰队进行先发制人的空袭会给日本海军提供最好的胜机。[79]

1941 年 1 月 7 日，山本把他的想法写在了将要提交给海军大臣吉川古志郎（Oikawa Koshirō）的题目平淡无奇的备忘录《军备相关私见》（即《关于军事准备工作的个人意见》）中。[80] 该备忘录的第一个要点是日本海军需要大力扩充其航空部队。其次他指出，虽然舰队训练是建立在导向经典炮战的"等待和回应"战略基础上的，但在过去的兵棋推演和演习中，日本海军从未真正打赢过这样的遭遇战。通常在裁判认为日本海军实力耗尽之前，演习就被取消了。而且，山本认为飞机和潜艇的强大威力使舰炮决战不太可能发生。因此，日本海军需要为其指挥官提供更好的小部队战术训练，以应对极有可能发生的众多小规模战斗。[81]

山本认为，改变海军的基本战略至关重要。作为一个数量上处于劣势的海军强国，日本最大的希望在于一种质量优势战略：在战争开始的最初几个小时里，就对美国主力部队实施一次猛烈而沉重的打击。时间、距离和地理条件决定了这一目标的最佳实现方式是用几支航母编队对在珍珠港内的美国太平洋舰队发动空袭。

在山本看来，在战争开始时摧毁美国的主力部队可以达到两个目的：首先，它能够打击美国人的士气，包括美国本土公众的士气和西太平洋美国武装部队的士气；其次，它可以大大增强在对美长期战争中日本的取胜机会。山本认为，若干原因促使后一个目标至关重要。首先，阻止敌人的主力进攻部队进入西太平洋半年到一年，意味着日本军队按计划不受干扰地实施征服东南亚的军事行动，而这样一来，日本也可以同样不受干扰地按计划攫取该地区大量的资源。当这些战略资源的控制权在日本手中得到巩固时，日本对长期战争中美国工业实力的恐惧将大大减少。其次，摧毁美国太平洋舰队将意味着日本本土将不会受到敌人的攻击。

为了阐明自己的观点，山本描述了一种在战争爆发后任由美国海军在西太平洋肆意妄为的战略所导致的后果。日本入侵东南亚时其侧翼所面临的威胁可能是灾难性的。他还指出，调动日本海军主力去阻击西进的美国舰队，可能会严重打乱精心制定的征服东南亚的时间表。接下来的问题是美国航母部队可能对日本本土造成的破坏。关于这一点，山本回忆起了日俄战争期间日本公众对俄国符拉迪沃斯托克分舰队可能袭击日本海岸的恐惧以及日本平民因日本海军无法收拾那支俄国分舰队所爆发出的愤怒。山本的袭击珍珠港提案清楚地表明，他认为两国民众的士气在遭遇空袭时都将极其脆弱，这是二战前航空兵倡导者的一个常见假设。

山本并没有淡化珍珠港作战所蕴藏的巨大风险。虽然他完全相信日本海军航母部队的技术和战斗技能足以胜任这一任务，但长途奔袭珍珠港所牵涉的遥远距离——远远超过日本海军历史上的任何军事行动——以及被发现的巨大风险，使珍珠港作战成了一个危险的提议。东乡突袭旅顺港内俄国海军部队的那些计划远没有那么复杂，那么费力，也没有那么危险，但它们的目标却只有部分被实现。这就是山本最初希望由自己指挥珍珠港打击部队的原因。[82]

源自山本这个最初提案的珍珠港袭击计划的演变过程——参与的人物，这次冒险带来的无数战术、后勤和技术挑战，需要进行的高强度训练（尤其是海军航空部队），在高级军官中引起的激烈争论，作战准备工作的进展与日美外交谈判的节奏和方向之间的关系——在许多其他著作中已经被讨论过了。其中最全面、最权威的著作当属戈登·普朗格（Gordon Prange）的《在我们沉睡的黎明》。[83] 鉴于普朗格对珍珠港事件的透彻研究，这里只讨论珍珠港事件本身提出的一些关键问题。

1941 年初春，山本指示联合舰队参谋人员研究他的计划，并在修改中拟订细节、解决难题，而他本人则试图将该计划转入命令通道，以便将其指定为军令部优先研究的主题。在从设想到落实的过程中，山本的计划随着 1941 年 4 月第一航空舰队的组建而得到大大推进，这支强大的海空部队此时可用于夏威夷作战。但是，正当联合舰队深入研究即将实施的打击的技术和战术问题，并在 1941 年春夏开始严格的初步训练时，对该计划的主要反对意见也在逐渐形成。军令部的反对情绪尤其高涨，不过第一航空舰队司令长官南云忠一（Nagumo Chūichi）及其参谋长草鹿龙之介也对山本的计划持保留意见。

从 1941 年年初开始，军令部就在 1941 年年度作战计划的基础上继续制订对美作战计划。这反过来又以"等待和回应"战略为基础，在很大程度上被旨在为日本夺取东南亚及其资源的"南方作战"的优先权所左右。1941 年夏天，军令部和山本的联合舰队参谋部就夏威夷作战是否明智和恰当进行了激烈的争论，在此期间，富冈定俊（Tomioka Sadatoshi）列出了反对夏威夷作战计划的一长串理由。总而言之，他认为日本海军不能把自己精心打造的海军航空力量押在这种极其危险的冒险上，尤其是考虑到其他重大军事行动还需要它。最重要的是，富冈担心调动水面和航空部队攻击夏威夷将严重损害"南方作战"，从而破坏即将到来的战争的主要目标。在富冈看来，即使日本海军愿意进行这样一场大的赌博，袭击珍珠港也并非真的有必要。当然，美国太平洋舰队可能在侧翼打击"南方作战"的危险也确实存在，但富冈认为敌人袭击马绍尔群岛的可能性要大得多。对日本海军来说这是好事，因为它有足够的信心在那里拦截敌人并发动猛烈的反击。[84]

1941 年夏天，尽管珍珠港作战的训练和准备工作仍在继续，军令部和联合舰队参谋部之间的激烈争论却仍未得到解决。9 月在海军大学校和 10 月在"长门"号上举行的图上演习也没有解决这个问题，在这期间，有关夏威夷作战的讨论和演习是单独举行的，只有少数将参与实施该作战的海军军官可以参加。在所有问题中，被讨论得最激烈的是用于攻击的航母数量。山本最初提议动用 4 艘；9 月的图上演习模拟攻击用了 3 艘，裁判判定只取得了微小的战果。但是，制订了入侵东南亚作战计划细节的军令部参谋们坚持保留一些航母用于"南方作战"，因为海军的陆基航空兵——特别是其战斗机——没有抵达必要目标并返回的航程。[85]

然后在 10 月初，军令部接受了山本的想法。这种转变有几个原因，有的是作战上的，有的跟官僚政治有关。[86]首先，由于陆军和海军在几乎同时袭击菲律宾和马来亚的问题上达成妥协，这大大降低了海军制订计划的难度。9 月底，由于性能极佳的新航母"翔鹤"号和"瑞鹤"号可以被投入使用，另外 2 艘航母得以被腾出来用于"南方作战"，从而消除了军令部反对山本计划的主要理由之一。最后，山本小心翼翼地悄悄向海军高级指挥机关传达了一个消息：如果袭击珍珠港的计划被驳回，他就辞职。军令部敏锐地意识到山本在海军和政府中很有人望和声望，面临会与山本发生不和的可能，军令部只好屈服。然而当月晚些时候，当山本坚持要在夏威夷作战中动用日本当时服役的所有舰队航母时，这又掀起了一场新的争论。他的观点是基于在"长门"号上进行的图上演习得出的，这次图上演习动用了6艘航空母舰，用6艘航母获得的战果比动用4艘大得多。如果不是第十一航空舰队试验的及时成功，来自军令部的反对可能会彻底把偷袭珍珠港的计划打入冷宫。第十一航空舰队的试验表明以台湾岛为基地的零式战斗机的发动机经过调整已经使其能够在台湾岛和菲律宾群岛之间往返作战。[87] 既然参与"南方作战"的特遣舰队将得到足够的空中掩护，阻碍山本计划的最后一道障碍也消失了。

11月5日，联合舰队的第一号作战命令向高级军官秘密通报了即将实施的作战计划，包括"在东方，美国舰队将被摧毁"[88] 这样隐晦的陈述。第一航空舰队司令长官、珍珠港攻击部队总指挥南云中将在6天后收到了他的最终指令。11月22日，攻击部队开始在千岛群岛的单冠湾（Hitokappu Bay）这个寒冷而偏僻的集结点集结，共有6艘航母、2艘战列舰、2艘重巡洋舰、1艘轻巡洋舰、9艘驱逐舰、3艘潜艇以及8艘油船和补给舰。4天后，攻击部队的先遣舰队，包括航母，在浓雾中离开了单冠湾，驶入了历史之中。

太平洋战争前夕的日本海军

就这样，在11月26日—12月7日大约两个星期时间里，数支日本舰队"静悄悄"地移动：一支向东穿过北太平洋，前往夏威夷；一支向南穿过中国南海，前往泰国、马来亚、英属北婆罗洲和菲律宾；一支从帕劳向西前往棉兰老岛；一支从特鲁克和马里亚纳群岛向关岛和威克岛进军。在开战前几小时，日本海军的飞机——战斗机和攻击机已经飞向了几乎所有这些地区的目标。在战争史上，还没有一次军事行动计划在如此短的时间内覆盖如此广大的地区。很少有军事行动像这样各组成部分间有如此复杂的依赖，也很少有军事行动会如此依赖于出其不意、精确的时间安排和相当大的运气。

这些军事行动在很大程度上确实取得了成功，而且速度快得让日本人自己都大吃一惊，这要归功于日军的策划、情报评估、作战技巧——还有运气。为了实施前文所述的雷霆战略，日本集结了强大的海军力量，它们非常适合完成所分配的任务。此外，在第一航空舰队（其基本组成部分构成了珍珠港攻击部队）的组建过程中，日本海军已经整合了一套革命性的战术编制。日本海军航空兵在摧毁珍珠港美国战列舰队的过程中，改变了海战的总体进程，尤其是改变了美国海军作战理论的重点。

虽然第一航空舰队和夏威夷作战方案在理论和组织概念上进行了大胆的创新，但在珍珠港事件发生时以及之后的一段时间内，日本海军的作战理论和部队结构仍然受到过去 20 年里它对太平洋上日美战争基本特征所做的设想的影响。第一，日本以发动一场快速进攻并取得闪电式胜利的战争为目标，至少要迫使美国按照日本的条件进行和平谈判。第二，海军的作用是取得制海权，这样的战略处境对日本这样的岛国的生存和繁荣都至关重要。对日本来说，这意味着控制西太平洋和中太平洋。第三，日本海军领导层的主流，即军令部认为，只有在敌人对制海权的主要威胁——他的战列舰队被彻底击败后，制海权才能得到确保。第四，要与敌人对抗的战列舰队，即使在数量上不能与敌人匹敌，在主力舰的火力和装甲上也要比他强，在官兵的训练上也是如此，而在凭借多种战术和技术（作战部队及其支援部队都要掌握，特别是舰载航空兵）于敌人射程之外进行攻击的能力上更是要优于敌人。第五，也是最后一点，这样的海军力量在水面决战中取得的胜利将保证日本本土的安全，并使和平谈判的前景更广阔，而通过和平谈判，日本可以获得对国家生存和繁荣至关重要的具有战略意义的领土和资源。

直到 1941 年 12 月，日本海军仍然坚持这些假设，这可以从以下两个地方看出来：一是它的造舰计划，二是它一直对决战的基本特征和首要地位深信不疑。第十章已述，超级战列舰"大和"号在战争爆发后几天内就服役了，"武藏"号已经接近完工，一艘姊妹舰正在建造（虽然后来建成为一艘航母），且日本海军还计划建造更多的超级战列舰。当然，在第二次世界大战期间，投入大量资源建造战列舰的并不只有日本。英国和美国海军亦复如是，但不那么坚信海战的典范是战列舰队之间的决战。

日本海军仍然坚持守势战略和决战的理念是因为这几个原因。第一，海军军令部专注于其日美战争传统战略的时间太长，无法完全适应山本计划中包含的新理念。第二个原因就重要得多了。在 1941 年秋季，日本统帅机关可能对美国海军实力有过一次相当合理且准确的评估。它知道，驻扎在夏威夷的美国太平洋舰队的舰船和飞机只占美国海军全部实力的一部分——尽管是很大一部分。在大西洋、美国西海岸和其他驻扎地，美国还拥有 9 艘战列舰、4 艘航母、29 艘巡洋舰、145 艘驱逐舰和 108 艘潜艇，更不用说所有这些舰种还要算上接近完工或正在建造的战舰（日本海军对这些战舰确实做了合理的估计）。因此，日本统帅机关被迫承认，即便南云的攻击部队摧毁了所有通常驻扎在夏威夷的美国军舰，美国海军的其余大部分舰艇仍旧浮在海上。事实上，即使日本海军理论上能消灭**整个停泊**中的太平洋舰队，这样的损失仍不到美国舰队舰艇总数的一半。

因此，尽管日本海军的开战计划——尤其是珍珠港计划——相当于一场巨大的赌博，日本海军显然仍是在两面下注。[89] 也就是说，一方面军令部现在已经准备好冒夏威夷作战的风险，估计这次军事行动将会取得山本所希望的惊人成功：日本在东南亚的行动自由得到保证，美国则丧失了作战意志，两者将共同促成和谈。另一方面，军令部也必须认识到，美国可能会把这场战争继续下去，在一场旷日持久的冲突中，不仅会用到尚存的军舰（不管是已经投入作战的，还是正在建造当中的），还会运用其强大的工业能力。在这种情况下，日本海军将不得不依靠其传统战略，即诱使一支重组后的美国太平洋舰队西进，攻向日本海军战列舰队的主力，后者将按照已经经过长期研究和实践的战术原则发动反攻，然后歼灭敌人。对珍珠港发动先发制人打击的授权并没有结束日本海军对其传统的"等待和回应"战略的偏好。1941 年 11 月 15 日，即在珍珠港袭击**发生前三周**，大本营政府联络会议批准了一项重大战略计划（很明显是军令部总长永野修身的手笔），其中的几段陈述就是日本海军偏好"等待和回应"战略的例证。在讨论使日本取得战争胜利的各种方法时，该计划宣称："在适当的时候，我们将努力用各种方法引诱美国主力舰队（靠近日本）并摧毁它……（之后）重点将放在吸引美国的主力舰队来到远东……"[90] 山本是否看到过计划草案现在还不清楚，但显而易见的是，日本海军认为在日本袭击珍珠港后重组的美国太平洋舰队可能会威胁到日本计划征服的边界，海军的传统战略是击败它的最好方式。

∧1942年军令部组织的图上演习会议

重新考虑海军的备战：
井上成美的激进观点

然而，在 1941 年，一种仍然以战列舰为主导的部队结构以及一种依靠引诱敌人在极其不利的条件下进行决战的战略，既异想天开又过时落伍。清楚看到这一点的一位海军将官是本章已经讨论过的在海军高级指挥机关中日益陷于孤立的三位温和派人物之一、时任海军省航空本部长井上成美将军。1941 年 1 月，大约就在山本大将将一种截然不同的对美战争战略思想付诸笔端的同时，井上参加了"省"（海军省）"部"（军令部）之间的磋商，对"丸五"计划进行修改。听到军令部代表坚持要建造更多的"大和"级战列舰时，井上勃然大怒，他认为他们在提出这样的建议时所依据的假设既过时又没有创意。井上指责该计划是为过去（而非未来）的冲突做准备，而不是根据对日本将不得不发动的战争类型和打赢战争所需的武器类型做出的能为舰艇建造提供依据的仔细分析，它只是对美国造舰计划盲目、轻率的回应。井上的爆发使他的同僚们感到震惊，他对他们计划的谴责使他们十分困惑，会议没有对计划和井上的严厉批评进行进一步讨论就结束了。几周后，井上向海军省提交了一份冗长的备忘录，以表明他不仅仅是一个破坏性的批评者。备忘录中列出了他自己的替代性海军军备计划，该计划将使日本在与美国的战争中获得更大的胜利机会。[91]

井上备忘录枯燥的标题——《新军备计划论》掩盖了其建议的激进性，因为它不仅包含了对军舰建造计划的建议，而且对高级指挥机关构想的当前建造计划背后的基本假设做了全面抨击，并急切要求大幅修改海军舰艇的建造重点。[92]

井上首先指出了几个冷酷但客观存在的事实。首先，日本不可能彻底打败美国，因为日本显然无法占领美国首都，攻占美国广袤的土地，摧毁美国所有的军事力量。由于美国有两条巨大的海岸线——其中一条是日军无法到达的——且它在大多数战略资源上基本能做到自给自足，所以也无法用封锁让它屈服。其次，日本没有办法彻底瓦解美国的抵抗，但对美国来说，彻底摧毁日本在技术上却是可行的：击败日本的所有军队，封锁日本本土——让日本失去所有的战略资源——占领日本首都，占领日本所有领土。一位战后评论员这样写道，井上的观点是，未来的日美冲突实际上是一场棋局，在这场棋局中，美国可以

∧井上成美

把日本将死，但日本却不能把美国将死。[93]

　　井上还说，日美海战很可能是一场旷日持久的冲突，而不是日本海军战略家长期研究的闪电战。他的观点中所隐含的想法是，在这样一场旷日持久的斗争中，美国必定会运用其强大的工业实力，这种实力日本是不能指望与之相匹敌的。但是井上对强调这种事态转变的可怕后果兴趣不大，他相信海军统帅机关对这个后果是理解的。相反，他决心阐明日本不能指望速战速决的原因。他指出制海权并不是一个绝对的事情。虽然日本可以在战争开始时"夺取"西太平洋，占领包括菲律宾在内的美国在西太平洋上的所有领土，但随着飞机和潜艇技术的成熟，制海权已经不再是一维的了，而是三维立体的。因此，仅靠水面战斗可能再也无法掌握制海权。事实上，在井上看来，水面舰艇的"决战"

可能将再也不会发生。在过去的几年里，飞机和潜艇打击能力的发展使得双方的大量主力舰很可能在交战前就被摧毁。

既然如此，日本应该获得西太平洋的制空权，以此作为控制该海域的先决条件。在这方面，井上认为甚至连制空权的背景近年来都已经发生了变化。虽然航空母舰直到近来才被认为是海军航空兵的主力，但随着陆基轰炸机和水上飞机的迅速发展，这后两种类型的飞机已经成为最有力的空中武器。所以，井上认为，只需要飞机就可以夺取制空权，而不需要任何水面作战单位（航母也包括在内）。事实上，现在是时候考虑用独立于海军舰艇的空军来掌握制空权！

由于远洋潜艇的出现，即使是掌握了制空权也不足以彻底掌握制海权。井上指出，在日俄和中日战争中，日本海军没有与具备强大潜艇部队的敌人进行作战的经验。但在与美国的海战中，日本可以预期，大量美国潜艇将与飞机一起被部署在日本的重要海上通道上，封锁日本本土，坚持不懈地破坏日本在西太平洋和亚洲沿海地区的海上贸易。[94] 在井上看来，日本继续战争的能力，甚至它的生存，都将取决于它保护其海洋运输免受美国潜艇和空中攻击的能力，而这样的战役将是整场战争中最关键的军事行动之一。要想在这样的战斗中获胜，日本海军必须建造许多护航军舰，并组织强大的机动特遣舰队，充分运用水面、航空和潜艇部队。

回到他早先的主题，井上又写道，除非美国舰队指挥官无知或鲁莽，否则不太可能有战列舰参与的舰队决战发生。美国更有可能尝试逐步扼杀日本的战略，从连续攻占日本在密克罗尼西亚群岛、菲律宾群岛、台湾岛和北太平洋的前进岛屿基地开始。旨在防止这种情况发生以及夺取或夺回美军基地的斗争将是这场战争的焦点之一，这些斗争与保卫日本海上航道的战斗将共同决定国家的命运。因此，在井上看来，登陆作战比所谓的决战重要得多，日本应该从现在开始通过重点建造合适的舰艇，编组合适的部队来加强其两栖作战能力，以强化其夺取敌人岛屿基地的两栖攻击能力。

凭借 20 世纪 90 年代纸上谈兵的后见之明优势，人们可以对井上为日本海军作战理论的弊病做出的诊断、开出的处方吹毛求疵。例如，他在陆基飞机取代航空母舰这一点上显然是错了。然而同样是以事后诸葛亮的角度来看，井上对太平洋上未来海战的基本特征的看法，正确的地方显然远多于失误。他的批评确实比日本海军高级指挥机关到这时为止的任何想法都更准确地评估了太平洋海战的实际情况。最终，表明井上具有某种洞察力的地方在于，他不是从战术角度而是从战略角度看待这场战争。没有单一的战斗、没有单独的武器能够决定战争的结果，决定战争结果的将是在海战的所有维度中——空中、水面和水下协同作战的一批均衡编组的部队。即使在那时，他也认为这场斗争对处于巨大劣势的日本来说也将是漫长而令人绝望的。

14

尾声：

对日本海军胜败的反思

　　本书的重点是旧日本海军技术、战略和战术的演变过程，时间跨度从 19 世纪晚期它作为现代军队出现到太平洋战争爆发。从日俄战争结束到偷袭珍珠港的这 30 多年里，日本海军只为一个对手——美国海军——规划、训练和武装自己。在评估这些年来日本海军准备工作的成效时，我们应该简要地考察一下太平洋战争期间日本海军与其敌人美国作战时的表现。

　　在战争头两年里，日本海军运用它在战间期已经完善的战术和技术进行战斗，常常取得重大胜利。然而从 1944 年年初开始，面对美军兵力的加强和美国海军在海战技术方面取得的非凡进步，它就一直遭受惨重的失败。从那时起，日本海军打得越来越像亡命之徒。它抛弃了战前的大部分战术和战略思想，因此，1944—1945 年这个阶段的战争就不在本书的讨论范围之内了。这里只对 1941 年12 月—1943 年年底的日本海军战略做一个总结。[1]

太平洋战争中的日本海军（1941—1943 年）：
战略概述

　　在考虑珍珠港袭击的价值时，我们必须分清日本海军当时的战略目标与珍珠港作战的战略后果（这对半个多世纪后的历史学家来说似乎已经很清楚了）之间的区别。作为珍珠港计划的主要设计者，山本从未将偷袭珍珠港视为太平洋战争开局时的核心军事行动。对山本和日军统帅机关的其他要员来说，在夏威夷袭击美国太平洋舰队是次要作战，其目的是确保日本主要战略目标，即东南亚的安全。

表面上看，袭击珍珠港可以看作一次彻底的战略和战术胜利。美国太平洋舰队的战列舰队在珍珠港沉入了海底。征服东南亚的多个军事行动可以不受干扰地进行，而美国海军在两年内无法跨越太平洋发动一场大规模反攻。而这一切的代价仅仅是 29 架飞机和 5 艘袖珍潜艇。[2] 日军达成了其主要战术目标——消灭美军舰艇。从这样的角度来看待珍珠港偷袭的效果有助于解释为什么日本人没有计划或实施对珍珠港某些重要设施的摧毁，特别是储油罐和潜艇基地。毕竟，这些疏漏被当时的美国战略家和后来的历史学家视为重大失误。

然而以事后诸葛亮的角度来看，我们可以质疑这次攻击背后的逻辑是否确实合理。即使没有进行夏威夷作战，且美国太平洋舰队保持完好无损，美国人可能也不能阻止或迟滞日军东南亚作战那风驰电掣般的进展。萨缪尔·E. 莫里森（Samuel E. Morison）在战后就指出，倘若日军将他们对美国太平洋领地的袭击局限在菲律宾的话，那么"美军战列舰队（根据'彩虹五号'作战计划）就将笨拙地穿过太平洋，很有可能被驻扎在马绍尔群岛的日军轰炸机炸沉"。[3] 如果没有美国航母理论上可以提供的空中掩护，一支战列舰队进入东南亚海域将会面临被击沉的风险，"反击"号（Repulse）和"威尔士亲王"号的沉没就是明证。但是在太平洋战争开始的几天里，美军在太平洋上的航母力量严重不足。"列克星敦"号的战斗机群装备了过时的布鲁斯特"水牛"（Brewster Buffalo）战斗机、"企业"号装备了老旧的道格拉斯"毁灭者"（Douglas Devastator）鱼雷轰炸机，而且这 2 艘航母的鱼雷机队都采用过时的战术进行训练。面对数量更多、飞机更先进、战斗力更强的日本航母部队，它们的前景并不乐观。

最后，尽管美国直到 1943 年才发起跨太平洋反攻，但这毫无疑问与美国海军遭受的战损没什么关系，而是与调动美国工业力量和后勤能力来完成如此庞大的任务所需的时间和组织工作有很大关系。为了充实数量不足的美国辅助船队，特别是为了获得足够的登陆艇，需要花费好几个月的时间，付出很大努力。总而言之，以上几点似乎可以证明，如果山本大将放弃他的珍珠港计划，重新采用日本海军对西进的美国舰队所采取的"等待和回应"的传统战略，他会做得更好。而且这样的战略肯定可以避免美国公众因为袭击的发生时间和性质所爆发出的海啸般的愤怒。

针对最后这段驳论，一篇战后的日本分析文章将日本海军袭击珍珠港的逻辑解释为：作为一个军事大国和工业强国，日本需要石油；由于美国切断了供应，唯一现实的石油来源是荷属东印度群岛；为了进入东印度群岛，日本必须把其入侵路线的两侧清除干净，这意味着要对马来亚和菲律宾采取军事行动；为了避免在战略上受到美国的包围——因为一旦菲律宾被袭击，与美国的战争是不可避免的——美国太平洋舰队必须在战争中被消灭。严格地从优先度来看的话，美国公众舆论可能出现的愤怒情绪根本不可能是一个重要的考虑因素。[4]然而，这样的论证恰恰清楚地表明日本海军思考重点的狭隘，也表明日本海军高级指挥机关未能从大战略的角度考虑问题，而仅仅从纯粹战略的角度进行思考。

在战争的头5个月里，除了1942年4月南云中将率领的特遣舰队曾短暂地进入印度洋，造成了毁灭性的破坏之外，日本海军基本上只把自己局限在临近战争前制订作战计划时设定的战略目标上。珍珠港作战后不久，日军曾认真考虑过联合进攻和占领夏威夷，但陆、海军之间的争吵和船舶问题使该计划流产。在这些计划的余烬中诞生了后来的中途岛作战。[5]日本太平洋战争战略的第一阶段——征服东南亚，完成的速度甚至连日本自己都感到吃惊。在征服东南亚的过程中，日本海军扫除了被派来对付自己的既虚弱不堪又孤立无援的盟国海军舰艇。

在东南亚取得战略胜利之后，1942年余下的时间里，日本海军开始了第二阶段的计划：消除或瘫痪那些盟军可以向日本占领的外围地区发起反攻的战略据点。这时日本海军遭遇了几次严重挫折，第一次是在珊瑚海，日本被迫放弃孤立澳大利亚的企图（尽管从战术上讲，这场战斗打成平局）。下一场逆转是在中途岛，日本海军占领通向夏威夷的跳板的企图遭到失败，损失惨重。最后一次挫折是长达7个月的所罗门群岛战役，日本海军最终输掉了这场消耗战。

在所有这些战役中，日本海军都遵循一种大大削弱了胜利可能性的作战模式：当它在太平洋地区仍然占据优势地位时却未能集中兵力。集中兵力是战争中经久不衰的原则之一，日本在太平洋战争早期的作战计划中忽视集中兵力原则的那种漫不经心的态度令人惊讶。在珊瑚海海战之前，山本已经把他的兵力分成两部分，一部分是为中途岛作战而集结的兵力，另一部分则用于在西南太平洋的进攻。在珊瑚海出现战略上的逆转后，日本海军暂时把西南太平洋抛在脑后，将全部注意力都转向了策划中途岛战役。这些计划纷繁复杂，是了不起的成就，但它们再度将日军舰队分散在太平洋上，而实际上，在太平洋中心与他们对抗的美军舰队本应该被日本海军集中起来的压倒性力量所击溃。事实上，策划中途岛作战的一个主要目标就是把美国太平洋舰队（日军假定还剩余的残部）引诱到一场战斗当中去，美国人在这场战斗中将因实力不足而遭到决定性的失败。然而，对作战造成重大损害的除了分兵阿留申群岛以外，还有攻向中途岛的部队被分成了南云航母部队和山本麾下远在后方的主力。没有集中兵力很大程度上肯定是战役和战术层面上的失败，却是造成日本折戟中途岛的重要原因。

中途岛海战之后，日本海军（应陆军要求）再次将注意力转向西南太平洋，以应对盟军在新几内亚和所罗门群岛的反攻。在那里，在一场以争夺瓜达尔卡纳尔岛（Guadalcanal）为中心的战役中，日本陆、海军都因为零星投入部队而最终丢失了阵地，损失了人员和物资。虽然日本海军起初在该地区拥有比盟军更强大的力量，而且一开始给敌人造成的损害比它自己遭受的损伤还要大，但它还是遭受了这些损失。对瓜达尔卡纳尔岛战役最权威的研究认为，[6] 1942 年 9 月中旬—10 月中旬，日本人在所罗门群岛有一个短暂的胜机，但山本五十六由于优柔寡断，未能集中兵力，使胜利和主动权都从自己手上溜走了。在接下来的战役中，日本海军打得很坚决，常常在个别的海战中击败敌人，但最终由于没有在足够的时间内投入足够的兵力而输掉了战役。[7]

由此导致的日本海军战略主动权丧失使得所罗门战役成为战争的关键。对日本海军来说，比损失飞机、舰船和人员更严重的是它送给盟军的时间和空间。在 1943 年，由于太平洋的战线处于静止状态，盟军得以集结并重新组织他们的部队。更重要的是，美国庞大的工业和强大的科技开始影响战斗的结果。

日军一停止把战略外围扩张到超出战前计划的范围后，就在 1943 年把精力转向了保卫早先占领地的边界。日本海军的重型舰艇撤退到安全的后方地区，而它的守备部队和陆基航空部队则向前推进以加强防御屏障——尤其是在密克罗尼西亚——以抗击和消耗必将到来的盟军反攻。这种兵力安排本质上是对日本海军在 20 世纪 30 年代后半期制定的"绊网"战略的延伸。

然而，日本急于建立的用以抵御美国海军反攻的防御屏障与集结起来进攻他们的兵力相比是微不足道的。1943 年是美国的工业、科学和组织能力真正开始改变太平洋地区基本战略平衡的一年。虽然在 1942 年年底，日本和盟国海军部队在数量上势均力敌，但 1943 年美国海军舰艇建造的空前规模在当年秋天彻底打破了这种平衡。结果，美国能够用来打击日军过度延伸的战略要点的海军力量是如此具有革命性和破坏力，装备的规模又是如此之大，以至于日本海军在战略、战役和战术三个层面都没有做好应对的准备。这种海上力量的核心要素是美国海军特遣舰队，它围绕两方面打造：一支由数百架飞机和提供密接支援的水面舰艇组成的航母战斗群和一个克服了距离和后勤困难的革命性移动供应基地体系。除了这种大规模的空中、水面火力之外，美国海军陆战队还发展出了两栖攻击能力。它们共同组成了一支进攻部队，能够孤立和征服日本海军守卫的任何岛屿堡垒。

1943 年年底，这支进攻部队被用来对付日本在太平洋上的防区，在接下来的 6 个月里，它们一个接一个地攻下或绕过日本布防的岛屿。凭后见之明，我们可以说到那年 11 月日本海军在太平洋战争中已经无可挽回地战败了：日本不仅没能守住防卫圈，而且其主力舰队——为了有机会打一场追求已久的决战而小心保存的舰队——再也无法集结起足够的力量进行反击。

对日本海军来说，太平洋战争中的"圣杯"仍然是一场具有决定性意义的重大水面战斗，在其实现的可能消失很久之后，日本海军仍然坚持这个观念。策划中途岛战役在一定程度上怀着这样一种想法——引诱美国舰队参加这样一场决战。在 1942 年的不同时期，停泊在特鲁克大型舰队基地的"大和"号与"武藏"号徒劳地等待与联合舰队主力共同出击，彻底击溃敌人的机会。1943 年，古贺峰一大将的"Z 计划"设想成这样一场由联合舰队实施的决战，但没能实现。直到 1944 年春天，"阿"号计划还要求进行一场决战，最初计划在西加罗林群岛附近进行，但又仓促变更了地点，以应对马里亚纳群岛在 6 月受到的威胁。到这时候，日本海军的决战思想自然已经发生了彻底的变化：海军航空兵——不论是航母上的，还是以地面为基地的——已经取代了战列舰队。"阿"号计划确实引发了一场重大会战——菲律宾海海战，但这场海战是按照美国的设想进行的。到这个时候，日本海军航空兵已经严重弱化，退化到美国飞行员把这次遭遇战称为"马里亚纳猎火鸡"。

日本海军此时面临着一个严峻的选择：是不与美国海军力量的巅峰抗衡，试着保存残余的联合舰队，然后眼睁睁看着美国一个接一个地攻取日本的战略据点，还是把舰队扔到美军面前，冒被歼灭的风险与之交战。1944 年日军在菲律宾海和莱特湾遭到的惨败，是其孤注一掷地尝试第二种选择的结果。日本打这两场海战时没有参考战前制订的计划，故它们不在本书的讨论范围之内。

到 1945 年 5 月底，那支曾经强大一时的联合舰队的大部分舰只已经被击沉，其残部只能龟缩在本土的海湾和泊地里，遭受美军如雨点般落下的炸弹的攻击。日本海军历史学家伊藤正德（Ito Masanori）告诉我们，到这时候，联合舰队的最后一任司令长官小泽治三郎"除了站在那里看着残月，什么也做不了"。[8] 到"密苏里"号（Missouri）在东京湾抛锚停泊的时候，日本海军已经损耗了巨大的人力和物力。在战争结束时，它损失了 334 艘战舰，只剩 101 艘（小型舰艇也算上的话）。损失的官兵达 300386 人，其中包括 2 名大将、9 名中将、56 名少将和 259 名大佐。[9]

回顾太平洋战争中的日本海军

日本海军在太平洋战争中战略指导的好坏首先取决于其战略的最高层次，即大战略。理想的大战略是运用一个国家的所有资源——军事、政治、经济和外交资源来实现国家的政策目标。有证据表明，日本自俄日战争以来从未制定过大战略。相反，它有的是一系列预先设定的威胁、模糊不清的追求目标以及一种开拓战略机遇的敏锐能力。3 个《帝国国防方针》对陆军和海军来说都是一种糟糕的指南，对整个国家来说更是如此。缺乏大战略的根本原因是缺乏一个有效的中央协调机构来协调国家政策以及陆、海军之间在利益和追求目标上的持续冲突。[10] 在没有国家大战略的情况下，日本海军考虑战略时更多考虑的是自身利益而不是国家利益，也就不足为奇了。

更具体地说，日本海军在太平洋战争中战略的最基本特征是它策划的战争和它发起的战争之间存在脱节的现象。这种预想的战争和实际战争的不一致体现在几个方面。

首先，作为一支在其存在的大部分时间里以大陆为导向的海军，它习惯于从区域和有限的角度来思考战略。它在中日甲午战争和日俄战争中都成功地战胜了区域性的敌人。这两次成功都是在小心翼翼地限制了作战范围和战争目标，并在与被击败的敌人谈判后达成和解的情况下取得的。[11] 在策划太平洋战争的开局打法时，日本海军高级指挥机关可能认为它是在为一场有限的冲突做准备——例如，它并没有考虑要征服美国本土——但事实上，日本海军的开局打法致命地削弱了战争受到限制的可能性。通过对美国太平洋舰队发动被美国人视为"臭名昭著"的行径的突然袭击，日本海军在美国国内创造了一种政治、心理和战略氛围，这种氛围使得一场无限战争——一场死战到底的战争——不可避免。倘若日本海军放弃对夏威夷和菲律宾的攻击，集中兵力征服马来亚和荷属东印度群岛的话，考虑到 1941 年年末美国盛行的孤立主义情绪，这场战争可能会有一个完全不同的结局。

其次，日本海军统帅机关认为，它可以决定战争的节奏和方向。按照其战前的思维，这场战争将在小心控制的状态下进行：在战争开始时，以一系列的闪电打击大大削弱西太平洋的盟国部队，从而在双方之间实现某种大体上的平衡，这将是和谈的基础。当美国的精力和资源在太平洋战争与同看似不可战胜的德国的冲突中消耗殆尽时，日本人认为美国会非常乐意达成有利于日本的和解方案。[12] 而实际情况在 3 年后是什么样我们都看到了：美国与其盟国合作发动了历史上最大规模的登陆作战——进攻诺曼底，同时又对马里亚纳群岛发动了大规模的两栖进攻。

战后成为海军历史学家的前海军军官千早正隆证实了日本海军战前战略计划与战争期间实际作战之间的脱节。他批评过日本海军在战争的后半段无法跟上敌人的作战节奏。1942 年之后，日本海军非但没能决定战争的节奏，反而感到日益沮丧，这一方面是因为敌人凭借更强大的部队能够推进得更快、更远，另一方面则因为日本海军无力阻止敌人的战略行动。[13]

　　此外，日本海军对太平洋战争战略的第二阶段需要采取的举措——用一圈前进基地来守住其防御带——缺乏通盘考虑。这种战略本质上是日本海军在20世纪30年代后半期发展出的"绊网"战略的一种延伸。尽管做了周密的计划，日本海军还是没有意识到战场的规模。中太平洋、西太平洋以及东南亚附近的水域将成为人类历史上持久密集作战的最大战场。但在1941年9月6日的大本营政府联络会议上，军令部总长永野修身却大张旗鼓地宣称要在东南亚建立一个"坚不可摧的据点"，日本可以在这个据点后方开采其征服地的原材料。[14] 永野对这个计划肯定缺乏深思熟虑。日本根本没有足够的舰船和飞机来保卫世界上的大部分地区，而美国的潜艇很快就会证明攻破并进入日本的东南亚仓库是多么容易。日本海军也没有解决在太平洋中部和西部建立防线的困难，本来日本海军可以在防线上削弱盟军，直到他们寻求和平谈判。在1942年春季到1943年11月的时候，日本海军没有充分及时地关注太平洋上的防御工事，直到美军的两栖进攻向它们涌来之前几周，它才匆忙对一些岛屿基地进行加固，并派兵驻防。然而从更基本的层面来看，日本海军的策略——试图用在当地部署的陆基航空部队来保卫广泛分散的岛屿堡垒——是根本不可靠的。在这方面，威尔莫特把日本的问题概括为："日本犯了一个基本的战略错误，即试图在远离本土的地方打持久战，却没有办法彻底守住前线据点，也没有力量和手段来支援它所投入的部队。"[15]

　　如前所述，直到1944年中期，日本海军还指望靠一次海战大胜来扭转战局。为了这一构想，它常常牺牲掉海军力量的其他组成部分——包括护航和反潜战所需要的那些，给自己造成极大损害。日本海军对决战教条的执着追求不仅扭曲了其部队结构，而且具有讽刺意味的是，还限制了它在几场重大战斗中获胜的机会。它有时会在当前的作战中保留舰队中的强大舰艇，期望它们会在未来的某个关键时刻被用到。所罗门群岛争夺战就是一个很好的例子，这是太平洋战争中唯一一场发生过战列舰对战的战役。日本海军不愿让自己的超级战列舰在如此"小"的冒险中冒风险是可以理解的，纸上谈兵的战略家在战事发生50多年后批评日本的决策也太容易了。但话又说回来，"大和"号和"武藏"号未向有价值的目标发射一枚炮弹就在空袭中不幸沉没的事实充分证明了决战思想的徒劳。而且，对决战教条的坚持也说明日本海军没有考虑其他选择。尽管战前美国海军的战略家们也曾策划在海上赢得一场重大海战，但美国的目的是显而易见的——为封锁和在经济上扼杀日本铺平道路。日军从来没有清楚地阐明过他们的目标，而且显然没有考虑过美国即使在决战战败后仍会继续战争的可能性。[16]

虽然日本海军直到战争末期都在徒劳地追求一个幻想——横跨太平洋的决战，它在早期却不得不面对消耗战的现实。前文已述，日本的战略计划几十年来一直设想的是在日本轻型舰队的不断攻击下逐渐削弱向西移动的美国舰队。然而具有讽刺意味的是，遭受大量消耗的是日本海军自己。在太平洋战争期间，日本海军几乎半数的水面舰艇（驱逐舰以上，见表 14-1）都损失在消耗战上，即毁于潜艇、飞机或小型水面舰艇发动的攻击，而非大规模交战中。几乎所有的潜艇和小型舰艇也都损失于消耗战。使这种情况变得极度糟糕的是，到 1943 年年底，不仅美国海军在消耗战（或大规模交战中）中没有以同样的速度损耗舰艇，而且美国庞大的造舰计划开始在数量上淹没日本海军。

当然，美军潜艇和飞机发动的消耗战是日本商船被大规模摧毁的原因。在这方面，日本海军又一次对日益增加的危险调整得很慢。在太平洋战争的头两年，当美国潜艇的作战仍然受到不可靠的鱼雷、谨小慎微的潜艇指挥官、糟糕的后勤和差劲的维护这些方面的问题的掣肘时，日本海军在加强反潜战能力和商船保护方面却做得乏善可陈。1942 年美国潜艇击沉的大量吨位（近 90 万吨）本应该对日本航运的脆弱性发出了充分的警告，但由于这种程度的损失只比日本在战前估计的吨数略高，比补充的吨数也高不了多少，因而沉船的数量并没有引起日本海军统帅机关太大的关注。所以在 1943 年年底，日本护航舰仍然太少，太多的护航舰所具有的最大航速是在 16.5 节和 17.5 节之间，且仅有少量配备反潜战武器和探测设备。到 1944 年年初，当美国潜艇部队装备着可靠的鱼雷，在积极进取的指挥官指挥下，采用狼群战术在西太平洋巡航时，日军大势已去，无法翻盘了。战争结束时，日本战前 640 万吨的商船只剩下 150 万吨，而且剩余船只中的大部分不是受损就是被封锁在日本港口。[17] 正如马克·帕里罗在最近的著作中对该问题详细解释的那样，商船队的毁灭严重而全方位地削弱

了日本海军保持有效战斗力的能力，更不用说它对整个国家进行战争的能力造
成的严重影响了。

表 14-1

太平洋战争中日军主要舰种的损失

舰种	在有名的交战中损失的舰艇数量	因消耗战而损失的舰艇数量	战争末期被俘获的舰艇数量	总计
战列舰 *	5	5	1	11
舰队航母	13	4	4	21
轻型航母	—	4	—	4
巡洋舰	17	23	5	45
驱逐舰	32	92	17	141
潜艇	—	132	41	171[①]
总计	67	260	68	393[②]

* 本表没有包含 1943 年停泊在广岛湾的战列舰"陆奥"号，它在一次爆炸中沉没了。

　　如果说美国潜艇在战争的头两年里受到了一系列技术、战术和后勤方面困
难的掣肘，那么日本潜艇则受到了日军潜艇作战理论的束缚。海军历史学家的
传统观点是，在太平洋战争期间，日本潜艇部队几乎没有取得什么战果，这主
要是因为其作战理论认为，潜艇部队应该集中精力实施舰队作战，而不是袭击
商船。由于任务性质的缘故，对舰艇的攻击天然就更危险、更困难，因此其战
果上自然就更加有限。然而，即使在其主要作战任务中，日本潜艇舰队也未能
扭转海战的进程：在太平洋，没有一场重大海战受到日本潜艇的显著影响。至
于日本海军在战争中对商船袭击的忽视，对此的评价不能一概而论。正如井上
成美所认为的那样，美国不可能在经济上被日本潜艇所扼杀。因此，考虑到日
本海军的战略重点，日本海军不攻击美国沿海船舶的决策可能是合理的战略。
然而，虽然太平洋广阔无垠，但未能袭击前往西太平洋的美军运兵船和补给船，

① 译注：原文如此。
② 译注：原文如此。

或许是一个重大疏忽。这种猛烈的进攻，将使盟军在战争中期与后期的太平洋反攻变得非常复杂。

应该指出的是，传统上对日本潜艇在战争中的负面看法是建立在将日本与德国潜艇的战绩进行毫无根据的比较之上的。诚然，日本潜艇部队击沉了170艘舰船，总计100万吨，无法与德国U型潜艇所造成的巨大破坏——击沉了2000艘船，1450万吨——相提并论。但日本海军只动用了187艘潜艇，而德国人派了1000艘潜艇出海。日本潜艇战绩小的另一个原因是，在广阔的太平洋上目标稀少。相比之下，大西洋繁忙的海上交通，为潜艇这样的"捕食者"提供了更多的机会。[18]

此外，虽然日本潜艇部队在第二次世界大战中的影响力相对于它的规模来说小得不成比例，但它并不是一无是处。事实上，日本潜艇在太平洋战争关键的第一年取得了一些重大胜利，特别是打击了最重要的舰种——航空母舰。1942年，日本潜艇击沉了美国6艘航母中的两艘（"约克城"号和"黄蜂"号），还击伤了第三艘航母（"萨拉托加"号），使它错过了该年4次重大航母战役中的3次。在瓜达尔卡纳尔岛战役中，一艘日本潜艇击伤"北卡罗来纳"号，使美国可用的快速战列舰数量减少了三分之一。在当时，这些损失并不是微不足道的。[19]

当然，与消耗战问题相关的是1941年日本和美国海军在通信情报能力上的显著差异（见第十一章）。美国海军情报部门在预知日本中途岛作战计划上所取得的巨大成功是有据可查的。同样重要的是到1943年年底，美国人掌握了无数影响舰船和飞机调动的其他日军作战命令。其中一些给日本带来了前所未有的灾难，比如山本五十六乘坐的飞机被拦截和击毁。还有一些情报对追踪和消灭日本舰队的舰艇单位，包括很大一部分日本潜艇部队的单位至关重要。

当然，日本海军在太平洋战争中的失败有体制上的原因。在日本海军进行战争时，最浪费精力和资源的莫过于日本陆、海军之间自19世纪后期以来特有的内讧。随着战争形势的恶化，它们彼此间潜在的不信任变成了强烈的敌意，这反过来又对两军的作战效能和整个国家的作战能力产生了侵蚀性的影响。首先，它在没有有效的协调机构进行全面战略规划的时候妨碍了这样的规划。在战争爆发前，日本没有进行过关于两军在战争期间应该如何合作的重大研究；

战争一开始，两个军种之间关于战略的讨论就局限于具体的军事行动，而没有试图从整体上考虑战争的进行。在陆、海军联合政策和计划会议上，两军彼此之间是"谈判"而不是与对方协商，在这些会议之后，日军大本营发布的是"协议"而不是作战命令。[20]

这样的不信任自然也阻碍了作战。两军之间唯一有效的联合作战是水陆两栖作战，而且基本是在太平洋战争开始的时候。在这些作战中只有三次，一个军种的部队隶属于另一个军种（在这三次中，陆军全都归海军指挥）。这并不是说海军没有努力支持陆军的作战。在战争开始时，海军在陆军入侵东南亚的军事行动中发挥了运兵和护航的关键作用；在所罗门群岛，海军以巨大的军舰和人员损失为代价，努力补给并在随后撤回陆军守备部队。这表明海军是为陆军做出了牺牲的。不过也有很多情况是海军完全抛弃了陆军，任其自生自灭。[21]

对日本的作战同样造成破坏性影响的是在技术发展和生产方面的大量重复工作。两个军种都不愿与对方共享各自的生产设施，而陆军建造潜艇以及陆、海军飞机上存在不同波长的敌我识别设备都是这种重复生产的例子。还有个例子也表明日军确实存在这种自掘坟墓的军种间相互对抗。战后，德国海军武官回忆说，在他战时参观中岛飞机制造厂时，他首先被海军军官带到他们的研发和制造部门。参观结束时，他的海军向导带他走到一扇紧闭的门前。门打开后，海军军官向他道别，另一边，陆军军官们带他参观禁止海军进入的设施。[22]

除了不能在一个联合司令部下与陆军协同作战之外，日本海军自己还存在某些指挥方面的问题。海军历史学家伊藤正德就指出，在莱特湾战役那关键的一天，海上有4名日本海军的将军，岸上有2名，他们处在半径100英里的范围内，但每个人都在单独作战，彼此不协调。伊藤辩解说出现这种情况是由于联合舰队司令长官在2000英里之外的东京，而他本应该在达沃或者至少是马尼拉。[23]然而，考虑到美国军舰在同一战役中成功地在最激烈的战斗中共同作战，所以在太平洋战争中，日本海军指挥结构的一个严重缺陷似乎更有可能是指挥的过度集中。与联合舰队司令部不同的是，美国太平洋司令部（CinCPac）的总司令并没有尝试去作战。

如果说日本海军在太平洋战争中的弱点是战略，那么它的优势就是战术。当然，只有在太平洋战争的头两年，评判日本海军的战术表现才有意义。因为我们可以说日本海军在这段时间里经常表现出对美国的战术优势。在那之后，无论日本海军在战斗中的表现是好是坏，美国海军力量的压倒性实力使得战术在决定战斗结果方面变得无关紧要。在战争头4个月里，盟军采用什么战术也同样是无关痛痒的。当时，日本海军在东印度群岛海域与实力较弱的盟军海军对峙，日本采用的战术远不及日本的绝对优势重要。但在4场摧毁了美英荷澳（盟军）舰队的海战（望加锡海峡海战、巴东海峡海战、爪哇海海战和巽他海峡海战）中，日军还是展现出了两大作战特点：水面舰队和航空部队之间的有效协同（随着战争的继续，这种协同变得越来越少）和高超的战术技能——夜间鱼雷战。

　　不过话又说回来，能最好地评估日本海军战术表现的只有瓜达尔卡纳尔岛战役。这次战役是太平洋战争中唯一一次日本和盟国（虽然主要是美国）海军舰队在一段较长时间内大致处于势均力敌状态的时候。在瓜岛战役的7次交战（如果把瓜岛附近的夜战分成巡洋舰遭遇战和战列舰遭遇战两部分的话，那就是8场）中，日军通常能跟美国人打得有来有回。有4次交战（分别是萨沃岛海战、埃斯佩兰斯角海战、瓜岛海战和塔萨法隆加角海战）是夜战，它们再次表明日本人对夜战的准备比他们的敌人美国要好得多。在这些遭遇战中，数十年的认真研究和高强度训练的价值在夜间鱼雷战中得到了证明。在萨沃岛附近的第一回合战斗，是一场近乎教科书式的作战，严格遵循了日军的夜战条令。日军发动进攻时的打法是隐蔽而最小限度地使用探照灯，同时最大限度地使用鱼雷（日军的巡洋舰和驱逐舰都配备得很充足）。这是自对马海战以来，日本海军取得的最彻底的舰对舰海战胜利。在这次以及随后发生在所罗门群岛水域的其他水面战斗中，日本海军不仅指挥舰艇积极作战，以熟练的专业技能加以操纵，而且还将它们编成2—4艘舰只组成的战术凝聚力很强的编队进行战斗。[24] 田中赖三（Tanaka Raizō）、桥本信太郎（Hashimoto Shintarō）和小柳富次（Koyanagi Tomiji）等日本指挥官凭借技巧和韧劲，指挥了对瓜达尔卡纳尔岛的补给运输——"东京特快"——以及日军部队从该岛的最后撤离。1943年7月，木村昌福（Kimura Masatomi）在从阿留申群岛的基斯卡岛撤回日本守军时重复了这样的壮举。

　　历史学家非常强调日本海军未能充分利用战机（在珍珠港、爪哇海和萨沃岛都是如此），并对这一失败给出了相当折磨人的文化解释。然而，通常有足够的战术或条令上的理由（从日本人的观点来看）来解释为什么日军指挥官在现场没有进一步扩大他的优势。[25] 只有在 1943 年 3 月的科曼多尔群岛（Komandorski Islands）海战中，日军指挥官细萱戊子郎（Hosogaya Boshirō）将军显然因为缺乏足够的作战意志而让胜利溜走了；至少日本海军高级指挥机关那帮人是这么认为的，因为他们在战斗结束后不久就解除了细萱的指挥权。如果说在整个战争中日本的战术指挥官表现出了任何持续的缺陷的话，那么这些缺陷就是对新形势反应迟缓，倾向于重复相当缺乏想象力的某些作战和战术。

在战争的第一年，日本海军在航空和水面作战上取得的战术胜利，不仅是由于现场指挥官的专业素质，而且还要归功于全体官兵的专业素养：足智多谋、训练有素、身体强壮、斗志昂扬、绝对服从。日本舰员高素质的原因似乎确实可以从日本的文化传统和社会规范中找到解释，还有前面章节已经讨论过的前所未有的严格训练。正如理查德·弗兰克（Richard Frank）在他对所罗门战役的权威研究中指出的那样，至少在初期，日本军舰上的舰员可能更有经验，比他们面对的美国军舰舰员受过更多的训练。[26] 日本海军航空部队的空勤人员当然也是如此，他们在侵华战争中的经验使他们成为太平洋战争初期世界上数一数二的飞行员。

毫无疑问，日本海军对"精神"的重视是战争期间其所有作战部队战斗力的一个重要的附加因素。这种精神导致了过度自信，过度自信又导致了日本在中途岛的惨败。不过话又说回来，在战争即将结束，日本海军被击溃时，精神能够将其残兵败将凝聚在一起的时间远远超过了其他面临类似灾难的海军。

不管怎样，训练和士气的质量都无法弥补日本海军数量上的不足，这种缺陷又由于战争期间的战斗伤亡和战斗疲劳而加剧。后者显然是日本海军最终没能为所罗门群岛陆军守备部队成功提供补给的一个重要因素。[27] 随着太平洋战争的持续，经验不足的军官和士兵取代了早期战斗中的老兵，日本水面舰艇部队的作战效能毫无疑问出现了下滑。但在日本海军所有部队中对战斗伤亡带来的影响感受最强烈的是海军航空兵及其战斗机部队。在这方面，日本海军为战前几年的训练政策付出了可怕的代价。训练有素、战斗经验丰富的战斗机飞行员从珊瑚海海战和中途岛海战开始大量流失，但真正严重的损失发生在所罗门群岛的战斗中。美军航空兵也遭受了惨重伤亡，但由于训练体制更加灵活，美国海军能够承受这些更大的损失，并继续有效作战。而日本海军却不能。随着经验丰富的飞行员队伍迅速减少，日本海军将大批训练不足的飞行员投入战斗，其后果可想而知。到1943年中期，随着训练时间的大幅缩短，日本海军战斗机部队中充斥着比见习飞行员强不了多少的飞行员，与此同时，美国海军的飞行训练时间却在急剧增加。在战争的后半段，情况变得更糟，在最后一年，使用很少或没有受过训练的飞行员的"神风特攻"战术基本上是日本海军剩下的唯一手段。科林·格雷（Colin Gray）就指出，日本海军航空兵在1943—1944年实力的减弱很好地说明了数量上处于劣势的部队在这种压力下是如何加速衰落的。[28]

两次世界大战之间的这20年里发展制订的战术方案产生了各种各样的战斗结果。日本海军在战前最令人印象深刻的战术创新，几乎毫无疑问是在第一航空舰队中体现出来的对舰载航空兵的集中使用。第一航空舰队存在的时候，它是海上最强大的舰艇编队，它为海战指明了新方向。我们可以认为它在夏威夷作战后不久就解散是一个重大的战术错误。事实上，第一航空舰队代表了海军航空兵的一种设想——打了就跑的打击舰队——它后来被特遣舰队的构想所取代。正如美国海军发展的那样，特遣舰队是一支由机动辅助船队提供补给的多舰种舰队，能够对目标发动24小时不间断的空中进攻。在1944年组建"第一机动舰队"时，日本海军试图建立类似的编制，但由于特遣舰队的必要组成部分都处于缺编状态——尤其缺乏经验丰富的机组人员——"第一机动舰队"无力反映最初的构想。

日本海军战前研究和实践的其他战术创新在太平洋战争期间也得到采用并取得了不错的战绩（不过已经不是在当初预想的情况下）。夜间鱼雷战术就是一个很好的例子。日本海军最初是打算用在公海上以削弱西进的美国战列舰队的实力，但是事实证明它们在西南太平洋更为狭窄的水域里也相当有效。也有战术创新被尝试后发现并不那么有效。袖珍潜艇计划就是一个例子。这种潜水器的使用在夏威夷的作战中达到了高潮，但它们没有取得任何战果，还损失了5艘。[29]事实上，虽然在太平洋、印度洋和澳大利亚水域等其他地方都使用过，但这种袖珍潜艇都没有取得任何战果。

　　同样，海军使用潜艇侦察机或使用水上飞机实施进攻行动（包括鱼雷攻击和轰炸）的计划也几乎没有实现（不过有一次水上飞机对夸贾林美军设施的轰炸造成了重大破坏）。一些不那么传统的方案从来就没被采用过。尽管日本海军在重型水面舰艇的"水下炮弹"、水雷战队的"远距离隐蔽发射"以及潜艇部队的"水中射击"方面进行了大量的研究和训练，但这些都没有在实战中得到实际运用。原因是多方面的：不是它们所适用的交战类型（比如白天的战列舰遭遇战，或者日军和盟军巡洋舰之间的远距离鱼雷对决）从未发生过，就是战斗现场的指挥官认为这些战术不可行。

　　"在射程上超越敌人"作为战前日本海军的首要战术原则，其价值难以判断。虽然它的完美范例（本应该出现在"大和"级战列舰和美国战列舰队之间的炮战中）从未出现过，但这个嵌入各种日本武器（九三式鱼雷）、舰艇（J型潜艇）和飞机（G3M轰炸机）的设计中的理念还是足够合理的。在某些情况下——比如在击沉"威尔士亲王"号和"反击"号的战斗里——"比敌人打得远"是日军胜利的一个重要因素。在另一些情况下，它的优势最终被证明代价过于高昂，因为要在设计上做出某些牺牲（例如G3M缺乏防护装甲和武器）。有时候，比敌人打得远的性能只是被日本徒劳无益的战略削弱了（例如日本海军的潜艇作战条令）。

　　考虑到盟国最终的体量，特别是美国在工业实力上的优势，以及二战结束时日本舰队被彻底歼灭这一事实，威尔莫特对太平洋战争中的日本海军的分析就显得非常合理了。威尔莫特断言日本在自己发动的战争中注定要失败，日本海军也无法避免被彻底消灭。[30] 然而，另一种关于日本战争潜力的观点认为，在两次世界大战之间的这段时期，日本海军如果采取不同的决策，本可以提高自身的胜率，延长战争的时间。如果日本海军对日本害怕潜艇封锁的弱点给予更多的关注，它本可能创建规模更大的反潜战舰队。此外，如果日本海军将其潜艇战略指向阻断美国西海岸与太平洋前进基地之间的补给线和交通线，日本海军的舰队将会发挥更大的作用。如果日本海军能够更重视人的技能而非出类拔萃的素质，根据这样的标准来建立庞大的人员储备（特别是航空兵），日本人也许就能更好地解决他们的人力短缺问题。此外，日本本可以动员自己的科技人才，加快某些技术的发展，尤其是雷达技术。最后，与陆军加强合作本可以有助于制订更好的计划，减少重复生产，加快军事行动的实施。

　　然而，如前所述，要公允地看待日本海军在太平洋战争中的表现，就需要仔细考虑这场冲突头两年的战事。在此期间，日本海军发动了这种它做过训练和准备的战争。在这方面，如果我们把注意力集中在战术的实施及其结果，那么太平洋战争头两年的战斗记录还是有启发性的。排除掉日本偷袭珍珠港以及美国陆军航空队轰炸机在俾斯麦海歼灭日军运输船队和护航舰队这两场军事行动，加上1942年11月12—15日在瓜达尔卡纳尔岛附近发生的巡洋舰战斗和战列舰战斗，在战争头两年日美两国海军舰队之间共爆发了17次有名称的海战。其中4场是航母大战：日本海军输1场（中途岛海战），平3场（珊瑚海海战、东所罗门群岛海战和圣克鲁兹海战）。而剩下13场都是舰对舰交战，许多都在夜间进行。日本海军赢了其中的6场：萨沃岛海战、塔萨法隆加角海战、伦内尔岛海战、科隆班加拉海战、霍兰纽海战以及维拉拉维拉海战。美国海军赢了4场，即埃斯佩兰斯角海战、韦拉湾海战、奥古斯塔皇后湾海战、圣乔治角海战。还有3场平局，分别是瓜岛夜战、科曼多尔群岛海战以及库拉湾海战。如果算上1942年1—3月在东印度群岛水域发生的望加锡海峡海战、巴东海峡海战、爪哇海海战和巽他海峡海战这4次夜间水面交战（美国军舰作为盟军海军的一部分参与了战斗，并且都以日军的胜利告终），日军的作战记录就更令人印象深刻了。而且，这一统计不包括南云中将的航母部队1942年2月在澳大利亚达尔文港和4月在印度洋对英国海军取得的惊人胜利。这些记录证明：与同样采用战间期发展出的战术和技术的海军部队一较高下后，日本海军的确称得上是一支强大的作战力量。直到1944年年初美国海军引进了革命性的战术和技术，动用了优势的海军力量，形势才发生了不利于日本人的决定性逆转。

回顾：1887—1945 年的旧日本海军

　　我在序言中就宣称：日本海军的发展过程反映了19世纪后期创建它的现代国家的发展历程，这不足为奇。无论是海军还是日本这个国家都继承了给日本民族性格留下不可磨灭印记的封建传统。但两者迅速且总体上成功地吸收了西方技术，并将其与日本本土价值观结合起来。在这个过程中，日本和日本海军的实力到 20 世纪初均已经位居世界前列。虽然日本在海军舞台上姗姗来迟，但到第一次世界大战时，它在海战经验上已经是鹤立鸡群了。从 1866 年的利萨海战到 1914 年第一次世界大战爆发的 48 年间，世界范围内仅发生过 5 次重大的海战。日本海军打了其中的 3 场并赢得了胜利，因此获得了比其他任何海军都多的战斗经验。从实战经验来看，日本海军到第一次世界大战时已经遥遥领先。在其他海军大国中，只有美国和俄国有过海战的经验，而在 1905 年以后，俄国海军再也没有参加过舰队的遭遇战。

第一次世界大战后，情况就发生了急剧变化。一战中的四五次重大水面战斗都是英德两国海军间单独进行的。日美两国的海军发挥的作用较小，但是，美国海军大量参与了护航和反潜战，而日本海军只是零星地参与了青岛的航空和登陆作战，并在地中海的反潜战中发挥了少许作用。

日本人在 1894—1918 年的战斗经历极大地影响了他们对海战的看法，但最终造成了有害的影响，日本海军在 1895—1905 年取得的三场重大水面战役的胜利——尤其是在对马岛附近的胜利——使其相信，这些战役在国家冲突中具有决定性作用，或者至少可以带来有利的和平。日本海军受到潜艇战和反潜战的影响很小，导致其无法理解这两种海战形式的真正影响。

无论如何，日本成为一个现代海军强国在很大程度上要归功于日本成功获得了现代技术。与日本技术发展的各个方面一样，19 世纪 70 年代日本海军在技术的获取和应用上远远落后于世界其他国家的海军。然而，与此同时，由于没有大量过时的技术（在 20 世纪初曾偶尔阻碍过西方海军的发展）带来的负担，日本海军可以自由地迅速获得西方最新的海军技术。

日本获得技术的过程可以分成 3 个阶段。第一阶段几乎完全依赖于西方的指导：（通过日本海军军官的正规教育、对外国技术顾问的聘请、对外国技术的观察）学习外国技术，进口外国的军用舰船、武器和装备，学习外国的生产流程。第二阶段重视特许生产（同时继续研究外国技术）：获得以外国原型为基础来加工材料的许可；生产有限数量的军用产品；对外国设计进行适度改进。

第三阶段是自主研发（同时继续学习外国技术）：基于前两个阶段的经验改进本土设计方案；为此类设计方案扩大生产设施；对由此产生的军备进行大量生产以分配给海军各部队使用。一旦日本海军进入技术研发和材料获取的第三阶段，该阶段的那些流程就与美国和西欧的大致相同了，只是受限于两点：一是经验基础薄弱，底蕴不足；二是基础设施不太发达。

日本海军在各种设计和技术开发中都遵循了这样的程序。日本的第一艘主力舰是在外国造船厂建造的，直到1910年，"金刚"号战列舰还是从维克斯－阿姆斯特朗公司订购的。然而，她的姊妹舰却是在日本造船厂按照基本相同的设计方案建造的。几种怀特黑德鱼雷都是先从外国购买，然后在日本制造，这样的过程为本国鱼雷的设计和制造提供了基础。日本海军努力获取一定数量的怀特黑德－韦茅斯（Whitehead–Weymouth）鱼雷进行抽样检测，以便从总体上掌握怀特黑德的技术，特别是后来成为日本鱼雷标准的双动水平发动机技术。日本海军最初依赖德国的光学镜片，但最终用日本光学有限公司研发的光学仪器取而代之。而柯蒂斯－赖特（Curtiss–Wright）公司和普拉特－惠特尼（Pratt and Whitney）集团公司则为日本海军的星形发动机技术的设计做出了贡献。

当然，日本海军的一些技术发展并不符合上述模式。袖珍潜艇的发展在很大程度上是日本自己的一种设想，而氧气鱼雷是一种被美国和英国海军尝试过后放弃的技术。此外，到了20世纪30年代，在日本与国外日益隔绝的时期，英国和美国秘密或半秘密开发的技术对日本海军来说已经无法获得。最明显的例子是雷达，日本海军在这方面远远落后，部分原因是盟国的保密措施最大限度地阻止了日本海军对雷达的了解，直到日本人已经追赶不上。这一事实在很大程度上解释了为什么日本海军从未开发过火控雷达或高分辨率水面搜索雷达。

反思日本海军的技术开发和物资采购政策，我们有理由质疑该政策是否合理，并不禁要问：还有其他更好的政策吗？当日本海军在19世纪末成立时，海军技术正处于500多年来从未有过的过渡状态。因此，要成为一个重要的海军强国，日本必须迎头赶上，迅速获取现有的外国物资和技术。除了日本选择的方案之外，实际上还有两种选择：第一种是只接受西方的总体指导，试图在完全独立的基础上发展日本的技术。这将大大延缓日本舰队的发展。另一种是完全依赖西方供应商。这将危及日本的独立性，鉴于英美两大海军强国无论如何最终都会对日本实施武器禁运的可能性，这是高风险的危险做法。考虑到这些因素，日本海军在军备采购政策上所选择的中间道路可能不仅是合理的，而且是最优的。

但日本海军在获取技术的过程中遇到了一些严重的障碍。有些障碍是来自日本的自然和历史环境所造成的不可避免的后果，有些障碍则是因为对复杂技术系统的发展要求理解不全面。

首先日本饱受资源不足之苦。本书在前面已经讨论过，日本某些高性能金属材料——特别是高强度合金钢——数量不足，这影响了日本飞机发动机的研发向小型化、轻量化的方向发展。这反过来又影响了日本海军在太平洋战争后期追赶美国飞机作战性能的能力。高性能金属的缺乏也可能导致了日本海军在军舰动力装置中对中压、中温蒸汽的依赖，从而使其舰船推进技术落后于美国海军。[31]

但日本战略资源的不足只是阻碍日本海军技术发展和物资获取的内在障碍之一。日本经济基础设施的差异性是另一大障碍。参差不齐的基础设施影响了工业产品的开发、测试和运输。日本的自动运输系统状况就是一个例子。尽管日本的铁路系统是世界上最好的铁路系统之一，但在20世纪30年代，日本在和平时期几乎没用铁路来加快当地货物和服务的运输与分配，在战争时期也很少用铁路来加快人员、武器、装备和补给品的运输与分配。没有什么比这一事实更让这个问题显得夸张的了：三菱的零式战斗机的原型机在三菱名古屋工厂完工后，用牛车运至岐阜县（Gifu Prefecture）的各务原（Kagamigahara）机场进行飞行测试。[32]

如上所述，虽然日本海军迅速、熟练地吸收了国外的海军新技术，但它仍旧在一个规模较小、底蕴不足的专业技术基础上作战。这样较少的技术经验和专门知识（与西方海军的技术基础相比）导致日本海军的许多海军技术缺乏创新，例如，军舰只是变得更大更快，有更强大的武装而已。太平洋战争开始时，日本的专业技术根基为海军技术的某些方面提供了最初的优势，但随着战争的进行，这种领先地位就无法维持了。最后，日本最大的问题是，在飞机生产等关键领域，日本的产量远远不如美国，而日本根深蒂固的手工艺传统可能加剧了这一问题，因为日本劳动力更多地依赖手工技能，而不是科学计算和大规模生产。日本飞机有时是工程艺术的杰作，但他们的数量少，不足以影响战局。[33]

虽然日本完善了某些较老的海军技术，如鱼雷、光学设备和火炮，但它未能发展出关键的"第二阶段"技术，如雷达。这是盟军在第二次世界大战中取得胜利的重要因素。日本海军显然没有发现现代系统工程，即将大型技术系统划分为具有良好接口的子系统的组织技术。这项技术使美国工程师能够创造出极其复杂的技术系统。如果没有系统工程，美国在雷达、火控系统和飞机方面的研发进度将会大大减慢。日本海军缺乏这样一个系统，这是导致日本雷达发展如此落后和技术如此低劣的部分原因。日本海军所拥有的火控系统缺乏自动控制装置，而且要对指挥仪、测距仪和测的盘的使用进行单独培训，这表明其火控系统要么是完全没有一体化，要么这种一体化至多还停留在一个非常原始的阶段。

因此，日本海军技术在太平洋战争中的故事，就是战争之初具有优势的"第一代"技术如何被"第二代"技术在质量和数量上超越的故事。关于"第一代"技术的例子不胜枚举。其中最突出的是日本海军光学器件、大森式鱼雷射击指挥法和九三式鱼雷。所有这些都与日本海军在战争第一年的夜战中取得的巨大胜利有关。日本海军的光学设备可能是当时世界上最好的；在战争早期，当美国指挥官和船员在雷达使用方面没有得到足够的训练时，更有经验的日本人对光学设备的运用在夜战中发挥了显著的作用。包括萨沃岛海战在内的几次夜间交战中，日本瞭望员使用这些仪器在他们自己的舰船被美国雷达识别之前就发现了美国舰船。"大森式鱼雷射击指挥法"在某些方面比美国海军当时的"鱼雷数据计算机"更复杂精妙。[34] 就九三式鱼雷而言，它的速度、射程和战雷头在那几个月里使自己自成一类。[35] 日本巡洋舰在战前 10 年中保留了鱼雷武装，这进一步提高了日本海军的作战效能；而美国巡洋舰在 20 世纪 30 年代早期后就不再携带鱼雷了。由于战争第一年的大部分水面作战都是巡洋舰战斗，日本海军在这方面具有明显的优势。在战争后期，随着美国海军获得了空中优势和雷达在美国军舰上的普及，鱼雷攻击的机会急剧减少，鱼雷发射管和装填鱼雷只会占据日本巡洋舰和驱逐舰宝贵的空间。[36]

　　日本海军技术的最初优势在前面章节给出的例子中得到了展现："吹雪"级驱逐舰、零式战斗机、G3M 轰炸机（1941 年在太平洋仅被 B–17 超越），也许还有超级战列舰"大和"号和"武藏"号。所有这些武器在设计时都代表了世界级的技术。在它们最初被投入战斗的时候，每一样都达到了设计者的期望（除了从未按照原计划进行战术部署的超级战列舰）。然而，就像所有的技术一样，它们注定会被淘汰，或者至少会被其他技术所取代。

　　这是日本海军的问题，也是整个日本武装部队的问题。由于日本用于技术创新的工业和科技资源基础有限，加之日本生产设施继续按现有设计方案生产以弥补作战损失的压力越来越大，新式武器装备的设计、开发、试验和生产都很困难。日本海军飞机的设计和研发就是这个问题的例证。1944 年引入"雷电"战斗机之前，日本海军战斗机飞行员还在驾驶于 1941 年 12 月部署的飞机。[37] 这与美国海军在战争期间相继引入改进的战斗机型，如 F4U 和 F6F，形成了鲜明对比。

　　尽管技术过时对日本海军失败的影响很严重，它还是没有像研发某些"第二代"技术的彻底失败那么严重。在这方面，比较突出的技术有三种：雷达、VT（近炸）引信和前抛式反潜战武器。雷达自然是美国海军在太平洋战争中拥有的一项最重要的技术优势。它剥夺了黑夜对日军鱼雷战术的保护，使日本光学器件的上乘品质变得无关紧要；与在美国军舰上安装的战斗信息中心（CIC）相结合，雷达极大地改善了舰队的防空能力，特别是在引导战斗空中巡逻应对日军即将到来的空袭方面。美国潜艇上的 SJ 雷达使得攻击可以不受天气和日光的影响。[38] VT 引信不需要设置时间，而是由一个小型无线电波发射装置发射并在目标表面发生反射的无线电波激活。该装置极大地增强了美国战舰的防空能力，特别是提升了作为防空武器的美国驱逐舰上的 5 英寸主炮的效能。从 1943 年 1 月投入使用到战争结束，VT 引信是舰载高射炮摧毁 305 架日本飞机的关键因素。[39] 再加上同一时期日本海军空勤人员的经验不足，美国这种反制措施的杀伤力粉碎了本书第九章中描述的日军空中打击体系。而前抛式反潜战武器，结合先进的声呐技术，在一艘又一艘地搜寻和摧毁日本潜艇部队的过程中起着决定性的作用。从舷侧和舰部投放深水炸弹只有在反潜战舰艇与潜艇脱离接触后才能进行，而"刺猬"（Hedgehog）、"捕鼠器"（Mousetrap）和"乌贼"

（Squid）等抛向前方的武器，可以在反潜舰与目标潜艇仍有声呐接触的情况下进行攻击。[40]

此外，还有许多其他武器和系统，比如两栖登陆艇和攻击运输舰，对最终击败日本海军发挥了重要作用。尽管如此，我们还是同意约翰·埃利斯（John Ellis）的观点，即在二战中，并没有什么神奇的武器，或是成批的神奇武器使盟军取得了胜利，而应该是因为盟国（尤其是美国）能够生产大量物资，也能够用各种方式大量运输和部署物资，正是这种数量优势压垮了敌人。[41] 因此，盟军获胜的原因不仅仅在于零式战斗机遇到了"地狱猫"或"海盗"战机这样的劲敌，而且还在于美军部署的战斗机数量是如此之多。这一事实的背后，是美国人对科学和工业战争的充分了解还有对如何调动和利用国家巨大的科学和经济资源发动战争的充分认识。同样重要的是，美国海军虽然在战争前一年左右还坚持在太平洋上进行大规模炮战的传统观念，但也曾考虑过替代战略以及跨洋战争中的后勤和供应问题。美国成功而源源不断地生产战争物资，然后将其输送并分发给美国海军的前线部队，这为其提供了在作战和组织上犯错的余地，这些错误本来被证明是灾难性的。

而日本海军就没有这样的余地。日本的各种战略物资都依赖于从外部来源地进口，这首先是日本发动战争的根本原因。日本的科学人才虽然在物理、医学和冶金等少数几个领域非常优秀，但不仅数量比美国少，而且人才库总体上也没有美国完备。这种国力上的差距对日本海军非常不利，且由于日本和日本海军对调动可用的科技和工业资源考虑得太少，情况就变得更糟了。

造成这种疏忽的原因是日本海军从根本上错误地判断了战略、部队结构和国家工业技术基础之间的关系。[42] 依靠出其不意、速度和压倒性的火力，几十年来它一直策划着一场闪电般的进攻战。为此，日本海军已经发展出了一种可以一战定乾坤的进攻性作战理论。它设计和研发了这样的战舰和飞机：它们的质量据推测可以弥补数量的不足，其规格只重视速度、航程和火力。海上和航空部队方面，它培养了一批为数不多的海军精锐——位居世界上最优秀之列——但在他们的背后基本上没有什么后备力量。一旦战略进攻的势头被遏止，冲突转为对人员和物资的严重消耗时，日本海军不但什么都缺，而且它还发现，它所拥有的技术和人力资源并不适合进行消耗战。日本海军逐渐意识到在舰船和飞机设计上对防护和耐久性的牺牲加速了人员和物资的损失，但为时已晚。

在旧日本海军近 75 年的历史中，它的战术条令反映了传统（日本）和现代（西方）的结合。在类似于技术发展和物资获取的阶段，日本海军开始了解并逐步掌握西方海军战术的原理。起初，它引进外国专家，并让日本的海军军官出洋考察以加快这一进程。随后，日本海军培养自主学习、测试、教授和改进战术条令的能力。这套流程并没有均衡地贯穿整段旧日本海军的历史，有时候有，有时候就没有。在早期从风帆到蒸汽的过渡阶段，我们可以看到日本海军相当不错地将科学方法应用到战术发展当中：它在岸上提出设想，然后在小艇上进行试验。40 年后，日本海军在发展海军航空兵战术时也同样将这种科学方法应用到了航空兵战术的发展上。

然而，日本海军思想上的逐渐枯萎也是显而易见的。19 世纪晚期，日本海军还一直处在战术革新的前沿（我们可以看到它对 T 字战术的研究几乎与皇家海军制订该战术同时进行），而到了 20 世纪 20 年代，日本海军的战术条令开始僵化。20 世纪 30 年代，这种僵化的趋势已经发展为一种极端的教条主义。堀悌吉（他本人就是海军大学校教育和海军官僚制度的产物）战后回忆道："这种形式主义逐渐蔓延，直到成为一种战略上的正统观念，海军最终成为一个自鸣得意的小团体，坚持所有战略思想都应遵循这种正统观念。"[43] 与此相关的奇闻轶事比比皆是，例如海大教官们在各种演习中遇到有学员对战术假设提出批评时暴跳如雷，参谋军官们经常歪曲海军演习的规则，使其对特定的战术结果有利。[44] 日本海军缺乏灵活性的问题还表现在军令部未能培养出对进行海战的全新方法进行广泛思考的人才。军令部没有发展出新的作战理论，仅仅满足于发展新技术或新战术。[45] 同样严重的问题还有已有的作战理论有时无法在海上接受实际的测试。日本海军对潜艇的运用就是一个很好的例子。作为 20 世纪 20 年代末的教条，日本的潜艇作战理论一直没有经过检验，直到 20 世纪 30 年代末才被发现存在缺陷。但它在海军开战时却仍然没有被修改过。在那些年里，日本海军对海战的研究采取了一种明显狭隘的方法。在对第一次世界大战的研究中，日本海军局限于日德兰海战的研究，而很少关注更广泛的战略、经济和后勤方面的问题，而这些问题正是体现出战胜国与战败国差距的地方。

事实上，在获得和掌握西方战术原理的背后还有日本军事传统的重要性。这一传统的许多遗产渗入了现代日本海军作战理论当中。重视隐秘性和隐蔽性、使用突然袭击以及在夜晚或黎明作战的传统，在前现代的日本军事史上都有它们的先例。更重要的是日本近代封建历史给后世的心理传承。[46] 从战争开始到结束，日本海军头脑中根深蒂固的思想就是日本军事强调精神等同甚至优于物质。在最好的情况下，这种思想为日本海军提供了一种坚韧不拔的品质，使其能够接受大多数海军都无法接受的高风险严格训练，从而加强了大多数海军都有的崇尚进攻的特点，并在面对压倒性的优势和不可避免的失败时将整支海军团结在一起。在最坏的情况下，这种尚武精神导致了一种无视或轻视敌人战斗力的傲慢，产生了一种毫无根据的信心（认为敌人会按照日军预期的那样采取行动或做出反应）和对物质现实近乎非理性的漠视。

与日本历史的这种情感联系相关的是，日本人非常喜欢把战争的结果看作神力支持或反对造成的。虽然军事机构传统上会求助于神的介入，但值得注意的是，日本海军领导人常常将胜败视为神掌控之物。日俄战争开始后，东乡发给联合舰队的第一道命令就包含了这样的训谕："相信神明庇佑，为我联合舰队取得大捷。"[47] 在对马海战胜利后，东乡回复天皇的电文称："胜利不是靠人的力量取得的，而是靠神的恩典。"[48] 在制订日本对美战争计划时，山本五十六写道，他只能依靠"天皇的美德和神明的帮助"。[49] 这些宣告提到的并不只是运气，它们来源于军事和宗教文化，日本海军正是从这些文化中诞生的。这些宣告和强调进攻优势和质量优势一样，都是日本海军作战理论的一部分。

事实上，之所以有这种在战术和战略规划中包含心理因素的倾向，也是因为日本海军一直认为，在面对他们的主要敌人——美国海军时，他们要面对对方的数量优势。如前所述，用物质上和非物质上的质量优势来弥补数量上的劣势，是日本海军作战理论形成过程中最重要和最持久的因素。"质能胜量"的信念是日本海军的基本军事原则，也因此直接或间接地产生了一系列次级原则："以少胜多"、比敌人打得远、夜战原则、渐减战略以及一战定胜负。

更重要的是，正是这种对质量优势的显而易见的执念影响了日本海军技术的发展。虽然技术和作战理论显然具有共生关系，但究竟是谁驱动谁的问题一直是历史学家、政治学者和国家战略评论家激烈争论的主题。至少对日本海军来说，从日俄战争后大约 10 年到太平洋战争爆发这段时间里，显然是作战理论（在这个例子中是海军对质量优势的坚持）引导技术发展。在前文提到过的例子中，"吹雪"级驱逐舰、几艘被改装为鱼雷巡洋舰的"球磨"级轻巡洋舰、袖珍潜艇、甲型巡洋舰、零式战斗机、九六式轰炸机（G3M）、"大和"级超级战列舰和指挥巡洋舰"大淀"号只是最突出的。这些武器系统的设计和发展都基于这样一种观念，即它们将绝对优于对手的同类武器系统。其他的设计和发展是基于这样的假设：它们将在水面决战中发挥关键作用，其技术和战术质量将压倒敌人的优势数量。

在两次世界大战之间的这段时间里，日本海军作战理论和技术之间的不平衡从海军军令部对舰船和飞机设计规格的极端要求中就可见一斑。如前文所述，军令部为了追求一个特定的战术目标——优越的火力、射程或机动性——经常发布一种或多种非比寻常的性能指标。军令部这样做的时候往往对平衡设计没有给予足够的重视。它的要求有时会催生出装备更强大火炮的军舰，但这种军舰存在危险的头重脚轻的问题，而飞机为了追求轻量、机动性和航程，除了最轻微的驾驶员保护和损害容限之外，几乎没有任何保护。对著名的海军评论员福井静夫（Fukui Shizuo）来说，这种情况是整个日本军事体系中一个严重的核心问题。"我国最大的缺点，"福井在战后写道，"不是贫穷，而是让技术屈从于政策。即使是在最重视技术人员的海军中也是如此。"[50]

事实上，就海军技术而言，"质量"是一个复杂的命题。评估它的一种方法是评判一个系统处理具体的战术或技术问题时的表现，例如一艘战列舰和另一艘战列舰之间的遭遇战。但更多的时候，我们可以根据一个系统能多有效地应对它可能遇到的所有问题来鉴定它质量的好坏。例如，在后一种意义上，某些美国舰队潜艇和舰队驱逐舰在其多用途方面是出类拔萃的。日本的驱逐舰，甚至更多的日本潜艇显然是故意强调某些功能而牺牲了其他功能，它们有时甚至是单一用途的设计方案。在这些案例中，设计问题的核心是美国海军总委员会和日本海军军令部各自制定的要求。前者似乎比后者更倾向于提出更为明智的多用途设计规格。[51]

　　此外，日本海军相信它能以自身的质量优势打败具有数量优势的敌人，这种信心从一开始就是一个可疑的命题。在现代历史上，没有一场重大冲突是单靠具有技术优势的武器就能取胜的。在那些质量上的优势似乎是决定因素的战争中，冲突是短暂的，胜利者在质量上的有利条件不是技术，而是优越的军事组织、参谋工作、作战策划、政治领导以及训练和士气。[52] 在1894—1895年和1904—1905年分别与中国和俄国海军进行过短期战争的日本海军就有这些优点，它们极大地促成了日本在这两次冲突中的胜利。然而，1941—1945年与美国的海战在规模和性质上都是不同的。美国在这场冲突中有两大优势：其一是美国人在组织、作战策划、参谋工作和领导力方面的显著优势；其二是美国具备生产足够数量的舰船、飞机、武器和装备的能力，即使它们有时质量不如日本海军。在后一种意义上，美国在太平洋的胜利似乎证实了列宁的格言："数量本身就是一种质量。"

　　最后，在本书所研究的海军力量三要素——技术、战术和战略中，日本人对最后一个要素的理解最为薄弱。在日本海军的最初几十年里，其存在的战略依据非常明确：作为一个岛国，日本的生存取决于对周围海域的控制。因此，基本的战略要求是确保和保持对毗邻日本本土的西太平洋地区的控制。日本海军将通过这种方式阻止任何敌人进入日本本土水域，从而使日本免受侵略。[53] 这些要求为日本海军提供了一种直截了当的战略，为海军独立于陆军提供了坚实的理由，并为其最初的军备计划提供了一个可以理解的依据。海军的战略姿态纯粹是防御性的，对日本国家力量向海外的投射很少关注。所以，日本海军认为"制海权"是区域性的，于是限制了其范围。

　　19世纪最后10年，日本帝国在亚洲大陆的扩张，使这种有限的、防御性的海上力量运用策略复杂化了。一旦日本承诺维持在朝鲜的军事力量，海军的主要作用就不可避免地变成了通过保卫与朝鲜的海上联系来支持朝鲜半岛上陆军的存在。但在中日甲午战争和日俄战争中，日本巧妙地利用了它的制海权。在两场战争中，日本都仔细计算了胜算，为有限的、切合实际的目标而战。在这两场冲突中，日本一次都只与一个敌人作战，且这两个敌人都是陆上强国，其海军一旦被击败，损失无法补充。日军的胜利为日本及其海军提供了打这种地区性有限战争的信心。

　　然而，海军的新角色——陆军陆上作战的支援者（很大程度上是由陆军重视大陆的战略决定的）与海军要求与陆军地位平等的要求相冲突。在未来的几十年里，这种鸿沟变得越来越大，一方面是因为陆军在亚洲大陆的存在日益扩大，另一方面则是因为海军不仅要求平等，而且要求在地位和待遇上优于陆军。面对这种矛盾，日本海军不得不寻找新的战略依据。佐藤铁太郎的《帝国国防史论》就试图提供这种理论依据——他基于马汉的海权理论提出了将国家力量投射到公海上的战略目标。然而，如前所述，佐藤的概念只是让日本海军战略的矛盾性变得更加严重了。西方海洋大国投射海军力量与拥有遥远的海外领土有关，因此马汉也说要在全球范围内投射海军力量；但日本是一个区域性强国，而且本质上是一个陆上强国，其帝国领土近在咫尺。当佐藤起草他的巨著时，日本在太平洋或其他大洋上没有任何领地，所以基于在"公海"上投射海军力量的战略是毫无意义的。

　　同样没有意义的是佐藤早先对日本在"南洋"利益的提及。他所指的"南洋"是中国南海和东南亚，大部分区域都是西方帝国主义想要通过直接的政治控制或间接的经济霸权得到的地方。然而，虽然缺乏像陆军在亚洲大陆那样的实际战略利益，日本海军在20世纪初的20多年里已经开始表现出对东南亚的兴趣，尽管日本的核心利益是在大陆和靠近本土的地方。当然，到了20世纪30年代，日本海军技术环境的变化——特别是从煤炭到石油的转变——使日本海军意识到了在东南亚的具体战略利益。20世纪40年代初对这些利益的追求最终导致了与英美这两个海军强国的战争。所有日本领导人，包括旧日本海军的首脑们，都认为日本可以再一次发动一场远离敌人力量中心的"有限"战争，以达到"区域性"目标——现在已经扩大到整个东南亚——就像它对付中国和俄罗斯那样。日本领导人没有看到情况与以前的冲突已经大不相同了，这正是他们失败的战略眼光的一个注脚。1941年，日本向世界上最强大的两个海洋和工业大国发起挑战。这两个国家一从日本最初的攻势冲击中恢复过来，便集结了大量资源，克服了太平洋的距离障碍，突破了日本的外围防御，把战争带到了日本本土。[54]

但毫无疑问，日本海军最严重的战略失误，就是把战术错当成了战略，把战略当成了战争指挥。它最关心的是决战——一场大规模的水面舰艇战斗，它将决定日本及其敌人的命运。这是一个以马汉思想为前提的构想，显然被日本在鸭绿江和对马岛的胜利所证实，恐怕也被日德兰海战所证明。对日本来说幸运的是，日本海军在1894年和1905年的两场早期战术胜利都是通过深思熟虑的战略才得以实现的。但在太平洋战争中，战略就没有得到合理的考虑，海军早期的战术胜利很快被灾难性的战略误判所破坏。最近一篇有关20世纪战争的分析文章就指出："行动和战术上的错误可以纠正，但政治和战略上的错误将永远存在。"[55]没有哪个机构比1941—1943年的旧日本海军更能体现这一点了。

从这一切可以得出一个无法否认的结论：虽然日本海军为对美战争做了几十年的"准备"，但是它没有充分理解这样一场冲突的性质。从更为根本的层面来说，可以指责日本海军对"战争"根本一窍不通，也根本没有为战争做好准备。相反，它"信奉"和准备的是"战斗"。在整整一代人的时间里，军令部的正统观念、舰队结构中的决定性条件、战术条令的指导原则以及工艺设计和发展的最终测试目标，都是取得水面决战的彻底胜利，这一仗基本上要按照日本海军的设想去打，目的是迫使敌人屈服。在这个过程中，日本海军对决战的执迷造就了一支既单调又脆弱的舰队。到了1941年，日本海军装备精良，训练有素，可以发动"雷霆一击"，随时准备冒险进行激烈的战斗，但它没有准备好承受长期战争带来的冲击和伤害。

此外，正如其他人所指出的那样，"决战"观念是建立在马汉思想基础上的。到20世纪，这一观点已经不太正确了，即便它曾经正确过（见第四章）。这时，国家命运不仅由军事力量来衡量，而且由国家实力的强弱来衡量，即外交手腕、政治领导力、贸易量、经济结构、工业基础、科技竞争力、国民士气、舆论操纵能力以及构成全面战争的其他要素。虽然日本就整体而论无法在第二次世界大战中调动这些要素，但日本海军对它们也几乎没有给予关注，在这方面它甚至远远不如陆军。对此，麻田贞雄这样写道："在总体战时代，日本海军是从有限战争的角度在考虑即将到来的冲突。"[56]

那么，这就是旧日本海军对日本民族的未尽之责——理解并准备好现代海战。狂热投身于训练、誓死服从命令、严格的战术纪律和强大的武器阵容——日本海军对所有这些的完善都是为了一场大规模的海上调动，这场调遣要如时钟般精确，目的是确保日本在不到一周的时间内战胜敌人。虽然日本海军的勇气无可匹敌，其战术技巧也毋庸置疑，但它把重点放在了战斗上并且坚持要为这场决战索取国家资源——这两个事实都显示出它的关注点是多么狭隘，它对现代海军战略的把握是多么浅薄。

＊ ＊ ＊

伟大的海军通常会留下伟大的遗产。但这样的概括并不适用于日本海军，它并未留下伟大的遗产。太平洋战争结束时，旧日本海军只剩下少量军舰，随后被占领日本的盟军下令正式废止，旧日本海军就此不复存在，再也没有被恢复过。在部队使命、部队结构和精神气质上，它都"后继无人"。战后日本海上自卫队从未打算向海外投射国家力量。相反，它的作用是作为美国在西太平洋海军力量的补充，成为维护日本安全的双边条约安排的一部分。因此，它没有比驱逐舰更大的舰艇，也没有完全独立的任务。它几乎不需要战前的传统，与日本皇室也没有任何联系，而且根据目前的日本宪法，实际上根本不被认为是海军。只有在人员的专业能力上，它才与旧日本海军有相似之处。

如果说旧日本海军给战后的日本留下了什么明显的遗产的话，那么这份遗产就蕴藏在人的技术能力当中，为旧日本海军提供武装，在它存在的时候为它服务，在它沉入海底几十年后依然还健在。许多设计和研发军舰、飞机和旧日本海军技术的人，把他们的技能用于制造高速列车、照相机、巨型油轮和成为战后世界奇迹的顶级汽车发动机。[57] 考虑到日本在当今全球经济中的地位，这或许才是最重要的遗产。

旧日本海军著名海军军官生平简介

西乡从道（1843—1902 年），分别在 19 世纪 80 年代和 90 年代将海军升格为行政机构和政治势力。萨摩藩武士出身，地位不高。和他的兄长著名的西乡隆盛（Saigō Takamori）一样，他在政治和军事斗争中都很突出，使得明治天皇在 1868 年登上了王位。接下来，作为亲西方的新政府中决心改革的官员担任了许多重要军职。1885 年，为了加强萨摩藩在政府中的影响力并提升海军的地位，他担任了海军大臣，尽管他实际上是一名陆军将领。同时，西乡在内阁中还担任了一系列其他职务，在 19 世纪 90 年代能够大大提高海军的威望和预算地位。1894 年 10 月，他被授予海军大将军衔以表彰他的贡献。

桦山资纪（1837—1922 年），萨摩藩武士出身，先后与英国人和幕府作战。明治维新后成为新组建的日本陆军中最重要的战地指挥官之一。在新的国家警察部队里担任了一段时间的高级军官后，他在萨摩藩战友西乡从道的劝说下接受了到海军中任职。没有一点航海经验的他于 1884 年加入海军，任海军少将。尽管如此，他对海军还是做出了真正的贡献，其中包括建立军令部的前身——军事部和制订几项海军军备扩充计划。甲午战争中被从预备役召回担任军令部长。在这个职位上，他以积极进取的态度和鼓舞人心的领导能力弥补了自己海军经验的不足。战后任朝鲜总督 ①。受封伯爵，在职业生涯的末期担任过几届政

---

① 译注：桦山资纪担任的应该是台湾总督。

府的内阁大臣。

伊东祐亨（1843—1914年），年轻时见识过发生于19世纪60年代的萨摩藩部队与英国人的遭遇战。1871—1883年，在早期日本海军的几艘明轮巡防舰上服过役，并指挥过8艘军舰。1886年获得少将军衔，后在海军省供职。1889—1890年任海军大学校校长。1894—1895年任联合舰队司令长官，指挥日本海军各舰队与北洋舰队作战。1898年晋升大将，1895—1905年任军令部长。

坪井航三（1843—1898年），1872—1874年就读于哥伦比亚大学，在美国远东舰队旗舰"科罗拉多"号（Colorado）上接受过训练。担任过5次舰长，并于1890年①以少将军衔出任海军兵学校校长。1893年被任命为海军大学校校长，1894年任常备舰队司令官，后在1894年的鸭绿江之战中任第一游击队指挥官。1896年官至海军中将，并再度担任常备舰队司令官，1897年退役时任横须贺镇守府司令长官。

山本权兵卫（1852—1933年），近代日本海军力量的设计师。出生并成长于鹿儿岛萨摩藩城下町。1868年，16岁的他参加戊辰战争，随萨摩军参加了鸟羽伏见之战和本州北部的战斗。1874年成为首批毕业于海军兵学校的学生，以海军军官候补生的身份参加前往旧金山的巡游。和其他海军领导人一样，他也有丰富的海外经历。巡游结束后，他在另一支羽翼未丰的海军——德国海军服役一年多，乘坐"维内塔"号（Vineta）和"莱比锡"号（Leipzig）进行了环球航行，经过好望角和合恩角。1878—1881年作为下级军官在5艘不同的军舰上任过职。1882—1885年任"浅间"号护卫舰副长，1886年，在英国建造的"浪速"号巡洋舰被开回日本时，也担任同一职务。接下来他在单桅帆船"天城"号上首次担任舰长。1887年作为海军大臣西乡的助手随其游历欧美考察。1889年晋升大佐，接下来担任"高雄"号和"高千穗"号巡洋舰的舰长。1891年被任命为海军省官房主事，开始步入政坛。1895年因管理才能被擢升为少将，任海军省军务局长。1898年晋升中将，1904年荣升大将。1898—1906年出任海相，并

---

① 译注：原文如此，应为1892年12月。

分别于 1913—1914 年和 1923—1924 年担任首相。

东乡平八郎（1848—1934 年），最著名的日本海军人物之一。生于鹿儿岛，年轻时参加过 1863 年的萨英战争，1868 年的内战中服役于萨摩藩的一艘军舰。1871—1878 年，在英国研究海军学，之后在尚处于草创时期的日本海军里被任命为大尉。在接下来 15 年里，他担任过各种海上职务，包括若干舰长职务。在"高升"号事件和整个甲午战争期间都是"浪速"号的舰长。战后历任海军大学校校长、佐世保镇守府司令长官、常备舰队司令长官。1903 年被任命为联合舰队司令长官。1904 年 6 月升任大将，1904—1905 年指挥联合舰队与俄国作战，在他的指挥下联合舰队于 1905 年 5 月在对马岛附近拦截并歼灭了俄国波罗的海舰队。战后任军令部长，被封为伯爵。1913 年被赐予元帅的荣誉头衔。1914—1924 年受命负责裕仁亲王，也就是后来的昭和天皇的教育，虽然东乡在这些年当中没有担任任何公职，但在海军和整个国家，他仍然是一个有强大影响力的人物。

佐双左仲（1852—1905 年），日本造舰业的先驱。1869—1871 年就读于海军兵学校，1871—1878 年在英国学习造舰。回国后被任命为中机关士。在他海军生涯的大部分时间里，他在舰政本部[①]担任过各种职位，采购日本用来打甲午战争和日俄战争的军舰时，他发挥过重要作用。1897 年升任造船中将[②]，1902 年[③]获工学博士学位。死后被封为华族。

上村彦之丞（1849—1916 年），萨摩人，1871 年加入海军，接下来 20 年里，他大部分时间都担任舰上职务。甲午战争期间任"秋津洲"号防护巡洋舰舰长，参加了鸭绿江之战。1899 年晋升将官，并在 1900 年被任命为海军省军务局长，1902 年出任军令部次长，1903 年任预备役舰队司令官。日俄战争时担任第二舰队司令长官，之后被任命为横须贺镇守府司令长官，并于 1907 年被封为男爵。1910 年升任大将，最后的指挥职务是在 1909—1911 年担任第一舰队司令长官。

[①] 译注：原文如此，应为舰政本部的前身——主船局和舰政局。
[②] 译注：原文如此，1897 年佐双担任的是海军造船总监，相当于后来的造船少将；1919 年官制修改后才有了"造船少将"和"造船中将"的称呼，此前的造船总监此时则相当于造船中将。
[③] 译注：原文如此，应为 1899 年。

伊集院五郎（1852—1921 年）是明治时期（1868—1912 年）一位鲜为人知但很重要的海军领导人。作为一名来自萨摩藩的青年武士，他参加了 1868 年帮助明治天皇登上王位的战斗。1871—1874 年入海军兵学校学习，1877—1883 年在格林尼治海军学院研习技术学科。他曾在海上任职过一段时间，但职业生涯的大部分时间是以武器专家的身份在海军军令部度过的。虽然因发明了一种以他的名字命名的新型炮弹引信而受到赞誉，但他似乎最多也只是监督了这种引信的研发。1902 年，当英日同盟缔结时，他帮助制订了海军合作的技术细节。日俄战争时任军令部次长，是军令部长伊东祐亨幕后真正的智囊。他在职业生涯的末期亲自担任了军令部长（1909—1914 年）。

三须宗太郎（1855—1921 年），在职业生涯早期担任过各种参谋和海上职务，也担任几艘舰船的舰长和一段时间的海军兵学校监事长，还担任过海军省人事部长。1903 年被任命为第二舰队下属战队司令官，1905 年任第一舰队下属战队司令官。对马海战时指挥第一战队，坐镇"日进"号。后历任旅顺港镇守府司令长官、军令部次长等职，并获封男爵。1913 年以大将军衔退役。

出羽重远（1855[①]—1930 年），1872 年加入日本海军，在 19 世纪 80 年代担任过各种舰上职务，19 世纪 90 年代早期在海军省担任各种职务。甲午战争前曾两次担任舰长，在 1894 年 9 月的鸭绿江之战中任伊东祐亨旗舰"松岛"号的旗舰舰长[②]。在担任过几次舰队参谋和海军省的职务后，于 1900 年获得海军少将军衔，官至常备舰队司令官。1902—1903 年任海军省军务局长和军令部次长。1903 年任第一舰队下属战队司令官，1904 年[③]任第四舰队司令长官，1905 年对马海战时以中将身份指挥第二舰队[④]。在剩余的职业生涯中，他又担任了一系列舰队和基地的高级指挥官，最终在 1920 年以海军大将的身份退休。

瓜生外吉（1858[⑤]—1937 年），系早期的留美学生之一，1875—1881 年就

① 译注：原文如此，应为1856年1月17日。
② 译注：原文如此，出羽当时的职务应为西海舰队代理参谋长。
③ 译注：原文如此，应为1905年6月。
④ 译注：原文如此，应为第一舰队第三战队。
⑤ 译注：原文如此，应为1857年1月27日。

读于美国海军学院。在接下来的 10 年里，他担任过若干舰上和行政职务，并在 1892—1896 年间任日本海军驻巴黎公使馆武官。担任过几次舰长后，到军令部任职。1903 年被任命为第二舰队下属战队司令官。日俄战争后担任过几次海军基地的司令官，并获封男爵。1913 年退役，官至大将。死前位列华族。

坂本俊笃（1858—1941 年），日本海军高等教育之父，海军中最重要的国际主义者，系著名的 1877 年海军兵学寮^①"三秀才"之一（其他两人分别是杰出的武器专家山内万寿治和在行政管理方面有所建树的斋藤实）。1884—1888 年，坂本以炮术专家的身份被派往法国学习炮术和鱼雷技术、鱼雷战术。之后他在新成立的海军大学校短暂地担任过教官。随后在若干艘军舰上担任过副指挥官，如在鸭绿江之战中任"吉野"号副长^②。坂本接下来又多次在军令部里任职。1897—1899 年，他在海大担任高级教官，1900—1902 年被任命为代理校长。1902 年被正式任命为海大校长，同年晋升为将官。1905—1908 年再度出任海大校长。1908—1912 年任海军教育本部长，最终在这个职位上恰如其分地结束了自己的海军生涯。1907 年受封男爵，1917—1939 年为贵族院议员。

斋藤实（1858—1936 年），杰出的海军管理者和政治家。1879 年从海军兵学校毕业后开始其职业生涯。他先作为一名下级军官被派往华盛顿特区，在那里研究美国海军行政管理，并成为日本公使馆的第一位武官。在担任过若干参谋和舰上职务后，他成为山本权兵卫领导的海军省人事课的一员，从此以后得到山本强有力的支持。在甲午战争中为天皇侍从武官。后来在"和泉"号巡洋舰和"富士"号战列舰上担任副长，又任"秋津洲"号巡洋舰舰长。在那以后不久，他于 1898 年成为海军大臣山本权兵卫手下的海军次官。1906—1914 年，在山本的继续指导下亲自出任海相。后又担任过许多政府高官，如朝鲜总督（分别在 1919—1927 年和 1929—1931 年）。1932—1934 年就任首相。在 1936 年 2 月 26 日的兵变中被反叛的陆军军官刺杀，其时正担任内大臣。

山内万寿治（1860—1919 年），与坂本俊笃、斋藤实一起并称为 1877 年海

---

① 译注：海军兵学校前身。
② 译注：原文如此，应为"比叡"号副长。

军兵学校"海军三秀才"。他职业生涯的大部分时间都在吴海军造船厂和吴海军工厂度过，当然他有丰富的海军武器海外（尤其是英国）研究经验。1895年从英国归来后，他在1896年帮助建立了吴海军工厂，1898年以大佐身份担任工厂负责人。1905年被提拔为中将，1906年成为整个吴镇守府（日本海军最重要的海军基地之一）的司令长官。作为日本海军的首席武器专家，不少海军武器的发明都要归功于他，其中最重要的就是"山内炮架"。退役时为男爵，位列华族，后担任日本制钢所社长，直到1914年因为西门子贿赂丑闻被革职。

　　岛村速雄（1858—1923年），1886年担任参谋本部海军部①第一局课员。1888—1891年在英国地中海舰队服役，1893年被任命为常备舰队参谋。1894—1895年甲午战争期间任常备舰队司令长官伊东祐亨贴身幕僚，1894年鸭绿江之战中在"松岛"号上受伤。1897年时隶属于日本驻罗马公使馆，观摩了这一年的希（希腊）土（土耳其）战争。同年被擢升为海军中佐，1899年升为大佐，任军令部第二部（负责军备）部长。后担任"须磨"号巡洋舰舰长至1900年，其间指挥该舰参与了一些军事行动。1903年任常备舰队参谋长，1905年任第二舰队下属战队司令官，乘旗舰"磐手"号巡洋舰参加对马海战。战争结束后任海军兵学校校长。从1908年开始任海军大学校校长，军衔为中将。1914年被任命为海军军令部长，1915年升任大将。

　　吉松茂太郎（1859—1935年），在海上和岸上都服役过很长时间，其间为海军教育做出了杰出的贡献。1875年②从海军兵学校毕业。在他还是下级军官时就有过许多在西方的经历，去过美国、英国和法国。1888—1891年留学法国，在法国海军舰艇上接受训练。甲午战争时任"吉野"号分队长，之后历任海军大学校教官，岸上和海上几个不同司令部的参谋以及海军兵学校首席教官。日俄战争时官居大佐，指挥"常磐"号巡洋舰，经历过所有重要战斗。1905年升任将官，之后担任过海军军区参谋，统领过几支舰队。他最终成为海军兵学校和海军大学校两校的校长。1915—1916年任第一舰队司令长官，最后从该职位上退休。

---

① 译注：海军军令部要到1893年才设立。
② 译注：原文如此，应为1880年。

加藤友三郎（1861—1923 年），广岛人，1880 年 ① 海军兵学校毕业，1889年毕业于海军大学校。在执行过几次舰上任务后（包括在 1891 年从英国造船厂出发进行处女航的"吉野"号上任过职），他于 1894—1901 年在海军省军务局担任过许多重要的职务。之后便在舰队担任过很长一段时间的参谋。到日俄战争结束时，他已官至少将，历任常备舰队、第二舰队、第一舰队和联合舰队参谋长。在 1906—1909 年任海军次官时，于 1908 年晋升中将。1915 年在被任命为海军大臣 3 个月后 ②，他被升为大将。1920 年受封男爵。1921—1922 年，他在华盛顿海军会议上成功地协调了日本海军事务，这为他后来当选首相提供了助力。1923 年 8 月受封子爵和元帅头衔，同月去世。他无疑是海军培养出来的最有远见的领导人，也是海军当中杰出的政治家。

有马良橘（1861—1944 年），1886 年毕业于海军兵学校，在职业生涯中既从事过参谋工作，又在海上执行过任务。在 1902 年的一次舰上任务中参观了旅顺港，熟悉了这个港口及其防御设施。1903 年被任命为联合舰队作战参谋，日俄战争后又担任了一系列舰队的指挥官，退役前在 1919 年获得了海军大将军衔。1931 年成为明治神宫官司，同年被任命为枢密院顾问官。

山屋他人（1886③—1940 年），岩手县人，1886 年毕业于海军兵学校。担任过若干舰上职务后，1894 年入鱼雷学校学习。在鱼雷学校和炮术学校均担任过教官，但让他出名的是 1899—1902 年在海军大学校担任教官时给甲种学生上的出色战术课。1899 年被擢升为中佐，1902 年任"春日"号巡洋舰舰长，指挥该舰参加了日俄战争中的重要战斗 ④。战后在军令部供职，获少将军衔，并于 1911年被任命为海大校长。一战开始时，攻占德属密克罗尼西亚群岛的两支舰艇编队的其中一支就由其指挥。1915 年被任命为军令部次长。一战后升任大将，并担任过一小段时间的联合舰队司令长官。

---

① 译注：原文如此，应为1884年。
② 译注：原文如此，应为18天后。
③ 译注：原文如此，应为1866年4月18日。
④ 译注：原文如此，山屋在1902年先后担任了海军大学校教官和常备舰队参谋，并未担任舰长职务。他在日俄黄海海战时的职务是"秋津洲"号舰长，在对马海战时的职务是"笠置"号舰长。

佐藤铁太郎（1866—1942 年），借由自己的著作成为日本海军历史上最具影响力的军官之一。小笠原长生将军的连襟。1887 年海军兵学校毕业，1891—1892年、1906—1907 年就读于海军大学校。1894 年鸭绿江之战时在"赤城"号炮舰上服役，其间受轻伤。在海军省军务局任职过后，1899—1900 年被海军大臣山本权兵卫派到英国去研究历史和战略。1902 年晋升中佐，1902—1907 年担任过几次舰上指挥职务，之后被指派为海军大学校教官，1907—1908 年、1910—1912 年他都在该地任教。正是在担任教官期间他完成了他的大作《帝国国防史论》，该书成为日本海军至上主义的圣经。在此期间，他还提出了假想的海军实力标准和在舰艇吨位上对美国海军保持固定比值的想法。1912 年晋升少将，1913 年部分时间、1914—1915 年在军令部供职，1915 年担任过一小段时间的军令部次长，后任海军大学校校长若干年。1923 年以中将军衔退役，1934 年成为华族。

小笠原长生（1867—1958 年），出身于古老的贵族家庭，入伍前是子爵。1887 年毕业于海军兵学校，1891—1892 年就读于海军大学校。甲午战争时在一艘巡洋舰上服役，之后隶属于海军军令部情报课，后担任过各种舰上职务。1904 年晋升为中佐，接下来在海军军令部一干就是 7 年，成为电码和密码方面的首席专家，并受命负责编修军令部的战史。不过，最令他出名的还是他在战争结束后对海军形象颇具影响力的塑造。当他在 1914 年升任将官时，他那些丰富多彩的有关海军的详尽著作为他赢得了"文学提督"的绰号。他的大部分作品是在他 1921 年退役之后完成的，他写的一系列关于日俄战争的书——包括两本关于东乡平八郎大将的传记和一本关于"三笠"号战列舰的书——在 20 世纪20—30 年代激发了公众对海军的热情。

铃木贯太郎（1856[①]—1948 年），长期为国效力，且功绩突出。1887 年海军兵学校毕业，在职业生涯早期就专攻鱼雷战。先后在横须贺、对马岛竹敷任鱼雷艇队指挥官，甲午战争时指挥第三鱼雷艇队[②]。战后担任过若干舰上职务，并在海军省和海军军令部都任过职。1901—1903 年留学德国，其间晋升为中

---

① 译注：原文如此，应为1868年1月18日。
② 译注：原文如此，铃木在横须贺、对马担任的都是艇长，在第三鱼雷艇队担任的也是艇长。

佐。日俄战争时在黄海海战①和对马海战中指挥第四驱逐队。这时候他已是享誉全军的鱼雷专家了，还写了几本有关鱼雷战的著作对自己的战斗经验进行补充。1905—1908年，担任第四驱逐队指挥官的他被选拔到海军大学校学习②，1910—1911年任海军鱼雷学校校长。在担任过若干舰上职务后，他在1913年被擢升为少将，受命出任第二舰队下属战队司令官。1914年被任命为海军次官，1923年被晋升为大将，1924年奉命担任联合舰队司令长官。1925年任海军军令部长，1929年被编入预备役。20世纪30年代入枢密院任职，1936年被授予准男爵爵位③。这种显赫的地位使他很容易受到当时激进的少壮派军人攻击。他在1936年青年军官发动的叛乱中受了重伤。1940—1944年任枢密院副议长，进入了日本重臣的行列。鉴于他对国家的卓越贡献，他在太平洋战争的最后几个月被任命为首相，从而主持了促使日本在1945年8月投降的大本营政府联络会议。

秋山真之（1868—1918年），出生于爱媛县（Ehime Prefecture）。其兄秋山好古（Akiyama Yoshifuru）后来成了一名杰出的日本陆军将领。秋山本人于1890年毕业于海军兵学校，先在几艘军舰上担任了5年领航员，后成为鱼雷专家。1897—1899年，他在美国待了一段时间，观察了美国在加勒比海地区针对西班牙发动的陆、海军作战，并有机会吸收大量美国的战略和战术思想，这其中就包括马汉的思想。1900年春天，在英国居住了几个月后，于1902年被任命为海军大学校的教官。联合舰队甫一编成，秋山就于1903年被任命为联合舰队参谋，同时担任第一舰队的高级参谋。日俄战争期间升任中佐，起草了联合舰队的命令，旨在使舰队做好战斗准备，以便在1905年5月迎战俄国舰队。回到海军大学校后，1905—1908年担任该校教官。1908年获大佐军衔，战后担任过几次舰长。在军令部供职期间，回到海军大学校进行第三次也是最后一次任职，时间从1912年一直持续到1914年。1913年晋升为海军少将，1914年被任命为海军省军务局长，在游历了欧洲和美国之后，短暂地指挥过一支水雷战队。1917年以中将军衔退役，1918年年初突然死于阑尾炎。

---

① 译注：原文如此，日俄黄海海战时铃木应为"春日"号副长。
② 译注：原文如此，在此期间铃木是在海军大学校担任教官。
③ 译注：原文如此，应为男爵。

加藤宽治（1870—1939 年），生于福井县（Fukui Prefecture），其父为明治早期的海军军官。1891 年从海军兵学校毕业后，在 1893—1899 年担任过多个舰上职务，1899—1902 年在俄国工作。日俄战争爆发前，加藤和其他几名日本海军军官在那里收集到了大量情报。1903 年晋升海军少佐，在接下来的 10 年里担任过一些重要的官职和外交职务，包括在伏见宫贞爱亲王访问英国时担任其侍从武官，并在 1909—1911 年任驻伦敦武官。在担任后一项职务期间，他利用与皇家海军的良好关系，知晓了英国"狮"级（Lion class）战列巡洋舰的火炮设计方案。该情报促使其建议在当时正在英国造船厂建造的战列巡洋舰"金刚"号上安装 14 英寸口径的火炮。1910 年晋升海军大佐，在接下来几年里，担任过若干舰船的舰长，包括新式战列巡洋舰"比叡"号。1916 年官至少将，任海军炮术学校校长，后于 1918 年统领第五战队。1920 年被任命为海军大学校校长，后于同年晋升中将。1922 年任加藤友三郎在华盛顿海军会议上的随员，在华盛顿会议上公开反对军备限制条约。1922—1923 年，出任军令部次长。在那之后，他担任了两年的联合舰队司令长官，官至大将。加藤于 1930 年达到其影响力的顶峰：以海军军令部长的身份发起了抵制《伦敦条约》的运动，声称该条约侵犯了他和天皇的权威。虽然在危机中被迫辞职，但他在随后的几年里帮助策划了海军温和领导层的解散。1935 年从海军退役。

伏见宫博恭王（1875—1946 年），职业海军军官，曾在海军兵学校受训，并在海军大学校上过两门课程，他的皇室血统对他相对平庸的天赋来说毫无疑问是一个重要的补充。1889—1894 年在德国留学 5 年，1908—1910 年在英国学习两年，之后担任过几次舰长。1913 年晋升少将，1922 年被授予大将军衔，并历任海军大学校校长、第二舰队司令长官、佐世保镇守府司令长官。1932 年被任命为海军军令部长，主要是为了对陆军任命闲院宫载仁亲王（Prince Kan'in）担任陆军参谋总长进行制衡。1941 年，他以海军元帅的荣誉军衔退休。作为军令部长，他是海军向政府施压的有力工具，甚至一度试图代表海军直接影响天皇（这让裕仁大为光火）。近期一本由日本著名海军历史学家撰写的著作就认为伏见宫博恭王和东乡平八郎一起暗地里支持加藤宽治破坏那些海军军备限制条约。他和东乡（伏见凭借崇高的地位，东乡依靠神圣的名望）可以自由地影响这方面的政策，而不受批评，甚至不会被公众察觉。

大角岑生（1876—1941 年），1897 年从海军兵学校毕业，1907 年海军大学校首席毕业。在职业生涯中担任过几次舰上指挥职务，但正是像东乡大将侍从武官（1912 年）、海军大臣秘书官（1914 年）和海军省军务局长（1922 年）这样的行政职务让他感受到了海军官场里的尔虞我诈。1920 年晋升少将，1924 年升任中将，1925—1928 年被任命为海军次官，1931—1932 年、1933—1936 年任海军大臣。在此期间，他是盲从"舰队派"观点的高级将领之一，企图威逼文官政府接受他的政策。1935 年被封男爵，1941 年在华南死于空难。

水野广德（1875—1945 年），重要的日本海军宣传人员。1898 年海军兵学校毕业，在日俄战争中任鱼雷艇指挥官。战后被调派到海军省管理档案，后又被派往军令部战史编纂课。他利用他的战争经历和他对战争历史记录的了解，出版了几本书，旨在激发公众对海军的热情。他最著名的作品为《此一战》，这是一部写于 1910 年的关于对马海战的书，对此战做了生动而丰富多彩的记述。

野村吉三郎（1877—1964 年），美国人知道他主要是因为他日本驻美大使的身份，在日本偷袭珍珠港的前几个月，他与美国国务卿科德尔·赫尔（Cordell Hull）进行了注定失败的会谈，但在那之前，他已经与美国人有过很多接触。他 1898 年毕业于海军兵学校，虽然没有上过海军大学校，但在一战期间还是被任命为驻华盛顿武官。1917 年被擢升为大佐，是战后参加凡尔赛和华盛顿会议的日本代表团的一员。1922 年获少将军衔，1926 年升为中将，1926—1928 年任军令部次长。在 1932 年上海发生的中日战事中，任日本海军在华舰队指挥官。1933 年晋升为大将，1937 年退役，但在 1939 年秋季被任命为文官内阁的外相。1940 年被选为驻华盛顿大使，这主要是因为他跟美国海军的交情颇深，并在那里有相当不错的声誉。

平贺让（1878—1943 年），1901 年毕业于东京帝国大学，被委任为海军造船师，获得造船中尉军衔①。此后，他被派往横须贺海军造船厂担任工程师。

---

① 译注：事实上"造船中尉"这一军衔要到后来才有，平贺让当时的身份确切地说叫"造船中技士"。

1905—1909 在格林尼治皇家海军学院进修，在此期间，他有机会了解到大量有关"无畏"号战列舰设计方案的情报，并将详细的设计细节传达给他在东京的上级。他一回国就被晋升为少佐[①]，并在建造"山城"号战列舰和"比叡"号战列巡洋舰时被任命为横须贺造船厂造船总工程师。1916—1917 年担任海军技术本部基本设计部主任期间，负责设计了"长门"号战列舰。1919 年晋升大佐，次年被任命为"八八舰队"方案总工程师，为计划中的"八八舰队"设计了大部分主力舰。1922 年"八八舰队"计划因《华盛顿条约》而被废止后，1923—1924 年被派往欧洲和美国收集有关外国军舰设计和建造的情报以及研究资料。他冷酷的个性，固执的性格，以及他在战舰设计上的教条主义思想，使他与海军军令部不和，以至于军令部部员给他起了绰号"平贺不让"，意思是"冥顽不灵"。尽管在他设计"夕张"号、"古鹰"号和"妙高"号时经常与海军军令部发生摩擦，但还是在 1925 年成为舰政本部船舶设计部的负责人，并于次年升任中将。不过与军令部的持续摩擦导致他在 1930 年从海军退役。两年后他成为东京帝国大学的教员，并于 1938 年任校长，在这个职位上，他针对那些比较倾向自由主义的教员进行了一场臭名昭著的清洗。

末次信正（1880—1944 年），1899 年从海军兵学校毕业，1909 年从海军大学校（甲种科）毕业。早年担任过若干舰上职务，之后于 1907 年毕业于炮术学校，担任过舰上的炮术长和学校的炮术教官。1912—1914 年在海军军令部任职，1914 年作为海军观察员被派往英国，他在那里获取了大量有关德国对英潜艇战的情报。1916 年回国后，他被指派到海军军令部作战课。华盛顿海军会议时为日本代表团成员，一贯支持强硬立场。1923 年，官至少将的末次就任第一潜水战队司令官，任上他制订了进攻战术，并在 10 年后成为联合舰队司令长官时加以完善。1937 年以大将身份从海军退休后，近卫文麿（Konoe Fumimaro）首相意欲让其担任海相。但由于末次观点极端，遭到了海军中其他人的反对，因此不得不接受内阁中一个纯粹的文官职位。

[①] 译注：原文如此，应为海军造船少监（相当于后来的造船少佐）。

永野修身（1880—1947 年），更像一名行政官员，而不是一名海上指挥官。官场生涯早期就在海军省军务局中任职。和山本五十六一样，他也有丰富的留美经历：1913—1915 年在美国留学，1920—1923 年任驻华盛顿武官。在他漫长的职业生涯中，他只指挥过一次军舰：在 1919 年担任过"平户"号轻巡洋舰的舰长。然而在 20 世纪 30 年代时，他代表海军出席了国外举行的军备限制会议，逐渐在海军中担任了几乎所有的重要职位，包括：军令部次长、横须贺镇守府司令长官、海军大臣和联合舰队司令长官。1941 年被任命为军令部总长，这时作为最高军事参议院成员的他虽然处于半退休状态，却仍然是海军的高级军官。任军令部总长时，他没有对海军实施强有力的领导，反而受到鹰派下属的影响，在战争临近时变得越来越好战。他反对山本奇袭珍珠港的计划，但在山本威胁说要辞去联合舰队司令长官的职务时又勉强同意了山本的计划。他在战争的大部分时间里都担任着军令部总长一职，直到 1944 年 2 月才离任，任上表现乏善可陈。战后作为甲级战犯受审，但在法庭判决前就因病去世了。

米内光政（1880—1948 年），1901 年海军兵学校毕业，1914 年从海军大学校毕业。在职业生涯早期担任过各种舰上职务，之后分别于 1915—1917 年在俄国、1920—1922 年在柏林任翻译官，接下来又担任了更多的舰上职务，如曾数次担任战列舰舰长。1925 年被擢升为海军少将，1930 年升任中将，在担任了几次舰队和海军基地的司令长官后，于 1936 年被任命为联合舰队司令长官。1937 年升为大将，并被任命为海军大臣。1940 年 1 月刚被编入预备役，就被选为首相，但他只当了 6 个月。其内阁被陆军和强硬的民族主义者暗中破坏。他退出了公共生活，直到 1944 年夏天战时的东条英机内阁垮台。他在这时候应天皇的要求与小矶国昭（Koiso Kuniaki）将军联合组阁，任海相，并在日本最后一届战时内阁——铃木贯太郎内阁也担任了同样的职务。

高桥三吉（1882—1966 年），1901 年海军兵学校毕业，1909 年毕业于海军炮术学校，在他的职业生涯中又先后毕业于海军大学校乙种科和甲种科。在接下来的 10 年里，他担任过各种参谋职务。在海军省任职时，他游历了欧洲和美国。他在海上的职务包括"肥前"号（Hizen）战列舰的副长和"扶桑"号战列舰的舰长。1925 年被擢升为少将，1926 年任联合舰队参谋长，1928—1929 年任第一航空战队的第一任司令长官。1929 年晋升中将，被任命为海军大学校校长。1932—1933 年任军令部次长时，他被认为与"舰队派"沆瀣一气。1934—1936 年任联合舰队司令长官，1939 年以大将军衔退役。

堀悌吉（1883—1959 年），是 20 世纪 30 年代初被右翼党派势力逐出海军的温和派军官中最聪明的一个。1904 年海军兵学校毕业，在 1909—1910 年和 1916—1918 年两度入海军大学校学习。虽然在他的职业生涯中，他担任过许多舰上指挥职务，但主要还是因其在行政职位上（特别是在 1929—1931 年的海军省军务局）的效率而闻名。1933 年获得中将军衔，但由于他的温和观点，被大角岑生领导的右翼清洗运动强迫退役。他后来在私营企业担任过几个重要的行政职位。

山本五十六（1884—1943 年），和东乡平八郎同为西方所熟知的两位日本海军著名人物，他的名声很大程度上来自他在 1941 年夏威夷作战和 1942 年中途岛战役中所扮演的角色。出生时名为高野五十六（Takano Isoroku），年幼时被山本家（跟山本权兵卫并无瓜葛）收养。1904 年从海军兵学校毕业后，他正好赶上对马海战，在"日进"号上任职服役，战斗中被削去两个手指。在担任过一些舰上职务后，于 1911 年毕业于海军大学校将校科乙种，1916 年毕业于海军大学校将校科甲种。1915 年被提拔为海军少佐，派往美国留学，1919—1921 年在哈佛大学学习。1919 年获中佐军衔，1921 年任"北上"号巡洋舰副长。1923—1924 年以井出谦治（Ide Kenji）将军副官的身份游历欧美，其间获大佐军衔。1924 年任霞浦海军航空基地副长，1925—1928 年任驻华盛顿海军武官，之后他担任的一些职务都与海军航空兵有关：1928 年任"赤城"号舰长，1930—1933 年任航空本部技术部长，1933 年任第一航空战队司令官。1929 年被擢升为少将，1934 年升任中将。在伦敦海军会议履行完自己的职责后，于 1935 年被任命为海军航空本部长。1936 年被任命为海军次官，并在 1938—1939 年继续兼任海军航空本部长[1]。被任命为联合舰队司令长官后，他晋升为大将。这个职务他一直干到死为止。

---

① 译注：原文如此，山本兼任航空本部长的时间为1938年4—11月。

1943 年 4 月，他乘坐的海军飞机在布干维尔岛（Bougainville）上空被美国战斗机击落。死后被追晋为元帅。

　　中岛知久平（1884—1949 年），1907 年毕业于海军机关学校，1911—1912年就读于海军大学校轮机科，之后被派往纽约哈蒙兹波特（Hammondsport）的格伦·柯蒂斯飞行学校接受训练。1917 年从海军退役成立自己的飞机公司，最终将其公司发展成日本首屈一指的飞机制造商。20 世纪 30 年代当选国会议员，成为一个有影响力的政治人物，在内阁中担任过若干职务。

　　近藤信竹（Kondō Nobutake，1886—1953 年），1907 年海军兵学校毕业，1919 年毕业于海军大学校。职业生涯早期担任过许多海上、参谋和驻外职务。20 世纪 30 年代，出任海军大学校校长[①]、联合舰队参谋长和军令部次长。1941—1943 年任第二舰队司令长官期间，他为入侵菲律宾、马来亚、爪哇提供了支援，还指挥了为计划中的中途岛攻略作战提供支援的主力支援部队。在东所罗门群岛海战、圣克鲁兹群岛海战和瓜达尔卡纳尔岛海战都担任过重要的指挥职务。

　　南云忠一（1886[②]—1944 年），1908 年海军兵学校毕业，1920 年从海军大学校毕业。在职业生涯中担任过从炮艇艇长到航母战斗群指挥官的许多海上指挥职务。作为一名鱼雷专家，他强烈主张将海空力量结合起来，虽然由于缺乏航空方面的专业知识，他在指挥航空母舰时一直感到不自在。尽管如此，他还是在 1941 年 4 月被授权指挥第一航空舰队。在这一职位上，虽然他反对山本的珍珠港作战计划，也有一些人批评他拒绝批准第二次打击[③]过于谨慎，但他仍然指挥日本航母部队在太平洋战争中取得了最大的胜利：夏威夷作战，空袭拉包尔和达尔文港，1941—1942 年冬春两季将盟国海军力量清除出东印度洋。然而，随着他的 4 艘航母在中途岛沉没，他明显变得一蹶不振，在 1942—1943 年被调到岸上指挥。1944 年 3 月被召回前线，在塞班奉命指挥一支本质上只存在于纸面的舰队。同年 6 月[④]，在对美军的徒劳抵抗中自杀。

---

①　译注：原文如此，近藤当时担任的是海军大学校教头（首席教官）。
②　译注：原文如此，应为1887年3月25日。
③　译注：南云对珍珠港进行了两轮空袭，故拒绝批准的应该是"第三次打击"。
④　译注：原文如此，应为7月。

新见政一（1887—1993 年），1908 年从海军兵学校毕业，在海上任职了十多年后，他进入海军大学校和炮术学校任教官。1922 年，他以一名海军军令部军官的身份写了一份关于保护商船的报告。在海军大学校任教过一段时间后，他连续三次担任巡洋舰舰长。在担任过一系列行政职务后，于 1944 年退休。

细萱戊子郎（1888—1964 年），1908 年从海军兵学校毕业，1920 年毕业于海军大学校。战间期指挥过若干巡洋舰和战列舰，1939 年晋升中将。1942 年 7 月①出任北太平洋方面第五舰队司令长官。由于在 1943 年 3 月指挥科曼多尔群岛（位于阿留申群岛以西）海战时表现平平，故被解除了指挥权，转入预备役。战争结束时，他正担任被围困的日本密克罗尼西亚群岛的地方长官。

小泽治三郎（1886—1966 年），日本海军中最能干的将官之一。1909 年海军兵学校毕业，1917 年毕业于海军鱼雷学校。他大部分时间都在海上服役，先后担任过水雷战队司令、巡洋舰舰长和战列舰舰长。1937 年以少将军衔出任联合舰队参谋长，1940 年时正担任第一航空战队司令官。后在 1941 年年末至次年年初的冬季以中将身份指挥南遣舰队，支援日军对马来亚和荷属东印度的攻略。1944 年任第一机动舰队和第三舰队（日本当时的主力航母部队）司令长官时，他在菲律宾海海战中被斯普鲁恩斯将军指挥的第 58 特混舰队击败。莱特湾战役时指挥诱饵部队，其航母在 1944 年 10 月恩加诺角海战中被彻底击溃。战争结束时任联合舰队司令长官，而联合舰队这时只是一支存在于纸面上的舰队。

藤本喜久雄（1887②—1935 年），生于石川县（Ishikawa Prefecture），1908 年入东京帝国大学工程部学习，1911 年毕业。在接下来的 6 年中，他在横须贺海军工厂任海军造船师。1917—1921 年在英国接受进一步的造舰培训。1919 年被任命为造船少佐，1921—1925 年在舰政本部第四部基本设计部担任平贺让的助手，同时在 1921—1922 年任工学部讲师③。1925 年取代平贺任基本设计部主任，1927 年晋升造船大佐，同年出任日内瓦海军会议日本代表团成员。晋升为造船

---

① 译注：原文如此，应为1941年7月。
② 译注：原文如此，应为1888年1月2日。
③ 译注：实际上藤本只是临时讲师，他并未在东大工学部获得正式教职。

少将后，于 1934 年被任命为海军技术研究所所长，他因为"友鹤"号鱼雷艇的错误设计导致其沉没而受到日本海军的严厉批评。1935 年其职由福田启二大佐接替，他不久之后去世。

岸本鹿子治（1888—1981 年），日本海军最杰出的水下武器专家。1909 年从海军兵学校毕业后，1916 年和 1917 年分别在海军大学校和鱼雷学校学习。他专攻鱼雷战，20 世纪 20 年代的大部分时间里都在指挥驱逐舰和驱逐队[①]。他在吴港对氧气鱼雷的研究工作开始于 1932 年，当时他是舰政本部第一部第二课的负责人。1935 年 11 月开始，作为吴港兵工厂鱼雷实验部负责人的他，还负责日本海军秘密袖珍潜艇项目的研发。1936 年 12 月晋升少将，职业生涯的最后一个重要职务是吴海军工厂鱼雷部长，在这个职位上他继续监督氧气鱼雷和袖珍潜艇项目。1940 年从海军退役。

井上成美（1889—1975 年），陆军大将阿部信行（Abe Nobuyuki）的姐夫。1909 年从海军兵学校毕业，1924 年从海军大学校毕业。早年的海军生涯既有海上工作，也包括一些重要的岸上工作。1918—1920 年任驻瑞士武官，1927—1928 年在罗马担任海军武官。1935 晋升将官，并在 1937 年被任命为海军省军务局长。两年后任中国方面舰队参谋长，并获中将军衔。1940 年被任命为海军航空本部长，任上对日本海军造舰计划和总体战略姿态进行猛烈抨击，预见到了即将发生的对美战争的性质。被海军高层解除职务后，1941 年 8 月调任总部位于特鲁克的第四舰队的司令长官。于是在太平洋战争开始时担任负责攻占关岛和威克岛两地舰队的总指挥。接下来在拉包尔司令部又担任 MO 作战总指挥。MO 作战旨在攻占莫尔兹比港（Port Moresby），导致日军于 1942 年 5 月在珊瑚海受挫。同年 10 月被解除第四舰队司令长官职务，任海军兵学校校长。战争快结束时，他重获青睐，同时担任海军次官，并先后兼任海军舰政本部长和海军航空本部长（第二次出任）。到战争结束时获大将军衔。

三川军一（Mikawa Gun'ichi，1888—1981 年），曾让美国海军遭受了最

---

① 译注：原文如此，岸本在1919年担任过驱逐舰舰长，20世纪20年代末担任过驱逐队司令，这之间担任的是其他职务。

惨重的一次失败。1910 年从海军兵学校毕业，分别于 1916 年和 1922—1924 年两度入海军大学校学习。作为一名航海专家，也曾在海外担任过不少职位，特别是 20 世纪 20 年代在巴黎和日内瓦担任过驻外武官。20 世纪 30 年代又担任过几次巡洋舰和战列舰的舰长。在第八舰队司令长官任上，身为中将的他参与了 1942 年所罗门战役中一些最激烈的战斗，包括战役开始时的萨沃岛夜战，他在此战当中击溃了一支主要由美国巡洋舰和驱逐舰组成的舰队。

栗田健男（1889—1977 年），太平洋战争中一位既能干又勇敢的军官，担任过几次重要的指挥官，最出名的就是莱特湾海战的指挥官。1910 年海军兵学校毕业，1917 年从海军大学校毕业。作为一名鱼雷专家，战间期的大部分时间他都在驱逐舰上度过。1938 年晋升少将，并在太平洋战争早期官至中将。他在中途岛海战、圣克鲁兹海战和菲律宾海海战中都担任过重要的作战指挥官。在莱特湾战役里的萨马岛海战中，他担任日军主力舰队指挥官，让美军击沉了自己的旗舰^①，面对敌人明显的压倒性优势，做出了停止战斗的关键决定。

冈敬纯（1890—1973 年），1911 年完成海军兵学校学业，1923 年从海军大学校毕业。虽然冈专攻潜艇专业，但在职业生涯中也担任过不少参谋职务。他最重要的经历是在 1940—1944 年担任海军省军务局长一职，在 1944 年还短暂地担任过海军次官。他是"南进"的狂热鼓吹者，也是太平洋战争前海军内部亲轴心分子的主要领导人。战争结束后，他作为甲级战犯被囚禁过一段时间。

山县正乡（Yamagata Seigo，1891—1945 年），1911 年从海军兵学校毕业，1922—1924 年就读于海军大学校。他在职业生涯早期被视为海军航空兵，在 20 世纪 30 年代供职于海军航空本部并担任过一艘航空母舰的舰长。太平洋战争期间任第四南遣舰队司令长官（1943—1945 年）时，其座机在中国坠毁，为了避免被俘而选择自杀。

福田启二（1890—1964 年），明治时代杰出的造船师福田马之助（Fukuda Umanosuke）中将的次子。1914 年毕业于东京帝国大学工学部造船科。其造船

---

① 译注：严格来说，栗田最初的旗舰"爱宕"号在萨马岛海战开始之前就被击沉了。

师生涯几乎全在横须贺海军工厂和海军技术研究所^①（舰政本部第四部）度过。
1934 年接替藤本喜久雄担任研究所基本设计部主任后，福田负责监督超级战列
舰"大和"号及"武藏"号的设计。1940 年晋升中将，1941 年被任命为海军技
术研究所所长。太平洋战争期间退役，最后的职务是舰政本部技术总监。

　　宇垣缠（Ugaki Matome，1890—1945 年），太平洋战争前夕最能干的日本
海军军人之一。他的大量日记^②是关于战时日本海军的一个有价值的信息来源。
1912 年从海军兵学校毕业，之后于 1924 年从海军大学校毕业。在 20 世纪 30 年
代担任过几次战斗舰艇的舰长，并在 1938 年被晋升为少将。在山本五十六大将
麾下担任联合舰队参谋长时，参与制订了偷袭珍珠港的战略。1942 年升为中将，
1944 年 2 月任栗田健男中将麾下一支战列舰编队的司令官，以"大和"号为旗
舰^③，以此身份参加了莱特湾海战。1945 年 2 月任第五航空舰队司令长官，战争
末期负责指挥日本残存的海军航空兵力量。在天皇宣布投降的当天，他率领数
架飞机对冲绳的美军发动了自杀式袭击，但没有成功，自己也在作战中丧生。

　　福留繁（1891—1971 年），1912 年从海军兵学校毕业，1925 年从海军大学
校毕业。他被认为是颇具影响力和能力的参谋，在太平洋战争期间也担任过一
些重要的指挥职务。早期曾在军令部、海军省任职，并在联合舰队担任过参谋。
1935—1938 年任军令部作战部一课课长。1939 年晋升少将，分别在 1939—1941
年、1943—1944 年任联合舰队参谋长。1942 年获得中将军衔，后来被任命为第
二航空舰队司令长官，统领菲律宾群岛（后还包括台湾岛）的所有陆基航空部队。
他的部队在 1944 年 10 月台湾岛和锡布延海上空的战斗中几乎全军覆没。1945
年 9 月，在新加坡指挥着日军残余海空部队，代表日本海军于新加坡签署了投
降书，结束了战争。战后先因战争罪在新加坡被囚禁了一段时间，获释后担任
战后日本政府防卫重组计划的顾问。

---

　　① 译注：原文如此，根据现有资料，海军技术研究所应该不等同于舰政本部第四部，福田在舰本第四部工作过很长时间，但并未在海军技术研究所任职过。下文中，福田在1934年担任的应是舰本第四部基本设计部主任，1941年接受的任命是舰本第四部部长。
　　② 译注：即《战藻录》。
　　③ 译注：原文如此，1944年2月时，宇垣尚未将旗舰变更为"大和"号。

大西泷治郎（1891—1945 年），第一次世界大战期间在日本海军首批海军航空部队中担任过一些职务。1918—1921 年在英国研究空战和侦察，之后隶属于横须贺海军航空队。20 世纪 20 年代中期在霞浦担任教官。20 世纪 30 年代，随着时间的推移，他在海军航空兵中担任一些责任越来越重的参谋和一线职位，包括岸上和航母上的飞行指挥官以及海军航空本部员。1939 年晋升少将，后被任命为第十一航空舰队参谋长。因此参与过山本五十六珍珠港奇袭计划的制订，也参与过协调从台湾岛基地对菲律宾发动的毁灭性空袭。1943 年晋升中将，在东京担任过若干行政职务，后于 1944 年 10 月被派往菲律宾指挥第一航空舰队，这支部队在当时已经完全是一支陆基航空队了。在第一航空舰队司令长官任上，他提出了对美国军舰进行空中自杀攻击的构想，并指挥了首次这样的攻击。1945 年 5 月任军令部次长。1945 年 8 月 15 日[①]，听到天皇的投降广播后切腹自尽。

木村昌福（1891—1960 年），日本海军二战期间最重要的海上指挥官之一。1913 年从海军兵学校毕业，之后在两次世界大战之间的那些年里，他的职业生涯几乎全部都是在小型战舰（主要是驱逐舰）上度过的。太平洋战争前期被擢升为少将，1943 年 3 月，担任一支大型运输船队护航舰队的指挥官，运输船队在穿越俾斯麦海时几乎被美国轰炸机群全部歼灭。在那次遭遇战中受的伤痊愈后，他回到了工作岗位，于 1943 年 6 月[②]完美地指挥了日军从阿留申群岛的基斯卡岛撤退的行动。1944 年 2 月[③]，他指挥了日本海军在二战中的最后一次进攻行动——对菲律宾民都洛岛（Mindoro）美军阵地的进攻，但徒劳无功。

中原义正（1892—1944 年），1913 年从海军兵学校毕业，1926 年毕业于海军大学校。1934—1936 年，他在军令部担任影响力巨大的战争指导班班长。在担任过几次巡洋舰舰长后，他成为一个军令部下属委员会的成员，研究"南进"的可能，同时供职于新近开始有影响力的海军省军务局。1940 年晋升为少将后，他被任命为海军省人事局长。1942 年任东南方面舰队参谋长，1943 年被提拔为

---

① 译注：原文如此，实际上大西是8月16日自杀的。
② 译注：原文如此，应为7月。
③ 译注：原文如此，应为1944年12月。

中将，1944 年 2 月在战斗中丧生。

田中赖三（1892—1969 年），在西方享有盛誉，被认为是太平洋战争中日本海军最杰出、最不屈不挠的军官之一（这主要归功于美国历史学家塞缪尔·艾略特·莫里森的推崇）。他 1913 年毕业于海军兵学校，是一位鱼雷专家。在 20 世纪 30 年代担任过几次驱逐舰和驱逐舰编队的指挥官，战争爆发时官居少将，指挥第二水雷战队。因此他参加过对菲律宾和荷属东印度的攻略以及珊瑚海海战①、中途岛海战。1942 年下半年，他努力保持日本对所罗门群岛补给线的畅通，所表现出的坚韧和足智多谋——尤其是在塔萨法隆加角海战中对具有兵力优势的美军舰队造成的沉重打击——赢得了敌人的尊重。但他在 1942 年 12 月被解除职务，据说是因为他公开批评日军统帅机关指导西南太平洋战局的战略。

桥本信太郎（1892—1945 年），1913 年完成海军兵学校学业，1925—1926年入海军大学校学习。主要以鱼雷专家的身份而闻名，在 20 世纪 20 年代指挥过几艘驱逐舰，20 世纪 30 年代担任过驱逐舰编队的指挥官。1942—1943 年在所罗门群岛的战斗中指挥驱逐舰队作战，积极地为驻扎在这些岛屿上的日军守备队提供补给，1944 年晋升中将，1945 年 5 月在战斗中丧生。

草鹿龙之介（1892—1971 年），1913 年从海军兵学校毕业，1920 年毕业于海军炮术学校，1926 年从海军大学校毕业。在担任过若干舰上职务后，被任命为霞浦海军航空基地和海军大学校教官。1930 年晋升为海军中佐，被指派担任第一航空战队参谋，4 年后以大佐军衔供职于海军航空本部。后辗转海上、东京担任各种参谋职务，有时担任航母舰长。1940 年 11 月获得少将军衔，在第一航空舰队被重新编组为珍珠港攻击部队时，他被任命为该部队参谋长。他在制订空袭夏威夷和中途岛作战的计划中发挥了重要作用。1943—1944 年任东南方面舰队参谋长，之后又成为联合舰队参谋长。战争结束时，他正指挥以九州为基地的第五航空舰队，军衔为中将。

加来止男（1893—1942 年），1914 年海军兵学校毕业，1919 年从海军航空

---

① 译注：原文如此，田中没有参加过珊瑚海海战。

训练学校毕业，1927 年毕业于海军大学校。除去担任巡洋舰指挥官 ① 这段经历，他从职业生涯伊始就投身于海军航空兵，于 20 世纪 20—30 年代在多个海军航空基地担任过参谋和指挥官。1941 年 9 月，被任命为"飞龙"号航母舰长，在中途岛海战中随该舰沉没。

小柳富次（1893—1978 年），1914 年从海军兵学校毕业，1926 年从海军大学校毕业。战间期作为鱼雷专家在驱逐舰上服过役，也担任过驱逐舰编队的参谋。在海军的各级学校担任过教官，并指挥过一艘巡洋舰和战列舰。1942 年 11 月晋升少将，负责指挥第二水雷战队，在 1943 年 2 月协助日军部队从所罗门群岛撤退。在莱特湾战役中受伤，其间任第一游击部队指挥官 ②，坐镇"大和"号。最后以中将军衔退役。

石川信吾（1894—1964 年），长期担任一系列敏感的职务，这些职务给予这位军官的经验和洞察力，使其在太平洋战争前的 10 年中对海军政策的制定产生了非比寻常的影响。他 1914 年从海军兵学校毕业，1921 年毕业于海军炮术学校，1927 年 ③ 进入海军大学校学习。1926 年晋升中佐 ④，1927 年曾短暂地担任过"扶桑"号战列舰的副炮术长。1929—1931 年，他被指派为海军舰政本部的一员，这为他在军舰设计和建造方面的知识奠定了良好的基础。1931—1933 年，供职于军令部海军情报部 ⑤ 第三课，是致力于研究东南亚和美拉尼西亚战略资源的为数不多的海军军官之一，期望日本未来能获得这些资源。在担任过几次舰队参谋和小型舰艇的舰长后，他升任海军大佐，成为日占华北地区的海军特务部（海外情报机构）负责人。自 1940 年 11 月起开始担任海军省军务局第二课课长，也是有权制定政策的"第一委员会"的一员；他是当时海军中最有影响力的中层军官之一，也是海军中发出敦促对美开战这样的最激进声音的鹰派分子之一。他实际参加的战斗就没那么引人注目了。1942 年 6 月被任命为西南太平洋方面

① 译注：原文如此，加来只在"飞龙"号航母和"千代田"号水上飞机母舰上担任过舰长。
② 译注：原文如此，小柳应为第一游击部队参谋长。
③ 译注：原文如此，应为1925年。
④ 译注：原文如此，应为少佐。
⑤ 译注：原文如此，应为军令部第二班（1933年更名为第二部），该部门负责军备。

舰队参谋副长，同年晋升少将。1943 年指挥过一小段时间的航空队，但在战争结束时担任的是海军部队外的各种行政职务，主要负责管理军需品和运输。

高木惣吉（1893—1979 年），后来成了日本海军里最重要的知识分子。他于 1915 年从海军兵学校毕业，1927 从海军大学校毕业，在几乎整个职业生涯中都是担任参谋或行政职务，大部分时间都在从事研究工作。他分别在 1937—1939 年和 1940—1942 年任海军省官房调查课长，任职期间扩大了自己的职能，成为海军最重要的"政治天线"，寻求与当时的主要政治人物接触。他暗中反对日本开战的决策，这在 1942 年暂时削弱了他的影响力。1943 年升为少将，1944 年被指派到军令部任职，为海大研究部部员。他反对战争，起草过一份高度机密的和谈计划，还参与过一场未遂的刺杀东条英机的密谋——这一切使他在战后享有不亚于德国海军上将卡纳里斯 ① 的声誉。

黑岛龟人（1893—1965 年），比较古怪的海军军官之一。1916 年从海军兵学校毕业。在早年的海上职业生涯中担任过炮术长一职，后入海军大学校学习，随后成为一名著名的参谋军官和作战计划制订者。作为山本五十六的首席作战参谋，草拟了攻击珍珠港的最初计划。他后来一直在军令部任职，直到战争结束。

中堂观惠（1894—1985 年），1916 年完成海军兵学校学业，1929 年毕业于海军大学校。其职业生涯主要与南洋有关，在 20 世纪 30 年代早期与石川信吾、中原义正一样，是强烈鼓吹海军"南下"战略的人之一。1936 年任驻曼谷海军武官，1940 年驻法属印度支那，1943 年任驻仰光海军武官。战争结束时是南方军参谋副长。

富冈定俊（1900②—1970 年），生于长野县 ③，是一位海军将军 ④ 的长子，1917 年从海军兵学校毕业，1929 年毕业于海军大学校。为人彬彬有礼，早年曾留学法国，1930—1932 年任日本海军在国际联盟的代表。虽然他担任过许多重

---

① 译注：全名为威廉·弗兰茨·卡纳里斯（Wilhelm Franz Canaris），德国海军上将，曾担任纳粹德国时期军事情报机构的负责人，反希特勒密谋活动的军方主要参与者。1944年7月20日刺杀希特勒的计划失败后被捕，次年被处死。

② 译注：原文如此，应为1897年3月8日。

③ 译注：原文如此，应为广岛县。

④ 译注：富冈定恭海军中将。

要的海上职务（包括在 20 世纪 20 年代末期任驱逐舰舰长，在太平洋战争时任巡洋舰舰长），他主要还是一名参谋军官。1933—1934 年作为参谋供职于军令部作战部第一课，1940—1943 年任第一课课长，在此期间起草了流产的攻略莫尔兹比港的计划和入侵澳大利亚的计划。1943 年晋升少将，1944 年 12 月被任命为军令部作战部长，因而后来代表军令部出席在"密苏里"号战列舰上举行的日本投降仪式。

横井俊之（Yokoi Toshiyuki，1897—1969 年），1918 年毕业于海军兵学校，1928—1930 年就读于海军大学校。1922 年完成飞行训练，战间期时辗转各航空队担任参谋。太平洋战争时任航母舰长，1944 年海军组建神风特攻队时，被任命为第二十五航空战队（自杀部队）司令长官，官居少将。被任命为第五航空舰队参谋长后，1945 年春季参加了徒劳无益的冲绳保卫战。

伊藤庸二（1901—1955 年），雷达专家，1923 年[①]毕业于东京帝国大学电气工程专业，最终获得了该领域的博士学位，这在当时的海军军官中并不常见。1924 年入海军造兵科任职，到太平洋战争时升任技术大佐。虽然他在两次世界大战之间的这段时间里在德国进行了广泛的学习，但他海军生涯的大部分时间都在海军技术研究所度过。

大井笃（1902—1994 年），1923 年从海军兵学校毕业。1928—1930 年进行了英语强化学习后，于 1930—1932 年成为弗吉尼亚大学和西北大学的特别生。20 世纪 30 年代时担任过几次舰队参谋，并且是海军情报部英国课课员，官至海军中佐。太平洋战争期间升至大佐，他在这一时期最重要的职务是海上护卫总司令部作战参谋，从 1943 年 11 月担任到战争结束。美军占领期间他在盟军最高司令官总司令部历史部工作。

源田实（1904—1989 年），1924 年从海军兵学校毕业，1928—1929 年在霞浦接受生平第一次飞行训练。在横须贺海军航空队和"赤城"号航母上服过役，后于 1932 年被任命为横须贺航空队的飞行教官。在此期间获得海军少佐军衔，

---

① 译注：原文如此，应为1924年。

并领导特技飞行队"源田马戏团"。1937 年从海军大学校毕业，在那里，他对航空兵的非正统看法激怒了更为保守和重视水面舰艇的军官。在中国作战时任联合航空队参谋，后又担任横须贺航空队飞行队长。1938—1940 年任日本驻伦敦海军武官辅佐官，之后被山本五十六大将挑选为新组建的第一航空舰队的首席航空参谋。在任期间在制订袭击珍珠港的战术计划方面发挥了重要作用。接下来在航母上参加了印度洋海战、中途岛海战和所罗门群岛战役。后又收到了赴拉包尔担任第十一航空舰队参谋的任命。1945 年①晋升为大佐，负责本土防空事宜，直至日本投降。战后经商数年，并于 1955—1962 年在日本航空自卫队担任高级自卫官，军衔为空将②。1962 年当选国会议员，并连任至 1986 年。

今井秋次郎（Imai Akijirō，1905—③年），海军两栖部队的倡导者。1926 年从海军兵学校毕业。在担任过各种海上职务后入炮术学校学习，凭借优异成绩成为一名炮术教官。1937 年他被派往上海的海军特别陆战队，在中国又服役一段时间后，入海军大学校进修，随后向军令部递交了一份雄心勃勃的陆战队建设方案，虽然引起了关注，但最终未被采纳。战争期间，他在多个基地和多支陆战队任职。日本投降时官至中佐，任天皇侍从武官。

江草隆繁（1910④—1944 年），1929 年⑤从海军兵学校毕业，1933 年在霞浦以优异的成绩通过了飞行训练考核，专精于俯冲轰炸。在侵华战争的最初几个月里，他指挥了对中国海岸军事设施进行的一系列毁灭性袭击，因而名声大噪。太平洋战争开始时，指挥俯冲轰炸机群从"苍龙"号起飞空袭珍珠港、威克岛、安汶岛（Amboina）和达尔文港。他指挥的机群在印度洋击沉了 2 艘英国巡洋舰和 1 艘航母。他在中途岛受伤，1944 年 6 月 15 日在塞班岛附近对美国舰队进行空袭时丧生。

鸟巢建之助（Torisu Kennosuke，1908—⑥年），卓越的潜艇水兵。1930 年

① 译注：原文如此，应为1944年10月。
② 译注：航空自卫队通常的空将相当于中将，而源田实担任过航空幕僚长，这一职位的军衔相当于空军上将。
③ 译注：去世年份不详。
④ 译注：原文如此，应为1909年9月4日。
⑤ 译注：原文如此，应为1930年11月18日。
⑥ 译注：鸟巢建之助于2004年去世。

从海军兵学校毕业，在接下来的 10 年里，既上过鱼雷学校，也上过潜艇学校。20 世纪 30 年代末在几艘潜艇上担任过鱼雷军官。战争期间担任过多次潜艇艇长，并且是第六舰队的参谋。战后写过几本有关潜艇部队和整支海军的著作。

村田重治（1909—1942 年），将短得可悲的职业生涯几乎都献给航空兵的后一代日本海军军官中的一分子。1930 年从海军兵学校毕业，1933—1934 年在霞浦接受飞行训练。他是 1937 年袭击美国炮艇"帕奈"号 [①] 的飞行员之一。20 世纪 30 年代末期在岸上和航母上担任过不少指挥职务。被任命为"赤城"号鱼雷机中队指挥官的他指挥了对珍珠港的鱼雷攻击，并参加了 1942 年上半年在俾斯麦群岛、达尔文港和印度洋进行的航母作战。1942 年 7 月任"翔鹤"号鱼雷机中队指挥官，在同年 10 月对"大黄蜂"号实施鱼雷攻击时阵亡。

千早正隆（1910—[②] 年），杰出的海军和海洋事务作家。1930 年毕业于海军兵学校，太平洋战争期间入海军大学校深造。作为一名训练有素的炮术专家，他在战前的 10 年里担任过许多舰上职务，1942 年在"武藏"号战列舰上担任高射长，战争结束时获得中佐军衔。战后成为最重要的旧日本海军评论员。

野村实（1922—[③] 年），战后杰出的海军历史学家。1942 年完成在海军兵学校的训练，曾在"武藏"号战列舰和"瑞鹤"号航母上服过役。也曾供职于军令部，在战争结束时就职于海军兵学校。战后他在复员局工作，并为在远东国际军事法庭受审的海军军官担任辩护律师。他还在庆应义塾大学继续深造，并获博士学位。1956 年到防卫厅工作，系防卫研究所军事历史部部员。他在这里成为研究和写作《战史丛书》（日本官方编纂的 1937—1945 年日本陆、海军作战史）海军卷的主笔。他担任过防卫大学校从事海防研究的教授，现在 [④] 已处于半退休状态，一面在名古屋的一所大学任教，一面继续在学术领域做贡献。他写了关于战前日本海军和太平洋战争的许多文章和若干书籍。

---

① 译注：指1937年12月12日日本轰炸机炸沉美国"帕奈"号炮艇和3艘油轮的事件。袭击发生在中国的长江，造成3人死亡，多人受伤。美国公众对此极为不满，美国政府要求赔偿损失。后来日本正式道歉，并赔偿约221万美元。

② 译注：千早正隆于2005年2月8日去世。

③ 译注：野村实于2001年5月18日去世。

④ 译注：本书写作时。

注释

绪言

1. 我们在拙作《日本》第 213—221 页已对这些问题做了详细阐述。

2. 墨田、罗森伯格，《机器、人员、生产、管理和金钱》，第 25—39 页。

3. 虽然这些定义的措辞基本上是用我们自己的语言，但在形成这些定义的过程中，我们受到了以下研究的影响：阿尔及尔，《过去和现在的军事艺术定义及其准则》；美国空军部，《美国空军的航空航天基本条令》；特里顿，《军事理论发展的海军视角》；休斯，《舰队战术》。

4. 马萨诸塞州，斯普林菲尔德：梅里安姆·韦伯斯特公司，1988 年版。

5. 在 1930 年的《伦敦条约》中，潜艇的标准排水量被定义为"在人员完全配齐、发动机完全装好、装备齐全、准备出海的水面排水量（不包括在非水密结构中的水）"。"装备齐全"中的"装备"在这里指的是准备在战争中携带的所有武器和弹药、设备、装备、船员给养、杂项物品和各种器具，但不包括燃料、润滑油、纯净水和船上的任何压舱水。

6. 总注册吨不是重量或排水量的计量单位，而是体积的计量单位。它是通过将船的水密体积以立方英尺为单位除以 100 得出的。油轮和其他散装货船通常以载重吨（DWT）来评定，载重吨是指能够安全运输的货物的总重量。对于一艘二战时期的油轮来说，1 DWT 大约相当于 0.62 总注册吨。

第一章 创建一支现代海军：
1868—1894 年

1. 巴拉德，《海洋对日本历史的影响》，第 11 页；马德尔，《从神武天皇到佩里》，第 2—8 页。

2. 海军将官兼海军历史学家小笠原长生是最早认为日本前现代水师战术促成了日本现代海军作战理论形成的人之一。可见他的著作《中古水军的战法》，第 727—751 页。这位多产的作者还以 "Nagayo Ogasawara"（小笠原长与）的笔名发表过他作品的英译本，许多日文参考书对他又有不同的称呼，但本书提到他时将用日本最常见的读法，即他名字的汉字读音。

3. 马德尔，《从神武天皇到佩里》，第 20—25 页。

4. 研究日本中世纪历史的专家警告说，不要试图将单一的武士价值观体系追溯到比德川时代（1600—1868 年）更早的时代。我们将在后面的章节中解释，某些战术在中世纪的日本战争中确有其历史渊源。但是，通常被视为自"古代"就在日本存在的日本军事传统的"伦理和心理内容"实际上是起源于现代。它是现代日本军队对 17—18 世纪德川时期武士价值观的有选择借鉴。在这个时期，武士对实际的战争知之甚少。因此，20 世纪日本陆海军用的术语——"武士道"，和中世纪的日本战争几乎毫无关系，它只是日本试图灌输对现代民族国家军队有用的价值观这一行为的产物。见弗莱迪，《是武士道还是胡说八道？》，第 339—349 页。

5. 有关这个日本最著名的海军设施的历史，见汤普金斯，《横须贺》一书。

6. 埃文斯，《萨摩派》，第 21—25 页。

7. 池田清，《日本的海军》，上册，第 55—58 页。

8. 池田清，《日本的海军》，上册，第 119 页。

9. 埃文斯，《萨摩派》，第 234—244 页；以及角田顺，《日本海军三代之历史》，第 95 页。

10. 池田清，《日本的海军》，上册，第 123 页；以及外山三郎，《日本海军史》，第 54 页。

11. 这些观点最早是在约翰·佩里的《英国和日本的崛起》一文（第 310 页）和彼得·康沃尔的《日本海军 19 世纪的人员配备和训练》一文（第 223 页）中提出的。

12. 康沃尔，《明治海军：变革时代的训练》，第 8 页。

13. 马德尔，《老朋友，新敌人》，第一卷，第 285 页。

14. 埃文斯，《日本海军军官的招募》，第229—239页。

15. 康沃尔，《日本海军19世纪的人员配备和训练》，第217—218、第222—224页；康沃尔，《明治海军：变革时代的训练》，第4—6页。

16. 埃文斯，《萨摩派》，第42页；佩里，《英国和日本的崛起》，第309—311页；筱原宏，《日本海军雇用的外国人》，第163—188页。

17. 筱原宏，《海军创设史》，第336—340页。

18. 筱原宏，《海军创设史》，第348页；以及海军有终会，《近世帝国海军史要》，第115—116、第126页。

19. 筱原宏，《海军创设史》，第349—350页。

20. 佩里，《英国和日本的崛起》，第311页；谢诺、科列斯尼科，《1860—1905年的世界所有舰艇》，第218页。

21. 山村耕造，《得不偿失的胜利？明治时代军国主义在日本技术进步中的作用》，第114—120页；布罗德布里奇，《19世纪50年代以来的日本造船业和日本政府》，第606页。

22. 绪言里已经做过解释，这一时期的船舶吨位是用英国"长吨"的"正常"排水量来衡量的。

23. 佩里，《英国和旧日本海军，1858—1905》，第164—165页；瓦茨和戈登，《旧日本海军》，第91页。

24. 关于热纳·埃科勒的理论，详见罗普，《一支现代海军的发展：1871—1904年的法国海军政策》，第159—167页。

25. 吉松茂太郎，《帝国海军战术研究的创始及其发展经过》，第36页。

26. 佩里，《英国和旧日本海军，1858—1905》，第146—147、第149页；筱原宏，《日本海军雇用的外国人》，第188—192页；福井静夫，《日本的军舰》，第9页。

27. 井古、伦格勒和雷姆－高原（音），《三景舰》，第43、51—52页。

28. 池田清，《日本的海军》，上册，第142页；筱原宏，《海军创设史》，第381页；弗里德曼，《1905—1945年战列舰的设计和发展》，第59—60页。

29. 延丘拉、荣格和米克尔，《旧日本海军的各类军舰》，第98页。

30. 延丘拉、荣格和米克尔，《旧日本海军的各类军舰》，第 126 页；瓦茨和戈登，《旧日本海军》，第 221—222 页。这两本著作里都列出了"小鹰"号的 6 具鱼雷发射管，该鱼雷艇就是这样设计的，但在建造过程中，船中部的鱼雷发射管被拆除了。海军水雷史刊行会，《海军水雷史》，第 409 页。

31. 海军水雷史刊行会，《海军水雷史》，第 11—12 页。

32. 吉松茂太郎，《帝国海军战术研究的创始及其发展经过》，第 36 页；瓦茨和戈登，《旧日本海军》，第 221—222 页。

33. 海军有终会，《近世帝国海军史要》，第 138—141 页。

34. 佩里，《英国和日本的崛起》，第 316 页；黛治夫，《海军炮战史回顾》，第 57—58 页。从 1885 年开始，日本海军最大的舰船也开始装备鱼雷发射管，到 1893 年，几乎所有的日军舰艇都装备了鱼雷发射管。海军水雷史刊行会，《海军水雷史》，第 409 页。

35. 这种想法在公众和海军都表现出来过。在 19 世纪 80 年代，大量关于太平洋的浪漫小说让明治中期的日本年轻人对日本向太平洋扩张的可能性兴奋不已。这股文学风尚在 1890 年《浮城物语》这部风靡一时、想象力狂野的冒险故事名著出版时达到高潮。明治早期的日本海军显然也沉迷于在太平洋地区获取领土的想法。1875 年起，日本海军开始了一系列公海远航，由其为数不多的远洋船只远航到太平洋的遥远海岸。这些航行主要是为了训练海军兵学校的学员，并且显然也被日本海军高层当作是对太平洋未宣示领土执行侦察任务，尽管这些航行没有带来任何成果。皮蒂，《南洋：日本在密克罗尼西亚的沉浮》，第 7—9 页。

36. 19 世纪 80 年代的若干事态发展促成了这些看法：1885 年，日本对获得马绍尔群岛产生了短暂的兴趣，但这一愿望很快就因德国在同年晚些时候对马绍尔群岛的吞并而破灭；1886 年，英国货船"诺曼顿"号（Normanton）在和歌山县海岸沉没，船上的 23 名日本乘客被船长和船员抛弃，全部淹死；1887 年 10 月，从勒阿弗尔（Le Havre）海军造船厂出发的"亩傍"号（Unebi）防护巡洋舰在处女航中失踪，这艘战舰在从新加坡开往日本的途中消失得无影无踪，该舰被认为已经倾覆，因为它的设计不稳定。

37. 日本防卫厅防卫研究所战史部，《战史丛书·海军军战备第一辑，1941年11月以前》，第110页；池田清，《日本的海军》，上册，第100页；福克，《东乡和日本海上力量的崛起》，第131—132页。

38. 中村在《与东乡平八郎相关的海军派系诸相》一文中认为削减开支——强迫10%的海军军官退休——与其说是对"萨摩派系"的蓄意攻击，不如说是为了通过淘汰年老力衰的军官来提高海军的战斗力。尽管如此，25%的被清洗者都是萨摩藩的人，1893年春天，来自萨摩派军官们的抗议风暴充分证明对萨摩派队伍的裁撤改革是有效的。筱原宏，《海军创设史》，第364—366页，证实了山本权兵卫的意图，并指出许多人被调到海上工作，岸上人员减少了近20%。千早正隆在《海军经营者》第56—64页，通过想象对当今海军中类似规模的改革的反应来强调山本当时改革的激进性。山本人事改革4年后，正担任海军省军务局长的他实施了第二轮人员裁减，俗称"胶版清洗"，由于被迫退休的军官的名字太多了，山本没有手工填写通知，而是使用原始的油印机来填写通知。虽然山本的改革并没有终结海军的派系之争，但派系结盟的基础却从对地区的忠诚转向了以政策争议为中心的对专业的忠诚。池田清，《日本的海军》，上册，第113—115页；埃文斯，《萨摩派》，第184—191页；埃文斯，《日本海军军官的招募》，第239—240页。

39. 埃文斯，《萨摩派》，第242—244页；伊藤皓文，《以陆军为主，还是海军为主——围绕战时大本营条例》，第17页。

40. 伊藤皓文，《以陆军为主，还是海军为主——围绕战时大本营条例》，第17—18页和第30—31页；稻叶正夫，《大本营》，第91页。

41. 角田顺，《日本海军三代之历史》，第92页；埃文斯，《萨摩派》，第245页。

42. 克劳尔，《阿尔弗雷德·赛耶·马汉》，第474页；麻田贞雄，《阿尔弗雷德·T.马汉》，第8页。见丁曼，《日本和马汉》，第49—66页。

43. 1891年，海军省（直到1930年都是负责准备海军预算的政府机关）要求在9年的时间里花费5800万日元，购置11艘主力舰和许多小型舰只。内阁将这个计划缩减为2艘主力舰，而国会甚至对这2艘都拒绝拨款（很大程度上是因为国会对海军高层的低效感到不满，而山本改革最终要处理的就是这一问题）。

日本国会最终通过了一项耗资 1800 万日元的海军扩充法案，该法案将在 1893—1899 年的 6 年时间内实施。但是根据该法案建造的军舰，包括日本第一批战列舰"富士"号和"八岛"号，未能及时完工参加 1894—1895 年的中日甲午战争。池田清，《日本的海军》，上册，第 100—108 页。

44. 已故伯爵山本海军大将传记编纂会编辑，《伯爵山本权兵卫传》，上册，第 395 页。我们缩短了山本的原话，但主要意思和原话是一样的。

45. 在对日本海军的组织做出这样的概述时，我们应该明确的是，我们的描述不是为了准确描述任何特定年份里的组织架构，而是描述明治末期（19 世纪 90 年代中期以来）日本海军的总体制度安排。

第二章 首战告捷：
日本海军战术的演进和中日甲午战争，1894—1895 年

1. 我们在这段和接下来的几段中对技术和战术不确定性的总结主要引用自 E. B. 波特的《海上力量》，第 328—338 页和休斯，《舰队战术》，第 55—75 页。

2. 培根，《一本海军剪贴簿：第一部分，1877—1900 年》，第 240—241 页。

3. 帕德菲尔德，《海上火炮》，第 208 页。

4. 吉松茂太郎，《帝国海军战术研究的创始及其发展经过》，第 32 页。

5. 排除鱼雷艇，日本海军在 1868 年共有 8 艘军舰，1882 年有 19 艘，1889 年 23 艘，1893 年 27 艘，1894 年（即甲午战争爆发的那一年）31 艘。海军省大臣官房编著，《海军军备沿革，附录卷》，折页图表，《军舰累年一览》。

6. 日本防卫厅防卫研究所战史部，《战史丛书·大本营海军部：联合舰队第一辑，到开战时为止》，第 48—49 页。联合舰队是专门为预期爆发的对华战争而编组的，并在整个甲午战争期间一直存在。它在战争结束后解散，直到 1903 年 12 月才重新组织起来。

7. 1879 年，根据岛村的著作，海军省军务局又对海军战术做了相当概括的总结，但是在 6 年的间隔时间里引进了新的武器，这显然需要一项经过修订的研究。岛村速雄，《海军战术一斑》，前言，第 1 页。岛村从以下这些作品中选取了部分内容：班布里奇·霍夫，《现代海军战术的战例、结论和准则》（1884

年）；H. V. 诺埃尔中校，《火炮、冲角和鱼雷：现代海战的机动和战术》（1874年）；伦道夫，《海军战术问题》（1879年）；G. R. 贝瑟尔上尉，《对战斗中两艘舰船的机动的评论》（1881年）；乔治·A. 艾略特，《关于未来海战和如何打海战的论文》（1885年），《冲角——未来海战胜利的显著标志》（1884年）；菲利普·H. 科洛姆，《对决：一场海军兵棋推演》（1878年）。

8. 筱原宏，《海军创设史》，第343页；吉松茂太郎，《帝国海军战术研究的创始及其发展经过》，第33页。

9. 吉松茂太郎，《帝国海军战术研究的创始及其发展经过》，第33—34页。

10. 吉松茂太郎，《帝国海军战术研究的创始及其发展经过》，第32—34页。

11. 筱原宏，《海军创设史》，第343页；《战史丛书·海军军备战第一辑，1941年11月以前》，第137页。

12. 筱原宏，《海军创设史》，第381页。

13. 池田清，《日本的海军》，上册，第140页；外山三郎，《日清、日俄和大东亚战争海战史》，第73页。

14. 海军水雷史刊行会，《海军水雷史》，第11—12页。

15. 海军水雷史刊行会，《海军水雷史》，第463页，第493—495页。

16. 日本海军军令部，《水雷艇队运动教范》，第5页。

17. 海军水雷史刊行会，《海军水雷史》，第6—11页；还可参见米尔福德，《旧日本海军的鱼雷》，第7—8页。

18. 佐藤回忆说，作为"赤城"号炮舰上的航海长，自从观察到中国海军的演习后（明显是在1891年中国海军访日期间），他自己就对中国海军的实力非常尊敬。外山三郎，《日清、日俄和大东亚战争海战史》，第74—75页。

19. 我们在这里要感谢马克·坎贝尔和日本海上自卫队退役一等海佐吉田昭彦提供的有关中国舰船的信息。

20. 野村实，《学习海战史》，第46—47页。

21. 罗林森，《中国为发展海军所做的努力》，第179页。

22. 池田清，《日本的海军》，上册，第126页；罗林森，《中国为发展海军所做的努力》，第171页。

23. 池田清，《日本的海军》，上册，第 124—126 页。

24. 伊东的战术指令引自外山三郎，《日清、日俄和大东亚战争海战史》，第 73—74 页。

25. 这场海战在西方通常被称为"鸭绿江之战"，而日本海军历史学家称之为"黄海海战"，约翰·佩里更准确地将其称为"大洋河之战"（虽然听起来很怪异）。筱原宏，《海军创设史》，第 374—390 页；佩里，《大洋河之战》，第 243—259 页；罗林森，《中国为发展海军所做的努力》，第 167—197 页。

26. 筱原宏，《海军创设史》，第 389 页。

27. 佩里，《大洋河之战》，第 257 页；巴拉德，《海洋对日本历史的影响》，第 151 页。

28. 铃木贯太郎传记编纂委员会，《铃木贯太郎传》，第 19—22 页。

29. 波特，《海上力量》，第 352 页；休斯，《舰队战术》，第 61—62 页；罗林森，《中国为发展海军所做的努力》，第 238 页注释 78。

30. 日本防卫厅防卫研究所战史部，《战史丛书·海军军战备第一辑，1941 年 11 月以前》，第 112 页；池田清，《日本的海军》，上册，第 139—140 页；波特，《海上力量》，第 352 页。

31. 我们这里说的是伊东的主力舰艇。他的"千代田"号巡防舰、"扶桑"号铁甲舰和"比叡"号护卫舰的速度更慢，给日本的战线带来了混乱，几乎造成了严重的后果。在战斗前，岛村速雄大尉曾主张把它们抛在后面，但他的意见被否决了，因为伊东觉得他还需要这 3 艘军舰所能提供的有限火力。这些问题是自卫队退役自卫官吉田昭彦提醒我们注意的。

32. 池田清，《日本的海军》，上册，第 140 页。

33. 池田清，《日本的海军》，上册，第 141 页。

34. 井古、伦格勒和雷姆－高原（音），《三景舰》，第 51—54 页。二战后，海军评论家对"三景舰"及其加耐特式火炮的普遍批评有一些不同意见。已故的大前敏一认为从速度和火力来看，"三景舰"的设计是领先于时代的，黛治夫认为鸭绿江之战中舰艇无法持续开火是火药装药不当的结果，而不能怪加耐特式火炮。黛治夫确信如果加耐特火炮能够有效射击，中国的战列舰会被击沉。

大前敏一，《日本海军兵术文稿》，第一部分，第 37 页；黛治夫，《海军炮战史回顾》，第 54—65 页。

35. 海军水雷史刊行会，《海军水雷史》，第 493、495 页。

36. 伊藤皓文，《以陆军为主，还是海军为主——围绕战时大本营条例》，第 21—22 页；角田顺，《日本海军三代之历史》，第 92 页；埃文斯，《萨摩派》，第 246—247 页。

37. 后藤乾一，《海军南进论与"印度尼西亚问题"》，第一、二部分。在攻陷台湾后不久的一段时间里，日本陆、海军因"南进"思想而再度变得活跃，特别是将它与华南联系起来的时候。1896 年，第二任台湾总督儿玉源太郎将军[1]提出了从台湾向南扩张的周密计划，4 年后，他暗中配合山本的计划（后流产），企图通过武力在与台湾隔海相望的福建省建立日本的势力范围。这两个计划都没有结果，"南进"设想很快就成了日本海军自己单独关注的事务。

38. 日本防卫厅防卫研究所战史部，《战史丛书·海军军战备第一辑，1941 年 11 月以前》，第 108—109 页。

第三章 整军备战：
1895—1904 年间日本海军的技术和作战条令

1. 即使在甲午战争期间，山本权兵卫也清楚地看到了外国干预的可能。在 1895 年春的一次高级别的军种间会议上，他向政府阐述了日本在海上易受讹诈的弱点：如果没有任何战列舰，日本将不可避免地在海上被任何欧洲海上强国的联盟压垮。已故伯爵山本海军大将传记编纂会，《伯爵山本权兵卫传》，上册，第 387 页。

2. 帕德菲尔德，《战列舰时代》，第 148—149 页。

3. 罗普，《一支现代海军的发展》，第 216—217 页。

4. 霍奇斯，《巨炮：战列舰的主武装》，第 19—28 页，第 31—32 页；帕

---

① 译注：原文如此，儿玉为第四任台湾总督，就任时间为1898年。

德菲尔德，《战列舰时代》，第 148—149 页。

5. 帕德菲尔德，《海上火炮》，第 211 页。

6. 埃德温·格雷，《恶魔的炸弹》，第 155—159 页和第 244 页。

7. 埃德温·格雷，《恶魔的炸弹》，第 144—145 页；普雷斯顿，《驱逐舰》，第 6—14 页；莱瑟，《回顾世界军舰，1860—1906》，第 229—232 页。

8. 帕德菲尔德，《战列舰时代》，第 148—149 页；莱瑟，《回顾世界军舰，1860—1906》，第 79—80 页。

9. 普雷斯顿，《巡洋舰》，第 7—17 页。因此，到 19 世纪末，巡洋舰大致可以分为三类：无防护巡洋舰，没有任何装甲防护；防护巡洋舰，它只有水平装甲甲板，能给予船的关键部分一些保护，并按照排水量分为一级、二级、三级巡洋舰；装甲巡洋舰，它既有垂直装甲，也有水平装甲，体积通常和老式战列舰一样大，火力也差不多。这种分类法一直持续到第一次世界大战前不久，这时引入了新的战舰种类——轻巡洋舰和战列巡洋舰。

10. 在中国的 3.65 亿日元赔款中，54% 被用于军备扩充，在这 54% 当中，日本海军到此时为止所获的份额最大——达 38%。总赔款的 32.6% 被用于交通运输费和鱼雷艇建造的补充预算。山村耕造，《得不偿失的胜利？明治时代军国主义在日本技术进步中的作用》，第 127 页；小野义一，《日本的战争、军备支出》，第 73 页。

11. 该计划详情在日本海军省，《山本权兵卫与海军》，第 348—349 页。

12. 日本海军省，《山本权兵卫与海军》，第 353 页。

13. 日本海军省，《山本权兵卫与海军》，第 355—356 页；野村实，《苏伊士运河》，第 41—42 页。

14. 1898 年，山本成为海军大臣后不久，他试图促成一项更大规模的海军扩充计划，一个对未来更具约束力的计划。山本提议将海军的规模增加到 35 万吨，他在草案中宣称，海军是"保卫帝国最重要的工具"，在可预见的未来，日本海军的最低力量应该是列强在东亚的舰队和基地里维持的舰艇吨数的一半。换句话说，这样一支海军的实力将是当时日本海军力量的 3 倍，比德国和美国加起来的规模还要大。在扩充军备上，山本有点做过头了。这样的扩充计划不仅远远超出了日本国力的支持能力，而且他公然宣称海军在国防上居于首要地位，这不可避免地遭到了陆军的反对。埃文斯，《萨摩派》，第255—256页。

15. 瓦茨和戈登，《旧日本海军》，第9页。

16. 日本海军省，《山本权兵卫与海军》，第350页。

17. 瓦茨和戈登，《旧日本海军》，第104—105页；谢诺、科列斯尼科，《1860—1905年的世界所有舰艇》，第122页。

18. 瓦茨和戈登，《旧日本海军》，第5—6页。"富士"号和"八岛"号的详细规格和历史见布鲁克，《为日本建造的阿姆斯特朗战列舰》，第269—270页。

19. 谢诺、科列斯尼科，《1860—1905年的世界所有舰艇》，第218页。"三笠"号的详细规格和历史见布鲁克，《为日本建造的阿姆斯特朗战列舰》，第278—282页。

20. 瓦茨和戈登，《旧日本海军》，第17—22页。

21. 瓦茨和戈登，《旧日本海军》，第104—117页。

22. 谢诺、科列斯尼科，《1860—1905年的世界所有舰艇》，第237页；瓦茨和戈登，《旧日本海军》，第227—235页。

23. 林克也，《日本军事技术史》，第127页。

24. 日本防卫厅防卫研究所战史部，《战史丛书·海军军战备第一辑，1941年11月以前》，第52页。筱原宏在《海军创设史》第409页暗示，水雷的研发人员小田喜代藏中佐从英国偷带出了高度机密的情报，该情报不仅与水雷的内容有关，而且与鱼雷的内容有关。

25. 有一些证据表明，日本海军通过不正当手段获得了这种炸药。麦宁炸药（Melinite，一种法国版苦味酸炸药）的样品在可疑的情况下被从法国带回了日本，在日本海军工厂里被一名叫下濑雅允的工程师进一步改进，新型炸药就是他发明的。筱原宏，《海军创设史》，第410页；林克也，《日本军事技术史》，第138—144页。

26. 罗普，《一支现代海军的发展》，第216—217页；林克也，《日本军事技术史》，第143页。

27. 佩里，《英国和旧日本海军，1858—1905》，第207—242页。

28. 谢诺、科列斯尼科,《1860—1905 年的世界所有舰艇》, 第 217 页。

29. 见本章末尾的日俄海军实力对比。上面的统计没有把"千代田"号计入装甲巡洋舰类别内, 因为它太老太小, 武装是轻型武器。日军有 90 艘鱼雷艇, 但只有 58 艘是新近建造的。

30. 筒井充,《日本海军史上对俄战备的特点和成果》, 第 58—59 页。

31. 筒井充,《日本海军史上对俄战备的特点和成果》, 第 56 页; 筒井充,《主力舰发展史》, 第 29—50 页。

32. 条约的具体条款, 见尼什,《英日同盟》, 第 216—218 页。

33. 池田清,《日本的海军》, 上册, 第 178 页; 尼什,《英日同盟》, 第 251—255 页。

34. 尼什,《英日同盟》, 第 213—214 页和第 251 页。

35. 池田清,《日本的海军》, 上册, 第 180—181 页。

36. 燃料座谈会,《日本海军燃料史》, 上册, 第 11—12 页。

37. 燃料座谈会,《日本海军燃料史》, 上册, 第 13—14 页, 第 53 页, 第 63 页。

38. 太田阿山,《男爵坂本俊笃传》, 第 61—62 页; 实松让,《海军大学教育》, 第 117—122 页。

39. 康沃尔,《明治海军: 变革时代的训练》, 第 146—151 页。不过, 海军大学校并非通向高级职位的唯一途径。当然在 19 世纪末期, 从海军兵学校毕业时的班级名次是决定晋升速度和能否获得优越职位的重要因素。埃文斯,《萨摩派》, 第 210—212 页。

40. 筱原宏,《海军创设史》, 第 400—405 页; 日本, 海军教育本部,《帝国海军教育史》, 第五卷, 第 645—646 页。

41. 太田阿山,《男爵坂本俊笃传》, 第 64 页。

42. 实松让,《海军大学教育》, 第 122—123 页。

43. 中村繁丑,《元帅岛村速雄传》, 第 41 页。

44.《海战要务令》和英国海军 18 世纪的《战斗教范》不一样, 它是作为舰队机动和战术基础的一套一般原则, 而不是指挥官如果无视, 就会陷入危险的规则。然而, 它们代表了日本海军战术原则的核心, 因此是其最高机密之一, 一直被严格保密。《海战要务令》总共被修订了 5 次，分别是在 1910 年、1912 年、1920 年、1928 年和 1934 年。修改它是一件复杂的事情，需要天皇本人的最终批准。要追溯《海战要务令》的沿革是很困难的，因为今天只有 1901 年、1912 年和 1934 年的版本存在，其余的毫无疑问都在太平洋战争的最后几天里被销毁了。篠原宏，《海军创设史》，第 405 页；日本防卫厅防卫研究所战史部，《战史丛书·海军军战备第一辑，1941 年 11 月以前》，第 135—137、第 140—141 页；日本防卫厅统合幕僚学校，《近代日本统合战史概说》，第 307—308 页；埃文斯 1985 年 10 月与外山三郎的谈话。

45. 除非另有说明，以下关于秋山在日本海军作战理论发展中所处地位的讨论都引自皮蒂，《秋山真之》。

46. 岛田瑾二，《在美国的秋山真之》，第 39—61 页；里韦拉，《大棒和短剑》，第 106—107 页。作为对注释 45 引用的皮蒂关于秋山文章的修正，里韦拉在他的文章《秋山真之：日本的首席海军战略家，1897—1907 年》中已经确认了秋山观察圣地亚哥海战时所乘的那艘船。该船是陆军承包的一艘辅助船，不是桑普森将军舰队的军舰。

47. 岛田瑾二，《在美国的秋山真之》，第 318—351 页。

48. 篠原宏，《海军创设史》，第 409—413 页。原因并不清楚，美国海军战争学院肯定会拒绝，但可能日本人自己也没了兴趣。篠原宏，《海军创设史》，第 413 页称坂本在海牙参加国际和平会议时遇到过马汉，但离开时没对他留下什么印象。

49. 篠原宏，《海军创设史》，第 436 页；以及岛田瑾二，《秋山真之的海军兵学》，第 96—97 页。

50. 我们所知道的秋山的贡献主要来自他授课的手稿，后来以油印或印刷的形式流传。那些保留到今天的是（每一份手稿代表他在海军大学校里教的一门课程）：《海军基本战术》（1903 年和 1907 年版）、《海军应用战术》（1903 年、1907 年、1908 年版）、《海军战务》（1903 年和 1908 年版）。他的海军战略课程的文本今天已经不存在了，而且上面提到的这些手稿都没有被翻译成英文。

51. 秋山的手册被命名为《兵语解说》（出版方不详，1902 年版）。见岛田瑾二，《秋山真之的海军兵学》，第97页。他还致力于废除多年来悄悄进入日本专业海军用语中的英语词汇。例如他坚持用"kankyo"（舰桥）代替"bridge"（驾驶台），用"tantei"（短艇）代替"boat"，这是对独立的日本海军思考方法的一大贡献。秋山真之会，《秋山真之》，第169页。

52. 久住忠男，《秋山真之与日本海海战》，第355页。秋山的这句话出自筱原宏的一篇文章：《秋山兵学探秘》，第123页。

53. 欲了解美国海军兵棋推演的演变和内容，可参见麦克修，《海军战争学院的兵棋推演》。

54. 岛田瑾二，《秋山真之的海军兵学》，第98页和第101页。

55. 久住忠男，《秋山真之与日本海海战》，第354页；日本防卫厅防卫研究所战史部，《战史丛书·海军军战备第一辑，1941年11月以前》，第126页和129页；土肥一夫，《图上演习和兵棋演习》，第86—90页。

56. 秋山真之会，《秋山真之》，第142—144页。

57. 十多年前，我们中的一个人在《美国海军学会学报》上写了一篇关于秋山的文章（皮蒂，《秋山真之》），在这篇文章中，他表面上相当不加批判地接受了这些主张。从那以后，我们对这些主张就越来越不相信了。例如，在一篇关于日本中世纪水上战术和对马海战关系的文章中，小笠原长生称东乡为了在俄国舰队前占据T字阵位所做的著名转弯早在几个世纪前就已经被想到了。见他的著作《日本海海战与中古的水军》，第242—248页。就算这可能是真的，这种战术也要到19世纪后期远程海军火炮出现时才有意义。远程海军火炮安装在一个旋转的炮塔上，通过这种炮塔，炮火可以集中攻击正在逼近的敌舰纵队的领航舰。虽然这些古代著作可能为秋山提供了某种程度的灵感和民族自豪感，但他是当代的海军专业人士，在考虑基于现代火力、速度和装甲的战术概念时不会把它们放在优先位置。在这方面，秋山提到过他自己的战术准则（就算不是东乡的）："我通过研究各种战争的结果，借鉴过去的战争结果，特别是对今天可能发生的战争进行推测，来确定应用型战术的可取之处。"筱原宏，《秋山兵学探秘》，第127页。

58. 久住忠男，《秋山真之与日本海海战》，第355页；筱原宏，《海军创设史》，第 436 页。

59. 秋山真之会，《秋山真之》，第 144 页；小山弘健，《近代日本军事概说》，第 258—259 页；岛田瑾二，《秋山真之的海军兵学》，第 106 页；安井沧溟，《我对秋山真之中将的看法》，第 141—142 页。秋山在海军大学校所授的课程与石原莞尔中佐（也是一个才华横溢但不循规蹈矩的军官）在陆军大学校所教的内容有相似之处，都在专业解释中混杂了精神元素。见皮蒂，《石原莞尔》，第 49—83 页。

60. 池田清，《日本的海军》，上册，第 230—231 页；小山弘健，《近代日本军事概说》，第 363—380 页。

61. 筱原宏，《海军创设史》，第 424—431 页。拥有舰队经验的当代海军军官指出，山屋的编队将极其难以实现（与美国海军退役军官韦恩·休斯上校以及美国海军后备队退役军官卡洛斯·R. 里韦拉的通信）。在《海军战术思想史》第 121 页中，菲奥拉万佐证明了这一点，称"圆弧"或许是一种可行的队形，但并未在西方海军中实际使用。

62. 筱原宏，《海军创设史》，第 426—427 页。

63. 马德尔，《剖析英国海权：无畏舰时代前的英国海军政策史》，第 517 页。

64. 筱原宏，《秋山兵学探秘》，第 128 页。一些专家认为东乡平八郎早在 1900 年担任常备舰队司令官时就开始在演习中使用 T 字横切战术了。见野村实，《东乡平八郎的战术眼光》，第 81 页。

65. 岛田瑾二，《秋山真之的海军兵学》，第 98—99 页。

66. 筱原宏，《秋山兵学探秘》，第 127 页。

67. 筱原宏，《秋山兵学探秘》，第 128 页。

68. 筱原宏，《海军创设史》，第 439 页；野村实，《学习海战史》，第 91—92 页；和野村实，《东乡平八郎的战术眼光》，第 82—85 页。

69. 对皇家海军射击指挥早期发展的专业讨论，可见墨田的《追求命中：1901—1912 年皇家海军远程炮术的发展》一文。美国海军的相关发展，见弗里德曼，《美国海军武器：自 1883 年到今天为止使用的所有火炮、导弹、水雷和鱼雷》，第 25—30 页。

70. 摩斯和拉塞尔，《距离和视野》，第33—34页。

71. 这一评价是弗里德里克·J.米尔福德博士在1994年7月29日为本书两位作者提供的。

72. 日本防卫厅防卫研究所战史部，《战史丛书·海军军战备第一辑，1941年11月以前》，第115—116页。

73. 东乡的主要英文传记有：小笠原长生，《东乡大将的一生》；福克，《东乡和日本海军力量的崛起》；博德利，《东乡大将》；布朗德，《东乡大将》。这些都是吹捧性的传记，对东乡及其历史地位的批判性研究还没有用英语和日语写过。

74. 伊藤正德，《思念大海军——它的兴亡与遗产》，第144页。

75. 千早正隆，《海军经营者》，第109—110页。

76. 外山三郎，《日俄海战史的研究》，上册，第230页。

77. 岛田瑾二，《联合舰队参谋秋山真之》，第43页。

78. 外山三郎，《日俄海战史的研究》，下册，第526—529页；镰田芳朗，《日本海军电信史话》，第68—71页。日本的无线电报技术可能落后于西方最好的海军，但在实际运用上优于俄国海军。俄国有很好的无线电设备，但由于各种原因，不能充分利用它。见赫兹利特，《电子设备和海权》，第43—49页。

79. 科贝特和斯莱德，《日俄战争中的海军作战，1904—1905年》，第一卷，第74、第79和第86页。到战争初期一个重要海军基地——八口的海底电报，甚至在日俄战争开始前就开始发挥作用了。外山三郎，《日俄海战史的研究》，下册，第525—526页。

80. 秋山真之会，《秋山真之》，第73—74页；实松让，《海军大学教育》，第165页；岛田瑾二，《秋山真之的海军兵学》，第103页。

81. 带图表的联合舰队原始作战计划，见外山三郎，《日俄海战史的研究》，上册，第384—402页。准确的英文翻译见科贝特和斯莱德，《日俄战争中的海军作战，1904—1905年》，第一卷，第474—491页。

82. 外山三郎，《日俄海战史的研究》，上册，第387页。

83. 外山三郎，《日俄海战史的研究》，上册，第388页。

84. 外山三郎，《日俄海战史的研究》，上册，第 402 页。

85. 外山三郎，《日俄海战史的研究》，上册，第 237 页。

86. 外山三郎，《日俄海战史的研究》，上册，第 237—238 页。1903 年 12 月的《对俄作战计划》没有标明日期，但极有可能是在当月中旬军令部试探东乡意向后被制订出来的。

87. 对日本战略的广泛分析，见科贝特和斯莱德，《日俄战争中的海军作战，1904—1905 年》，第一卷，第 63—68 页。

88. 在这些演习中，日本海军舰队被分成东（日本）舰队和西（俄国）舰队，东舰队的任务是阻止驻扎在黄海和日本海的西舰队两支分舰队会合。海大的教官和学生都被委以两支舰队的重要参谋职务。例如，秋山就担任西舰队的作战参谋；山屋他人也在东舰队担任同样的职务。虽然演习结果对日军方面来说只被判定为取得部分胜利，但为日本海军准备日俄战争中实际发生的作战行动积累了宝贵的经验。岛田瑾二，《露西亚战争前夜的日本舰队》，第 60 页。

89. 筱原宏，《海军创设史》，第 444—445 页。

90. 外山三郎，《日俄海战史的研究》，上册，第 239 页。

91. 外山三郎，《日俄海战史的研究》，上册，第 359 页。

92. 岛田瑾二，《联合舰队参谋秋山真之》，第 38—39 页。

93. 有关日俄战争前日本在俄国情报工作的一般性讨论，见尼什，《日本情报机关和日俄战争的临近》。

94. 筱原宏，《海军创设史》，第 443—445 页；以及外山三郎，《日俄海战史的研究》，上册，第 207、第 211、第 215—217 页。

95. 岛田瑾二，《联合舰队参谋秋山真之》，第 41 页。

96. 外山三郎，《日俄海战史的研究》，上册，第 242—243 页。日本陆军想在 1 月开战，但海军军令部坚持要推迟，它不仅是为了准备海上进攻，还是为了保证从欧洲出发，还在航行途中的 2 艘新巡洋舰（"春日"号和"日进"号）的安全。

97. 田中宏巳，《日本海海战与东乡平八郎》，第 161 页。阻塞突袭是秋山真之和海军中佐有马良橘的想法。有马在两年前设法溜进了旅顺港进行侦察，现在利用他对旅顺港基地的了解制订出了阻塞作战的具体细节。安井沧溟，《我对秋山真之中将的看法》，第 158 页；筱原宏，《秋山兵学探秘》，第 119 页；埃文斯 1985 年 10 月与田中宏巳和桑田悦的谈话。

1902 年的《海战要务令》有很大一部分是秋山起草的，它包含了用这种方法封锁港口的详细指示，这无疑是为旅顺港而写的。秋山可能从美西战争中桑普森将军的沉船阻塞作战中学到了很多。

98. 东乡认为俄国人本质上是消极作战的评估是正确的。沙皇 1904 年 1 月 28 日的命令"允许"日军在北至济物浦的朝鲜登陆，实际上就是向日本交出了日本开局行动所需要的一切。

99. 外山三郎，《日俄海战史的研究》，上册，第 359 页。

100. 外山三郎，《日俄海战史的研究》，上册，第 359—360 页。

101. 科贝特和斯莱德，《日俄战争中的海军作战，1904—1905 年》，第一卷，第 82 页。

102. 外山三郎，《日俄海战史的研究》，上册，第 361 页。

103. 岛田瑾二，《露西亚战争前夜的日本舰队》，第 56—57 页。

104. 海军水雷史刊行会，《海军水雷史》，第 12—13 页。

105. 将鱼雷的射程从几百米增加到 3000 米，并将速度降低到 12 或 13 节——马卡罗夫的这一想法引起了海军军令部的兴趣，他们将这个想法转达给了海军大臣山本权兵卫。鉴于铃木少佐在鱼雷战方面的经验，山本权兵卫向他征求了意见。铃木严厉斥责了这一设想，他指出：如果这种攻击在白天进行，鱼雷的低速将使目标敌舰得以采取规避行动；如果在夜间进行，目标将变得太模糊而无法命中。最后铃木认为在如此远的距离上发射鱼雷"将使我们勇敢的将士显得怯懦"。尽管铃木坚决反对新的鱼雷发射条令，它还是在日俄战争前几年成了日本海军的作战原则。铃木贯太郎，《自传》，第 27—28 页。鱼雷以 12 节的速度航行 2500 米的距离所需要的时间是 8 分多钟，这点时间足够进行机动来规避鱼雷。

106. 例如，每次射击都导致炮管磨损（典型的炮管可以发射 100—300 发炮弹），在 1903 年秋季的联合舰队射击练习中，12 英寸和 8 英寸炮的练习射击次数被严格限制。岛田瑾二，《联合舰队参谋秋山真之》，第 43—44 页。

第四章 苦尽甘来：
日本海军和日俄战争，1904—1905 年

1. 这部宏大的作品共 147 卷，今天被历史学家称为《极密明治三十七八年海战史》（以下简称《日俄海战秘史》），即使在日本海军内部也不为人知；直到第二次世界大战后才被曝光。我们没有亲自审阅过这本书，但在写这个章节时，主要依赖于外山三郎的两卷本《日俄海战史的研究》，该书主要引用的资料就是《日俄海战秘史》。我们还利用了朱利安·科贝特的权威著作《日俄战争中的海军作战，1904—1905 年》。这本书是 1914 年科贝特在海军部情报处的支持下与埃德蒙·J. W. 斯莱德合著的，直到最近由海军学会出版社再版才为人所知。它依靠众多英国观察员与日本舰队的报告，还有日本的《日俄海战秘史》写成，是目前用英语出版的最好的日俄战争海战史。

2. 科贝特和斯莱德，《日俄战争中的海军作战，1904—1905 年》，第一卷，第 54 页。

3. 外山三郎，《日俄海战史的研究》，上册，第 326 页。

4. 外山三郎，《日俄海战史的研究》，上册，第 327 页。

5. 外山三郎，《日俄海战史的研究》，上册，第 103 页。

6. 科贝特和斯莱德，《日俄战争中的海军作战，1904—1905 年》，第一卷，第 99 页。

7. 第一驱逐队中最早发起攻击的驱逐舰报告其在 400—800 米的近距离实施了攻击，而后来实施攻击的驱逐舰报告其在 1000—1200 米上进行射击。由于能见度很低，战斗激烈，这些日军单位估计的距离很可能都不准确。

8. 外山三郎，《日俄海战史的研究》，上册，第 446 页。

9. 驱逐舰直到 1904 年初夏才安装无线电设备，当时每支驱逐舰中队都有一艘舰艇配备了一套传输距离可达 20 英里的无线电设备。外山三郎，《日俄海战史的研究》，下册，第 529—530 页。

10. 外山三郎，《日俄海战史的研究》，上册，第 446 页；外山三郎，《日清、日俄和大东亚战争海战史》，第 211 页；赫伯特·W. 威尔逊，《战斗中的战列舰》，第一卷，第 184 页。

11. 外山三郎,《日俄海战史的研究》,上册,第 103 页。

12. 外山三郎,《日俄海战史的研究》,上册,第 449 页。

13. 外山三郎,《来自过去的教训》,第 63—64 页;赫伯特·W. 威尔逊,《战斗中的战列舰》,第一卷,第 187 页。

14. 筱原宏,《秋山兵学探秘》,第 132 页。

15. 筱原宏,《秋山兵学探秘》,第 132 页。

16. 在广濑武夫去世之前,日本海军严格禁止公布参与作战行动的舰船名和人员名。根据一项最近的研究,日本海军把广濑树立成正面典型是为了转移公众对海军拙劣的沉船阻塞作战的注意力。当时在军令部任职的小笠原长生中佐负责一项公关工作:把广濑武夫的声誉提升到"军神"的水平。这项工作的成果便是建了一座广濑的公共雕像,并对他的战死做了理想化的描述(由小笠原长生匿名撰写),描述的内容在教科书上被重印了几十年。田中宏巳,《"军神制造"演出记》,第 226—229 页。

17.《日俄海战秘史》清楚地表明实际上是东乡一再主张封港,但始终没有封住。军令部派财部彪(山本权兵卫的女婿)中佐去劝说东乡放弃沉船阻塞作战,最终将其说服。外山三郎,《日俄海战史的研究》,上册,第 103—104 页。

18. 虽然日本海军在中日甲午战争中没有机会使用水雷,但几十年来水雷一直是日本海军军火库的重要组成部分。第一批水雷是 1878 年用"扶桑"号从英国运过来的。日本国内生产水雷始于 1882 年。到 1886 年,日本海军工厂已经在生产浮动水雷、接触水雷和电动水雷。海军水雷史刊行会,《海军水雷史》,第 271 页。

19. 俄国的损失数字把巡洋舰"博亚林"号也包括在内,该舰虽然在被鱼雷击中后发生了倾斜,但最初是被一枚它自己的水雷炸瘫痪的。一艘奉命用鱼雷攻击它的俄国驱逐舰无法依照命令行事。"博亚林"号被遗弃后在一场风暴中沉没。科贝特和斯莱德,《日俄战争中的海军作战,1904—1905 年》,第一卷,第 121 页。

20. 2 月 24 日的沉船阻塞作战为第十二师团在济物浦的登陆提供了掩护;3 月 27 日,黑木将军北上越过朝鲜海岸在镇南浦(南浦)登陆;5 月 3 日,第二军在魏子窝登陆。对此战略的扩展说明,参见科贝特和斯莱德,《日俄战争中的海军作战，1904—1905 年》，第一卷，第五、第九、第十一、第十二章。

21. 科贝特和斯莱德，《日俄战争中的海军作战，1904—1905 年》，第一卷，第 139—140、第 143、第 158—159 页。

22. 外山三郎，《日俄海战史的研究》，上册，第 391 页。

23. 外山三郎，《日俄海战史的研究》，上册，第 609 页；科贝特和斯莱德，《日俄战争中的海军作战，1904—1905 年》，第一卷，第 377 页。

24. 科贝特和斯莱德，《日俄战争中的海军作战，1904—1905 年》，第一卷，第 385 页。

25. 外山三郎（《日俄海战史的研究》，上册，第 650 页）称东乡未能全力发动进攻，部分原因是作战计划要求在黄昏时由驱逐舰和鱼雷艇发动攻击，而没有规定在白天的那个时候用日军主力去实施攻击。我们可以批评作战计划——可能是秋山制定的——但我们也心存疑惑，东乡为什么没有把这些计划搁置在一边，趁他有机会的时候抓住机会呢？

26. 科贝特和斯莱德，《日俄战争中的海军作战，1904—1905 年》，第一卷，第 412 页。联合舰队参谋部对这个问题做了研究，得出结论：发射的鱼雷无一命中的主要原因是发射鱼雷的距离过长，虽然有许多战斗后的报告称，鱼雷的发射距离在 400—800 米以内。一个重要的次要原因是缺乏协同攻击。外山三郎，《日俄海战史的研究》，上册，第 658—662 页。此外，数月以来在海上与恶劣天气做斗争，并竭力保持旅顺港的封锁，使人疲惫不堪，这可能是导致舰长和舰员未能在更近距离发动攻击的原因之一。外山三郎，《日俄海战史的研究》，上册，第 655 页。

27. 野村实，《上村彦之丞的忍耐》，第 124—125 页。

28. 在这种情况下，大本营担心符拉迪沃斯托克分舰队可能会趁机绕过四国和九州进入黄海，命令上村带领他的舰队开往九州南岸去阻止俄国人。上村的直接上司东乡不知道这个命令，他怀疑俄罗斯舰队将返回津轻海峡和符拉迪沃斯托克（这个怀疑是正确的），命令上村全速前进到达津轻海峡的西入口，在那里等候敌人。上村听从了第一个命令（即大本营的命令），而俄国人则毫无阻碍地溜回了海峡。野村实，《学习海战史》，第 73—74 页。

29. 罗林斯，《1904 年红海和印度洋上的俄国商船袭击部队》，第 102 页。

30. 野村实，《学习海战史》，第 125 页。

31. 在 9 月初和 12 月中旬，日本海军因为水雷在辽东半岛损失了 4 艘战舰和 429 名官兵。

32. 《日俄海战秘史》载有秋山在 11 月 27 日—12 月 6 日写给乃木希典将军的参谋的联络官岩村团次郎的 10 封信。第一封写于初次进攻 203 高地失败后，最后一封写于高地被占领。这些信之所以特别，是因为它们篇幅很长、言辞恳切，并对占领 203 高地的战略必要性做出了详尽解释。千早正隆在他的《日本海军的战略设想》一书中（第 111—121 页）公开了这些信件的内容，他认为秋山对乃木和第三军策划攻占旅顺港具有决定性影响。而且，他认为秋山是聚焦 203 高地的根本原因。大概在 1900 年的时候，秋山在从美国留学回国的路上曾在土伦停留过一段时间，参观拿破仑堡〔Fort Napoleon，之前叫埃吉列堡（fort of Eguillette），拿破仑在 1793 年占领后用来突破英国和西班牙舰队对土伦的包围〕时给他留下了深刻印象。见千早正隆，《日本海军的战略设想》，第 119—120 页；千早正隆，《海军经营者》，第 164—170 页；这些信件全文转载在《海军经营者》的附录中（第 236—255 页）。

33. 1905 年 3 月，陆军参谋本部要求海军在攻占库页岛的两栖作战中予以配合，并协助陆军从朝鲜东北部从陆路占领符拉迪沃斯托克。日本海军在遭遇并击败波罗的海舰队前一直拒绝考虑这样的军事行动。这种不愿与陆军合作的态度，甚至在波罗的海舰队 5 月份被击败之后仍然存在。在战争的最后几周，日本海军仍然拒绝协助日本陆军在朝鲜东北部海岸登陆，尽管它参与了对库页岛的占领。角田顺，《满洲问题和国防方针》，第 651—653 页。

34. 此时所有参加演习的官兵都清楚即将进行的武器试验的实质。战前对练习中使用弹药的限制已不复存在。例如，在这些演习进行的 10 天时间里，一艘日军战列舰消耗了 2000 发各种口径的炮弹，这是它一整年的练习弹药分配量。黛治夫，《海军炮战史谈》，第 231 页。

35. 外山三郎，《日俄海战新史》，第 230 页；外山三郎，《日俄海战史的研究》，下册，第 184 页。

36. 田中宏巳，《日本海海战与东乡平八郎》，第 174 页；科贝特和斯莱德，《日俄战争中的海军作战，1904—1905 年》，第二卷，第 149、第 200—202 页。

37. 户高一成，《日本海海战》，第 227 页。见科贝特和斯莱德，《日俄战争中的海军作战，1904—1905 年》第二卷，第 242—243 页的分析。

38. 秋山真之会，《秋山真之》，第 196—198 页。1905 年 4 月 13 日，上村将军率领的一支舰队在通往符拉迪沃斯托克的航路上埋设了 750 颗水雷。外山三郎，《日俄海战史的研究》，下册，第 181 页。

39. 户高一成，《日本海海战没有丁字战术》，第 229 页。

40. 外山三郎，《日俄海战史的研究》，上册，第 391 页。

41. 外山三郎，《日俄海战史的研究》，下册，第 222 页。

42. 外山三郎，《日俄海战史的研究》，下册，第 224 页。

43. 外山三郎，《日俄海战史的研究》，下册，第 219、第 223—229 页；以及科贝特和斯莱德，《日俄战争中的海军作战，1904—1905 年》，第二卷，第 243 页。

44. 这种新爆炸装置由 4 颗水雷和 100 米长的绳索组成。许多这种 100 米长的分段，连同假水雷，将由一支驱逐队和一艘被俘的俄国驱逐舰（以欺骗敌人）放置在俄国战列舰面前和它们要经过的航线上。这种策略看起来很奇怪，但俄国人非常认真地对待日本的水雷，并预料到了它们的用处。科贝特和斯莱德，《日俄战争中的海军作战，1904—1905 年》，第二卷，第 210 页；户高一成，《日本海海战》，第 229—231 页；志摩亥吉郎，《从海军兵学校到日俄战争结束》，第 104—105 页；科贝特和斯莱德，《日俄战争中的海军作战，1904—1905 年》，第二卷，第 196 页、第 210 页。欲了解修改后作战计划中突袭部队作战计划的完整内容，见外山三郎，《日俄海战史的研究》，下册，第 223—229 页；科贝特和斯莱德，《日俄战争中的海军作战，1904—1905 年》，第二卷，第 243 页。

45. 志摩亥吉郎，《从海军兵学校到日俄战争结束》，第 108 页。

46. 志摩亥吉郎，《从海军兵学校到日俄战争结束》，第 107—109 页。

47. 5 月 23 日，日本海军指挥机关接到消息，俄国舰队在巴士海峡（Bashi Channel）太平洋一侧检查了由三井公司包租的挪威货船"奥斯卡二世"号（Oscar

II）。挪威方面的证词称，俄国人"正穿越朝鲜海峡前往符拉迪沃斯托克"，日本当局对此不太相信。因为俄国人在太平洋的出现似乎表明有一条更宽的航线。

48. 5月25日，除东乡外，所有指挥官和参谋都在"三笠"号上开会。令人惊讶的是，没有东乡签字的密封命令已经准备好了，指示舰队如果在5月26日中午还没有看到俄军的话，就在晚上出发前往北海道。这一决定被电告给了东京的海军军令部，在那里引起了一片惊愕。海军军令部发出了一份措辞严厉的回复，命令舰队原地不动。这种对指挥的破坏造成了暂时的混乱，但从来没有人对此做出过解释，因为细节直到1982年都被埋藏在了《日俄海战秘史》中。野村实，《日本海海战即将爆发前的密封命令》，第2—13页。

49. 田中宏巳，《日本海海战与东乡平八郎》，第177页；野村实，《学习海战史》，第97—98页。

50. 帕德菲尔德，《战列舰时代》，第138页提到了俄国主力舰严重的"船舷内倾"结构（船舷从吃水线到甲板向内倾斜），它们高而几乎没有保护的舷侧以及高耸的上层建筑，使得它们非常不稳定。

欲对对马海战的舰船和战斗本身进行仔细研究，见N. J. M. 坎贝尔，《对马海战》，第39—49、第127—135、第186—192、第258—265页。

51. 1903年年末，由于预计将与俄国开战，除了海军辅助舰和内河炮艇之外，日本海军为所有舰艇都订购了灰色油漆。这种颜色在日俄战争后被保留了下来，1907年标准化的涂装体系在太平洋战争中期前基本没有改变。见威尔斯，《日本海军的涂装体系：1904—1945》，第20—35页。

52. 外山三郎，《日俄海战史的研究》，下册，第530—531页。

53. 科贝特和斯莱德，《日俄战争中的海军作战，1904—1905年》，第二卷，第224页。

54. 赫伯特·W.威尔逊，《战斗中的战列舰》，第一卷，第243—244页。

55. 欲了解对朝鲜海峡对岸的日军掩护部队的尖锐批评，见科贝特和斯莱德，《日俄战争中的海军作战，1904—1905年》，第二卷，第220—227页。若干舰船脱离岗位，存在一个缺口，罗杰斯特文斯基差点就逃了出来。

56. 外山三郎，《日俄海战史的研究》，下册，第334页。见皇家海军的报告：

英国海军部，海军军械司，《从海军炮术的角度对日俄战争事件的研究》，第 101 页。

57. 罗杰斯特文斯基在大约 12 点 40 分时重新将舰队分成两支纵队。与他同在"苏沃洛夫"号上的 V. I. 谢苗诺夫写道："日本的那些轻巡洋舰（出羽的编队）再度靠近左舷，但这次有鱼雷艇伴随，而且显然打算穿过我们的航线。（罗杰斯特文斯基）上将怀疑日本人的计划是在我们前面布设水雷［就像他们在 7 月 28 日（8 月 10 日，黄海海战）所做的那样］，于是决定在右舷并排部署第 1 分队……信号有些混乱……结果第 1 分队并没有并排航行，而是成纵队前进，与第 2、第 3 分队平行。"谢苗诺夫的这段话引自韦斯特伍德，《对马海战的见证者》，第 171 页。

58. 虽然在大众的心目中，这个信号只与对马海战有关，但是东乡在 6 月 23 日俄军刚从旅顺出来时也发过这个信号（外山三郎，《日俄海战史的研究》，上册，第 570 页），而在早些时候，在对旅顺港的第一次白昼攻击时，他也发出几乎相同的信息（科贝特和斯莱德，《日俄战争中的海军作战，1904—1905 年》，第一卷，第 102 页；外山三郎，《日俄海战史的研究》，上册，第 447 页）。

59. 引自外山三郎著作里的日本海军秘史，可参见外山三郎，《日俄海战新史》，第 248 页。

60. 在小笠原长生的《东乡元帅的模样》一文中（第 124—134 页）可以找到从 20 世纪 30 年代开始对东乡作为 T 字战术英雄的描述。在当代从这个角度对对马海战做过可靠分析的是野村实，见《东乡平八郎的战术眼光》，第 68—97 页。

61. 可见韦斯特伍德，《俄国对付日本，1904—1905：重新审视日俄战争》，第 145—148 页。韦斯特伍德不仅对东乡的认知进行了明智的分析，而且他在重视这场战斗中的俄国一方也很有价值。日语文献中关于东乡转向引起最大争论的叙述是户高一成的《日本海海战没有丁字战术》（第 233—234 页）。

62. 这里有"三笠"号副长松村龙雄海军中佐的一段描述："那天有点雾蒙蒙的，到处都是雾。舰队继续前进，但我们对敌人的位置还不甚明了。然而，我们唯一的选择是继续进行，只以巡逻舰的报告为依据，别的什么也不做。我们不知不觉已经行驶了 1 万米。这在驾驶台上引起了争论，争论的主题是我们是在与敌人相对而行的情况下作战，还是在与他们航向平行的情况下作战。我们离得如此之近，而射击的准备工作却还没有完成。"松村的这段回忆引自户高一成，《日本海海战没有丁字战术》，第 19 页。

63. 黛治夫在《海军炮战史谈》第 147—149 页认为，由于当时的射击指挥技术很原始，高速移动的舰船很难击中一个固定的点，例如日军舰船纵队的转向点。此外，历史学家外山三郎（他自己就有丰富的航海经验）认为即使俄国战舰能够集中火力，没有一个日本舰长会如此轻率地驶入炮弹飞溅的火风暴中，他们都会绕着这个地点进行机动，就像绕着危险的浅滩进行机动一样（埃文斯与外山的对话，1985 年 11 月）。

不过，战斗的参加者并没有低估这种危险。科贝特和斯莱德借鉴英国人的目击报告写道，东乡的攻击"像纳尔逊在特拉法尔加的攻击一样有风险"。但这两位作者又补充说："像纳尔逊一样，东乡大将可能自信地指望着敌人远距离射击的无效。"

科贝特和斯莱德也解释了为何日军的舰船不那么容易被命中。首先，并不是所有的日军舰船都严格地保持着队形。东乡战队中的最后 2 艘战舰"日进"号和"春日"号巡洋舰转弯半径与战列舰不同，转弯时会绕得很宽。上村的第二战队并没有跟随东乡战队的航迹，而是在比东乡与敌人距离还远大约 1000 米的地方绕圈。他的舰船受益于东乡的炮火，后者（东乡战队的领航舰）在完成转向前就已经开始射击了，上村花了一段时间才回到东乡的后面。科贝特和斯莱德，《日俄战争中的海军作战，1904—1905 年》，第二卷，第 246—247 页。

最后，科贝特和斯莱德指出："当一支舰队这样暴露它自己的时候，敌人的炮手，甚至射击指挥官的敏锐都会诱使他们过快地开火，并瞄准较大的目标，以便在机会还在的时候充分利用机会，而不是仔细、准确地对个别舰船进行打击。"他们指出，俄军对日军转向的开火过程很迅速。科贝特和斯莱德，《日俄战争中的海军作战，1904—1905 年》，第二卷，第 247 页。

64. 日本人的射击速度有三种——"缓速""正常""急速"。

65. 要了解"三笠"号在对马海战的所有被命中记录，见外山三郎，《日俄海战史的研究》，下册，第 353—362 页。

66. 外山三郎，《日俄海战史的研究》，下册，第 249 页。

67. 一些日本历史文献颂扬上村的机动是一种聪明的主动行动和对 L 字战术的执行。这当然是一种主动行动，表明东乡允许他的指挥官们有自主性。但它不是对 L 字战术的执行，除非第二战队的任何独立机动都被算作对 L 字战术的执行。

68. 外山三郎，《日俄海战史的研究》，下册，第 421 页；科贝特和斯莱德，《日俄战争中的海军作战，1904—1905 年》，第二卷，第 304 页。

69. 外山三郎，《日俄海战史的研究》，下册，第 462 页；科贝特和斯莱德，《日俄战争中的海军作战，1904—1905 年》，第二卷，第 304—305 页。

70. 战后马上出现的损失是"三笠"号，该舰在战争结束几周后停在佐世保。在东乡离开它坐火车去东京参加英雄的欢迎仪式时，这艘旗舰神秘地失火了。在火被扑灭前，它烧到了后面的弹药库，弹药库爆炸炸死了许多船员，并使军舰沉没在了港口海底。"三笠"号的残骸最终被打捞上来，拖到了横须贺。它在那里被留作国家纪念馆，舰体被水泥包裹着。"三笠"号二战后被翻修一新，如今成了一个热门的旅游景点。

71. 小笠原长生，《东乡元帅的模样》，第 396—397 页。

72. 东乡命令的日语文本收录在外山三郎，《日俄海战史的研究》，下册，第 504 页；英语文本，小笠原长生，《东乡大将的一生》，第 400—402 页。

73. 威尔莫特，《海战》，第 32 页。

74. 科贝特和斯莱德，《日俄战争中的海军作战，1904—1905 年》，第二卷，第 333 页。

75. 要知道确切的命中率是不可能的，因为许多俄国舰船沉没了，无法进行核查。通过对此问题的详细研究，弗雷德里克·J. 米尔福德得出结论："日军不太可能达到 10% 的命中率。"米尔福德 1994 年 4 月 7 日致本书两位作者的信。

两年后，秋山真之告诉驻东京美国海军武官，日本人的命中率只有不到 4%，他的说法很可能是接近事实的。他说，他所引用的 40% 这个数字被日本媒体严重误传。见美国国家档案馆，海军作战部长记录，RG38，海军情报局，使馆专员报告，《美国海军武官报告》，第 7—8 页。《联合舰队作战计划》告诫炮手说，在 3500 米以上的距离，不要期望命中率超过 1%。参见上文对黄海海战的讨论；外山三郎，《日俄海战史的研究》，上册，第 391 页。

76. "三笠"号在整场战斗中都是俄军炮火的主要目标，但它的战斗能力并没有受到影响。东乡的2艘巡洋舰——"磐手"号和"浅间"号——在吃水线上被打出大洞。而另一艘巡洋舰"日进"有3门重炮被摧毁。但三舰在战斗结束时都还能战斗。

77. 英国观察员报告在对马海战中的日本舰船上穿甲弹和高爆弹的比例为1：3—1：4。英国海军部，海军军械司，《从海军炮术的角度对日俄战争事件的研究》，第111页。

78. 英国海军部，海军军械司，《从海军炮术的角度对日俄战争事件的研究》，第31页。

79. 林克也，《日本军事技术史》，第143—144页。黛治夫，《海军炮战史谈》，第117—121页，指出日本海军青睐弹壳薄、装有高爆炸药的"风吕敷炮弹"（见正文第三章）。这种炮弹的官方名称是"锻钢榴弹"（冷拉钢普通炮弹），它是对马海战中使用最多的炮弹，实际上在整场战争中都是如此。此外，即使当日本炮手发射"彻甲榴弹"（穿甲弹）时，它一般情况下也具有高爆弹的效果，因为它通常在撞击时爆炸，不会穿透敌舰的要害部位。黛治夫为这一结果感到遗憾，这是极不稳定的炸药在冲击压缩下受热造成的，而不是由于引信的任何缺陷，但他也承认："我们不能说这样（指炮弹没有发挥穿甲作用）没有效果。"这种爆炸产生的碎片比"风吕敷炮弹"更大，传播的距离也更远。

要了解有关"下濑火药"带来的影响的更夸张评论，见韦斯特伍德，《对马海战的见证者》，第226页；英国海军部，海军军械司，《从海军炮术的角度对日俄战争事件的研究》，第32、第46页。

80. 福克，《东乡和日本海军力量的崛起》，第392页。

81. 外山三郎，《日清、日俄和大东亚战争海战史》，第280页。

82. 英国海军部，海军军械司，《从海军炮术的角度对日俄战争事件的研究》，第15—16页。

里面也提到了日军射击指挥的局限性。在战斗最激烈的时候，当许多舰只都把火力集中在一个目标上时，它们很难观察到炮弹的下落，因为没有射距钟来精确地告诉它们自己船的炮弹什么时候会击中。射距钟直到1907年才被引进日本海军。见海军炮术史刊行会，《海军炮术史》，第 785 页。在战斗中，尽管东乡下令进行对校正弹着观测至关重要的齐射，实践证明这是不可能得到执行的（引自志摩亥吉郎，《从海军兵学校到日俄战争结束》，第 107 页）。英国观察家得出了这样的结论："一般来说，日本人不使用任何具有齐射性质的武器。"英国海军部，海军军械司，《从海军炮术的角度对日俄战争事件的研究》，第 23 页。

83. 两位著名的西方海军军人对日俄战争中涉及海军方面的战略原则的评论，见马汉，《海军战略》，第 422—425 页；肯普编，《费舍尔爵士的论文》，第二卷，第 337—338 页。

84. 正如马德尔在《剖析英国海权：无畏舰时代前的英国海军政策史》一书第 530—532 页所指出的那样，"无畏"号的基本设计方案早在日俄战争的教训还没有出现之前就已经被定下来了。但海军武官的报告支持了费舍尔对大口径炮的需求，并使海军部同意了他的观点。

85. 有关这些争议的概述，可参见陶瓦鲁，《对日俄战争经验的评估》，第 65—79 页。

86. 海军水雷史刊行会，《海军水雷史》，第 496 页；埃德温·格雷，《恶魔的炸弹》，第 175 页；马德尔，《剖析英国海权：无畏舰时代前的英国海军政策史》，第 525 页。格雷称，日本的鱼雷指挥官有时候会在太靠近目标的情况下发射他们的武器。当鱼雷的航行距离太短时，安全风扇的旋转度不足以使战雷头启动，如此一来，当它们攻击敌人战舰时，武器仍未上膛。

87. 赫伯特·W. 威尔逊，《战斗中的战列舰》，第一卷，第 264—265 页；埃德温·格雷，《恶魔的炸弹》，第 172 页；海军水雷史刊行会，《海军水雷史》，第 464 页；威尔莫特，《海战》，第 43 页。

88. 久住忠男，《秋山真之与日本海海战》，第 357 页。

89. 海军水雷史刊行会，《海军水雷史》，第 464 页。

90. 海军水雷史刊行会，《海军水雷史》，第 495 页。

91. 一战期间松下昌泰中佐在佐世保研发的"1919 式"鱼雷，以 38 节的航速可以航行 1 万米，以 27 节的航速可以航行 2 万米。海军水雷史刊行会，《海军水雷史》，第18—20页。

92. 海军水雷史刊行会，《海军水雷史》，第475、第492、第496—497页。

93. 户高一成，《日本海海战》，第235—236页；志摩亥吉郎，《从海军兵学校到日俄战争结束》，第104—105页。

94. 野村实，《学习海战史》，第80页。

95. 本书作者在这里要感谢威尔莫特关于对马海战后果的深刻见解，其中一些观点已经在这一段中有所反映。H. P. 威尔莫特致本书两位作者的信，1994年8月22日。

第五章 佐藤铁太郎：
日本海军战略的矛盾性，1908—1911 年

1. 角田顺，《日本海军三代之历史》，第95页。

2. 角田顺，《日本海军三代之历史》，第149—150页；伊藤皓文，《佐藤铁太郎的国防》，第23—24页。

3. 尚不清楚佐藤在英国或美国的什么地方进行了他的研究。有关明治时期个别日本海军军官在海外进行海军研究的资料通常都支离破碎或根本不存在（很可能是由于二战结束时相关资料被销毁），除非存在战前的"官方"传记（它们通常由军官们的纪念委员会在他们死后编撰）。然而，由于佐藤于1942年去世，战时的日本海军几乎没有时间进行这种需要安定环境的活动，因此现在不存在关于这位有影响力的日本海军思想家的传记。

4. 田中宏巳，《佐藤铁太郎》，第150—151页；伊藤皓文，《佐藤铁太郎的国防》，第18页。

5. 佐藤铁太郎，《帝国国防史论》，上卷，第144页。在得出结论的过程中，佐藤用了相当多的历史例子。回顾过去几个世纪里的西方海战，佐藤指出，没有掌握制海权的进攻者对岛屿领土的18次征服一次都没有成功过。相反，在拥有制海权的国家进攻岛屿领土及其防御工事的70个案例中，失败的只有2次，而失败是由于进攻者的根本错误和疏忽。佐藤铁太郎，《海防史论》，第23页。

6. 佐藤铁太郎，《帝国国防史论》，上卷，第198—225页；伊藤皓文，《佐

藤铁太郎的国防》，第 27—29 页。

7. 但它很快成为一项关键战略优势。1908 年，联合委员会批准将珍珠港发展为一个舰队基地。几年后，一条供大型船只使用的航道被疏浚后，建造工作就开始了。甚至在 1898 年之前，美国海军计划制订者就对日本关于夏威夷的计划感到担忧。爱德华·米勒，《橙色战争计划》，第 44 页。

8. 这些问题在《美国海军力量的崛起》一书中讨论过。见哈罗德·斯普劳特和玛格丽特·斯普劳特，《美国海军力量的崛起》，第 253—254 页。

9. 伊藤皓文，《佐藤铁太郎的国防》，第 35 页；佐藤铁太郎，《国防策议》，第 69—70 页。

10. 这些观点是小山弘健提出的，见小山弘健，《近代日本军事概说》，第 254 页；40 年前齐拉法也提出过，见齐拉法，《日本海军战略》，第 457—484 页。

11. 佐藤铁太郎等人，《国防问题研究》，第 8—10 页。

12. 在对日本海军到 1945 年战略的发人深省的研究中，克拉克·雷诺兹提出了一个很有说服力的论点（在具体细节上还有一些缺陷），即日本从未制定过国家海洋战略，正是因为日本的国家利益本质上是在大陆，因此最终是由其陆军的优先事务决定的。克拉克·雷诺兹，《日本帝国的大陆战略》，第 65—71 页。

13. 佐藤铁太郎，《国防策议》。我们掌握的这本小册子的副本标有"极密"的字样，还有其他迹象表明该册子只供海军内部传阅。

14. 佐藤铁太郎等人，《国防问题研究》，第 8—10、第 52—59 页。

15. 日本防卫厅防卫研究所战史部，《战史丛书·海军军战备第一辑，1941 年 11 月以前》，第 119、123 页以及中村仁彦的评论，见海军史研究会，《日本海军之书：总解说》，第 39 页。

16. 佐藤铁太郎，《帝国国防史论》，上卷，第 23—26 页。

17. 佐藤铁太郎，《国防问题研究》，附录《日本、英国、德国、法国、俄国和美国的海军力量图表》。美国海军战争学院教授约翰·H. 毛雷尔称美国不可能建造佐藤所预期的那样大规模的舰队。海军总委员会通常要求建造 48 艘现代战列舰，但它从来没有接近获得可以达到这一兵力水平的资源。毛雷尔致本书两位作者的信，1992 年 8 月 13 日。

18. 佐藤铁太郎，《帝国国防史论》，下卷，第 270—310 页。

19. 不能说对美七成比例就是佐藤或是秋山一个人的主意。由于这些年来他们在海军大学校的研究课题如此相近，联系又如此密切，这很可能是他们共同研究出来的结果。我们只把它与佐藤联系起来，是因为它最初在 1908 年佐藤的《帝国国防史论》中被提出过，后来又在 1913 年的小册子《国防问题研究》中被提出过（见注释 15[①]）。野村实，《对美英战争与对美七成比例的设想》，第 26—27 页。

20. 也就是说，对攻击方有优势的攻防之比是 1.5∶1，对防御方不利的攻防之比是 0.67∶1。如果攻防实力之比低于 0.67，那么攻击方取胜的概率就大；如果高于 0.67，那么防守方获胜的概率就大。对佐藤和秋山来说，70%（0.70）可能只是一个略大于 0.67 的方便数字。日本防卫厅防卫研究所战史部，《战史丛书·大本营海军部：联合舰队第一辑，到开战时为止》，第 158—159 页。

21. 菲斯克，《美国海军政策》，第 17—24、第 49—53 页。

22. 研究风帆时代海军的学者马克·A.坎贝尔认为，那个时代的海军指挥官已经意识到集中兵力（N 平方法则背后的基本原理）的重要性。坎贝尔 1992 年 2 月 16 日致本书两位作者的信。另一方面，约翰·H.毛雷尔提醒我们兰彻斯特方程的极端抽象性，认为风帆和蒸汽时代的海战没有一场符合该方程。他指出，海战既复杂又混乱，无法用这种预测理论来控制，就像陆战的 3∶1 规则具有高度的误导性一样。天气、训练、士气、领导力、火控系统和炮弹的质量都是复杂的变量，难以模拟，它们都太过复杂，不能包含在兰彻斯特方程中，但在决定胜败上起着很大的作用。毛雷尔致本书两位作者的信，1992 年 8 月 13 日。尽管如此，作为战术有效性的理论衡量标准，N 平方法则在 20 世纪初对所有主要海军的海军思想产生了很大影响。休斯，《舰队战术》，第 35—37、第 66—69 页证明了现代炮火累积效应的兰彻斯特方程和 J.V.蔡斯、安布罗斯·鲍德里两个西方海军作家的计算过程。欲了解对兰彻斯特方程的全面数学讨论，见摩尔

[①] 译注：原文如此，注释 15 并未提及《国防问题研究》。

斯和金伯尔，《作战研究的方法》，第 63 页之后。要了解这些公式后来对日本海军造成的影响，见阿川弘之，《不情愿的海军大将和帝国海军》，第 31—33 页。

23. 日本防卫厅防卫研究所战史部，《战史丛书·海军军战备第一辑，1941 年 11 月以前》，第 138—140 页。

24. 日本防卫厅防卫研究所战史部，《战史丛书·海军军战备第一辑，1941 年 11 月以前》，第 127 页。

25. 日本防卫厅防卫研究所战史部，《战史丛书·海军军战备第一辑，1941 年 11 月以前》，第 127 页。

26. 日本防卫厅防卫研究所战史部，《战史丛书·海军军战备第一辑，1941 年 11 月以前》，第 127 页。

27. 日本防卫厅防卫研究所战史部，《战史丛书·海军军战备第一辑，1941 年 11 月以前》，第 129 页。

28. 相比之下，美国战略家们则在一战期间就非常重视后勤。早在 1908 年，近 60% 的海军造舰预算用于配有可以高速输送煤炭的设备的大型运煤船。爱德华·米勒，《橙色战争计划》，第 91 页。

29. 爱德华·米勒，《橙色战争计划》，第 91 页。

30. 例如，1906 年 12 月，陆军参谋本部情报部长松石安治大尉①，为参谋本部起草了一份建议，敦促在亚洲大陆组建 50 个师团，以扩大日本在那里的存在。参见内田一臣对佐藤《帝国国防史论》的分析性导言，佐藤铁太郎，《帝国国防史论》，上卷，第 2—4 页。

31. 这一叙述引自日本防卫厅防卫研究所战史部，《战史丛书·大本营海军部：联合舰队第一辑，到开战时为止》，第 101 页。

32. 角田顺，《日本海军三代之历史》，第 98 页。

33. 《1907 年帝国国防方针》的日语完整文本、促成该方针的军种间谈判以及它被采用的过程见日本防卫厅防卫研究所战史部，《战史丛书·大本营海军部：

---

① 译注：原文如此，松石当时的军衔应为大佐。

联合舰队第一辑，到开战时为止》，第107—122页。

34. 伊藤皓文，《佐藤铁太郎的国防》，第17页。1907年声明的3份基本文件都没有正本，它们无疑是在第二次世界大战结束时被焚毁了。在几年前一个私人收藏中发现山县元帅的副本前，战后历史学家只是间接地知道这份文件。日本防卫厅防卫研究所战史部，《战史丛书·大本营海军部：联合舰队第一辑，到开战时为止》，第123页。

35. 高木惣吉，《私观太平洋战争》，第17页；阿川弘之，《不情愿的海军大将和帝国海军》，第194—195页。

36. 日本防卫厅防卫研究所战史部，《战史丛书·大本营海军部：联合舰队第一辑，到开战时为止》，第118页。

37. 大前敏一（《旧日本海军的兵术变迁及相应的军备及作战》，第一部分，第44页）认为日俄战争的主要交战表明，"六六舰队"在战术上是不平衡的，在当时，"八八舰队"才是实现最佳指挥和控制的最大舰船数量。日本防卫厅防卫研究所战史部，《战史丛书·海军军战备第一辑，1941年11月以前》，第121页，认为提尔皮茨在1898年的《第一海军法案》是日军"八八舰队"的滥觞。不过，1900年的《第二法案》很可能是"八八舰队"的灵感来源，因为前者只是规定要建造19艘战列舰，而后者则指定了由8艘战列舰组成的舰队编制。见赫韦格，《"奢侈"的舰队》，第42页。

38. 大前敏一，《旧日本海军的兵术变迁及相应的军备及作战》，第一部分，第42页。"八八舰队"计划和对美七成比例之间并没有确切的联系，因为考虑到技术的迅速变化、力量的均势和国际形势，只能做到粗略的近似关系。

39. 日本防卫厅防卫研究所战史部，《战史丛书·大本营海军部：联合舰队第一辑，到开战时为止》，第118页。

40. 尼什，《日本和华盛顿会议的海军方面内容》，第69页。

41. 角田顺，《日本海军三代之历史》，第98—99页；野村实，《世界建舰竞争》，第106—107页。

42. 日本防卫厅防卫研究所战史部，《战史丛书·大本营海军部：联合舰队第一辑，到开战时为止》，第225页。

43. 然而，日本海军不得不分阶段向"八八舰队"的目标前进。在日本海军看来，日本在 1905 年之后获得的第一批主力舰对"八八舰队"的建设并无帮助，因为它们是"前无畏"战列舰，从它们下水的那一刻起就过时了。此外，尽管在第一次世界大战之前已经有几艘无畏舰下水，但它们的建造工作并没有被确定为这个规模更大的舰队计划的组成部分。1917 年，更好的经济形势和来自美国舰艇建造的明显挑战促使日本国会为"八四舰队"计划提供资金，该计划将在 1923 年完成，这是向日本海军"八八舰队"目标迈出的第一步。1918 年，国会批准对"八六舰队"的建造进行资助，又在 1920 年为剩余的战舰提供资金，打算在 1927 年之前完成一支"八八舰队"。

第六章 向"八八舰队"迈进：
1905—1922 年间日本海军的扩充计划

1. 例如，费尔班克，《"无畏"号革命的起源：一篇历史研究文章》，第 246—272 页；墨田哲郎，《约翰·费舍尔爵士和"无畏"号》；兰伯特，《约翰·费舍尔爵士和小型舰队防御的构想，1904—1909》，第 639—660 页。

2. 想要了解对这些问题的详细讨论，可参见帕德菲尔德，《海上火炮》，第 202—228 页。

3. 例如，见墨田哲郎，《为了捍卫海上霸权》，第 51—61 页。

4. 普雷斯顿，《巡洋舰》，第 20、第 40 页。

5. 普雷斯顿，《驱逐舰》，第 14—17 页。

6. 赫韦格，《"奢侈"的舰队》，第 88 页。

7. 雷格，《飞过大海之翼：海军航空兵史》，第 9—25 页；米尔霍恩，《两批狐狸》，第 6—10 页。

8. 墨田，《追求命中》，第 25 页；弗里德曼，《美国海军武器：自 1883 年到今天为止使用的所有火炮、导弹、水雷和鱼雷》，第 29—30 页。

9. 拉克鲁瓦，《甲型巡洋舰的发展》，第二部分，第 60 页，注释 37。

10. 我们对这些问题的理解受到了弗里德里克·米尔福德（1991—1995 年致本书两位作者的信）和弗里德曼的著作（《美国海军武器：自 1883 年到今天为

止使用的所有火炮、导弹、水雷和鱼雷》，第85—97页）的指导。

11. 对于饱和蒸汽来说，温度与蒸汽压力之间有独特的关系；当然，过热是指在不增加压力的情况下提高蒸汽温度。

12. 弗里德曼，《战列舰设计和发展，1905—1945》，第91页；普雷斯顿，《战列舰》，第113页。

13. 弗里德曼，《战列舰设计和发展，1905—1945》，第93—94页。

14. 弗里德曼，《战列舰设计和发展，1905—1945》，第94—95页；帕德费尔德，《战列舰时代》，第202—203页。

15. 普雷斯顿，《战列舰》，第191、第195页；林克也，《日本军事技术史》，第130页。

16. 林克也，《日本军事技术史》，第36—37页。"伊吹"号装有从美国进口的涡轮机。

17. 普雷斯顿，《战列舰》，第196页；瓦茨和戈登，《旧日本海军》，第39—40页。

18. 费尔班克，《"无畏"号革命的起源：一篇历史研究文章》，第246页。

19. 千早正隆和阿部安雄，《日本海军"金刚"舰》，第265—267页。

20. 千早正隆和阿部安雄，《日本海军"金刚"舰》，第267—268页；林克也，《日本军事技术史》，第130—131页。

21. 这一请求被日本海军拒绝，理由是为这些军舰买单的日本公众不希望它们离开日本领海。瓦茨和戈登，《旧日本海军》，第40—41页。

22. 普雷斯顿，《战列舰》，第199页；瓦茨和戈登，《旧日本海军》，第48—49页。

23. 普雷斯顿，《战列舰》，第200页；瓦茨和戈登，《旧日本海军》，第52页。

24. 西门子事件的起因是，德国西门子公司的代理人被曝向海军省内负责采购和造船的高级海军官员行贿，以求对日本海军电气和无线电设备合同的垄断。从维克斯公司订购"金刚"号也被发现存在贪污行为。这一丑闻给日本海军带来了耻辱，并最终导致了以山本权兵卫为首的内阁于1914年3月倒台。

25. 哈罗德·斯普劳特和玛格丽特·斯普劳特，《美国海军力量的崛起》，第 253—254 页。

26. 波特，《海上力量》，第 451 页；休斯，《舰队战术》，第 81—85 页。

27. 波特，《海上力量》，第 475 页。

28. 雷格，《飞过大海之翼：海军航空兵史》，第 18、第 24、第 29—34 页。

29. 波尔玛，《航空母舰》，第 25—30 页。

30. 有关日本海军在 1914 年秋对密克罗尼西亚的占领行动的综述，和他们内部对此行动的争议的概述，见皮蒂，《南洋：日本在密克罗尼西亚的沉浮》，第 41—44 页。

31. 哈尔彭，《第一次世界大战海军史》，第 393 页。

32. 野村实，《学习海战史》，第 138—166 页。

33. 在战争期间，日本海军派出了一个观察员代表团到英国，由选定的技术和战术专业领域的军官组成，研究战时皇家海军的发展。其中 3 名军官在日德兰海战时登上了英国舰船：末次信正中佐在隶属于杰利科大舰队的"巨人"号（Colossus）上；下村忠助少佐在贝蒂战列巡洋舰队的"玛丽王后"号（Queen Mary）；今村信次郎在大舰队的一艘轻巡洋舰上。下村忠助在"玛丽王后"号爆炸时也随舰沉没。日德兰海战结束后，日本代表团向东京的海军军令部送交了大量报告，这些报告成为军令部和海军大学校多年来研究的基础。吉田昭彦致我们的信，1993 年 6 月 25 日。

34. 福井静夫，《日本的军舰》，第 13 页。

35. 平贺让，《平贺让遗稿集》，第 31—69 页。

36. 福井静夫，《日本的军舰》，第 13 页；日本防卫厅防卫研究所战史部，《战史丛书·海军军战备第一辑，1941 年 11 月以前》，第 131—132 页；普雷斯顿，《战列舰》，第 201 页；瓦茨和戈登，《旧日本海军》，第 56—58 页；平贺让，《平贺让遗稿集》，第 39—40 页。

37. 对于日本海军来说，日德兰海战证实了战列巡洋舰侦察功能的价值。鉴于英国战列巡洋舰在日德兰半岛附近的灾难性表现（3 艘由于错误的设计而被击沉），日本海军得出的这个结论——在日德兰海战之后，每个一流的海军强国都必须有一支由战列巡洋舰和快速战列舰组成的侦察编队——就很有趣了。日本防卫厅防卫研究所战史部，《战史丛书·海军军战备第一辑，1941 年 11 月以前》，第 131—132 页。

38. 瓦茨和戈登，《旧日本海军》，第 64—65 页。

39. 日本防卫厅防卫研究所战史部，《战史丛书·海军军战备第一辑，1941 年 11 月以前》，第 66—67 页；野村实，《世界建舰竞争》，第 106—108 页。野村解释说，"八八舰队"概念中最后的"八"指的是军舰，而不是通常假设的年份。他指出，人们传统上在这一点上出现混淆似乎是由于日本海军早先的一项决定，即将一艘主力舰的正常服役期限定为 8 年。

40. 平贺为这些舰船想出了两种设计方案，但没有一个方案被开工落实过。只有 2 艘计划中的战列舰被取了名字，分别是"纪伊"号和"尾张"号。对剩余战舰的识别还停留在用数字编号（有 11 号到 16 号舰）。但《华盛顿条约》将这些战舰取消时，建造这些战舰的材料已经收集完毕，可以准备铺设龙骨了。瓦茨和戈登，《旧日本海军》，第 65—66 页。

41. 野村实，《世界建舰竞争》，第 108—109 页。丁曼在他的《太平洋上的海军力量》第 123—127 页和第 134—135 页中提出，最终得到日本国会批准的"八八舰队"计划，"并不是在太平洋建立海军实力新秩序的激进尝试，而是一个保守的、官僚主义产生的计划"。他还证明在第一次世界大战后实际拨用于海军军备扩充的资金中，有很大一部分被用在了建造主力舰以外的军舰类别。虽然丁曼提出了这样的观点，但很明显的是，日本海军建造"八八八舰队"的最初计划确实是要在太平洋上建立一个海军力量新秩序，因为它将为日本提供太平洋上最庞大的作战部队。

42. 丁曼在《太平洋上的海军力量》第 123 页指出，根据 1920 年的拨款，不仅建造军舰的种类有了明显的变化（例如，潜艇占计划建造军舰总数的 20%），而且造舰和岸上设施建设之间的平衡也有一个重大的转变，后者消耗了 1921 年海军建造预算的近 20%。

43. 瓦茨和戈登，《旧日本海军》，第 127—128 页；普雷斯顿，《巡洋舰》，第 51、第 53 和第 65—67 页。

44. 瓦茨和戈登，《旧日本海军》，第 128—136 页；伦格勒、科波勒－松枝以及雷姆－高原（音），《"北上"号》，第33—34页。

45. 瓦茨和戈登，《旧日本海军》，第242—265页。

46. 卡彭特和波尔玛，《旧日本海军的潜艇》，第71—76页；日本防卫厅防卫研究所战史部，《战史丛书·潜水舰史》，第1—4页。秋山真之在1912年修改他的《海军基本战术》时指出："到目前为止，潜艇……已经开始将海战的水面战术转变为三维的水下水面战术。潜艇在未来将成为一种强大的武器，但由于它的发展仍处于初级阶段，将其列为具有战斗价值的舰艇还为时过早。相反，目前我们实际上可以把它看作一个可移动的水雷。它的战斗力和机动性将会增强，我们可以认为它最终将成为一种强大的进攻性武器。"日本防卫厅防卫研究所战史部，《战史丛书·海军军战备第一辑，1941年11月以前》，第127页。

47. 日本的6号潜艇在执行训练任务时，由于潜艇下潜时发动机的进气阀没有及时关闭，不小心沉入了海湾底部。4小时后，潜艇的空气耗尽，指挥官佐久间勉和他的艇员都窒息而死。潜艇被打捞上来后，海军救援人员找到了佐久间勉大尉对艇员的最后几小时所做的记录。这份记录显示了他们面对死亡时的坚忍和献身精神，引起了轰动。日本海军将6号潜艇列为名舰，把它的指挥官升格为日本海军传统的英雄人物之一。海军有终会，《近世帝国海军史要》，第263—264页。

48. 早在1915年7月，甚至在德国宣布对协约国实施无限制潜艇战之前，日本海军在伦敦的观察员末次信正中佐（他在战间期作为海军少将制定了日本海军的基本潜艇作战条令）就向东京发去了一份关于德国潜艇破坏英国海军传统的严密封锁战略的报告。日本防卫厅防卫研究所战史部，《战史丛书·潜水舰史》，第28页。

49. 卡彭特和波尔玛，《旧日本海军的潜艇》，第88页。

50. 在我们对日本海军航空兵的讨论中，我们很大程度上依赖于对这一课题已经做过的最全面研究，即一个由42名前日本海军航空兵军官组成的委员会编纂和撰写的四卷本航空史著作——《日本海军航空史》（日本海军航空史编纂委员会编辑）。

51. 日本海军航空史编纂委员会，《日本海军航空史》，第一卷，第302—312页。

52. 日本海军航空史编纂委员会，《日本海军航空史》，第一卷，第334—336页。考虑到二战期间美国海军的"飞艇"发挥的宝贵作用，日本海军停止使用飞艇的决定颇有些讽刺意味。但是，由于日本海军要么是只看到了飞艇具有的相当缺乏想象力的作用——舰炮弹着观测，要么是夸大了它的用途，将其作为一种进攻性武器，所以飞艇用于反潜的可能反而被忽视了，而美国人在大西洋上却非常有效地证明了这种可能。

53. 日本防卫厅防卫研究所战史部，《战史丛书·海军航空概史》，第1—2页。被派往汉蒙德斯波特的3名军官中的一位是中岛知久平，他是未来日本的飞机巨头和影响力巨大的国会议员。渡部一英在他的《巨人——中岛知久平》一书中（第83—84页）讲述了中岛在汉蒙德斯波特的训练。

54. 诺曼·波尔玛，《航空母舰：舰载航空兵及其对世界事件影响图史》，第36—37页；日本海军航空史编纂委员会，《日本海军航空史》，第四卷第22—65页和第二卷第469页。

55. 关川荣一郎，《日本军用飞机图史》，第12—13页；麦克什和阿部肖佐，《1910—1941年的日本飞机》，第269—270页。

56. 大前敏一和罗杰·皮诺，《日本海军航空兵》，第70页；日本海军航空史编纂委员会，《日本海军航空史》，第一卷，第193—195页。

57. 拉克鲁瓦，《甲型巡洋舰的发展》，附录E；日本通商产业省，《机械工业》，第143页。

58. 拉克鲁瓦，《甲型巡洋舰的发展》，附录E。

59. 豪依，《日本贸易霸权的根源》，第279页。

60. 拉克鲁瓦，《甲型巡洋舰的发展》，附录E。

61. 拉克鲁瓦，《甲型巡洋舰的发展》，附录E。

62. 拉克鲁瓦，《甲型巡洋舰的发展》，附录E；日本造船学会编，《昭和造船史》，第一卷，第666页。

63. 拉克鲁瓦，《甲型巡洋舰的发展》，附录E。

64. 日本防卫厅防卫研究所战史部，《战史丛书·海军军战备第一辑，1941年11月以前》，第685页。

65. 日本防卫厅防卫研究所战史部，《战史丛书·海军军战备第一辑，1941 年 11 月以前》，第 685—687 页；燃料座谈会，《日本海军燃料史》，上册，第 17 页。

66. 日本海军实际上是以千升来计算其石油供应量的，但为了简单起见，我们将以吨来表示供应量，假设 1000 升的任何海军燃料重量都等于 1 吨。

67. 日本防卫厅防卫研究所战史部，《战史丛书·海军军战备第一辑，1941 年 11 月以前》，第 687、第 694—695 页。当时第一个将东南亚和海军燃料问题解决方案联系起来的日本人是松冈静雄大佐（后来成为著名的密克罗尼西亚和东南亚民族学家）。1918 年，他写了一本题为《荷属东印度的石油》的小册子，在里面呼吁日本海军制定 的石油政策，并敦促日本从东印度群岛进口石油，作为实现日本石油自给自足的一项临时措施。后藤乾一，《海军南进论与"印度尼西亚问题"》，第一部分，第 4 页。

68. 日本防卫厅防卫研究所战史部，《战史丛书·海军军战备第一辑，1941 年 11 月以前》，第 693 页。直到 20 世纪 20 年代中期，日本海军储存的石油大多来自打拉根，而来自加州的石油则被海军用于日常消费。然而在 20 世纪 20 年代的后 5 年里，鉴于东南亚石油价格的急剧上涨，日本海军完全停止购买打拉根的石油，转而购买更便宜的加州产品。燃料座谈会，《日本海军燃料史》，上册，第 17—18 页。

69. 相比之下，在太平洋战争前夕，日本海军估计它将在战争第一年消耗 280 万吨，在第二年消耗 270 万吨。见表 14-3[①]；野村实，《第二次世界大战中日本的燃料问题和海军》，第 106 页。

70. 日本防卫厅防卫研究所战史部，《战史丛书·海军军战备第一辑，1941 年 11 月以前》，第 687、第 690—694 页；后藤乾一，《海军南进论与"印度尼西亚问题"》，第一部分，第 4 页；塞缪尔斯，《日本国家燃料市场》，第 229 页。

71. 尼什，《英日同盟：两个岛国的外交，1894—1907 年》，第 353—357 页。

72. 尼什，《英日同盟：两个岛国的外交，1894—1907 年》，第 46—47 页。

---

① 译注：原文如此，似乎应为表11-3。

73. 日本防卫厅防卫研究所战史部，《战史丛书·大本营海军部：联合舰队第一辑，到开战时为止》，第 139 页。

74. 尼什，《英日同盟：两个岛国的外交，1894—1907 年》，第 64—74 页。

75. 日本防卫厅防卫研究所战史部，《战史丛书·海军军战备第一辑，1941 年 11 月以前》，第 145—146 页。与之形成鲜明对比的是，在日本策划对美战争的 10 年前，美国海军战争学院就曾推测，一场与日本的战争可能会导致一支日本舰队袭击夏威夷、阿拉斯加和美国西海岸。1897—1903 年，一些学生提交给学院的论文中就假想了这样的情况。维拉赫斯，《海军战争学院》，第 24—25 页。

76. 野村实，《国家与陆海军年度作战计划》，第 26—27 页。要了解对"出师准备"的进一步讨论，见本书第十章。

77. 欲了解对"橙色计划"起源和演变的明确讨论，见米勒的《橙色战争计划》。

78. 日本防卫厅防卫研究所战史部，《战史丛书·大本营海军部：联合舰队第一辑，到开战时为止》，第 132 页。就在这个时候，美国海军计划制订者都将奄美大岛和琉球群岛视为战略目标，直到 20 世纪 20 年代都是这样。见米勒，《橙色战争计划》，第 155—158 页。

79. 日本防卫厅防卫研究所战史部，《战史丛书·海军军战备第一辑，1941 年 11 月以前》，第 146 页；日本防卫厅防卫研究所战史部，《战史丛书·大本营海军部：联合舰队第一辑，到开战时为止》，第 133—134 页。军令部作战部在对这次演习的评论中强调了占领关岛的重要性，占领关岛将使联合舰队能够切断美国的交通供应线，并及时获得有关美国意图的情报。作战部甚至还大胆地描绘了日本到阿拉斯加、夏威夷和美国西海岸进行武装示威的可能。日本防卫厅防卫研究所战史部，《战史丛书·大本营海军部：联合舰队第一辑，到开战时为止》，第 134—135 页。

80. 到 1919 年，日本入侵菲律宾的主要登陆地点已选定：圣费尔南多（San Fernando）、吕宋西北部的林加延湾、拉蒙湾和位于吕宋南部海岸对面的塔亚巴斯湾（Tayabas Bays）。日本防卫厅防卫研究所战史部，《战史丛书·大本营海军部：联合舰队第一辑，到开战时为止》，第 168、第 175—176 页。

81. 日本防卫厅防卫研究所战史部，《战史丛书·大本营海军部：联合舰队第一辑，到开战时为止》，第 168，第 175—176 页。

82. 爱德华·S. 米勒称美国和日本不一样，到第一次世界大战时已经制定了详细的太平洋战略。到 1914 年，除了至关重要的中期跨越太平洋的行动之外，这一战略的设想与总体作战战略一起得到了充分的研究。米勒致本书作者的信，1990 年 2 月 2 日。

83. 早在 1921 年，日本海军就开始对这些岛屿进行调查，寻找合适的基地，并制订了一旦发生战争，就将这些岛屿迅速军事化的计划。虽然这些举措违反了关于不要塞化委任统治地的国际协定的精神，但毫无疑问也没有被协定明确禁止。关于经常被误解的日本对密克罗尼西亚实行军事化的问题，见皮蒂，《南洋：日本在密克罗尼西亚的沉浮》，第 234、第 230—256 页。

84. 丁曼，《太平洋上的海军力量》，第 192 页；麻田贞雄，《日本海军将领和海军军备限制的政治斗争：加藤友三郎对加藤宽治》，第 152—154、第 159 页。

85. 丁曼，《太平洋上的海军力量》，第 192 页；麻田贞雄，《日本海军将领和海军军备限制的政治斗争：加藤友三郎对加藤宽治》，第 146—148 页。

86. 麻田贞雄，《日本海军将领和海军军备限制的政治斗争：加藤友三郎对加藤宽治》，第 152—154、第 159 页。

87. 例如，可见：布雷斯特德，《太平洋上的美国海军》一书；巴克利，《美国和华盛顿会议》一书；麻田贞雄，《日本和美国》一文。

88. 从技术上讲，《华盛顿条约》没有提到巡洋舰。万吨以上的舰船被算作主力舰。万吨或稍微低于万吨的军舰实际上就是巡洋舰，它们不能搭载口径大于 8 英寸的火炮。

89. 麻田贞雄，《日本海军将领和海军军备限制的政治斗争：加藤友三郎对加藤宽治》，第 151、第 155 页。

90. 尼什，《日本和华盛顿会议的海军方面内容》，第 74—75 页。由于日本保留了"陆奥"号战列舰，出于平衡起见，美国和英国分别被允许建成另外 2 艘排水量达 35000 吨的战列舰。

91. 日本防卫厅防卫研究所战史部，《战史丛书·海军军战备第一辑，1941 年 11 月以前》，第 197—198 页；麻田贞雄，《日本海军将领和海军军备限制的政治斗争：加藤友三郎对加藤宽治》，第 159—161 页。

第七章 "以少胜多"：
条约时代到第一次伦敦海军会议时的日本海军，1923—1930 年

1. 我们在这一段和下一段的观点部分是基于博伊德的分析，见博伊德，《日本军队的战斗力》，第 142—143 页。

2. 日本防卫厅防卫研究所战史部，《战史丛书·大本营海军部：联合舰队第一辑，到开战时为止》，第 197 页。

3. 麻田贞雄，《日本海军将领和海军军备限制的政治斗争：加藤友三郎对加藤宽治》，第 235 页。

4. 日本防卫厅防卫研究所战史部，《战史丛书·大本营海军部：联合舰队第一辑，到开战时为止》，第 207—210 页。

5. 其中一项研究是由哈里·亚内尔上校、W. S. 派伊中校、H. H. 霍洛韦少校（以上三人均来自海军作战部）于 1920 年起草的，题为《海外战役的实施》，分析了"黑色舰队"在（太平洋或大西洋）进行越洋进攻时所遇到的问题以及"白色舰队"在对抗和击败它时所必须采取的防御措施。关于后者，该研究预料到了日本海军为防御美国海军远征进入西太平洋而实际执行的许多计划，包括使用驱逐舰、潜艇和飞机实施的渐减战略。

6. 日本防卫厅防卫研究所战史部，《战史丛书·海军军战备第一辑，1941 年 11 月以前》，第 150—151 页。爱德华·米勒证实了我们的怀疑，即日本在这些路线上的想法与美国在战间期的推理不谋而合。美国的计划制订者在 1923 年曾短暂地考虑过中—南太平洋路线，10 年后便明确选定了该路线。米勒致本书两位作者的信，1990 年 2 月 1 日。

7. 大前敏一，《旧日本海军的兵术变迁及相应的军备及作战》，第一部分，第 46 页。有趣的是，日本海军内部这些观点上的分歧，似乎与美国海军计划制订者当中的"推进派"和"谨慎派"（爱德华·米勒语）之间的争论相呼应。"推进派"主张美军应迅速跨越太平洋，而"谨慎派"则希望步步为营，为发动对日本的最后进攻做准备。米勒，《橙色战争计划》，第 77—85 页。

8. 米勒，《橙色战争计划》，第77—85页。

9. 日本防卫厅防卫研究所战史部，《战史丛书·海军军战备第一辑，1941年11月以前》，第148页。

10. 日本防卫厅防卫研究所战史部，《战史丛书·海军军战备第一辑，1941年11月以前》，第148—149页，第152—153页。

11. 铃木贯太郎，《自传》，第261页；海军编集委员会，《海军》，第四卷，第222页。

12. 同时期的美国海军计划制订者认为决战将发生在更靠西的地方，位于琉球群岛附近。米勒，《橙色战争计划》，第161页。

13. 日本防卫厅防卫研究所战史部，《战史丛书·大本营海军部：联合舰队第一辑，到开战时为止》，第201页。

14. 日本防卫厅防卫研究所战史部，《战史丛书·海军军战备第一辑，1941年11月以前》，第153—154、第196—197页；大前敏一，《旧日本海军的兵术变迁及相应的军备及作战》，第一部分，第50页。

15. 日本防卫厅防卫研究所战史部，《战史丛书·海军军战备第一辑，1941年11月以前》，第176页；秦郁彦，《太平洋国际关系史：日美以及日俄危机梳理》，第234—235页。美国海军作战部长，《通用战术指令，美国海军，舰队战术出版物第45号》，第26—28页。根据米勒的说法，尽管日本海军被美国环形队形所带来的问题困扰，但没有一个版本的"橙色计划"提及过这个阵型。米勒认为，这个环形队形"更像是海上的阅兵仪式"，而不是一个严肃的战术队形。米勒致本书两位作者的信，1990年2月1日、8月22日。另一方面，环形队形也被用在了纽波特海军战争学院的兵棋推演中。马克·A. 坎贝尔致本书两位作者的信，1992年2月16日。

16. 然而，正如爱德华·S. 米勒指出的那样，重要的是要认识到，从美国人的角度来看（至少在20世纪30年代早期），美国海军实际上是处于劣势的，在某些种类的军舰绝对如此，而在实际战斗可用性方面，所有种类的军舰相对而言都不如日本海军。米勒致本书两位作者的信，1990年2月1日。

17. 见第六章，注释24。

18. 日本防卫厅防卫研究所战史部，《战史丛书·海军军战备第一辑，1941年11月以前》，第25—32页。

19. 马德尔，《老朋友，新敌人》，第一卷，第296页；博伊德，《日本军队的战斗力》，第136—137页；麻田贞雄，《日本海军和美国》，第229页。

20. 引自马德尔，《老朋友，新敌人》，第一卷，第296—297页。

21. 日本防卫厅防卫研究所战史部，《战史丛书·夏威夷作战》，第60页。拉克鲁瓦，《甲型巡洋舰的发展》，附录I。

22. 日本防卫厅防卫研究所战史部，《战史丛书·夏威夷作战》，第292—293页。

23. 吉田昭彦，《惨！驱逐舰被切开：在美保关的两次碰撞》，第20—24页；日本防卫厅防卫研究所战史部，《战史丛书·海军军战备第一辑，1941年11月以前》，第188—189页；海军编集委员会，《海军》，第四卷，第116—123页。

24. 海军水雷史刊行会，《海军水雷史》，第523页。

25. 马德尔，《老朋友，新敌人》，第一卷，第285—287页。麻田贞雄，《日本海军和美国》，第226页。

26. 罗斯基尔，《海军政策》，第一卷，第534—535页。然而墨田哲郎在《天衣无缝的计划》第881—900页中对皇家海军有不一样的描述，证明其现代化的失败更多是由于财政压力，而不是因为保守化的教条。

27. 马德尔，《老朋友，新敌人》，第一卷，第294页；麻田贞雄，《日本海军和美国》，第234页。

28. 日本海军在第二次修订《海战要务令》时纳入了一些一战期间随英国海军出海的日本海军军官的观察内容。这些理念在1917年被大体上接受，随后在1919年的年度舰队演习中进行了测试，并在1920年被海军军令部正式采用，其中加入了追击原则和在海战中使用飞机的原则。1928年《海战要务令》的第三次修订吸收了第一次世界大战海战的明确教训，日本防卫厅防卫研究所战史部，《战史丛书·海军军战备第一辑，1941年11月以前》，第138页；拉克鲁瓦，《甲型巡洋舰的发展》，第五部分，第365页，注释79。

29. 日本防卫厅防卫研究所战史部，《战史丛书·海军军战备第一辑，1941年11月以前》，第130页；罗斯基尔，《海军政策》，第一卷第533—534页，

第二卷第 174—175 页；佩尔泽，《通向珍珠港的竞争：第二次伦敦海军会议的失败和第二次世界大战的开始》，第 88、第 112 页。

30. 巴尼亚斯科，《第二次世界大战的潜艇》，第 24 页。

31. 安德雷德，《1919—1941 年美国海军的潜艇政策》，第 50—56 页；塔尔博特，《武器发展》，第 53—71 页。

32. 日本防卫厅防卫研究所战史部，《战史丛书·潜水舰史》，第 29—31 页。

33. 1940 年日本海军在宫岛（Miyajima）南端对面，与吴市隔广岛湾相望的大竹（Ōtake）建立了一座分校。1942 年 11 月大竹分校成了日本海军的主要潜艇学校。日本防卫厅防卫研究所战史部，《战史丛书·潜水舰史》，第 76—78 页。

34. 日本防卫厅防卫研究所战史部，《战史丛书·潜水舰史》，第 29—31 页。

35. 日本防卫厅防卫研究所战史部，《战史丛书·潜水舰史》，第 31—32 页；日本防卫厅防卫研究所战史部，《战史丛书·海军军战备第一辑，1941 年 11 月以前》，第 153—154 页。到 1928 年，末次信正的伏击策略的首要地位已经制度化了。同年，《海战要务令》在第三次修订时制定了这样一条原则："潜艇部队的主要任务是根据适当的扩展部署（警戒线），对敌军主力进行突然袭击。"海军水雷史刊行会，《海军水雷史》，第 749 页。

36. 给日本潜艇命名很困难。目前有两套命名体系，每一套都很复杂。一种方法是对潜艇的类型进行命名，如海大型。另一种方法是对单艘潜艇进行命名，如伊 -51 号（I-51）。

类型命名法来源于汉字的缩写，用来描述潜艇的大小和功能。例如"海大"这个名称就表示"海军大型"的意思，另一种重要的名称——"巡潜"表示的是"巡航潜艇"。

从 20 世纪 20 年代开始，具体潜艇的命名就使用传统五十音图的前三个假名："i"（即日语假名"イ"，）、"ro"（即"ロ"，）和"ha"（即"は"），后跟数字。决定用那个假名由排水量决定，而不是功能。那些排水量超过 1000 吨的"一等潜艇"得到了"I"（中文里读成"伊"）的名称，那些 500—1000 吨的"二等潜艇"得到了"RO"（中文一般读作"吕"）的称呼，而达到 500 吨的"三等潜艇"则被赋予了"HA"（中文语境里一般读作"波"，因为"は"

对应汉字为"波")的名称。海军有终会,《近世帝国海军史要》,第272—274页; 山内大藏和内田仗一郎,《海军辞典》,第214页。

37. 瓦茨和戈登,《旧日本海军》,第313—315页;博伊德,《日本军队的战斗力》,第150页;博伊德,《日本潜艇部队》,第27页。

38. 弗里德曼,《潜艇设计和发展》,第41页。

39. 弗里德曼,《潜艇设计和发展》,第41页。

40. 日本防卫厅防卫研究所战史部,《战史丛书·潜水舰史》,第70—71页。

41. 日本防卫厅防卫研究所战史部,《战史丛书·潜水舰史》,第64—65、第67—68、第70—71页。

42. 日本防卫厅防卫研究所战史部,《战史丛书·潜水舰史》,第58页;罗斯勒,《U型潜艇:德国潜艇的发展和技术史》,第88页。日本海军也从汉堡的伏尔铿船厂购买了大型布雷潜艇U-117号的设计方案,U-117号成了日本伊-21号到伊-24号潜艇系列的基础,后来又成为伊-121号到伊-124号潜艇系列的基础。罗斯勒,《U型潜艇:德国潜艇的发展和技术史》,第88页。

43. 美国国家档案馆,海军作战部长记录,RG38,海军情报局,驻外武官报告,《潜艇服役人员》。

44. 延丘拉、荣格和米克尔,《旧日本海军的战舰》,第173页;瓦茨和戈登,《旧日本海军》,第318—319页;卡彭特和波尔玛,《旧日本海军的潜艇》,第91页;巴尼亚斯科,《第二次世界大战的潜艇》,第181—182页。

45. 显然,唯一真正考虑过使用日本日益壮大的潜艇舰队进行水面突袭的日本海军思想家是海军作家和评论家池崎忠孝(1891—1949年)。一本1929年出版、1932年再版的关于日本潜艇的书是他的《太平洋战略论》的一部分。在这本书中,他阐述了自己关于袭击美国西海岸甚至东海岸港口,以及如何利用美国在太平洋贸易航线弱点的想法。

46. 艾伦·D.齐姆在他1992年9月4日写给我们的信中概述了这个观点。

47. 弗里德曼,《潜艇设计和发展》,第40页;日本防卫厅防卫研究所战史部,《战史丛书·潜水舰史》,第72页;卡彭特和波尔玛,《旧日本海军的潜艇》,第5页;弗兰西昂,《太平洋战争中的日本飞机》,第451—452页。

48. 海军水雷史刊行会，《海军水雷史》，第 750 页；日本防卫厅防卫研究所战史部，《战史丛书·潜水舰史》，第 32—33 页；大前敏一，《旧日本海军的兵术变迁及相应的军备及作战》，第一部分，第 48 页；日本防卫厅防卫研究所战史部，《战史丛书·海军军战备第一辑，1941 年 11 月以前》，第 153—155 页。

49. 佩尔泽，《通向珍珠港的竞争：第二次伦敦海军会议的失败和第二次世界大战的开始》，第 28—29 页。

50. 坂本金美，《日本潜水舰战史》，第 15—18 页。

51. 日本防卫厅防卫研究所战史部，《战史丛书·海军军战备第一辑，1941 年 11 月以前》，第 210 页；日本造船学会编，《昭和造船史》，第一卷，第 481—485 页；瓦茨，《日本的"特"型》，第 2—13 页。

52. 建造时，它们超过了设计时的排水量。该级的第一批舰船有约 2070 吨的试航排水量（携带指定数量的弹药和三分之二的燃料、给水和给养）。后来的型号排水量更大。日本造船学会编，《昭和造船史》，第一卷，第 481 页。

53. 该级驱逐舰并不是没有问题。随着后来一批舰船的重量增加，稳定性成了一个问题。第四舰队事件（见第八章）的风暴造成了破坏后，该级的所有驱逐舰都必须进行改装，这表明不光是稳定性，舰体的纵向强度也是不足的。当用加固的船壳和压舱物来改善稳定性后，该级驱逐舰的最终排水量远远超过了2000 吨。例如，"浦波"号在翻新后的试航排水量有 2427 吨。日本造船学会编，《昭和造船史》，第一卷，第 483 页。

54. 日本造船学会编，《昭和造船史》，第一卷，第 481—483 页。

55. 日本防卫厅防卫研究所战史部，《战史丛书·海军军战备第一辑，1941 年 11 月以前》，第 211、第 445 页。虽然这可能是对的，但毫无疑问限制大型驱逐舰数量的一个同样重要的原因是需要更多数量的更便宜、更小的辅助战舰。然而，由于"吹雪"级令人印象非常深刻，所以据说它刺激其他国家的海军也设计和建造了类似舰型。在《1935 年的英国"部族"级驱逐舰》一文中，莱昂称皇家海军设计"部族"级（Tribal class）是为了应对"吹雪"级。而且法国的"空想"级（Fantastique class）、德国的 Z 级和美国海军的八炮驱逐领舰显然都是受到了日本驱逐舰样板的刺激。

56. 休斯，《舰队战术》，第75—76页。

57. 这套体系最早是由鱼雷学校的教官大森仙太郎少佐在1926年研究出来的。陀螺仪能够设定鱼雷的任何航向，使鱼雷的航向不再局限于它被发射时的那个方向。有鉴于此，大森认识到，在指挥任何一艘舰艇的鱼雷发射时，一个关键的问题就是要根据目标的既定航向和速度，为鱼雷选择最佳的发射角度，而且还要考虑到敌舰目标在鱼雷发射后改变航向的可能性。为了解决这个问题，大森把目标可能的航向（从0度到180度）分成四分之一圆，并计算出敌人在每个扇形内改变航向的可能性。然后，他绘制了一系列图表，基于对目标航向上的最大命中概率区域的计算，提供针对任何给定敌人航向的标准射击角度。日本海军很快在大森工作的基础上制作出了鱼雷射击指挥表，该表为每一个到目标舰艇的方位角标明了能提供最佳命中机会的标准射击角度。到1930年，这套体系已经被改造成一种实际的装置，该装置是一种鱼雷射击指挥仪，可以将航向、速度和统计概率所有这些相关数据输入其中。通过将鱼雷发射管中的鱼雷直接与鱼雷射击指挥仪连接，日本海军可以基于鱼雷发射前不断变化的信息持续地调整最佳发射角度。在这方面，日军的这套火控体系很像同时代美国海军的鱼雷数据计算机。日本的系统还能计算目标规避动作的统计概率。海军水雷史刊行会，《海军水雷史》，第489—490页。

58. 海军水雷史刊行会，《海军水雷史》，第499页。

59. 海军水雷史刊行会，《海军水雷史》，第493—494页；大前敏一，《旧日本海军的兵术变迁及相应的军备及作战》，第一部分，第50页。

60. 著名的比利时专家埃里克·拉克鲁瓦博士在他的《甲型巡洋舰的发展》一文中对日本重型巡洋舰的发展做了最专业的研究。

61. 安德雷德在他的文章《军备控制》（第179—190页）中对战间期的巡洋舰造舰竞赛做了探讨。

62. 普雷斯顿，《巡洋舰》，第70页。

63. 拉克鲁瓦，《甲型巡洋舰的发展》，第一部分，第344、第348页。

64. "夕张"号的正常排水量为3100吨。

65. 日本造船学会编，《昭和造船史》，第一部分，第464—466页；普雷斯顿，

《巡洋舰》，第72—73页；瓦茨和戈登，《旧日本海军》，第138页；拉克鲁瓦，《甲型巡洋舰的发展》，第二部分，第41—42页。

66. 拉克鲁瓦，《甲型巡洋舰的发展》，第二部分，第54页。

67. 日本造船学会编，《昭和造船史》，第一卷，第465页。"青叶"号完工时的试航排水量为9645吨。

68. 马克·A.坎贝尔致本书作者的信，1992年3月4日。

69. 事实证明，藤本更容易受到军令部压力的影响，设计出武器和装备超载的舰船。被派往欧洲收集技术情报的平贺让，对设计上的这些变化大发雷霆，所以军令部决定"把他往楼上踢"，升到不那么重要的职位——海军技术研究所的造船课课长。瓦茨和戈登，《旧日本海军》，第140页；拉克鲁瓦，《甲型巡洋舰的发展》，第三部分，第330—331页。

70. 鱼雷发射器、五号炮塔以及海军军令部坚持使用的其他装置和装备，似乎是"妙高"级巡洋舰比原计划或条约限制所允许的排水量重近1000吨（达到10940标准吨）的主要原因。该级巡洋舰中第一艘建成的"那智"号，在完工状态下试航排水量达13330吨，相比之下原始设计指标仅为11850试航吨。福井静夫，《日本的军舰》，第31页；日本造船学会编，《昭和造船史》，第一卷，第467、第786页。

71. 关于日本人在舰艇建造上搞的"欺诈"，以下这些材料对本书作者特别有用：拉克鲁瓦，《甲型巡洋舰的发展》，第三部分，第341页；艾伦·D.齐姆1992年9月4日致本书作者的信；马克·A.坎贝尔1992年3月4日致本书作者的信。

军控时代后日本巡洋舰的改装不可避免地增加了它们的体积。例如，"妙高"号在完工时排水量为10940吨，而在1941年第二次改装后排水量为13000标准吨。诸如此类的事实加深了人们对日本在舰艇吨位上弄虚作假的普遍印象，但增加的重量大部分出现在条约时代之后。

72. 拉克鲁瓦，《甲型巡洋舰的发展》，第四部分，第67—69页；斯卡尔斯基，《"高雄"号重巡洋舰》。

73. 日本造船学会编，《昭和造船史》，第一卷，第467—468页；拉克鲁瓦，

《甲型巡洋舰的发展》，第四部分，第 42、第 67、第 69、第 73—74 页。

74. 罗斯基尔，《海军政策》，第一卷，第 502 页；安德雷德，《军备控制》，第 179—180 页。

75. 对日内瓦会议了解最多的学者马克·A. 爱波斯坦在他的文章《海军裁军和日本：1927 年的日内瓦会议》（第 221—223、第 324 页）中强调了日本代表团在日内瓦的两难处境。考虑到国内严重的财政压力，成员国们急于阻止任何可能发生的新巡洋舰建造竞赛；另一方面，他们（日本代表团）决心为会议上可能达成的任何关于巡洋舰吨位的协议做 10 ∶ 10 ∶ 7 的调整。爱波斯坦致本书两位作者的信，1994 年 1 月 25 日。

76. 罗斯基尔，《海军政策》，第一卷，第 505 页；日本防卫厅防卫研究所战史部，《战史丛书·大本营海军部：联合舰队第一辑，到开战时为止》，第 219 页。

77. 在两次世界大战之间的这段时间里，日本海军使用"辅助"这个相当古怪的术语来称呼战列舰、巡洋舰和航空母舰以下的所有战舰类别。

78. 日本防卫厅防卫研究所战史部，《战史丛书·海军军战备第一辑，1941 年 11 月以前》，第 350—355 页。

79. 大前敏一，《旧日本海军的兵术变迁及相应的军备及作战》，第一部分，第 49 页。显然，如果大前敏一的报告正确，那么军令部对射程的判断就是错误的。我们在马克·A. 坎贝尔《海军武器》一书的第 185 页里可以看到，在日本海军中 6 英寸火炮的最大射程为 27000 米，只比 8 英寸火炮的 29000 米射程少 2000 米，而 14 英寸火炮的射程为 35450 米。

80. 事实上，到《伦敦条约》签订时，美国巡洋舰的实力已经从 23 艘减少到了 18 艘。

81. 日本防卫厅防卫研究所战史部，《战史丛书·海军军战备第一辑，1941 年 11 月以前》，第 368—371 页。

82. 在英语文献中，论述 1930 年伦敦海军会议和《伦敦条约》的有：奥康纳，《危险的平衡：美国和 1930 年的英国伦敦海军会议》；罗斯基尔，《海军政策》，第 2 卷；小林道彦，《1930 年的伦敦海军条约》。

83. 小林道彦，《1930 年的伦敦海军条约》，第 347 页；日本防卫厅防卫研究所战史部，《战史丛书·海军军战备第一辑，1941 年 11 月以前》，第 445—446 页。

84. 佩尔泽，《通向珍珠港的竞争：第二次伦敦海军会议的失败和第二次世界大战的开始》。然而，值得注意的是，在《伦敦条约》签订后的几年里，日本的总吨位保持在美国 80% 的比例，因为美国直到 1934 年才开始努力去达到条约规定的吨位限制，即使在那之后，也要到 20 世纪 30 年代末才赶上并超过日本。

第八章 "在敌射程外攻击敌人"：
第一次伦敦海军会议到条约时代结束时的日本海军，1930—1936 年

1. 日本防卫厅防卫研究所战史部，《战史丛书·海军军战备第一辑，1941 年 11 月以前》，第 219—220、第 396—400 页；麻田贞雄，《日本海军和美国》，第 238—239 页。

2. 日本造船学会编，《昭和造船史》，第一卷，第 468—471 页。关于"最上"号的最终标准吨位没有可靠的数据，但它们的试航排水量大约为 13160 吨；需要说明的是，那时候日本已经退出海军军备限制条约了。

3. 拉克鲁瓦，《甲型巡洋舰的发展》，第七部分，第 247—248 页；瓦茨和戈登，《旧日本海军》，第 152 页；佩尔泽，《通向珍珠港的竞争：第二次伦敦海军会议的失败和第二次世界大战的开始》，第 31 页；日本防卫厅防卫研究所战史部，《战史丛书·海军军战备第一辑，1941 年 11 月以前》，第 144 页；普雷斯顿，《巡洋舰》，第 100—101 页。

4. 安德雷德，《军备控制》，第 185—186 页。

5. 福井静夫，《日本的军舰》，第 53—55 页；日本防卫厅防卫研究所战史部，《战史丛书·海军军战备第一辑，1941 年 11 月以前》，第 446 页；吉田俊雄，《驱逐舰的相继殉难："友鹤"号与第四舰队事件》，第 96—100 页。"友鹤"号鱼雷艇并不是第一艘在风暴中倾覆的日本战舰。1932 年 12 月，"早蕨"号和 3 艘姊妹舰在台湾海峡里作业，台湾海峡由于有可怕的风暴常常被称作"水手的死亡陷阱"。日军的这 4 艘舰船在 12 月 5 日晚上就遭遇了这样的暴风雨，"早蕨"号在公海上剧烈翻滚，黑暗中看不到它的踪影。第二天早上，人们发现了倒置的"早蕨"号，它被拖到了澎湖列岛的马公岛日本海军基地。该舰包括舰长在

内的 105 名官兵在事故中遇难，有 16 人获救。但没有证据表明这场悲剧是舰船设计问题造成的。

6. 福井静夫，《日本的军舰》，第 61—65 页；吉田俊雄，《驱逐舰的相继殉难："友鹤"号与第四舰队事件》，第 100—103 页；海军编集委员会，《海军》，第九卷，第 132—136 页。

7. 福井静夫，《日本的军舰》，第 66—69 页。

8. 日本防卫厅防卫研究所战史部，《战史丛书·海军军战备第一辑，1941 年 11 月以前》，第 439—443、第 477—478 页；福井静夫，《日本的军舰》，第 55—61、第 70—71 页；海军编集委员会，《海军》，第九卷，第 136—142 页。

9. 日本防卫厅防卫研究所战史部，《战史丛书·海军军战备第一辑，1941 年 11 月以前》，第 613、第 616 页；普雷斯顿，《巡洋舰》，第 101 页；日本造船学会编，《昭和造船史》，第一卷，第 471 页；瓦茨和戈登，《旧日本海军》，第 153—155 页。

10. 日本造船学会编，《昭和造船史》，第一卷，第 471 页。

11. 由于所有弹药库都被置于船的前部，这样的布局还有一个好处，就是将装甲保护限制在舰体的一小部分。瓦茨和戈登，《旧日本海军》，第 155—157、第 269—279 页；拉克鲁瓦，《甲型巡洋舰的发展》，第七部分，第 249—255 页。英国的"纳尔逊"级（Nelson class）战列舰也采用了这样的炮塔布局。

12. 马克·A. 坎贝尔致本书作者的信，1992 年 2 月 8 日。

13. 不过，艾伦·D. 齐姆希望我们修正对日本巡洋舰损伤承受力的说法。他指出，日本巡洋舰的轮机舱和锅炉舱比同时代西方设计的巡洋舰要多得多，包括中心线舱壁也是如此——这样的布局有利于抵御炮弹的攻击，但考虑到倾斜状态和稳定性，这是不好的特点。因此，在他看来，日军这些巡洋舰的水下部分极易受损，对任何进水都很敏感。由于 90% 以上的战舰沉没前都倾覆了，他认为这样的弱点是有很大影响的。齐姆致本书两位作者的信，1992 年 12 月 4 日。

14. 劳恩夏格，《技术和海战的演进》，第 24—25 页。

15. 日本防卫厅防卫研究所战史部，《战史丛书·海军军战备第一辑，1941 年 11 月以前》，第 609—610 页；拉克鲁瓦，《甲型巡洋舰的发展》，第四部分，第 74 页。这些改进中有许多是受到了 1927 年问世的英国战列舰"纳尔逊"号（Nelson）的启发。"纳尔逊"号吸收了许多根据日德兰海战教训做出的改进（例如将装甲用作船的一个组成部分）和自日德兰海战以来的其他改进（如将火控系统高高置于前桅上）。1924 年"纳尔逊"号还在建造的时候，平贺让正在英国收集造船方面的信息，他带回了许多关于"纳尔逊"号的建造细节，这些情报对日本自己战列舰的现代化非常有用。日本防卫厅防卫研究所战史部，《战史丛书·海军军战备第一辑，1941 年 11 月以前》，第 609 页；帕克斯，《英国战列舰：设计、建造和军备史》，第 579、第 657 页。

16. 日本防卫厅防卫研究所战史部，《战史丛书·海军军战备第一辑，1941 年 11 月以前》，第 608 页；瓦茨和戈登，《旧日本海军》，第 63 页。

17. 日本造船学会编，《昭和造船史》，第一卷，第 663 页；以及《康沃世界各国战舰，1922—1946》，第 38 页。

18. 日本造船学会编，《昭和造船史》，第一卷，第 663 页。

19. 日本造船学会编，《昭和造船史》，第一卷，第 663—664 页。

20. 当太平洋战争爆发时，日军驱逐舰（从"阳炎"级开始）的动力装置标准是每平方英寸 426 磅力、662 华氏度的蒸汽。例外的是"天津风"号和"岛风"号驱逐舰，它们使用的蒸汽是每平方英寸 568 磅力、752 华氏度。这些系统还处于实验阶段，而美国海军生产了大量使用更高压力和更高温度蒸汽的驱逐舰。例如"弗莱彻"级的动力装置就用的是每平方英寸 615 磅、850 华氏度的蒸汽，与日本的动力装置相比，效率大约相差 15%。

21. 关于战间期海军航空兵发展的有趣比较，请参见霍恩和曼德勒斯，《战间期创新》，第 63—83 页。

22. 日本防卫厅防卫研究所战史部，《战史丛书·海军军战备第一辑，1941 年 11 月以前》，第 336—337、第 401—406、第 450 页；费里斯，《英国非官方航空使团和日本海军的发展》，第 417、第 421、第 434、第 437 页。

23. "Kaigun Kōkū Hombu"这个机构有时候也被翻译成"Naval Air Headquarters"（海军航空司令部），由于它的职能是行政而不是指挥，我们认为我们用的这个表达（Naval Aviation Department）更为恰当。

24. 日本防卫厅防卫研究所战史部，《战史丛书·海军军战备第一辑，1941年11月以前》，第171—175、第401—402、第420—421、第435、第451页；日本防卫厅防卫研究所战史部，《战史丛书·海军航空概史》，第6—7页；关川荣一郎，《日本军用飞机图史》，第28页。

25. 日本防卫厅防卫研究所战史部，《战史丛书·海军军战备第一辑，1941年11月以前》，第141、第158页。

26. 该词来自一个日语单词（罗马音为"autoreenji"），这是日本海军对英语进行创造性改造的一个例子。在英语写成的海军著作中，"to be outranged"的意思是敌人的舰船成功地脱离了你的射程范围，而不是你可以在敌人射程之外命中敌人。

27. 日本海军的"射程比敌人远"的设想并不是日本人自己提出的。在20世纪的最初10年，皇家海军研发了远程舰炮射击技术，以将有效射程提高到超过鱼雷的水平。见墨田哲郎，《追求命中》一文。

28. 日本防卫厅防卫研究所战史部，《战史丛书·海军军战备第一辑，1941年11月以前》，第176—177页。

29. 除非另有说明，本书作者是在弗里德里克·米尔福德的指导下对海军炮术进行这样的一般讨论的。米尔福德致作者的信，1994年7月25日。

30. 弗里德曼，《美国海军武器：自1883年到今天为止使用的所有火炮、导弹、水雷和鱼雷》，第31—35页；墨田哲郎，《天衣无缝的计划》，第684—686页。

31. 拉克鲁瓦，《甲型巡洋舰的发展》，附录H。

32. 拉克鲁瓦，《甲型巡洋舰的发展》，附录H。

33. 在太平洋战争期间，美国的观察家们注意到了日本齐射模式的密集程度（200—300码宽），这一特点可能会产生各种不同的后果。例如在1943年3月27日的科曼多尔群岛海战中，如果日本人的射弹散布更加分散的话，日本人炮火所造成的重大损伤可能会转化为致命的打击，而在1944年10月25日的萨马岛海战中，日军的这种密集齐射模式由于规模太小而无法取得很高的命中率。罗雷利，《科曼多尔群岛海战》，第180页；弗里德曼，《美国海军武器：自1883年到今天为止使用的所有火炮、导弹、水雷和鱼雷》，第25页。

34. 弗里德曼，《战列舰设计和发展，1905—1945》，第105—107页。"陆奥"号火炮射击指挥仪水线以上高度是34.4米（113英尺），"金刚"号是38.4米（126英尺），"伊势"号是39.6米（130英尺），这些都是日军主力舰改装后上层建筑高高耸立的例子。日本造船协会，《日本海军舰艇图面集》。从水线以上130英尺的高度，到地平线的距离大约是24000米或26000码，这大约就是主炮的射程。虽然这些战列舰看起来头重脚轻得可笑，但与一艘巡洋舰细长的船体相比，这些战列舰船体极大的宽度实际上使这些独特的日本上层建筑不构成问题。

35. 这就需要加深炮塔下方的空间，为火炮在以最大仰角开火时的后坐留出空间。西方海军通过抬高支撑轴来实现这一点，日本海军则不同，只是在船体内加深了炮坑，牺牲了宝贵的空间。然而至少在一种情况下（例如"伊势"级战列舰上），两个后炮塔没有足够的空间来加深炮坑。因此，这些火炮无法提高仰角。弗里德曼，《战列舰设计和发展，1905—1945》，第105页。

36. 海军炮术史刊行会，《海军炮术史》，第44—45、第749页。

37. 海军炮术史刊行会，《海军炮术史》，第46、第800页。

38. 日本防卫厅防卫研究所战史部，《战史丛书·海军军战备第一辑，1941年11月以前》，第176—177页。源田实在《珍珠港作战回顾》第42页称"烟幕超过射击"最早是美国海军发明出来的，后者对它进行了大量训练。艾伦·D.齐姆称在海军战争学院的规则中，由于方位控制的不完善，兵棋推演参加者估计这种射击的命中率要受到降低40%的惩罚。齐姆致作者的信，1992年9月4日。

39. 海军炮术史刊行会，《海军炮术史》，第353页。

40. 日本防卫厅防卫研究所战史部，《战史丛书·海军军战备第一辑，1941年11月以前》，第171—172页。

41. 像艾伦·D.齐姆这样的专家对在这样的距离上能达到这样的命中率表示怀疑。他指出海军战争学院估计在"标准战斗条件"下，22000码（约2万米）距离上的命中率约为2%—3%。因而美国海军认为22000码是大口径炮火的最大有效射程。齐姆致作者的信，1992年9月4日。事实上，到第二次世界大战开始时，日本人相信他们的战列舰主炮的有效射程会超过32000米（超过17英里）。日本防卫厅防卫研究所战史部，《战史丛书·海军军战备第一辑，1941年11月以前》，第 177 页。

42. 墨田哲郎致作者的信，1995 年 12 月 27 日。

43. 海军炮术史刊行会，《海军炮术史》，第 46、第 797 页；福井静夫，《日本的军舰》，第 23—25 页。同年在旧式战列舰"安艺"号上也进行了测试，得到了类似的结果。它的动力室在挨了一颗水下炮弹后进水，随后整舰倾覆。海军炮术史刊行会，《海军炮术史》，第 797 页。

44. 海军炮术史刊行会，《海军炮术史》，第 329—330 页。

45. 福井静夫，《日本的军舰》，第 23—24 页；海军炮术史刊行会，《海军炮术史》，第 329—330、第 352 页。

46. 千早正隆致本书作者的信，1993 年 9 月 29 日。

47. 弗里德曼，《战列舰设计和发展，1905—1945》，第 303 页。

48. 美国海军赴日技术调查团，《日本炮弹，通用型》，第 1 页。

49. 弗里德曼，《战列舰设计和发展，1905—1945》，第 13、第 243 页。

50. 加茨克和达林，《二战中轴心国和中立国的战列舰》，第 464 页。感谢马克·A. 坎贝尔提醒我们注意这些要点。

51. 到目前为止，对日本海军氧气鱼雷做出最有益研究的是：井古、伦格勒和雷姆－高原（音），《日本氧气鱼雷》；布伦，《日本的"长矛"鱼雷》。

52. 英国战列舰"罗德尼"号（Rodney）和"纳尔逊"号在战间期装备了使用富氧空气的 24.5 英寸鱼雷。但这些鱼雷很少被发射过，而在二战期间，"纳尔逊"号的鱼雷发射管被移除，"罗德尼"号的鱼雷发射管则被封住。美国海军从 1929 年开始，至少到 1931 年为止也在试验富氧空气鱼雷。米尔福德致本书作者的信，1992 年 10 月 30 日。

53. 米尔福德致本书作者的信，1992 年 10 月 30 日。

54. 海军水雷史刊行会，《海军水雷史》，第 108—115 页。

55. 横田宽和约瑟夫·哈灵顿，《回天：日本的人操鱼雷》，第 55—58 页。

56. 日军氧气鱼雷的"长矛"这个名字的起源长期以来一直是个谜。它听起来像是来源于日语，但实际上不是，因为日本的文件和出版物都是用"九三式"这个名称来称呼氧气鱼雷。研究日本海军在珍珠港袭击美国军舰所用武器的专家约翰·迪·维尔吉里奥称罗杰·皮诺告诉他"长矛"这个名字是萨缪尔·艾略特·莫里森创造出来的。皮诺曾与莫里森紧密合作，共同撰写多卷本的《第二次世界大战美国海军作战史》，按照他的说法，莫里森认为这种强大的武器应该有一个特殊的名字，于是便叫它"长矛"。约翰·迪·维尔吉里奥与皮蒂的对话，1995 年 1 月 31 日。

57. 拉克鲁瓦，《甲型巡洋舰的发展》，第五部分，第 364 页；海军水雷史刊行会，《海军水雷史》，第 29—30、第 93、第 108—114 页。

58. 拉克鲁瓦，《甲型巡洋舰的发展》，第五部分，第 364 页。改进后的九三式鱼雷射程稍短，弹头更大。

59. 拉克鲁瓦，《甲型巡洋舰的发展》，第五部分，第 364 页。日军最终放弃将九四式鱼雷用作航空武器，因为将它装上飞机需要昂贵而精细的安防措施。马德尔，《老朋友，新敌人》，第一卷，第 311 页。九五式鱼雷是九三式氧鱼雷的小型版（口径 21 英寸），专门为潜艇研发，在 1939—1940 年的演习期间进行过大量测试。虽然它偶尔会出故障，但日本海军对它有十足的信心，在太平洋战争开始时就把它带到了海上。然而在实际的战斗中，它的表现记录与它在西方赢得的令人敬畏的声誉相比显得名不副实，因为它经常过早爆炸或偏离航向。1942 年 4 月，在印度洋进行的一次引人注目的巡逻中，5 艘日本潜艇搭载的九五式鱼雷都出现了故障。这些问题涉及过度灵敏的爆炸触发装置和鱼雷战雷头的构造，最终都被修正。海军水雷史刊行会，《海军水雷史》，第 30 页；国防战史研究会，《潜水舰用酸素鱼雷》，第 116—131 页。日军后来还研发过九五式鱼雷的改进型——九六式鱼雷。它使用富氧空气（氧气含量 38%），但生产的数量明显小于九五式鱼雷。

60. 原为一，《日本驱逐舰舰长》，第 38 页。

61. 有些鱼雷兵对这种战术犹豫不决，因为它依赖于隐蔽和距离来取得战果。对潜水艇员、鱼雷战术家熊冈实少将来说，新的战术与全体日本鱼雷兵，特别是潜水艇员秉承的"肉迫必中"传统精神背道而驰。日本防卫厅防卫研究所战史部，《战史丛书·潜水舰史》，第 66 页。

62. 休斯，《舰队战术》，第 120 页，指出在所罗门群岛，日军的鱼雷齐射达到了 20% 的命中率。

63. 海军水雷史刊行会，《海军水雷史》，第 490 页；日本防卫厅防卫研究所战史部，《战史丛书·海军军战备第一辑，1941 年 11 月以前》，第 191—194、第 620 页。一篇专题文章断言，这些舰船的改装是故意推迟的，以尽可能长时间地保守它们被改装为鱼雷巡洋舰的秘密。伦格勒、科波勒·松枝以及雷姆－高原（音），《"北上"号》，第 38 页。

64. 海军水雷史刊行会，《海军水雷史》，第 504—507、第 526—528 页。

65. 麦卡尼，《所罗门海军战役》，第 53、第 87、第 92—93、第 128 页。

66. 日本造船学会编，《昭和造船史》，第一卷，第 615—617 页；深谷肇（音），《日本潜艇的三次发展》，第 863 页；纯久（音）和哈灵顿，《伊型潜艇》，第 21—22 页。

67. 日本造船学会编，《昭和造船史》，第一卷，第 561—562、第 821 页。

68. 此外，艾伦·D. 齐姆认为袖珍潜艇有限的航程和速度使其在日本人预想的舰队战斗中毫无用处。齐姆 1992 年 9 月 4 日致本书作者的信。

69. 池田清，《日本的海军》，下册，第 149 页；瓦茨和戈登，《旧日本海军》，第 362—363 页。

70. 同样是在这几年里，纽波特的图上演习让美国战术家们相信，夜间近距离作战太危险，而美国在白天的炮火优势已经能够保证美国海军将获得足以赢得水面作战胜利的最佳机会。这是美军在太平洋战争第一年的夜战中失利的主要原因。麦卡尼，《所罗门海军战役》，第 133—138 页。

71. 日本防卫厅防卫研究所战史部，《战史丛书·海军军战备第一辑，1941 年 11 月以前》，第 196 页；大前敏一，《旧日本海军的兵术变迁及相应的军备及作战》，第一部分，第 49—50 页。

72. 日本海军最早的光学研究在战前就开始了，到 1913 年，筑地兵工厂已经生产了一些光学设备。在"金刚"号带着安装在炮塔上的巴尔和斯特劳德测距仪抵达日本后，日本海军对测距仪的研究取得了真正的进展，但在 1923 年地震和火灾摧毁了兵工厂后，日本海军开始依赖国内的私营公司来满足其对光学设备的需求。事实上，日本光学工业——尤其是日本光学（尼康公司的前身）——就是依靠海军的合同赚得了第一桶金。青木庄三郎（音），《光学兵器》，第437—439页。

73. 青木庄三郎（音），《光学兵器》，第440—441页。然而，我们认为这样的评价有点过头了。我们并不怀疑日本海军光学设备的优良品质，但我们相信，它们在太平洋战争早期夜间交战时被夸耀的"优势"，在当时和此后的几十年里都被日本和他们的美国敌人夸大了。我们的印象是，其他主要国家的海军也已经开发出了与日本品质相当的光学设备，而日本的设备之所以"看起来"更优越，是因为日本海军在战前的几年里投入了大量的时间和精力来"训练"在夜间使用它们。

74. 海军水雷史刊行会，《海军水雷史》，第520页；拉克鲁瓦，《甲型巡洋舰的发展》，第五部分，第363页，注释74；马德尔，《老朋友，新敌人》，第一卷，第303页。

75. 根据《伦敦条约》的规定，该级的四号舰"比叡"号已经被解除了武装：移除了装甲带、1个后炮塔、一些副炮以及25个锅炉。它被用作训练舰。1936—1940年，日本退出海军军备限制条约后，"比叡"号又按"金刚"号的标准被重新武装起来。日本造船学会编，《昭和造船史》，第一卷，第461—462页；瓦茨和戈登，《旧日本海军》，第42—46页；千早正隆和阿部安雄，《日本海军"金刚"舰》，第272页。

76. 日本防卫厅防卫研究所战史部，《战史丛书·海军军战备第一辑，1941年11月以前》，第204页。

77. 日本防卫厅防卫研究所战史部，《战史丛书·海军军战备第一辑，1941年11月以前》，第196—198、第201—202页。

78. 拉克鲁瓦，《甲型巡洋舰的发展》，第五部分，第365页，注释80。

79. 除非另有注明，以下几个段落中描述的情况均摘自海军水雷史刊行会，《海军水雷史》，第507—510页。

80. 1934年左右的《海战要务令》，第二部分，"战斗"，第34—41条，见实松让，《海军大学教育》，第225—226页。

81. 然而，值得注意的是，虽然日本海军可能对舰艇的优先地位存在这样激进的重新划分，但舰队指挥官对"大舰巨炮"的痴迷显然使他们在实践中更加谨慎。二战后，前海军大佐有田雄三回忆了他当时对战斗中使用快速战列舰的疑虑。他也记得舰队演习中的指挥官往往过分保护大型舰只，调遣它们时也过于谨慎。日本防卫厅防卫研究所战史部，《战史丛书·海军军战备第一辑，1941年11月以前》，第204页。

82. 海军水雷史刊行会，《海军水雷史》，第510页。

83. 1934年左右的《海战要务令》，第二部分，"战斗"，第6条，见实松让，《海军大学教育》，第219页。

84. 为了强调空中优势是日本取得胜利的先决条件，白昼的战斗有时候被称为"制空权条件下的舰队决战"。日本防卫厅防卫研究所战史部，《战史丛书·海军军战备第一辑，1941年11月以前》，第169、第186页。

85. 我们对白昼决战的描述是基于海军水雷史刊行会，《海军水雷史》，第492、第502—507页的内容；日本防卫厅防卫研究所战史部，《战史丛书·海军军战备第一辑，1941年11月以前》，第186—187页。大前敏一，《旧日本海军的兵术变迁及相应的军备及作战》，第一部分，第47页；1934年左右的《海战要务令》，《海军大学教育》，第210—241页。

86. 日本防卫厅防卫研究所战史部，《战史丛书·海军军战备第一辑，1941年11月以前》，第169页。

87. 日本防卫厅防卫研究所战史部，《战史丛书·海军军战备第一辑，1941年11月以前》，第172—174页。

88. 海军条令司令部的詹姆斯·J.特里顿博士评论说日本的战术与法国海军理论家拉乌尔·卡斯泰将军所推崇的复杂的机动战有相似之处。特里顿致本书作者的信，1994年12月22日。我们没有发现日军使用卡斯泰的对策方案的直接证据，但水交社和海军省在1933—1937年间出版了卡斯泰将军的5卷本《理论战略》的日语译本。

89. 美国海军作战部长，《一般战术教范，美国海军，舰队出版物第142号》，第160—163页和图表29。

90. 阿川弘之，《不情愿的海军大将和帝国海军》，第196—197页。

91. 事实上，海军的小型潜艇遇到了严重的机械故障，这使人们对它们在舰队战斗中的实际应用产生了怀疑。海军水雷史刊行会，《海军水雷史》，第797—798页。而且，许多特殊舰船（尤其是鱼雷巡洋舰和袖珍潜艇母舰）在战争临近的时候仍然在建；因为要准备战争，所以日军无法在一场经过协调的决战演习中测试所有的舰队单位。日本防卫厅防卫研究所战史部，《战史丛书·海军军战备第一辑，1941年11月以前》，第187页。

92. 日本防卫厅防卫研究所战史部，《战史丛书·海军军战备第一辑，1941年11月以前》，第155—158页。

93. 日本防卫厅防卫研究所战史部，《战史丛书·大本营海军部：联合舰队第一辑，到开战时为止》，第256—257页；日本防卫厅防卫研究所战史部，《战史丛书·海军军战备第一辑，1941年11月以前》，第154页。

94. 日本防卫厅防卫研究所战史部，《战史丛书·海军军战备第一辑，1941年11月以前》，第151—152页。

95. 日本防卫厅防卫研究所战史部，《战史丛书·海军军战备第一辑，1941年11月以前》，第166—167页。

96. 日本防卫厅防卫研究所战史部，《战史丛书·大本营海军部：联合舰队第一辑，到开战时为止》，第263页。

97. 日本防卫厅防卫研究所战史部，《战史丛书·夏威夷作战》，第38页。

98. 日本防卫厅防卫研究所战史部，《战史丛书·海军军战备第一辑，1941年11月以前》，第165页。

99. 日本防卫厅防卫研究所战史部，《战史丛书·海军军战备第一辑，1941年11月以前》，第177页；加茨克和达林，《二战中轴心国和中立国的战列舰》，第43—44页。

100. 佩尔泽，《通向珍珠港的竞争：第二次伦敦海军会议的失败和第二次世界大战的开始》，第33—34页；麻田贞雄，《日本海军和美国》，第242—243页。

101. 佩尔泽，《通向珍珠港的竞争：第二次伦敦海军会议的失败和第二次世界大战的开始》，第34、第150页；千早正隆，《旧日本海军"大和"号》，第130页；日本造船学会编，《昭和造船史》，第一卷，第526页。然而，艾伦·D.齐姆断言美国海军在1914年就对配备16英寸装甲板的战列舰进行了初步设计研究，在 5 个三联装炮座上安装了 15 英寸或 18 英寸的火炮，速度接近 30 节，能够通过巴拿马运河。齐姆致本书两位作者的信，1992 年 9 月 4 日。对我们来说，这听起来就像上面正文中提到的石川的 40 节航速巡洋舰计划那样不可思议。

102. 能体现该决策保密性的一个事实是军令部最初向技术部提出的要求是由军令部第二局局长口头传达的。最终，当这个计划的消息泄露出去后，一些人对建造这样的战列舰是否明智提出了批评。但由于负责设计和建造的官方机构从未正式宣布过这个项目，因此反对该项目的个人意见和口头争论也就没有了靶子。倘若有人起草了正式的抗议，这份抗议只会被搁置起来。日本防卫厅防卫研究所战史部，《战史丛书·海军军战备第一辑，1941 年 11 月以前》，第 489 页；日本海军航空史编纂委员会，《日本海军航空史》，第一卷，第 122—123 页。

103. 日本造船学会编，《昭和造船史》，第一卷，第 520 页。

104. 作为舰政本部基本设计主任，藤本喜久雄最初负责该计划，并为新型战列舰起草一份初步的方案。一项关于这些超级战列舰设计和建造的研究声称，他的设计方案提出要建造一艘排水量 5 万吨的战列舰，它配备 12 门 20 英寸的火炮，能够以 30 节的航速行驶。伦格勒，《日本超级战列舰战略》，第 91—93 页。

不过，正如我们所述，在"友鹤"号倾覆后，他在 1934 年夏天被解除了职务，继任者是平贺让的弟子、经验丰富的造船师——福田启二大佐。事实上，平贺让对福田的工作有很大的指导作用，他被邀请为超级战列舰项目的顾问，大大地改变了藤本的计划。

105. 如前所述，根据《伦敦条约》的条款，"比叡"号已经被解除了武装。1936 年，日本一退出条约体系，日本海军便着手对"比叡"号进行重新武装，在此过程中决定将该战列舰用作各种先进战舰设计和技术的试验平台。其中包括安装一种新的舰桥，并将所有火控战位集中在塔式桅杆上，这些特点被纳入了超级战列舰"大和"号的设计当中。瓦茨和戈登，《旧日本海军》，第 56 页。

106. 除另有说明外，以下关于 20 世纪 30 年代初日本对条约体系的态度和 1935 年伦敦海军会议上日本立场的总结，都是以下列文献为基础的：佩尔泽，《通向珍珠港的竞争：第二次伦敦海军会议的失败和第二次世界大战的开始》，第 41—43、第 158—164 页；罗斯基尔，《海军政策》，第二卷，第 284—300、第 313—316 页。

107. 见皮蒂，《预测太平洋战争，1913—1933 年：日军有条件胜利的设想》，第 115—131 页。

108. 野村实，《天皇、伏见宫博恭王和日本海军》。

109. 阿川弘之，《不情愿的海军大将和帝国海军》，第 35 页称，由于山本个人对日本的这一立场持怀疑态度，他希望与英美海军大国达成某种妥协，但同时他承诺将严格遵循日本政府的指示，为日本争取平等地位，否则就退出会议。

第九章 空中打击：
1920—1941 年间的日本海军航空兵

1. 对于两次世界大战之间这段时间里航母舰载航空兵功能的转变，弗里德曼的《航母空中力量》提供了最好的说明；还有谢诺，《1914 年到现在为止的世界各国航空母舰》，第 32—37 页。

2. 对森皮尔使团的最佳英语研究成果是费里斯的《英国非官方航空使团和日本海军的发展》，第 416—439 页。

3. 塞缪尔斯提供了关于二战前和二战期间日本飞机工业发展的一个优秀总结，《富国强兵》，第 108—129 页。

4. 园川等人编，《日本海军航空队》，第二卷，第 168 页。

5. 麦克什和阿部肖佐，《1910—1941 年的日本飞机》，第 61 页，注释 37。

6. 麦克什和阿部肖佐，《1910—1941 年的日本飞机》，第 124—125、第 135—136、第 198—199 页。

7. 日本防卫厅防卫研究所战史部，《战史丛书·海军军战备第一辑，1941 年 11 月以前》，第 54 页。

8. 碇义朗，《海军空技厂》，第一卷，第 17—24 页。1939 年，航空兵工厂被改名为"海军航空技术厂"，1945 年年初又更名为"第一技术厂"；太平洋战争期间，这个兵工厂的常用名称是"航空技术厂"的缩写"空技厂"。参见麦克什，《日本海军航空兵的崛起》，第 110—111 页；源田实，《海军航空队始末记》，第一卷，第 103—104 页。

9. 塞缪尔斯，《富国强兵》，第116—118页。

10. 塞缪尔斯，《富国强兵》，第121—126页。

11. 另一方面，虽然承认海军航空本部是这些年来对日本海军航空作战理论和技术的批判性思考的焦点，霍恩和曼德勒斯在《战间期创新》第77—80页中坚持认为，日本陆、海军合作的持续失败和海军自身组织整合度的不足，给飞机的研发造成了严重的问题。两军在飞机设计上的缺乏合作也导致了时间和技术资源的巨大浪费，并在太平洋战争末期导致各自研发出太多种类的飞机。这样的情况限制了飞机的总产量。塞缪尔斯，《富国强兵》，第127—128页。

12. 弗兰西昂，《太平洋战争中的日本飞机》，第342—343页。

13. 日本海军航空史编纂委员会，《日本海军航空史》，第三卷，第412—416页；弗兰西昂，《太平洋战争中的日本飞机》，第342—347页。

14. 堀越二郎，《三菱之鹰：零式战斗机》，第3—8、第26—57页。

15. 日本防卫厅防卫研究所战史部，《战史丛书·海军航空概史》，第195页；日本海军航空史编纂委员会，《日本海军航空史》，第三卷，第424页；堀越二郎，《三菱之鹰，零式战斗机》，第93—141页；弗兰西昂，《太平洋战争中的日本飞机》，第362—377页；汤普森，《零式战斗机：一步之外，出其不意要素中的一个实例教训》，第32页；斯比克，《战斗机飞行员战术：白昼空战技术》，第86页。

16. 日本海军航空史编纂委员会，《日本海军航空史》，第三卷，第465—466页；弗兰西昂，《太平洋战争中的日本飞机》，第411—416页；弗兰西昂，《二战旧日本海军轰炸机》，第11—13页。

17. 我们对"俯冲轰炸机"一词的用法与日本当时的术语并非完全一致。该机种的官方名称为"舰上爆击机"（意即航母舰载轰炸机）。麦克什和阿部肖佐，《1910—1941年的日本飞机》第280页称，采用这种模糊的命名方式是因为日本海军希望能够对其革命性的俯冲轰炸战术的进展保密。

18. 日本海军航空史编纂委员会，《日本海军航空史》，第三卷，第476—477页；以及麦克什和阿部肖佐，《1910—1941年的日本飞机》，第171—172页。这种飞机通常被称为"中攻"，该名称来自对这种飞机的非官方称呼"中型攻击机"。

19. 岩谷二三男，《中攻：海军陆上攻击机队史》，第一卷，第38—47页；

弗兰西昂，《二战旧日本海军轰炸机》，第 41—45 页；弗兰西昂，《太平洋战争中的日本飞机》，第 350—357 页；比歇勒，《旧日本海军航空兵中的三菱 A6M1/2 零式，Arco-Aircam 系列》，第 2—13 页。

20. 日本海军航空史编纂委员会，《日本海军航空史》，第三卷，第 479—481 页；弗兰西昂，《太平洋战争中的日本飞机》，第 378—387 页；弗兰西昂，《二战旧日本海军轰炸机》，第 49—53 页。

21. 日本海军航空史编纂委员会，《日本海军航空史》，第三卷，第 498、第 503—504 页；弗兰西昂，《太平洋战争中的日本飞机》，第 277—279、第 297—300、第 358—361、第 408—410 页。

22. 日本海军航空史编纂委员会，《日本海军航空史》，第三卷，第 517—518 页；弗兰西昂，《太平洋战争中的日本飞机》，第 301—307 页。

23. 日本海军航空史编纂委员会，《日本海军航空史》，第三卷，第 519—520 页；弗兰西昂，《太平洋战争中的日本飞机》，第 307—313 页。

24. 由于这些问题影响了战间期航母的设计，故在以下地方可以见到分析：弗里德曼，《航母空中力量》，第 9—23 页；布朗，《航空母舰》，第 2—7 页。

25. 日本造船学会编，《昭和造船史》，第一卷，第 472—473 页；永村清，《造舰回想》，第 136 页。

26. 日本造船学会编，《昭和造船史》，第一卷，第 473—479 页；谢诺，《1914年到现在为止的世界各国航空母舰》，第 159—162 页。伦格勒，《"赤城"号和"加贺"号》，第一部分，第 127—139 页。

27. 伦格勒，《"赤城"号和"加贺"号》，第一部分，第 134、第 136—137 页。

28. 日本造船学会编，《昭和造船史》，第一卷，第 479—480 页；谢诺，《1914年到现在为止的世界各国航空母舰》，第 163 页；瓦茨和戈登，《旧日本海军》，第 177—178 页。

29. 日本造船学会编，《昭和造船史》，第一卷，第 480 页；谢诺，《1914年到现在为止的世界各国航空母舰》，第 165—166 页。

30. 日本造船学会编，《昭和造船史》，第一卷，第 480—481 页；谢诺，《1914年到现在为止的世界各国航空母舰》，第 166 页。

31. 日本造船学会编，《昭和造船史》，第一卷，第 536 页；谢诺，《1914 年到现在为止的世界各国航空母舰》，第 171—172 页；深谷肇（音），《"翔鹤"号：从珍珠港到莱特湾》，第 639 页；迪克逊，《战斗的平顶船："翔鹤"号》，第 16—18 页。

32. 日本造船学会编，《昭和造船史》，第一卷，第 536 页。

33. 日本造船学会编，《昭和造船史》，第一卷，第 537—539、第 544—548 页；谢诺，《1914 年到现在为止的世界各国航空母舰》，第 179—180、第 185 页。

34. 日本造船学会编，《昭和造船史》，第一卷，第 490—491、第 548—549、第 794 页；谢诺，《1914 年到现在为止的世界各国航空母舰》，第 175—176、第 179—180 页；瓦茨和戈登，《旧日本海军》，第 187—192 页；布朗，《航空母舰》，第 24—25 页；伦格勒和雷姆 – 高原（音），《日本海军空母"隼鹰"号和"飞鹰"号》，第二部分，第 107、第 111 页。

35. 弗里德曼，《航母空中力量》，第 13—15 页。

36. 伦格勒，《"赤城"号和"加贺"号》，第一部分，第 130 页；弗里德曼，《航母空中力量》，第 13—15 页。

37. 弗里德曼，《航母空中力量》，第 20 页。

38. 弗里德曼，《航母空中力量》，第 13—15 页。

39. 园川等人编，《日本海军航空队》，第 67 页；日本防卫厅防卫研究所战史部，《战史丛书·海军航空概史》，第 65—66 页；伦德斯特罗姆，《第一支队伍：海上空战》，第 455 页；秦郁彦和伊泽保穗，《日本海军空战王牌》，第 417 页。

40. 虽然美国海军也存在飞行员军官和飞行员军士的区分，但日本海军中两者的比例与美国海军中两者的比例几乎相反。此外，在日本海军中，大多数飞行员和观察员都不是军官，因此很少有人能享有少数军官才享有的食宿特权。这可能就是日军飞行员私下里感到痛苦，并蔑视准尉飞行员的原因。库克·西奥多和库克·春子子（音），《战争中的日本：口述史》，第 139 页。

41. 秦郁彦和伊泽保穗，《日本海军空战王牌》，第 417 页；伦德斯特罗姆，《第一支队伍：海上空战》，第 456 页；日本防卫厅防卫研究所战史部，《战史丛书·海军航空概史》，第 152 页；美国战略轰炸调查团，军事分析部，《日本空中力量》，第 34 页。

42. 坂井三郎，《武士》，第 10、第 13—15 页。

43. 坂井三郎，《武士》，第 17 页。

44. 虽然太平洋战争开始时日美双方空勤人员的准确数量很难搞清楚，但是我们估计到那时日本海军的作战飞行员不超过 3500 人，而美国海军和海军陆战队的现役飞行员不超过 8000 名。在做出这些评估时，我们利用了以下资料来源：日本防卫厅防卫研究所战史部，《战史丛书·海军军战备第二辑，开战以后》，第 202 页；日本防卫厅防卫研究所战史部，《战史丛书·海军航空概史》，第 106 页；《美国海军航空兵，1910—1980 年》，第 461 页。

45. 马德尔，《老朋友，新敌人》，第 315—316 页。

46. 日本海军航空史编纂委员会，《日本海军航空史》，第一卷，第 721—728 页。

47. 园川等人编，《日本海军航空队》，第 222 页；日本海军航空史编纂委员会，《日本海军航空史》，第一卷，第 716—717 页。

48. 园川等人编，《日本海军航空队》，第 220 页；日本海军航空史编纂委员会，《日本海军航空史》，第一卷，第 749—751 页。

49. 九一式航空鱼雷有大约 2000 米（2187 码）的射程，42 节的速度，并装有 150 千克（330 磅）的炸药，优于美国在太平洋战争开始时使用的鱼雷——Mark 13 鱼雷。海军水雷史刊行会，《海军水雷史》，第 23 页；美国战略轰炸调查团，军事分析部，《日本航空武器和战术》，第 55—56 页。

50. 日本海军航空史编纂委员会，《日本海军航空史》，第一卷，第 757—761 页；海军水雷史刊行会，《海军水雷史》，第 607—608 页。

51. 日本防卫厅防卫研究所战史部，《战史丛书·海军军战备第一辑，1941 年 11 月以前》，第 175 页；日本海军航空史编纂委员会，《日本海军航空史》，第一卷，第 116—117、第 756 页；园川等人编，《日本海军航空队》，第 221 页；日本防卫厅防卫研究所战史部，《战史丛书·海军航空概史》，第 193 页；源田实，《海军航空队始末记》，第一卷，第 153 页。

52. 园川等人编，《日本海军航空队》，第 68 页；日本防卫厅防卫研究所战史部，《战史丛书·海军军战备第一辑，1941 年 11 月以前》，第 175 页。

53. 园川等人编,《日本海军航空队》,第68页;日本防卫厅防卫研究所战史部,《战史丛书·海军航空概史》,第192页;日本海军航空史编纂委员会,《日本海军航空史》,第一卷,第683—685、第690页。日本防卫厅防卫研究所战史部,《战史丛书·海军军战备第一辑,1941年11月以前》,第175页;源田实,《海军航空队始末记》,第一卷,第151—152页。

54. 日本防卫厅防卫研究所战史部,《战史丛书·海军航空概史》,第185—189页。

55. 日本海军航空史编纂委员会,《日本海军航空史》,第一卷,第79、第654—655、第660页;碇义朗,《海军空技厂》,第一卷,第103页。

56. 源田实,《海军航空队始末记》,第一卷,第112—119页。

57. 日本海军航空史编纂委员会,《日本海军航空史》,第一卷,第287—288、第294页;日本防卫厅防卫研究所战史部,《战史丛书·海军航空概史》,第59页。

58. 日本海军航空史编纂委员会,《日本海军航空史》,第一卷,第288—290、第294页;凯丁,《零式战斗机》,第28—30页。

59. 伦德斯特罗姆,《第一支队伍:海上空战》,第486—489页;日本防卫厅防卫研究所战史部,《战史丛书·海军航空概史》,第195页。

60. 零式战斗机的这些早期胜利可能导致日本海军对战斗机的主攻作用价值进行了危险的过分强调。例如,日本海军的空勤指挥官坚持将大部分中途岛特遣部队的战斗机用来为进攻中途岛的轰炸机护航,而不是在日本航空母舰上空维持足够的空中战斗巡逻力量,这样的安排可能导致了日军在中途岛战役中的灾难性失败。普朗格,《中途岛奇迹》,第373页。

61. 大前敏一,《旧日本海军的兵术变迁及相应的军备及作战》,第一部分,第47页;日本海军航空史编纂委员会,《日本海军航空史》,第一卷,第114、第203—204页;源田实,《旧日本海军航空母舰战术的演变》,第23页。

62. 这种含糊不清反映在未能根据航空兵的发展修改《海战要务令》上。日本海军试图通过发布新的指导方针——《航空战要务素案》来解决日益引起争议的问题。这些指导方针口头上支持航空兵,但过于狭隘,且摇摆不定,所以只是进一步削弱《海战要务令》的确定性。大前敏一，《旧日本海军的兵术变迁及相应的军备及作战》，第一部分，第51页；日本防卫厅防卫研究所战史部，《战史丛书·海军航空概史》，第48—49页；日本防卫厅防卫研究所战史部，《战史丛书·海军军战备第一辑，1941年11月以前》，第135—136页。

63. 源田实，《珍珠港作战回顾》，第42—43页；日本防卫厅防卫研究所战史部，《战史丛书·海军军战备第一辑，1941年11月以前》，第176—178页；海军水雷史刊行会，《海军水雷史》，第502页。

64. 日本海军航空史编纂委员会，《日本海军航空史》，第一卷，第205—206页；源田实，《珍珠港作战回顾》，第43—46页。海军大学校在当年11月的一项研究提议部署航母包围敌人。这种编队将提供分散的优势，同时仍能使单独的航空母舰集中它们的攻击力量，先发制人地从敌人飞机的航程之外发动攻击。日本防卫厅防卫研究所战史部，《战史丛书·海军军战备第一辑，1941年11月以前》，第169页。

65. 由于珍珠港作战的特殊要求，日军航母上搭载了较高比例的战斗机，但在偷袭珍珠港后，日本海军恢复了攻击性结构的航母飞行队。[1]

66. 从1931年开始，日本海军颁布了一系列规章和教范，详细说明了陆基航空部队的编制、功能和训练，其中最重要的管理单位是航空队。每支航空队的飞机数量有24架到100多架不等，隶属于其基地所在的海军军区，并以该基地的编号或名称来命名。在20世纪30年代末期以前，大部分航空队都包含多种飞机，起初是水上飞机占主导地位，但是舰载战斗机、俯冲轰炸机、鱼雷轰炸机还有陆基双引擎中型轰炸机的数量也在逐渐增加。日本防卫厅防卫研究所战史部，《战史丛书·海军航空概史》，第151页。

67. 日本海军航空史编纂委员会，《日本海军航空史》，第二卷，第30—37页；

---

[1] 译注：实际情况可能要更复杂。以《战史丛书·夏威夷作战》和《战史丛书·中途岛海战》中的数据为例，如果将参与袭击珍珠港的各日军航母实际搭载的舰载机数量与其舰载机编制数量比较，那么仅有"赤城"号、"苍龙"号、"飞龙"号搭载战斗机的比例高于太平洋战争爆发时三舰各自舰载机编制中的相应比例；如果考虑珍珠港作战到1942年4月间日军各航母舰载机编制数量的变化，那么到1942年1月，"翔鹤"号和"瑞鹤"号舰载机编制中战斗机的比例要比太平洋战争爆发时更高，而到1942年4月，"赤城"号舰载机编制中战斗机的比例也比太平洋战争爆发时更高。

大前敏一,《旧日本海军的兵术变迁及相应的军备及作战》,第二部分,第 37 页。

68. 尽管这对当时的日本飞机生产设施造成了压力,最大的问题还是空勤和地勤人员的增加。这项任务之所以困难,是因为一方面有陆军的需求与海军的需求发生竞争,另一方面海军又要求舰队航母、搭载水上飞机的战列舰和巡洋舰必须保持航空人员满编。大前敏一和罗杰·皮诺,《日本海军航空兵》,第 75 页。

69. 日本海军航空史编纂委员会,《日本海军航空史》,第二卷,第 51 页;航空队的数据全部来自日本防卫厅防卫研究所战史部,《战史丛书·海军军战备第一辑,1941 年 11 月以前》,第 435 页。

70. 这份名为《关于飞机建造的个人意见》的备忘录本身已被《日本海军航空史》全文转载,见日本海军航空史编纂委员会,《日本海军航空史》,第一卷,第 106—107 页。

71. 日本海军航空史编纂委员会,《日本海军航空史》,第一卷,第 101 页。

72. 日本海军航空史编纂委员会,《日本海军航空史》,第一卷,第 113 页;阿川弘之,《不情愿的海军大将和帝国海军》,第 104—105 页;麦克什和阿部肖佐,《1910—1941 年的日本飞机》,第 175 页;比歇勒,《日本海军航空兵中的三菱—中岛 G3M1/2/3 和空厂 L3Y1》,第 4—5 页。

73. 例如,著名的英国海军历史学家斯蒂芬·罗斯基尔就写道,日本海军"不受长期困扰英国海军航空界的争议的困扰"。罗斯基尔,《海军政策》,第一卷,第 531 页。

74. 源田实,《日本海军战术计划的制订》,第 46—47 页。

75. 已故大西泷治郎海军中将传刊行会,《大西泷治郎》,第 38—40、第 50 页;日本海军航空史编纂委员会,《日本海军航空史》,第一卷,第 116 页。

76. 日本海军航空史编纂委员会,《日本海军航空史》,第一卷,第 119—120 页;源田实,《海军航空队始末记》,第一卷,第 137—147 页。

77. 日本防卫厅防卫研究所战史部,《战史丛书·海军航空概史》,第 48 页;日本海军航空史编纂委员会,《日本海军航空史》,第一卷,第 123—124 页;阿川弘之,《不情愿的海军大将和帝国海军》,第 93 页。

78. 日本海军航空史编纂委员会,《日本海军航空史》,第一卷,第 124—125 页。

79. 海军编集委员会，《海军》，第十三卷，第70页；日本防卫厅防卫研究所战史部，《战史丛书·海军航空概史》，第88页。

80. 日本防卫厅防卫研究所战史部，《战史丛书·海军航空概史》，第194页。

81. 海军编集委员会，《海军》，第十三卷，第70页；日本防卫厅防卫研究所战史部，《战史丛书·海军航空概史》，第89页；源田实，《珍珠港作战回顾》，第46—47页。

82. 海军编集委员会，《海军》，第十三卷，第71页；日本防卫厅防卫研究所战史部，《战史丛书·海军航空概史》，第89页。

83. 岩谷二三男，《中攻：海军陆上攻击机队史》，第一卷，第41页。

84. 在秦郁彦和伊泽保穗列出的150名日本海军王牌飞行员中，有三分之一的人是在1937—1941年中国上空的空战中取得了首次胜利。

85. 当然，秃鹰军团使用战斗机在西班牙上空保护过轰炸机，德国空军在1940年也使用战斗机在英国上空保护过轰炸机，但即使是在那个时候，这种距离也不能算作远距离。

86. 大前敏一，《旧日本海军的兵术变迁及相应的军备及作战》，第一部分，第51—52页；日本防卫厅防卫研究所战史部，《战史丛书·海军航空概史》，第189、第192页。虽然海军的航空队在侵华战争中证明了他们可以在陆地作战中有效地与陆军配合，但陆军的航空队在海上作战中却几乎完全没有战斗力，因为他们几乎没有受过什么海上作战的训练。当太平洋战争开始时，日本陆军航空队的这个弱点明显地暴露出来，与美国陆军航空队在太平洋地区相当有效的远距离水面上空作战形成了鲜明对比。岩谷二三男，《中攻：海军陆上攻击机队史》，第一卷，第113—114页。

87. 日本防卫厅防卫研究所战史部，《战史丛书·海军航空概史》，第88、第142—143页；园川等人编，《日本海军航空队》，第221页。

88. 普朗格，《在我们沉睡的黎明》，第259—260页。

89. 普朗格，《在我们沉睡的黎明》，第513页；日本防卫厅防卫研究所战史部，《战史丛书·海军航空概史》，第91页。

90. 日本海军航空史编纂委员会，《日本海军航空史》，第一卷，第693—694页；

普朗格，《在我们沉睡的黎明》，第271页；日本防卫厅防卫研究所战史部，《战史丛书·海军航空概史》，第192页；太平洋司令部总司令——太平洋战区最高指挥官，太平洋战区联合情报中心，《了解你的敌人：日本对舰船目标的空袭战术》，第21页。

91. 有些人——尤其是横须贺海军航空队的一些人——抱怨说远距离发射破坏了日本海军"肉迫必中"的传统。日本防卫厅防卫研究所战史部，《战史丛书·海军航空概史》，第194页；日本海军航空史编纂委员会，《日本海军航空史》，第一卷，第764页。

92. 海军水雷史刊行会，《海军水雷史》，第621—626页；日本海军航空史编纂委员会，《日本海军航空史》，第一卷，第765—766页；普朗格，《在我们沉睡的黎明》，第104—106、第270—271、第320—322页；迪·维尔吉里奥，《日本"雷鱼"》，第61—68页；源田实对珍珠港作战的分析，见戈德斯坦和迪伦，《珍珠港文件：日军计划不为人知的内容》，第17—44页。

93. 日本海军航空史编纂委员会，《日本海军航空史》，第一卷，第707页；日本防卫厅防卫研究所战史部，《战史丛书·海军航空概史》，第193、第203页；源田实，《珍珠港作战回顾》，第47—48页。

94. 日本防卫厅防卫研究所战史部，《战史丛书·海军航空概史》，第205页。

95. 除非另有说明，我们对1941年12月存在的舰队防空的理解和分析是直接根据日本防卫厅防卫研究所战史部，《战史丛书·海军航空概史》，第205—206页。

96. 即使在雷达出现之后，它与舰队防空的有效配合也需要时间。而且，在太平洋战争后期，日本神风敢死队飞机造成的破坏表明，要完全击败一次坚决的空袭是不可能的。约翰·伦德斯特罗姆致本书作者的信，1994年8月16日。

97. 源田实，《旧日本海军航空母舰战术的演变》，第24页。

98. 长期以来，源田实一直被认为是这个战术设想的创造者，他自己也声称，他是在伦敦担任助理海军武官时偶然产生这一想法的。他后来说，他在伦敦的一家电影院看了一个新闻短片后解决了这个问题，这个短片显示了几艘美国航母聚集在一起航行，排成一个箱形。不过，虽然源田称他自己发明了这一重要的战术创新可能确实是有根据的，但这种说法也完全是根据他自己的陈述。源田实，《旧日本海军航空母舰战术的演变》，第 24 页。我们倾向于认为，就像海军作战理论的大多数发展一样，它可能是由包括源田实在内的当时一些顶尖战术家经过长时间讨论产生的结果。

99. 普朗格，《在我们沉睡的黎明》，第 101—102 页；小泽提督传刊行会，《追忆小泽治三郎提督》，第 20—21 页。

100. 后来，在当年 9 月，随着"瑞鹤"号和"翔鹤"号的服役，第一航空舰队又加入了第五航空战队，而由"凤翔"号和"龙骧"号组成的第三航空战队也从第一航空舰队中被抽离出来为联合舰队的战列舰主力舰队提供空中掩护。日本防卫厅防卫研究所战史部，《战史丛书·海军航空概史》，第 149—150 页。

101. 日本防卫厅防卫研究所战史部，《战史丛书·海军航空概史》，第 207 页；普朗格，《在我们沉睡的黎明》，第 101—102、第 106 页。

102. 源田实，《日本海军战术计划的制订》，第 48 页；弗里德曼，《航母空中力量》，第 56 页。

103. 大前敏一，《旧日本海军的兵术变迁及相应的军备及作战》，第二部分，第 40 页。

104. 这个估算是根据《美国海军航空兵，1910—1980 年》，第 382 页。

105. 日本防卫厅防卫研究所战史部，《战史丛书·海军航空概史》，第 212—213 页。

106. 见马克·A. 坎贝尔，《空中力量对美国海军作战理论演变的影响，1922—1941 年》，第 119—145 页；尤尔根·E. 威尔逊，《海军的第一支特遣舰队》，第 159—169 页。最终，在太平洋战争期间，随着航母"特遣舰队"的建立，美国海军将这一设想进一步发扬光大。在舰队后勤船队的伴随下，特遣舰队能够在海上停留很长一段时间，因此能够对敌人目标发动持续的进攻作战。

第十章 船坞之战：
1937—1941 年间的日本海军舰艇建造情况

1. 日本海军自 1922 年以来共建造了 196 艘军舰，总吨位为 41 万吨，而美

国在同一时期增加了不到 19.8 万吨军舰（40 多艘）。虽然美国在战列舰（15 艘
对日本的 9 艘，未计入已解除武装的"比叡"号）和航空母舰上数量充足，但
与日本相比，它在巡洋舰的数量上稍落后，其驱逐舰和潜艇的数量则严重不足。
佩尔泽，《通向珍珠港的竞争：第二次伦敦海军会议的失败和第二次世界大战
的开始》，第 77 页。

2. 波特，《海上力量》，第 485 页。

3. 霍恩，《美国海军的开支模式，1921—1941 年》，第 457 页。

4. 波特，《海上力量》，第 485 页。

5. 洛夫，《美国海军史，1775—1941 年》，第 594—595、第 606—607 页。

6. 洛夫，《美国海军史，1775—1941 年》，第 622—623 页。

7. 日本防卫厅防卫研究所战史部，《战史丛书·海军军战备第一辑，1941
年 11 月以前》，第 595 页。

8. 日本防卫厅防卫研究所战史部，《战史丛书·海军军战备第一辑，1941
年 11 月以前》，第 477 页。

9. 日本防卫厅防卫研究所战史部，《战史丛书·海军军战备第一辑，1941
年 11 月以前》，第 477、第 511—512、第 530、第 596 页。

10. 日本造船学会编，《昭和造船史》，第一卷，第 517 页；日本防卫厅防
卫研究所战史部，《战史丛书·海军军战备第一辑，1941 年 11 月以前》，第
776—793 页。

11. 日本造船学会编，《昭和造船史》，第一卷，第 515 页；日本防卫厅防
卫研究所战史部，《战史丛书·海军军战备第一辑，1941 年 11 月以前》，第
535、第 581 页。

12. 外山三郎，《旧日本海军在 1930—1941 年军备扩充概要》，第 55—67 页。

13. 日本防卫厅防卫研究所战史部，《战史丛书·海军军战备第一辑，1941
年 11 月以前》，第 581 页；杰罗姆·科恩，《日本在战争和重建中的经济》，
第 193、第 210 页。当然，美国拥有更多飞机的部分原因是它有一个半球要防卫，
或者说它需要防卫它的东、西两个海岸。

14. 大前敏一，《旧日本海军的兵术变迁及相应的军备及作战》，第二部

分，第 39 页；日本防卫厅防卫研究所战史部，《战史丛书·海军航空概史》，第 86—87 页；日本防卫厅防卫研究所战史部，《战史丛书·海军军战备第一辑，1941 年 11 月以前》，第 601 页。

15. 日本防卫厅防卫研究所战史部，《战史丛书·海军军战备第一辑，1941 年 11 月以前》，第 596、第 601 页。

16. 日本防卫厅防卫研究所战史部，《战史丛书·海军军战备第一辑，1941 年 11 月以前》，第 594—595 页。

17. 日本防卫厅防卫研究所战史部，《战史丛书·海军军战备第一辑，1941 年 11 月以前》，第 597—598 页。

18. 而且，日本海军对"九五"计划做了两次补充：一次是在 1942 年 10 月解决运输潜艇的迫切需求；还有一次是在 1943 年秋季，要求建造更多的驱逐舰和护航舰艇。日本造船学会编，《昭和造船史》，第一卷，第 518—519 页。

19. 日本造船学会编，《昭和造船史》，第一卷，第 516—518 页。

20. 日本防卫厅防卫研究所战史部，《战史丛书·海军军战备第一辑，1941 年 11 月以前》，第 846 页。太平洋战争前一年军舰建造量的大幅增加可以从多个角度来看待。1931 年，日本海军建造了 22500 吨战舰；1941 年，它增加了 225159 吨。1937—1938 年每年的建造水平在 5 万到 6 万吨之间，1939 年则在此基础上翻了一番，因为"大和"号和"武藏"号正在建造当中；到 1940 年时，日本造船厂每年建造 10 万吨的海军舰艇。日本防卫厅防卫研究所战史部，《战史丛书·海军军战备第一辑，1941 年 11 月以前》，第 597 页；杰罗姆·科恩，《日本在战争和重建中的经济》，第 194 页。

21. 吉田昭彦说军舰的后备状态分为三类。"第一预备舰"只是人员上被降级了，只有一半的编制人员在工作，但军舰本身都完全可以投入作战。在一年的大部分时间里，这些船通常被用作海军术科学校的训练船，但也经常成为"红军舰队"（年度舰队演习中扮演敌方舰队）的一部分。"第二预备舰"是正在进行改装或重大检修的舰艇，它们只有必要的少数舰员，并且不能投入作战。"第三预备舰"用今天的术语来讲就是退役军舰。也就是说，这些军舰不能投入作战，舰上没有任何舰员，完全由岸上人员进行维护。吉田昭彦致本书两位作者的信，

1993 年 12 月 17 日。

22. "舰队预备动员"计划是在两个重叠的阶段被激活的。第一个阶段开始于 1940 年年末；第二个阶段开始于 1941 年夏天。动员主要围绕征用民用商船进行，第一阶段约征用 174 万吨，第二阶段征用 60 万吨。"舰队预备动员"计划还包括舰队编制的重大变化，包括创设新的第六舰队（潜艇部队）、第十一航空舰队，重新编组第一和第三舰队，组建第五舰队和新的南遣舰队。不过该计划的主要影响是批准大幅增加分配给海军的战略物资的比例。日本防卫厅防卫研究所战史部，《战史丛书·海军军战备第一辑，1941 年 11 月以前》，第 757—761 页；日本防卫厅防卫研究所战史部，《战史丛书·大本营海军部：联合舰队第一辑，到开战时为止》，第 509—512、第 546—549 页；海军编集委员会，《海军》，第四卷，第 188—194 页。

23. 杰罗姆·科恩，《日本在战争和重建中的经济》，第 251 页。

24. 日本造船学会编，《昭和造船史》，第一卷，第 738 页。

25. 日本造船学会编，《昭和造船史》，第一卷，第 738 页。

26. 威尔莫特，《屏障和标枪》，第 522 页。

27. 例如，可以参见麦克尼尔，《追求实力：公元 1000 年以来的技术、武装部队和社会》；肯尼迪，《大国的兴衰》。

28. 美国钢锭产量的出处是蒂凡尼，《美国钢铁的衰落》，第 27 页。而要了解日本产量的出处，见美国战略轰炸调查团，军事分析部，《战略轰炸对日本战时经济的影响》，第 112 页。日本几乎所有的铁矿石、废铁和焦煤都要进口，这加剧了钢铁生产的不均衡，这种不均衡又由于后两种原料主要由美国供应而更加恶化。

29. 除非另有说明，接下来 6 段的数据和分析主要来自弗里德里克·J. 米尔福德的一篇未出版的专题论文《战间期美国和日本驱逐舰的建造情况》，1993 年 7 月。

30. 这份手册名为 NAVSHIPS 341-5066。"弗莱彻"级、"萨姆纳"级和"基林"级（Gearing class），这些舰型都有几乎相同的 6 万马力动力装置。弗里德里克·J. 米尔福德致本书作者的信，1993 年 11 月。

31. 日本人强烈地意识到加快建造的必要性。日本在可能的情况下做出了艰苦的努力以增加产量，并在建造小型舰只方面取得了一些成功。例如，1943 年在吴港建造的 18 艘小型运输船（1500 标准吨）的第一艘花了 135 天完成，而最后一艘只花了 75 天。福井静夫，《日本的军舰》，第 198—201 页。

32. 杰罗姆·科恩，《日本在战争和重建中的经济》，第 253 页。

33. 杰罗姆·科恩，《日本在战争和重建中的经济》，第 257 页。

34. 杰罗姆·科恩，《日本在战争和重建中的经济》，第 257 页。美国战略轰炸调查团，军事分析部，《日本海军舰艇建造情况》，第 2 页。

35. 英语中（恐怕日语也是）写得最多的日本海军军舰就是"大和"级。本书已经引用了伦格勒的《日本超级战列舰战略》、千早正隆的《旧日本海军"大和"号》。松本喜太郎和千早正隆的《"武藏"号和"大和"号的设计与建造》是权威性文献，因为松本和千早都是参与建造"大和"级战列舰的青年军官。加茨克和达林，《二战中轴心国和中立国的战列舰》，第 43—116 页，对"武藏"号和"大和"号的结构和动力做了专业的分析。斯卡尔斯基的《"大和"号战列舰》一文载有"大和"号的详细图纸，但文字很少，有很大一部分内容都来自松本喜太郎和千早正隆的文章。吉村昭，《建造"武藏"号》最初是用日语出版的，读起来比较有趣，但有点新闻色彩，粗心的翻译是偶尔会出现的瑕疵。蒂姆·桑顿已经在《空中力量：击沉日本海军战列舰"武藏"号》、《沉没》和《"大和"号：阿喀琉斯之踵》中研究了导致"大和"级毁灭的结构性弱点。斯珀尔，《光荣的死法》载有来自美国方面和日本方面的关于"大和"号毁灭的有趣细节。吉田满所著的书本身就是一部关于"大和"号最后日子的感人而又发人深省的回忆录。他是"大和"号上年轻的海军少尉和副电测士（副雷达兵长），在"大和"号被摧毁时活了下来。吉田的这部作品写于战后不久，最终被誉为文学名著，并得到了理查德·米内亚尔的出色译介（英译版题为《"大和"号战列舰的镇魂曲》）。

36. 加茨克和达林，《二战中轴心国和中立国的战列舰》，第 44 页。

37. 日本造船学会编，《昭和造船史》，第一卷，第 526 页。

38. 松本喜太郎和千早正隆的《"武藏"号和"大和"号的设计与建造》，

第 1110—1111 页。"大和"号和"武藏"号的龙骨分别是在 1937 年 11 月和 1938 年 3 月铺设的。1940 年 8 月"大和"号下水，"武藏"号则在同年 11 月。"大和"号在 1941 年 10 月进行了试航，并刚好在太平洋战争爆发两个月后加入联合舰队。"武藏"号在 1942 年 6 月进行了试航，并于 8 月被编入舰队。

39. 松本喜太郎和千早正隆的《"武藏"号和"大和"号的设计与建造》，第 1110—1111 页；吉村昭，《建造"武藏"号》，第 13—44、第 113—116 页；庭田尚三，《战舰"大和"号建造秘话》，第 134—136 页。日本海军的公开立场是"大和"号和"武藏"号根本就不存在。千早正隆回忆说，1941 年，当他被秘密派遣到仍在干船坞的"武藏"号时，在每年的军官职务清单上，他的名字旁边是空白的。千早正隆，《日本海军的傲慢综合征》，第 45 页。

40. 有关西方对"大和"级战列舰一无所知的一些有趣观察，见沃克，《寻找一个合适的日本：第二次世界大战前太平洋地区的英国海军情报机关》，第 189—211 页；缪尔，《从零开始重整军备：美国海军情报机关和日本的主力舰威胁，1936—1945 年》，第 473—485 页。

41. 按照汉斯·伦格勒的说法，这些战列舰最初的设计方案要求在 5 年内用 20 英寸炮取代 18 英寸炮。这一安排背后的想法似乎是基于这样的信心，即美国海军不知道超级战列舰及其主炮的尺寸，而美国战列舰上最大的火炮口径是 16 英寸。考虑到这些事实，日本海军便认为它能在战列舰队上保持 5 年的优势，5 年后，美军可能也会获得同样口径的火炮。伦格勒，《日本超级战列舰战略》，第 31、第 34—35 页。

42. 加茨克和达林，《二战中轴心国和中立国的战列舰》，第 88、第 90 页。

43. 加茨克和达林，《二战中轴心国和中立国的战列舰》，第 92 页。

44. 松本喜太郎和千早正隆，《"武藏"号和"大和"号的设计与建造》，第 1105—1106 页。

45. "大和"级战列舰采用了超越之前所有质量等级的三种主要装甲类型：主炮塔和主装甲带使用的是维克斯硬化装甲和表面硬化钢，用于装甲钢板的钼非渗碳钢装甲（MNC）和用于薄甲板以抵御乱飞的钢铁碎片的含铜非渗碳钢装甲。加茨克和达林，《二战中轴心国和中立国的战列舰》，第 96 页。

46. 松本喜太郎和千早正隆，《"武藏"号和"大和"号的设计与建造》，第1106—1109页；蒂姆·桑顿，《"大和"号：阿喀琉斯之踵》，第5页；加茨克和达林，《二战中轴心国和中立国的战列舰》，第44页。

47. 松本喜太郎和千早正隆，《"武藏"号和"大和"号的设计与建造》，第1109—1110页。在"武藏"号被摧毁的时候，它的"装甲盒子"两侧和弹药库的防水隔间都进水了。

48. 从理论上讲，采用柴油机做动力机械在燃料消耗方面会更经济（燃料消耗是战争期间限制使用"大和"号和"武藏"号的一大关键因素）。然而，在世界各主要国家的海军中，只有德国海军在"大和"号被设计和建造的时候研发出了真正可靠的战舰用大型柴油机。日本海军研发柴油机的失败在海军内部是人所共知的，他们在大型潜艇母舰"大鲸"号（Taigei）和"剑崎"号（Tsurugizaki）上遇到过麻烦。

49. 加茨克和达林，《二战中轴心国和中立国的战列舰》，第106、第108页。

50. 斯卡尔斯基，《"大和"号战列舰》，第7页；加茨克和达林，《二战中轴心国和中立国的战列舰》，第110—111页；池田清，《日本的海军》，下册，第103页。

51. 日本防卫厅防卫研究所战史部，《战史丛书·海军航空概史》，第一卷，第126页。

52. 理查德·米内亚尔为《"大和"号战列舰的镇魂曲》作的序言。

53. 这些详细的服役记录见加茨克和达林，《二战中轴心国和中立国的战列舰》，第54—74页。

54. 1941年10月试航时，"大和"号的燃料消耗量为：时速16节（标准速度）时，每小时7.7吨；19.2节（巡航速度）时，每小时14吨；最大速度27.68节时，每小时62.7吨。日本造船学会编，《昭和造船史》，第一卷，第689页。

55. 桑顿对这一缺陷的性质做了详细的解释，见《"大和"号：阿喀琉斯之踵》，第5—8页。

56. 对这些要点的解释，见加茨克和达林，《二战中轴心国和中立国的战列舰》，第113页。

57. 桑顿，《沉没》，第 33 页。

58. 加茨克和达林，《二战中轴心国和中立国的战列舰》，第 67—72 页。这两位作者指出，美国海军分析人员从"武藏"号的毁灭中获得了很多信息，得出结论认为，如果攻击集中在船的一侧，可能会更快地摧毁"武藏"号，因为可以最大限度地增加船倾覆的可能性。

59. 下面两段提出的观点很大程度上是源自桑顿在《"大和"号：阿喀琉斯之踵》和《空中力量：击沉日本海军战列舰"武藏"号》中所做的观察。

60. 桑顿，《空中力量：击沉日本海军战列舰"武藏"号》，第 33 页。此外，为"大和"级战列舰的最终设计选择的一套整体折中方案使得战列舰的三个最重要要素之间产生了合理的比例。在"大和"级这个例子当中，这三大要素共占"大和"级战列舰总排水量的 58%：33.9%（22895 吨）用于装甲，16.9%（11661吨）用于武器，7.7%（5300 吨）用于动力机械。桑顿，《"大和"号：阿喀琉斯之踵》，第 5 页。

61. 鱼雷防护是"大和"级战列舰的一个复杂问题。有关设计规格的数据相互矛盾，无法确定鱼雷和炮火对舰船的实际损害程度。探索这一问题的研究有：桑顿，《"大和"号：阿喀琉斯之踵》；桑顿，《空中力量：击沉日本海军战列舰"武藏"号》；加茨克和达林，《二战中轴心国和中立国的战列舰》，第96—101 页。

62. 加茨克和达林，《二战中轴心国和中立国的战列舰》，第 115 页。

63. 桑顿，《沉没》，第 29—30 页。25 毫米口径火炮的 9 盎司炮弹不仅缺乏摧毁美国海军飞机坚固机身的冲击力，而且它的瞄准器也不够用，弹匣装弹太少，武器的瞄准和仰角抬升速度不够快，无法对付高速目标。N. J. M. 坎贝尔，《海军武器》，第 200 页。

64. 桑顿，《沉没》，第 27 页。当然，重要的是要记住，在第二次世界大战时，舰队防空的基本组成部分是战斗机掩护，而这两艘战列舰被击沉时，都没有得到这种保护。

65. 加茨克和达林，《二战中轴心国和中立国的战列舰》，第 89 页。还可参见霍恩和弗里德曼的推测文章《"衣阿华"号对"大和"号，终极炮战对决》，第 122—123 页。

66. 到 1942 年夏末，超级战列舰战略事实上已经完蛋了，它与其说是战列舰消亡的受害者，不如说是航母崛起为海军力量主要组成部分后的牺牲品，以及日本在中途岛战役中损失航母后迫切需要更多航母这一背景下的牺牲品。"信浓"号是"大和"级的第三艘军舰，在战争期间建成，是日本最大的航母，但在服役数周后就被一艘美国潜艇送入海底。1941 年 12 月"大和"号服役时，"大和"级 4 号舰的建造工作就停止了。前已述及，"九五"计划又计划建造 5 艘主力舰——3 艘战列舰、2 艘战列巡洋舰。第一艘战列舰是"大和"号的轻微改进版。另外 2 艘最初被设想为"超大和"型战列舰（1938—1939 年）。它们拥有 9 万吨的排水量，搭载 19.6 英寸主炮，最大航速为 30 节。这些建造计划后来都被缩减了规模。虽然设计工作在 1941 年年初就基本完成，但对其他战舰类别的需求使日本海军终止了设计工作，也不再对这些"巨兽"做进一步的考虑。建造 2 艘战列巡洋舰的计划（日军听说美军正在建造"阿拉斯加"级大型巡洋舰，故制订了该计划来应对）也同样夭折了，成了日本海军更紧迫建造需求和以下情况的牺牲品：到太平洋战争开始时，战列巡洋舰的想法已经完全过时了。加茨克和达林，《二战中轴心国和中立国的战列舰》，第 84—87 页。

67. 奥康奈尔，《神圣的舰船：战列舰崇拜和美国海军的崛起》。

68. 阿川弘之，《不情愿的海军大将和帝国海军》，第 93 页。

69. 日本防卫厅防卫研究所战史部，《战史丛书·海军军战备第一辑，1941 年 11 月以前》，第 595 页。

70. 日本造船学会编，《昭和造船史》，第一卷，第 549—550 页。瓦茨和戈登，《旧日本海军》，第 162—163 页，似乎错误地把该级巡洋舰描述成联合舰队的高速侦察巡洋舰。

71. 日本防卫厅防卫研究所战史部，《战史丛书·海军军战备第一辑，1941 年 11 月以前》，第 215 页。日本造船学会编，《昭和造船史》，第一卷，第 549 页；瓦茨和戈登，《旧日本海军》，第 162—163 页。

72. 莱曼和麦克劳林，《混合军舰》，第 78 页。计划用于"大淀"号上的飞机——川西 E15K（二式，盟军代号"诺姆"）高速水上侦察机的特色是有一个可抛弃的中心浮筒，可伸缩的机翼浮筒和同轴反转的螺旋桨，它抛弃主浮筒时最高速度约300节。这架飞机是日本设计师倾向于尝试不可能的事情的一个有趣的例子，在这个例子当中他们是要生产一种可以超过敌人最快战斗机的水上侦察机。弗兰西昂，《太平洋战争中的日本飞机》，第314—316页。

73. 日本造船学会编，《昭和造船史》，第一卷，第550—551页；瓦茨和戈登，《旧日本海军》，第163—164页；莱曼和麦克劳林，《混合军舰》，第77—79页。

74. 日本防卫厅防卫研究所战史部，《战史丛书·海军军战备第一辑，1941年11月以前》，第596页。

75. 日本造船学会编，《昭和造船史》，第一卷，第555页；瓦茨和戈登，《旧日本海军》，第283页；怀特利，《第二次世界大战中的驱逐舰》，第200—201页。

76. 见千早正隆和阿部安雄，《旧日本海军"雪风"号》，第221—244页。

77. 日本造船学会编，《昭和造船史》，第一卷，第556页；怀特利，《第二次世界大战中的驱逐舰》，第203页；瓦茨和戈登，《旧日本海军》，第285—286页。

78. 日本造船学会编，《昭和造船史》，第一卷，第556—558页；怀特利，《第二次世界大战中的驱逐舰》，第204—205页；瓦茨和戈登，《旧日本海军》，第288—289页。

79. 威尔莫特，《胜利和霸权》。

80. 怀特利，《第二次世界大战中的驱逐舰》，第187—188、第204页。

81. 日本防卫厅防卫研究所战史部，《战史丛书·海军军战备第一辑，1941年11月以前》，第596页。

82. 日本造船学会编，《昭和造船史》，第一卷，第607页；日本防卫厅防卫研究所战史部，《战史丛书·潜水舰史》，第60—61页；瓦茨和戈登，《旧日本海军》，第331—332页；卡彭特和波尔玛，《旧日本海军的潜艇》，第101页。

83. 日本造船学会编，《昭和造船史》，第一卷，第607页；日本防卫厅防卫研究所战史部，《战史丛书·潜水舰史》，第60—61页；瓦茨和戈登，《旧日本海军》，第332—333页；卡彭特和波尔玛，《旧日本海军的潜艇》，第102页。

84. 海军水雷史刊行会，《海军水雷史》，第一卷，第607页；日本防卫厅防卫研究所战史部，《战史丛书·潜水舰史》，第60—61页；瓦茨和戈登，《旧日本海军》，第335—336页；卡彭特和波尔玛，《旧日本海军的潜艇》，第104页。它们是伊-16号、伊-18号、伊-20号、伊-22号、伊-24号。

85. 瓦茨和戈登，《旧日本海军》，第336、第340页；卡彭特和波尔玛，《旧日本海军的潜艇》，第105、第123页；日本造船学会编，《昭和造船史》，第一卷，第605页。

86. 弗里德曼，《潜艇设计和发展》，第31页。欲了解对美国"舰队潜艇"发展的详细讨论，见奥尔登，《美国海军舰队潜艇的设计和建造史》。

87. "伏见"号和"隅田"号在1939年开工建造，被设计用于侵华战争，是两艘旧的同名炮艇的替代舰艇，分别于1939年和1940年完工。两艇排水量340吨，由产生2200轴马力的涡轮燃油发动机驱动，最大速度为17节。它们装备了一门80毫米口径的高射炮和两门25毫米口径的机炮。海军水雷史刊行会，《海军水雷史》，第一卷，第564页；海军编集委员会，《海军》，第十卷，第253—254页。

88. 福克，《快速战斗艇》，第271—272页。

第十一章 舰队背后：
1937—1941年间日本海军的后勤辅助

1. 这一段和下面两段的内容取自：波特，《海上力量》，第639—644页；巴兰坦，《第二次世界大战中的美国海军后勤》，第1—37页。

2. 施耐德，《海军V-12计划：终身领导力》，第11、第323—324页。

3. 爱德华·S.米勒致作者的信，1994年10月9日；维尔登贝格，《切斯特·尼米兹》，第52—62页。

4. 例如，见巴克斯特，《争分夺秒的科学家》，第1—25页；布什，《现代武器和自由人》，第7—8、第205—209页。

5. 欣德利，《一场情报革命》，第8页。

6. 除非另有说明，下面5段内容都依据的是帕里罗，《日本商船》，第49—83页。

7. 日本防卫厅防卫研究所战史部，《战史丛书·海军军战备第一辑，1941年11月以前》，第420页。

8. 帕里罗，《日本商船》，第57—58页。

9. 到1939年，40%的日本货船和70%的日本油船可以达到12节或12节以上的航速，而美国商船队伍中只有25%的货船和20%的油船可以。帕里罗，《日本商船》，第59页。

10. 帕里罗，《日本商船》，第60页。

11. 伦格勒和雷姆－高原（音），《日本海军空母"隼鹰"号和"飞鹰"号》，第17页。

12. 伦格勒和雷姆－高原（音），《日本海军空母"隼鹰"号和"飞鹰"号》，第19页。延丘拉、荣格和米克尔，《旧日本海军的战舰》，第249—252页。

13. 二战期间支援日本海军在太平洋作战的大多数油轮都是这种类型的。较老的"知床"级油轮到这时实在太慢了。

14. 帕里罗，《日本商船》，第47—49页。

15. 有关这两艘舰船进行的短暂的商船袭击活动的讨论，请参见莱顿，《第二十四战队：日本的商船袭击舰》，第54—61页。

16. 日本造船学会编，《昭和造船史》，第一卷，第517页；帕里罗，《日本商船》，第74—78页。

17. 帕里罗，《日本商船》，第80—81页。

18. 杰罗姆·科恩，《日本在战争和重建中的经济》，第254—255页。

19. 千早正隆，《日本海军的战略设想》，第215—217页。

20. 维尔登贝格，《切斯特·尼米兹》，第52—62页。

21. 草鹿龙之介，《联合舰队》，第141页；千草忠夫，《在"秋云"号上征服太平洋：夏威夷作战日志》，第177—186页；普朗格，《在我们沉睡的黎明》，第322—323页。

22. 日本防卫厅防卫研究所战史部，《战史丛书·海军军战备第一辑，1941年11月以前》，第818页。

23. 日本防卫厅防卫研究所战史部，《战史丛书·海军军战备第一辑，1941

年11月以前》，第818页；千早正隆，《日本海军的战略设想》，第104—105、第218—219页；千早正隆，《近距离观察日本海军》，第322页。最后一篇是战争结束后不久千早正隆的一篇文章的翻译，这篇文章探讨了日本海军战败的原因。这篇文章构成一本刚刚引用过的几十年后出版的研究著作（《日本海军的战略设想》）的核心。

24. 阿川弘之，《不情愿的海军大将和帝国海军》，第127页。

25. 这种依赖人力的一个例子是战前在特鲁克群岛的埃腾岛（Eten Island）上一个机场的建造。将小岛的一半平整成飞机跑道花了将近7年（1934—1941年）的时间，主要是因为这项工作是用炸药、鹤嘴锄和铲子进行的。

26. 千早正隆，《日本海军的战略设想》，第220—228页；千早正隆，《近距离观察日本海军》，第357—358页；日本防卫厅防卫研究所战史部，《战史丛书·海军军战备第二辑，开战以后》，第450—451页；美国战争部，《关于日本军事力量的手册，技术手册E30-480》，第78—80页。

27. 千早正隆，《日本海军的战略设想》，第356—359页。

28. 日本防卫厅防卫研究所战史部，《战史丛书·海军军战备第二辑，开战以后》，第212页。

29. 日本防卫厅防卫研究所战史部，《战史丛书·海军军战备第一辑，1941年11月以前》，第682页。

30. 普拉多斯，《密码被破译的联合舰队：二战中的美国情报机关和日本海军秘史》，第71页，提出了这里提到的一些观点，但我们使用了日本防卫厅防卫研究所战史部，《战史丛书·海军军战备第一辑，1941年11月以前》第638—639页的一些数据。

31. 日本防卫厅防卫研究所战史部，《战史丛书·海军军战备第一辑，1941年11月以前》，第683页。如果读者对二战期间的美国海军和美国军官候补学校创造的"九十天奇迹"的相对有效性有所了解的话，那么日军的这种培养态度可能看起来很荒谬。我们认为这反映了两种文化价值观的显著差异：日本人强调掌握某一特定任务或学科的传统和经验，而美国人则认为，只要采用正确的训练方法，任何受过教育和具有正常智力的人都能获得完成所需任务的令人满意的能力。而且，在第二次世界大战时的美国海军中，除去极少数例外情况，普通海军军官都担任着下至护航驱逐舰一级的所有舰船的指挥职务，甚至护航驱逐舰指挥职务也由美国海军后备队（USNR）的军官担任，他们大多是海军少校，有大量的海上服役经历。

32. 日本防卫厅防卫研究所战史部，《战史丛书·海军军战备第一辑，1941年11月以前》，第652—654、第658页，表格注释。日本海军缺乏合格军官的一个例子是，1940—1943年，海军大学校很难培养出毕业生，因为被招收的军官都被召到了各工作地点。库克斯，《第二次世界大战中日本军事机构的效能》，第78页。

33. 尤其是在潜艇职务上，日本海军从1943年开始用越来越年轻的军官来填补空缺。日本防卫厅防卫研究所战史部，《战史丛书·海军军战备第二辑，开战以后》，第214页。

34. 日本防卫厅防卫研究所战史部，《战史丛书·海军军战备第二辑，开战以后》，第201页。

35. 日本防卫厅防卫研究所战史部，《战史丛书·海军军战备第二辑，开战以后》，第213页。为了表达这句引语的基本含义，我们冒昧地对原日语的句子顺序进行了调整。

36. 日本防卫厅防卫研究所战史部，《战史丛书·海军军战备第一辑，1941年11月以前》，第682页。

37. 日本防卫厅防卫研究所战史部，《战史丛书·海军军战备第一辑，1941年11月以前》，第629—630页；日本防卫厅防卫研究所战史部，《战史丛书·海军军战备第二辑，开战以后》，第213页。

38. 千早正隆，《日本海军的战略设想》，第105—106页。

39. 在这一部分，我们将着重讨论太平洋战争前的日本海军石油状况。我们充分认识到，日本海军是战前日本最大的石油消费者，因此，日本石油危机比这里所概述的日本海军的狭隘关切更广泛、更复杂。

40. 我们要重申在讨论船用燃料时所使用的转换单位。日本海军是以千升（1000升或1立方米）为单位来计算燃料。对燃油来说，1129升相当于1（长）吨；

对航空燃料来说，每吨的千升数更多。事实上，对具有不同密度的不同品质的石油来说，换算数据是不同的。不过，为了简单起见，我们决定假设1吨等于1000升海军燃料或其他燃料。在接下来的讨论中，我们提醒读者，由于政府保密措施、军间竞争和太平洋战争结束时文件的大规模销毁，目前没有关于库存、消耗等方面的确切数据。我们努力从许多相互矛盾的估算中选出最可靠的数字。

41. 大前敏一，《液体燃料的存储：海军的报告》，第4页。

42. 大前敏一，《液体燃料的存储：海军的报告》，第11—12页；巴恩哈特，《日本对全面战争的准备：寻求经济安全，1919—1941年》，第16—147页。

43. 因为日本陆、海军之间持续的敌意和不信任，以及日本在1931年至太平洋战争爆发的这几年里未能制定出全面的燃料政策，日本海军隐瞒了其石油储备和储油罐的建造。它在预算范围内对这些项目进行了各种伪装，以避免与陆军共享资源，并防止拨款减少。大前敏一，《液体燃料的存储：海军的报告》，第4页。

44. 1936年，海军储备了104000吨航空汽油；1937年储备了99000吨；1938年储备了97000吨；1940年储备了15万吨；1941年为371000吨。日本防卫厅防卫研究所战史部，《战史丛书·海军航空概史》，第109页。

45. 日本防卫厅防卫研究所战史部，《战史丛书·海军航空概史》，第109页。

46. 塞缪尔斯，《日本国家能源市场》，第177页；安德森，《标准—真空石油公司》，第76—77页。野村实，《第二次世界大战中日本的燃料问题和海军》，第96—97页。

47. 野村实，《第二次世界大战中日本的燃料问题和海军》，第96页。

48. 虽然战争中海上和航空作战明显增加了日本海军的燃料消耗，但民用部门和私人工业的需求增加对国家的燃料供应却造成了更大的压力。民用部门的规划者预料到政府将采取商品管制和外汇管制，故根据他们对未来消费的相当夸大的估计，对燃料拨款提出了前所未有的要求。日本防卫厅防卫研究所战史部，《战史丛书·海军军战备第一辑，1941年11月以前》，第729—730页。

49. 在联合舰队中，燃料的实际分配是由每种类型舰艇的年度训练计划决定的：战列舰45天、巡洋舰50天、驱逐舰和战列舰60天。大前敏一，《液体燃料的存储：海军的报告》，第9页。

50. 大前敏一，《旧日本海军的兵术变迁及相应的军备及作战》，第二部分，第89—90页；日本海军航空史编纂委员会，《日本海军航空史》，第二卷，第662页。

51. 大前敏一，《液体燃料的存储：海军的报告》，第7—8页。

52. 早在1933年，海军内部一个由活跃的中层军官组成的非正式研究小组就开始研究开发东南亚战略资源，特别是石油的可能性。"对南洋方策研究委员会"（简称"对南研"）由大约21名中层军官组成。其宗旨是探索对东南亚（特别是荷属东印度群岛）的经济渗透，并将其资源转移到日本人手中。其商议工作的大部分措辞以及一些基本结论后来反映在"大东亚共荣圈"的意识形态和措辞中。波多野澄雄，《昭和时期海军的南进论》，第278—279页；后藤乾一，《海军南进论与"印度尼西亚问题"》，第二部分，第34—35页。

53. 野村实，《第二次世界大战中日本的燃料问题和海军》，第100—101页。

54. 日本防卫厅防卫研究所战史部，《战史丛书·海军军战备第一辑，1941年11月以前》，第722—728页；巴恩哈特，《日本对全面战争的准备：寻求经济安全，1919年—1941年》，第168页。

55. 海上劳动协会，《日本商船队战时受难史》，第226—228页。

56. 燃料座谈会，《日本海军燃料史》，第一卷，第657页。

57. 燃料座谈会，《日本海军燃料史》，第一卷，第657页；野村实，《第二次世界大战中日本的燃料问题和海军》，第108页；日本防卫厅防卫研究所战史部，《战史丛书·大本营海军部：联合舰队第六辑》，第114—115页。当然，连续数年下降的数字反映的是损失和供应问题，而不是需求的减少。

58. 然而，在战争期间，甚至东南亚的石油产量也低于海军的预期。根据海军计划人员战前的计算，东印度群岛1942年将生产200万吨，1943年将生产600万吨，1944年将生产1000万吨。然而，根据可靠的估计，该地区1942年的产量仅为109万吨，1943年为260万吨，1944年为106万吨。后藤乾一，《海军南进论与"印度尼西亚问题"》，第二部分，第61—62页。

59. 千早正隆，《日本海军的战略设想》，第104页。这一持续存在的问题的一个例子是 1944 年"阿"号作战计划所受到的限制。该计划要求联合舰队从东南亚的基地出击，在帕劳附近水域击败美国舰队，这个计划被在马里亚纳东北部更远处突然插入的美军舰队破坏了。当"阿"号作战计划启动时，舰队没有足够的精炼石油到远至马里亚纳群岛的地方作战，因此不得不使用附近的婆罗洲石油，而婆罗洲石油的成分更容易引发火灾，且对船上的锅炉来说硬度大得多。如果日本能支配更多的石油和油轮，日本海军就能制订出一个受到更少限制的计划。野村实，《第二次世界大战中日本的燃料问题和海军》，第 108—109 页。

60. 野村实，《第二次世界大战中日本的燃料问题和海军》，第 102—104 页。

61. 千早正隆，《日本海军的战略设想》，第 101—102 页。

62. 日本海军航空史编纂委员会，《日本海军航空史》，第二卷，第 634—636 页。

63. 当然，"雷达"一词是美国战时对这种技术的命名，并被普遍采用；日本海军的术语是"电波探信仪"（意即"电波探测装置"）。

64. 日本防卫厅防卫研究所战史部，《战史丛书·海军军战备第一辑，1941 年 11 月以前》，第 29—30 页；松井宗明，《日本海军的电波探信仪》，第 444 页；威尔金森，《对日本雷达的简短调查》，第一部分，第 370—371 页。第二次世界大战期间美国陆军航空兵的作战分析家威尔金森在战争结束时被派往日本研究日本电子设备和雷达从研究到实战的各个阶段。

65. 松井宗明，《日本海军的电波探信仪》，第 443、第 445 页；弗里德曼，《海军雷达》，第 96—97 页。

66. 松井宗明，《日本海军的电波探信仪》，第 445 页。

67. 中川靖造，《实录：海军技术研究所——电子王国的先驱者》，第 111 页。

68. 日本防卫厅防卫研究所战史部，《战史丛书·海上护卫战》，第 30 页；松井宗明，《日本海军的电波探信仪》，第 446 页。

69. 第一套对空搜索设备于 1942 年 5 月安装在日本军舰"伊势"号上。与美、英两国雷达相比，日本海军后续的舰载对空搜索雷达的设计和构造都很差。日本海军不能生产有效的火控雷达，也没有发展出一个有效的用雷达获取情报的舰上军事单位；而战争结束时，在美国舰船上非常常见的战斗信息中心里，已经有了成型的配备了相关设备的绘图团队。日本潜艇并没有配备真正的雷达，但有些潜艇确实配备了"穷人版雷达"（一种搜索接收器，能根据接收到的信号的相对强度显示距离）。机载雷达的发展也同样滞后：日本最早装备雷达的飞机——G4M 轰炸机（"贝蒂"）要到 1944 年才有雷达，而敌我识别（IFF）系统则要到 1944 年春季才投入使用。松井宗明，《日本海军的电波探信仪》，第 446 页；格拉克，《第二次世界大战中的雷达》，第 921—924 页。

70. 松井宗明少佐在参观第二海军工厂时谈到了雷达的发展，他断言，1942 年 10 月 11 日的埃斯佩兰斯角海战使日本确信美国海军在夜间使用雷达指挥射击。按照松井宗明在《日本海军的电波探信仪》第 452 页的说法，这场海战的结果彻底扭转了日本海军对雷达漠不关心的态度。

71. 松井宗明，《日本海军的电波探信仪》，第 452—453 页。

72. 勒孔特，《雷达和中途岛空战》，第 29 页。

73. 中川靖造，《实录：海军技术研究所——电子王国的先驱者》，第 80 页。

74. 中川靖造，《实录：海军技术研究所——电子王国的先驱者》，第 456—457 页；威尔金森，《对日本雷达的简短调查》，第一部分，第 372 页。

75. 1943 年 7 月 5—6 日的库拉湾夜战是这种不平衡状态的少数例外情况之一。日本指挥官旗舰上的搜索雷达至少给了他最初的战术优势。保罗·达尔，《日本海军战史》，第 275 页。

76. 对日军情报机关总体上做了最好的全面研究的是，巴恩哈特，《第二次世界大战前的日本情报机关："最佳"案例分析》，第 424—455 页。

77. 军令部情报部美国课竹内馨少将在太平洋战争后回忆说，在战争的大部分时间里，他的美国课"从来没有尝试过发挥预测的作用。我们从来没有试图得出结论，我们只把信息传达给那些负责部署部队的人……我用这样的工作程序给我的下属留下了深刻印象"。美国战略轰炸调查团，陆军和海军情报部，《日本陆军和海军的情报机关》，第 20 页。

78. 马德尔，《老朋友，新敌人》，第一卷，第 335 页。

79. 美国战略轰炸调查团，陆军和海军情报部，《日本陆军和海军的情报机关》，第 21 页；查普曼，《日本情报机关，1918—1945》，第 155 页。

80. 美国战略轰炸调查团，陆军和海军情报部，《日本陆军和海军的情报机关》，第 1—2、第 20 页。

81. 美国战略轰炸调查团，陆军和海军情报部，《日本陆军和海军的情报机关》，第 1—2、第 20 页。

82. 实松让，《情报战争》，第 43—44 页；查普曼，《循环利用的三轮车：轴心国秘密情报机构之间的合作》，第 271—272 页。

83. 美国战略轰炸调查团，陆军和海军情报部，《日本陆军和海军的情报机关》，第 29—31 页。

84. 德艾，《阅读彼此的邮件：日本的通信情报，1920—1941》，第 189 页。

85. 德艾，《阅读彼此的邮件：日本的通信情报，1920—1941》，第 185—190 页；实松让，《情报战争》，第 44、第 65—67 页。

86. 关于太平洋战争之前和战争期间美国海军针对日本海军展开的情报行动的最全面论述是普拉多斯的《密码被破译的联合舰队：二战中的美国情报机关和日本海军秘史》。

87. 多沃特，《职责的冲突：美国海军的情报两难困境》，第 93—94 页称，"帕奈"号炮艇是美国海军最成功的间谍船，当该船被日本海军轰炸机攻击并炸沉时，它"装满了情报材料，包括日本的秘密轰炸瞄准器、一本密码本、一些技术手册和通信设备"。

88. 扎卡赖亚斯，《橙色演习和所获资料的分析》，第 12—19 页。

89. "金星"号的秘密任务可能不为它的大多数船员所知。小说家理查德·麦肯纳 20 世纪 30 年代曾在这艘军舰上服役，但在他的《左手活动扳手》（一部他的短篇作品集）第 107—140 页的回忆文章《美国军舰"金星"号的生活》中，没有提到该船的情报活动。有关"金星"号截听日本海军通信的详细报告可以在国家档案馆找到，国家安全局记录，RG457，《各种报告》。

90. 查普曼，《日本情报机关，1918—1945》，第 150—151 页。

91. 查普曼，《日本情报机关，1918—1945》，第 154 页；德艾，《阅读彼此的邮件：日本的通信情报，1920—1941》，第 185—190 页。

92. 野村长，《帝国海军在情报战中的失败》，第 356—357 页。

93. 野村长，《帝国海军在情报战中的失败》，第 357 页；卡恩，《电码译员：

秘密编写的故事》，第582—583页。

94. 丁曼，《太平洋战场：评论》，第225—226页。

95. 在战前，德国海军不愿与日本海军交换通信情报技术，因为德国一直认为这种合作是单方面的。因此，虽然在此期间日本海军从德国人那里获得了一些有价值的技术、作战和战略情报，但几乎没有证据表明日本海军和德国海军参谋人员交换了关于截听和解码技术的情报。利茨曼和维尼戈，《海军部的代价：德国驻日本海军武官的战争日志，1939—1943年》，第一卷，第205页，注释14；第215页，注释12；第226页，注释6；第二卷，第577页，注释10。

96. 美国高级机器密码以M-134-C转换器为工具，在陆军通信兵中也被称为SIGABA，在美国海军中则被称为ECM。这台机器比恩尼格玛机器晚一代，在整个战争期间，任何试图破解其密码信息的尝试都失败了。盟军认为它足够安全，可以用来传输绝密（ULTRA）级别的情报。战后的研究表明，盟军的这种信念并没有错。卡恩，《电码译员：秘密编写的故事》，第510页；勒温，《美国魔法》，第153页；帕特尼，《"绝密"和陆军航空部队》，第82—83页。

97. 例如，在1930年，美国的密码分析人员可以解读出当年日本大演习中使用的大约85%的密码信息。国家档案馆，国家安全局记录，RG457，《各种报告》。同年，日本海军的作战密码更换了新版本，该版本一直沿用到1938年。虽然美国海军破译日本海军电文的努力受到了严重挫折，但通过巨大的努力和IBM制表机器的引入，美国海军密码分析人员在1936年得以重新破译密码，这是当时密码分析史上最引人注目的成就之一。萨福德，《美国通信情报简史》，第8页。

98. 萨福德，《美国通信情报简史》，第9页。

99. 日本海军的密码列表见卡恩，《电码译员：秘密编写的故事》，第586页。

100. 卡恩，《电码译员：秘密编写的故事》，第586—588页。

101. 卡恩，《电码译员：秘密编写的故事》，第586页；萨福德，《美国通信情报简史》，第9—10页。

102. 科斯特洛，《臭名昭著的日子》，第279—301页，强调在太平洋战争前，美国海军的密码分析员太少，无法破解JN-25-B密码。他认为，如果美国人能够破解他们在1941年秋天截获的密码，他们就会获知日本人进攻夏威夷的计划。

103. 据推测，这在很大程度上是由于从伊－124号潜艇上回收了密码本，该潜艇在1942年1月被击沉于达尔文港附近，是第二次世界大战中第一艘被美国和澳大利亚海军部队击沉的全尺寸潜艇。吉田昭彦致本书作者的信，1993年12月17日。在撰写本书时，我们还不清楚这次回收的意义。实松让，《情报战争》，第173—174页称，从伊－124号回收的密码本泄露了日本的"MO作战"计划（攻占莫尔兹比港、图拉吉并消灭妨碍这些作战的美国海军部队）。而德艾在《麦克阿瑟的"终极"》一书的第74页中，称海军潜水员只找到了日本海军的水上运输"S"密码簿，由此得到的情报被用来拦截一些日本海军的运输船队。

104. JN-25-B密码本1942年6月1日被替换为JN-25-C9密码本。

105. 帕里罗，《日本商船》，第91页。

106. 本段和下面两段的内容皆取自美国战略轰炸调查团，陆军和海军情报部，《日本陆军和海军的情报机关》，第22—24页。虽然这些页面专门提到了太平洋战争期间的日本作战情报，但它们显然也涉及了战争之前的年份。

107. 事实上，太平洋战争后期的军令部作战课长大前敏一战后回忆说他经常要把返航空勤人员报告的舰船击沉数和飞机击落数打对折。美国战略轰炸调查团，陆军和海军情报部，《日本陆军和海军的情报机关》，第24页。

108. 美国战略轰炸调查团，陆军和海军情报部，《日本陆军和海军的情报机关》，第34页。

109. 美国战略轰炸调查团，陆军和海军情报部，《日本陆军和海军的情报机关》，第46—47页。

110. 最令人震惊的情报行动发生在1940年11月，一艘德国商船袭击舰捕获了英国的"奥托梅顿"号（Automedon）货轮，结果获得了英国内阁的秘密文件。移交给日本海军军令部的这些文件清楚地揭示了英国在东南亚的处境是多么脆弱、力量是多么过度分散。这一情报无疑对日本制订入侵该地区的作战计划具有重要作用。查普曼，《珍珠港事件前夕德意日三国的通信情报合作》，第251—256页。

111. 巴恩哈特，《第二次世界大战前的日本情报机关："最佳"案例分析》，第447页；美国战略轰炸调查团，陆军和海军情报部，《日本陆军和海军的情报机关》，第 21—22 页。最近编写太平洋战争期间美国海军情报编年史的约翰·普拉多斯说，战前，美国海军武官——尤其是驻东京武官——一直让他们的上级对日本海军舰船、人员和武器的情报有惊人的充分了解。他坚持认为，问题在于这些信息大多被华盛顿的高层所忽视。普拉多斯，《密码被破译的联合舰队：二战中的美国情报机关和日本海军秘史》，第 32 页。

第十二章 性能参差不齐的武器：
1937—1941 年间日本海军的潜艇战、反潜战和两栖战能力

1. 除非另有说明，我们在这一段和接下来三段对潜艇和反潜战战略和技术的讨论主要基于赫兹利特《潜艇和海权》一书第 108—123 页的内容。

2. 塔尔博特，《武器发展》，第 57—68 页；安德雷德，《1919—1941 年美国海军的潜艇政策》，第 54—55 页；韦尔，《美国潜艇战略研究》，第 34—48 页。

3. 亨利，《英国潜艇政策》，第 80—107 页。

4. 亨利，《英国潜艇政策》，第 93—95 页。

5. 例如，可参见科恩和古奇，《军事灾难：剖析战争中的败仗》，第 59—94 页，"失败的教训：1942 年的美国反潜战"一章。

6. 我们关于两栖战的讨论主要依据的是米利特，《来自海上的袭击》，第 67—143 页。

7. 已经引用过的米利特的著作是关于这个主题的最好作品之一，另外还有：米利特的《永远忠诚》；艾斯林和克劳尔，《美国海军陆战队》；克利福德，《英美两栖战的发展》。

8. 在对这些艇员的战斗力进行测试之后，日本海军得出结论：在没有处于戒备状态的敌方基地附近作业的潜艇可以停留 7 天，然后换班；如果敌人反潜巡逻频繁，那可以停留 3 天。对敌方舰队进行的更远距离的监视可持续 1 个月，而在敌方水域对商船进行袭击可持续 1—3 个月。日本防卫厅防卫研究所战史部，《战史丛书·潜水舰史》，第 41 页。与二战期间潜艇部队的经验相比，这些数字似乎显得有些保守，二战中潜艇部队在战斗压力下表现出了非凡的毅力。

9. 日本防卫厅防卫研究所战史部，《战史丛书·潜水舰史》，第 40 页。

10. 日本防卫厅防卫研究所战史部，《战史丛书·潜水舰史》，第 750 页。

11. 海军水雷史刊行会，《海军水雷史》，第 764—765 页。

12. 日本防卫厅防卫研究所战史部，《战史丛书·潜水舰史》，第 39—42 页。

13. 日本防卫厅防卫研究所战史部，《战史丛书·潜水舰史》，第 41—42 页。

14. 坂本金美，《日本潜水舰战史》，第 33 页。坂本金美是上文引用过的《潜水舰史》的主编，这本书是日本防卫厅防卫研究所战史部出版的系列丛书中的一本。坂本在太平洋战争时就是一名潜水艇艇员。在战争初期，他是伊－1 号潜艇上的鱼雷长，因而参加了夏威夷作战。后来，他先后担任过三次潜艇艇长。

15. 美国海军赴日技术调查团，《日本潜艇作战》，第 14—15 页。

16. 日本防卫厅防卫研究所战史部，《战史丛书·潜水舰史》，第 43 页。

17. 日本防卫厅防卫研究所战史部，《战史丛书·潜水舰史》，第 46 页。

18. 日本防卫厅防卫研究所战史部，《战史丛书·潜水舰史》，第 43 页。

19. 日本防卫厅防卫研究所战史部，《战史丛书·潜水舰史》，第 44 页；坂本金美，《日本潜水舰战史》，第 34—35 页。海军还试验了水下高速小型潜艇的设计方案，并在 1938 年实际建造了这样一艘潜艇。它短小、高度流线型的艇体，高性能的电池和电动机使它在水下的速度达到了 21 节，但是它的低排水量和动力不足的柴油发动机使它的水面速度太慢（只有 13 节多一点）。坂本金美，《日本潜水舰战史》，第 40 页；瓦茨和戈登，《旧日本海军》，第 330—331 页。

20. 日本防卫厅防卫研究所战史部，《战史丛书·潜水舰史》，第 44—46 页。

21. 日本防卫厅防卫研究所战史部，《战史丛书·潜水舰史》，第 50 页。

22. 海军水雷史刊行会，《海军水雷史》，第 763 页。

23. 弗里德曼，《潜艇设计和发展》，第 9 页。

24. 美国海军赴日技术调查团，《日本潜艇作战》，第 9 页。

25. 艾伦·D. 齐姆致作者的信，1993 年 12 月 6 日。欲了解美国潜艇战前的训练和战术，见布莱尔，《寂静的胜利：美国对日潜艇战》，第 66—67、第 156 页。

26. 鸟巢建之助，《第六舰队》，第 96 页。

27. 有关这方面的评论，见鸟巢建之助，《日本潜艇战术和"回天"鱼雷》，第 442—452 页。

28. 即使是在英国海军和商船队，人们在第二次世界大战开始时也不得不再次对第一次世界大战时的护航教训进行讨论。欲了解对这一问题的讨论，见温顿，《护航队：保护海上贸易，1890—1990》，第123—125页。

29. 实松让，《海军大学教育》，第203—204页；日本防卫厅防卫研究所战史部，《战史丛书·海上护卫战》，第13—14页。

30. 大井笃，《为何日本的反潜战失败了》，第388页。麻田贞雄说日本海军同样大大低估了美国潜艇进行长时间封锁的能力，认为两周将是它们的极限。而在太平洋战争中，美国潜艇常常巡逻一个月或更久。麻田贞雄，《日本海军》，第235页。

31. 日本防卫厅防卫研究所战史部，《战史丛书·海上护卫战》，第4—5页。日本海军只有在与英国单独开战的情况下，才肯定会致力于保护通过南海的日本海上交通。在与实力较弱的敌人发生冲突的情况下，在相对广大的地域里投入兵力的根本原因是，日本海军将有多余的海军力量来完成这项工作。因此官史承认，商船保护不是基于国家战略的需要，而是要依据可用的兵力。日本防卫厅防卫研究所战史部，《战史丛书·海上护卫战》，第5—6页。

32. 日本防卫厅防卫研究所战史部，《战史丛书·海上护卫战》，第9页。

33. 日本防卫厅防卫研究所战史部，《战史丛书·海上护卫战》，第5—7、第11页；大井笃，《为何日本的反潜战失败了》，第410页。

34. 莫利，《最终的对抗，1941年日本与美国的谈判》，第277—278页。

35. 日本防卫厅防卫研究所战史部，《战史丛书·海上护卫战》，第56—57页。

36. 大井笃，《海上护卫参谋的回忆：对日本太平洋战争战略的批判》，第5—8页；莫利，《最终的对抗，1941年日本与美国的谈判》，第278页。

37. 大井笃，《为何日本的反潜战失败了》，第390页；日本防卫厅防卫研究所战史部，《战史丛书·海上护卫战》，第17页。海军高层这种对商船护航的普遍冷漠态度在太平洋战争第一年似乎并没有得到很大的改善。战后，一名负责与军令部联络的陆军军官写道，大本营海军部在实施护航系统方面付出的努力很微弱。他的描述强调日本海军缺乏任何合适的护航原则或程序，而且缺乏任何更早的可供制定原则的数据、文件或文献；指派去负责海上护航的人员也少得可笑。在被指派的人员中，大多数是身体不适宜于执行海上任务的军官。在这位军官看来，陆军比海军有更多的人员和物资要运送，因此比海军更关心护航问题。堀江（音），《日本护航队的失败》，第 1073 页。

38. 帕里罗，《日本商船》，第 65、第 67 页；大井笃，《为何日本的反潜战失败了》，第 390—391 页。

39. 帕里罗，《日本商船》，第 67—68 页。当然，我们应当注意到，联合舰队通常以驱逐舰伴随航行的形式为运兵船队提供武装护航。但是在战争开始时，由于没有为商船组织护航的制度，所以鼓励单艘商船独自航行。

40. 按照汉斯·伦格勒的说法，日语"海防舰"这个词起初的意思是只适合承担防御任务的超龄战舰。后来，这个词逐渐有了"海岸防御舰"的意思，但这个英语定义是具有误导性的，因为在西方，它的意思是一种配备几门重炮的装甲战舰，专门被设计用于沿海水域。日本海军从未建造过这种军舰。伦格勒，《日本的护卫舰——海防舰》，第一部分，第 124 页。

41. 瓦茨和戈登，《旧日本海军》，第 375 页；日本造船学会编，《昭和造船史》，第一卷，第 564 页；伦格勒，《日本的护卫舰——海防舰》，第一部分，第 127 页。

42. 瓦茨和戈登，《旧日本海军》，第 378—379 页；伦格勒，《日本的护卫舰——海防舰》，第一部分，第 127—128 页；以及帕里罗，《日本商船》，第 96 页。

43. 瓦茨和戈登，《旧日本海军》，第 476—479 页；帕里罗，《日本商船》，第 102—104 页。

44. 帕里罗，《日本商船》，第 110 页。

45. 日本防卫厅防卫研究所战史部，《战史丛书·海上护卫战》，第 23—25、第 28 页；美国海军赴日技术调查团，《日本的声呐和水下探测器》。

46. 帕里罗，《日本商船》，第 108—109 页。

47. 日本防卫厅防卫研究所战史部，《战史丛书·海上护卫战》，第 562 页。

48. 陆军第五、第十一、第十二师团被指定承担两栖登陆任务，这些师团所属的船舶工程联队各有一个登陆艇中队。虽然它们受过两栖登陆作战训练，但这种作战并不被认为是它们的主要功能。

49. 久住荣治（音），《陆战队》，第 64 页。

50. 日本防卫厅防卫研究所战史部，《战史丛书·中国方面海军作战》，第46—47页；海军编集委员会，《海军》，第十一卷，第127—132页。

51. 末国正雄，《战史中所见的登陆作战和它们的背景》，第34页。

52. 末国正雄，《战史中所见的登陆作战和它们的背景》，第37—38页；日本防卫厅防卫研究所战史部，《战史丛书·大本营陆军部：第一辑，到1940年5月为止》，第300页。

53. 末国正雄，《战史中所见的登陆作战和它们的背景》，第40—41页。

54. 米利特，《来自海上的袭击》，第100—101页；美国战争部，《关于日本军事力量的手册，技术手册E30-480》，第76页。所有这些部队的规模在这十年中都在扩大，火力也有所增长，特别是上海的海军特别陆战队，他们迅速获得了一个堡垒般的司令部、一个联队大小的步兵守备队、一些轻型坦克、几门155毫米榴弹炮和一个防空炮台。

55. "神州九"号1933年开工，1935年竣工，其下层甲板装载坦克，在上层建筑的机库中装载战斗机或俯冲轰炸机。这些武器装备和大约37艘各种尺寸的登陆艇由船的吊杆和重型起重机搬运。这种设计是如此成功，以至于在1941年陆军又征用了两艘正在建造的商船，也将它们改造成类似的船只。日本造船学会编，《昭和造船史》，第一卷，第767—768页。

56. 米利特，《来自海上的袭击》，第94—97页。

57. 末国正雄，《战史中所见的登陆作战和它们的背景》，第41页。

58. 末国正雄，《战史中所见的登陆作战和它们的背景》，第42页。

59. 米利特，《来自海上的袭击》，第92页。

60. 这一设想得到了海军炮术学院作战课的强烈支持，他们向军令部、海军省和海军大学校发了一份备忘录，建议为海军发明一种单一的、永久性两栖武器。1940年，在海军陆战队拥有丰富战斗经验的军官今井秋次郎少佐预计中太平洋地区将爆发岛屿战，于是向军令部递交了一份备忘录。在这份备忘录中，他给出了这样一份详细的建议：组建一支4万—4.5万人的部队，配属给日本密克罗尼西亚领地的6个防区，既能实施进攻作战，也能进行防御作战。以上两个建议都被忽视了。海军编集委员会，《海军》，第十二卷，第161—162页。

61. 海军编集委员会，《海军》，第十二卷，第 174—178 页。在这些军事行动中，1942 年 2 月 19—20 日对东帝汶的攻击，也许是在夺取目标中对诸兵种合成的最熟练运用。斯图尔特，《日军对东帝汶的袭击》，第 202—209 页。

62. 这种信心使得日本海军明显愿意在 1940 年春末与德国人分享其海军登陆作战的知识。当年春天，法国崩溃，日本大使馆从巴黎迁往维希。之后，一小群日本海军军人——包括一些对海军登陆行动有专门知识的军官——仍然留在巴黎，希望他们的专业知识可以推进德国入侵英国的计划。利茨曼和维尼戈，《海军部的代价：德国驻日本海军武官的战争日志，1939—1943 年》，第一卷，第 240 页，注释 8；第二卷，第 579 页，注释 21。

63. 利茨曼和维尼戈，《海军部的代价：德国驻日本海军武官的战争日志，1939—1943 年》，第一卷，第 240 页，注释 8，以及第二卷，第 579 页，注释 21；威尔莫特，《那些岌岌可危的帝国》，第 153 页；埃文斯，《入侵菲律宾作战中的日本海军》。

64. 海军编集委员会，《海军》，第十二卷，第 161—162 页。

65. 另外两次两栖登陆——分别是 1942 年 3 月在巴丹的波因茨之战和 1942 年 8 月在新几内亚米尔恩湾的战斗——都不符合本书对海军两栖攻击的定义。第一场是用陆军部队实施的，而第二场基本是一次没有遇到抵抗的登陆，后来又被盟军击退。

第十三章 豪赌：
1937—1941 年间的日本海军战争计划

1. 就连有关太平洋战争起源的日本方面的英文著作也多得无法在此一一列举，不过下面的书名代表了对该主题最可靠或最新的总体研究：莫里森，《第二次世界大战美国海军作战史》；费斯，《通向珍珠港之路》；伯格和冈本骏平（音），《作为历史的珍珠港：1931—1941 年的日美关系》；入江昭，《第二次世界大战在亚洲和太平洋的起源》；康罗伊和雷，《珍珠港事件再研究：太平洋战争的序幕》；威尔莫特，《那些岌岌可危的帝国》；弗雷，《日本的南进和澳大利亚》；池信孝（音），《日本战争决策：1941 年政策会议记录》；

巴恩哈特，《日本对全面战争的准备：寻求经济安全，1919—1941 年》；斯佩克特，《鹰对抗太阳：美国对日战争》；以及由莫利主编的多本著作（《中国泥潭：日本在亚洲大陆的扩张》《遏制外交：日本、德国和苏联，1935—1941 年》《决定命运的重大选择：日本进军东南亚》《最终的对抗：1941 年日本与美国的谈判》《日本爆发：伦敦海军会议和满洲事变》）。

2. 关于日本海军在 20 世纪 30 年代对与苏联关系的看法，见查普曼，《旧日本海军和北南困境》，第 150—206 页。

3. 日本防卫厅防卫研究所战史部，《战史丛书·大本营海军部：联合舰队第一辑，到开战时为止》，第 318 页。

4. 后藤乾一，《海军南进论与"印度尼西亚问题"》，第一部分，第 9—12 页。

5. 在最后的政策修订中，海军认为，把美国列在苏俄之前作为日本的主要敌人，算是取得了某种程度的胜利，但在修订草案起草期间的陆、海军谈判中，大家同意，两个主要国家被列出的次序并不一定表示其中任何一个国家相对来说更重要。日本防卫厅防卫研究所战史部，《战史丛书·大本营海军部：联合舰队第一辑，到开战时为止》，第 318 页。

6.《现代史资料》，第八卷，第一部分，第 354—355 页。

7.《现代史资料》，第八卷，第一部分，第 361 页。

8. 麻田贞雄，《日本海军和美国》，第 244 页；波多野澄雄和麻田贞雄，《日本的南进决策》，第 383—384 页。

9. 克罗利，《日本对自主权的追求》，第 285—289 页。

10. 日本防卫厅防卫研究所战史部，《战史丛书·大本营海军部：联合舰队第一辑，到开战时为止》，第 370—371 页。

11. 日本防卫厅防卫研究所战史部，《战史丛书·大本营海军部：联合舰队第一辑，到开战时为止》，第 374—375 页。

12. 日本防卫厅防卫研究所战史部，《战史丛书·大本营海军部：大东亚战争开战经过》，第 466—478 页。

13. 日本防卫厅防卫研究所战史部，《战史丛书·大本营海军部：联合舰队第一辑，到开战时为止》，第 374—375 页。在 1938 年年末或 1939 年年初海军大学校举行的第一次与日英海战有关的图上演习中，裁判判定扮演日军的蓝方舰队决定性地击败了扮演英军的红方舰队。日本防卫厅防卫研究所战史部，《战史丛书·大本营海军部：大东亚战争开战经过》，第389—390页。

14. 日本防卫厅防卫研究所战史部，《战史丛书·大本营海军部：大东亚战争开战经过》，第389—390页。

15. 相泽淳，《海军良识派》，第179—188页。

16. 1936年9月，军令部的鹰派抓住发生在中国北海市的反日事件作为占领海南的借口。这将使日本海军在中国南海拥有一个可以在未来用于东南亚军事行动的前进基地。当中国国民党撤回军队，陆军阻止海军利用这一事件时，危机结束了。麻田贞雄，《日本海军和美国》，第245页。

17. 角田顺，《南进战略中海军的作用》，第242页。

18. 角田顺，《南进战略中海军的作用》，第242—243页。

19. 角田顺，《南进战略中海军的作用》，第243—246页。日本防卫厅防卫研究所战史部，《战史丛书·大本营海军部：联合舰队第一辑，到开战时为止》，第447—448页。看起来，在提出东亚海域商船保护的问题时，日本海军战略家考虑的是水面攻击而不是潜艇战。

20. 弗雷，《日本的南进和澳大利亚》，第147页；《现代史资料》，第十卷，第三部分，第169—171页。

21. 角田顺，《南进战略中海军的作用》，第253—257页。

22. 角田顺，《南进战略中海军的作用》，第258—259页。

23. 该条约的核心内容是：如果3个签署国中的一个受到当时没有参与欧洲或中国战争的任何大国的攻击，那么其他两个国家将提供援助。虽然协议中没有明确说明，但很明显，这种措辞是专门针对美国的。

24. 角田顺，《南进战略中海军的作用》，第291页。

25. 弗雷，《日本的南进和澳大利亚》，第149页；巴恩哈特，《日本对全面战争的准备：寻求经济安全，1919—1941年》，第198—200页。

26. 池信孝（音），《日本战争决策：1941年政策会议记录》，第50—51页。

27. 池信孝（音），《日本战争决策：1941年政策会议记录》，第186页。

28. 这些观点是在以下著作中被提出的：麻田贞雄，《日本海军和美国》，第 258 页；角田顺，《南进战略中海军的作用》，第 262 页。

29. 麻田贞雄，《日本海军和美国》，第 230—241 页；日本防卫厅防卫研究所战史部，《战史丛书·大本营海军部：联合舰队第一辑，到开战时为止》，第 240、第 246 页。

30. 麻田贞雄，《日本海军和美国》，第 232—233 页。

31. 日本防卫厅防卫研究所战史部，《战史丛书·大本营海军部：联合舰队第一辑，到开战时为止》，第 362—363 页。

32. 马德尔，《老朋友，新敌人》，第一卷，第 90—91 页。理论上，如果出现僵局，最高军事参议院应该调解两军的分歧，但这需要一个强硬的参议院主席。由于参议院主席是年迈的闲院宫载仁亲王，参议会在调解方面显得力不从心。日本防卫厅防卫研究所战史部，《战史丛书·大本营海军部：联合舰队第一辑，到开战时为止》，第 363 页。

33. 野村实，《陆、海军中央机构和部队》，第 93 页。

34. 马德尔，《老朋友，新敌人》，第一卷，第 92—93 页。

35. 米内光政抵制与德国和意大利签订《三国同盟条约》，这导致他组建的内阁政府垮台，马德尔的著作对围绕这两件事的政治斗争做了论述，具体见《老朋友，新敌人》，第一卷，第 105—113 页。麻田贞雄，《日本海军和美国》，第 246—249 页。克列布斯提供了一种稍微修正主义的论述，认为米内光政比通常所以为的更迎合陆军的观点，具体见《米内光政海军大将是鸽派还是鹰派？》，第 79—81 页。

36. 阿川弘之，《不情愿的海军大将和帝国海军》，第 157—167 页。

37. 普朗格，《在我们沉睡的黎明》，第 15—16 页。

38. 井上成美传记刊行会，《井上成美》，第 223—229 页。

39. 这两个人的言论皆引自库克斯，《第二次世界大战中日本军事机构的效能》，第 12 页。

40. 起草于 1935 年的 1936 年年度作战计划要求这样部署兵力：将第三舰队派往菲律宾群岛协助攻占该群岛，一俟完成任务，就做好准备配合本土的联合舰队主力作战。第二舰队的兵力将被派往西北太平洋抵御任何来自该方向的美军进攻。第四舰队将驻扎在密克罗尼西亚以保卫岛上的重要地点，并攻击敌人可能在那里建立的前进基地。联合舰队的部分兵力将被派往夏威夷和美国西海岸，留在敌方主力所在区域，报告其动向，如果有机会就消灭它。最后，联合舰队主力将留在日本本土水域，随时准备一有机会就出发歼灭敌人主力。日本防卫厅防卫研究所战史部，《战史丛书·大本营海军部：联合舰队第一辑，到开战时为止》，第263—266页。

41. 日本防卫厅防卫研究所战史部，《战史丛书·大本营海军部：联合舰队第一辑，到开战时为止》，第345—346页。

42. 在1937年年初，驻扎菲律宾的美国陆军航空队有一个由过时的"拱心石"双翼轰炸机组成的轰炸中队，这些轰炸机同年被替换成了12架马丁B-10轰炸机，而当时美国陆军航空队正在逐步淘汰B-10轰炸机。菲律宾的全部空中部队既过时又小得可怜，远非一支强大的打击力量。我们感谢德克萨斯农工大学布赖恩·林教授提供的这个信息，他目前正在进行一项关于战间期太平洋地区美国陆军的重大研究。

43. 日本防卫厅防卫研究所战史部，《战史丛书·大本营海军部：联合舰队第一辑，到开战时为止》，第345—346页。

44. 有关日本对密克罗尼西亚的国际联盟委任统治权的合法要求以及日本对这些岛屿的逐步军事化的讨论，请参见皮蒂，《南洋：日本在密克罗尼西亚的沉浮》，第230—256页。

45. 这支分舰队由水上飞机母舰"神威"号（Kamoi）、一艘布雷舰和若干驱逐舰组成。也在菲律宾群岛和荷属东印度群岛的若干港口停靠过。这些访问的表面目的是礼节性拜访，但事实上，分舰队考察了西方国家殖民地，寻找适合作为未来航空基地的地点。日本防卫厅防卫研究所战史部，《战史丛书·大本营海军部：联合舰队第一辑，到开战时为止》，第346—347页。

46. 这些基地中，有4个分别建在了马里亚纳群岛的4个岛屿上，它们是浦甘（Pagan）、阿斯利托（Aslito）、加拉潘（Garapan）、天宁（Tinian）；有4个分别建在了加罗林群岛的4个岛屿上，它们是贝里琉（Pelelieu）、阿拉卡贝桑（Arakabesan）、埃腾、波纳佩（Ponape）；还有3个建在了马绍尔群岛的岛礁上，即沃杰（Wotje）、夸贾林（Kwajalein）、塔洛亚（Taroa）。

47. 日本防卫厅防卫研究所战史部，《战史丛书·海军航空概史》，第110—111页；千早正隆，《日本海军的战略设想》，第122页。

48. 日本防卫厅防卫研究所战史部，《战史丛书·海军航空概史》，第136、第207页。

49. 日本防卫厅防卫研究所战史部，《战史丛书·海军航空概史》，第203页。

50. 日本防卫厅防卫研究所战史部，《战史丛书·海军航空概史》，第207—208页。

51. 日本防卫厅防卫研究所战史部，《战史丛书·大本营海军部：联合舰队第一辑，到开战时为止》，第389—390、第396、第399—400页。

52. 在以这种方式构建日本海军的观点时，我们受到了香田洋二的影响，见他的《一个指挥官的困境：山本五十六和"渐减战略"》，第69—70页。

53. 1941年的年度作战计划，目前还没有完整的官方记录，只有战后交给日本首相吉田茂的铅笔版本。这个版本的文字内容有很多删节和增补，还遗失了15页。因此，对1941年计划的理解必须根据海军前一年的计划和陆军1941年的作战计划。日本防卫厅防卫研究所战史部，《战史丛书·大本营海军部：联合舰队第一辑，到开战时为止》，第500—501、第505—506页。我们在很大程度上依赖的是《战史丛书》作者和编纂者在相关的注释中所做出的推断。

54. 日本防卫厅防卫研究所战史部，《战史丛书·大本营海军部：联合舰队第一辑，到开战时为止》，第551页；日本防卫厅防卫研究所战史部，《战史丛书·菲律宾、马来亚海军进攻作战》，第34—36页。

55. 日本防卫厅防卫研究所战史部，《战史丛书·菲律宾、马来亚海军进攻作战》，第20、第23—24、第30—31页。

56. 日本防卫厅防卫研究所战史部，《战史丛书·菲律宾、马来亚海军进攻作战》，第36—37页。

57. 威尔莫特，《那些岌岌可危的帝国》，第73—74页。

58. 查普曼，《循环利用的三轮车：轴心国秘密情报机构之间的合作》，第

275—276、第291—292页。1940年4月中旬，军令部次长近藤信竹中将对德国不畏艰难险阻成功登陆挪威表示了惊讶。据说几周后，海军航空本部总务部长山县正乡中将[①]断言："德国空军在挪威的成就代表了战史上的一个转折点。"查普曼，《循环利用的三轮车：轴心国秘密情报机构之间的合作》，第277页。

59. 尽管联合舰队的大部分舰只将被用于东南亚的军事行动，山本却对东南亚作战没有表现出直接的兴趣。由于他忙于策划夏威夷作战，他把东南亚作战的事务几乎全部交给了指挥入侵舰队的指挥官自己去处理。日本防卫厅防卫研究所战史部，《战史丛书·菲律宾、马来亚海军进攻作战》，第338—340页。

60. 日本防卫厅防卫研究所战史部，《战史丛书·菲律宾、马来亚海军进攻作战》，第45—47页。

61. 尤其是在下列著作中：普朗格，《在我们沉睡的黎明》，第224—225页；威尔莫特，《那些岌岌可危的帝国》，第75—78页；威尔莫特，《屏障和标枪》，第71—80页；莫里森，《第二次世界大战美国海军作战史》，第164—168页。

62. 威尔莫特，《那些岌岌可危的帝国》，第75页。

63. 马来亚登陆作战的策划就是一个很好的例子。指挥登陆的护航部队指挥官、海军中将小泽治三郎不顾参战的陆军指挥官的强烈反对，坚持把哥打峇鲁作为第一个也是最主要的登陆地点。日本防卫厅防卫研究所战史部，《战史丛书·菲律宾、马来亚海军进攻作战》，第338—340页。在策划入侵菲律宾时，海军基本上都让陆军来确定登陆地点，陆军研究这个问题已有几十年，在1941年之前很久就确定了最佳登陆地点。

64. 日本海军航空史编纂委员会，《日本海军航空史》，第一卷，第264—265页。

65. 此外，在评估这些著作时，重要的是要记住，美国舰队直到1940年春末才进驻珍珠港。因此，在两次世界大战之间的20年里，很多关于攻击珍珠港的猜测都讲的是对港口和周边设施的袭击，而不是针对美国在夏威夷舰艇的袭击。

66. 霍南这本《罪恶的愿景》的副标题《不为人知的故事——赫克托·C.拜

---

① 译注：原文如此，当时山县应为少将。

沃特如何策划导致珍珠港事件的计划》已经概括了他的论点。霍南试图用不充分的证据和不可靠的逻辑证明，日本海军的太平洋战争计划大部分抄袭了拜沃特1925年的小说——《太平洋大战：1931—1933年美日战争史》。霍南在书中提出了各种观点，比如他声称山本入侵菲律宾的计划几乎完全是基于拜沃特的想法。事实上，自1909年以来，一直是日本陆军，而不是日本海军（当然也不是山本）负责制订这样的计划。但霍南最引人注目的主张是，拜沃特的著作首先使山本开始考虑1941年对珍珠港内的美国太平洋舰队发动突然空袭，霍南对这一主张的执着是基于选择性证据、事后论证以及日本海军专业人员无法自己思考袭击珍珠港计划的言外之意。无论如何，这一观点并没有得到西方专业海军历史学家的支持，日本资深海军历史学家野村实也特别反对这一观点（霍南在序言中将野村实列为他写这本书时咨询过的日本权威专家之一）。野村实，致本书作者的信，1991年11月5日。

67. 有关这些兵棋推演的详细描述，请参阅雷诺兹，《约翰·J.托尔斯将军》，第236—239、第276—279页。

68. 美国作家经常声称日本海军军官亲眼看到了这些演习，我们对此持怀疑态度。同样，日本策划珍珠港作战是受美国海军演习影响的传闻（雷诺兹，《约翰·J.托尔斯将军》，第238页）也因缺乏证据而不太可信。

69. 就算我们相信普朗格《在我们沉睡的黎明》第14—15页的内容，军令部多年来一直考虑把珍珠港作为年度图上演习的目标，他们也一直因为不切实际而将其放弃。

70. 高木惣吉，《私观太平洋战争》，第13—16页。

71. 日本海军航空史编纂委员会，《日本海军航空史》，第一卷，第101—102页。

72. 日本海军航空史编纂委员会，《日本海军航空史》，第一卷，第261页。

73. 日本防卫厅防卫研究所战史部，《战史丛书·夏威夷作战》，第60—63页。

74. 保罗·达尔，《日本海军战史》，第8页。

75. 早在1940年，当山本津津有味地看日本鱼雷轰炸机多次成功地模拟攻击正在行进中的主力舰时，据说他对他的参谋长说："这还让你怀疑我们不能对珍珠港发动空袭吗？"福留繁，《史观：珍珠港攻击》，第79—80页认为，当时山本的这番话很可能是随口而出，因为他的夏威夷作战的想法还未形成，而美国太平洋舰队也还没有进驻珍珠港。

76. 在黑岛龟人的回忆录中，这份备忘录标注的日期是 1940 年 2 月，但也有可能是一年后。日本防卫厅防卫研究所战史部，《战史丛书·夏威夷作战》，第 78—79 页。

77. 日本防卫厅防卫研究所战史部，《战史丛书·夏威夷作战》，第 75—78 页。

78. 保罗·达尔，《日本海军战史》，第 8 页称，山本要求日本驻伦敦和罗马的海军武官对英军的塔兰托突袭进行详细研究。

79. 保罗·达尔，《日本海军战史》，第 78—81 页。

80. 普朗格，《在我们沉睡的黎明》，第 15—16 页指出，山本起草一项重大战略计划，并将其直接交给海军大臣，这背离了日本海军的惯例，是非常不合乎正统的做法。首先，一线指挥官，甚至包括联合舰队指挥官在内，通常是不提出战略的——这是日本海军军令部的职责。其次，任何这样的建议都应该提交给军令部总长，而不是海军大臣。山本绕过军令部总长，是因为海军大臣控制着人事任命权，而山本希望能亲自指挥他提议的军事行动（珍珠港作战）。山本有信心以这种方式提交他的计划，既表明了他的独立自主权，又表明了他的影响力。

81. 日本防卫厅防卫研究所战史部，《战史丛书·夏威夷作战》，第 82 页。

82. 本段和接下来三段主要依据的文献是日本防卫厅防卫研究所战史部，《战史丛书·夏威夷作战》，第 84—85 页。

83. 其他有关日本策划夏威夷作战的优秀研究包括：本书已经引用过的阿川弘之的山本传记的相关部分；福留繁的《夏威夷作战》；达尔的《日本海军战史》的第一章；武居智久和角田顺，《袭击珍珠港：山本的基本设想》，第 83—88 页；巴恩哈特，《策划袭击珍珠港：军事政治学研究》，第 246—252 页；香田洋二，《一个指挥官的困境：山本五十六和"渐减战略"》，第 63—74 页；秦郁彦，《山本大将的突然袭击和日本海军的战争战略》，第 55—72 页。

84. 日本防卫厅防卫研究所战史部，《战史丛书·夏威夷作战》，第 96—99页；保罗·达尔，《日本海军战史》，第 7 页。

85. 日本防卫厅防卫研究所战史部，《战史丛书·夏威夷作战》，第 98 页。

86. 本段内容主要依据的是巴恩哈特，《策划袭击珍珠港：军事政治学研究》，第 250—251 页。

87. 尽管零式战斗机航程很长，菲律宾与台湾岛南部海军航空基地之间逾 1000 英里的往返距离最初还是造成了一个可怕的问题。这个问题是这么解决的：通过降低发动机巡航速度、调整螺旋桨转速、尽量提高燃料混合物中空气的比例来扩大零式战斗机的作战半径。岛田航一，《对菲律宾的开战空袭》，第 82 页。

88. 保罗·达尔，《日本海军战史》，第 10—11 页。

89. 本段是以这一文献出处为依据的：秦郁彦，《山本大将的突然袭击和日本海军的战争战略》，第 68—69 页。

90. 整份文件《促进对美、英、兰、蒋战争终结的腹稿》的翻译可见池信孝（音），《日本战争决策：1941 年政策会议记录》，第 247—249 页。

91. 日本海军航空史编纂委员会，《日本海军航空史》，第一卷，第 144—145 页；妹尾作太郎，《不能将死的一盘棋：井上将军和太平洋战争》，第 30—31 页；井上成美传记刊行会，《井上成美》，第 283—303 页；宫野澄，《最后的海军大将》，第 162—166 页；筱原宏，《太平洋战争的贤者》，第 96—103 页。

92. 下面 5 段我们对井上备忘录的讨论是基于《日本海军航空史》（第一卷，第 133—145 页）提供的备忘录日语全文，《不能将死的一盘棋：井上将军和太平洋战争》的第 31—34 页提供了对备忘录较不完整的英文翻译。

93. 妹尾作太郎，《不能将死的一盘棋：井上将军和太平洋战争》。

94. 井上提议，日本还应在美国西海岸部署远程潜艇，以攻击美国船只，但或许他考虑的并不是封锁美国（他已经不相信有这样的可能），而是截断美军到西太平洋的补给线，从而大幅度减轻美国对日本的压力。

第十四章 尾声：
对日本海军胜败的反思

1. 我们对 1941—1943 年日本海军在太平洋战略的讨论，主要是受《日本的战略》的影响，这篇经久不衰的文章是罗辛斯基在战争结束后一年写的。

2. 秦郁彦，《山本大将的突然袭击和日本海军的战争战略》，第 64—66 页。

3. 莫里森，《僵局和妥协》，第 68 页。

4. 武居智久和角田顺，《袭击珍珠港：山本的基本设想》，第 88 页。认为偷袭珍珠港是愚蠢之举的传统看法，参见：普朗格，《珍珠港：历史的判决》，第 554—558、第 565—567 页；威尔莫特，《那些岌岌可危的帝国》，第 137—141 页。

5. 斯蒂芬，《日出下的珍珠港》，第 89—121 页对日本海军占领珍珠港的计划做了专业讨论。

6. 弗兰克，《瓜达尔卡纳尔岛》，第 606 页。

7. 麦卡尼，《所罗门海军战役》，第 13 页。

8. 伊藤正德，《旧日本海军的覆灭》，第 211 页。有关二战结束时日本海军残余力量的组成和最终部署的概述，请参见伦德斯特罗姆，《第二次世界大战结束时的日本海军舰艇》的"序言"。

9. 根据的是威尔莫特《屏障和标枪》一书的附录 A（第 526—530 页）；日本防卫厅防卫研究所战史部，《战史丛书·海军军战备第一辑，1941 年 11 月以前》，第 638—639 页；日本经济安定本部，搜查官房，企划部，调查课，《日本在太平洋战争中损失的总体报告》，第 52—53 页。

10. 前日本海军将官横井俊之认为 1941 年 11 月 15 日大本营联络会议批准的协议《促进对美、英、兰、蒋战争终结的腹稿》是日本在太平洋战争开始前起草的唯一一份宏大的政策声明。横井俊之，《对日本海军战败的思考》，第 70 页。

11. 罗辛斯基，《日本的战略》，第 102—104、第 119 页。

12. 池田清，《太平洋战争中日本的战略，1941—1945》，第 144 页。

13. 千早正隆，《日本海军的战略设想》，第 162—166 页。

14. 池信孝（音），《日本战争决策：1941 年政策会议记录》，第 140 页。在永野关于建立"坚不可摧的据点"的言论中，他提到了"西南太平洋"，但显然他指的是东南亚。从日本的角度看，现在被称为东南亚的地方实际上在它的西南方向。永野海军大将一方面积极地鼓吹战争，另一方面却未能充分考虑任何发动战争的连贯战略，对这一矛盾的严厉批评，见角田顺的文章，收录在莫利，《最终的对抗：1941 年日本与美国的谈判》，第 113—114、第 268—279 页。

15. 威尔莫特，《胜利和霸权》。经作者允许引用。

16. 这种思路是爱德华·S.米勒向我们提出的。爱德华·S.米勒，致本书作者的信，1990年8月22日。

17. 帕里罗，《日本商船》，第203—204页。

18. 鸟巢建之助，《日本潜艇战术和"回天"鱼雷》，第440—441页。

19. 弗兰克，《瓜达尔卡纳尔岛》，第250页。

20. 帕里罗，《日本商船》，第224—225页；库克斯，《第二次世界大战中日本军事机构的效能》，第7页。

21. 欲了解日本海军这种自私的例子，见皮蒂，《南洋：日本在密克罗尼西亚的沉浮》，第294页。

22. 克列布斯，《日本空中力量》，第233页。

23. 在战争的头几年，联合舰队的总部设在海上——主要在"大和"号或"武藏"号上。但在1944年春，它被转移到停泊在东京湾木更津附近的"大淀"号巡洋舰上，同年夏天迁到广岛，9月又转移到东京郊区，直至战争结束。伊藤正德，《旧日本海军的覆灭》，第208—210页。

24. 麦卡尼，《所罗门海军战役》，第149—159页。

25. 例如，可以参见马德尔的解释：日本文化强调技术而非结果，所以三川军一在萨沃岛水域消灭美国海军后，未能在瓜达尔卡纳尔岛附近攻击美国运输船。马德尔，《勇敢还不够》。然而，三川军一在战后坚持认为他是在遵循日本的作战条令，它强调只要摧毁敌方舰队就自然而然能获得制海权，所有其他考虑都是次要的。大前敏一，《萨沃岛海战》，第242、第244页。

26. 弗兰克，《瓜达尔卡纳尔岛》，第604页。

27. 弗兰克，《瓜达尔卡纳尔岛》，第604页。

28. 弗兰克，《瓜达尔卡纳尔岛》，第604页；和科林·S.格雷，《利用海权，战争中海军的战略优势》，第255页。

29. 最近，伯林盖姆对珍珠港的小型潜艇做了一次彻底研究（《先遣部队：珍珠港》），只是没有文献证明。

30. 威尔莫特，《胜利和霸权》。

31. 弗里德里克·米尔福德致本书作者的信，1993 年 9 月 17 日。

32. 堀越二郎，《三菱之鹰：零式战斗机》，第 64—65 页。

33. 最后一点见：豪依，《日本贸易霸权的根源》，第 313 页。

34. 与美国海军中校韦恩·桑顿的对话，1994 年 10 月 15 日。

35. 当时的其他类型鱼雷取得的战果就有好有坏了。日本海军在战争的前 6 个月使用九一式航空鱼雷取得的成功给德国空军留下了深刻的印象，德国空军同样尝试在地中海地区让德国空军第 10 航空队装备鱼雷，但由于距离和盟军封锁导致的后勤困难，这一举措收效甚微。利茨曼和维尼戈，《海军部的代价：德国驻日本海军武官的战争日志，1939—1943 年》，第四卷，第 986 页，注释 16。另一方面，我们已经指出，潜艇用的九三式鱼雷——九五式——也发生了许多故障（本书第八章，注释 59）。

36. 贝克，《日本海军的舰艇建造》。

37. 保罗·达尔，《日本海军战史》，第 342 页。

38. 格拉克，《第二次世界大战中的雷达》，第 925—934 页。

39. 鲍德温，《致命的引信：第二次世界大战的秘密武器》，第 233—249 页。

40. 罗斯科，《第二次世界大战中的美国驱逐舰作战》，第 55—61 页。

41. 埃利斯，《蛮力：第二次世界大战中盟军战略和战术》，第 495 页。

42. 库克斯，《第二次世界大战中日本军事机构的效能》，第 19 页。

43. 阿川弘之，《不情愿的海军大将和帝国海军》，第 196—197 页。

44. 举几个例子就够了。堀悌吉回忆说在一次模拟日美战争的图上演习结束后的讨论中，一名参与者批评演习重视在菲律宾的军事行动，因为美国舰队有可能直接威胁日本本土。他因质疑一项已经由军令部决定的作战政策而遭到一名军令部军官的指责。大井笃回忆称在太平洋战争前的一次海军大学校图上演习中，演习结果被蓄意篡改，以显得日本的海上运输不会受到致命打击。战后，渊田美津雄和奥宫正武回忆称 1942 年 5 月在"大和"号上举行的中途岛作战战前图上演习中，联合舰队参谋长宇垣缠无视裁判的裁决，武断地减少日本航母受到的损伤，以支持中途岛入侵计划。阿川弘之，《不情愿的海军大将和帝国海军》，第 197 页；实松让，《海军大学教育》，第 199—201 页；渊田美津雄和奥宫正武，《中途岛——那场使日本灭亡的海战》，第96页。

45. 日本海军的这种倾向是美国海军上校詹姆斯·R. 菲茨西蒙兹向我们指出的。詹姆斯·R. 菲茨西蒙兹致本书两位作者的信，1994年11月4日。

46. 在使用"封建"或"武士道"这个词来形容现代日本陆军和海军的作战观念时，必须谨慎。某些战术——如突然袭击、夜间袭击、小分队靠近直插敌人心脏等——在日本中世纪战争期间肯定有其先例。瓦利，《日本武士》，第53页。但日本军事传统中的心理和伦理内容只追溯到晚近的德川时代，并且是选择性借鉴的结果，旨在向现代日本军队推广重要的价值观。见本书第一章的注释4。

47. 外山三郎，《日俄海战史的研究》，上册，第438页。40多年后，1944年10月24日，当联合舰队司令长官、海军大将丰田副武认为栗田将军在遭遇美军空袭后要撤退时，他在发给栗田的一份电文中重复了第一句话："请相信神明的帮助，并以你们所有的力量发动攻击。"池田清，《日本的海军》，第37页。

48. 引自户高一成，《日本海海战》，第235页。

49. 戈德斯坦和迪伦，《珍珠港文件：日军计划不为人知的内容》，第114页。

50. 福井静夫，《日本的军舰》，第129页。

51. 弗里德里克·J. 米尔福德致本书作者的信，1994年11月26日。

52. 韩德尔，《数量确实重要：质量对数量的问题》，第225—226页。

53. 日本防卫厅防卫研究所战史部，《战史丛书·本土方面海军作战》，第1页。

54. 罗辛斯基，《日本的战略》，第119页。

55. 米利特和威廉姆森，《战争的教训》，第85页。

56. 麻田贞雄，《日本海军和美国》，第256页。

57. 这些内容形成了塞缪尔斯《富国强兵》一书的中心主题。

参考文献

除非另有说明，日语参考书目的出版地一般为东京。日本作者的姓名按照日语的顺序列出，姓在前，没有逗号，但英语出版物的日本作者姓名之间有逗号。

Agawa, Hiroyuki. *The Reluctant Admiral:Yamamoto and the Imperial Navy*. Translated by John Bester. Kōdansha International, 1979.

Aizawa Jun. "Kaigun ryōshiki to nanshin—Hainan—tō shinshutsu mondai o chūshin shite" [The rational faction in the navy and the southward advance, centering on the occupation of Hainan]. In *Dai—niji sekai taisen: hassei to kakudai* [World War II: origins and escalations], edited by Gunji—shi Gakkai. Kinseisha, 1990.

[Akiyama Saneyuki.] *Heigo kaisetsu* [Military terms explained]. N.p., 1902.

Akiyama Saneyuki Kai, ed. *Akiyama Saneyuki*. Akiyama Saneyuki Kai, 1933.

Alden, John D. *The Fleet Submarine in the U.S. navy: A Design and Construciton History*. Annapolis, Md.: Naval Institute Press, 1979.

Alger, John. *Definitions and Doctrine of the Military Art Past and Present*. The West Point Military History Series, ed. Thomas E. Griess. Wayne, N.J.: Avery Publishing Group, 1985.

Anderson, Irvine H., Jr. *The Standard—Vacuum Oil Company and United States East Asian Policy, 1933—1941*. Princeton, N.J.: Princeton University Press, 1975.

Andrade, Ernest, Jr. "Arms Limitation and the Evolution of Weaponry: The Case of the Treaty Cruiser." In *Naval History: The Sixth Symposium of the U.S. Naval Academy*, edited by Daniel Masterson. Wilmington, Del.: Scholarly Resources, 1987.

Anderson, Irvine H., Jr. "Submarine Policy in the United States Navy, 1919—

1941." *Military Affairs* 35 (April 1971).

Aoki Shōsaburō. "Kōgaku heiki kōgyō no kaiko" [Recollections of optical weapons manufacture]. In *Kais ō Nihon kaigun* [The Japanese navy remembered], edited by Suikōkai. Hara Shobō, 1985.

Asada Sadao. *Arufureddo T. Mahan* [Alfred T. Mahan]. Amerika Koten Bunko series, vol. 8. Kenkyūsha, 1977.

Asada, Sadao. "Japan and the United States, 1915–1925." Ph.D. diss., Yale University, 1963.

Asada, Sadao. "Japanese Admirals and the Politics of Naval Limitation: Katō Tomosaburō vs. Katō Kanji." In *Naval Warfare in the Twentieth Century*, edited by Gerald Jordan. London: Croom Helm, 1977.

Asada, Sadao. "The Japanese Navy and the United States." In *Pearl Harbor as History: Japanese–American Relations, 1931–1941*, edited by Dorothy Borg and Shumpei Okamoto. New York: Columbia University Press, 1973.

Bacon, Reginald Hugh Spencer. *A Naval Scrap–book: First Part, 1877–1900*. London: Hutchinson, [1925].

Bagnasco, Erminio. *Submarines of World War II*. Annapolis, Md.: Naval Institute Press, 1977.

Baker, Arthur Davidson, III. "Japanese Naval Construction, 1915–1945: An Introductory Essay." *Warship International* 24, no. 1 (1987).

Baldwin, Ralph B. *The Deadly Fuze: The Secret Weapon of World War II*. San Rafael, Calif.: Presidio Press, 1986.

Ballantine, Duncan S. *U.S. Naval Logistics in the Second World War*. Princeton, N.J.: Princeton University Press, 1947.

Ballard, G. A. *The Influence of the Sea on the Political History of Japan*. New York: E. P. Dutton, 1921.

Barnhart, Michael. *Japan Prepares for Total War: The Search for Economic Security*, 1919–1941. Ithaca, N.Y.: Cornell University Press, 1987.

Barnhart, Michael. "Japanese Intelligence before the Second World War: 'Best Case' Analysis." In *Intelligence Assessment before the Two World Wars*, edited by Ernest R. May. Princeton, N.J.: Princeton University Press, 1986.

Barnhart, Michael. "Planning the Pearl Harbor Attack: A Study in Military Politics." *Aerospace Historian* 29 (Winter/December 1992).

Baxter, James Finney. *Scientists against Time*. Boston: Little, Brown and Company, 1946.

Blair, Clay. *Silent Victory: The U.S. Submarine War against Japan*. Philadelphia: Lippincott, 1975.

Blond, Georges. *Admiral Togo*. Translated by Edmond Hyams. New York: Macmillan, 1960.

Bodley, R.V.C. *Admiral Togo*. London: Jarrolds Publishers, 1935.

Borg, Dorothy, and Shumpei Okamato, eds. *Pearl Harbor as History: Japanese–American Relations, 1931–1941*. New York: Columbia University Press, 1973.

Boyd, Carl. "Japanese Military Effectiveness: The Interwar Period." In *Military Effectiveness*. Vol. 2, *The Interwar Period*, edited by Allan Millet and Williamson Murray. Winchester, Mass.: Unwin and Hyman, 1988.

Boyd, Carl. "The Japanese Submarine Force and the Legacy of Strategic and Operational Doctrine Developed between the World Wars." In *Selected Papers from the Citadel Conference on War and Diplomacy*. Charleston, S.C.: Citadel Development Foundation, 1979.

Braisted, William R. *The United States Navy in the Pacific, 1909–1922*. Austin, Tex.: University of Texas Press, 1971.

Broadbridge, Seymour. "Shipbuilding and the State in Japan since the 1850s." *Modern Asian Studies* 11 (1977).

Brook, Peter. "Armstrong Battleships Built for Japan." *Warship International* 22, no. 3 (1985).

Brown, David. *Aircraft Carriers*. New York: Arco Publishing, 1977.

Buckley, Thomas H. *The United States and the Washington Conference, 1921–1922*. Knoxville: University of Tennessee Press, 1970.

Bueschel, Richard M. *Mitsubishi A6M1/2 Zero-sen in Imperial Japanese Naval Air Service, Arco-Aircam Aviation Series. No. 18*. New York: Arco Publishing, 1970.

Bueschel, Richard M. *Mitsubishi-Nakajima G3M1/2/3 and Kusho L3Y1 in Japanese Naval Service, Arco Aircam Aviation Series, No. 35*. Berkshire, U.K.: Osprey Publishing, 1972.

Bullen, John. "The Japanese 'Long Lance' Torpedo and Its Place in Naval History." *Imperial War Museum Review*, no. 3 (1988).

Burlingame, Burl [William G.]. *Advance Force: Pearl Harbor*. Kailua, Hawaii: Pacific Monograph, 1992.

Bush, James Vannevar. *Modern Arms and Free Men*. New York: Simon and Schuster, 1949.

Bywater, Hector. *The Great Pacific War: A History of the American-Japanese Campaign of 1931–33*. 1925. Reprint, Boston: Houghton Mifflin, 1942.

Caidin, Martin. *Zero Fighter*. New York: Ballantine Books, 1969.

Campbell, Mark A. "The Influence of Air Power upon the Evolution of Battle Doctrine in the U.S. Navy, 1922–1941." Master's thesis, University of Massachusetts at Boston, 1992.

Campbell, N. J. M. *Naval Weapons of World War II*. London: Conway Maritime Press, 1985.

Campbell, N. J. M. "The Battle of Tsu-Shima." Parts 1–4. *Warship* 2 (1978): 39–49, 127–135, 186–92, 258–65.

Carpenter, Dorr, and Norman Polmar. *Submarines of the Imperial Japanese Navy*. Annapolis, Md.: Naval Institute Press, 1986.

Chapman, John. "The Imperial Japanese Navy and the North-South Dilemma." In *Barbarossa: The Axis and the Allies*, edited by John Erickson and David Dilks. Edinburgh: Edinburgh University Press, 1994.

Chapman, John. "Japanese Intelligence, 1918–1945: A Suitable Case for

Treatment." In *Intelligence and International Relations, 1900–1945*, edited by Christopher Andrew and Jeremy Noakes. Exeter Studies in History, no. 15. Exeter, England: Exeter University Publications, 1986.

Chapman, John. "Signals Intelligence Collaboration among the Tripartite Pact States on the Eve of Pearl Harbor." *Japan Forum* 3 (October 1991).

Chapman, John. "Tricycle Recycled: Collaboration among the Secret Intelligence Services of the Axis States." *Intelligence and National Security* 7 (July 1992).

Chesneau, Roger. *Aircraft Carriers of the World, 1914 to the Present: An Illustrated Encyclopaedia*. London: Arms and Armour Press, 1984.

Chesneau, Roger, and Eugene Kolesnik, eds. *All the World's Fighting Ships, 1860–1905*. New York: Mayflower Books, 1979.

Chigusa, Sadao. "Conquer the Pacific Ocean aboard the Destroyer *Akigumo*: War Diary of the Hawaiian Battle." In *The Pearl Harbor Papers: Inside the Japanese Plans*, edited by Donald M. Goldstein and Katherine V. Dillon. New York: Brassey, 1993.

Chihaya Masataka. *Kaigun keieisha Yamamoto Gombei* [Naval administrator Yamamoto Gombei]. Purejidentosha, 1986.

Chihaya Masataka. *Nihon kaigun no ogori shōkōgun* [The Japanese navy's syndrome of arrogance]. Purejidentosha, 1990.

Chihaya Masataka. *Nihon kaigun no senryaku hassō* [Strategic concepts of the Japanese navy]. Purejidentosha, 1982.

Chihaya, Masataka. "IJN *Yamato* and *Musashi*." In *Warships in Profile*. Vol. 3, edited by Antony Preston. Garden City, N.Y.: Doubleday, 1974.

Chihaya, Masataka. "An Intimate Look at the Japanese Navy." In *The Pearl Harbor Papers: Inside the Japanese Plans*, edited by Donald M. Goldstein and Katherine V. Dillon. New York: Brassey, 1993.

Chihaya, Masataka, and Yasuo Abe. "IJN *Kongō*, Battleship, 1912–1944." In *Warships in Profile*. Vol. 1, edited by John Wingate. Windsor, Berkshire, U.K.: Profile Publications, 1971.

Chihaya, Masataka, and Yasuo Abe. "IJN *Yukikaze*, Destroyer, 1939−1970." In *Warships in Profile*. Vol. 2, edited by John Wingate. Windsor, Berkshire, U.K.: Profile Publications, 1973.

Clifford, Kenneth. *Amphibious Warfare Development in Britain and America*. Laurens, N.Y.: Edgewood, 1983.

Cohen, Eliot A., and John Gooch. *Military Misfortunes: The Anatomy of Failure in War*. New York: Free Press, 1990.

Cohen, Jerome. *Japan's Economy in War and Reconstruction*. Minneapolis: University of Minnesota Press, 1949.

Commander in Chief, Pacific and Pacific Ocean Areas, Joint Intelligence Center, Pacific Ocean Area, "Know Your Enemy: Japanese Aerial Tactics against Ship Targets," *JICPOA Weekly Intelligence*, 20 October 1944.

Conroy, Hilary, and Harry Wray, eds. *Pearl Harbor Re−examined: Prologue to the Pacific War*. Honolulu: University of Hawaii Press, 1990.

Conway's All the World's Fighting Ships, 1922−1946. Annapolis, Md.: Naval Institute Press, 1984.

Cook, Theodore, and Haruko Cook, eds. *Japan at War: An Oral History*. New York: Free Press, 1992.

Coox, Alvin. "The Effectiveness of the Japanese Military Establishment in the Second World War." In *Military Effectiveness*. Vol. 3, *The Second World War*, edited by Alan R. Millett and Williamson Murray. Boston: Allen and Unwin, 1988.

Corbett, Julian S., and Edmond J. W. Slade. *Maritime Operations in the Russo−Japanese War, 1904−5*. 2 vols. Admiralty War Staff, 1914. Reprint, Annapolis, Md.: Naval Institute Press, 1994. (Abbreviated CS in notes.)

Cornwall, Peter. "Manning and Training in the Japanese Navy in the Nineteenth Century." In *Changing Interpretations and New Sources in Naval History: Papers from the Third United States Naval Academy History Symposium*, edited by Robert William Love, Jr. New York: Garland Publishing, 1980.

Cornwall, Peter. "The Meiji Navy: Training in an Age of Change." Ph.D. diss., University of Michigan, 1970.

Costello, John. *Days of Infamy*. New York: Pocket Books, 1994.

Crowl, Philip. "Alfred Thayer Mahan: The Naval Historian." In *Makers of Modern Strategy: From Machiavelli to the Nuclear Age*, edited by Peter Paret. Princeton, N.J.: Princeton University Press, 1986.

Crowley, James. *Japan's Quest for Autonomy*. Princeton, N.J.: Princeton University Press, 1966.

De Virgilio, John F. "Japanese Thunderfish." *Naval History* 54 (winter 1991).

Dickson, W. David. "Fighting Flat-Tops: The Shokakus." *Warship International*, no. 1 (1977).

Dingman, Roger. "Japan and Mahan." In *The Influence of History on Mahan: The Proceedings of a Conference Marking the Centenary of Alfred Thayer Mahan's "The Influence of Sea Power upon History, 1660-1783,"* edited by John B. Hattendorf. Naval War College Historical Monograph Series, no. 9. Newport, R.I.: Naval War College Press, 1991.

Dingman, Roger. "The Pacific Theater: Comments." In *The Intelligence Revolution: A Historical Perspective*, edited by Walter T. Hitchcock. Proceedings of the Thirteenth Military History Symposium, U.S. Air Force Academy, Colorado Springs, Colo., 12-14 October 1988.

Dingman, Roger. *Power in the Pacific: The Origins of Naval Arms Limitation, 1914-1922*. Chicago: University of Chicago Press, 1976.

Dohi Kazuo. "Zujō enshū to heiki enshū no jissai" [The practice of map exercises and war games]. *Rekishi to jimbutsu* (May 1979).

Dorwart, Jeffrey M. *Conflict of Duty: The U.S. Navy's Intelligence Dilemma, 1919-1945*. Annapolis, Md.: Naval Institute Press, 1983.

Drea, Edward. *MacArthur's Ultra: Codebreaking and the War against Japan, 1941-1945*. Lawrence: University of Kansas Press, 1992.

Drea, Edward. "Reading Each Other's Mail: Japanese Communications Intelligence, 1920–1941." *Journal of Military Affairs* 55 (April 1991).

Dull, Paul S. *A Battle History of the Imperial Japanese Navy, 1941–1945*. Annapolis, Md.: Naval Institute Press, 1978.

Ellis, John. *Brute Force: Allied Strategy and Tactics in the Second World War*. New York, Viking Press, 1990.

Epstein, Marc. "Naval Disarmament and the Japanese: Geneva, 1927." Ph.D. diss., State University of New York at Buffalo, 1995.

Evans, David C. "The Japanese Navy in the Invasion of the Philippines." Paper presented at the annual meeting of the American Historical Association, Chicago, Ill., December 1991.

Evans, David C. "The Recruitment of Japanese Navy Officers in the Meiji Period." In *Changing Interpretations and New Sources in Naval History: Papers from the Third United States Naval Academy History Symposium*, edited by Robert William Love, Jr. New York: Garland Publishing, 1980.

Evans, David C. "The Satsuma Faction and Professionalism in the Japanese Naval Officer Corps of the Meiji Period, 1868–1912." Ph.D. diss., Stanford University, 1978.

Fahey, James C. *Ships and Aircraft of the U.S. Fleet*. Various editions. (New York: Herald–Nathan, n.p., and Ships and Aircraft, 1939–1945).

Fairbanks, Charles H., Jr. "The Origins of the *Dreadnought* Revolution: A Historiographical Essay." *International History Review* 13 (May 1991).

Falk, Edwin A. *Togo and the Rise of Japanese Sea Power*. New York: Longmans, Green and Company, 1936.

Feis, Herbert. *The Road to Pearl Harbor: The Coming of the War between the United States and Japan*. Princeton, N.J.: Princeton University Press, 1950.

Ferris, John. "A British Unofficial Aviation Mission and Japanese Naval Developments, 1919–1929." *Journal of Strategic Studies* (September 1982).

Fioravanzo, Giuseppe. *A History of Naval Tactical Thought*. Translated by Arthur

W. Holst. Annapolis, Md.: Naval Institute Press, 1979.

Fiske, Bradley A. "American Naval Policy." *U.S. Naval Institute Proceedings* 31 (January 1905).

Fock, Harold. *Fast Fighting Boats, 1870–1945: Their Design, Construction, and Use*. Annapolis, Md.: Naval Institute Press, 1973.

Francillon, René J. *Imperial Japanese Navy Bombers of World War II*. Windsor, Berkshire, U.K.: Hilton Lacy, Publishers, 1969.

Francillon, René J. *Japanese Aircraft of the Pacific War*. Annapolis, Md.: Naval Institute Press, 1987.

Frank, Richard B. *Guadalcanal: The Definitive Account of the Landmark Battle*. New York: Random House, 1990.

Frei, Henry. *Japan's Southward Advance and Australia: From the Sixteenth Century to World War II*. Honolulu: University of Hawaii Press, 1991.

Friday, Karl F. "Bushido or Bull? A Medieval Japanese Historian's Perspective on the Imperial Army and the Japanese Warrior Tradition." *History Teacher* 27 (May 1994).

Friedman, Norman. *Battleship Design and Development, 1905–1945*. New York: Mayflower Books, 1978.

Friedman, Norman. *Carrier Air Power*. Greenwich, U.K.: Conway Maritime Press, 1981.

Friedman, Norman. *Naval Radar*. Greenwich, U.K.: Conway Maritime Press, 1981.

Friedman, Norman. *Submarine Design and Development*. Annapolis, Md.: Naval Institute Press, 1984.

Friedman, Norman. *U.S. Battleships: An Illustrated Design History*. Annapolis, Md.: Naval Institute Press, 1984.

Friedman, Norman. *U.S. Destroyers: An Illustrated Design History*. Annapolis, Md.: Naval Institute Press, 1982.

Friedman, Norman. *U.S. Naval Weapons: Every Gun, Missile, Mine, and Torpedo Used by the U.S. Navy from 1883 to the Present Day*. Annapolis, Md.: Naval Institute Press, 1982.

Fuchida, Mitsuo, and Masatake Okumiya. *Midway: The Battle That Doomed Japan*. Annapolis, Md.: Naval Institute Press, 1955.

Fukaya, Hajime, with M. E. Holbrook. "The Shokakus: Pearl Harbor to Leyte Gulf." U.S. Naval Institute *Proceedings* 78 (June 1952).

Fukaya, Hajime, with M. E. Holbrook. "Three Japanese Submarine Developments." U.S. Naval Institute *Proceedings* 78 (August 1952).

Fukudome [Fukutome], Shigeru. "The Hawaii Operation." In *The Japanese Navy in World War II: In the Words of Former Japanese Naval Officers*. 2nd ed., edited by David C. Evans. Annapolis, Md.: Naval Institute Press, 1986.

Fukui Shizuo. *Nihon no gunkan: waga zōkan gijutsu no hattatsu to kantei no hensen* [Japanese warships: our development of ship construction technology and changes in warships over time]. Shuppan Kyōdōsha, 1959.

Fukutome Shigeru. *Shikan: Shinjuwan kōgeki* [Historical view of the Pearl Harbor attack]. Jiyū Ajiasha, 1955.

Garzke, William H., Jr., and Robert O. Dulin, Jr. *Battleships: Axis and Neutral Battleships in World War II*. Annapolis, Md.: Naval Institute Press, 1985.

Genda Minoru. "Evolution of Aircraft Carrier Tactics of the Imperial Japanese Navy." In *Air Raid: Pearl Harbor!* Edited by Paul Stillwell. Annapolis, Md.: Naval Institute Press, 1981.

Genda Minoru. *Kaigun kōkūtai shimatsuki* [A record of the particulars of the naval air service]. Vol. 1, *Hasshin* [Takeoff]. Bungei Shunjū, 1961. Vol. 2, *Sentō* [Combat]. Bungei Shunjū, 1962.

Genda Minoru. *Shinjuwan sakusen kaikoroku* [Recollections of the Pearl Harbor operation]. Yomiuri Shimbunsha, 1972.

Genda Minoru. "Tactical Planning in the Imperial Japanese Navy." Naval War

College Review 22 (October 1969).

Gendaishi shiryō [Documents on modern history]. *Nitchū senso* [The China—Japan war], vols. 8—10, 12—13; *Taiheiyō senso* [The Pacific war], vols. 34—36, 38—39; *Dai hon'ei* [Imperial General Headquarters], vol. 37. Misuzu Shobō, 1964—75.

Goldstein, Donald M., and Katherine V. Dillon, eds. *The Pearl Harbor Papers: Inside the Japanese Plans*. New York: Brassey, 1993.

Gotō Ken'ichi. "Kaigun nanshin ron to 'Indoneshia mondai'" [The navy's southward advance arguments and the "Indonesian problem"]. Parts 1—2. *Ajiayū* 31 (July 1984); (October 1984).

Gray, Colin S. *The Leverage of Sea Power: The Strategic Advantage of Navies at War*. New York: Free Press, 1992.

Gray, Edwyn. *The Devil's Device: The Story of Robert Whitehead, Inventor of the Torpedo*. London: Seeley, Service, and Company, 1975.

Guerlac, Henry. *Radar in World War II*. Los Angeles, Calif.: Tomash Publishers, 1987.

Halpern, Paul G. *A Naval History of World War I*. Annapolis, Md.: Naval Institute Press, 1994.

Handel, Michael. "Numbers Do Count: The Question of Quality vs. Quantity." *Journal of Strategic Studies* 4 (September 1981).

Hara, Tameichi, with Fred Saito and Roger Pineau. *Japanese Destroyer Captain*. New York: Ballantine Books, 1961.

Hata Ikuhiko. *Taiheiyō kokusai kankei shi: Nichi—Bei oyobi Nichi—Ro kiki no keifu* [A history of international relations in the Pacific: the genealogy of Japan—U.S. and Japan—Russia crises, 1900—1935]. Fukumura Shuppan Kan, 1972.

Hata, Ikuhiko. "Admiral Yamamoto's Surprise Attack and the Japanese Navy's War Strategy." In *From Pearl Harbor to Hiroshima: The Second World War in Asia and the Pacific, 1941—45*, edited by Saki Dockrill. New York: St. Martin's Press, 1994.

Hata, Ikuhiko, and Yasuho Izawa. *Japanese Naval Aces and Fighter Units in World*

War II. Translated by Don Gorham. Annapolis, Md.: Naval Institute Press, 1989.

Hatano Sumio. "Shōwa kaigun no nanshin ron" [The southward advance con‑
cept of the Shōwa navy]. *Rekishi to jimbutsu* (December 1984.)

Hatano, Sumio, and Sadao Asada. "The Japanese Decision to Move South (1939‑
1941)." In *Paths to War: New Essays on the Origins of the Second World War*, edited
by Robert Boyce and Esmond Robertson. New York: St. Martin's Press, 1989.

Hayashi Katsunari. *Nihon gunji gijutsu shi* [A history of Japanese military tech‑
nology]. Haruki Shobō, 1972.

Henry, David. "British Submarine Policy, 1918‑1939." In *Technical Change
and British Naval Policy, 1860‑1939*, edited by Bryan Ranft. Kent, U.K.: Hodder and
Staughton, 1977.

Herwig, Holger. *"Luxury" Fleet: The Imperial German Navy 1888‑1918*.
London: George Allen and Unwin, 1980.

Hezlet, Arthur. *Electronics and Sea Power*. New York: Stein and Day, 1975.

Hezlet, Arthur. *The Submarine and Sea Power*. New York: Stein and Day, 1967.

Hinsley, Harry. "An Intelligence Revolution." In *The Intelligence Revolution:
A Historical Perspective, Proceedings of the Thirteenth Military History Symposium*,
edited by Walter Hitchcock. Washington, D.C.: U.S. Government Printing
Office, 1991.

Hiraga Yuzuru. *Hiraga Yuzuru ikō shū* [The collected posthumous works of
Hiraga Yuzuru]. Edited by Naitō Shosui. Kyōdō Shuppansha, 1985.

Hodges, Peter. *The Big Gun: Battleship Main Armament, 1860‑1945*. London:
Conway Maritime Press, 1981.

Honan, William. *Visions of Infamy: The Untold Story of How Hector C. Bywater
Devised the Plans That Led to Pearl Harbor*. New York: St. Martin's Press, 1991.

Hone, Thomas C. "Spending Patterns of the United States Navy, 1921‑1941."
Armed Forces and Society 8: 3 (spring 1982).

Hone, Thomas C., and Mark D. Mandeles. "Interwar Innovation in Three

Navies: U.S. Navy, Royal Navy, Imperial Japanese Navy." *Naval War College Review* 40 (spring 1987).

Hone, Thomas C., and Norman Friedman. "*Iowa* vs. *Yamato*: The Ultimate Gunnery Duel." U.S. Naval Institute *Proceedings* 109 (July 1983).

Horie, Y. "The Failure of the Japanese Convoy Escort." U.S. Naval Institute *Proceedings* 82 (October 1956).

Horikoshi, Jiro. *Eagles of Mitsubishi: The Story of the Zero Fighter*. Translated by Shojiro Shindo and Harold N. Wantiez. Seattle: University of Washington Press, 1981.

Howe, Christopher. *The Origins of Japanese Trade Supremacy: Development and Technology from 1540 to the Pacific War*. London: Hurst and Company, 1996.

Hughes, Wayne P., Jr. *Fleet Tactics: Theory and Practice*. Annapolis, Md.: Naval Institute Press, 1986.

Hughes, Wayne P., Jr. "Naval Tactics and Their Influence on Strategy." *Naval War College Review* 39 (January–February 1986).

Ikari Yoshirō. *Kaigun kūgishō* . [The Naval Air Technical Arsenal]. 2 vols. Kojinsha, 1985.

Ike, Nobutaka, ed. and trans. *Japan's Decision for War: Records of the 1941 Policy Conferences*. Stanford, Calif.: Stanford University Press, 1967.

Ikeda Kiyoshi. *Nihon no kaigun* [The Japanese navy]. 2 vols. Isseidō, 1967. (Abbreviated *NNK* in notes.)

Ikeda Kiyoshi. *Nihon to kaigun* [Japan and the navy]. Chūkō Shinsho series, no. 632. Chūō Kōronsha, 1981.

Ikeda, Kiyoshi. "Japanese Strategy in the Pacific War; 1941–1945." In *Anglo–Japanese Alienation, 1919–1952: Papers of the Anglo–Japanese Conference on the History of the Second World War*, edited by Ian Nish. Cambridge: Cambridge University Press, 1982.

Ikezaki Chūkō. *Taiheiyō senryaku ron* [On Pacific strategy]. Seishinsha, 1932.

Inaba Masao, ed. Dai Hon'ei [Imperial General Headquarters]. Gendaishi Shiryo series, vol. 37. Mizu Shobō, 1967.

Inoue Shigeyoshi Denki Kankōkai, ed. *Inoue Shigeyoshi*. Inoue Shigeyoshi Denki Kankokai, 1982.

Iriye, Akira. *The Origins of the Second World War in Asia and the Pacific*. New York: Longman, 1987.

Isely, Jeter, and Philip Crowl. *The U.S. Marines and Amphibious War*. Princeton, N.J.: Princeton University Press, 1951.

Itani, Jiro; Hans Lengerer; and Tomoko Rehm-Takahara. "Japanese Oxygen Torpedoes and Fire Control Systems." In *Warship 1991*, edited by Robert Gardiner. Greenwich, U.K.: Conway Maritime Press, 1991.

Itani, Jiro; Hans Lengerer; and Tomoko Rehm-Takahara. "Sankeikan: Japan's Coast Defense Ships of the *Matsushima* Class." In Warship 1990. London: Conway Maritime Press, 1990.

Itō Masanori. *Dai kaigun o omou* [Pondering a great navy]. Bungei Shunju-sha, 1956.

Itō, Masanori, with Roger Pineau. *The End of the Imperial Japanese Navy*. Trans-lated by Andrew Y. Kuroda and Roger Pineau. New York: W. W. Norton, 1962.

Itō Terubumi. "Rikushu-kaishu ronsō, senji Dai Hon'ei jōrei o megutte" [The army first-navy first controversy, centering on the regulations for the Imperial General Headquarters in wartime]. *Gunji shigaku* 7 (December 1972).

Itō Terumi. "Satō Tetsutarō no kokubō" [Satō Tetsutarō's national defense]. *Kaikankō no hyōron* 4 (1966).

Iwaya Fumio. *Chūkō: kaigun rikujō kōgekiki taishi* [The medium bomber: a unit history of the navy's land-based attack aircraft]. 2 vols. Shuppan Kyōdōsha, 1956–58.

Japan, Bōeichō Bōeikenshūjo Senshishitsu [later Bōeichō Bōeikenshūjo Senshibu]. *Chūgoku hōmen kaigun sakusen (1): Shōwa jūsannen sangatsu made* [Naval opera-tions in the China theater, no. 1: to March 1938]. Senshi Sōsho series. Asagumo Shim-bunsha, 1974.

Japan, Bōeichō Bōeikenshūjo Senshishitsu. *Dai Hon' ei Kaigunbu, Dai Tōa Sen− sō kaisen keii* [Imperial General Headquarters, Navy Division: particulars of the opening of the Greater East Asia War]. Senshi Sōsho series. Asagumo Shimbunsha, 1974.

Japan, Bōeichō Bōeikenshūjo Senshishitsu. *Dai Hon' ei Kaigunbu, Rengō Kantai, ichi, kaisen made* [Imperial General Headquarters, Navy Division, Combined Fleet, no. 1, to the opening of the Pacific War]. Senshi Sōsho series. Asagumo Shimbunsha, 1975. (Abbreviated *DHKRK* in notes.)

Japan, Bōeichō Bōeikenshūjo Senshishitsu. *Dai Hon' ei Kaigunbu, Rengō Kan− tai, roku, dai sandan sakusen kōki* [Imperial General Headquarters, Navy Division, Combined Fleet, no. 6, the latter period of third−stage operations]. Senshi Sōsho series. Asagumo Shimbunsha, 1971.

Japan, Bōeichō Bōeikenshūjo Senshishitsu. *Dai Hon' ei Rikugunbu, ichi, Shōwa jūgonen gogatsu made* [Imperial General Headquarters, Army Division, no. 1, up to May 1940]. Senshi Sōsho series. Asagumo Shimbunsha, 1967.

Japan, Bōeichō Bōeikenshūjo Senshishitsu. *Hawai sakusen* [The Hawaii operation]. Senshi Sōsho series. Asagumo Shimbunsha, 1967.

Japan, Bōeichō Bōeikenshūjo Senshishitsu. *Hitō−Maree kaigun shinkō sakusen* [Offensive naval operations in the Philippines and Malaya]. Senshi Sōsho series. Asagumo Shimbunsha, 1969.

Japan, Bōeichō Bōeikenshūjo Senshishitsu. *Hondo hōmen kaigun sakusen.* [Naval operations in home waters]. Senshi Sōsho series. Asagumo Shimbunsha, 1975.

Japan, Bōeichō Bōeikenshūjo Senshishitsu. *Kaigun gunsembi, ichi, Shōwa juro− kunen juichigatsu made* [Naval armaments and war preparations, no. 1, up to November 1941]. Senshi Sōsho series. Asagumo Shimbunsha, 1969. (Abbreviated *KG1* in notes.)

Japan, Bōeichō Bōeikenshūjo Senshishitsu. *Kaigun gunsembi, ni, kaisen igo* [Naval armaments and war preparations, no. 2, after the war' s start]. Senshi Sōsho series. Asagumo Shimbunsha, 1975. (Abbreviated *KG2* in notes).

Japan, Bōeichō Bōeikenshūjo Senshishitsu. *Kaigun kōkū gaishi* [An historical overview of Japanese naval aviation]. Senshi Sōsho series. Asagumo Shimbunsha, 1976. (Abbreviated *KKG* in notes.)

Japan, Bōeichō Bōeikenshūjo Senshishitsu. *Kaijō goei sen* [The maritime protection war]. Senshi Sōsho series. Asagumo Shimbunsha, 1971.

Japan, Bōeichō Bōeikenshūjo Senshishitsu. *Sensuikanshi* [A history of (Japanese) submarines]. Senshi Sōsho series. Asagumo Shimbunsha, 1979.

Japan, Bōeichō, Tōgō Bakuryō Gakkō, ed. *Kindai Nihon tōgōsen shi gaisetsu, sōan* [Draft history of Japanese joint operations in modern times]. Tōgō Bakuryō Gakkō, 1984.

Japan, Kaigun Gunreibu. *Meiji sanjushichi–hachinen kaisenshi* [The history of naval combat, 1904–5]. 4 vols. Kaigun gunreibu, 1909–10.

Japan, Kaigun Gunreibu. *Suirai teitai undō kyōhan* [Torpedo squadron operations manual]. Kaigun Gunreibu, 1894.

Japan, Kaigun Kyoiku Hombu. *Teikoku kaigun kyōiku shi* [History of education in the Imperial Japanese Navy]. 7 vols. Kaigunshō, 1911.

Japan, Kaigunshō, ed. *Yamamoto Gombei to kaigun* [Yamamoto Gombei and the navy]. Hara Shobō, 1966.

Japan, Kaigunshō, Daijin Kambō, ed. *Kaigun gumbi enkaku* [History of naval armament]. 1 vol. and *Furoku* [Appendix] vol. Kaigun Daijin Kambō, 1934. Reprint, Gannandō Shoten, 1970.

Japan, Keizai Antei Hombu, Sōsai Kambō, Kikakubu, Chōsaka, ed. *Taiheiyō sensō ni yoru waga kuni no higai sōgō hōkokusho* [Overall report on Japanese losses in the Pacific War]. Keizai Antei Hombu, Sōsai kambō, Kikakubu, Chōsaka, 1949.

Japan, Tsūshō Sangyōshō, ed. *Kikai kōgyō* [The machinery industry]. Shōkō Seisakushi series. Shōkō Seisakushi Kankokai, 1976.

Jentschura, Hansgeorg; Dieter Jung; and Peter Mickel. *Warships of the Imperial Japanese Navy, 1869–1945*. Annapolis, Md.: Naval Institute Press, 1977. (Abbreviated JJM in notes.)

Kahn, David. *The Codebreakers: The Story of Secret Writing*. New York: Macmillan, 1967.

Kaigun Henshū Iinkai, ed. *Kaigun* [The navy]. 15 vols. Seibun Tosho, 1981.

Kaigun Hōjutsushi Kankōkai, ed. *Kaigun hōjutsushi* [A history of naval gunnery]. Kaigun Hōjutsushi Kankōkai, 1975. (Abbreviated *KH* in notes.)

Kaigunshi Kenkyūkai, ed. *Nihon kaigun no hon: sōkaisetsu* [Books on the Japanese navy: a general commentary]. Jiyū Kokuminsha, 1984.

Kaigun Suiraishi Kankōkai. *Kaigun suiraishi* [History of mines and torpedoes of the navy]. Shinkōsha, 1979. (Abbreviated *KS* in notes.)

Kaigun Yūshūkai, ed. *Kinsei Teikoku Kaigun shiyō* [Basic history of the Imperial Japanese Navy in modern times]. Kaigun Yūshūkai, 1938.

Kaijō Rōdō Kyōkai, ed. *Nihon shōsentai senji sōnan shi* [A history of the wartime disaster of Japan's merchant fleet]. Kaijō Rōdō Kyōkai, 1962.

Kamata Yoshirō. "Nihon kaigun denshin shiwa" [Historical facts about tele-graphy in the Japanese navy]. *Kaigun bunko geppō* (September 1981).

Kemp, Edward, ed. *The Papers of Sir John Fisher*. 2 vols. London: The Navy Records Society, 1964.

Kennedy, Paul. *The Rise and Fall of the Great Powers. Economic Change and Military Conflict from 1500 to 2000*. New York: Random House, 1987.

Kimata Jirō. *Nihon suiraisen shi* [History of Japanese torpedo warfare]. Tosho Shuppansha, 1986.

Kiralfy, Alexander. "Japanese Naval Strategy." In *Makers of Modern Strategy: Military Thought from Machiavelli to Hitler*, edited by Edward M. Earle. Princeton, N.J.: Princeton University Press, 1941.

Kobayashi Tatsuo. "The London Naval Treaty, 1930." In *Japan Erupts: The London Naval Conference and the Manchurian Incident, 1928–1932*, edited by James William Morley. Translations from *Taiheiyō sensō e no michi* series (1962–63). New York: Columbia University Press, 1984.

Koda, Yoji. "A Commander's Dilemma: Admiral Yamamoto and the 'Gradual Attrition' Strategy." *Naval War College Review* 46 (autumn 1993).

Ko Hakushaku Yamamoto Kaigun Taishō Denki Hensankai, eds. *Hakushaku Yamamoto Gombei den* [Biography of Count Yamamoto Gombei]. 2 vols. Ko Haku-shaku Yamamoto Kaigun Taishō Denki Hensankai, 1938. Reprint, Hara Shobō, 1968.

Kokubō Senshi Kenkyūkai, ed. "Sensuikan-yō sanso gyorai ni tsuite" [Concerning the submarine-carried oxygen torpedo]. *Kokubō* 21 (July 1972).

Ko Ōnishi Takijirō Kaigun Chūjō Den Kankōkai, ed. *Ōnishi Takijirō* [Ōnishi Takijirō]. Ko Ōnishi Takijirō Kaigun Chūjō Den Kankōkai, 1963.

Koyama Hirotake. *Kindai Nihon gunji gaisetsu* [A summary of modern Japanese military affairs]. Itō Shoten, 1944.

Koyama Hirotake. *Gunji shisō no kenkyū* [Studies in military thought]. Shin-sensha, 1970.

Krebs, Gerhard. "Admiral Yonai Mitsumasa as Navy Minister (1937-39): Dove or Hawk?" In *Western Interactions with Japan: Expansion, the Armed Forces, and Readjustment, 1859-1956*, edited by Peter Lowe and Herman Moeshart. Sandgate, Folkstone, Kent, U.K.: Japan Library, 1980.

Krebs, Gerhard. "The Japanese Air Forces." In *The Conduct of the Air War in the Second World War: An International Comparison*, edited by Horst Borg. New York: Berg, 1992.

Kusaka, Ryunosuke. "*Rengo Kantai* (Combined Fleet), Extracts." In *The Pearl Harbor Papers: Inside the Japanese Plans*, edited by Donald M. Goldstein and Katherine V. Dillon. New York: Brassey, 1993.

Kusumi, Eiji. "'Rikusentai' (Japanese Marine Corps)." *Marine Corps Gazette* (September 1989).

Kusumi Tadao. "Akiyama Saneyuki to Nihonkai kaisen" [Akiyama Saneyuki and the Battle of Tsushima]. *Chūō kōron* (August 1965).

Lacroix, Eric. "The Development of the 'A Class' Cruisers in the Imperial

Japanese Navy." Parts 1-7. *Warship International* 14, no. 4 (1977); 16, no. 1 (1979); 16, no. 4 (1979); 18, no. 1 (1981); 18, no. 4 (1981); 20, no. 3 (1983); 21, no. 3 (1984).

Lacroix, Eric. *Japanese Cruisers of the Pacific War*. Edited by Linton Wells II. Annapolis, Md.: Naval Institute Press, forthcoming.

Lambert, Nicholas, "Admiral Sir John Fisher and the Concept of Flotilla Defence, 1904-1909." *Journal of Military History* 59 (October 1995).

Lautenschläger, Karl. "The Dreadnought Revolution Reconsidered." In *Naval History: The Sixth Symposium of the U.S. Naval Academy*, edited by Daniel Masterson. Wilmington, Del.: Scholarly Resources, 1987.

Lautenschläger, Karl. "Technology and the Evolution of Naval Warfare." *International Security* 82 (Fall 1983).

Layman, R. D., and Stephen McLaughlin. *The Hybrid Warship: The Amalgamation of Big Guns and Aircraft*. London: Conway Maritime Press, 1991.

Layton, Edwin T. "24 Sentai: Japan's Commerce Raiders." U.S. Naval Institute *Proceedings* 102 (June 1976).

Leather, John. *World Warships in Review, 1860-1906*. London: MacDonald and Company, 1976.

LeComte, Malcolm A. "Radar and the Air Battles of Midway." *Naval History* 6: 2 (summer 1992).

Lengerer, Hans. "Akagi and Kaga." Parts 1-3. *Warship: A Quarterly Journal of Warship History*, no. 22 (April 1982); no. 23 (July 1982); no. 24 (October 1982).

Lengerer, Hans. "Japanese 'Kaibōkan' Escorts." Parts 1-3. *Warship: A Quarterly Journal of Warship History*, no. 30 (April 1984); no. 31 (July 1984); no. 32 (October 1984).

Lengerer, Hans. "The Japanese Super-battleship Strategy." Parts 1-3. *Warship: A Quarterly Journal of Warship History*, no. 25 (January 1983); no. 26 (April 1983); no. 27 (July 1983).

Lengerer, Hans, Sumie Kobler-Edamatsu, and Tomoko Rehm-Takahara. "Kitakami." *Warship: A Quarterly Journal of Warship History* no. 37 (January 1986).

Lengerer, Hans, and Tomoko Rehm–Takahara. "The Japanese Aircraft Carriers *Junyo* and *Hiyo*." Parts 1–3. *Warship International*, no. 33 (January 1985); no. 34 (April 1985); no. 35 (July 1985).

Lewin, Ronald. *The American Magic*. New York: Farrar Straus Giroux, 1982.

Lietzman, Joachim, and Paul Wenneker. *The Price of Admiralty: The War Diary of the German Naval Attaché in Japan, 1939–1943*. Edited and translated by John Chapman. 4 vols. Ripe, East Sussex, U.K.: Saltire Press, 1982.

Lorelli, John A. *The Battle of the Komandorski Islands, March 1943*. Annapolis, Md.: Naval Institute Press, 1984.

Love, Robert W., Jr. *History of the U.S. Navy, 1775–1941*. Harrisburg, Pa.: Stackpole Books, 1992.

Lundstrom, John B. *The First Team and the Guadalcanal Campaign: Naval Fighter Combat from August to November 1942*. Annapolis, Md.: Naval Institute Press, 1994.

Lundstrom, John B. *The First Team: Pacific Naval Air Combat from Pearl Harbor to Midway*. Annapolis, Md.: Naval Institute Press, 1984.

Lundstrom, John B. Foreword to *Japanese Naval Vessels at the End of World War II*, compiled by Shizuo Fukui. Annapolis, Md.: Naval Institute Press, 1991.

Lyon, David. "The British Tribals, 1935." In *Warship Special*. Vol. 2, *Super Destroyers*, edited by Antony Preston. Greenwich, U.K.: Conway Maritime Press, 1978.

Mahan, Alfred Thayer. *Naval Strategy*. Boston: Little, Brown, and Company, 1911.

Marder, Arthur. *The Anatomy of British Seapower: A History of British Naval Policy in the Pre–Dreadnought Era, 1880–1905*. New York: Alfred Knopf, 1940.

Marder, Arthur. *Old Friends, New Enemies: The Royal Navy and the Imperial Japanese Navy*. Vol. 1, *Strategic Illusions, 1936–1941*; Vol. 2, *The Pacific War, 1942–1945*, by Arthur Marder, Mark Jacobsen, and John Horsfield. New York: Oxford University Press, 1981–90.

Marder, Arthur. "Bravery Is Not Enough: The Rise and Fall of the Imperial

Japanese Navy (1941–1945)." Lecture presented at the University of California at Irvine, 7 February 1978.

Marder, Arthur. "From Jimmu Tennō to Perry: Sea Power in Early Japanese History." *American Historical Review* 51 (October 1945).

Matsui Muneaki. "Nihon no kaigun no dempa tanshingi" [Japanese navy radar]. In *Kaisō no Nihon kaigun* [The Japanese navy recollected], edited by Suikōkai. Hara Shobō, 1985.

Matsumoto, Kitaro, and Masataka Chihaya. "Design and Construction of the *Yamato* and *Musashi*." U.S. Naval Institute *Proceedings* 79 (October 1953).

Mayuzumi Haruo. *Kaigun hōsen shidan* [Historical discussions of naval gun battles]. Hara Shobō, 1972.

Mayuzumi Haruo. "Kaigun hōsenshi kaiko" [The history of naval gunnery in retrospect]. *Kaigun bunko geppō* (September 1981).

McHugh, Francis. "Gaming at the Naval War College." U.S. Naval Institute *Proceedings* 90 (March 1964).

McKearney, T. J. "The Solomons Naval Campaign: A Paradigm for Surface Warships in Maritime Strategy." Unpublished thesis, Naval Postgraduate School, Monterey, Calif. 1985.

McKenna, Richard. *The Left–Handed Monkey Wrench*. Annapolis, Md.: Naval Institute Press, 1984.

McNeill, William H. *The Pursuit of Power: Technology, Armed Forces and Society Since 1000 A.D.* Chicago: University of Chicago Press, 1983.

Melhorn, Charles. *Two–Block Fox: The Rise of the Aircraft Carrier, 1911–1929*. Annapolis, Md.: Naval Institute Press, 1974.

Mikesh, Robert C. "The Rise of Japanese Naval Air Power." In *Warship, 1991*, edited by Robert Gardiner. Greenwich, U.K.: Conway Maritime Press.

Mikesh, Robert C., and Shorzoe Abe, *Japanese Aircraft, 1910–1941*. Annapolis, Md.: Naval Institute Press, 1990.

Milford, Frederick J. "Torpedoes of the Imperial Japanese Navy: Surface and Submarine Launched Types." Unpublished monograph, 1993.

Milford, Frederick J. "U.S. and Japanese Destroyer Construction between the Wars." Unpublished monograph, 1993.

Miller, Edward S. *War Plan Orange. The U.S. Strategy to Defeat Japan, 1897–1945*. Annapolis, Md.: Naval Institute Press, 1991.

Millett, Allan R. *Semper Fidelis: The History of the United States Marine Corps*. Revised edition. New York: Free Press, 1991.

Millett, Allan R. "Assault from the Sea: The Development of Amphibious Warfare between the Wars: The American, British and Japanese Experiences." In *Innovation in the Interwar Period*, edited by Allan R. Millett and Williamson Murray. Washington, D.C.: Office of Net Assessment, the Pentagon, 1994.

Millett, Allan R., and Williamson Murray. "Lessons of War." *National Interest* 14 (winter 1988–89).

Miyano Tōru. *Saigo no kaigun taishō : Inoue Shigeyoshi* [The last admiral: Inoue Shigeyoshi]. Bungei Shunjūsha 1982.

Morison, Samuel Eliot. *History of United States Naval Operations in World War II*. Vol. 3, *The Rising Sun in the Pacific, 1931–April 1942*. Boston: Little, Brown, and Company, 1950.

Morison, Samuel Eliot. *Strategy and Compromise*. Boston: Little, Brown, and Company, 1958.

Morley, James William, ed. *The China Quagmire: Japan's Expansion on the Asian Continent, 1933–1941*. Translations from *Taiheiyō sensō e no michi* series (1962–63). New York: Columbia University Press, 1983.

Morley, James William, ed. *Deterrent Diplomacy: Japan, Germany, and the U.S.S.R., 1935–1941*. Translations from *Taiheiyō sensō e no michi* series (1962–63). New York: Columbia University Press, 1976.

Morley, James William, ed. *The Fateful Choice: Japan's Advance into Southeast*

Asia, 1939–1941. Translations from *Taiheiyō sensō e no michi* series (1962–63). New York: Columbia University Press, 1980.

Morley, James William, ed. *The Final Confrontation: Japan's Negotiations with the United States, 1941*. Translations from *Taiheiyō sensō e no michi* series (1962–63). New York: Columbia University Press, 1994.

Morley, James William, ed. *Japan Erupts: The London Naval Conference and the Manchurian Incident, 1928–1932*. Translations from *Taiheiyō sensō e no michi* series (1962–63). New York: Columbia University Press, 1984.

Morse, P. M., and G. E. Kimball. *Methods of Operations Research*. Cambridge, Mass.: M.I.T. Press, 1951.

Moss, Michael, and Iain Russell. *Range and Vision: The First Hundred Years of Barr and Stroud*. Edinburgh: Mainstream Publishing, 1988.

Muir, Malcolm. "Rearming in a Vacuum: United States Navy Intelligence and the Japanese Capital Ship Threat, 1936–1945." *Journal of Military History* 54 (October 1990).

Nagamura Kiyoshi. *Zōkan kaisō* [Recollections of naval construction]. Shuppan Kyōdōsha, 1957.

Nakagawa Shigeshi. *Gensui Shimamura Hayao den* [Biography of Fleet Adm. Shimamura Hayao]. Sōbunkan, 1933.

Nakagawa Yasuzō. *Dokyumento: kaigun gijutsu kenkyūjo, erekutoronikusu ōkoku no senkusha-tachi* [Factual account: The Navy Technical Research Center, pioneer of the electronic kingdom]. Nihon Keizai Shimbunsha, 1987.

Nakamura Yoshihiko. "Tōgō Heihachirō o meguru kaigun habatsu no shujusō" [Various aspects of navy factions as they relate to Tōgō Heihachirō]. In *Tōgō Heihachirō no subete* [Everything about *Tōgō Heihachirō*], edited by Shin Jimbutsu Ōraisha. Shin Jimbutsu Ōraisha, 1986.

National Archives. Records of the National Security Agency. RG 457. "Various Reports on Japanese Grand Fleet Maneuvers (June–August 1933)." File SRH–223.

National Archives. Records of the Office of the Chief of Naval Operations. RG 38. Office of Naval Intelligence, Attaché ' s Reports. "Personnel of the Submarine Service, Japanese Navy, Memo for the Director of Naval Intelligence." 4 November 1928. Register No. 11942, E–7–c.

National Archives. Records of the Office of the Chief of Naval Operations. RG 38. Office of Naval Intelligence, Attaché ' s Reports. "Report of the U.S. Naval Attaché ." 23 January 1907. No. 19.

Nenryō Konwakai, ed. *Nihon kaigun nenryōshi* [A history of Japanese navy fuels]. 2 vols. Hara Shobō, 1972.

Nihon Kaigun Kōkūshi Hensan Iinkai, ed. *Nihon kaigun kōkūshi* (A history of Japanese naval aviation). 4 vols. Jiji Tsushinsha, 1969. (Abbreviated *NKKS* in notes.)

Nihon Zōsen Gakkai, ed. *Nihon kaigun kantei zumenshū* [Collection of plans of Japanese warships]. Hara Shobō, 1975.

Nihon Zōsen Gakkai, ed. *Shōwa zōsenshi* [History of ship construction in the Showa era]. 2 vols. Hara Shobō, 1977. (Abbreviated *SZ* in notes.)

Nish, Ian. *Alliance in Decline: A Study in Anglo–Japanese Relations, 1908–23*. London: Athlone Press, 1972.

Nish, Ian. *The Anglo–Japanese Alliance: The Diplomacy of Two Island Empires, 1894–1907*. London: Athlone Press, 1966.

Nish, Ian. "Japan and Naval Aspects of the Washington Conference." In *Modern Japan: Aspects of History, Literature and Society*, edited by W. G. Beasley. Berkeley: University of California Press, 1975.

Nish, Ian. "Japanese Intelligence and the Approach of the Russo–Japanese War." In *The Missing Dimension: Governments and Intelligence Communities in the Twentieth Century*, edited by Christopher Andrew and David Dilks. London: Macmillan, 1984.

Nitchū sensō [Japan–China war]. *Gendaishi shiryō* series, vols. 8–10 and 12–13. Misuzu Shobō, 1964–66.

Niwata Shōzō. "Senkan Yamato kenzō hiwa" [Secret history of the construction of the battleship *Yamato*]. *Rekishi to jimbutsu* (May 1978).

Nomura Hisashi. "Jōhōsen de yabureta teikoku kaigun" [The Japanese navy's defeat in the intelligence war]. *Rekishi to jimbutsu* (January 1985).

Nomura Minoru. *Kaisenshi ni manabu* [Learning from the history of naval combat]. Bungei Shunjūsha, 1985.

Nomura Minoru. *Rekishi no naka no Nihon kaigun* [The Japanese navy in history]. Hara Shobō, 1980.

Nomura Minoru. *Tennō, Fushimi-no-miya to Nihon kaigun* [The emperor, Prince Fushimi, and the Japanese navy]. Bungei Shunjū, 1988.

Nomura Minoru. "Dai niji sekai taisen no Nihon no nenryō mondai to kaigun" [The navy and Japan's oil problem in World War II]. In *Rekishi no naka no Nihon kaigun* [The Japanese navy in history]. Hara Shobō, 1980.

Nomura Minoru. "Kamimura Hikonojō no nintai" [The fortitude of Kamimura Hikonojō]. *Rekishi to jimbutsu* (May 1980).

Nomura Minoru. "Kokka to riku-kaigun nendo sakusen keikaku" [The Japanese state and the annual operational plans of the Japanese army and navy]. *Gunji shigaku* 10 (June 1974).

Nomura Minoru. "Nihonkai kaisen chokuzen mippu meirei" [The sealed orders immediately prior to the Battle of Tsushima]. *Gunji shigaku* 18 (June 1982).

Nomura Minoru. "Riku-kaigun no chūō kikō to butai" [The central administrative organs and separate combat commands of the army and navy]. *Rekishi to jimbutsu* (July 1978).

Nomura Minoru. "Sekai kenkan kyōsō to 'hachi-hachi-hachi kantai' " [The global naval arms race and the "eight-eight-eight fleet"], *Rekishi to jimbutsu* (May 1978).

Nomura Minoru. "Suezu unga to Yamamoto Gombei" [The Suez Canal and Yamamoto Gombei]. *Rekishi to jimbutsu* (August 1976).

Nomura Minoru. "Tai Bei-Ei kaisen to kaigun no tai-Bei nanawari shisō" [The outbreak of war between Japan and the United States and Great Britain and the idea of a 70 percent ratio vis‐ à ‐vis the United States], *Gunji shigaku* 9 (September 1973).

Nomura Minoru. "Tōgō Heihachirō no senjutsugan" [Tōgō Heihachirō's tactical eye]. In *Tōgō Heihachirō no subete* [Everything about Tōgō Heihachirō], edited by Shin Jimbutsu Ōraisha. Shin Jimbutsu Ōraisha, 1986.

O'Connell, Robert. *Sacred Vessels: The Cult of the Battleship and the Rise of the U.S. Navy*. Boulder, Colo.: Westview Press, 1991.

O'Connor, Raymond G. *Perilous Equilibrium: The United States and the London Naval Conference of 1930*. Lawrence: University of Kansas Press, 1962.

Ogasawara Chōsei. "Chūko suigun no sempō" [Tactics of the medieval water forces]. *Shigaku zasshi* 17 (1906).

Ogasawara Chōsei. "Nihonkai kaisen to chūko no suigun" [The battle of Tsu‐shima and the medieval water forces]. In *Ogasawara Chōsei to sono zuihitsu* [Ogasawara Chōsei and his writings], edited by Hara Kiyoshi. Ogasawara Chōsei Kō Kyūjūgosai Kinen Kankōkai, 1956.

Ogasawara Chōsei. "Tōgō gensui no omokage" [The visage of Fleet Admiral Tōgō]. In *Hijō ji kokumin zenshū. kaigunhen* [A nation in crisis series, the navy]. Chūō Kōronsha, 1933.

Ogasawara, Nagayo [Chōsei]. *Life of Admiral Tōgō*. Seito Shorin Press, 1934.

Ōi Atsushi. *Kaijō goei sambō no kaisō: Taiheiyō sensō no senryaku hihan* [Memoirs of a convoy escort staff officer: a critique of Japanese strategy in the Pacific War]. Hara Shobō, 1975.

Oi, Atsushi. "Why Japan's Antisubmarine Warfare Failed." In *The Japanese Navy in World War II: In the Words of Former Japanese Naval Officers*. 2nd ed., edited by David C. Evans. Annapolis, Md.: Naval Institute Press, 1986.

Ohmae [Ōmae], Toshikazu. "The Battle of Savo Island." In *The Japanese Navy in World War II: In the Words of Former Japanese Naval Officers*. 2nd edition, edited by David C. Evans. Annapolis, Md.: Naval Institute Press, 1986.

Ohmae [Ōmae], Toshikazu. "Stockpiling of Liquid Fuel in Japan: A Navy Report." In *War in Asia and the Pacific*. Vol. 5, *The Naval Armament Program and Naval Operations*, pt. 2, edited by Donald S. Detwiler and Charles B. Burdick. New York: Garland Publishing, 1980.

Ohmae [Ōmae], Toshikazu, and Roger Pineau. "Japanese Naval Aviation." U.S. Naval Institute *Proceedings* 98 (December 1972).

Ōmae Toshikazu. "Nihon kaigun no heijutsu shisō no hensen to gumbi oyobi sakusen" [Changes in tactical thought in the Japanese navy in relation to armaments and operations]. Parts 1–4. *Kaigun Bunko geppō*, no. 6 (April 1981), no. 7 (July 1981), no. 8 (September 1981), and no. 9 (December 1981).

Ono, Giichi. *War and Armament Expenditures of Japan*. New York: Oxford University Press, 1922.

Orita, Zenji, with Joseph D. Harrington. *I–Boat Captain*. Canoga Park, Calif.: Major Books, 1976.

Ōta Azan. *Danshaku Sakamoto Toshiatsu den* [The biography of Sakamoto Toshiatsu]. Tōa Kyōkai, 1952.

Ozawa Teitoku Den Kankōkai, ed. *Kaisō no Teitoku Ozawa Jisaburō* [Recollections concerning Admiral Ozawa Jisaburō]. Hara Shobō, 1971.

Padfield, Peter. *The Battleship Era*. London: Rupert Hart–Davis, 1972.

Padfield, Peter. *Guns at Sea*. London: Hugh Evelyn, 1973.

Parillo, Mark P. *The Japanese Merchant Marine in World War II*. Annapolis, Md.: Naval Institute Press, 1993.

Parkes, Oscar. *British Battleships: A History of Design, Construction, and Armament*. Revised edition. London: Seeley Service and Company, 1970.

Peattie, Mark R. *Ishiwara Kanji and Japan's Confrontation with the West*. Princeton, N.J.: Princeton University Press, 1975.

Peattie, Mark R. *Nan'yō: The Rise and Fall of the Japanese in Micronesia, 1885–1945*. Honolulu: University of Hawaii Press, 1987.

Peattie, Mark R. "Akiyama Saneyuki and the Emergence of Modern Japanese Naval Doctrine." U.S. Naval Institute *Proceedings* 103 (January 1977).

Peattie, Mark R. "Forecasting a Pacific War, 1913–1933: The Idea of a Conditional Japanese Victory." In *The Ambivalence of Nationalism: Modern Japan between East and West*, edited by James White, Michio Umegaki, and Thomas Havens. Lanham, Md.: University Press of America, 1990.

Peattie, Mark R., and David C. Evans. "Japan." In *Ubi Sumus? The State of Naval and Maritime History*, edited by John B. Hattendorf. Newport, R.I.: Naval War College Press, 1994.

Pelz, Stephen. *The Race to Pearl Harbor: The Failure of the Second London Naval Conference and the Onset of World War II*. Cambridge, Mass.: Harvard University Press, 1974.

Perry, John Curtis. "The Battle off the Tayang, 17 September, 1894." *Mariner's Mirror* 50 (November 1964).

Perry, John Curtis. "Great Britain and the Imperial Japanese Navy, 1858–1905." Ph.D. diss., Harvard University, 1961.

Perry, John Curtis. "Great Britain and the Emergence of Japan as a Naval Power." *Monumenta Nipponica* 21 (1966).

Polmar, Norman. *Aircraft Carriers: A Graphic History of Carrier Aviation and Its Influence on World Events*. London: MacDonald, 1969.

Potter, E. B., ed. *Sea Power: A Naval History*. Englewood Cliffs, N.J.: Prentice Hall, 1960.

Prados, John. *The Combined Fleet Decoded: The Secret History of American Intelligence and the Japanese Navy in World War II*. New York: Random House, 1995.

Prange, Gordon W., with Donald Goldstein and Katherine V. Dillon, *At Dawn We Slept: The Untold Story of Pearl Harbor*. New York: McGraw Hill, 1981.

Prange, Gordon W. *God's Samurai: Lead Pilot at Pearl Harbor*. New York: Brassey, 1990.

Prange, Gordon W. *Miracle at Midway*. New York: McGraw Hill, 1982.

Prange, Gordon W. *Pearl Harbor: The Verdict of History*. New York: McGraw Hill, 1986.

Preston, Antony. *Cruisers*. London: Arms and Armor Press, 1980.

Preston, Antony. *Destroyers*. London: Hamlyn Publishing Group, 1977.

Preston, Antony. *Battleships of World War I: An Illustrated Encyclopedia of the Battleships of All Nations, 1914-1918*. New York: Galahad Books, 1972.

Putney, Diane T., ed. *ULTRA and the Army Air Forces in World War II*. Washington, D.C.: U.S. Government Printing Office, 1982.

Rawlinson, John L. *China's Struggle for Naval Development, 1839-1895*. Cambridge, Mass.: Harvard University Press, 1967.

Reynolds, Clark. *Admiral John J. Towers: The Struggle for Naval Air Supremacy*. Annapolis, Md.: Naval Institute Press, 1991.

Reynolds, Clark. "The Continental Strategy of Imperial Japan." U.S. Naval Institute *Proceedings* 109 (August 1983).

Rivera, Carlos R. "Akiyama Saneyuki: Japan's Premier Naval Strategist, 1897-1907." Unpublished monograph. Ohio State University, May 1993.

Rivera, Carlos R. "Big Stick and Short Sword: The American and Japanese Navies as Hypothetical Enemies." Ph.D. diss., Ohio State University, 1995.

Rössler, Eberhard. *The U-boat. The Evolution and Technical History of German Submarines*. Translated by Harold Erenberg. Annapolis, Md.: Naval Institute Press, 1981.

Rollins, Patrick. "Russian Commerce Raiders in the Red Sea and Indian Ocean, 1904." *Naval War College Review* 47 (summer 1994).

Ropp, Theodore. *The Development of a Modem Navy: French Naval Policy, 1871-1904*. Annapolis, Md.: Naval Institute Press, 1987.

Roscoe, Theodore. *United States Destroyer Operations in World War II*. Annapolis, Md.: Naval Institute Press, 1953.

Rosinski, Herbert. "The Strategy of Japan." In *The Development of Naval*

Thought: Essays by Herbert Rosinski, edited by B. Mitchell Simpson III. Newport, R.I.: Naval War College Press, 1977. Originally appeared in *Brassey's Naval Annual*, 1946.

Roskill, Stephen. *Naval Policy between the Wars*. Vol. 1, *The Period of Anglo-American Antagonism, 1919-1929*. London: Collins, 1968; Vol. 2, *The Period of Reluctant Rearmament, 1930-1939*. Annapolis, Md.: Naval Institute Press, 1976.

Safford, Laurence F. "A Brief History of Communications Intelligence in the United States." In *Listening to the Enemy: Key Documents on the Role of Communications Intelligence in the War with Japan*, edited by Ronald H. Spector. Wilmington, Del.: Scholarly Resources, 1988.

Sakai, Saburo, with Martin Caidin and Fred Saito. *Samurai!* New York: Dutton, 1957. Reprint, Bantam Books, 1975.

Sakamoto Kaneyoshi. *Nihon sensuikan senshi* [A combat history of Japanese submarines]. Tosho Shuppansha, 1979.

Samuels, Richard. *Japanese State Energy Markets in Comparative and Historical Perspective*. Ithaca, N.Y.: Cornell University Press, 1987.

Samuels, Richard. *"Rich Nation, Strong Army": National Security and the Technological Transformation of Japan*. Ithaca, N.Y.: Cornell University Press, 1994.

Sanematsu Yuzuru. *Jōhō sensō* [The intelligence war]. Tosho Shuppan-sha, 1975.

Sanematsu Yuzuru. *Kaigun daigaku kyōiku* [Higher education in the Japanese navy]. Kōjinsha, 1965.

Satō Tetsutarō. *Kaibō shi ron* [On naval defense]. Kaigun Daigakkō, 1907.

Satō Tetsutarō. *Kokubō no sakugi* [A proposal for national defense]. N.p., 1913.

Satō Tetsutarō. *Teikoku kokubō shi ron* [On the history of imperial defense]. Tokyo Insatsu, 1908. Reprint, 2 vols. Hara Shobō, 1979.

Satō Tetsutarō et al. *Kokubō mondai no kenkyū* [A study of the national defense problem]. N.p., 1913.

Schneider James G. *The Navy V-12 Program: Leadership for a Lifetime*. Boston: Houghton Mifflin, 1987.

Sekigawa, Eiichirō. *A Pictorial History of Japanese Military Aviation*. Translated by C. Uchida and edited by David Mondey. London: Ian Allen, 1974.

Seno, Sadao. "A Chess Game with No Checkmate: Admiral Inoue and the Pacific War." *Naval War College Review* 26 (January–February 1974).

Shima Ikichirō. "Kaigun heigakkō kara Nichi–Ro sensō shūketsu made" [(Akiyama): from the naval academy until the conclusion of the Russo–Japanese War]. In *Akiyama Saneyuki no subete* [Everything about Akiyama Saneyuki], edited by Shin Jimbutsu Ōraisha. Shin Jimbutsu Ōraisha, 1987.

Shimada Kinji. *Amerika ni okeru Akiyama Saneyuki* [Akiyama Saneyuki in America]. Asahi Shimbunsha, 1969.

Shimada Kinji. "Akiyama Saneyuki no kaigun heigaku" [The naval science of Akiyama Saneyuki]. *Rekishi to jimbutsu* (August 1976).

Shimada Kinji. "Rengō Kantai sambō Akiyama Saneyuki no sakusen keikaku" [The operational plans of Akiyama Saneyuki, staff officer of the Combined Fleet]. *Rekishi to jimbutsu* (April 1977).

Shimada Kinji. "Roshiya sensō zen' ya no Nihon kantai" [The Japanese fleet on the eve of the Russo–Japanese war]. *Rekishi to jimbutsu* (May 1980).

Shimada, Koichi. "The Opening Air Offensive against the Philippines." In *The Japanese Navy in World War II: In the Words of Former Japanese Naval Officers*. 2nd ed., edited by David C. Evans. Annapolis, Md.: Naval Institute Press, 1986.

Shimamura Hayao. *Kaigun senjutsu ippan* [General naval tactics]. N.p., 1887.

Shinohara Hiroshi. *Kaigun sōsetsu shi* [History of the navy's establishment]. Riburopōto, 1986.

Shinohara Hiroshi. "Akiyama heigaku no himitsu o saguru" [Probing the secrets of Akiyama's military science]. In *Akiyama Saneyuki no subete* [Everything about Akiyama Saneyuki], edited by Shin Jimbutsu Ōraisha. Shin Jimbutsu Ōraisha, 1987.

Shinohara Hiroshi. *Nihon kaigun oyatoi gaijin* [Foreigners employed by the Japanese navy]. Chūō Koronsha, 1988.

Shinohara Hiroshi. "Taiheiyō sensō no kensha: Inoue Shigeyoshi" [Sage of the Pacific War, Inoue Shigeyoshi]. *Rekishi to jimbutsu* (September 1973).

Skulski, Janusz. *The Battleship Yamato*. Anatomy of the Ship series. Annapolis, Md.: Naval Institute Press, 1988.

Skulski, Janusz. *The Heavy Cruiser "Takao."* Anatomy of the Ship series. Annapolis, Md.: Naval Institute Press, 1994.

Sonokawa Kamerō et al., eds. *Nihon kaigun kōkūtai* [The Japanese naval air force]. Kōdansha, 1970. (Abbreviated *NKK* in notes.)

Spector, Ronald. *Eagle against the Sun: The American War with Japan*. New York: Free Press, 1985.

Spick, Mike. *Fighter Pilot Tactics: The Technique of Daylight Air Combat*. Cambridge, England: Patrick Stephens, 1983.

Sprout, Harold, and Margaret Sprout. *Rise of American Naval Power, 1776–1918*. Princeton, N.J.: Princeton University Press, 1946.

Spurr, John. *A Glorious Way to Die: The Kamikaze Mission of the Battleship "Yamato."* New York: Bantam Books, 1981.

Stephan, John. *Hawaii under the Rising Sun: Japan's Plans for Conquest after Pearl Harbor*. Honolulu: University of Hawaii Press, 1984.

Stewart, R. A. "The Japanese Assault on Timor." In *Assault from the Sea: Essays in the History of Amphibious Warfare*, edited by Merrill Bartlett. Annapolis, Md.: Naval Institute Press, 1983.

Suekuni Masao. "Senshi ni miru jōriku sakusen to sono urakata" [Landing operations seen in military history and their background]. In *Kaigun senshi sankō shiryō* [Reference materials in naval combat history], edited by Jieitai Kambu Gakkō Kyōikubu. Jieitai Kambu Gakkō Kyōikubu, 1984.

Suikōkai, ed. *Kaisō no Nihon kaigun* [The Japanese navy recollected]. Hara Shobō, 1985.

Sumida, Jon Tetsuro. "'The Best Laid Plans': The Development of British

Battle—Fleet Tactics, 1919—1942." *International History Review* 14 (November 1992).

Sumida, Jon Tetsuro. "British Capital Ships and Fire Control in the Dreadnought Era: Sir John Fisher, Arthur Hungerford Pollen, and the Battlecruiser." *Journal of Modern History* 51 (1979).

Sumida, Jon Tetsuro. *In Defence of Naval Supremacy*. Boston: Unwin Hyman, 1989.

Sumida, Jon Tetsuro. "The Quest for Reach: The Development of Long—Range Gunnery in the Royal Navy, 1901—1912." In *Tooling for War: Military Transformation in the Industrial Age. Proceedings of the Sixteenth Military History Symposium of the United States Air Force Academy*, edited by Stephen Chiabotti. Chicago: Imprint, 1996.

Sumida, Jon Tetsuro. "Sir John Fisher and the *Dreadnought*: The Sources of Naval Mythology." *Journal of Modern History* 59 (October 1995).

Sumida, Jon Tetsuro, and David Alan Rosenberg. "Machines, Men, Manufacturing, Management, and Money: The Study of Navies as Complex Organizations and the Transformation of Twentieth Century Naval History." In *Doing Naval History: Essays toward Improvement*, edited by John B. Hattendorf. Newport, R.I.: Naval War College Press, 1995.

Suzuki Kantarō. *Jiden* [Autobiography]. Edited by Suzuki Hajime. Ōgikukai Shuppanbu, 1949. Reprint, Jiji Tsūshinsha, 1968.

Suzuki Kantarō Denki Hensan Iinkai, ed. *Suzuki Kantarō den* [Biography of Suzuki Kantarō]. Suzuki Kantarō Denki Hensan Iinkai, 1960.

Takagi Sōkichi. *Shikan Taiheiyō sensō* [A personal view of the Pacific War]. Bungei Shunjū, 1969.

Talbott, J. E. "Weapons Development, War Planning and Policy: The U.S. Navy and the Submarine, 1917—1941." *Naval War College Review* 37 (May—June 1984).

Tanaka Hiromi. "'Gunshin seizō' enshutsu nooto: 'kakarezaru senshi'; Ogasawara nikki" [Notes on the production, "creating a war god": the "war history that couldn't be written," from Ogasawara Chōsei's diary]. *Shinchō* 4 (May 1985).

Tanaka Hiromi. "Nihonkai kaisen to Tōgō Heihachirō." In *Tōgō Heihachirō no subete* [All about Tōgō Heihachirō], edited by Shin Jimbutsu Oraisha. Shin Jimbutsu Ōraisha, 1986.

Tanaka Hiromi. "Nis–Shin Nichi–Ro kaisenshi no hensan to Ogasawara Chōsei" [Ogasawara Chōsei and the editing of the naval histories of the Sino–and Russo–Japanese Wars]. Parts 1–3. *Gunji shigaku* 18, no. 3 (December 1982); no. 4 (March 1983); *Bōei Daigaku Kiyō*, no. 17 (September 1983).

Tanaka Hiromi. "Satō Tetsutarō, kaishu rikujū no rironteki kishu" [Satō Tetsutarō, standard bearer of the theory of naval primacy]. *Bessatsu rekishi tokuhon* (summer 1985).

Thompson, Steven L. "The Zero: One Step Beyond. An Object Lesson in the Element of Surprise." *Air and Space Smithsonian* 4, no. 6 (March 1990).

Thornton, Tim. "Air Power: The Sinking of IJN Battleship Musashi." *Warship* 12, no. 1 (1988).

Thornton, Tim. "The Sinking of *Yamato*." *Warship* 13 (1989).

Thornton, Tim. "*Yamato*: The Achilles Heel." *Warship* 9, no. 1 (1987).

Tiffany, Paul A. *The Decline of American Steel: How Management, Labor and Government Went Wrong*. New York: Oxford University Press, 1988.

Till, Geoffrey. *Air Power and the Royal Navy, 1914–1945: A Historical Survey*. London: Jane's Publishing Company, 1979.

Todaka Kazushige. "Nihonkai kaisen ni teiji sempō wa nakatta" [There was no T at Tsushima]. *Chūō Kōron*, June 1991.

Todaka Kazushige. "Toyama–shi no gimon ni kotaeru" [Answering Mr. Toyama's questions]. *Suikō* (March 1992).

Tompkins, Tom. *Yokosuka: Base of an Empire*. Novato, Calif.: Presidio Press, 1981.

Torisu Kennosuke. "Dai Roku Kantai" [The Sixth Fleet]. In *Nihon riku–kaigun kaku tatakaeri* [The way the Japanese navy fought], special issue of *Rekishi to jimbutsu* (winter 1986).

Torisu, Kennosuke, assisted by Masataka Chihaya. "Japanese Submarine Tactics and the *Kaiten*." In *The Japanese Navy in World War II: In the Words of Former Japanese Naval Officers*. 2nd ed., edited by David C. Evans. Annapolis, Md.: Naval Institute Press, 1986.

Towle, Philip. "The Evaluation of the Experience of the Russo-Japanese War." In *Technical Change and British Naval Policy, 1860-1939*, edited by Bryan Ranft. London: Hodder and Haughton, 1977.

Toyama, Saburo. "Lessons from the Past." U.S. Naval Institute *Proceedings* 108 (September 1982).

Toyama, Saburo. "The Outline of the Armament Expansion of the Imperial Japanese Navy during the Years 1930-1941." *Revue Internationale D' Histoire Militaire*, no. 73 (1991).

Toyama Saburō. *Nichi-Ro kaisenshi no kenkyū* [A study of the naval battles of the Russo-Japanese War]. 2 vols. Kyōiku Sentaa, 1985. (Abbreviated *NRKK* in notes.)

Toyama Saburō. *Nichi-Ro kaisen shinshi* [A new history of the Russo-Japanese naval war]. Tokyo Shuppan, 1987.

Toyama Saburō. *Nihon kaigun shi* [History of the Japanese navy]. Kyōiku-sha, 1980.

Toyama Saburō. *Nis-Shin, Nichi-Ro, Dai Tōa kaisen shi* [A naval history of the Sino-Japanese, Russo-Japanese, and Greater East Asia wars]. Hara Shobō, 1980.

Tritten, James J. *Naval Perspectives for Military Doctrine Development*. Norfolk, Va.: Naval Doctrine Command, 1994.

Tsunoda Jun. *Manshū mondai to kokubō hōshin* [The Manchurian question and national defense policy]. Hara Shobō, 1967.

Tsunoda Jun. "Nihon kaigun sandai no rekishi" [Three periods in the history of the Japanese navy]. *Jiyū* 11 (January 1969).

Tsunoda, Jun. "The Navy' s Role in the Southern Strategy." In *The Fateful Choice: Japan' s Advance into Southeast Asia, 1939-1941*, edited by James William

Morley. Translations from *Taiheiyō sensō e no michi* series (1962–63). New York: Columbia University Press, 1980.

Tsutsui Mitsuru. "Nihon kaigunshi ni okeru tai–Ro sembi no tokuchō to seika" [The characteristics and consequences of the preparations for war against Russia in Japan's naval history]. *Gunji shigaku* 6 (November 1970).

Tsutsui Mitsuru. "Shuryokukan hattatsushi yori mitaru Nichi–Ro kaisen" [Naval battles of the Russo–Japanese War from the perspective of the development of capital ships] *Gunji shigaku* 4 (May 1968).

Uchida, Kazutomi, and Jun Tsunoda. "The Pearl Harbor Attack: Admiral Yamamoto's Fundamental Concept, with Reference to Paul S. Dull's *A Battle History of the Imperial Japanese Navy, 1941–1945*." *Naval War College Review* 31 (Fall 1978).

United Kingdom. Admiralty. Naval Ordnance Department. *A Study of the Events of the Russian–Japanese War from the Point of View of Naval Gunnery*. London: N.p., 1906 [?].

United States Naval Aviation, 1910–1980. 3rd ed. Washington, D.C.: U.S. Government Printing Office, 1981.

U.S. Department of the Air Force. *Basic Aerospace Doctrine of the United States Air Force*. Vol. 2, *Air Force Manual 1–1*. Washington, D.C.: U.S. Government Printing Office, 1992.

U.S. Naval Technical Mission to Japan. "Japanese Projectiles. General Types." Report no. NTJ–L–0–19. Washington, D.C.: Operational Archives, U.S. Naval History Division, 1974.

U.S. Naval Technical Mission to Japan. "Japanese Sonar and Asdic." Report E–10. Washington, D.C.: Operational Archives, U.S. Naval History Division, 1974.

U.S. Naval Technical Mission to Japan. "Japanese Submarine Operations." Report S–17. Washington, D.C.: Operational Archives, U.S. Naval History Division, 1974.

U.S. Navy, Chief of Naval Operations. *General Tactical Instructions. United States Navy. Fleet Tactical Publication Number 45*. Washington, D.C.: U.S. Government Printing Office, 1925.

U.S. Navy, Chief of Naval Operations. *General Tactical Instructions. United States Navy. Fleet Tactical Publication Number 142*. Washington, D.C.: U.S. Government Printing Office, 1934.

U.S. Strategic Bombing Survey. Military Analysis Division. *The Effects of Strategic Bombing on Japan's War Economy*. Washington, D.C.: U.S. Government Printing Office, 1946.

U.S. Strategic Bombing Survey. Military Analysis Division. *Japanese Air Power*. Washington, D.C.: N.p., 1946.

U.S. Strategic Bombing Survey. Military Analysis Division. *Japanese Air Weapons and Tactics*. Washington, D.C.: N.p., 1947.

U.S. Strategic Bombing Survey. Military and Naval Intelligence Division. *Japanese Military and Naval Intelligence*. Washington, D.C.: N.p., 1946.

U.S. Strategic Bombing Survey. Military Supplies Division. *Japanese Naval Shipbuilding*. Washington, D.C.: U.S. Government Printing Office, 1946.

U.S. War Department. *Handbook on Japanese Military Forces, Technical Manual E 30-480*. Washington, D.C.: U.S. Government Printing Office, 1944.

Varley, Paul. *Warriors of Japan as Portrayed in War Tales*. Honolulu: University of Hawaii Press, 1994.

Vlahos, Michael. "The Naval War College and the Origins of War Planning against Japan." *Naval War College Review* 33 (July-August 1980).

Wark, Wesley. "In Search of a Suitable Japan: British Naval Intelligence in the Pacific before the Second World War." *Intelligence and National Security* 1 (May 1986).

Watanabe Kazuhide. *Kyojin Nakajima Chikuhei* [Nakajima Chikuhei, the titan]. Hōbun Shorin, 1955.

Watts, Anthony J. "The Japanese 'Special' Type 1923." In *Warship Special*. Vol. 2, *Super Destroyers*, edited by Antony Preston. Greenwich, U.K.: Conway Maritime Press, 1978.

Watts, Anthony J., and Brian G. Gordon. *The Imperial Japanese Navy*. Garden City, N.Y.: Doubleday and Company, 1971. (Abbreviated WG in notes.)

Weir, Gary. "The Search for American Submarine Strategy and Design, 1916–1936." *Naval War College Review* 44: 1 (winter 1991).

Wells, Linton, II. "Painting Systems of the Imperial Japanese Navy, 1904–1945." *Warship International*, no. 1 (1982).

Westwood, J. N. *Russia against Japan, 1904–05: A New Look at the Russo–Japanese War*. Albany: State University of New York Press, 1986.

Westwood, J. N. *Witnesses of Tsushima*. Tokyo: Sophia University Press, 1970.

Whitley, M. J. *Destroyers of World War Two: An International Encyclopedia*. Annapolis, Md.: Naval Institute Press, 1988.

Wildenberg, Thomas H. "Chester Nimitz and the Development of Refueling at Sea." *Naval War College Review* 46 (autumn 1993).

Wilkinson, Roger I. "Short Survey of Japanese Radar." Parts 1–2. *Electrical Engineering* 65, nos. 8–9 (August 1946); no. 10 (October 1946).

Willmott, H. P. *The Barrier and the Javelin: Japanese and Allied Pacific Strategies, February to June 1942*. Annapolis, Md.: Naval Institute Press, 1983.

Willmott, H. P. *Empires in the Balance: Japanese and Allied Pacific Strategies to April 1942*. Annapolis, Md.: Naval Institute Press, 1982.

Willmott, H. P. *Sea Warfare: Weapons, Tactics, and Strategy*. Strettington, Chichester, U.K.: Anthony Bird, Publictus, 1981.

Willmott, H. P. *Victory and Supremacy: From Tulagi to Tarawa: Japanese and Allied Strategies and the Greater East Asia War to November of 1943*. Annapolis, Md.: Naval Institute Press, in press. Citations by permission of author.

Wilson, Eugene E. "The Navy's First Carrier Task Force." U.S. Naval Institute *Proceedings* 76 (January 1950).

Wilson, Herbert W. *Battleships in Action*. 2 vols. London: Sampson, Low and Marston, 1926.

Winton, John. *Convoy: The Defence of Sea Trade, 1890–1990*. London: Michael Joseph, 1983.

Wragg, David. *Wings over the Sea: A History of Naval Aviation*. Newton Abbott, England: David and Charles, 1979.

Yamamura, Kozo. "Success Ill-Gotten? The Role of Meiji Militarism in Japan's Technological Progress." *Journal of Economic History* 38 (March 1977).

Yamanouchi Daizō and Uchida Jōichirō. *Kaigun jiten* [Navy dictionary]. Kōdōkan, 1942. Reprint, Konnichi no Wadaisha, 1985.

Yasui Sōmei. "Yo no mitaru Akiyama Saneyuki Chūjō" [My view of Vice Adm. Akiyama Saneyuki]. *Taiyō* (March 1918).

Yokoi, Toshiyuki. "Thoughts on Japan's Naval Defeat." U.S. Naval Institute *Proceedings* 86 (October 1960).

Yokota, Yutaka, and Joseph D. Harrington. "Kaiten: Japan's Human Torpedoes." U.S. Naval Institute *Proceedings* 88 (January 1962).

Yoshida Akihiko. "San! Kuchikukan ga mapputatsu: Mihogaseki wan no nijū shōtotsu jiko" [Disaster! The sundering of destroyers: the double collisions in Mihogaseki Bay]. *Kansen to anzen* (July 1985).

Yoshida Mitsuru. *Requiem for Battleship "Yamato."* Translation and introduction by Richard Minear. Seattle: University of Washington Press, 1985.

Yoshida Toshio. "Aitsugu kuchikukan no junan: *Tomozuru* to Yon Kantai jiken" [Successive ordeals of Japanese destroyers: the *Tomozuru* and Fourth Fleet incidents]. *Rekishi to jimbutsu*, May 1978.

Yoshimatsu Shigetarō. "Teikoku kaigun senjutsu kenkyū no sōshi to sono hatten keiei" [Initiation of the study of tactics in the Imperial Japanese Navy and the particulars of its development]. *Yūshū* 17 (May 1930).

Yoshimura, Akira. *Build the Musashi!* New York: Kodansha America, 1991.

Zacharias, Ellis. "The Orange Maneuvers and Analysis of Information Obtained." In *Listening to the Enemy: Key Documents on the Role of Communications Intelligence in the War with Japan*, edited by Ronald H. Spector. Wilmington, Del.: Scholarly Resources, 1988.

原始资料来源日本二战官修战史
及日本海军档案缩微胶卷，
一部日本帝国海军太平洋战争兴衰史。

莱特湾海战

THE BATTLE

OF

LEYTE GULF

The Last Fleet Acti

战争事典

THE BATTLE
OF
LEYTE GULF

史上最大规模海战

The Last Fleet Action

最后的
巨舰对决

[英] H. P. 威尔莫特———著

马哈拉什维利 何国治———译

● 史上规模No.1的海战

● 巨舰大炮时代的绝响

● 航母海空对决的终曲

● 日本海军的垂死一搏

复盘近 **400** 艘舰船、**2000** 架战机的生死角逐